Regards sur le droit public en Afrique

Collection « Études africaines »

dirigée par Denis Pryen et son équipe

Forte de plus de mille titres publiés à ce jour, la collection « Études africaines » fait peau neuve. Elle présentera toujours les essais généraux qui ont fait son succès, mais se déclinera désormais également par séries thématiques : droit, économie, politique, sociologie, etc.

Dernières parutions

ROCHE (Christian), *La casamance face à son destin*, 2016.
IBIKOUNLÉ (Salami Yacoubou), *Politiques d'éducation / formation et coopération internationale décentralisée au Bénin*, 2016.
BAUDAIS (Virginie), *Les trajectoires de l'État au Mali*, 2015
NDZANA BILOA (Alain Symphorien), *La fiscalité, levier pour l'émergence des pays africains de la zone franc. Le cas du Cameroun*, 2015.
MAMA DEBOUROU (Djibril), *La résistance des Baatombu face à la pénétration française dans le Haut-Dahomey (1895-1915), Saka Yerima ou l'injuste oubli*, 2015.
EKANZA (Simon-Pierre), *L'historien dans la cité*, 2015.
GODEFROY (Christine), *Éthique musulmane et développement. Territoire et pouvoir religieux au Sénégal*, 2015.
TAMBWA N. NKULU K., GHOANYS K., MWANACHILONGWE K., MPYANA K., BUKASA K., *Le développement du Katanga méridional*, 2015.
FODOUOP (Kengne) (dir.), *Le Cameroun. Jardin sacré de la débrouillardise*, 2015.
DJILA KOUAYI KEMAJOU (Rose), *Le droit pénal des affaires au Cameroun*, 2015.
ATTISSO (Fulbert Sassou), *Le mal togolais. Quelle solution ?*, 2015.
PUEPI (Bernard), *Les gouvernances foncières et leur impact sur le processus de développement*, 2015.
OLOMBI (Jean-Claude), *Guerre et paix : leçons de l'intervention de l'ONU en République Démocratique du Congo*, 2015
MOSSOA (Lambert), *Où va la Centrafrique* ? 2015
AMBOULOU (Hygin Didace), *La déjudiciarisation et les procédures non contentieuses en Afrique*, 2015.

Sous la direction de
Professeur Maurice KAMTO
Professeur Stéphane DOUMBE-BILLE
Professeur Brusil Miranda METOU

Regards sur le droit public en Afrique

Mélanges en l'honneur du Doyen Joseph-Marie BIPOUN WOUM

Secrétariat à la rédaction
Dr. Hilaire KOUOMEGNE NOUBISSI
Dr. Raphaël ATEBA EYONG

L'Harmattan

5-7, rue de l'École-Polytechnique ; 75005 Paris
http://www.harmattan.fr
diffusion.harmattan@wanadoo.fr
harmattan1@wanadoo.fr
ISBN : 978-2-343-06048-4
EAN : 9782343060484

SOMMAIRE

AVANT-PROPOS

C'est en 2008 que j'ai conçu l'idée de faire des mélanges en l'honneur du Professeur Joseph-Marie Bipoun Woum. Une première tentative en hommage à un des grands maîtres du droit privé de notre Université nationale, aujourd'hui disparu, avait tourné court après que j'eus quitté mes fonctions de Doyen à la Faculté de droit. Je demeurais cependant convaincu de la nécessité d'enraciner dans notre culture universitaire une des meilleures traditions académiques établies de longue date dans les universités des pays développés, et qui me paraissait d'autant plus impérieuse dans notre contexte que les enseignants d'université n'ont que très rarement la reconnaissance de la Nation dont ils forment pourtant l'élite.

Chemin faisant, mon ami et collègue, Stéphane Doumbé-Billé de l'Université de Lyon III, en France, s'est montré disposé à s'associer au projet lorsque, évoquant la question avec moi en 2010, il constata que l'élaboration du présent ouvrage était déjà en route, que le titre général des mélanges était arrêté et que des contributeurs locaux avaient été saisis. Pour cause de maladie, il n'a plus eu toute la disponibilité nécessaire pour que l'on conduise ensemble l'entreprise à son terme. La disponibilité et le dévouement du Professeur Brusil Miranda Metou ont permis de sauver un projet qui, sans son suivi, aurait pu tourner court lui aussi.

En dépit des difficultés qui furent si nombreuses, nous sommes en mesure de pouvoir offrir enfin au dédicataire desdits *Mélanges* cet ouvrage copieux auquel de nombreux collègues ont bien voulu apporter leurs contributions enthousiastes et bien souvent talentueuses.

Qu'il me soit permis d'exprimer ici toute ma reconnaissance aux jeunes collègues qui ont assuré avec une admirable abnégation le secrétariat du présent ouvrage. Je pense à MM. Hilaire Kouomegne Noubissi et Aimé Raphael Ateba Eyong.

Le Professeur Joseph-Marie Bipoun Woum n'offre pas une production scientifique abondante. Pourtant, en quelques publications seulement, il a su poser quelques jalons importants du droit public en Afrique. Plus précisément, il a marqué le territoire de cette science avec trois publications dans trois domaines différents, ses autres écrits me paraissant relativement accessoires.

D'abord, avec sa thèse de doctorat d'État en droit portant sur un sujet de droit international public, *Le droit international africain,* rédigé comme en écho à *Le droit international américain – son fondement, sa nature* publié par A. Alvarez à Paris, aux éditions Pedone, en 1910. Cette thèse a suscité en son temps un intérêt certain, entre les sceptiques qui doutaient – et doutent toujours peut-être – de l'existence d'un tel droit, en particulier à un moment où la plupart des États du continent avaient juste un peu plus de cinq ans d'indépendance, et les enthousiastes dont l'orgueil d'Africains se trouvait fouetté par une proposition aussi audacieuse.

Ensuite, avec un article emblématique, « Recherches sur les aspects actuels de la réception du droit administratif dans les États d'Afrique noire d'expression française : le cas du Cameroun », publié en 1972 dans la *Revue Juridique et Politique Indépendance et Coopération* (R.J.P.I.C., n°3, pp. 359-388) qui, à travers une manière d'analyse sociologique du droit administratif camerounais, propose une grille de lecture, certes aujourd'hui au moins en partie dépassée, mais qui structura pendant longtemps la doctrine du droit administratif en Afrique francophone.

Enfin, avec un autre article, « Le nouveau Cameroun politique » paru en 1983, également dans la *R.J.P.I.C.* (n°3, pp. 654-692) dix ans après « Les grands axes de la politique africaine » (Présence africaine, 1972, pp. 9-15) et qui vient comme en prolongement de celui-ci. Il s'agit d'une fresque remarquable du moment charnière de la fin 1982, moment fragile, angoissé et angoissant où s'accomplit le séisme politique qui mit le Cameroun sur une nouvelle trajectoire, pour le meilleur et pour le pire, et que l'auteur a su mettre en relief en l'inscrivant dans le contexte plus large des conceptions et des logiques du pouvoir politique en Afrique.

Mais en dehors de cette œuvre qui conjugue rareté et pertinence, le Professeur Bipoun Woum aura surtout su enchanter des générations d'étudiants camerounais, y compris la mienne, d'une science exigeante. C'est avant tout un homme du verbe, un enseignant si attaché à la justesse des mots que quelques potaches facétieux, plus remplis d'admiration qu'animés par quelque irrévérence l'appelèrent le « Professeur Tournesol ». Comment en effet ne pas y voir une manière d'hommages quand on sait que ce personnage de bande dessinée, exceptionnellement inspiré, sait toujours trouver solution aux problèmes les plus inextricables ?

Amoureux du savoir scientifique, le Professeur Bipoun Woum se laisse conquérir aisément par l'excellence académique de ses étudiants voire de ses collègues ; il n'est point excessif de dire qu'elle semble avoir vaincu chez lui les barrières de toutes sortes que dresse la médiocrité. Puisse-t-il, en cela aussi, être une source d'inspiration pour ceux, toujours plus nombreux, qui aspirent à s'élever jusqu'aux cimes exigeantes des chairs de la transmission des connaissances.

Maurice Kamto

PREMIERE PARTIE

DROIT PUBLIC INTERNE ET ÉTUDES POLITIQUES

I. DROIT CONSTITUTIONNEL

L'émergence d'une entente conceptuelle en matière électorale entre les juridictions constitutionnelle et administrative au Cameroun

Célestin KEUTCHA TCHAPNGA
Professeur à l'Université de Dschang. F.S.J.P.
Chef du Département de Droit Public et Science Politique
Coordonnateur du Master Recherche en Droit Public

INTRODUCTION GENERALE

En 1989, dans un article désormais célèbre, « *Les origines constitutionnelles du Cameroun* », le Doyen Joseph-Marie Bipoun Woum, en l'honneur de qui sont dédiés les présents Mélanges, faisait remarquer fort pertinemment que « *l'observation impassible des systèmes politiques africains contemporains n'encourage guère le chercheur à une exploration enthousiaste autour de grandes notions telles que Constitution et lois fondamentales. Ce n'est pourtant pas l'intérêt qui y manque* »[1].

Depuis la fin du XXème siècle, cet intérêt s'est considérablement accru, car dans les États d'Afrique Noire d'expression française, le droit constitutionnel a connu de nombreuses évolutions et il mérite d'être qualifié désormais de vivant ; non seulement parce que les textes fondamentaux ont fait l'objet de modifications induites par l'expérience de leur application ou difficultés d'application, mais aussi et surtout parce qu'ils exercent désormais une influence décisive sur le fonctionnement du pouvoir politique. C'est, sans doute, quelles qu'en soient les limites[2], une des caractéristiques du renouveau constitutionnel dans cette partie du Continent[3].

---

[1] V. J-M BIPOUN WOUM, « Les origines constitutionnelles du Cameroun », *Revue Juridique Politique et Économique du Maroc,* Numéro spécial, 22, 1989, pp.86-111, notamment p. 86.

[2] En ce sens, lire notamment J. Du Bois de GAUDUSSON, « Défense et illustration du constitutionnalisme en Afrique après quinze ans de pratique du pouvoir », *Mélanges Louis FAVOREU, Renouveau du Droit constitutionnel*, Paris, Dalloz-Sirey, 2007, pp. 609-627.

[3] V. C. KEUTCHA TCHAPNGA, « Droit constitutionnel et conflits politiques dans les États francophones d'Afrique Noire », *Revue Française de Droit Constitutionnel,* n°63, juillet 2005, pp.451-491.

On saisit mieux l'ampleur des mutations en cours si l'on veut bien se souvenir qu'aux lendemains des indépendances, les Constitutions africaines, considérées alors comme des « *chiffons de papier* »[4], ont été mises en sommeil, les Gouvernements civils renversés dans de nombreux pays par les coups d'État[5] et le parti unique imposé partout, y compris dans les États qui, comme la Côte-d'Ivoire ou le Cameroun, avaient conservé le principe du pluralisme politique dans leur loi fondamentale. Elles n'étaient pas toujours respectées et restaient trop souvent inappliquées[6]. Dans un tel contexte, le droit constitutionnel ne servait plus qu'à légitimer les régimes monolithiques et autoritaires.

La perception du droit constitutionnel en France et à l'étranger n'est plus la même que celle qui a prévalu jusqu'à la fin des années 80. Le droit constitutionnel est devenu « un vrai droit », le juge constitutionnel « un vrai juge » et la science du droit constitutionnel « une vraie science ».

Le Doyen Louis Favoreu, à partir de l'exemple français, avait fort bien expliqué ce changement en des termes qu'il convient de reproduire intégralement, tant ils sont significatifs : « *la constitutionnalité a remplacé la légalité dans au moins deux de ses fonctions essentielles : être la "source des sources" et le véhicule des valeurs...fondamentales. La loi, aujourd'hui, " n'est plus qu'une source parmi beaucoup d'autres "...c'est désormais la Constitution qui remplit ce rôle en répartissant les compétences normatives qui sont désormais exercées sous la surveillance du juge constitutionnel. (Dorénavant) c'est la constitutionnalité qui est considérée comme garante du contenu essentiel des droits fondamentaux et non la légalité. Ceci est évident dans les pays dotés d'une Constitution moderne dans laquelle sont inscrits, souvent de manière précise et détaillée, les libertés et droits fondamentaux appartenant aux générations successives dont le respect est confié au juge constitutionnel* »[7].

Ce changement s'est également produit dans nombre d'États francophones de l'Afrique Noire avec un certain retard, mais il est en train d'avoir effectivement et progressivement lieu. Le juge constitutionnel est

---

[4] Expressions empruntées à Albert BOURGI, « L'évolution du constitutionnalisme en Afrique : du formalisme à l'effectivité », Revue Française de Droit Constitutionnel, n°52, 2002, pp. 721-748, not. p.725.

[5] Pour d'amples précisions sur ce point, lire J-C GAUTRON, « L'exercice du pouvoir par l'armée. Analyse des régimes militaires africains actuels », Revue Juridique Africaine, n°0, 1989, pp. 61-71.

[6] Pendant longtemps, les Constitutions n'ont eu aucune effectivité en Afrique. Pour le Professeur Maurice KAMTO, cette ineffectivité « *tenait autant à la transcendance du pouvoir par rapport au droit qu'au blocage culturel et politique de populations non éduquées à l'usage du droit* », in *Pouvoir et droit en Afrique noire. Essai sur les fondements du constitutionnalisme dans les États d'Afrique noire francophone*, Paris, LGDJ, 1987, 545 pages, p. 439

[7] V. L. FAVOREU, « Légalité et constitutionnalité », Cahiers du Conseil constitutionnel n°3, 1997, p.6

ainsi devenu le gardien des valeurs fondamentales proclamées par le peuple souverain dans la Constitution[8], qui est désormais « *la même pour tous, ou si l'on préfère, le même corps de principes et de règles de valeur constitutionnelle s'impose à chacun qu'il soit législateur, gouvernement, juge ou simple citoyen* »[9].

Après avoir été l'étudiant du Professeur Bipoun Woum, j'ai eu, ces dernières années, le bonheur de participer à ses côtés, comme Rapporteur, à plus d'une quinzaine de jurys de Thèses de Doctorat/PHD et d'Habilitation à Diriger des Recherches (HDR) à l'Université de Yaoundé II et en République Centrafricaine. Ce qui explique aisément les rapports privilégiés que j'ai aujourd'hui avec ce grand Maître de la science juridique, dont l'humanisme, la simplicité et la courtoisie s'ajoutent à la profonde culture, au goût de la précision et du mot juste, à la qualité de la réflexion et à la portée très ample de la pensée.

Les présents Mélanges me donnent l'occasion de lui rendre un hommage mérité en réfléchissant, comme il nous y invitait déjà en 1989, sur l'autorité des décisions rendues par le Conseil Constitutionnel[10] camerounais sur la juridiction administrative.

Comment s'oriente la jurisprudence du juge administratif national, dont on pouvait craindre l'hostilité à l'égard de l'autorité nouvelle du juge constitutionnel, quant à l'application et à l'exécution des décisions du Conseil Constitutionnel ? Telle est la question fondamentale à laquelle cette modeste contribution essayera d'apporter des éléments de solution. Cette interrogation est d'autant plus pertinente que la juridiction constitutionnelle camerounaise ne dispose d'aucun moyen juridique pour sanctionner la juridiction administrative qui méconnaîtrait ses décisions.

En effet, le 29 août 2007, cinq (5) jugements importants de la Chambre Administrative de la Cour Suprême, siégeant en Sections Réunies à

---

[8] En ce sens, lire notamment C. KEUTCHA TCHAPNGA, « Le juge constitutionnel, juge administratif au Bénin et au Gabon ? », Revue Française de Droit Constitutionnel, n°75, Juillet 2008, pages 551-583.

[9] Robert BADINTER et Marceau LONG, « Une seule Constitution », Préface aux Actes du Colloque : *Conseil constitutionnel et Conseil d'État*, Paris, LGDJ-Montchrestien, 1988, p.29.

[10] L'article 67 alinéa 4 de la Constitution du 16 janvier 1996 crée, au profit de la Cour Suprême, à titre transitoire, une situation de dédoublement fonctionnel. Elle fait partie du Pouvoir judiciaire telles que le précisent les dispositions du Titre V de la norme fondamentale et constitue la plus Haute Juridiction de l'État en matière judiciaire, administrative et des comptes. Elle exerce en même temps les attributions du Conseil Constitutionnel, prévues au Titre VII de la Constitution, en attendant toujours la mise en place progressive de celui-ci. Pour une vue d'ensemble sur cette question, V. Magloire ONDOA, « La Constitution duale : recherches sur les dispositions constitutionnelles transitoires au Cameroun », Revue Africaine des Sciences Juridiques, Volume 1, n°2, 2000, Université de Yaoundé II et Alain-Didier OLINGA, « L'article 67 de la Constitution », Lex Lata n°33, 1997, pp. 3-9. Sur le système actuel de répartition des compétences en matière de contentieux électoral, voir A-D OLINGA, *Le nouvel environnement juridique et institutionnel des élections au Cameroun*, Presses Universitaires d'Afrique, Yaoundé, 2007, 127 pages.

Yaoundé[11] et statuant dans le contentieux des élections municipales du 22 juillet 2007, sont venus préciser la manière dont la juridiction administrative entendait l'obligation qui lui est faite par l'article 50 alinéa 1 de la Constitution[12], reprise pour l'essentiel par les dispositions de l'article 15 alinéas 2 et 3 de la loi n°2004/004 du 21 avril 2004[13], de prendre en considération les décisions du Conseil Constitutionnel.

Le phénomène est nouveau, récent, mais il reste limité pour l'instant en matière électorale. De telles décisions juridictionnelles sont sans doute appelées à se multiplier au cours des prochaines années et il apparaît dès lors opportun de faire le point en dressant un état des lieux provisoire qui permettra de mesurer, le moment venu, le chemin parcouru.

Ainsi compris, les deux points qui retiendront particulièrement notre attention se rapportent respectivement à un constat – *Le Conseil Constitutionnel et la Cour Suprême statuant en matière administrative constituent deux juridictions souveraines du point de vue organique* (Première partie) – *et* à une direction – *l'amorce du dialogue entre les juridictions suprêmes constitutionnelle et administrative* - (Deuxième partie).

I. Le constat : le Conseil Constitutionnel et la Cour Supreme statuant en matiere administrative, deux juridictions souveraines du point de vue organique

Au Cameroun, comme d'ailleurs en France, le Conseil Constitutionnel se situe non pas au-dessus, mais en marge des autres ordres de juridiction, administratif, judiciaire, des comptes et il n'existe aucune procédure qui permettrait de trancher un conflit de jurisprudence **(A)**. La détention par des organes juridictionnels différents de compétences qui se chevauchent pour partie est toutefois susceptible de faire surgir des décisions contradictoires, mais également valides sur des questions identiques. Ce risque de concurrence éventuelle des jurisprudences **(B)** ne peut être évité que si des impératifs puissants imposent aux organes de contrôle de taire leurs rivalités

[11] Pour d'amples précisions sur ce point, voir C. KEUTCHA TCHAPNGA, « La réforme attendue du contentieux administratif au Cameroun : A propos de la Loi n°022 du 29 décembre 2006 fixant l'organisation et le fonctionnement des Tribunaux administratifs », *Juridis Périodique* n°70, Avril-Mai-Juin 2007, pages 24-29. Dans le même sens, voir la loi n°2006/015 du 29 décembre 2006 portant organisation judiciaire, in Juridisme Périodique n°68, décembre 2006, pp.34-45 et, surtout, F. ANOUKAHA, « La réforme de l'organisation judiciaire au Cameroun », même Revue, pp. 45-56.

[12] Au terme l'article 50 alinéa 1 de la Constitution de 1996, « *Les décisions du Conseil Constitutionnel ne sont susceptibles d'aucun recours. Elles s'imposent aux Pouvoirs publics et à toutes les autorités administratives, militaires et juridictionnelles, ainsi qu'à toute personne physique ou morale* ».

[13] La loi n°2004/004 du 21 avril 2004 portant organisation et fonctionnement du Conseil Constitutionnel est publiée dans Juridis Périodique n°59, septembre 2004, pp.3-8.

et de coopérer de telle manière que soit préservée l'unicité de l'ordre juridique

A. L'absence de hiérarchie entre le conseil constitutionnel et la juridiction administrative

Si l'on s'en tient aux dispositions de la Constitution de 1996, les rapports entre les juridictions constitutionnelle et administrative sont, sinon inexistants, du moins extrêmement limités. Il n'existe d'ailleurs aucune hiérarchie entre elles, le Conseil constitutionnel[14] et la juridiction administrative étant deux Cours souveraines, indépendantes d'un point de vue organique. Les décisions prises par chacune des deux Hautes instances juridictionnelles sont revêtues de l'autorité de la chose jugée. Ce qui signifie que « *la chose jugée doit avoir autorité, c'est-à-dire s'imposer pour la simple raison qu'il ne servirait à rien de juger si ce qui a été jugé pouvait ne pas être respecté, notamment pouvait être rejugé* »[15].

En effet, aux termes l'article 50 alinéa 1 de la Constitution de 1996, « *les décisions du Conseil Constitutionnel ne sont susceptibles d'aucun recours. Elles s'imposent aux Pouvoirs publics et à toutes les autorités administratives, militaires et juridictionnelles, ainsi qu'à toute personne physique ou morale* ».

Si cette primauté va de soi, l'obligation ci-dessus consacrée n'est toutefois assortie d'aucune technique particulière permettant d'en garantir l'application. Il en résulte que si l'obligation juridique existe, l'inexistence des moyens de sanction disponibles laisse une liberté certaine aux autres juridictions, administrative, judiciaire et des comptes, pour ne pas exécuter les décisions du Conseil constitutionnel.

En l'absence d'un mécanisme juridique assurant la prééminence matérielle des décisions de la juridiction constitutionnelle sur celles de la Cour suprême statuant en matière administrative, la primauté constitutionnelle se ramène ici à un « *respect dû, mais non sanctionné* »[16].

---

[14] Le modèle camerounais de justice constitutionnelle répond à la définition que le Doyen FAVOREU donnait à la notion de Cour Constitutionnelle, c'est-à-dire, à la différence de la Cour Suprême de type américain, « *une juridiction prévue par la Constitution, située hors de l'appareil juridictionnel ordinaire et indépendante de celui-ci comme des pouvoirs publics et créée pour connaître spécialement et exclusivement du contentieux constitutionnel…et du contrôle de la constitutionnalité des lois* », L. FAVOREU, *Les Cours constitutionnelles*, Paris, P.U.F.Que sais-je ? 1986, p.3.

[15] J. RODEVILLE-HERMANN, « L'évolution des fonctions du principe d'autorité de chose jugée dans les rapports du juge administratif avec le juge judiciaire, le Conseil Constitutionnel et la Cour de Justice des Communautés Européennes », R.D.P., n°6, 1989, p.1736.

[16] R. CHAPUS, « Actualité bibliographique », R.F.D.A, 1988, p. 713.

L'examen de l'affaire Amenchi Martin contre État du Cameroun (SESI), objet du jugement n°88 du 30 juin 2004[17], a d'ailleurs donné l'occasion à la Cour Suprême statuant en matière administrative d'affirmer fermement la souveraineté de ses appréciations, en des termes si significatifs qu'il importe de rapporter :

« *Attendu (...) qu'il y a lieu de relever que les décisions de l'Assemblée Plénière de la Cour Suprême sont insusceptibles de tout recours juridictionnel et s'imposent tant à l'Exécutif, au pouvoir Législatif, qu'au pouvoir Judiciaire parce qu'ayant force de la chose jugée. La chose jugée s'impose en tout premier lieu à l'Administration elle-même. Celle-ci doit non seulement s'abstenir d'exécuter l'acte annulé ou de le refaire, mais encore prendre les mesures nécessaires pour tirer toutes les conséquences de l'annulation prononcée par le juge. La décision d'annulation règle une fois pour toutes, le sort de l'acte administratif reconnu illégal. L'acte se trouve annulé erga omnes* ».

« *Attendu par conséquent qu'il échet de recevoir le demandeur en son action et l'y disant fondé, constater l'autorité de la chose jugée et d'annuler l'arrêté n° 266/CAB/PR du 6 Juin 1987 dans toutes ses dispositions comme pris au mépris de l'arrêt n°3/A du 21 Novembre 1985 ayant annulé dans toutes ses dispositions l'arrêté n° 202/CAB/PR du 8 Mai 1983 révoquant le sieur* Amenchi Martin *de la Police avec suspension de droits à pension pour corruption et de condamner l'État camerounais aux dépens conformément à l'article 101 de la loi n° 75/17 du 8 Décembre 1975 sus évoquée* ».

Le juge constitutionnel et le juge administratif camerounais, nonobstant leur autonomie et le relatif souci des pouvoirs publics d'éviter leurs affrontements potentiels, peuvent être amenés à interpréter et à appliquer le même texte de référence, en l'occurrence la Constitution. Dès lors, le contrôle opéré par le juge administratif ne serait-il pas un contrôle concurrent à celui exercé par le juge constitutionnel ?

B. Le risque de concurrence éventuelle entre les jurisprudences constitutionnelle et administrative

L'incorporation de nombreux droits et libertés fondamentaux dans le dispositif constitutionnel, conséquence du triomphe de l'idéologie des droits de l'homme dans le contexte du libéralisme politique contemporain, est un fait marquant du constitutionnalisme africain de la fin du XXème siècle[18].

---

[17] Pour d'amples informations sur cette intéressante affaire, lire la note qu'en a faite le Docteur S. BILONG, publiée dans Juridis Périodique n°75, de septembre 2010, pp. 15-21.

[18] En ce sens, voir M. C. DJIENA WEMBOU, « Les normes internationales relatives aux droits de l'homme et leur application dans la législation interne des États africains : problèmes et perspectives », *Revue Africaine de Droit International et Comparé,* 1999, pp.51-66 et N. MOUELLE KOMBI, « Les dispositions relatives aux Conventions internationales dans les

Dans cette mouvance, le constituant camerounais a élevé à la dignité constitutionnelle certains textes internationaux comme la Déclaration Universelle des Droits de l'Homme de 1948, la Charte des Nations Unies de 1945, la Charte Africaine des Droits de l'Homme et des Peuples[19] et toutes les autres Conventions régulièrement ratifiées relatives aux droits de l'homme.

Dès lors, ces textes internationaux possèdent une double nature dans l'ordre juridique national, à savoir constitutionnelle et conventionnelle[20]. Ils ont, par exemple, vocation à servir de normes de référence du contrôle de la constitutionnalité des lois et du contrôle de conventionalité des actes administratifs.

Le risque de divergences de jurisprudences engendrées par l'intervention de deux juridictions différentes pour résoudre une même difficulté ne peut manquer de susciter des interrogations dont l'importance mérite qu'on s'y attarde.

Ces divergences pourraient surgir dans au moins trois cas de figure.

Il peut arriver d'abord que le juge administratif applique une disposition de la Charte Africaine des Droits de l'Homme et des Peuples, par exemple, avant le juge constitutionnel, qui prend par la suite le contre-pied de l'interprétation préalablement donnée par le juge administratif.

Il faut ensuite s'attendre à observer des conflits ouverts de jurisprudences lorsque le juge administratif prend une position contraire à l'interprétation initialement donnée d'une disposition de la Charte par le juge constitutionnel.

Enfin, si, d'une manière générale, on peut présumer que le juge constitutionnel et le juge administratif hésiteraient par déférence mutuelle de se contredire, l'hypothèse d'une saisine simultanée, sans que l'un d'eux prenne connaissance de la décision de l'autre, n'est pas à exclure et, dans ce cas, il faut évidemment s'attendre à des conflits.

La question des divergences éventuelles de jurisprudences dans le cadre des contrôles de constitutionnalité et de conventionalité prend une importance particulière lorsqu'on sait que le juge constitutionnel national ne dispose d'aucun moyen juridique pour sanctionner une juridiction administrative qui méconnaîtrait ses décisions.

---

nouvelles Constitutions des États d'Afrique francophone », *Annuaire Africain de Droit International,* Volume 8, 2000, pp.223-263

[19] Cette Charte Africaine a été élaborée dans un contexte historique marqué, selon M. Edem KODJO, par « la ségrégation raciale en Afrique australe, le combat pour un nouvel ordre international et l'existence des régimes despotiques en Afrique », in « La Charte africaine des droits de l'homme et des peuples », Revue Universelle des Droits de l'Homme, 1989, pp.29 et suivantes.

[20] V. M. KAMTO, « Charte africaine, instruments internationaux de protection des droits de l'homme, Constitutions nationales : articulations respectives », in J.F. FLAUSS et Lambert-ABDELGAWAD, *L'application nationale de la Charte africaine des droits de l'homme et des peuples*, Bruxelles, Bruylant, 2004, pp. 11-32.

Autrement dit, il n'y a pas de relation hiérarchique entre le juge constitutionnel et le juge administratif, la juridiction constitutionnelle n'étant pas une Cour suprême de type américain, mais une Cour Constitutionnelle à l'européenne.

Ce qui signifie que, dans le cadre du contrôle de conformité des actes administratifs à la Charte Africaine des Droits de l'Homme et des Peuples ou à une autre Convention internationale relative aux droits de l'homme, les décisions du juge administratif refusant par exemple d'appliquer les décisions ou la jurisprudence du juge constitutionnel en la matière ne peuvent être déférées à celui-ci par voie d'appel ou de cassation.

De même, il n'existe pas, au Cameroun comme en Allemagne par exemple[21], un recours constitutionnel direct permettant de mettre en cause les décisions du juge administratif pour méconnaissance des décisions ou de la jurisprudence du juge constitutionnel.

Pour autant, admettre l'existence de plusieurs interprétations valides de la Charte Africaine ou d'une Convention internationale relative aux droits de l'homme, lesquelles produisent des effets obligatoires, serait remettre en cause l'harmonie de l'ordre juridique. Cet ordre juridique serait gravement perturbé et la sécurité juridique sérieusement compromise au détriment des individus si chacune des deux Hautes Juridictions avait sa conception des droits fondamentaux.

C'est pourquoi, il est nécessaire que les deux Hautes instances de contrôle s'accordent pour que soit préservée l'unité dans la protection des droits fondamentaux, malgré l'absence d'un mécanisme réel de sanction pouvant assurer la pleine effectivité des décisions du juge constitutionnel.

C'est donc volontairement que le juge administratif prend en compte la primauté des décisions du juge constitutionnel. C'est aujourd'hui chose faite, tout au moins pour le juge administratif qui, lors du contentieux des municipales du 22 juillet 2007, a appliqué scrupuleusement les décisions du juge constitutionnel électoral, en montrant ainsi à ce dernier la direction à suivre, celle du dialogue, afin de ne pas perturber l'ordre juridique et de mieux garantir la sécurité juridique.

II. La direction : l'amorce du dialogue entre les juridictions supremes constitutionnelle et administrative

Progressivement, la jurisprudence constitutionnelle va peser sur le raisonnement et le comportement de la juridiction administrative au Cameroun. Cette influence, actuellement limitée en matière électorale, va

---

[21] En droit allemand, tous les actes de la puissance publique peuvent faire l'objet d'un recours constitutionnel, notamment les actes législatifs, les actes du pouvoir exécutif et surtout ceux du pouvoir judiciaire (les jugements, les décisions de référé…). Cf. Armin DITTMANN, « Le recours constitutionnel en droit allemand », article précité, p.17

davantage ouvrir la voie à un processus d'harmonisation de l'ordre juridique autour de l'interprétation constitutionnelle, en espérant qu'elle va agir de la même façon sur la juridiction judiciaire ou sur celle des comptes. Certaines inspirations seront peut-être à puiser dans les droits étrangers qui vont ainsi constituer une aide précieuse pour penser à l'évolution générale **(B)**. Telles sont les perspectives qu'on pourra envisager à partir de la prise en compte récente par le juge administratif de l'autorité de la chose jugée par le juge constitutionnel en matière électorale **(A)**.

A. La prise en compte par le juge administratif de l'autorité de la chose jugée par le juge constitutionnel en matière électorale

Les rapports entre le Conseil Constitutionnel et la Cour Suprême statuant en matière administrative ne sont plus les mêmes. Avant 2007, la juridiction administrative évoluait encore dans une sorte de « *splendide isolement* »[22]. Cette situation est aujourd'hui révolue. A l'isolement a succédé, par nécessité, un début de dialogue avec le Conseil Constitutionnel **(2)**, malgré l'absence de mécanismes juridiques permettant de la contraindre à exécuter les décisions du juge constitutionnel ou à prendre en compte sa jurisprudence **(1)**.

1. L'autorité affirmée de la chose jugée des décisions du juge constitutionnel

L'article 50 alinéa 1 de la Constitution de 1996 contient une disposition affirmant l'autorité des décisions du Conseil Constitutionnel : Elles «*...ne sont susceptibles d'aucun recours. Elles s'imposent aux pouvoirs publics et à toutes les autorités administratives, militaires, juridictionnelles ainsi qu'à toute personne physique ou morale* ».

Cette autorité de la chose jugée a une portée absolue. Autrement dit, les décisions du Conseil Constitutionnel s'imposent à tous, au-delà même du cercle des parties au procès. Ce qui paraît logique, car le contrôle exercé par la Haute Instance est un contrôle objectif[23], semblable à celui exercé par le juge de l'excès de pouvoir. Cette remarque est valable tant pour le contrôle de constitutionalité que pour le contentieux électoral, car devant le Conseil d'État français, par exemple, ce contentieux est aussi considéré comme un

[22] Expression empruntée à M. LONG, « Quarante ans de chronique de jurisprudence administrative », *AJDA*, 1995, Chronique, p. 7

[23] Il est toutefois d'usage de classer le contentieux électoral dans le plein contentieux, même s'il reste vrai qu'en raison de la nature de la question posée au juge il est fondamentalement un contentieux objectif. En ce sens, voir Ph. ARDANT, « Le contentieux électoral devant le Conseil Constitutionnel et le Conseil d'État », Colloque des 21 et 22 janvier 1988, LGDJ-Montchrestien, 1988, pp. 55 et suivantes.

contentieux objectif dans la mesure où, justement, « *la décision rendue a effet erga omnes comme l'opération électorale elle-même* »[24].

Mais cela ne signifie nullement que la solution adoptée dans un cas donné soit obligatoirement appliquée dans des cas semblables. Ainsi, « *s'agissant du contentieux électoral, la décision du Conseil Constitutionnel n'a d'effet juridique qu'en ce qui concerne l'élection dont il est saisi* »[25] et non pour d'autres élections similaires. Selon les principes du droit processuel, l'autorité de la chose jugée des décisions du Conseil s'attache non seulement à leur dispositif, mais aussi aux motifs qui en sont le soutien nécessaire et en constituent le fondement même.

L'interprétation de l'article 50 alinéa 1 de la Constitution a été faite par la Cour Suprême statuant comme Conseil Constitutionnel dans une décision de principe n°001/CC/02-03 du 28 novembre 2002[26]. Saisie par le Président de l'Assemblée Nationale à propos de la loi adoptée en séance plénière le 26 novembre 2002 modifiant et complétant certaines dispositions de celle n°73/1 du 8 juin 1973 portant Règlement intérieur de l'Assemblée Nationale, la Cour a rappelé à l'Auguste Chambre son obligation générale de respecter la Constitution. Elle l'a fait en des termes qu'il importe, pour l'essentiel, de rapporter :

« *Considérant qu'aux termes de l'article 47 alinéa 1er de la Constitution du 18 janvier 1996, le Conseil Constitutionnel statue souverainement sur : Les Règlements intérieurs de l'Assemblée Nationale et du Sénat avant leur mise en application quant à leur conformité à la Constitution. Considérant qu'aux termes de l'article 48 alinéa 1 de la Constitution le Conseil Constitutionnel veille à la régularité des élections parlementaires et en proclame les résultats. Considérant que l'article 50 du même texte dispose : les décisions du Conseil Constitutionnel ne sont susceptibles d'aucun recours. Elles s'imposent aux pouvoirs publics et à toutes les autorités administratives, militaires, juridictionnelles ainsi qu'à toute personne physique ou morale...* ».

---

24 AUBY et DRAGO, *Traité de contentieux administratif*, III, p.124.

25 L. FAVOREU et autres, *Droit constitutionnel*, 4éme éd., Paris, Dalloz, 2001, p.95.

26 En déclarant non conformes à la Constitution les articles 3 alinéas 2, 3, 4, 5, 6 et 7, 4 nouveau, 5 nouveau et 10 du nouveau Règlement intérieur de l'Assemblée Nationale relatifs à la validation des mandats, la Cour, dans sa décision du 28 novembre 2002 a, pour la première fois, rendu effective la soumission du législateur jadis souverain à la règle constitutionnelle qui fonde son pouvoir. En ce sens, voir notamment C. KEUTCHA TCHAPNGA, « Une révolution juridique aux conséquences paradoxales en Droit constitutionnel camerounais : Note sous Cour Suprême statuant provisoirement comme Conseil Constitutionnel, Décision n°001/CC/02-03 du 28 novembre 2002, Validation des Mandats des Députés », *Juridis Périodique, Revue de Droit et de Science Politique*, n°53, Yaoundé, Janvier-Février-Mars 2003, pp. 61-66 et NGUELE ABADA Marcelin, Commentaires de la Décision n°001/CC/02-03 du 28 novembre 2002 à propos du Règlement intérieur de l'Assemblée Nationale, *Les Petites Affiches*, n°154, 3 août 2004, pp.15-22.

« Considérant que l'Assemblée Nationale ne saurait échapper à la règle édictée par la Constitution. Que la procédure de validation prévue par le Règlement intérieur de l'Assemblée Nationale dans la loi adoptée et examinée par le Conseil apparaît comme un contrôle a posteriori de la décision du Conseil Constitutionnel déclarant élus des candidats à l'élection législative. Qu'une telle procédure, en vigueur avant l'institution du Conseil Constitutionnel par la Constitution du 18 janvier 1996 ne trouve plus sa raison d'être en l'état. (...). Qu'il résulte en conséquence de ce qui précède que les dispositions du Règlement intérieur sur la validation du mandat des députés contenues dans les articles 3 alinéas 2, 3, 4, 5 et 6, article 4 nouveau, 5 nouveau, 6 nouveau, 7 nouveau et 10 in fine ne sont pas en conformité avec la Constitution de la République du Cameroun (loi n°96/06 du 18 janvier 1996) ».

Cette autorité des décisions du Conseil ne s'impose pas seulement au législateur, mais aussi aux organes exécutifs, aux Cours Suprêmes des ordres de juridiction administrative, judiciaire, des comptes ainsi qu'aux auteurs de la saisine.

L'article 15 de la loi n°2004/004 portant organisation et fonctionnement du Conseil Constitutionnel, tout en rappelant les dispositions de l'article 50 alinéa 1 de la Constitution, confère en plus une véritable force aux décisions du Conseil, lesquelles, « *doivent être exécutés sans délai* » (alinéa 4).

Cette obligation consacrée l'article 50 alinéa 1 de la Constitution n'est toutefois assortie d'aucune technique particulière permettant d'en garantir l'application. Il en résulte que si l'obligation juridique existe, la faiblesse des moyens de sanction disponibles laisse une liberté certaine au juge administratif pour ne pas exécuter les décisions du Conseil Constitutionnel. Le juge administratif a, à juste raison, estimé qu'il était de son devoir de rester à l'écoute du juge constitutionnel et de prendre en considération ses décisions afin de mieux garantir la sécurité juridique.

2. L'exécution des décisions du juge constitutionnel électoral par le juge administratif

La tendance naturelle de tout organisme est de « *donner un champ aussi étendu que possible à sa mission et aux moyens utiles à la remplir* » [27]. Il s'agit là de la « *première loi de la science constitutionnelle* » [28] qui veut que toute institution soit mue par l'envie de croître ; ce qui est particulièrement vrai pour les juridictions, car « *dans les États de droit modernes,*

[27] G. VEDEL, « Excès de pouvoir législatif et excès de pouvoir administratif », *Les Cahiers du Conseil Constitutionnel,* Dalloz n°1, 1996, p.63.

[28] O. DUHAMEL, « Les logiques cachées de la Constitution de la Vème République », *RFSP,* 1984, pp.623 et suivantes.

l'incontestable montée en puissance et en légitimité des juges les conduit à se constituer en un véritable pouvoir juridictionnel »[29].

Cette volonté de croissance pourrait toutefois conduire les juridictions constitutionnelle et administrative, qui sont deux Cours souveraines, indépendantes d'un point de vue organique, à s'ignorer si chacune considérait qu'il en va de son intérêt. Mais, si les deux Hautes Cours prennent l'habitude de s'ignorer, elles encourent le risque de se concurrencer et de s'affaiblir mutuellement. L'intérêt de la coopération naît donc de la nécessité qu'elles ont, afin de pouvoir étendre leur influence, de s'affermir ensemble, en renonçant pour partie à leur liberté.

Il en résulte que si le dialogue n'est pas formalisé, il se développe de façon spontanée. C'est dire que l'entente entre les juridictions constitutionnelle et administrative est « *plus conceptuelle qu'organique* »[30] et dépasse en cela les limites d'une relation d'autorité. Celle-ci devient insuffisante puisque « *à la vérité, dès lors que les juridictions ordinaires supérieures restent des juridictions souveraines, aucun mécanisme, aucune procédure, aussi sophistiquée soit-elle, ne peut les contraindre à aligner leur jurisprudence sur celle de la Cour Constitutionnelle* »[31].

En effet, la juridiction administrative camerounaise paraît désormais tenir le plus grand compte des décisions rendues en matière électorale par le Conseil Constitutionnel. C'est le moins que l'on puisse dire à propos d'une série de cinq (5) jugements rendus le 29 août 2007 lors du contentieux des municipales du 22 juillet 2007 et qui marquent certainement un tournant essentiel dans l'évolution de la jurisprudence administrative nationale et même du droit public.

Un exemple significatif suffit pour illustrer le propos. Dans l'affaire Kwemo Pierre, objet du jugement n°289/2006-2007/CE du 29 août 2007 rendu au sujet de la Commune de Bafang, le juge administratif a été très explicite à cet égard :

« *Attendu qu'il ressort d'une part du procès-verbal de constat dressé par Maître Panchui Célestin, Huissier de Justice à Bafang le 21 juillet 2007 qu'à cette date des jeunes gens et femmes ne résidant pas dans la commune de Bafang sont arrivés dans les localités de Baboué, Bakondji, Baboutcheu-Ngaleu et Bafang, transportés par cinq cars de l'agence de voyages « Centrale Voyages » et d'autre part du procès –verbal de la Commission mixte départementale de supervision des élections dans la circonscription*

---

[29] Arnaud DERRIEN, « Dialogue et compétition des Cours Suprêmes ou la construction d'un système juridictionnel », *Pouvoirs,* n°105, 2003, p.45.

[30] Expressions empruntées à G. DRAGO, « Les droits fondamentaux entre juge administratif et juges constitutionnel et européens », *Revue Mensuelle du Juris Classeur Droit Administratif,* Juin 2004, p.7.

[31] Th. DI MANNO, « Les divergences de jurisprudence entre le Conseil Constitutionnel et les juridictions ordinaires suprêmes », in P. ANCEL et M. Cl. RIVIER, *Les divergences de jurisprudence*, Publications de l'Université de Saint-Étienne, 2003, p. 204.

électorale du Haut-Nkam, qu'à l'école publique de Baboutcheu-Ngaleu Bafang des cas de total de suffrages supérieur au nombre de votants ont été relevés »;

« *Que deuxièmement, il ressort des multiples constats que Maître Panchui Célestin, Huissier de justice à Bafang en date des 24, 25, 26 juin 2007, 1, 2, 3, 4, 5, 6, 7, 8, 9, 10, 11, 12, 13, 14, 15, 16 juillet 2007 que les cartes électorales n'ont pas été régulièrement distribuées à leurs véritables destinataires, de telle manière qu'un individu à lui tout seul récupère 22 cartes* » ;

« *Attendu que ces irrégularités rejoignent les constatations ci-après relevées par la Cour Suprême statuant comme Conseil Constitutionnel dans son arrêt n°119/CEL du 07 août 2007 par lequel elle a annulé l'élection législative dans la circonscription du Haut-Nkam* » ;

« *Attendu en effet que l'article 15 alinéas 2 et 3 de la loi n°2004/004 du 21 avril 2004 fixant l'organisation et le fonctionnement du Conseil Constitutionnel dispose : Les décisions du Conseil Constitutionnel sont publiées au Journal Officiel. Elles s'imposent aux pouvoirs publics et à toutes les autorités administratives, militaires et juridictionnelles, ainsi qu'à toute personne physique ou morale* »

« *Qu'il s'agit ainsi des dispositions d'ordre public pouvant être soulevées en tout état de cause et même d'office par les juges* » ;

« *Attendu que les élections du 22 juillet 2007 concernent à la fois les législatives et les municipales ; Qu'ainsi, la sanction de l'élection législative prononcée par le Conseil Constitutionnel au vu des irrégularités relevées dans une commune s'impose à l'élection des Conseillers municipaux de ladite Commune ; Qu'il s'ensuit que le recours est justifié* »[32].

---

[32] V. Jugement n°186/2006/2007/CE du 29 août 2007, NYOBE NYOBE contre État du Cameroun (MINATD et Jean EONE. Dans le même sens, pour les raisons de l'annulation des élections municipales dans la Commune de MESSONDO, V. jugement n°191/206/2007/CE du 29 août 2007, Blaise ISSOLA, Paul Simplice MOUSSI, Christiane EKOH EBOUMBOU contre État du Cameroun (MINATD) et Jean Georges SOP. Pour la Commune de Bana, V. Jugement n°283/2006/2007/CE du 29 août 2007, Jean Débonnaire KALAMBACK KOLLO contre État du Cameroun (MINATD et Joseph KADJI DEFOSSO. Pour la Commune de Douala Véme, V. Jugement n°284/2006-2007/CE du 29 août 2007, Boniface DOUO, Adolphe Joseph DOUMBE et autres contre État du Cameroun (MINATD et Mme Françoise FONING.

Sans entrer dans les détails des quatre autres décisions rendues le même jour et illustrant le ralliement du juge administratif à la solution dégagée par le juge constitutionnel électoral, on peut relever l'utilisation des formules suivantes qui reviennent constamment :

« *Attendu que ces irrégularités rejoignent les constatations ci-après relevées par la Cour Suprême statuant comme Conseil Constitutionnel dans son arrêt n°... du 07 août 2007 par lequel elle a annulé l'élection législative dans la circonscription de...* » ;

« *Attendu en effet que l'article 15 alinéas 2 et 3 de la loi n°2004/004 du 21 avril 2004 fixant l'organisation et le fonctionnement du Conseil Constitutionnel dispose : Les décisions du Conseil Constitutionnel sont publiées au Journal Officiel. Elles s'imposent aux pouvoirs*

Le contentieux des élections parlementaires relevant de la compétence du Conseil Constitutionnel et celui des élections municipales de celle du juge administratif, la plupart des difficultés à trancher dans ces deux contentieux sont semblables et relèvent d'un droit général des élections. Les divergences sensibles entre les deux juridictions auraient été non seulement peu satisfaisantes pour l'esprit, mais encore particulièrement dommageables pour les justiciables.

Il est probable que les cas d'application de la chose jugée par le Conseil Constitutionnel vont se présenter de plus en plus souvent devant la juridiction administrative au-delà de la matière électorale. Étant davantage concernés par les décisions du Conseil Constitutionnel, les avocats et autres praticiens du droit auront alors tendance à les invoquer, ce qui va amener la juridiction administrative à les appliquer.

Ce qu'il est important de noter, c'est que ce phénomène, nouveau dans notre droit, mais familier aux juristes étrangers, est encore limité en matière électorale et surtout univoque. Le Conseil constitutionnel se doit également de se rapprocher des jurisprudences administrative et même judiciaire ou des comptes. Il se doit de tenir grand compte de la jurisprudence ordinaire, dès lors que le juge administratif, le juge judiciaire ou le juge des comptes ont déjà pris position sur des questions qui se posent également à lui. Ce phénomène d'imprégnation de la jurisprudence constitutionnelle par les jurisprudences administratives, judiciaires et des comptes est, en effet, « *un passage obligé pour l'exécution future de ses propres décisions et la réussite de son insertion dans l'ordre juridique* »[33]. Les juges administratifs, judiciaires et des comptes attendent donc du Conseil Constitutionnel, « *eu égard au niveau auquel il intervient, qu'il stabilise et renforce leur jurisprudence ; que leurs notions, principes, concepts dégagés au cours du temps soient (...) revalorisés et protégés face au législateur* »[34]. Ainsi, « *la qualité de la réception des décisions et de la jurisprudence du Conseil Constitutionnel repose sur sa capacité à rendre harmonieuses ses positions avec celles des Cours administratives et judiciaires* »[35].

Pour que le rapprochement ou le dialogue entre les juges constitutionnel et administratif camerounais se réalise aisément et se généralise, ces derniers

---

publics et à toutes les autorités administratives, militaires et juridictionnelles, ainsi qu'à toute personne physique ou morale »

« *Qu'il s'agit ainsi des dispositions d'ordre public pouvant être soulevées en tout état de cause et même d'office par les juges* » ;

« *Attendu que les élections du 22 juillet 2007 concernent à la fois les législatives et les municipales ; Qu'ainsi, la sanction de l'élection législative prononcée par le Conseil Constitutionnel au vu des irrégularités relevées dans une commune s'impose à l'élection des Conseillers municipaux de ladite Commune ; Qu'il s'ensuit que le recours est justifié* ».

[33] Voir, par exemple, B. ENEVOIS, « Continuité et convergence des jurisprudences constitutionnelle et administrative », R.F.D.A., 1992, p.145.

[34] A. DERRIEN, article précité, p.48.

[35] A. DERRIEN, ibidem, p.49.

se doivent d'être attentifs aux jurisprudences des juridictions étrangères qui sont confrontées aux mêmes questions. Les droits étrangers représentent ainsi une intéressante source d'inspiration pour l'évolution souhaitée.

B. Les droits étrangers, une aide pour l'évolution

Le constat de la nécessaire coopération entre le juge constitutionnel et le juge administratif, dans l'exercice de leurs compétences respectives, est aisé à établir en droits béninois[36] et surtout en droit français[37]. Il apparaît important de s'en inspirer pour proposer des solutions susceptibles de mieux éclairer, le moment venu, les juges constitutionnels et administratifs camerounais.

1. Le droit béninois, une source d'inspiration pour l'évolution souhaitée

La Constitution du Bénin contient des dispositions affirmant l'autorité des décisions du juge constitutionnel. Elles « *ne sont susceptibles d'aucun recours. Elles s'imposent...à toutes les autorités....juridictionnelles* »[38]. Le juge constitutionnel béninois en déduit logiquement qu'il exerce une juridiction pleine et entière et que ses décisions sont revêtues de « *l'autorité absolue de la chose jugée* »[39].

Cette autorité absolue de la chose jugée donne aux décisions concernées un caractère obligatoire, même s'il n'est pas toujours sanctionné. Celles-ci pourront alors être respectées si leurs destinataires, en l'occurrence le juge administratif, sont persuadés du bien-fondé de leur contenu. La force obligatoire ne suffit donc pas ; doit s'y adjoindre une force de conviction, une autorité de persuasion.

De même, « *l'autorité de la chose interprétée* »[40], qui concerne la jurisprudence constitutionnelle, est une autorité qui, faute de pouvoir contraindre, se doit de convaincre.

---

[36] V. C. KEUTCHA TCHAPNGA, « Le juge constitutionnel, juge administratif au Bénin et au Gabon ? », article précité.

[37] La doctrine française, par exemple, a examiné pertinemment la question. En ce sens, voir notamment, L. FAVOREU, « L'application des normes constitutionnelles et des décisions du Conseil constitutionnel par le juge administratif (nouveaux développements) », *R.F.D.A.* janvier-février 1989, pp.142-153 ; du même auteur, « L'application des décisions du Conseil constitutionnel par le Conseil d'État et le Tribunal des conflits (bilan provisoire) », même Revue, mars-avril 1987, pp.264-280 et D. ROUSSEAU, *Droit du contentieux constitutionnel,* op.cit. pp.148-149.

[38] Article 124 de la Constitution du Bénin

[39] Décision DDC 02-010 du 07 février 2002, Me AGBANTOU Saïdou, Recueil 2002, p.50.

[40] Cette notion avait été inventée par J. BOULOUIS, « A propos de la fonction normative de la jurisprudence. Remarques sur l'œuvre jurisprudentielle de la Cour de Justice des Communautés européennes », in Mélanges M. WALINE, *Le juge et le droit public*, Tome 1,

Ainsi qu'on a justement fait remarquer à propos de la France, « *l'autorité du Haut Conseil s'impose avec une plus grande légitimité en faisant appel à la seule raison et non à une force extérieure. Son autorité s'appuie sur une force de persuasion, voire de pédagogie et de clarté* »[41].

Le juge administratif, destinataire de la jurisprudence constitutionnelle, est appelé à participer à la reconnaissance de la normativité de celle-ci. Il le fait en appliquant la norme produite, convaincu de son bien-fondé.

Il est tout de même permis de se demander si l'unicité recherchée de l'ordre juridique dans la défense des droits fondamentaux se réalise au Bénin ?

La réponse à cette interrogation nous semble être affirmative, si l'on s'en tient aux propos de Mme Élisabeth KAYISSON POGNON, alors Présidente de la Cour constitutionnelle du Bénin, qui reconnaissait déjà en 1998, que « *les décisions de la Cour sont, dans leur majorité, suivies et appliquées par les autorités concernées. C'est sans doute en cela que l'on peut aujourd'hui apprécier la détermination du peuple béninois à œuvrer effectivement pour l'instauration d'un État de droit* »[42].

En réalité, au Bénin, il n'y a coexistence pacifique entre les deux jurisprudences que consentie. De ce point de vue, l'exemple français paraît plus riche d'enseignements.

2. Le droit français, une remarquable expérience de l'évolution

En France, la globale harmonie des jurisprudences constitutionnelle et administrative est soulignée à l'envie par la doctrine, qui minimise les éventuels désaccords[43] ou les présente comme étant en voie de résolution.

Paris, LGDJ, 1974, p.155. Au sujet du Conseil Constitutionnel français, L. FAVOREU et autres, *Droit constitutionnel*, op.cit. p.335.
On peut utilement faire un parallèle avec l'autorité interprétative de la jurisprudence de la Cour Européenne des droits de l'homme. En effet, on parle là aussi de « *l'autorité de la chose interprétée* » qui est une « *autorité persuasive* » liée « *aux qualités intrinsèques* » de la jurisprudence de la Cour Européenne, ces qualités pouvant être « *la sagesse de la solution, la vigueur de l'argumentaire, la cohésion de la Cour, la continuité de ses orientations, l'accueil favorable réservé aux décisions par la Communauté internationale* (...) », cf. G. ROUHETTE, « L'ordre juridique processuel. Réflexions sur le droit du procès », *Mélanges P. RAYNAUD*, Dalloz-Sirey, 1985, p. 698.

[41] V. H. OBERDORFF, « Le Conseil Constitutionnel », in *Les juridictions suprêmes, du procès à la règle.* Colloque, mai 1990, CERCRID, publications de l'Université de Saint-Etienne, 1991, p.228.

[42] Elisabeth KAYISSON POGNON, « La Cour constitutionnelle et la protection juridique des droits de l'homme en République du Bénin », in *Développement et Coopération*, N°5, septembre-octobre 1998, pp.23-25, spécialement p. 25.

[43] Pour s'en tenir à un exemple topique, le Conseil d'État n'a pas hésité, le 3 juillet 1996 dans l'arrêt Moussa KONE (*R.F.D.A.* 1996, p. 880), à marcher sur les brisées du Conseil Constitutionnel en dégageant un Principe Fondamental Reconnu par les Lois de la République relatif à l'extradition d'un étranger, principe non encore admis par le juge constitutionnel. Ce faisant, le Conseil d'État tend non seulement à venir concurrencer le Conseil Constitutionnel

« *Progressivement,* écrit à juste titre le Professeur Rousseau, *la jurisprudence constitutionnelle pèse sur le raisonnement et le comportement de la juridiction administrative* ». Les Commissaires de gouvernement citent désormais régulièrement dans leurs conclusions, les décisions du Conseil Constitutionnel et invitent le juge administratif à en faire application ; et le Conseil d'État, dans ses arrêts mêmes, se réfère de plus en plus à la jurisprudence constitutionnelle. Il tient compte, pour exercer son contrôle, de l'excès de pouvoir, des réserves interprétatives que le Conseil Constitutionnel émet…

Ainsi, dans l'arrêt Bleton/Sarazin du 16 décembre 1988, le Conseil d'État annule des décrets de nomination de fonctionnaires au motif que l'administration n'a pas appliqué la loi conformément à l'interprétation donnée par le Conseil Constitutionnel et a, de ce fait, commis une erreur manifeste d'appréciation. Il n'hésite pas non plus à faire découler un revirement de jurisprudence d'une décision du Conseil Constitutionnel : dans l'arrêt S.A Ets Outters du 20 décembre 1985, le Conseil d'État se fonde expressément sur la décision du Conseil Constitutionnel du 23 juin 1982 qui qualifie les redevances de pollution de contributions fiscales, pour abandonner sa jurisprudence de 1973 qui qualifiait ces mêmes redevances d'impositions non fiscales »[44].

La juridiction administrative suprême se conforme donc à la chose jugée par le Conseil Constitutionnel dans plusieurs arrêts, même lorsqu'elle n'est pas strictement tenue d'adopter la position prise par celui-ci. En sens inverse, le Conseil Constitutionnel « *n'hésite pas à reprendre à son compte la solution dégagée par la jurisprudence ordinaire lorsque celle-ci est de nature à accorder une protection supérieure à un droit ou une liberté constitutionnellement garantis* »[45].

Une illustration de cette attitude peut être donnée avec la célèbre décision « *Liberté d'association* »[46]. De fait, dans cette décision, le juge constitutionnel s'est rallié à la solution dégagée par le Tribunal administratif de Paris en date du 25 janvier 1971[47], position conforme par ailleurs à la

---

sur son propre terrain, mais encore à s'arroger le pouvoir de contrôler la conformité d'un traité à la Constitution. Cet arrêt KONE, vivement critiqué par la doctrine (V. L. FAVOREU, R.F.D.A. n°5, p. 882), évoque davantage l'idée de « *guerre des juges* » qu'une « *situation irénique de coopération entre les divers ordres de juridiction* », selon M. O. CAYLA, « Le coup d'État de droit ? », Le Débat, n°100, mai-août 1998, pp. 108 et suivantes.

[44] D. ROUSSEAU, *Droit du contentieux constitutionnel*, op.cit. pp.148

[45] V. C. SEVERINO, *La doctrine du droit vivant*, Economica-PUAM, Collection « Droit public positif, 2001, 282 pages, pp. 230 et suivantes.

[46] On consultera avec grand profit la décision ainsi que la note sous cette décision n°71-44 DC, du 16 juillet 1971 de J. RIVERO, *Le Conseil constitutionnel et les libertés*, Economica-PUAM, Coll. Droit public positif, 1987, pp.9-25.

[47] V. Dans un jugement fortement motivé, le Tribunal administratif de Paris avait annulé la décision de refus par le Préfet de police du récépissé de déclaration de l'association des Amis de la Cause du Peuple, déposée par ses dirigeants. Le Ministre de l'Intérieur, sans doute

jurisprudence antérieure du Conseil d'État, en censurant la disposition législative contestée au motif qu'elle créait un contrôle préalable dont dépendrait la validité de l'association.

On constate qu'au fil du temps, les divergences entre les jurisprudences constitutionnelle et administrative en France se sont estompées et que « *s'il est des périodes où une juridiction émet, il en est d'autres où elle reçoit, ou bien que, tandis qu'elle émet certaines constructions, elle en reçoit d'autres* »[48].

La convergence recherchée par les deux juridictions s'explique, nous semble-t-il, par la poursuite d'un objectif commun : celui d'assurer une meilleure protection aux droits fondamentaux ; tant il est vrai que « *coopérer n'est pas abdiquer, mais participer à une œuvre commune* »[49].

Dès lors que l'on envisage les choses sous cet angle, l'abandon par des juridictions suprêmes, sur l'autel des droits fondamentaux, d'une part de leur souveraineté se comprend mieux.

Aussi paraît-il tout à fait pertinent d'évoquer *le dialogue* contemporain du Conseil Constitutionnel français et de la Haute Juridiction Administrative[50], dialogue que l'on souhaite vivement voir se généraliser, au-delà de la matière électorale, entre le Conseil Constitutionnel camerounais et les juridictions suprêmes judiciaires, des comptes et administratives.

---

conscient du bien-fondé juridique du jugement, n'en appela pas au Conseil d'État, mais au Parlement. Puisque le Tribunal administratif donnait de la loi une interprétation irrécusable, mais contraire à celle que soutenait le Ministre, il suffisait pour le Ministre de changer quelques dispositions de la loi de 1901 sur la liberté d'association. V. le texte de ce jugement in A.J.D.A. 1971, p.229.

[48] V. Vera MORALES, « La protection juridictionnelle des droits fondamentaux : Révélation d'une entente conceptuelle », article précité, p.13.

[49] D. ROUSSEAU, « Les transformations du droit constitutionnel sous la Vème République », R.D.P. 1998, pp. 1781-1793, notamment p.1793.

[50] V. P. DELVOLVE, « Le Conseil Constitutionnel, juge administratif », Mélanges B. JEANNOT, Paris, Dalloz, 2002, pp. 55-75, notamment p. 75.

L'insécurité juridique en matière constitutionnelle

Questionnement sélectif sur l'articulation et la pratique constitutionnelles au Cameroun

Jean Calvin ABA'A OYONO
Chargé de Cours à l'Université de Yaoundé - II

Pour paraphraser Danièle Loschak, le droit serait de plus en plus, sous certains cieux, *« le discours* (d'imperium) *du pouvoir ».* Cette assertion, qui innerve progressivement aussi bien le droit constitutionnel que la science politique, trouve un terrain d'élection dans un Cameroun au présidentialisme ancré[1], visiblement régulateur de tout le phénomène du commandement dans l'État[2].

Le sommet exécutif, pour ainsi corroborer le dicton des juristes et politistes, a une maîtrise absolue du processus de validation de la norme fondamentale. Le mémorable débat sur le mode de désignation du Président de la République demeure sculpté dans l'esprit, au point d'apparaître comme le plus récent argument historique.

---

[1] J. GICQUEL, « Le présidentialisme négro-africain, l'exemple camerounais », in *Le pouvoir, Mélanges offerts à Georges BURDEAU,* paris, L.G.D.J. 1977, pp. 701-725 ; J. OWONA, *Droit constitutionnel et régimes politiques africains*, paris, Berger-Levrault, 1985 ; « Le pouvoir exécutif », in *Encyclopédie juridique de l'Afrique,* Tome I, NEA, 1982, pp. 97-115 ; M. KAMTO, *Pouvoir et Droit en Afrique Noire,* L.G.D.J, 1987 ; P-F. GONIDEC, « Constitutionnalismes africains », *RADIC,* 1(1996), p. 50 et s ; A. D. OLINGA, « Cameroun : vers un présidentialisme démocratique. Réflexion sur la révision constitutionnelle du 23 Avril 1992 », *RJPIC*, n°04, oct-déc. 1992, pp. 419 et s ; *La Constitution de la République du Cameroun*, presses de l'UCAC, Yaoundé, 2006, 326 p.

[2] La régulation présidentielle n'est pas entendue ici dans le sens de CROZIER, qui définit la notion comme *« l'action des mécanismes correcteurs qui maintiennent un système en vie ».* Il convient plutôt de regarder le concept dans le sens d'un pouvoir fort et monocentré, car le Président de la République tient l'ensemble des leviers du pouvoir dans l'État, avec ce que cela entraîne comme faculté d'orientation.

La trajectoire institutionnelle qui retrace l'édiction de la mouture initiale de la Constitution de 1972, depuis lors en constante reformulation[3], fait aujourd'hui observer d'incohérentes variations dans l'expression politique du droit public.

D'une part, l'indigeste longévité d'un régime a sans doute fondé, pour la salutaire cause d'alternance démocratique, l'institution de la limitation du mandat présidentiel en janvier 1996[4].

L'usure du temps semble encore loin de vaincre localement cette conception de l'exercice du pouvoir en continu, même après des décennies. La psychologie gouvernante ne paraît non plus moduler ses « *grandes ambitions* » politiques en fonction des vents contraires impulsés par ce peuple assoiffé d'un air nouveau. La remarquable contestation populaire dite des « *émeutes de la faim* », en fin février 2008 dans les villes de Douala, Yaoundé et ailleurs, est véritablement la marque de la surdité du pouvoir face aux revendications légitimes contre la levée de verrou constitutionnel de la limitation du mandat présidentiel. Des jeunes compatriotes y ont payé de leurs vies le sacrifice suprême d'essuyer les balles réelles des forces de sécurité publique, tandis que les plus chanceux se faisaient incarcérer par une justice plus prompte à sanctionner le vulnérable citoyen[5] et non le gouvernant auteur du crime.

---

[3] J. OWONA, « La réforme politique et constitutionnelle en République Unie du Cameroun », *RJPIC*, 4/1975, pp. 486-510 ; F. MBOME, « Réflexions sur la réforme constitutionnelle du 9 juin 1979 au Cameroun », Rec. *Penant*, 773 (juillet-septembre 1981), pp. 34-47 ; « Les expériences de révision constitutionnelle au Cameroun », *Penant*, janvier-avril, 1992, pp. 215 ; E. MBARGA, « La réforme des articles 5 et 7 de la constitution de la République unie du Cameroun », Penant, 769 (juillet- sept 1980), pp. 262-287 ; Etienne Ch. LEKENE DONFACK, « La révision des constitutions en Afrique », *RJPIC*, 1989 ; Ph. MANGA, « Réflexions sur la dynamique constitutionnelle en Afrique », *RJPIC*, 1(1994), pp. 46-69 ; M. KAMTO, « Dynamique constitutionnelle du Cameroun indépendant », *RJA*, 1995/1, 2 et 3, pp. 7- 49 ; « Révision constitutionnelle ou écriture d'une nouvelle Constitution », *lex lata* n° 023-024, fév.-mai 1996, pp 17-20 ; M. ONDOA, « Commentaire de la loi n° 96-06 du 18 janvier 1996 portant révision de la Constitution du 2 juin 1972 », *Juridis- périodique*, 95 (1996), pp. 11.14 ; S. MELONE, A. MINKOA SHE et L. SINDJOUN (Direction), *La réforme constitutionnelle du 18 janvier 1996 au Cameroun . Aspects juridiques et politiques*, GRAP/ Friedrich Ebert, Yaoundé, 1996 ; M. NGUELE ABADA, « Rupture et continuité constitutionnelles en République du Cameroun : Réflexions à propos de la réforme constitutionnelle du 18 janvier 1996 », *RJPIC*, n°3, sept- oct. 1996, pp.272-293 ; F. NKOT, « Révision constitutionnelle du 18 janvier 1996 ; commentaire de quelques « avis informés », *Penant*, 1998, pp. 80-102.

[4] L'initial article 6, alinéa 2 de la loi n°96-06 du 18 janvier 1996 portant révision de la Constitution du 2 juin 1972 disposait : « *le Président de la République est élu pour un mandat de sept(07) ans renouvelable une fois* » ; lire aussi A. LOADA, « La limitation du nombre de mandats présidentiels en Afrique francophone », *Afrilex.*, n°03, 2003, pp. 139-174.

[5] La récolte des salaires revalorisés, dont se prévalent aujourd'hui les fonctionnaires et autres agents publics, consécutivement à l'action de ces martyrs, n'impose-t-il pas un devoir de mémoire à ces profiteurs silencieux ?

La gestion politique des crises n'est d'ailleurs pas à sa première négation de la source populaire du pouvoir au regard des morts du 26 mai 1990 à Bamenda à l'occasion de la marche pour le lancement des activités du SDF, de la condamnation de Me Yondo Black et de ses compagnons pour tentative de création d'un parti politique d'opposition, de l'affaire Célestin Monga-Pius Njawe causée par une « *lettre ouverte* » de Monga au Président de la République et publiée dans l'hebdomadaire Le Messager dont Njawe était le directeur de publication, des violences orchestrées par la revendication d'une tenue de la Conférence Nationale Souveraine exigée par la « *coordination de l'opposition* », de la répression des étudiants réunis au sein du « *parlement* » qui soutenait ouvertement les idées de l'opposition...

Pour ce qui est précisément des événements de février 2008, le Président de la République opposera une fin de non-recevoir à la contestation du projet de modification du régime du mandat présidentiel[6]. Il en est d'autre part résulté, en dehors de tout cadre démocratique ou à tout le moins consensuel, l'unilatérale révision constitutionnelle du 14 avril 2008 qui a eu pour effet de reconsidérer les certitudes d'« *alternance démocratique* » susvisée par réintroduction mécanique du mandat *ad vitam aeternam*[7]. Le Président de la République développe son flux autoritaire[8].

N'est-ce pas là un discours du pouvoir qui, hier, instaurait une chose et, aujourd'hui, consacre son contraire dans le même texte de la Constitution ? Cet échantillon tenant à la carence de lisibilité dans la logique constitutionnelle devrait-il par ailleurs confiner à la perplexité ?

Assurément pas. Car ce tripatouillage de la norme fondamentale nourrit plutôt la réflexion, la science juridique s'accommodant d'une forme de sédition lorsque le discours du pouvoir se révèle lénifiant.

Comment en effet se priver de décrier les tares dans la construction de l'État de droit ? La norme faîtière d'un État moderne peut-elle permanemment raisonner au chant de l'instabilité, signe précurseur de l'insécurité juridique ? La Constitution se distingue pourtant, contrairement à la loi ou aux décisions réglementaires ou individuelles, par sa résistance

---

6 *« Nous allons réexaminer les dispositions de notre constitution qui mériteraient d'être harmonisées avec les avancées récentes de notre système démocratique afin de répondre aux attentes de la grande majorité de notre population »*, dit-il lors de son traditionnel discours à la nation le 31 décembre 2007.

7 Le nouvel article 6, alinéa 2 de la loi n°2008-001 du 14 avril 2008 modifiant et complétant certaines dispositions de la loi n°96-06 du 18 janvier 1996 portant révision de la constitution du 2 juin 1972 dispose : *« le Président de la République est élu pour un mandat de sept(07) ans. Il est rééligible »*. Lire également A. D. OLINGA, (Initiatives de gouvernance citoyenne), *La révision constitutionnelle du 14 Avril 2008 au Cameroun*, Yaoundé, 2008 ; A. CABANIS/M. Louis Martin, « La pérennisation du Chef d'État : l'enjeu actuel pour la constitution D'Afrique Francophone », *Mélanges SLOBODAN MILACIC*, Bruxelles, Bruylant, 2008.

8 J. MOUANGUE KOBILA, « Peut-on parler d'un reflux du constitutionnalisme au Cameroun ? », *Revue Africaine des sciences juridiques*, vol. 6, n°1,2009, pp. 267-306.

tenant à l'aménagement conséquent des heurtoirs destinés à contrer la poussée des aspirations égoïstes des gouvernants, gage d'une sécurité juridique des prérogatives des citoyens et du statut du pouvoir même. De quoi s'agit-il dans ce dernier cas ?

Paul-Gérard Pougoué en donne la réponse[9]. A la base se trouve posé le problème de la définition du concept de « *sécurité*... (Qui) *signifie exempt d'inquiétude, de danger. La sécurité est donc un état résultant de l'absence d'une impression de danger, en d'autres termes, la situation objective correspondant à l'absence réelle de danger* ».

Saisie par le droit, la notion se meut en une expression qu'est la sécurité juridique, c'est-à-dire, en fin de compte, l'éventail des droits consacrés à l'échelle constitutionnelle et que la « *jurisprudence féconde* » garantit à la jouissance des destinataires. Si la Sécurité Juridique procède de l'instauration des mesures normatives visant à prévenir et à endiguer les dangers éventuels ou certains encourus, on peut dire que le droit camerounais, à défaut d'instituer formellement le principe français de précaution[10], intègre pour le moins le raisonnement de précaution dans sa lettre[11].

De ce point de vue, le Cameroun est donc habillé, à première vue, de quelques attributs formels de la sécurité juridique. Le pays est en effet régi par une constitution. Mais à l'observation attentive, on est parfois amené à déchanter en philosophant sur certaines dispositions constitutionnelles. On y découvre, par moment, une sorte de saupoudrage qui révèle l'inédite insécurité juridique.

Dès lors se pose le problème de savoir en quoi la loi fondamentale de l'État expose paradoxalement ses sujets à des dangers. L'insécurité véhiculée par la Constitution tient non seulement à certains agencements constitutionnels en perte consubstantielle d'intensité (**I**), mais également à cette justice constitutionnelle décidément transparente (**II**).

---

[9] « Les figures de la sécurité juridique », Revue africaine des sciences juridiques, vol. 4, n°1, 2007, pp. 1-8.

[10] L. BOY, « Le principe de précaution, de la morale au droit », la recherche (326), Décembre 1999, pp. 86 et s ; « La nature juridique du principe de précaution », *Nature, Science, Société*, 1999, vol. 7, n°3 ; A. ROUYERE, « L'exigence de précaution saisie par le juge. Réflexions inspirées par quelques arrêts du Conseil d'État », *RFDA*, 16(2), mars-avril 2000, pp. 266-287 ; Actes du colloque du 10 décembre 1999 au palais du Luxembourg sur *Le principe de précaution*, petites affiches, n° 239, 30 novembre 2000, pp. 3-71.

[11] J. C. ABA'A OYONO, « La mélopée de la précaution dans les sécrétions du droit public interne du Cameroun », *Juridis-périodique*, n°66, avril-mai-juin 2006, pp. 67-91.

I. La reculade consubtantielle des agencements constitutionnels

La Constitution révisée le 18 janvier 1996 définit, avec force normative dans son préambule[12], le domaine des droits et libertés que le pouvoir a l'obligation de concéder aux gouvernés[13]. Ce pouvoir d'État, quant à lui, voit son statut davantage clarifié à travers le dispositif constitutionnel.

L'agencement constitutionnel est cependant curieusement peu cohérent à maints égards. Par le fait même du constituant, ce que l'on pensait admettre comme une avancée juridique se révèle plutôt un pas de recul ou mieux de la stagnation. Ainsi en est-il de la branche des droits individuels qui est sciée par la norme constitutionnelle par essence protectrice (**A**) et des forces institutionnelles, constitutionnellement autonomisées, rendues cependant myopathiques par la déification présidentielle (**B**).

A. Le ver dans le fruit des prérogatives individuelles

La Constitution est, en certains points, liberticide. Le loup est introduit dans la bergerie lorsque l'égalité qui gouverne l'allocation et la jouissance des droits est discriminée (**1**). Par ailleurs, la liberté, consacrée de prime abord, reste et demeure enfermée (**2**).

1. L'égalité discriminée

Le droit est dynamique par nature. Sa vitalité découle de la perspicacité des justiciables qui permettent ainsi au juge, par l'activation du droit de saisine, d'éclairer et de dire la norme obligatoire. Et l'actualité française en donne la mesure.

Le feuilleton médiatique de la fin janvier 2011 rappelle l'histoire, encore ahurissante dans l'espace culturel du Cameroun, de deux femmes françaises résolument engagées dans la bataille juridique. Corinne Cestino, pédiatre, et sa compagne Sophie Hasslauer, plasticienne, vivent sous un même toit, à l'image d'un couple naturel qui consomme le mariage ou le concubinage. Elles manifestent la ferme volonté de se lancer, entre elles, dans le lien du mariage, afin de faciliter, surabondamment, l'adoption de leurs quatre enfants forcément issus de précédentes relations intimes d'avec des êtres humains de sexe masculin.

---

[12] Hormis les énoncés de doctrine politique qui n'ont aucune valeur juridique, le reste des mentions du préambule, conformément aux prescriptions de l'article 65 de la constitution, « *fait partie intégrante de la constitution* ». Comment en serait-il d'ailleurs autrement si tant est que l'essentiel des droits consacrés n'est que la réception explicite des droits contenus dans les conventions internationales auxquelles fait partie le Cameroun ?

[13] A. D. OLINGA, « L'aménagement des droits et libertés dans la constitution camerounaise révisée », *RUDH*, vol. 8, 4-7, pp. 116-126.

L'hostilité rencontrée en amont et en aval de l'officier d'état civil et du juge initial conduit les dames à donner vie aux dispositions pertinentes du droit constitutionnel processuel. La révision constitutionnelle du 23 juillet 2008 en France a en effet introduit, dans le texte de la Constitution, un article 61-1 qui crée la question prioritaire de constitutionnalité. Cette réforme ouvre aux citoyens le droit de contester la constitutionnalité d'une loi promulguée à l'occasion d'un procès[14]. Le juge transmet la QPC[15] à la Cour de Cassation ou au Conseil d'État. Le Conseil Constitutionnel peut en être saisi par les hautes juridictions judiciaire et administrative.

Par-delà le problème des règles processuelles devant la juridiction politique[16], on retient simplement que le Conseil Constitutionnel a tranché, en date du 28 janvier 2011, pour l'interdiction du mariage homosexuel, la prohibition, selon les sages, étant conforme à la Constitution du 04 octobre 1958[17].

Cette discussion juridique, loin d'être simplement rhétorique, s'est désormais exportée dans la sphère du droit national. Durant seulement dix minutes d'entretien, le Ministre des Relations Extérieures, Eyebe Ayissi Henri, avait exprimé au chef de la délégation de l'Union Européenne, Raul Matéus Paula, la position du gouvernement camerounais relative à la désapprobation du financement européen des associations homosexuelles. Ces dernières, arguait-il, « *...violent les lois camerounaises* »[18] en matière de mariage.

Si, selon le Ministre, « *le peuple camerounais n'est pas prêt, ni disposé d'aller dans ce sens du développement des pratiques (homosexuelles) sur son territoire* », les gays, par la voix même de leur défenseur avocate de formation, Me Alice Nkom en l'occurrence, soutiennent que la Constitution révisée du 18 janvier 1996 prescrit l'égalité des droits et des devoirs, « *sans*

---

[14] C'est le contrôle a posteriori qui se distingue du contrôle a priori, lequel porte, dans ce dernier cas, sur la vérification de constitutionnalité la loi non promulguée, réservée à quelques autorités publiques administratives et législatives déterminées à l'article 62, paragraphe 2 de la constitution du 04 octobre 1958.

[15] Abréviation usuelle de la Question Prioritaire de Constitutionnalité.

[16] La loi organique n°2009-1523 du 10 décembre 2009 relative à l'application de l'article 61-1, complétée par Décret n°2010-148 du 16 février 2010, a défini l'architecture du dispositif juridictionnel et les règles de procédure selon lesquelles le Conseil Constitutionnel pourra être saisi des QCP soulevées à l'occasion des litiges noués devant les deux ordres de juridiction.

[17] Le 16 novembre 2010, la Cour de Cassation a transmis au Conseil Constitutionnel une question prioritaire de constitutionnalité sur le sujet. Dans la décision sus-relevée du 28 janvier 2011, le Conseil Constitutionnel considère que les articles 75 et 144 du Code Civil, qui expriment une conception exclusivement hétérosexuelle du mariage, ne sont pas inconstitutionnels, au regard de la constitution française. Selon cette décision, la question du mariage homosexuel appartient au domaine politique et ne relève pas du juridique : le Conseil n'a pas à décider de la justesse du mariage homosexuel à la place du législateur qui se doit de prendre ses responsabilités.

[18] Cf. *Cameroon Tribune* du vendredi 14 janvier 2011, p. 8.

distinction de race, de sexe » et que ces « *droits* (sont) *inaliénables et sacrés* ».

L'étiquette de marginaux que l'on peut opposer aux homosexuels, à raison de l'invocation ministérielle du *« peuple camerounais »*, est renforcée par la levée de boucliers de l'épiscopat, rendue publique au terme du 34e séminaire annuel tenu à Garoua : « *les évêques, ayant appris l'octroi d'un important don en argent par l'Union Européenne des associations d'homosexuels au Cameroun, disent leur désapprobation et leur indignation... Dieu est amour, il veut que l'homme vive cet amour* (qui) *peut s'exprimer dans le couple de l'homme et de la femme unis dans le mariage. Les évêques exhortent les fidèles chrétiens et tous les hommes de bonne volonté à rester fidèles à cet engagement qui élève l'être humain* »[19].

Le double appel de l'exécutif et de l'église catholique romaine contre les adeptes de la sexualité contre nature n'est pas resté lettre morte aux yeux de l'opinion. Car une mobilisation avait par la suite donné lieu à une marche en date du 5 février 2011, agrémentée de tracts et de pancartes, au cours de laquelle des hommes et une majorité de femmes convergeaient vers la préfecture du Mfoundi, à l'effet d'expédier au Président de la République un mémorandum, via le Préfet Jean Claude Tsilla, dont l'objet est le bannissement de l'homosexualité[20]. Le combat juridique est-il un affrontement physique que la majorité entend opposer à la minorité des gays ?

Dans l'interstice de l'articulation constitutionnelle, en plus de l'évident argument sus-évoqué tiré de l'égalité des droits, et que la jurisprudence administrative féconde a érigé en principe général du droit, les homosexuels, quoique peu nombreux, entendent sortir du bois en justifiant leur manière de vivre par cet autre agencement normatif de la Constitution qui opère le glissement vers l'insécurité juridique : « *l'État assure la protection des minorités et préserve les droits des populations autochtones conformément à la loi* ».

Nul besoin d'insister sur les domaines rationae personae et rationae materiae de cette formule de la Constitution. Ab initio, elle vise à contrecarrer les appétits fonciers des allogènes qui entraînent la marginalisation généralement active des natifs sur le sol de leurs ancêtres[21]. En revanche, les homosexuels invoquent la lettre du préambule et exigent

---

[19] Cf. *Cameroon Tribune* du lundi 17 janvier 2011, p. 16.

[20] Cf. *Quotidien Le Jour* du Lundi 07 février 2011, p. 3.

[21] R. G. NLEP, « Le juge de l'administration face aux droits fondamentaux en Afrique : le cas du Cameroun », *Leçon inaugurale prononcée à l'occasion de la rentrée solennelle des Universités camerounaises*, Université de Douala, 1997/1998, 30 pages ; A. D. OLINGA, « La protection des minorités et des populations autochtones en droit public camerounais », *RADIC*, 10 (1998), pp. 271-291 ; J. NJOYA, « La constitutionnalisation des droits des minorités au Cameroun : usage politique du droit et phobie du séparatisme », *Juridis-périodique*, n°37, Janvier-mars 1999, pp.37-49.

l'application des garanties constitutionnelles liées au statut de « *minorité* », fût- elle sexuelle. Incontestablement donc, ils sont minoritaires dans la culture nationale des relations sexuelles. L'interprétation extensive de la pensée du constituant ouvre la voie à cette qualité quantitative ou numérique.

Se pose inévitablement la question de savoir comment la Constitution a-t-elle pu, simultanément, consacrer l'égalité et la discrimination dans les prérogatives individuelles[22] ? Ces conditions de rédaction du texte ne sont-elles pas de nature à installer un sentiment d'insécurité juridique ?

Dans certains États, le mariage homosexuel, appelé en Argentine « *matrimonio egualitario* » ou mariage égalitaire, est validé au plan du droit[23]. Il n'est alors pas exclu que la jurisprudence constitutionnelle future du Cameroun s'aligne sur ces précédents en application pure et simple du principe de *« protection des minorités »* sexuelles. D'ailleurs, le débat bat son plein à l'heure actuelle[24]. L'insécurité juridique irait grandissante si les homosexuels, éventuellement sécurisés par le juge, venaient à prendre la mesure de cet autre aspect du préambule constitutionnel qui prescrit : *« la nation protège la famille..., base naturelle de la société humaine ».*

Ceux-ci étant dans l'impossibilité physiologique de concourir à la multiplication de l'espèce humaine, cette articulation de la Constitution fait ipso facto voler en éclat *« la protection des minorités ». « La protection de la famille »* ne peut être réalisée que par la seule action de l'union de l'homme et de la femme. Les unions unisexuelles, on en conclut aisément, se retrouvent hors du circuit institutionnel.

---

[22] S. H. NNANGA, « La protection des minorités : principe constitutionnel de perfectionnement du principe d'égalité ou consécration de la dictature des minorités ? », *Revue Africaine des droits de l'homme*, vol.9. 2(2000), pp. 14 et s. Lire également, sur un plan plus général, J. Mouangue Kobila, « droit de la participation politique des minorités : l'application de la prise en compte de la composition sociologique de la circonscription dans la constitution des listes de candidats aux élections au Cameroun », *RFDC*, Vol. 75, juillet 2008, pp. 629-664 ; *la protection des minorités et des peuples autochtones au Cameroun. Entre reconnaissance interne contrastée et consécration universelle réaffirmée*, Editions Dianoïa, Paris, 2009, 296 pages.

[23] Au 28 février 2011, dix pays ont légalisé le mariage homosexuel : les Pays-Bas en 2000, la Belgique en 2003, l'Espagne en 2005, le Canada en 2005, l'Afrique du Sud en 2006, la Norvège en 2008, la Suède en 2009, le Portugal, l'Islande et l'Argentine, tous, en 2010, auxquels s'ajoutent cinq États des États Unis (le Massachussetts le 17 mai 2004, le Connecticut le 10 octobre 2008, l'Iowa le 27 avril 2009, le New Hampshire le 1er janvier 2010, le Vermont en 1999 et en dehors de toute injonction judiciaire comme fût le cas des précédents États, la ville de Washington D.C en 2009 pour la reconnaissance et 2010 pour l'autorisation de le célébrer) et la ville de Mexico le 22 décembre 2009.

[24] Albanie : annonce gouvernementale d'un projet de loi depuis juillet 2009 ; Allemagne : affrontement des thèses entre les partis politiques ; Autriche : loi sur le *« concubinage officiel »* du 1er janvier 2010 qui laisse une brèche aux couples de même sexe ; France ; Grande Bretagne : un *« Civil partnership »* accorde aux couples homosexuels la grande majorité des droits reconnus aux couples hétérosexuels mariés ; Grèce et Luxembourg.

Discriminer en même temps que l'on égalise participe insidieusement et subrepticement d'une insécurité que la Constitution aménage par ailleurs à travers la rétention de la liberté.

2. La liberté enfermée

Les 20, 21, 22, 23, 24, 25 et 26 août 1789, l'Assemblée Nationale constituante française a adopté un texte fondamental, dans la matière des libertés publiques notamment, connu sous l'intitulé de Déclaration des Droits de l'Homme et du Citoyen[25]. Le 8 août 1791, l'Assemblée décida d'insérer la déclaration en tête de la constitution de 1791. Celle du 4 octobre 1958 ne déroge pas nécessairement à la pratique puisqu'elle perpétue la tradition juridique[26].

La Déclaration française, qu'il faut bien distinguer de la Déclaration onusienne, contient un article IV suffisamment explicite sur la notion juridique de liberté. On y lit en effet que « *la liberté consiste à pouvoir faire tout ce qui ne nuit pas à autrui : ainsi l'exercice des droits naturels de chaque homme n'a de bornes que celles qui assurent aux autres membres de la société la jouissance de ces mêmes droits* ».

Le réflexe du mimétisme juridique, nourri par le poids colonial, est perceptible dans la rédaction du préambule de la Constitution du Cameroun même si cette dernière ne fait pas grand cas de la dimension conceptuelle : « *la liberté et la sécurité sont garanties à chaque individu dans le respect des droits d'autrui…* ». Le constituant ne pêche nullement en soumettant l'exercice par X de sa liberté à l'obligation de prise en compte de la jouissance par Y de sa même liberté, puisque X et Y « *sont égaux en droits…* ». Il y a par contre lieu de s'inquiéter, ce qui apparaît comme l'alerte de l'insécurité, lorsque la Constitution parachève l'usage de la liberté dans le respect supplémentaire de « *…l'intérêt supérieur de l'État* ». A quoi correspond l'État ?

Organiquement, l'État en question renvoie, d'une part, à l'ensemble des citoyens qui sont constitutionnellement confinés dans leur périmètre respectif de jouissance de la liberté. La coexistence pacifique en est donc la condition sine qua non de la manifestation de chaque prérogative individuelle.

L'État correspond, d'autre part, au gouvernant qui déborde la qualité de citoyen stricto sensu de par ses attributs du pouvoir organisé, lequel constitue l'un des critères constitutionnels de l'entité étatique. En conséquence, l'expression de la liberté, conformément à la Constitution, est soumise à la stricte observation « *de l'intérêt supérieur…* » Du détenteur du

---

[25] Extrait du procès-verbal du 1er octobre 1789- Collection « *procès-verbal de l'Assemblée Nationale* », imprimé par son ordre, Tome cinquième, Chez Beaudouin, imprimeur de l'Assemblée Nationale.

[26] La première phrase du préambule dispose : « *Le peuple français proclame son attachement aux Droits de l'Homme et principes de souveraineté nationale tel qu'ils ont été définis par la Déclaration de 1789…* ».

pouvoir. Si les citoyens se situent constitutionnellement sur un plan horizontal, car ils « *sont égaux* », le citoyen et le gouvernant ont des relations verticales qu'autorisent aussi bien cette expression dangereuse d'« *intérêt supérieur de l'État* » que la pratique constitutionnelle.

A l'évidence, il s'agit d'une mention liberticide qui met sous une constante pression le titulaire de la liberté formelle, qui hésite et se résigne même à l'usage chaque fois qu'il songe à son corollaire qu'est la sempiternelle préservation de « *l'ordre public* » brigué comme épouvantail par l'autorité administrative. Si la considération de l'ordre public devient la règle et que la liberté soit reléguée au rang de l'exception, la Constitution annihile par là même ce fruit de la liberté qu'elle est censée conserver.

Le titulaire de la liberté découvre cette constante dans la Constitution : « *tout homme a le droit de se fixer en tout lieu et de se déplacer librement sous réserve des prescriptions légales relatives à l'ordre et à la sécurité et à la tranquillité publique* » [27]. La liberté de mouvement du citoyen à l'intérieur du territoire national est potentiellement mise entre parenthèses, et donc menacée, par une contrainte davantage politique que juridique.

Et comme droit et politique ne font pas nécessairement bon ménage, même la liberté d'opinion, quel qu'en soit le domaine, s'en trouve enfermée par la Constitution de l'État moderne qui se veut pourtant libéral : « *nul ne peut être inquiété en raison de ses origines, de ses opinions ou croyances en matière religieuse, philosophique, ou politique sous réserve du respect de l'ordre public…* ».

La démultiplication constitutionnelle du verrou de l'ordre public, qui fragilise ainsi l'usage de la liberté, a certainement facilité les dérives observées dans la pratique administrative de la norme fondamentale. Ceux des citoyens qui désirent exprimer leur liberté d'attachement à la politique et à la personne du Président de la République, par des marches de soutien sur la voie publique, bénéficient de la bienveillance des garants de l'ordre public. À l'opposé, ceux de leurs compatriotes qui s'estiment en droit d'exprimer également leur liberté constitutionnelle de contestation de la gestion de la cité et même de la personne du Président de la République, par de similaires marches de protestation pacifique sur la voie publique, sont stigmatisés par les autorités administratives qui leur opposent des interdictions de manifester fondées sur la menace de trouble de l'ordre public. L'État totalitaire étale incontestablement la mesure de la dictature juridico-politique qui grève l'expression de la liberté.

---

[27] On signale au passage cette réception défectueuse de l'expression française d'ordre public qui correspond pourtant, de manière classique, à un triptyque : la sécurité qui signifie la prévention des dangers susceptibles de menacer les citoyens dans leurs vies et dans leurs biens, la tranquillité, c'est-à-dire la garantie de la paix sociale et la salubrité publique qui est la garantie de l'hygiène environnementale. En distinguant l'ordre public de la sécurité publique et même de la tranquillité publique, le constituant fait une navigation juridique à vue qui n'est pas de nature à sécuriser la condition juridique de la liberté.

L'ordre public est donc une donnée à géométrie variable. Sa mise en œuvre administrative phagocyte la liberté qui n'apparaît plus protégée comme le fait miroiter la Constitution. L'obtention de son maniement confère un régime de faveur à certains au détriment des autres. L'ordre public induit la régulation de l'expression des droits par les humeurs des gouvernants.

Les marches de soutien sus relevées sont pourtant susceptibles de porter atteinte à l'ordre public. Qu'est-ce qui peut donc justifier leur perméabilité systématique alors même que les frustrations accumulées par les prohibitions automatiques incitent des citoyens constitutionnellement « *égaux en droits* » à s'observer en chiens de faïence, prémices d'un affrontement physique entre privilégiés et bannis du système ?

La constitutionnalisation de l'ordre public, à l'usage quotidien de l'autorité administrative qui commet alors un détournement du pouvoir, s'avère un facteur prohibitif de la liberté. Et la liberté de disposer d'un bien matériel n'est pas en reste de cette faiblesse du constitutionnalisme.

« *La propriété est le droit d'user, de jouir et de disposer des biens garantis à chacun par la loi. Nul ne saurait en être privé si ce n'est pour cause d'utilité publique et sous la condition d'une indemnisation dont les modalités sont fixées par la loi* ».

Si l'on s'accorde entièrement sur le principe selon lequel l'intérêt de la collectivité entière prime sur un intérêt strictement personnel, que le citoyen tient d'un immeuble dont il est le propriétaire, les modalités de la dépossession pour cause d'utilité publique se doivent par contre de compenser la perte subie. Si séduisante soit-elle, la condition d'indemnisation libellée telle quelle par la Constitution suscite des interrogations.

L'exproprié bénéficie-t-il de l'indemnisation a priori ou a posteriori ? Et quelle en est la quotité ? L'omission constitutionnelle de ces caractères attachés à la procédure de transfert autoritaire ou forcée du bien fragilise considérablement l'idée de protection du droit de propriété. L'exproprié ne sait parfois plus à quel saint se vouer lorsqu'en dépit des démarches administratives d'apurement des droits l'autorité publique ne construit pas l'ouvrage public et n'indemnise point. La victime de l'inertie administrative qui se rabat vers la main experte du juriste approprié est en plus confrontée à la longue et onéreuse bataille imposée par le contentieux administratif.

Certes, la Constitution a pris le modeste soin de renvoyer au législateur les modalités de fixation de l'indemnité compensatrice. Mais la panoplie de lois inconstitutionnelles qui polluent l'environnement juridique du Cameroun n'est pas de nature à rassurer l'exproprié. La plénitude dans l'utilisation de la compétence aurait pourtant conduit le constituant à régler d'office ces carences constitutionnelles liées à l'indemnisation préalable et à la réparation intégrale du préjudice[28].

---

[28] Le constituant français a compris cette philosophie du droit lorsqu'il fixe à l'article 17 de la Déclaration de 1789 : « *La propriété étant un droit inviolable et sacré, nul ne peut être privé,*

Même dans le contexte français d'ancrage de la culture constitutionnelle, le législateur ne bénéficie pas nécessairement de la confiance absolue dans la délégation des attributions. Par méconnaissance de son propre potentiel juridique, celui-ci transfère outrancièrement ses attributions au pouvoir réglementaire alors qu'il a été constitutionnellement chargé de légiférer. Il revient encore au citoyen d'emprunter le laborieux sentier qui mène au juge constitutionnel afin que soit sanctionné ce vice de constitutionnalité qu'est « *l'incompétence négative* »[29].

Il semble en fin de compte problématique d'exercer un droit ou de jouir d'une liberté lorsque la Constitution qui en est le fondement contient en même temps les germes de leur destruction. Cette anomalie intrinsèque est encore perceptible au plan du patent agencement du déséquilibre des pouvoirs.

B. L'hypothèque de la déification présidentielle sur les forces institutionnelles

Sont-ce là des signes d'une distinction des pouvoirs lorsque la Constitution, dans ses titres II, III et V, traite respectivement de l'Exécutif, du Législatif et du Judiciaire ? L'article 37, alinéa 2 de la Constitution semble en esquisser la réponse : « *le pouvoir judiciaire est indépendant du pouvoir exécutif et du pouvoir législatif* ».

Cette disposition constitutionnelle, isolément considérée, incline à une conclusion provisoire quant au règlement de la problématique qualification juridique des rapports entretenus par les institutions politiques sus visées. En combinant en effet de pertinentes normes de la Constitution, par une lecture groupée, et en faisant appel à la pratique de certaines d'entre elles, on aboutit à la percée du monisme qui contrarie et défie considérablement la logique républicaine de l'État, et, surtout, l'indépendance des pouvoirs affichée d'entrée de jeu. Le Président de la République y apparaît comme un timonier qui régule le cours du pouvoir. L'effacement de la chambre parlementaire fonctionnelle devant son autorité **(1)** n'égale-t-il pas cette Cour Suprême à la recherche de l'affirmation institutionnelle **(2)** ?

---

si ce n'est lorsque la nécessité publique, légalement constatée, l'exige évidemment, et sous la condition d'une juste et préalable indemnité ».

[29] C.C. 83-165 D.C, 20 janvier 1984, R. p. 38 ; 86-221 DC, 29 décembre 1986, R. p. 184 ; 87-223 D.C, 5 janvier 1988, R. p. 9 ; 93-323 D.C, 5 août 1993, R. p. 213 ; 98-399 D.C, 5 mai 1998, R. p. 245 ; 99-423 D.C, 13 janvier 2000, J.O., 20 janvier 2000, pp. 992 ; 2008-564 du 19 juin 2008 ; 2010-28 QPC du 17 septembre 2010, Association Sportive Football Club de Metz ; lire Dominique ROUSSEAU, *Droit du Contentieux Constitutionnel*, Monchrestien, Domat, Droit Public, 6ème édition, Paris, 2001, p. 136 ; F. GALLETI, « Existe-t-il une obligation de bien légiférer ? » Propos sur « l'incompétence négative du législateur » dans la jurisprudence du Conseil Constitutionnel, Revue française de droit constitutionnel, 2/2004 (n°58), p. 387-417 ; A. DELCAMP, « Le Conseil Constitutionnel et le Parlement », *RFD Const.* 2004 (57) pp. 37-83.

1. L'effacement de l'Assemblée Nationale

Les élus du peuple à l'Assemblée Nationale[30] forment-ils ce contre poids à la puissance présidentielle qui puisse à la fois sécuriser les aspirations légitimes de l'électorat ainsi que le statut même du pouvoir législatif ? La constitution de même que la révélation de faits politiques tendent à corroborer l'idée d'une relégation de la représentation nationale.

Le député, le président ainsi que le bureau de l'Assemblée Nationale tiennent leur pouvoir du peuple souverain[31]. Conformément à l'article 16, alinéa 2 de la constitution, « *à l'ouverture de sa première session ordinaire* (de l'année), *l'Assemblée Nationale élit son Président et son bureau* ». Organiquement, le Parlement ne peut néanmoins se présenter comme une institution autonome. Par le truchement du fait partisan, sa figure emblématique qu'est le président de l'Assemblée Nationale ainsi que ses camarades politiques du bureau doivent leur position de pouvoir à la seule cooptation du Président de la République[32]. « *Avec une telle situation, l'Assemblée Nationale est otage des partis politiques, et, au premier chef du parti majoritaire de la chambre, lesquels décident chaque année des investitures aux postes hautement gratifiants de membre du bureau* »[33].

L'obligation juridique de servir les seules institutions de la République, qui découle de ce *« piston »* présidentiel, vacille et installe ce lien moral de gratitude avilissante. Le comportement politique de flagornerie outrancière habite conséquemment le président de l'Assemblée Nationale, d'hier et d'aujourd'hui, dans tous ses discours clôturés par « *Vive Son Excellence Ahmadou Ahidjo* » ou « *Vive Son Excellence Paul Biya* », bien avant même l'hommage réservé à « *l'Assemblée Nationale* » ou à « *la République* ». Dans l'interstice de ses speechs, le président de l'Assemblée, sans pudeur aucune, adresse des louanges au Président de la République en le qualifiant d'« *homme providentiel...*, (de) *Père de la Nation...*, (d') *Apôtre du développement ...*, (de) *distingué guide que Dieu Tout-puissant a choisi de bénir notre pays...*, (de) *celui-là même que Dieu Tout-Puissant a placé à la tête de ce pays »*[34]. Les formules d'inféodation à la personne du Président de la République, dont il n'est pourtant pas constitutionnellement le

---

[30] B. MOMO, « Le parlement camerounais », Lex Lata, n° spécial 23-24, février- mars 1996, p. 21-24.

[31] M. KAMTO et J. MOUANGUE KOBILA, « Sur une question en débat : nullité du mandat impératif et déchéance des élus au Cameroun », Lex Lata, n°32, novembre 1996, pp. 9-16 ; A. D. OLINGA, « Mandat impératif : entre exigences juridiques et réalités politiques », *Cameroon Tribune*, n°6329 du 14 avril 1997, p. 6 ; J. MBAH NDAM, « Le mandat impératif et la déchéance en droit parlementaire camerounais », *Juridis-périodique*, n°50, Avril-Juin 2002, pp. 129-132.

[32] P. NGUEKEU DONGMO, « Cameroun : la démocratie représentative malade du « parachutage politique », *Annales de la FSJP de Dschang*, Tome 4, 2000, pp. 97-106.

[33] A. D. OLINGA, *La Constitution de la République du Cameroun*, op. cit. p. 121.

[34] Cf. *Recueil des discours du Président de l'Assemblée Nationale pour la législature 1978-1983*, Éditions Cape, 9, rue Verniquet, 75017, Paris, non daté.

subordonné, sont légion, à l'instar du traditionnel « *soutien total et inconditionnel à son Excellence*... ».

L'usage de la filiation organique ne peut que déteindre sur la conception même des règles constitutionnelles de fonctionnement de l'Assemblée Nationale : les réunions en session ordinaires requièrent la consultation impérative du Président de la République au même titre que la tenue de celle extraordinaire[35] ; le Gouvernement, exécutant constitutionnel « *de la politique de la nation telle que définie par le Président de la République* », a la maîtrise de l'ordre de discussion de textes projetés au sein de l'hémicycle[36] ; l'étape ultime du processus de fabrication de la loi[37] qui consacre la matérialité de l'encerclement présidentiel du parlement, à travers la signature apposée par le Président de la République en fin de texte, toute chose qui brouille les frontières de la loi, normalement authentifiée par son auteur attitré qu'est le député, et du décret présidentiel accompagnant la promulgation de la susdite loi authentifiée[38] ; l'introuvable moyen de pression décisif dans la dynamique institutionnelle[39], lequel rend sans tonalité la mise en œuvre de la fonction politique de contrôle de l'action *gouvernementale*[40].

L'interview donnée par le député Ayah Paul Abine, membre du parti au pouvoir au moment des faits, et largement diffusée dans les médias les 20 et 21 janvier 2011, est un témoignage, récent au regard des précédents, qui

---

[35] Article 14 alinéas 3 (a) et (b) de la constitution.

[36] Article 18, alinéas 4 et 5. Le Président de l'Assemblée Nationale se retrouve contraint au dilatoire à l'effet d'entraver les propositions de lois émanant de l'opposition parlementaire. Les 5 décembre 1996 et 26 février 1997 marquent en effet le souvenir de deux décisions rendues par la Cour Suprême, statuant en lieu et place du Conseil Constitutionnel, dans lesquelles le juge avait permis l'information de l'opinion sur les tribulations des députés opposants, consistant notamment, selon les conclusions des conseillers rapporteurs, en de *« manœuvres dilatoires et autres artifices utilisés par le Président de l'Assemblée Nationale »* et en ces autres *« manœuvres frustratoires qui dénotent le peu de cas que la plus haute autorité de l'Assemblée Nationale fait de la constitution et les lois en vigueur ».* Lire enfin A. D. OLINGA, *« La naissance du juge constitutionnel camerounais : la commission électorale nationale autonome devant la Cour Suprême »,* Juridis-périodique, n°36, oct.-nov.-déc., 1998, pp. 71-77.

[37] S. NTONGA BOMBA, « La procédure législative devant l'Assemblée Nationale du Cameroun », *Juridis-périodique,* n°49, janvier-mars 2002, pp. 57-66.

[38] J. C. ABA'A OYONO, « Un air de printemps dans le droit parlementaire du Cameroun », *Juridis-périodique,* n°54, Avril-mai-juin 2003, p. 35.

[39] F. MBOME, « Les rapports entre l'exécutif et le parlement », *lex lata*, n° spécial 23 et 24, février- mars 1996, pp. 25-28.

[40] L'article 34, alinéa 6 de la Constitution dispose que *« le Président de la République peut reconduire le Premier Ministre dans sa fonction et lui demander de former un nouveau gouvernement »* au terme de l'adoption *« d'une motion de censure ou du refus de la confiance du gouvernement »*, procédures qui obligent *« le Premier Ministre* (à) *remettre au Président de la République la démission du gouvernement »* à l'alinéa 5. Ce passe-passe constitutionnel n'est qu'un saupoudrage des éléments du parlementarisme donnant lieu à la dénaturation du régime politique.

étale au grand jour aussi bien l'exogène effacement constitutionnel de l'Assemblée Nationale que l'autodestruction du poids du parlement. L'exaspération de l'Honorable député, suffisamment courageuse pour ne point être tue dans un contexte national de systématisation de la langue de bois, porte sur trois points.

Primo, il donne une indication claire sur le statut du pouvoir d'État : « *la constitution actuelle a besoin d'une révision préconisant la séparation nette des pouvoirs. Aujourd'hui, il n'y a qu'un seul pouvoir et c'est le pouvoir exécutif* ».

Secundo, l'auteur apporte d'utiles précisions tant en ce qui concerne l'opportunité de révision constitutionnelle du 14 avril 2008 que pour ce qui est de l'ambiance prévalant à l'hémicycle sur le sujet : « *à propos de la modification en 2008, la levée de la limitation du mandat présidentiel était très malheureuse. Voilà un Président qui contracté avec son peuple pour servir pendant deux mandats. Revenir sur ses engagements était un manque de dignité et une trahison de vérité voire d'honneur...*

Beaucoup (de camarades de notre parti au pouvoir) *partageaient mon avis, mais personne n'osait tenir sa parole en public. Et c'est une caractéristique solidement implantée dans notre Assemblée Nationale...*

(Lors du vote de la modification de la Constitution)..., *il y avait plus de gendarmes au palais des verres que de députés. Combien y a-t-il qui n'ont pas peur de fusils ?* »

Tertio, le député certifie l'étiquette de résonance ou de chambre d'enregistrement du discours présidentiel qui colle à la photographie parlementaire : « *les propositions de lois sont légion, mais le RDPC entrave tout* ».

« *Le pouvoir judiciaire... exercé par la Cour Suprême* » parvient-il par contre à valoriser son statut de pouvoir d'État ? A l'ombre du pouvoir présidentiel, la clé de voûte de l'architecture judiciaire est évidemment en quête de son autonomie formellement consacrée par la Constitution.

2. La recherche par la Cour Suprême de l'autonomie institutionnelle

Sur le principe, le problème de l'indépendance du pouvoir judiciaire ne saurait être posé. La révision constitutionnelle du 18 janvier 1996 a eu pour effet d'assurer la transition « *de l'autorité judiciaire* », formule contenue dans la mouture initiale du texte du 2 juin 1972, au « *pouvoir judiciaire* », par ailleurs qualifié d'« *indépendant* »[41]. Les questions connexes aux modalités de garantie de ladite indépendance suscitent par contre un réel intérêt.

---

[41] M. KAMTO, « Les mutations de la justice camerounaise à la lumière des développements constitutionnels de 1996 », *Revue Africaine des Sciences Juridiques*, vol.1, n°1, 2000, pp. 9-20 ; J. C. ABA'A OYONO, « Les mutations de la justice à la lumière du développement constitutionnel de 1996 », *Afrilex*, n°01, 2000.

Conformément à l'article 5, alinéa 2 de la constitution, le Président de la République « *veille au respect de la constitution* » qui prescrit l'indépendance de ces « *gens de justice* ». Bien plus, *« il assure, par son arbitrage, le fonctionnement régulier des pouvoirs publics »* afin que le versant judiciaire du pouvoir ne subisse d'éventuels assujettissements. En conséquence, ce n'est pas le pouvoir judiciaire qui garantit, par lui-même, sa propre indépendance comme cela s'opère dans certains États[42]. La justesse de l'interprétation est confirmée à l'article 37 alinéa 3 de la Constitution qui dispose : « *le Président de la République est garant de l'indépendance du pouvoir judiciaire*..., (assisté) *dans cette mission par le Conseil Supérieur de la magistrature* ».

L'alinéa 2 précédent donne pourtant un son de cloche différent permettant à l'une des catégories de magistrats d'assurer, par eux-mêmes, l'indépendance constitutionnellement octroyée : « *les magistrats du siège ne relèvent dans leurs fonctions juridictionnelles que de la loi et de leur conscience* », et non plus d'une quelconque protection assurée par le Président de la République. Comment en est-on arrivé à une telle contrariété constitutionnelle qui sème finalement le doute sur la modalité de protection des magistrats ? N'est-il pas pernicieux de construire la garantie d'indépendance par l'ingrédient du bouclier présidentiel alors même qu'on subodore les intrusions exécutives dans la marche de la justice ?

Hier, la Cour Suprême avait rendu, dans un contexte d'ouverture démocratique, l'arrêt n°1/PE/92-93 du 23 octobre 1992 relatif à la proclamation des résultats de l'élection présidentielle du 11 octobre 1992. L'arrêt « *relève diverses observations, contestations et réclamations relatives aux opérations préparatoires et celles du déroulement du scrutin* ». Alors que l'article 93 de la loi électorale du 17 septembre 1992 dispose que la « *Cour Suprême peut faire droit à toute requête ..., à l'effet d'annuler les opérations électorales* », l'arrêt de proclamation susvisé avait considéré « *qu'aucune disposition de la loi n°92/010 du 17 septembre 1992 n'habilite la Cour Suprême à apprécier les observations et les réclamations ainsi relevées ni à les sanctionner le cas échéant* ».

On se rappelle pourtant que l'arrêt n°4/E/1992 du 14 octobre 1992 avait déjà été rendu par la même Cour pour cause de contentieux électoral. N'est-ce pas là une frilosité qui masque mal la volonté de ne point heurter l'exécutif dans ce domaine régalien de la gestion des élections par l'ex ministre de l'Administration Territoriale ? Le contenu du désistement du candidat John FRU NDI dans l'instance, par l'entremise de son mandataire,

---

[42] La technique « *consiste,* selon M. ONDOA, *à autonomiser une institution chargée de garantir l'indépendance de la magistrature et gérer la carrière des magistrats. Il peut s'agir d'un individu, reconnu pour son intégrité et ses compétences, sans étiquette politique et élu au suffrage universel. Il peut également s'agir d'un organe léger, dont les membres seraient désignés à vie par le Président de la République, le parlement et les magistrats eux-mêmes* », in « Commentaire de la loi n°96/06 du 18 janvier 1996... », op.cit., p. 13.

donne en tout cas une indication claire sur la source organique de la menace qui pèse sur l'indépendance de la magistrature : « *qu'au soutien de* (la) *requête* (du SDF)*, une kyrielle d'irrégularités a déjà été exposée. Que les annonces continues du ministre de l'Administration Territoriale qui n'est pas visé comme une autorité chargée de l'annonce des résultats par les textes applicables sans réaction ferme des institutions chargées de mettre fin à ces actes de provocation le convainc qu'il serait inopportun de soumettre une haute instance comme la vôtre à une épreuve de force avec le régime en place auquel est-elle constitutionnellement subjuguée. Qu'il considère le problème posé comme étant essentiellement politique et qu'il faudrait désormais l'aborder ainsi* ».

De nos jours, et précisément au cours du deuxième semestre de l'an 2009, la chambre administrative de la Cour Suprême perpétue cette forte impression au terme de la consultation des minutes de greffe, car des magistrats éprouvent encore de la peine à assumer leur indépendance constitutionnalisée, surtout dans un tout autre domaine régalien et sensible du contrôle administratif des actes de maniement des fonds publics. Alors même que les justiciables présentaient à la Cour des moyens juridiques sérieux de nature à justifier l'annulation au fond des arrêtés de débet, objet des demandes de sursis à exécution par ailleurs fondées sur les dégâts financiers qu'imposent les arrêtés susvisés, le juge de l'urgence contentieuse opposait, à chacun d'eux, une réponse stéréotypée qui consacre, assez bizarrement et de façon inédite, l'inutilité du sursis à exécution : « *attendu cependant que leur exécution n'est pas de nature à causer un préjudice irréparable au requérant, les conséquences de ladite exécution pouvant être effacées ou compensées, à titre indemnitaire, en cas d'issue heureuse de son recours en annulation* ».

Bien au-delà de la prudence juridictionnelle qui tient, on le sait, à la crainte de la potentielle brimade souterraine du pouvoir exécutif vis-à-vis du magistrat fonctionnaire rivé aux règles de procédure contentieuse, l'exécutif gouvernemental est sorti du bois en confirmant les soupçons de pressions exercées sur les faiseurs de justice. Le point de presse donné le 2 février 2010, au sein de l'hémicycle même, a relevé, comme une aubaine, la perception controversée que le ministre de la communication se fait de l'indépendance du pouvoir judiciaire dans la conduite de l'opération Épervier : « *s'il demeure indiscutable sur cette question que l'appréciation des faits portés à sa connaissance ou dont il se saisit d'autorité relève exclusivement du pouvoir du juge, il reste tout de même que cette prérogative n'exclut pas l'avis modéré du politique au fait des attentes du peuple qui constitue son interlocuteur direct, lequel peuple privilégie pour des raisons concrètes se rapportant au relèvement de son niveau de vie, le remboursement prioritaire de sa fortune distraite, sans préjudice des complexités procédurales secondaires, susceptibles de conduire à des sanctions supplémentaires ...Le peuple camerounais...a essentiellement besoin que lui soit restituée sa richesse, frauduleusement détenue par des prévaricateurs sans vergogne* »[43]. Le contrôle politique de l'exécutif dans la conduite de l'activité judiciaire n'est-elle pas incompatible avec l'indépendance des juges ? Jeter les prévenus concernés en pâture, en les qualifiant de « *prévaricateurs sans vergogne* », ne heurte-t-il pas de front l'indépendance du pouvoir judiciaire dont la mise en œuvre est, entre autres, gouvernée par le droit constitutionnalisé à la présomption d'innocence[44] ?

La Cour Suprême, manifestement visée par l'altération de son indépendance, n'en demeure pas moins sensibilisée sur le sursaut d'une équation personnelle qui rétablirait, de façon décisive, son autonomie dans l'arène du pouvoir. Martin Rissouk à Moulong, Procureur Général près de la Cour Suprême, s'est récemment penché, en public, sur le problème de l'indépendance de la justice, partie prenante de l'État, souvent appelée à juger ce même État lors des procès contre les particuliers. Le contexte de la rentrée solennelle de la haute juridiction s'y prêtait ce jeudi 24 février 2011. Le magistrat peut-il juger l'État comme c'est le cas pour une personne privée dès lors que sa carrière est gérée par l'État ? Peut-il dans ces conditions de rattachement structurel demeurer impartial, détaché, serein ? L'État de droit, avait-il conclu, correspond à une magistrature responsable, avec des juges qui mesurent toutes les conséquences de décisions qu'ils prennent[45].

Le pouvoir exécutif apparaît clairement, dans ce questionnement du magistrat, comme cet épouvantail qui gêne considérablement la dynamique indépendantiste. L'entêtement de la ministre de la culture visant à plomber l'exécution de l'ordonnance de sursis à exécution octroyée par la Cour Suprême à la CMC de Sam Mbende, courant 2009, ravive le constat d'une justice interdite de toute énergie débordante, ce d'autant que le « *garant de l'indépendance* » de la magistrature y soit demeuré étrangement silencieux alors qu'une telle posture de mépris de la « *chose jugée* » vaut désinvestiture dans un État de droit.

L'exaspération ainsi que le plaidoyer pour une indépendance du juge ne sont pourtant pas nouveaux, quoique les magistrats restent très timorés dans la confrontation avec le bourreau exécutif. L'année passée déjà, et dans les mêmes circonstances, c'est le premier président de la Cour, Dipanda Mouéllé en l'occurrence, qui avait clamé la nécessité de conjurer la menace plurielle qui pèse sur cette indépendance. S'agissant plus particulièrement de la récurrente et redoutable pression politique faite par l'exécutif, le magistrat l'inscrivait dans le cadre des « *soi-disant État de droit qui se plaise à instituer une justice aux ordres* ». Et de poursuivre que « *vouloir paraître*

---

43 Lire la pertinente réplique y relative de A. D. OLINGA, *Mutations*, n°2626 du jeudi 1er avril 2010, pp. 14-15.

44 « *Tout prévenu est présumé innocent jusqu'à ce que sa culpabilité soit établie au cours d'un procès conduit dans le strict respect des droits de la défense* », prescrit le préambule de la constitution.

45 Lire le compte rendu fait dans *Cameroon Tribune* du vendredi 25 février 2011, p. 3.

juste sans l'être en effet, c'est le comble de l'injustice... si nous sommes déterminés à ériger notre pays au rang des pays émergents, il me semble qu'il conviendrait de changer notre manière de juger... »[46].

On n'en est donc plus à présumer le malaise qui mine l'indépendance du pouvoir judiciaire à cause du dirigisme exécutif. La vive diatribe clamée par la Cour devant une assistance comprenant le Chef du Gouvernement même témoigne d'un mea culpa et même d'un ras-le-bol des opprimés. Les magistrats n'en seraient plus à se lamenter s'ils avaient un tant soit peu mesuré la portée du message d'un ancien garde des sceaux, avocat de profession : « *les acteurs de la chose judiciaire se doivent de se convertir aux contraintes d'un pouvoir judiciaire, enfin là.*

...Celui-ci n'emporte l'indépendance de la justice qu'autant que ceux qui ont en charge de distribuer celle-ci soient parfaitement pénétrés de l'idée que constitue désormais ce troisième pouvoir de l'État.

Le pouvoir judiciaire est incompatible avec le refus d'assumer ses responsabilités, de les assumer courageusement...

... L'avènement du pouvoir judiciaire... exige des hommes de compétence, des hommes de valeurs comme il n'y a pas très longtemps aux États-Unis d'Amérique il y a eu ces fameux incorruptibles ». La conclusion d'un langage empreint de vérité déconcertante se devait alors, telle une scansion audible qui se démarque des résonnances diffuses, de marteler : « *cessez d'être à la solde de ceux qui n'ont rien à voir avec vous* »[47].

La refonte du matériau humain dans le corps de la magistrature semble résolument engagée au regard de la distance prise par rapport au discours passéiste tenu par le tout premier président de la Cour Suprême, à l'occasion de la rentrée judiciaire de 1966 : « *le devoir de discrétion et de réserve du magistrat implique que le magistrat soit et demeure fidèle au régime ; que ce loyalisme puisse se traduire dans tous les actes et comportements du magistrat, aussi bien dans la fonction juridictionnelle que dans sa vie publique et privée* »[48].

Quoiqu'il en soit de l'évolution remarquée dans la parole, la pratique du pouvoir judiciaire patine et reste fébrile en général lors de contentieux impliquant l'État, en raison de la psychologie attentiste du magistrat. Les citoyens en désespérance y voient une source de l'insécurité juridique qu'amplifie d'ailleurs l'image tronquée projetée par la juridiction constitutionnelle, gardien formel de la constitution.

---

[46] Cf. *Cameroon Tribune* du vendredi 26 février 2010, p. 3.

[47] « Communication du Ministre de la Justice », Me DOUALA MOUTOME, aux Procureurs Généraux, *Lex Lata*, n°23-24 février- mars, 1996. P. 13.

[48] M. NGUINI, cité par Abel EYINGA in *Introduction à la politique camerounaise*, p. 298.

II. LA QUASI VACUITE DE LA JUSTICE CONSTITUTIONNELLE

La justice constitutionnelle s'entend de « *l'ensemble des institutions et techniques grâce auxquelles est assurée sans restrictions la suprématie constitutionnelle* »[49]. De manière plus succincte, la justice susvisée correspond à « *la garantie juridictionnelle de la constitution* »[50]. Et le juge constitutionnel garantit ainsi le respect de la constitution en veillant à « *la répartition de la compétence entre le législateur ordinaire et la législation constitutionnelle* »[51], notamment au moyen de ce que l'on nomme techniquement « *le contrôle de constitutionnalité des lois* »[52] .

Le titre VIII de la Constitution institue, à propos, un Conseil Constitutionnel, dorénavant détaché de la traditionnelle Cour Suprême. L'article 46 y afférent dispose que le Conseil est «... *l'instance compétente en matière constitutionnelle. Il statue sur la constitutionnalité des lois. Il est l'organe régulateur du fonctionnement des institutions* ». Quelle est la valeur opérationnelle de cette institution prise dans sa dimension purement contentieuse ?

Le gouvernement s'était pourtant clairement prononcé sur le statut qu'il entendait conférer au Conseil Constitutionnel lors du débat de décembre 1995 relatif au projet de *« révision »* constitutionnelle à l'Assemblée Nationale : « *Il n'est pas une juridiction... Le conseil constitutionnel a une fonction politique...* »[53]. L'oscillation entre l'activité juridictionnelle et la fonction politique, décidée et allouée ici et là, finit par susciter, à l'analyse, l'idée que le Conseil est considérablement dépouillé de sa substance en matière de défense de la norme constitutionnelle. N'est-ce pas là un goulot d'étranglement de la sécurité constitutionnelle ?

En tout état de cause, le justiciable potentiel qui entend se pourvoir devant son office semble confronté, d'une part, à l'arlésienne (**A**). Le droit constitutionnel jurisprudentiel développé via le Conseil, aux fins de réguler l'activité normative des pouvoirs publics, souffre, d'autre part, d'une singulière image tronquée (**B**).

A. L'évanescente accessibilité à l'institution

La justice constitutionnelle au Cameroun est théoriquement un instrument de protection assuré de la loi fondamentale en fait, comment peut elle raisonnablement accomplir sa mission contentieuse alors même que le

---

[49] *Dictionnaire constitutionnel* d'Olivier DUHAMEL et Yves MENY.

[50] HANS KELSEN, « La garantie juridictionnelle de la constitution », *RDP*, 1928, p. 19.

[51] Ch. EISENMANN, *La justice constitutionnelle et la Haute Cour Constitutionnelle d'Autriche*, Sirey, Paris, 1928, p.15.

[52] D. TURPIN, *Contentieux constitutionnel*, P.U.F, Paris, 1986, p. 253.

[53] Rapport de la Commission des lois constitutionnelles rédigé par H. ETONG en page 18, rapporté par A. D. OLINGA, in *La Constitution de la République du Cameroun*, op.cit. p. 150.

Conseil Constitutionnel relève de l'abstrait (1) et que le juge constitutionnel qui y siège n'est pas loin d'apparaître comme un artifice (2) **?**

1. La fiction de l'institution-organe

L'avènement du Conseil Constitutionnel avait été opportunément salué par la doctrine, ce d'autant que l'évènement juridique était la marque d'une grande première dans l'ordonnancement de l'ordre juridictionnel du Cameroun. Alain Didier Olinga écrivait à ce propos : « *Avec l'automatisation organique de la justice constitutionnelle, l'ordre constitutionnel camerounais a franchi un pas décisif sur le plan formel vers l'instauration d'une société politique soumise au respect de la loi fondamentale. L'une des grandes imperfections du système constitutionnel jusque-là était précisément l'infortune dans laquelle avait vécu la règle constitutionnelle et la relative vanité du contrôle de la constitutionnalité des lois et des traités. Jusqu'en 1996, au moment de l'examen par la Cour Suprême, juge constitutionnel transitoire, de la requête de l'UNDP relative à l'institution d'une commission électorale nationale autonome, le juge n'avait jamais été saisi d'une question de contrôle de la constitutionnalité d'une règle. Cette question était purement virtuelle. Les travaux y relatifs étant fatalement théoriques et abstraits. Avec l'avènement du Conseil Constitutionnel, dont pratiquement tous les projets de constitution souhaitaient ardemment l'institution, un pas décisif est franchi en attendant sa concrétisation effective...* »[54].

L'élasticité d'une institution qui tarde à prendre corps pose cependant problème. Car la réalisation de la fonction contentieuse assignée constitutionnellement au Conseil suppose que l'organe puisse au préalable exister en soi. Et toute la difficulté consiste désormais à identifier et à localiser le Conseil Constitutionnel, auquel est censé accéder le justiciable, dans un pays où l'armature du droit public est loin d'apparaître comme la chose la mieux partagée. Mais où est donc décidément le Conseil Constitutionnel ?

Tout justiciable ordinaire est susceptible de se perdre en conjectures. Le contexte de suspension juridique tiré des dispositions de la Constitution ravive, en tout cas, la problématique de l'identification de la juridiction constitutionnelle de service. Est-ce le Conseil Constitutionnel formellement institué depuis janvier 1996 ou alors toute autre institution juridictionnelle ? L'article 67 de la constitution, dans ses alinéas 1 et 4, répond à l'interrogation :

(1) « *Les nouvelles institutions de la République prévues par la présente Constitution seront progressivement mises en place* ».

---

[54] *La Constitution de la République du Cameroun*, op. cit. pp. 149-158.

(4) « *La Cour Suprême exerce les attributions du Conseil Constitutionnel jusqu'à la mise en place de celui-ci* ».

Cette apparente clarté de l'ordonnancement constitutionnel est malheureusement brouillée par la véritable nature de la Cour Suprême susvisée en droit public du Cameroun : c'est la clé de voûte du classique ordre juridictionnel judiciaire qui intègre, en son sein, outre la chambre judiciaire, les chambres administratives et des comptes. Ce schéma d'unité de juridiction qui distingue cependant les contentieux qui y sont gérés met en relief toute la latitude que cette juridiction suprême a à absorber le contentieux constitutionnel que l'on concevait pourtant autonome à l'origine. Faire de la Cour Suprême un pavillon ou un fourre-tout juridictionnel contribue à la dilution du Conseil Constitutionnel que les demandeurs ne parviennent plus à discerner des autres instances contentieuses.

Le cas le plus patent est celui qui est né du contentieux électoral de 2007. En matière de préparation des élections municipales, la loi électorale habilite la commission locale à statuer sur les litiges se rapportant aux questions d'inéligibilité. Mais il est arrivé que la chambre administrative se déclare matériellement incompétente sur les demandes tendant au contrôle de l'investiture interne aux partis politiques. En réponse, celle-ci en a profité pour sanctionner l'erreur sur l'autorité juridictionnelle adressataire, en se déclarant ici incompétente sur ces recours en matière de contentieux pré-électoral adressés « *à Monsieur le Président de la Cour Constitutionnelle à Yaoundé* », mais déposés et enregistrés au greffe de la chambre administrative de la Cour Suprême[55].

La faute contentieuse, fondée sur cette confusion des règles de compétence, incombe incontestablement au justiciable qui se voit opposer la maxime « *nemo censetur ignorare legem* ». Le pouvoir exécutif n'est pour autant pas exempt de ces errements de justiciables devenus coutumiers. Qu'a-t-il entrepris afin d'assurer au citoyen une connaissance minimale des subtilités rédactionnelles de l'article 67 de la constitution ? Pourquoi n'a-t-il pas franchi le stade du formalisme en donnant vie au Conseil Constitutionnel au moyen d'un édifice public, baptisé au nom de l'institution juridictionnelle de l'ordre constitutionnel ?

Les mesures susvisées auraient eu pour effet immédiat, si elles avaient retenu l'attention du pouvoir exécutif qui s'occupe visiblement de tout dans la République, de tracer, à l'antipode de ce qui apparaît aujourd'hui sinusoïdal, le boulevard qui mène le justiciable en toute quiétude devant l'instance constitutionnelle. On saisit d'autant mieux la prestidigitation du constituant que ses dispositions transitoires ne sont assorties d'aucun échéancier comme ce fut le cas à l'occasion de la rédaction de la constitution

---

[55] Jugements n° 66/CE du 12 juin 2007, BRAHIM alias MADAM MAGRA (UNDP)-Commune de Blangoua et 72 /CE du 12 juin 2007, MBATA Yvon (RDPC).

française du 04 octobre 1958[56]. On en conclut que plus de seize années après l'institution manifestement formelle du Conseil Constitutionnel, la juridiction de l'ordre constitutionnel relève des choses abstraites n'ayant aucune incidence sur la dynamique de la sécurité constitutionnelle. C'est donc vainement que le justiciable recherche à accéder à l'institution de contrôle de constitutionnalité et a fortiori à l'office de son juge spécialisé davantage lointain et invisible.

2. Le juge constitutionnel : de la clause de style à la problématique ouverture de son office

En application de l'article 51 de la Constitution, l'on relève d'une part, selon les expressions consacrées, que « *les membres du Conseil Constitutionnel sont au nombre de onze* ». In fine, *« en sus des onze membres* (susvisés), *les anciens Présidents de la République sont de droit membres à vie »* de l'instance constitutionnelle. L'article 7 de la loi n° 2004/004 du 21 avril 2004 portant organisation et fonctionnement du Conseil Constitutionnel reprend in extenso cette structure organique, à cette exception près que *« le titre de Conseiller »* constitutionnel sous-entendu, la Cour Suprême ayant également, en son sein, des magistrats appelés *« Conseillers »*[57], permet d'identifier le juge constitutionnel.

La réception de la *tradition* juridique française de désignation des « sages », surtout dans l'ultime articulation des textes, n'est pas la garantie que la justice constitutionnelle du Cameroun entend se doter de personnels spécialistes du droit du contentieux constitutionnel. Certes, on pourrait d'emblée se réjouir de ce que le constituant insiste, au paragraphe 2 de l'article 51 (1) susvisé, que « *les membres du Conseil Constitutionnel sont choisis parmi les personnalités de réputation professionnelle établie* ». Mais à l'analyse, on se pose la question de savoir de quelle profession s'agit-il ? En demeurant silencieux sur l'origine professionnelle des potentiels Conseillers Constitutionnels, le constituant élargit l'orifice du pouvoir discrétionnaire de nomination qui n'empêche nullement les titulaires de la prérogative d'injecter dans le contentieux constitutionnel des mains inexpertes. Et ce n'est pas là le seul défaut que l'on décèle dans la volonté politique de faire émerger le juge constitutionnel véritablement spécialisé.

Le jeu du mécanisme des dispositions transitoires, lequel entraîne pour l'instant le juge judiciaire de formation dans le débat constitutionnel, ne favorise assurément pas l'émergence du juge constitutionnel que le constituant a pourtant mis au service de la justice constitutionnelle. Où est-il

---

[56] L'article 91, paragraphe premier prescrit : « *Les institutions de la République prévues par la présente Constitution* (dont le Conseil Constitutionnel aux articles 56 à 63) *seront mises en place dans un délai de quatre mois à compter de sa promulgation* ».

[57] Article 4(a) de la loi n° 2006/016 du 29 décembre 2006 fixant l'organisation et le fonctionnement de la Cour Suprême.

enfin, cet introuvable juge constitutionnel à qui l'on sollicite d'expurger de l'ordonnancement normatif la kyrielle de lois qui polluent l'environnement juridique du Cameroun ? Le garant juridictionnel de la sécurité constitutionnelle n'est-il pas un leurre ?

Aussi bien dans le cas de l'hypothétique garantie d'investiture du vrai juge constitutionnel que dans celui de la connaissance de ce pan du contentieux public par le juge judiciaire, on convient aisément que parler du juge constitutionnel, dans notre contexte de jonglerie institutionnelle, n'est qu'une clause de style qui fait le lit de l'insécurité juridique en matière constitutionnelle. Cet état insatisfaisant du droit, qui mine par ailleurs le déclenchement de la justice constitutionnelle, prend de plus en plus des proportions critiquables à travers le verrouillage institué de l'accès proprement dit à celui que l'on appelle, à coup sûr par convenance, « *le juge constitutionnel* ».

« *Le droit de se faire rendre justice* » est certes garanti « *à tous les hommes* » par le préambule de la Constitution. Mais l'aménagement constitutionnel de l'ouverture du prétoire constitutionnel aux « *plaideurs* » est des plus caractéristiques d'un pacte de dupes. Le souverain peut-il contracter avec son peuple en proclamant simultanément le droit d'accès à la justice, quelle qu'elle soit, ainsi qu'un service public de la justice constitutionnelle qui se révèle comme un mirage pour le citoyen ?

La Constitution de 1972 institue en tout cas, et de manière explicite, un contrôle de constitutionnalité par voie d'action et pour l'essentiel préventif, puisque tributaire de l'initiative d'une catégorie très restreinte d'autorités publiques : dans sa mouture initiale, l'article 10 y afférent confiait au seul Président de la République la prérogative de saisir la Cour Suprême dans les conditions fixées par la loi lorsque celui-ci estimait qu'une loi était contraire à la Constitution, abstraction faite du cas de contrôle de la recevabilité d'un texte projeté[58], n'ayant pas encore fait l'objet d'un examen et d'une adoption parlementaires ; dans sa version révisée du 18 janvier 1996, le contrôle de « *la constitutionnalité des lois, des traités et des accords internationaux* » s'opère, conformément à l'article 47 (3), « *avant* (leur) *promulgation* » et s'étend, en sus du Président de la République, au Président de l'Assemblée Nationale, au Président du Sénat, au tiers des députés et au tiers des sénateurs et aux présidents des exécutifs régionaux.

Le citoyen n'a par conséquent pas directement accès à l'office du juge constitutionnel au regard de cette énumération limitative des titulaires du droit de saisine. Le juge constitutionnel non plus n'a pas de faculté d'auto-saisine comme l'affirmait déjà la Cour Suprême même dans l'espèce

---

58 A. KONTCHOU KOUEMEGNI, « Vers un nouveau modèle de contrôle de constitutionnalité des lois au Cameroun », in *Les Cours Suprêmes en Afrique* (G. CONAC, dir.), Economica, Paris, 1989, pp. 44-63 ; Ph. MANGA, « Le contrôle de constitutionnalité des lois au Cameroun : un cliché à corriger », *Juridis-info*, n°11, Juillet -Août-Septembre 1992.

Mougolé Diboussi Léon c. / État du Cameroun[59] . Le contexte actuel du débat commande l'application du même raisonnement dès lors que l'article 47 (3) susvisé n'entend nullement associer le citoyen à l'exercice contentieux de même que l'article 12 de la loi du 21 avril 2004 dispose que *« le Conseil Constitutionnel statue exclusivement en cas de saisine ou de requête dans l'exercice de ses fonctions contentieuse et consultative »*.

Cette exclusion de jure des citoyens du mécanisme de contrôle a priori, somme toute compréhensible, s'explique par l'idée que ceux-ci ne sont pas censés être informés et soumis à la production normative du Parlement avant la promulgation du texte. Par contre, la restriction du droit de saisine aux autorités susvisées rend potentiellement moins dynamique la justice constitutionnelle en raison des pesanteurs du régime et du système politiques qui privent toutes les autres autorités publiques de la faculté de contrarier la politique présidentielle mise en œuvre au moyen des lois. On ravive alors cette conclusion heureuse et actuelle de François MBOME qui disait : « *de fait, de l'analyse minutieuse de l'aménagement et du fonctionnement du contrôle de constitutionnalité des lois au Cameroun, il n'y a de suprématie constitutionnelle que seulement dans la mesure où le Président de la République veut le reconnaître. Autrement dit, l'ordre juridique suprême dans l'État n'est plus la Constitution, mais le Président de la République qui est alors seul gardien de la constitutionnalité hiérarchique et partant, de la notion même de suprématie constitutionnelle* »[60]. Il y a donc lieu de ne pas se faire d'illusions sur l'opérationnalité du contrôle a priori, activé par qui de droit et fortement encadré. Peut-on en revanche espérer un brin de lumière sous le prisme du contrôle a posteriori, par essence curatif, qui n'est d'ailleurs pas explicitement institué ? La perspicacité souhaitée des juges non constitutionnels stricto sensu pourrait-elle conduire à interpréter le mécanisme comme implicitement admis ?

Le contrôle a posteriori intervient après que le texte adopté ait fait l'objet de la promulgation. Naturellement, le citoyen en est enfin informé du contenu qui lui est dorénavant opposable. Le juge, qu'il soit administratif ou judiciaire, saisi d'une action principale relevant de son champ de compétence autre que la matière constitutionnelle incombant au magistrat constitutionnel, peut être, en cours de débat, confronté à l'invocation incidente par l'une des parties d'une loi estimée inconstitutionnelle. Doit-il surseoir à statuer et renvoyer la question incidente devant le Conseil

---

[59] CFJ /Arrêt n°4 du 28 octobre 1970 : « *Si la Cour est juge des lois, elle ne peut être saisie que par le Président de la République. Elle ne peut donc se saisir d'office, ni à l'initiative de tout le monde* ».

[60] « Le contrôle de constitutionnalité des lois au Cameroun », R.J.P.I.C, Avril-Juin 1981, n°2, p.663. Lire également Gérard CONAC qui affirmait que « *c'est le Chef d'État qui est, dans les faits, le juge suprême de la constitutionnalité* (car) *le respect de la constitution dépend de son bon vouloir* », in « Le juge constitutionnel en Afrique : censeur ou pédagogue », *les Cours Suprêmes en Afrique* », op.cit p.VI.

Constitutionnel ? Ou alors est-il habilité à trancher ladite question et s'arroger ainsi un nouveau titre de compétence ? Ce juge n'a *« besoin d'aucun texte* (pour qu'il) *se reconnaisse compétent pour juger l'inconstitutionnalité de la loi...* (Il) *examine l'exception d'inconstitutionnalité du seul fait qu'il est compétent pour dire le droit »*[61] ou encore sur le fondement de « *la théorie des pouvoirs implicites* »[62].

La paralysie constitutionnelle de la juridiction constitutionnelle dans la matière du contrôle de constitutionnalité par voie d'action[63], au moyen de la défense d'auto-saisine, semble avoir inspiré la solution univoque des juges administratif et judiciaire.

Dans le premier cas, celui-ci s'est constamment refusé à procéder, par voie d'exception, au contrôle de constitutionnalité, soit implicitement[64], soit explicitement[65]. Quant au second, la situation diffère selon la nature du juge. Si l'abstention du magistrat civil est à la mesure de l'étendue restreinte de ses traditionnels pouvoirs, *« le juge de l'action* (n'étant par ailleurs) *pas le juge de l'exception »,* le rejet par le juge répressif du contrôle de constitutionnalité des lois par voie d'exception a été formellement marqué dans l'affaire dite des « *coffres forts* »[66].

La justice constitutionnelle apparaît quasiment bloquée en amont de son fonctionnement. Et si elle venait tout de même à assurer l'exercice de ses attributions contentieuses en aval, contre vents et marrées, la confrontation du droit et du pouvoir politique finit par projeter, à l'observation, l'image pathétique d'une jurisprudence de papier.

B. La myopathie jurisprudentielle

La vitalité d'une juridiction constitutionnelle se mesure au degré d'intensité de sa production jurisprudentielle, conséquence inéluctable de l'exercice du droit de saisine ouvert, lequel fait cruellement défaut à notre

---

[61] Ch. DEBBASCH, *Droit Constitutionnel et Institutions Politiques*, 4e édition, Economica, paris, 2001, p. 99.

[62] L. DONFACK SOCKENG, « Cameroun : contrôle de constitutionnalité des lois, hier et aujourd'hui : réflexions sur certains aspects de la réception du constitutionnalisme moderne en droit camerounais », in la réforme constitutionnelle du 18 janvier 1996, op.cit. p. 382.

[63] C. MONEMBOU, *La séparation des pouvoirs dans le constitutionnalisme camerounais. Contribution à l'étude de l'évolution constitutionnelle*, thèse de doctorat Ph.D en droit public, Université de Yaoundé II, 2011, 489 pages.

[64] CFJ/CAY, Arrêts nos 178 du 29 mars 1972, MOUELLE KOULA Eitel c. / RFC, 194 du 25 mai 1972, NANA TCHANA Daniel c/R.F.C.

[65] CFJ/CAY, Arrêt n° 4 du 28 octobre 1970, Société des Grands Travaux de l'Est c. / État du Cameroun : le juge affirme qu'« *à supposer même que le principe de non-rétroactivité des lois soit une règle constitutionnelle et que la loi pour l'avoir méconnu soit inconstitutionnelle, il n'appartient pas à la chambre administrative de la Cour Fédérale de Justice de l'annuler, ni même d'en écarter l'application* ».

[66] Cour d'appel de Garoua, Chambre criminelle, Arrêt n° 9 du 05 mai 1973 : *« En tout état de cause, la juridiction répressive n'est pas au Cameroun juge de la constitutionnalité des lois »*.

cadre institutionnel. A l'exclusion de l'abondante jurisprudence qui existe en matière de contentieux électoral, la matière du contrôle de constitutionnalité qui sied au champ d'analyse ne peut que souffrir d'une certaine stérilité de jurisprudence **(1)**, au même titre que les autres domaines de fonction consultative et constat de la vacance. Et la manie présidentielle consistant à minimiser la portée du bourgeon jurisprudentiel **(2)** ne contribue qu'à solidifier la thèse de l'insécurité constitutionnelle.

1. Une justice constitutionnelle de rechange sur fond de désert jurisprudentiel

La formation de jugement formellement autonome en matière constitutionnelle n'existe que sur l'*« instrumentum »* constitutionnel. C'est donc dire que le Conseil Constitutionnel n'a toujours pas pris corps, le retard foncièrement politique accusé dans sa mise en œuvre en étant le motif qui contrebalance le calendrier du fragile État de droit en construction. En application donc de l'article 67, alinéa 4 de la Constitution, « *la Cour Suprême exerce les attributions du Conseil Constitutionnel jusqu'à la mise en place de celui-ci* ». Le basculement de la justice constitutionnelle dans le giron judiciaire confirme ainsi le caractère artificiel du cadre et de sa ressource humaine, le Conseil Constitutionnel et les conseillers constitutionnels en l'occurrence.

Ce qui n'exclut toutefois pas de ballons d'essai dans la sphère de la vérification normative de la qualité qui s'attache au travail juridique du Parlement. Le 05 décembre 1996, pour reprendre la formule séduisante d'Alain Didier Olinga, « *la justice constitutionnelle transitoire* » a statué et décidé, par voie d'Arrêt, sur la question de la recevabilité de la proposition de loi introduite par un parti politique de l'opposition parlementaire. L'Union Nationale pour la Démocratie et le Progrès, en abrégé U.N.D.P, avait en effet saisi le juge à l'effet d'éclairer et de dire le droit sur les conditions d'examen de plein droit des propositions de loi phagocytées par les « *manœuvres dilatoires* » du président de l'Assemblée Nationale, manifestement acquis à la majorité parlementaire connue par sa réfraction au débat démocratique ; et sur la dimension absolue de l'irrecevabilité financière[67] : « *l'examen de plein droit par le parlement au cours de sa session ordinaire suivante d'une proposition de loi qui n'a pu l'être à l'issue de deux sessions ordinaires porte,* arrête le juge, *sur une proposition de loi déjà examinée par la conférence des présidents et déclarée recevable par celle-ci* ».

---

[67] *« Sont irrecevables, les propositions de loi ou amendements qui auraient pour effet, s'ils sont adoptés, soit une diminution des ressources publiques, soit l'aggravation des charges publiques sans reconduction à due concurrence d'autres dépenses ou création de recettes nouvelles d'égale importance »,* clame traditionnellement la loi fondamentale.

Le 28 novembre 2002, la susdite instance *« transitoire »* a fait une grande première dans l'histoire constitutionnelle du Cameroun indépendant. Il s'était agi du contrôle de constitutionnalité de la loi portant règlement intérieur de l'Assemblée Nationale remaniée par les députés deux jours auparavant. En lieu et place de *« Arrêt »,* comme initialement signalé, le « *Conseil Constitutionnel* » de rechange a, en l'espèce, rendu une « *Décision* », en conformité avec le jargon constitutionnel[68], qui occulte, sans doute par amateurisme contentieux, le champ global de l'examen du texte législatif sur la déchéance parlementaire pour cause de destruction du lien partisan[69] et sur le régime juridique des amendements parlementaires, en passant par l'évocation problématique de lois ordinaires dans les visas alors qu'elles ne sont point des lois constitutionnelles de référence dans le contrôle de constitutionnalité.

La « *Décision* » invalide en revanche la surabondante procédure parlementaire de validation des députés en tant que prérogative exclusive du Conseil Constitutionnel[70] : *« la procédure de validation prévue par le règlement intérieur de l'Assemblée Nationale dans la loi adoptée et examinée par le Conseil apparaît comme un contrôle a posteriori de la décision du Conseil Constitutionnel déclarant élus des candidats à l'élection législative. Qu'une telle procédure en vigueur avant l'institution du Conseil Constitutionnel par la Constitution du 18 janvier 1996 ne trouve plus sa raison d'être en l'état... Il en résulte en conséquence de ce qui précède que les dispositions du règlement intérieur sur la validation des mandats ...ne sont pas en conformité avec la Constitution de la République du Cameroun ».*

L'exaltation qu'aurait pu susciter cette naissance de la jurisprudence constitutionnelle aura cependant été de courte durée parce que le système politique sécrète le virus du pouvoir présidentiel davantage personnifié qu'institutionnalisé.

2. L'inexécution présidentielle du bourgeon de jurisprudence

Aux termes de l'article 17, alinéa 2 de la Constitution, « *l'Assemblée Nationale fixe elle-même, ses règles d'organisation et de fonctionnement sous forme de loi portant règlement intérieur* ». Cette règle constitutionnelle

---

[68] *« Les décisions du conseil constitutionnel... »*, (Article 50, alinéa 1 de la Constitution). Lire note y afférente de C. KEUTCHA TCHAPNGA, *Juridis périodique*, n° 53, janv.-fév.-mars 2003, pp. 61-66.

[69] L'article 15, alinéa 3 de la Constitution prescrit portant la nullité du mandat impératif qui ne semble pas tenir en respect les partisans de la façade ornementale et de l'instrumentalisation de la loi fondamentale. Lire, à ce propos, M. KAMTO et J. MOUANGUE KOBILA, op. cit.

[70] Article 48, alinéa 1 de la Constitution : « *le Conseil Constitutionnel veille à la régularité...des élections parlementaires. Il en proclame les résultats* ».

s'applique également à la chambre sénatoriale du Parlement[71]. Ces lois portant règlement intérieur des chambres parlementaires sont dotées d'un statut contentieux spécifique par rapport aux autres lois ordinaires. C'est qu'elles sont sujettes à examen systématiquement préventif en matière de contrôle de constitutionnalité des lois. Seule leur conformité totale à la constitutionnalité, constatée et décidée par le juge constitutionnel, conditionne l'entrée en vigueur des textes.

L'action du Conseil Constitutionnel s'analyse ici en une alternative. Soit qu'il prend une décision constatant l'inconstitutionnalité, soit qu'il émet un acte normatif constatant la constitutionnalité de la loi contrôlée. C'est dans ce contexte de statut contentieux sui generis qu'un bourgeon de jurisprudence constitutionnelle a pu émerger et meubler le vaste terrain en friche du contentieux constitutionnel camerounais. Il reste alors à explorer le sort réservé à la décision du Conseil Constitutionnel.

Qu'elle soit déclarative d'inconstitutionnalité ou de constitutionnalité, la Constitution règle la question des effets juridiques qui s'y rapportent. L'article 50, alinéa 1 dispose : « *les décisions du Conseil Constitutionnel ne sont susceptibles d'aucun recours. Elles s'imposent aux pouvoirs publics et à toutes les autorités administratives, militaires et juridictionnelles ainsi qu'à toutes les personnes physiques et morales* ». Pour peu que l'on soit regardant sur la rédaction défectueuse du constituant qui semble dissocier les « *pouvoirs publics* » des « *autorités administratives...et juridictionnelles* » qui en font pourtant partie intégrante, on y retient que la décision prise par le Conseil Constitutionnel est définitive, ce qui exclut d'office toute possibilité de réexamen de la question tranchée. Et c'est ce que comporte d'ailleurs l'article 4, alinéa 2 de la loi n° 2004/004 du 21 avril 2004 portant organisation et fonctionnement du Conseil Constitutionnel : « *les décisions prennent effet dès leur prononcé et ne sont susceptibles d'aucun recours* ».

Lorsque la décision porte uniquement sur la déclaration d'inconstitutionnalité, l'autorité publique présidentielle et le citoyen sont clairement fixés sur la suite à réserver au processus normatif. Afin d'assurer la sécurité juridique dans l'État, ce que le Conseil Constitutionnel a déclaré contraire à la loi fondamentale n'est pas opposable à qui que ce soit, car l'inconstitutionnalité suppose un texte projeté de loi certes adopté, mais frappé d'inexistence juridique au regard de l'ordre constitutionnel de référence. L'alinéa 2 tiré de l'article 50 susvisé est on ne peut plus clair ; lorsque le Conseil Constitutionnel a décidé de l'inconstitutionnalité d'une loi, celle-ci « *ne peut être ni promulguée ni mise en application* ».

La procédure légale de validation des mandats des députés soumise à l'appréciation du Conseil Constitutionnel et qui y a opposé une invalidation constitutionnelle a-t-elle pour autant bénéficié des effets prescrits à l'article

[71] Article 22, alinéa 2 de la Constitution : « *le Sénat fixe lui-même ses règles d'organisation et de fonctionnement sous forme de loi portant règlement intérieur* ».

50 de la Constitution ? S'il est un argument qui étaye l'insécurité constitutionnelle dans laquelle sont plongées les personnes au Cameroun, c'est bien le fait que le Président de la République, en violation flagrante de la Constitution, s'est cru fondé à donner suite à la procédure législative par promulgation de la loi portant règlement intérieur de l'Assemblée Nationale.

Bafouer une décision du juge constitutionnel amène pourtant les citoyens à désespérer de la justice constitutionnelle dont ils n'exercent au demeurant aucune emprise. Si le Président de la République peut disposer de la Constitution et de sa justice selon son bon vouloir, on en déduit que ces institutions ont simplement une allure ornementale dans l'État. De la problématique sécurité juridique recherchée dans la lettre de la Constitution, la pratique présidentielle de la loi fondamentale distille une forme pernicieuse d'insécurité juridique qu'on ne saurait continuellement taire. La coutume constitutionnelle ne saurait inversement prospérer lorsque les autorités publiques prennent des libertés dangereuses par rapport aux clauses de la loi fondamentale. Un seul homme, fût-il Président de la République, ne peut s'arroger la prérogative d'orienter, à sa guise, la vie juridique de tout un État moderne. Ne pas s'en insurger contribue à l'ancrage d'une dictature déjà omniprésente au *« berceau de nos ancêtres »*.

De l'affirmation du caractère parlementaire du régime politique camerounais au regard de la constitution du 18 janvier 1996

Jean Tobie HOND
Maitre de Conférences à la FSJP, Université de Yaoundé II

La particularité de l'évènement qui consacre la publication des mélanges dédiés au Professeur Joseph-Marie BIPOUN WOUM offre à la quasi-totalité des juristes publicistes de ma génération, l'heureuse opportunité de souscrire à un devoir de reconnaissance. Cette reconnaissance qui s'exprime d'une part à travers un sentiment de gratitude vis-à-vis d'un intellectuel inoxydable dont l'exemplarité du caractère s'impose comme un code de conduite académique, justifie d'autre part notre révérence à l'endroit d'un grand maître du Droit Public, dont l'intarissable érudition et la passion du métier nous ont irrésistiblement déterminé dans le choix du ministère de l'enseignement.

Sur le fondement de ce préalable, l'on pourrait légitimement s'attendre à ce que l'expression de l'hommage anthume d'un *disciple* à l'égard du *maître* se consacre à des développements pertinents, se structurant autour de l'ensemble de son œuvre. Pourtant, cette contribution ne portera pas comme nous aurions tant aimé pouvoir le faire sur un examen critique, une analyse exégétique ou une lecture évolutive de la somme des travaux de ce précurseur de la doctrine juridique africaine dont la pensée irradiante ne s'est guère confinée à une seule discipline du Droit Public.

Toutefois, ne nous étant jamais éloigné de ses enseignements, il nous a été donné, à l'analyse de sa pensée permanente, de constater l'intérêt que porte le Professeur BIPOUN au sujet des mutations de l'environnement institutionnel au Cameroun, notamment à travers les mouvements marquants de l'histoire constitutionnelle de notre pays. C'est en définitive ce constat qui nous a inspiré cette analyse peut-être iconoclaste au sujet de l'affirmation du caractère parlementaire du régime politique camerounais au regard de la constitution du 18 janvier 1996.

A ce propos, l'on mentionnera préliminairement que la question de la distinction des différentes formes de gouvernements s'est posée depuis l'antiquité. Initialement, Platon et Aristote ont établi une classification des gouvernements selon l'origine de la souveraineté sur la base de laquelle Aristote a présenté trois types séparés, à savoir la royauté, l'aristocratie et la démocratie, ainsi que trois formes corrompues de ces régimes, la tyrannie, l'oligarchie et la démagogie. Par la suite, les nombreuses typologies de régimes politiques développées à partir du XVIIIème siècle se sont plutôt fondées sur la manière dont le pouvoir est exercé, en s'appuyant sur les idées de Montesquieu.

Dans son acception contemporaine, la notion de *régime politique* s'apparente sans être identique au concept voisin de *système politique*. Si le second terme inspiré d'une approche de science politique désigne l'ensemble des règles constitutionnelles et des pratiques juridiques et extra juridiques à travers lesquelles fonctionnent les institutions politiques d'un État, le premier, plus proche de la démarche juridique, renvoie plus exactement aux modes d'organisation et de fonctionnement des institutions politiques de l'État, tels qu'inscrits dans sa constitution. Dans la typologie classique des régimes politiques, l'on distingue le *régime présidentiel*, le *régime parlementaire*, le *régime d'assemblée*[1] et certaines autres variantes qui se définissent habituellement en fonction ou par rapport à ces grands types classiques.

Si l'on s'accorde sans se heurter à des complexités inextricables à classer la quasi-totalité des États contemporains modernes dans l'une ou l'autre de ces différentes formes, il y a lieu de reconnaître que cette évidence ne correspond pas à la situation d'un certain nombre de pays tel que le Cameroun. En effet, il ressort de l'avis unanime de l'ensemble des analystes du fonctionnement des institutions politiques camerounaises qu'une abondante littérature juridique attelée à la recherche de la juste définition du régime politique camerounais culmine généralement à un même point de conclusion, qui se résume par la position peu originale de l'alternance entre les formes combinées que sont le *semi parlementarisme* ou le *semi présidentialisme*. Cette formulation mixée témoigne d'une démarche doctrinale inapte à trouver une définition *sui generis* du régime politique camerounais. Mais sans nous réfugier à notre tour derrière une sorte d'excuse collective, l'on peut objectivement admettre, sans altérer la légitimité des attentes orientées vers la société juridique en vue de réponses authentiques à des interrogations constantes au sujet de « l'introuvable nature du régime politique camerounais »[2], que la justification de cette

---

[1] Dont la référence théorique ne manque pas d'intérêt même s'il faut reconnaître qu'il est de moins en moins pratiqué.

[2] Lire sur ce point YACOUBA MOLUH : « L'introuvable nature du régime politique camerounais issu de la constitution du 18 janvier 1996 ». In *La réforme constitutionnelle du*

complication réside dans la prise en compte de la complexité du fonctionnement des institutions politiques camerounaises.

Néanmoins, il apparaît globalement, à l'appréciation de la production doctrinale autour de cette question fondamentale, que la majorité des auteurs qui tentent de définir le régime politique camerounais pêchent initialement par la détermination des données conceptuelles d'analyse. En basant leur approche méthodologique sur des considérations variables telles que l'importance des prérogatives du Président de la République ou la portée de son influence politique, ils aboutissent habituellement à la conclusion du caractère présidentialiste du régime politique camerounais. Pourtant, si l'on admet qu'un régime politique se définit à partir des critères stables et constitutionnellement établis spécifiant la nature précise des rapports entre les différents pouvoirs institués et non sur la base de données variables permettant simplement de particulariser des variantes d'un type classique, il devient plus compréhensible, dans le cas du Cameroun notamment, que la prise en compte de la potentialité présidentielle générée par la combinaison des prérogatives constitutionnelles du chef de l'État et l'importance politique de sa position partisane ne constitue pas un argument décisif pour remettre en cause les principes constitutionnels stables d'organisation et de neutralisation réciproque des différents pouvoirs, qui justifient théoriquement le caractère parlementaire du régime politique camerounais.

De fait, une démarche fondée sur une perception purement juridique peut permettre de mieux cerner les contours définitionnels du régime politique camerounais en tenant essentiellement compte de l'articulation des rapports entre les différents organes de pouvoir telle que prescrite dans les dispositions constitutionnelles, à la différence d'un cheminement méthodologique fondé sur la prise en considération de la potentialité présidentielle et de l'irresponsabilité du chef de l'État devant le Parlement. Cette approche nous conduira dans un premier temps à procéder à un résumé des positions doctrinales contradictoires (I), avant tout arbitrage prudemment appuyé sur la stricte interprétation des dispositions constitutionnelles et des mécanismes qu'elles rendent possibles entre les pouvoirs (II).

I. LE REGIME POLITIQUE CAMEROUNAIS AU CŒUR DE LA CONTROVERSE DOCTRINALE

La logique qui sous-tend cette réflexion au sujet de la classification du régime politique camerounais consiste, autant que faire se peut, à sortir des sentiers battus pour examiner sa nature à travers les mécanismes institutionnels qui le caractérisent effectivement. Une telle démarche présente l'intérêt du dépassement de l'approche régulièrement adoptée par

---

18 janvier 1996 au Cameroun. Aspects juridiques et politiques. Fondation Friedrich-Ebert/Association Africaine de Science Politique. 1996.

un certain nombre d'auteurs qui les conduit habituellement, à l'observation d'une structuration constitutionnelle combinant globalement les éléments du régime présidentiel et du régime parlementaire, à adopter les formules intermédiaires ou mixtes du *semi présidentialisme* ou du *semi parlementarisme*, pour désigner une réalité dont les contours sont plus complexes.

En analysant l'évolution du mouvement constitutionnel camerounais de 1960 à 1996, certains auteurs ont soutenu que lorsque l'équilibre des institutions à la base d'un système politique fait défaut, que la séparation effective des pouvoirs s'efface, que la fonction présidentielle se place *de jure* ou *de facto* au-dessus des autres organes de pouvoir, il n'y a plus de doute que l'on se situe dans la configuration d'un régime présidentialiste[3]. Mais cette appréciation longtemps partagée par l'ensemble de la doctrine est remise en cause depuis la révision constitutionnelle du 18 janvier 1996, sur la base d'arguments juridiques pertinents dont il convient de rendre compte.

A. De la thèse du présidentialisme monolithique à la doctrine du présidentialisme démocratique

Les nombreuses études connues à ce jour au sujet de la définition du régime politique camerounais ont successivement généré des théories divergentes ou complémentaires. A la suite de la thèse du *présidentialisme négro-africain* des années 60 exprimée par le Professeur Louis DUBOUIS[4] et quelques années plus tard, de la théorie de l'*hyper présidentialisme* esquissée au début de la décennie 90 par le Docteur MOLLUH YACOUBA[5], certains auteurs, plus récents, aboutissent à des qualifications proches de celles évoquées par ceux ci-dessus nommés, en apportant toutefois des nuances qui justifient l'originalité de leurs interprétations.

Il s'agit des tenants de la thèse du *présidentialisme* dit *mutualiste* dont l'argumentaire se base sur l'institutionnalisation d'un monolithisme politique doublé de la densité des pouvoirs que le constituant consacre au profit du Président de la République d'une part, et d'autre part, des promoteurs de la doctrine du *présidentialisme* dit *démocratique*, notion ambiguë dont il convient d'expliciter les contours.

---

[3] Cette analyse a été approuvée par le Professeur J. OWONA, en présidant le jury de soutenance des travaux en vue de l'obtention de l'Habilitation à Diriger des Recherches du Docteur Jean Tobie HOND à l'Université de Yaoundé II le jeudi 25 février 2010, autour du thème central « Les transformations de l'État au Cameroun ».

[4] Qui se fonde sur la notion de la concentration des pouvoirs autour de l'institution du Président de la République.

[5] Théorie dont l'un des traits majeurs porte sur la notion de la personnalisation du pouvoir.

1. La thèse du présidentialisme mutualiste

La thèse du présidentialisme mutualiste a trouvé un écho dans une étude menée par le Professeur Jean Claude Tcheuwa[6]. En s'appuyant sur les mêmes arguments que la majorité des auteurs qui l'ont précédé au sujet de la classification du régime politique camerounais, le Professeur Tcheuwa évoque pour la première fois la notion de *présidentialisme mutualiste* pour qualifier le régime politique camerounais, caractérisé selon lui par *la dénaturation du principe parlementaire de l'irresponsabilité du Président de la République et son influence partisane qui irradie littéralement la vie politique nationale et le fonctionnement des institutions républicaines.*

Seulement, il peut être relevé à ce niveau de l'analyse que si la démonstration du Professeur Tcheuwa ne manque pas de pertinence compte tenu de sa logique, elle suscite toutefois quelques appréhensions, eu égard à son champ conceptuel d'appréciation.

Premièrement, la notion de l'irresponsabilité du chef de l'État n'est à notre perception qu'une composante variante du régime parlementaire. A ce titre, elle ne constitue guère un critère stable de qualification dudit régime. Par ailleurs, il est de doctrine constante que la conception et la pratique du régime parlementaire ont considérablement évolué, de son type initial à ses variantes contemporaines[7]. Ainsi par exemple, les systèmes britannique et français constituent tous les deux des exemples variés du régime parlementaire, en dépit du caractère respectivement « moniste » ou « dualiste »[8] qui les particularisent.

La deuxième observation qui ressort de la démonstration du Professeur Tcheuwa porte sur la prise en compte d'une autre variante institutionnelle qu'il semble retenir pour justifier le caractère présidentialiste du régime politique camerounais, à savoir l'importance des pouvoirs du Président de la République et l'influence que génère sa position partisane sur le fonctionnement des institutions nationales. Mais à l'opposé de l'argument que développe l'auteur, il peut être rétorqué qu'au même titre que la question de la responsabilité ou de l'irresponsabilité du chef de l'État, la prise en compte de l'étendue ou de la portée de ses pouvoirs ne constitue pas non plus un critère constant de classification des régimes politiques. Mais au-delà de ces réserves qui feront subséquemment l'objet de développements plus élaborés, il convient de relever l'intérêt cognitif de l'étude du Professeur Tcheuwa qui réside essentiellement dans l'évolution conceptuelle qu'elle apporte dans l'appréciation de la nature du régime politique camerounais, initialement qualifié de présidentialisme négro-africain des années 60, par

---

[6] J.C. TCHEUWA, « Essai sur la qualification du régime politique camerounais : La difficile affirmation d'un régime authentiquement parlementaire ». In *Revue juridique et politique des États francophones*. N°02. 2003.

[7] Lire sur cette question P. AVRIL, *Le régime politique de la Vème République*, LGDJ. 4ème édition. 1979.

[8] Ibid.

rapport auquel le Professeur Louis Dubouis affirmait que « *tous les pouvoirs sont consacrés entre les mains du Chef de l'exécutif, les libertés se trouvant sérieusement menacées dans le cadre d'une dictature constitutionnelle* »[9].

2. La doctrine du présidentialisme démocratique

Le Professeur Alain Didier Olinga qui reconnaît la complexité de l'analyse de la nature du régime politique camerounais, partagée entre l'économie des textes et les pratiques institutionnelles[10], recense d'abord les différentes variations des institutions politiques camerounaises depuis 1960[11], puis s'arrête à la phase d'unification de 1972 qui consacre une tendance présidentialiste, confirmée par la loi constitutionnelle du 18 janvier 1996[12]. Sur la base de cette analyse et en se référant à l'évocation des nombreux droits et libertés consacrés par le constituant de 1996, le Professeur Olinga relève que de 1960 à 1996, la nature présidentialiste du régime politique camerounais a connu une mutation n'atteignant certes pas le stade d'un parfait équilibre entre les pouvoirs, mais marquant à tout le moins un réaménagement perceptible du jeu institutionnel dans l'articulation des différents organes de pouvoir. C'est à ce titre qu'il observe que la révision constitutionnelle du 23 avril 1991 introduit l'idée d'un *présidentialisme démocratique* marqué par une ouverture au pluralisme, à l'État de droit et aux libertés fondamentales, toute logique confirmée par la loi constitutionnelle du 18 janvier 1996.

Allant dans un premier temps dans le même sens, le Professeur Magloire Ondoa soutiendra la thèse de la *dé présidentialisation* du régime politique camerounais issu de la loi constitutionnelle du 18 janvier 1996, en appuyant son analyse sur le constat du passage d'un présidentialisme dit fort à un

---

[9] In « Le régime présidentiel dans les nouvelles constitutions des États africains d'expression française ». Penant. N.691.avril-mai 1962.

[10] A.D. OLINGA, « La constitution de la République du Cameroun ». Presses de l'UCAC. 2006.

[11] Le Professeur Olinga mentionne à ce sujet la démocratie à orientation parlementaire de 1960 dans laquelle le Chef de l'État n'était pas élu au suffrage universel direct, mais par un collège de notables comprenant les membres de l'Assemblée Nationale, les Conseils régionaux de provinces et les Délégués des Assemblées municipales élus. Le mélange de démocratie parlementaire et de régime présidentiel de 1961 entre les États fédérés et l'État fédéral. La présidentialisation du régime subséquente à l'unification partisane de 1966. Le pouvoir reconnu au Président de la République par la constitution du 10 novembre 1969 de nommer les Premiers Ministres et les Ministres des États fédérés. L'unification de 1972 qui consacre également la tendance présidentialiste confirmée par les révisions de 1991 et 1996.

[12] Au sujet de laquelle le Professeur NGUELE ABADA affirmait d'ailleurs, répondant à la controverse née autour de la question de sa novation, qu'au-delà de ses grandes innovations, la loi n°96/06 du 18 janvier 1996 portant révision de la constitution du 02 juin 1972 « ne constitue pas un changement de système, mais renforce plutôt le primat présidentiel, l'alpha et l'oméga de la vie politique et juridique ». Lire sur cette question M. NGUELE ABADA, « Ruptures et continuités constitutionnelles en République du Cameroun : Réflexions à propos de la réforme constitutionnelle du 18 janvier 1996 », *RJPIC*. 1996.

présidentialisme dit modéré[13], à travers un relatif délestage de la potentialité présidentielle au profit de la libéralisation de la vie politique. Mais cette position sera assez vite dépassée par l'auteur qui, en se basant subséquemment sur une démarche analytique différente, est finalement arrivé à l'affirmation de la nature parlementaire du régime politique camerounais.

B. L'affirmation de la nature parlementaire du régime politique camerounais

Les différentes thèses sus évoquées qui soutiennent la forme présidentialiste du régime politique camerounais restent d'un intérêt incontestable, car elles marquent par leurs évolutions un dépassement de l'appréciation péjorative couramment retenue du présidentialisme camerounais de type négro-africain, pour faire émerger l'idée d'un présidentialisme rationalisé, compatible avec un fonctionnement institutionnel démocratique.

Dans cette nouvelle configuration, l'institution présidentielle reste centrale, mais sa puissance est bornée pour lui éviter une dérive vers l'arbitraire. Le Professeur Jean Claude Tcheuwa reconnaît d'ailleurs à ce propos que « *lorsque l'on parcourt la constitution camerounaise, l'on ressent comme une volonté du constituant de 1996 d'opérer une mutation considérable quant au régime à mettre en place* »[14].

Toutefois, il y a lieu de mentionner à ce niveau que l'argumentaire développé jusqu'ici par l'ensemble des défenseurs de la thèse du présidentialisme[15] présente une certaine fragilité, eu égard à la nature de ses éléments fondamentaux d'analyse. La prise en compte de cette observation justifie les réserves que soulève en définitive la question de la pertinence de cette thèse présidentialiste, puisqu'à l'évidence, des prémices erronées ne peuvent conduire à une conclusion irréfutable.

1. Les réserves relatives à l'argumentation de la thèse présidentialiste

L'argumentaire développé au sujet de la recherche de la définition du régime politique camerounais par les tenants de la thèse du présidentialisme pose problème, du fait qu'ils aboutissent tous à une classification du régime politique camerounais en se basant sur des critères autres que ceux qui relèvent théoriquement des éléments classiques d'appréciation consacrés par

---

[13] M. ONDOA, « Loi n°96-06 du 18 janvier 1996 portant révision de la constitution du 02 juin 1972. Commentaire », *Juridis périodique*, n°25. 1996.

[14] J.C. TCHEUWA, op.cit.

[15] Au-delà de ses diverses variantes que sont notamment le présidentialisme négro-africain des années 60, l'hyper présidentialisme, le présidentialisme mutualiste ou le présidentialisme démocratique.

le droit positif. Ainsi, en se fondant sur la question de l'irresponsabilité du Président de la République ou sur l'étendue de ses pouvoirs, ils procèdent à la qualification d'une réalité codifiée à partir d'éléments non homologués.

En effet, la notion de régime politique renvoie aux *modes d'organisation et de fonctionnement des institutions politiques de l'État tels qu'inscrits dans sa constitution.* C'est ce code d'appréciation basé sur des critères établis et invariables qui permet de distinguer un régime politique d'un autre.

En réalité, la question de la classification du régime politique camerounais suscite une controverse en fonction des approches et de la spécialité des auteurs qui s'en préoccupent. Ainsi, l'on comprendra par exemple qu'une démarche systémique, inspirée des méthodes d'analyse de la science politique et s'appuyant sur l'effectivité du fonctionnement des institutions politiques camerounaises en arrive à la déduction de la nature présidentialiste du régime politique camerounais, eu égard au constat de l'hypertrophie des pouvoirs du Président de la République qui domine la fonction exécutive et irradie par ses luxuriantes prérogatives partisanes l'ensemble des autres organes de pouvoir que sont le législatif et le judiciaire. Mais pour justifiable qu'elle puisse paraître, cette approche ne satisfait guère la méthode juridique, normative par essence, qui pour qualifier la nature d'un régime politique, se fonde plutôt sur l'organisation des rapports de pouvoir entre les diverses institutions étatiques, en tenant compte de la manière dont ces rapports sont définis dans le cadre des dispositions constitutionnelles.

2. Une organisation constitutionnelle propice à l'affirmation de la nature parlementaire du régime politique camerounais

Aux termes de l'article 07 de la constitution camerounaise du 18 janvier 1996, le Président de la République représente l'État dans tous les actes de la vie publique. A ce titre, il exerce le pouvoir réglementaire, crée et organise les services publics de l'État, et nomme aux emplois civils et militaires. A la suite de cette disposition, l'article 10 du même texte mentionne que le Président de la République nomme le Premier ministre et sur proposition de celui-ci les autres membres du Gouvernement, lequel Gouvernement est, selon l'article 11 de la susdite constitution, chargé de la mise en œuvre de la politique de la nation telle que définie par le Président de la République.

Par ailleurs, il apparaît à la lecture des dispositions de l'article 15 de la loi constitutionnelle du 18 janvier 1996 que le Président de la République peut provoquer la dissolution de l'Assemblée Nationale, de même que le Parlement peut, sur la base des articles 34 et 35, censurer l'action gouvernementale. A l'analyse de ce qui précède, l'on observe que la loi constitutionnelle du 18 janvier 1996 institue au Cameroun un Exécutif dualiste, en même temps qu'elle établit les modalités de la responsabilité du Gouvernement devant le Parlement, et consacre à l'Exécutif un pouvoir de dissolution dudit Parlement. La prise en compte de ces différents critères classiques permet d'affirmer, au-delà des variations conceptuelles, que l'on se trouve en présence d'un régime de type parlementaire. C'est cette thèse plus juridique que politique que soutient finalement le Professeur Magloire ONDOA à travers une évolution de sa position initiale, pour aboutir *in fine* à l'affirmation de la nature parlementaire du régime politique camerounais issu de la réforme constitutionnelle du 18 janvier 1996[16]. Cette position est la plus défendable du point de vue de l'analyse purement juridique, car un régime politique se définit à partir des rapports constitutionnellement établis qu'entretiennent les différents pouvoirs, et non sur la base de l'ampleur des pouvoirs du Président de la République ou de la réalité de son irresponsabilité. En tenant compte de ces deux dernières considérations, il peut tout au plus être justifié, au regard du fonctionnement institutionnel du Cameroun, de parler d'un *système présidentialiste*, plutôt que d'un *régime présidentialiste*.

II. Les limites de l'approche politique de la definition du regime politique camerounais

Le système politique camerounais fait du Président de la République une institution centrale au sein de l'Exécutif et par rapport aux autres pouvoirs, à travers ses abondantes prérogatives institutionnelles et sa posture partisane. Mais la prise en compte de ce référent variant ne suffit guère en définitive pour une juste classification du régime politique camerounais. Cet exercice technique doit essentiellement tenir compte de l'existence des critères classiques et invariables qui sous-tendent les rapports entre les différents pouvoirs, sur la base des dispositions constitutionnelles.

A. La prise en compte de la densité des prérogatives du Président de la République

L'étude de l'importance de la fonction présidentielle qui est au cœur de ces développements trouve son intérêt dans une analyse complémentaire des arguments qui précèdent, dans le but de permettre une lecture complète du système politique camerounais en l'articulant autour de la composante principale du pouvoir exécutif. Il est question d'apprécier la portée de la fonction présidentielle à travers l'étendue des pouvoirs effectifs du Président de la République, pour rendre compte de ce que cet argument, pertinent du point de vue de l'analyse politique, n'est toutefois pas de nature à influencer la qualification parlementaire du régime politique camerounais.

[16] M. ONDOA, « Une résurrection : Le régime parlementaire camerounais », *Anales de la FSJP de l'Université de Douala*, n°2. Juin-décembre 2002.

1. Le Président de la République : Centre névralgique de la politique nationale

En évoquant le fonctionnement du pouvoir exécutif dans le système politique camerounais, le Professeur Molluh Yacouba reconnaît, comme pour confirmer l'ampleur du déséquilibre institutionnel existant notamment entre le Président de la République et le Premier ministre, que la récurrence de l'appellation « *Premier ministre, chef du Gouvernement* » ne voile pas la réalité de la quasi-vacuité qui caractérise réellement cette institution, le Président de la République étant, de par sa stature constitutionnelle et institutionnelle, le véritable chef de l'action gouvernementale et le centre névralgique de la politique nationale[17]. A ce sujet, les dispositions des articles 5 et 11 de la constitution du 18 janvier 1996 sont fort pertinentes.

En effet, si l'article 5 de la constitution du 18 janvier 1996 dispose que le Président de la République, chef de l'État, élu du peuple dont il incarne l'unité « *définit la politique de la nation* », l'article 11 de cette même constitution précise que le Gouvernement, qui est responsable devant l'Assemblée Nationale, « *est chargé de la mise en œuvre de la politique de la nation, telle que définie par le Président de la République* ». Ces dispositions pour le moins interloquantes témoignent au-delà de la consécration constitutionnelle du bicéphalisme, d'une volonté constante du constituant de maintenir l'essentiel du pouvoir exécutif entre les mains du Président de la République, contrairement par exemple à la formulation de l'article 20 de la constitution française du 04 octobre 1958 qui autorise le Premier ministre, chef du Gouvernement, à définir et à conduire la politique gouvernementale dont il répond devant le Parlement.

Au-delà de cette comparaison, le Professeur Stéphane Bolle, en se fiant précisément dans le contexte français au déséquilibre institutionnel qui peut caractériser les fonctions de Président de la République et de Premier ministre au sein du pouvoir exécutif, appelle dans une tentative de classification du régime politique français au « *dépassement des difficultés inhérentes à la taxinomie, pour éviter d'ériger en vérités scientifiques des réalités contingentes sans égard à la complexité du réel* »[18]. Ainsi, à travers une démarche analytique inspirée de ce préalable, son appréciation se déporte au-delà des modes d'organisation et de fonctionnement institutionnels de l'État tels qu'inscrits dans sa constitution, pour intégrer le champ plus large des règles juridiques et des pratiques extra juridiques qui sous-tendent le fonctionnent des institutions politiques de la France. Sur la base de ce qui précède, il arrive finalement à une classification qui situe la France dans la catégorie de régime présidentialiste, en tombant dans la même erreur d'analyse qui consiste à recourir à des critères extra

---

[17] YACOUBA MOLUH, op.cit.

[18] B. BOLLE, « Le régime présidentiel : cache-sexe du présidentialisme ? », *La constitution en Afrique*, Décembre 2009.

constitutionnels pour définir une réalité dont la qualification technique s'effectue plutôt en fonction de critères classiques constitutionnellement codifiés.

2. Une prépondérance de l'Exécutif renforcée par le principe de la discipline partisane

Si l'analyse du Professeur Stéphane Bolle ne semble guère confirmée par la plupart des ouvrages classiques étudiant le droit constitutionnel et les régimes politiques contemporains, c'est parce qu'elle ne se limite pas à définir la notion de régime politique en se fondant sur des critères constitutionnels. Au-delà de toute spéculation doctrinale, le régime parlementaire est une organisation constitutionnelle des rapports de pouvoir caractérisée par un équilibre de pouvoirs entre le Gouvernement et le Parlement. Dans le fonctionnement d'une telle forme d'organisation, le Gouvernement est politiquement et collectivement responsable devant le Parlement, vis-à-vis duquel il peut en contrepartie exercer un droit de dissolution.

Dans bien des cas comme au Cameroun, lorsque le Gouvernement dispose d'une solide majorité de sièges au Parlement, ce dernier peut dans une certaine mesure se trouver « *soumis* » au dit Gouvernement et partant à l'Exécutif, eu égard au respect du principe de la discipline partisane. S'il ne s'agit pas d'une règle à valeur constitutionnelle, l'on doit toutefois observer au regard du fonctionnement des partis politiques que sur le fondement de ce principe, les parlementaires sont habituellement « *obligés* » de suivre les directives de leurs partis. De fait, le Parlement devient un lieu « *dominé* » par le Gouvernement, mais mieux encore par l'Exécutif dont le Président de la République constitue la clé de voûte, une instance où les votes sont prévisibles et l'appui aux positions gouvernementales quasi automatique.

Seulement, cette variante fonctionnelle au regard de laquelle la collaboration des pouvoirs[19] se trouve littéralement marquée par la « *prépondérance* » du Gouvernement ou dans un sens large du pouvoir Exécutif, ne remet guère en cause la nature fondamentale du régime politique camerounais.

B. Les risques d'une dérive conceptuelle fondée sur une confusion sémantique

A l'évidence, l'approche analytique ci-dessus exprimée à travers la démarche du Professeur Stéphane Bolle qui est empruntée par certains analystes du fonctionnement institutionnel camerounais pêche par une

---

[19] Caractéristique essentielle du régime parlementaire.

confusion manifeste dans la distinction préalable à établir entre les notions de *régime* et de *système* politique.

En effet, la consécration de pouvoirs considérables au bénéfice du Président de la République en France à l'opposé de la pratique britannique relève de la traduction institutionnelle de l'histoire constitutionnelle de ce pays et ne remet pas en cause sa nature parlementaire en dépit de ses spécificités[20]. Sur une base d'analyse similaire, l'on peut observer que les dispositions textuelles qui organisent le fonctionnement des pouvoirs publics au Cameroun reconnaissent au Président de la République un rôle de pivot central des institutions. Mais cette position prépondérante ne constitue à l'appréciation juridique qu'une variante institutionnelle et non un critère fondamental de classification du régime politique camerounais issu de la révision constitutionnelle du 18 janvier 1996.

1. Un monopole traditionnel de la gouvernance institutionnelle

Depuis 1961, le système politique camerounais organisé autour de la permanente rhétorique de l'unité nationale s'est développé à travers la concentration de larges prérogatives autour de l'institution du Président de la République, incarnation de cette unité. Ainsi, les différentes constitutions successives lui ont constamment procuré les moyens les plus variés pour assurer cette prépondérance. Le Docteur Jean Claude Kamdem affirmait sur cette question que « *dans l'agencement des prérogatives institutionnelles au Cameroun, le chef de l'État est beaucoup plus que le chef de l'Exécutif. En un mot, il est le pouvoir* »[21]. Si le caractère péremptoire de cette affirmation mérite aujourd'hui d'être relativisé eu égard aux différentes techniques de limitation du pouvoir consacrées par l'évolution du droit constitutionnel camerounais, il demeure qu'elle ne reste toutefois pas dénuée de toute pertinence. Aux termes de l'article 02 de la loi constitutionnelle du 18 Janvier 1996, le Président de la République et les membres du Parlement sont les figures concurrentes et complémentaires par l'intermédiaire desquelles le peuple camerounais exerce la souveraineté nationale, en dehors de la voie référendaire. Mais sous cette dualité formelle, apparaît en fait un monopole traditionnel de la gouvernance institutionnelle par le Président de la République, qui occupe une position pontificale de par son mode d'accession au pouvoir, ses prérogatives constitutionnelles et sa posture partisane. Élu au suffrage universel, il est le seul qui prête serment devant le peuple camerounais. La durée de son mandat est indéterminée, car limitée aux termes l'article 6(2) de la loi constitutionnelle du 18 janvier 1996, elle a subséquemment fait l'objet d'un débat politique national, clôturé par la

---

[20] Lire sur la question AVRIL (P) in « Le régime politique de la Vème République ». LGDJ. 4ème édition, 1979.

[21] J.C. KAMDEM, « Institutions Administratives et Droit Administratif », *Cours polycopié,* Université de Yaoundé, 1988.

promulgation de la loi n° 2008/001 du 14 avril 2008 modifiant et complétant certaines dispositions de la loi n° 96/06 du 18 janvier 1996 portant révision de la constitution du 02 juin 1972, dont l'article 6 (2) nouveau consacre le principe de la non limitation des mandats présidentiels, en marquant un revirement par rapport au texte constitutionnel de 1996 qui disposait que « *le Président de la République est élu pour un mandat de sept (07) ans renouvelable une fois* ». Cette modification justifiée de l'avis de certains par l'argument de la souveraineté du peuple qui a le droit incontestable de choisir librement les conditions et les modalités par lesquelles il entend être gouverné est par contre contestée par ceux qui perçoivent dans cet aboutissement une « *instrumentalisation politique du droit* », dans le but d'« *asseoir la structuration du gouvernement perpétuel par des raisons visant à pérenniser la prépondérance de la fonction présidentielle dans l'organisation constitutionnelle et politique des pouvoirs publics* »[22].

2. L'introduction explicite des mécanismes du parlementarisme classique dans le schéma constitutionnel camerounais

Par la conjonction d'un ensemble de raisons sociopolitiques et historiques, l'articulation constitutionnelle en faveur d'un pouvoir Exécutif « *fort* » que Jean Gicquel qualifie à la suite de Louis Dubouis de « *présidentialisme négro-africain* »[23] est restée constante dans le processus d'élaboration du constitutionnalisme camerounais, tel que le prouvent les différentes étapes de l'évolution institutionnelle de ce pays.

En effet, après la phase parlementaire instaurée par la constitution du 4 mars 1960, la pratique institutionnelle s'est recentrée malgré la forme fédérale de l'État[24] autour de la prééminence de l'institution présidentielle avec la constitution du 1er septembre 1961. Par la suite, cette tendance est restée constante, en dépit des velléités parlementaires perceptibles avec l'institution selon les cas d'un Premier ministre chef du Gouvernement ou plutôt d'un Premier ministre auquel cette fonction de coordination n'était guère explicitement reconnue. C'est ainsi que la constitution du 4 mars 1960 a consacré un Premier ministre chef du Gouvernement, à la différence de celles de 1961 et de 1972 qui n'en ont pas fait mention. L'on précisera d'ailleurs pour confirmer cette logique que l'apparition en 1975 d'un Premier ministre dans l'organisation gouvernementale ne renvoyait qu'à la réalité de ce que le Doyen Bipoun Woum a qualifié de fonction

---

22 M.E. OWONA NGUINI, « Le Gouvernement perpétuel en Afrique centrale : Le temps politique présidentialiste entre autoritarisme et parlementarisme dans la CEMAC », *Enjeux*, N° 19. Avril-juin 2004.

23 J. GICQUEL, « Le présidentialisme négro-africain, l'exemple camerounais ». *Mélanges offerts à Georges BURDEAU*, Paris. LGDJ. 1977.

24 L'autoritarisme présidentiel ayant engendré à cette époque un fédéralisme dit présidentiel, organisant un système caractérisé par une tendance monocratique.

« *insolite* »[25], ne traduisant pas plus que l'expression d'une déconcentration du pouvoir l'Exécutif. C'est plus tard avec les révisions constitutionnelles du 4 février 1984 et du 23 avril 1991 que la constitution a réintégré la fonction de Premier Ministre chef de Gouvernement, à travers un mécanisme de consécration confinant cette institution à un rôle secondaire, puisque si l'article 9 de la loi n° 84/1 du 4 février 1984 modifiée par la loi n° 91/1 du 23 avril 1991 dispose que le Premier ministre chef du Gouvernement exerce le pouvoir réglementaire, nomme aux emplois civils, dirige les services administratifs nécessaires à l'accomplissement de sa mission, il y a lieu de relever qu'il ne met en œuvre ces prérogatives que sous le couvert des « délégations » qui lui sont accordées par le Président de la République, chef de l'État, que la même constitution établit comme moteur et régulateur du jeu institutionnel.

Mais au-delà de ces variations institutionnelles, l'une des particularités du constituant du 18 Janvier 1996 est qu'il a introduit les mécanismes du parlementarisme classique dans le schéma constitutionnel camerounais à travers trois aspects fondamentaux. Il s'agit de l'institutionnalisation d'un dualisme de l'Exécutif en dépit du déséquilibre des rapports existant entre ses deux composantes, de la consécration d'une possibilité de responsabilisation du Gouvernement devant le Parlement et réversiblement, de la reconnaissance d'un pouvoir de dissolution dudit Parlement par l'Exécutif. Seuls ces indices classiques peuvent permettre une juste classification du régime politique camerounais.

[25] J.-M. Bipoun Woum, « Droit constitutionnel et régimes politiques », *Cours polycopié*, Université de Yaoundé. 1986.

La régionalisation : le défi de la souveraineté économique du pays

Dr. Odile TOGOLO
Chargée de cours, Université de Yaoundé II

La souveraineté internationale octroyée au Cameroun en 1960, comme à beaucoup de pays africains, après des révoltes populaires marqua la naissance juridique de l'État et, par ricochet, la fin de l'oppression et de la domination extérieure que les nationalistes voulaient à tout prix s'en découdre dès la fin de la Seconde Guerre mondiale. Mais l'épreuve de force qu'imposait la gestion d'un territoire indépendant devait très vite ramener à l'ordre les peuples sans capacités ni compétences dans tous les domaines : les activités politiques étaient restées rudimentaires, la technologie et l'économie très archaïques. La dure réalité du terrain les assujettissait à nouveau aux puissances extérieures amenant certains à se demander à quoi sert l'indépendance juridique[1] sans indépendance économique ?

Au regard de la charte économique des régions, comment ne pas voir dans la régionalisation un « projet structurant », une porte ouverte vers la modernisation du tissu économique en tant que défi intellectuel individuel et capacité de tous les Camerounais à s'approprier à la base de l'inventivité, de l'anticipation, de l'industrialisation, de la croissance économique dans le respect des droits humains et les règles de transparence. Formule d'encadrement des populations à une échelle moyenne, son effectivité devrait constituer un tournant décisif de transformation du pays par la constitution des régions fortes et influentes. Porteuse d'un projet collectif en

[1] L'adjectif « juridique » semble convenir mieux que l'épithète politique au regard de la situation de l'Afrique. Aujourd'hui comme hier, sous prétexte de contrôler le respect de l'État de droit, de la démocratie et de la bonne gouvernance, les grandes puissances imposent aux États africains des obligations de faire soit directement en se posant en « grands électeurs » comme actuellement en Côte d'Ivoire, soit indirectement par le biais de leurs outils de recolonisation que sont les prêts à taux usuraires. Autant de sources d'assujettissement qui sont incompatibles avec l'indépendance politique.

termes de gestion d'affaires locales dans l'esprit du constituant de 1996[2] et sur la foi de tout un peuple qui aspire au progrès social, la régionalisation viendra certainement combler la grande lacune de l'indépendance juridique qui était sans contenu politique, économique et social. Évidemment « l'intérêt de la régionalisation est considérable dans les pays en développement où elle apparaît comme un moyen d'intégration économique et sociale, de démocratisation, de prise en compte de la diversité des territoires et des populations et de rapprochement de l'administration et des citoyens ».[3] Elle vient actualiser la problématique du développement dans une nouvelle perspective en tant que liberté au déploiement des nouvelles logiques d'organisation de l'espace socio-économique pour un pays qui a consacré ses cinq premières décennies d'existence à bâtir de toutes pièces une nation *via* une centralisation excessive du pouvoir et qui est maintenant à la recherche des voies et moyens pour assurer la pérennité de celle-ci.

L'histoire renseigne qu'au-delà de la mise en place des organismes et institutions qui favorisent l'exercice d'une « souveraineté effective »[4], l'œuvre d'édification du Cameroun est passée successivement par la réunification le 1er octobre 1961 des deux parties emportant fédération de l'État et par l'unification le 20 mai 1972 aménageant la réconciliation nationale et l'intégration totales de ses différentes composantes. Cette réconciliation étant « la plus grande victoire des Camerounais sur eux-mêmes. Elle est à l'honneur du peuple Camerounais »[5] comme l'est le retour de la Presqu'île de Bakassi à la mère patrie en 2002.

Dans ce mouvement accéléré de remembrement et de démembrement du territoire, la régionalisation devient la césure à partir de laquelle sont posées les bases nouvelles pour la refondation de l'État. Acte politique majeur dans l'histoire d'un État unitaire, cette libéralité à laquelle se greffe la notion d'autonomie fait de la collectivité un sujet, c'est-à-dire un groupement ayant une personnalité juridique et représenté par des organes élus mettant en œuvre des intérêts collectifs de la localité comme le prescrit l'article 55 (2) de la Constitution. A l'instar de l'indépendance du pays le 1er janvier 1960, elle se veut aussi la prise en main par les populations de leur propre destin en tant que décision politique qui s'élabore autour d'un axe fort à savoir la construction de la nation entendue comme une « communauté de destin »[6].

---

2 Article 55 (2)... Les Conseils des collectivités territoriales décentralisées ont pour mission de promouvoir le développement économique, social, sanitaire, éducatif, culturel et sportif de ces collectivités.

3 NACIRI K., « Les cadres constitutionnels, légaux et administratifs du gouvernement local au Maroc », Communication présentée au 4ème Forum méditerranéen du Développement MDF4 sur le Thème : *Empowering Local Government Institutions in the MENA Region*, Amman, 8 - 10 avril 2002, p. 7.

4 E. MVENG, *Histoire du Cameroun*, Tome II, CEPER, 1985, p. 257.

5 Ibid., p. 265.

6 V. KAMGA, *Duel camerounais : Démocratie ou barbarie,* Paris, L'Harmattan, 1985, p. 126.

De la sorte les populations des régions sont investies de la mission de développement local comme l'étaient apparues auréolées les nouvelles élites politiques au moment des indépendances africaines d'une *mission messianique* de construction nationale. Ce qui voudrait dire que l'État ne serait plus l'unique *démiurge du développement*[7] quand les régions auront une effectivité certaine.

L'intérêt accru porté à l'économique tient au fait que les carences constatées dans ce domaine ont offert une force de résistance d'une amplitude telle que l'indépendance juridique a été vidée de sa substance. La primauté de l'économique sur le pouvoir politico-juridique compte parmi les réalités du monde actuel : la puissance économique d'un État fait aujourd'hui partie intégrante du mécanisme qui lui permet d'asseoir sa souveraineté au niveau international. Ainsi *in concreto,* la souveraineté économique envisagée en termes de résultats se présente comme la capacité pour une nation de maîtriser, au mieux, sa trajectoire en univers incertain » afin de « bénéficier durablement d'une croissance forte et régulière, qui minimise les *accidents de parcours* avec les risques de dislocation économique et sociale qui s'y attachent »[8]. En entrevoyant la régionalisation comme le fondement de l'essor économique, on est en droit d'espérer que cette fois, se réalisera le vœu le plus cher aux pères fondateurs qui était de faire du Cameroun « un pays moderne où il fera bon vivre dans un climat de liberté, de fraternité et de prospérité », « une communauté humainement digne, spirituellement élevée, source d'un véritable bien-être pour tous ses enfants »[9].

Cependant la régionalisation est d'abord une conquête parce que son succès oblige à transcender les convoitises et passions dont elle fait l'objet dans tous les domaines politique, économique et social tant au plan interne qu'international[10]. Procédant d'un transfert ou d'un retrait de compétences[11], le « concédant » n'est jamais suffisamment généreux pour céder une parcelle de son pouvoir en chèque en blanc. Il s'avoue difficilement vaincu et cherche au moins à ce que lui soit garanti l'avenir dans la nouvelle structure. Le bénéficiaire de son côté peut parfois rendre sa mission sans objet par

---

[7] A. TINE, « Élites partisanes et démocratisation au Sénégal : pour une lecture néo-machiavélienne, in *Polis / R.C.S.P. /C.P.S.R.* Vol. 11, Numéro Spécial 2003, pp. 7-8.

[8] J.-P COTIS., *Réflexions sur la notion de centres de décision économique et sur les risques de délocalisation associés*, Audition Sénat, 19 Octobre 2006, www.oecd.org/dataoecd, consulté le 7 juin 2011.

[9] E. MVENG, il s'agit des fragments de discours du Président Ahidjo et de Mgr Mongo au moment de la Réunification repris successivement par l'auteur, *op. cit.* p. 262.

[10] C.-H.VIGNES, « La régionalisation de l'Organisation mondiale de la santé », in *Société internationale pour le droit international, Régionalisme et universalisme dans le droit international contemporain*, Paris, A. Pedone, 1977, p. 189.

[11] Le retrait de compétences s'opère lorsqu'un organisme qui jouissait auparavant d'une indépendance totale se trouve par la suite soumis à une autorité hiérarchique disposant d'un pouvoir de tutelle sur lui à la suite d'un regroupement.

faute de préparation à la tâche. L'authentique régionalisation est conditionnée par la reconnaissance d'"*affaires locales*" par le gouvernement central, la prise en charge de ces "affaires locales" par des autorités locales indépendantes du pouvoir central et reconnues par celui-ci et enfin, par la capacité de gestion autonome de ces autorités locales de leurs affaires propres. En plus son emprise au sein des institutions étatiques requiert de neutraliser toute forme de résistance qui risque de l'étouffer et que l'on parvienne à une stabilité régionale qui subsistera quand bien même le contenu régional change. La région peut-elle se libérer de toutes les forces asphyxiantes et s'ériger en vecteur de changement ?

L'atteinte de cet objectif demande le concours de toutes les forces qui doit se manifester par une prise de conscience régionale assez forte de part et d'autre. Ce qui signifie qu'elle dépend de la qualité de l'environnement sociopolitique (I) dans lequel va se construire l'économie régionale que cette étude essaie de mettre en perspective (II).

I. L'ENVIRONNEMENT SOCIOPOLITIQUE DE LA REGIONALISATION

La régionalisation intervient dans un contexte initial de pure centralisation, car la commune qui existe depuis 1960 était davantage une structure déconcentrée jusqu'à la réforme constitutionnelle de janvier 1996[12] avec effectivité le 1er janvier 2010 par la déclaration du Premier ministre[13]. Excroissance de la décentralisation, elle met fin à la centralisation dont la vocation en 1960 fut « d'abord l'assouvissement d'une frustration compréhensible d'anciens colonisés avant d'être un instrument de libération citoyenne et de développement socioculturel »[14]. La fin de la centralisation dont il est question induit l'éclatement du système politico-administratif qui, d'un côté rénove le système institutionnel et, de l'autre présente des risques.

---

[12] Loi n° 96/06 du 18 janvier 1996 portant révision de la Constitution du 02 juin 1972, article 1er (2) : « la République du Cameroun est un État unitaire décentralisé ».

[13] A la sortie du Conseil de Cabinet du 30 juillet 2009, un communiqué de presse du Premier ministre, annonçait que le démarrage effectif de la décentralisée est fixé au 1er janvier 2010. Dès 2004 plusieurs lois ont été votées à cet effet : Loi n° 2004/017 du 22 juillet 2004 d'Orientation de la décentralisation ; Loi n° 2004/018 du 22 juillet 2004 fixant les règles applicables aux communes ; Loi n° 2004/019 du 22 juillet 2004 fixant les règles applicables aux régions. Puis sont intervenue à la fin de 2009 les lois sur les finances locales : La loi n° 2009/011 du 10 juillet 2009 portant régime financier des collectivités territoriales décentralisées ; loi n° 2009 /019 du 15 décembre 2009 portant fiscalité locale, complétées par le décret n° 2009/248 du 05 août 2009 fixant les modalités d'évaluation de la dotation générale de décentralisation.

[14] SADI SAÏD, Communication lors de l'université d'été des 5, 6 et 7 septembre 2001, www.RCD-algérie.net, *Régionalisation : le Maroc avance*, publié le 12/O1/10, consulté le 18/02/10.

A. La rénovation du système politico-administratif

L'éclatement du système politico-administratif n'est pas un vain mot en référence aux dix sous-ensembles territoriaux qu'incarnent les régions qui créent la proximité avec toutes les populations tenues à l'écart de la vie de la cité. Il traduit la volonté de moderniser les institutions publiques afin de satisfaire à la fois la demande sociale et les exigences de la globalisation qu'aucun pays au monde ne peut faire fi à l'heure actuelle. En mettant fin à la centralisation excessive, elle est par sa nature porteuse de changement.

1. La fin d'une centralisation excessive

L'opportunité de la régionalisation réside dans le fait qu'elle est « porteuse de rupture épistémologique et paradigmatique dans la manière de concevoir le pouvoir politique et de gérer la société »[15]. Elle survient formellement au moment où se pose en termes de rupture et de mutation profonde de la problématique du rapport État/société orchestrée par les réformes néo-managériales qui partent du fait que « les structures administratives existantes et les acteurs qui y travaillent et en assurent le maintien pèsent et influencent les jeux réformateurs »[16] négativement. A vrai dire, à partir des années quatre-vingt, les manières de faire de l'administration centrale sont à chaque fois remises en cause sous l'influence de nombreux besoins et de nouveaux principes et d'instruments préconisés par une doctrine protéiforme, le New Public Management dont le succès, la diffusion et les usages influencent largement les réformes de l'État de par le monde[17]. Il s'en suit que le choix de la régionalisation témoigne de la volonté politique d'engager le pays vers une démocratie de proximité et règle dans la responsabilité et la légalité la question de l'exercice du pouvoir au sein de l'État. Elle forme le socle du processus d'appropriation à la base du pouvoir de décision, de contrôle et de la représentation populaire au sein d'institutions pérennes de proximité et de participation. Par là, elle pose les fondements d'un État résolument démocratique et social.

C'est donc une survenance heureuse qui vient certainement lever l'hypothèque du « centralisme despotique » auquel le pays était fatalement condamné entre 1960 et 1996 en raison de la jeunesse de l'État. Devant une telle situation, les incertitudes d'un pouvoir embryonnaire sont si fortes et quand de surcroît elles croisent la diversité socioculturelle du terroir, la seule alternative qui se présentait aux autorités d'alors était un État fort décentralisé. Les intérêts nationaux pouvaient-ils être bien gérés dans ce centralisme calqué sur les régimes républicains d'Europe qui « se sont

---

[15] A. TINE, *op. cit.* p. 16.

[16] CERSA, Les systèmes administratifs à l'épreuve du New Public Management, 19 août 2008, directeur publication Jacques Chevallier.

[17] *Ibid.*

constitués lentement et progressivement sur plusieurs siècles, en agrégeant à un noyau central des provinces périphériques arrachées à l'étranger – ou récupérées sur lui – à la suite des guerres et traités »[18] ? Cette interrogation n'a que valeur de constat : les choix réalisés à une époque et par la force des choses méritent de les inscrire dans leur contexte. Pour cette raison, on est convaincu qu'en instituant la régionalisation un demi-siècle plus tard est une manière de repenser les réalités sociales, de proposer et de réaliser des projets de société adéquats. Dans cette remise en cause, il faut y voir un problème de justice, de réalisme voire de confiance par le simple fait de donner aux élites régionales, mieux aux autochtones le soin de gouverner et de gérer les intérêts locaux[19]. Sa mise en œuvre aura sans doute pour effet la territorialisation et la coproduction de l'action publique puisque la région sera aussi productrice de services publics. Dans cette perspective, elle placera en investisseur de premier ordre concurrençant l'État dans le respect de la légalité et la transparence.

S'ériger en investisseur implique l'analyse des projets et des actions qui fassent prendre les rênes de sa destinée et des enjeux cruciaux telle la lutte contre la pauvreté et l'exclusion sociale qui sont les maux qui minent notre société. L'objectif étant de poser des actes et d'entreprendre des activités qui fassent sortir de l'économie de la débrouille pour faire épanouir une production à grande échelle, en synergie avec les politiques publiques définies par le gouvernement et avec l'énergie des investisseurs privés. Tout ceci nécessite « de développer une rationalité organisationnelle et une puissance d'éthique personnelle et publique à la hauteur d'une telle ambition »[20]. Encore faut-il être sûr que de telles actions s'inscrivent dans l'axe de missions tracé pour la région. En clair, on pose par là le problème de la nature de la région.

2. La nature de la régionalisation au Cameroun

La clarification de la nature de la région camerounaise revêt une importance capitale si l'on veut en faire un outil de construction du local. Elle soulève au fond la question du degré d'autonomie accordé à la région par le législateur. Il est nécessaire de savoir si les pouvoirs transférés rendent l'objectif de développement économique réalisable ou s'il s'agit juste d'un simulacre de transfert de compétences ayant juste un objet politique.

---

[18] P. PACTET., *Institutions politiques et droit constitutionnel*, Paris, Masson/Armand Colin, 1995, p. 48.

[19] Article 55 constitution : « ...Les Conseils des collectivités territoriales décentralisées ont pour mission de promouvoir le développement économique, social, sanitaire, éducatif, culturel et sportif de ces collectivités ».

[20] KÄ MANA GODEFROID KANGUDIE, *Les enjeux des mouvements altermondialistes en Afrique – Sortir de la globalisation néolibérale.*

La régionalisation objet de cette étude est très proche du néologisme « régionalisme » qui signifie esprit de région ou de localité. Elle peut être comprise comme le fait par lequel un pays centralisé transfère aux régions des pouvoirs administratifs et économiques. Sauf que celle qui est attendue par tous se lit encore au futur. L'acte posé par le constituant dérivé de 1996 ne saurait se réduire aux proclamations solennelles ni se confondre avec la « régionalisation déconcentrée », mieux la « déconcentration régionalisée » mise en œuvre le 1er janvier 2010 à travers la nomination des gouverneurs de région et l'abrogation de la dénomination de province pour celle de région. Elle est aussi différente de la régionalisation des emplois et postes politiques qui participent de l'équilibre régional,[21] voire du contrôle étatique sur les mouvements de population à travers leurs élites.

L'inspection des standards internationaux fait ressortir deux types : la régionalisation administrative et la régionalisation politique avec comme critère de distinction le transfert de la compétence législative à l'entité administrative infra étatique.[22] Le premier type fait de la région un simple espace d'administration et de gestion des équipements et services tandis que le second crée un espace économique chargé d'élaborer des stratégies de développement. Au plan politique, la régionalisation a été dégagée à partir du système italien, espagnol, portugais et belge avant la transformation de la Belgique en État fédéral en 1997. Le cas de la Grande-Bretagne s'en rapproche depuis la dévolution des pouvoirs à l'Écosse et au Pays de Galles en 1997. En tant que modèle théorique, l'État régional peut être discuté, mais il se caractérise par la reconnaissance d'une réelle autonomie politique au profit des entités régionales, notamment un pouvoir normatif autonome. A cet égard, il correspond à la prise en compte de certaines spécificités, qu'elles soient ethniques, culturelles, linguistiques, religieuses, par conséquent, il se rapproche de l'État fédéral. Excepté qu'à la différence de ce dernier, la structure étatique reste unitaire même si elle peut être appelée à évoluer.

Entre ces modèles, la régionalisation adoptée au Cameroun est davantage administrative que politique. Elle est identique ou presque à celle qui existe en France qui n'instaure aucune compétence normative au profit des régions sous réserve des dérogations à titre expérimental introduites très récemment[23]. La seule certitude que l'on peut avoir, c'est que celle-ci participe de la nouvelle dynamique de réforme institutionnelle profonde

---

[21] Pour plus de précisions sur la politique d'équilibre régional, Cf. L. DONFACK SOKENG, *Le droit des minorités et des peuples autochtones au Cameroun, thèse de doctorat en droit*, s/D° Pr J.-P. Hesse, Université de Nantes, 2001, pp.76 et s.

[22] SEHIMI MUSTAPHA, « Autorité et territoire », sehimi@maroc.hebdo.press.ma

[23] En France, l'article 72 al.4 C issu de la révision constitutionnelle de 2003 autorise les collectivités territoriales à déroger à titre expérimental et pour un objet et pour une durée limités aux dispositions législatives et réglementaires qui régissent l'exercice de leurs compétences et ne leur confère pas un pouvoir normatif.

engagée en 1996 qui n'est pas un simple aménagement technique ou administratif, mais une option résolument tournée vers la rénovation et la modernisation des structures étatiques et aussi vers le renforcement du développement intégré. Elle se caractérise par une évidente rupture de l'organisation proche d'une révolution pour un État centralisé. Le fait que « la région se substitue à la province[24] dont elle épouse les contours en attendant un éventuel redécoupage »[25] n'entame en rien l'esprit de la réforme au fond qui installe la politique de redistribution des pouvoirs au profit des instances locales. Les options affichées sont si pertinentes que ce qu'il faut aux acteurs régionaux, c'est d'avoir une compréhension plus large des problèmes à résoudre pour assurer avec plus d'efficacité des objectifs poursuivis à l'échelle nationale et concrétisés à l'échelon régional. C'est une invitation aux acteurs concernés de prendre conscience de la régionalisation.

Au plan matériel, la région camerounaise « n'a pas un pouvoir de premier rang, celui qu'elle choisirait librement et qu'elle exercerait d'initiative. Elle n'exerce que les attributions que [l'État lui a] consenties »[26]. Nonobstant celles-ci sont suffisamment larges pour qu'elle puisse réaliser de fantastiques progrès à condition qu'elle sache saisir les opportunités qui lui sont offertes[27]. Le fait qu'elle n'ait pas reçu les attributs de souveraineté, notamment le pouvoir légiférer, la défense nationale, la justice, les affaires étrangères et la police ne constitue pas un obstacle qui l'empêcherait de s'affirmer comme entité territoriale autonome. Formellement son autonomie sera moindre par rapport à la région italienne qui dispose de certains attributs de souveraineté comme le pouvoir de police[28] et dont le fonctionnement se rapproche de celui d'un État fédéré. Quel que soit le cas, le pouvoir de police administrative (ordre, sécurité et tranquillité) des régions existe implicitement dès lors qu'il y a édiction des règlements nécessaires au développement économique et social lequel va se concrétiser par des arrêtés et des circulaires du président du Conseil régional[29]. Des règlements qui modifient l'ordonnancement juridique dès lors qu'ils tendent soit à interdire soit à autoriser telle ou telle activité, tel ou tel comportement sur territoire en cause. Le pouvoir de police tel qu'il s'exprime sécurité-tranquillité-salubrité-environnement recèle intrinsèquement des vertus d'organisation, de

---

[24] Pour le moment les dix régions actuelles correspondent aux aires géographiques des dix anciennes provinces qui étaient des entités déconcentrées.

[25] Article 61 de la constitution.

[26] F. DELPÉRÉE, *Le fédéralisme en Europe*, PUF, Que-Sais-je ? 2000, p. 77.

[27] Article 56 de la constitution « l'État transfère aux régions, dans les conditions fixées par la loi, les matières nécessaires à leur développement économique, social, sanitaire, éducatif, culturel et sportif » aux termes ».

[28] Article 117 de la constitution italienne du 27 décembre 1947 modifiée.

[29] Article 65 : (1) Le président du Conseil régional est l'organe exécutif de la région. A ce titre, il... gère le domaine de la région et exerce les pouvoirs de police afférents à cette gestion, notamment en ce qui concerne la circulation sur ce domaine, sous réserve des attributions dévolues au représentant de l'État et aux maires.

structuration et de transformation en fonction des impulsions émises par les conseillers régionaux. Convient-il alors d'éviter que ces impulsions ne se muent pas en pulsions négatives susceptibles de corrompre le passage à la régionalisation par son érection en menace pour un jeune État unitaire.

B. Les faiblesses de la régionalisation

La régionalisation au regard de certaines expériences (Belgique, Italie) semble constituer une phase transitoire vers le fédéralisme. Elle peut être regardée comme un signe de maturité politique qui se manifeste à travers les essais réussis ou erronés[30]. Même si le processus ne peut être identique dans tous les pays, l'idée suscite des appréhensions surtout dans un pays où foisonnent des facteurs d'instabilité pour l'unité nationale.

1. La question de l'unité nationale

Que la menace qui pèse sur l'unité nationale soit réelle ou supposée, la doctrine manquera sans doute d'une certaine objectivité si elle évacuait totalement cet élément de la gestion publique camerounaise en raison de sa diversité multiforme qui fait sa particularité. En outre, la situation de nombreux pays en transition démocratique comme dans les Balkans, en Russie, dans la région des Grands Lacs recommande d'en tenir compte même si les guerres interethniques de par le monde n'ont pas attendu la libéralisation des régimes politiques autoritaires à partir de 1990 ou le mouvement décentralisateur qui s'est accentué par la suite comme l'illustre à suffire la Corse. Bien entendu, cette menace ne doit pas tourner à l'obsession, mais les mutations institutionnelles réveillent sûrement les vieux démons du nationalisme ambiant dans beaucoup de pays même là où les conditions de viabilité d'un État ne sont pas réunies.

La préservation de l'unité nationale reste à l'évidence politiquement la préoccupation majeure de tous en dépit des avancées notables enregistrées dans ce domaine depuis l'accession du pays à la souveraineté internationale le 1er janvier 1960. La preuve de l'acuité de cette question ne se mesure que par rapport à la place de choix que les pouvoirs publics lui réservent dans la charte fondamentale à savoir l'alinéa 1er du préambule[31]. Du reste le

---

[30] V. KAMGA, *op. cit.* p. 128.

[31] Préambule de la constitution alinéa 1er : « Le peuple camerounais, Fier de sa diversité linguistique et culturelle, élément de sa personnalité nationale qu'elle contribue à enrichir, mais profondément conscient de la nécessité impérieuse de parfaire son unité, proclame solennellement qu'il constitue une seule et même Nation, engagée dans le même destin et affirme sa volonté inébranlable de construire la patrie camerounaise sur la base de l'idéal de fraternité, de justice et de progrès ».

document dit *Vision 2035*[32] ou la feuille de route vers un Cameroun émergent dans vingt-cinq ans la mentionne comme le premier défi que le pays se doit de relever. L'unité d'un pays en soi est une quête permanente que tout État cherche à protéger : sa garantie ne peut qu'être aléatoire même là où les conditions d'une nation sont réunies telle que l'existence d'une communauté sociologique. C'est davantage un construit humain qu'une donnée innée. De sorte que « cette unité faite de diversité, mais aussi de complémentarité, de solidarité et de foi en un destin commun, doit transcender les particularismes de toutes sortes, notamment géographiques, historiques, tribaux et religieux »[33] pour prendre corps définitivement et s'épanouir.

Dans l'intérêt bien compris de l'unité nationale et de l'indivisibilité de l'État donc, il est naturel que la régionalisation puisse susciter des appréhensions en ce qu'elle crée des centres de décisions plus ou moins souverains susceptibles de perturber l'ordre établi. Somme toute, elle vient renforcer la diversité qui est déjà une seconde nature en l'espèce. Et si le Cameroun est une chose, c'est bien la diversité qui influe largement sur les comportements. Pense-t-on, « la diversité géographique, culturelle et ethnique crée une complexité susceptible de porter préjudice à l'unité nationale »[34]. Et quand la libre administration est assortie de l'autonomie financière, le risque de basculement de l'édifice devient sérieux pour un État qui demeure un géant au pied d'argile en raison de multiples facteurs d'instabilité qu'il recèle en son sein.

2. Les facteurs susceptibles de remettre en cause l'unité nationale

Les éléments perturbateurs de la vie politique foisonnent où parmi une multitude vient en tête la diversité congénitale du Cameroun qui, fait de ce pays une « Afrique en miniature » au sens propre comme au figuré. Une donnée dont l'impact peut être à la fois positif et négatif. L'occasion est donnée pour rappeler que les contingences historiques ont fait de notre belle contrée un lieu de rencontre d'une multitude de tribus ou d'ethnies rassemblant toutes les races d'Afrique, des arabes chaos aux peuples négroïdes. Des tribus qui sont généralement évaluées à près de 250 induisant autant de langues maternelles que de modes de vie et traditions particuliers. Le phénomène de la diversité s'est d'ailleurs amplifié avec la pénétration

---

[32] Dans *Déclaration du gouvernement sur le document de Vision/Cameroun 2035*, dans le résumé exécutif, on y lit que *La Vision du Cameroun à l'horizon 25-30 ans est la suivante : « Le Cameroun : un pays émergent, démocratique et uni dans sa diversité »*. Sur l'éminence de l'unité nationale parmi les défis à relever, Cf. p. 8.

[33] Il s'agit là de la conception de l'unité nationale du Président Paul Biya rapportée par V. Kamga, *op. cit*, p. 126.

[34] J.-T. HOND, « État des lieux de la décentralisation territoriale au Cameroun », in M. Ondoa (dir.), *L'administration publique camerounaise à l'heure des réformes*, L'Harmattan, 2010, p. 101.

européenne qui, après une brève période d'influence allemande qui va de la Conférence de Berlin en 1884 à la Première Guerre mondiale, a partagé le pays en deux aires géographiques d'inégale influence : l'une anglaise et l'autre française. Ce qui a façonné des habitudes, introduit deux langues européennes et deux systèmes d'administration et de démocratie entraînés qui se sont superposés à ceux des plus variés des chefferies traditionnelles. Le christianisme dans ses deux principales variantes (catholicisme et protestantisme) et l'Islam coexistent avec des religions traditionnelles plus ou moins vivaces. De bien qu'« au moment de l'accession du pays à l'indépendance, chacun de ces éléments était le point de départ d'une série de tensions qui, en se combinant et en se nourrissant réciproquement, élevaient les obstacles sérieux sur le chemin de l'unité nationale et l'intégration politique »[35]. Selon le gouvernement, « la multiplicité de ces centres d'influence plus ou moins autonomes parfois adossés à la grande diversité sociologique qui caractérise le pays, [est apparue] comme un danger virtuel pour la construction de la jeune Nation »[36]. Il a fallu déployer des efforts incommensurables pour assurer l'intégration des populations diversifiées dans un territoire unifié. Nonobstant que la perfection ne puisse exister dans ce domaine, le niveau d'intégration et d'unité nationale atteint aujourd'hui permet d'envisager avec plus de sérénité au décollage économique et à l'ancrage du progrès social à l'horizon 2035.

En poursuivant l'analyse sur les facteurs déstabilisateurs, il importe de noter que le transfert des compétences est en soi « conflictogène ». Il est source de tensions en puissance lesquelles dérivent des irrégularités et des divergences d'intérêts qui existent au sein des forces centrifuges elles-mêmes. Dans un tel contexte, les velléités d'une autonomie totale sont assez élevées, ce d'autant plus que les régions sont autorisées à conclure des accords de coopération avec d'autres régions au plan interne et externe dont les clauses connues auront que valeur d'actes simulés[37]. Globalement le transfert de compétences peut faire naître et/ou susciter la résurgence des individualités et des conflits politiques qui restent les enjeux du débat sur la décentralisation. L'occasion est très propice à l'exacerbation des identités culturelles et linguistiques qui peuvent déboucher sur une ethnicisation de l'État et finalement sur son éclatement à l'instar de l'ex-Yougoslavie avec la

---

[35] J.-P. FOGUI, *L'intégration politique au Cameroun : Analyse centre-périphérique*, LGDJ, 1990, p. 42.

[36] *Déclaration du gouvernement sur le document de Vision/Cameroun 2035*, p. 8.

[37] Article 83 : (1) La coopération décentralisée résulte d'une convention par laquelle deux ou plusieurs régions décident de mettre en commun leurs divers moyens en vue de réaliser des objectifs communs. (2) Elle peut s'opérer entre les régions camerounaises ou entre celles-ci et des régions étrangères.

Article 84 : (1) Les régions peuvent adhérer à des organisations internationales de régions jumelées, ou à d'autres organisations internationales de régions. (2) La convention y relative, préalablement autorisée par délibération du conseil régional, est soumise par le représentant de l'État à l'approbation préalable du Ministre chargé des Collectivités territoriales.

question de génocide suspendue à sa tête comme l'épée de Damoclès. Au Cameroun, les risques de fédéralisme et de sécession sont à prendre au sérieux pour maintes raisons particulièrement celles qui sont liées au caractère alimentaire du pouvoir[38].

Dans la série choisie enfin, mérite d'être mentionnée la croissance urbaine qui est spectaculaire dans les jeunes États. Révélatrice d'une attraction importante que la ville exerce sur les campagnards, « cette croissance urbaine est sans rapport avec l'augmentation de la production dans ces villes, sans rapport également avec les moyens de la gestion urbaine »[39]. Or le développement des centres urbains s'accompagne toujours de l'explosion démographique, de la pénurie de logements, du chômage, de l'accroissement de la violence et de la délinquance. La persistance de ces maux de nature socio-économique nourrit inopportunément les revendications à connotation politique. Lorsqu'elles sont exprimées par des individus sans culture politique, le danger est réel de faire chavirer la situation vers des destins plus sombres.

Ces analyses posent en fin de compte le problème de définition des critères d'une société mûre politiquement pour que l'on puisse laisser les localités s'autogérer. Ce qui n'est pas sans intérêt dans une société de citoyens créée de toutes pièces qu'est cette Afrique en miniature. Les lois électorales qui préconisent la prise en compte de la composition sociologique de la population dans les élections de proximité et qui ont déjà été appliquées dans les récentes élections municipales montrent bien que cette donnée est bien reçue[40]. Dès lors, il ne reste qu'à poursuivre l'exploitation bienveillante de cette composante sociologique, élément de notre diversité naturelle.

En fin de compte cette diversité se présente aussi comme un atout essentiel en termes d'écologie, de savoir-faire et savoir-être ancestraux, de capacités et compétences acquises dont l'utilisation judicieuse dressera le développement régional en véritable alternative à la croissance économique. Du moment où est brisé le cercle vicieux de la misère qui condamne la population à réfléchir qu'en termes de besoins primaires à satisfaire, on peut se consacrer à la recherche des voies et moyens pour le décollage économique.

---

[38] L'existence de plus deux cents partis politiques pour un pays qui compte à peine 20 millions d'habitants est l'illustration parfaite de ce propos. Des partis qui se créent à tour de bras dès qu'« on a faim ». Dans cet esprit, beaucoup qui relèvent de l'opposition ne se gênent pas quand il faut rallier le camp du parti au pouvoir au lieu de former des coalitions importantes pour s'ériger en véritable force de proposition.

[39] PIERMAY, *op. cit.* 2004

[40] Art. 3 al. 2 de la loi n° 92-002 du 14 août 1992 fixant les conditions d'élection des conseillers municipaux.

II. La mise en perspective de l'economie regionale

En cette période de forte crise économique et d'épuisement des modes de gouvernabilité, la régionalisation constitue un enjeu stratégique de développement, une chance pour relever l'un des défis majeurs actuels du Cameroun qui « est celui de la croissance économique et de l'emploi »[41]. En s'attaquant aux différents facteurs structurels et conjoncturels des dysfonctionnements de l'État, elle fonde de nouvelles dynamiques économiques dans des sous-ensembles territoriaux correspondants. Son aire géographique relativement grande et homogène la positionne en véritable substitut de l'État dans la mise en œuvre des politiques économiques et sociales tout en donnant à ce dernier l'opportunité de se construire une nouvelle légitimité et une base sociale plus large[42]. Mais elle n'est pas par elle-même une condition suffisante à l'ajustement économique d'un pays. A la suite de l'acte posé par le législateur, « il faut que le groupe se l'approprie »[43] estiment certains.

A. La prescription législative de la mission économique des régions

Le transfert de compétences aux régions porte sur : *la promotion des petites et moyennes entreprises, de l'artisanat et des activités agricoles, pastorales et piscicoles ; l'organisation de foires et salons ; l'encouragement à la création de regroupements régionaux pour les opérateurs économiques ; l'appui aux microprojets générateurs de revenus et d'emplois ; la promotion du tourisme*[44]. Des activités qui donnent un sens et un soubassement à la lutte contre les inégalités et l'exclusion sociale ce d'autant plus que le législateur ne s'est pas contenté d'élever la région au rang de créateur de richesses, il donné d'égales chances à toutes.

1. La vocation créatrice de richesses de la région

A l'observation, la région est parée d'atouts majeurs qui offrent de nouvelles perspectives dans la pratique de développement local et national.

---

[41] Cameroun, *Vision 2035*, Juin 2009, p. 6.

[42] La déconcentration de la célébration de quelques grands événements nationaux dans les chefs-lieux des régions comme le Cinquantenaire des Armées à Bamenda et le Comice agro-pastoral à Ebolowa contribue à décrisper l'atmosphère politique. Quand ces événements servent de support à la réalisation de projets structurants telle que la construction de la voirie urbaine à un niveau appréciable et de tribune politique pour annoncer la création de l'Université à Bamenda et les banques pour les PME et les agriculteurs, on comprend alors la pluie de motions de soutien au Président de la République.

[43] J.-L. PIERMAY, « L'Afrique peut-elle entrer dans la modernité ? » publié 23 mars 2004, consulté 18 janvier 2011, http://www.cafe-geo.net/article.php3?id_article=281 .

[44] Il s'agit des prescriptions de l'article 18 de la loi n° 2004/019 du 22 juillet 2004 fixant les règles applicables aux régions qui pose le principe de transfert de compétences.

L'application du principe de subsidiarité demeure à cet effet l'une des clés du succès économique dès lors qu'on accorde aux régions plus d'influence et d'autonomie au niveau national et qu'elles-mêmes fassent preuve de plus de perspicacité dans l'action en matière d'infrastructures, d'éducation, de recherche, de santé, de culture, d'environnement, etc. Ce n'est que de cette façon que son effectivité se révèlera comme un renouvellement des capacités de maîtrise de l'espace public avec pour effet de modifier le rapport à l'économique et que ces niveaux territoriaux se hisseront en pilotes du développement au regard de la *Matrice des compétences* susmentionnée. Par ce renouvellement d'acteur économique le pays posera les bases qui faciliteront l'entrée dans la phase d'investissement productif, c'est-à-dire « d'investissements cumulatifs, producteurs de richesses »[45]. La création des zones d'activité industrielle, commerciale et artisanale qui y inhérente changera la physionomie de nos campagnes et contribuera à juguler l'exode rural vers les grands centres urbains – Yaoundé ou Douala – dès lors que la population trouve sur place à satisfaire le maximum de ses besoins. Cet effet sur les mouvements migratoires traduit l'idée que l'on fait du développement local « présenté et associé au développement endogène, territorial, par le bas, communautaire et autocentré »[46]. En sortant du cadre local, la région est organisée pour être « un espace de coopération, de coordination et de compétition d'acteurs capables de mobiliser et de rentabiliser les richesses locales »[47]. L'article 7 fait état de ces chefs d'action lesquels sont largement explicités à l'article 20 relative à la charte de transfert des compétences[48].

L'activité de production de richesses ne peut prospérer sans un encadrement adéquat au plan de la gestion telle que l'application des règles de comptabilité publique privée selon le cas. Dans la foulée donc, du principe de bonne gouvernance qui « prend en charge la manière de mettre en œuvre ces compétences par le choix des élites, les styles de gestion et le nécessaire règlement des conflits »[49] devrait guider les autorités dans toutes leurs actions à entreprendre. En se consacrant plus de temps à la réflexion et à l'impulsion en matière de planification et d'aménagement du territoire, la régionalisation sera ce mode d'organisation de la nation qui favorise la promotion d'un développement local intégré, construit à partir des démarches participatives. Dans une telle organisation, les investisseurs

---

[45] J.-L. PIERMAY, « L'Afrique peut-elle entrer dans la modernité ? » publié 23 mars 2004, consulté 18 janvier 2001, http://www.cafe-geo.net/article.php3?id_article=281 .

[46] ATHOUMANE S. & ALI S., *Décentralisation, bonne gouvernance et dynamique territoriale aux Comores (1975-2007)*.

[47] *Ibid.*

[48] L'article 7, « conformément à la législation en vigueur, la région peut : engager des actions complémentaires de celles de l'État ; proposer aux communes de son ressort toutes mesures tendant à favoriser la coordination des actions de développement et des investissements locaux ».

[49] E. LEROY, *op. cit*, 1995.

seront rassurés de pouvoir traiter avec des responsables clairement identifiés et mieux imprégnés des potentialités économiques et commerciales du centre de leurs activités. Et « débarrassé d'une bureaucratie impersonnelle et tentaculaire, l'opérateur économique n'aura plus que les défis du marché à affronter »[50]. Ce qui signifie que les rapports de force vont se modifier si les exécutifs régionaux manifestent leur goût de diriger, leur désir d'exercer de très larges responsabilités, leur volonté de prendre en charge des projets d'intérêt national, jusqu'alors réservés à l'État.[51] En vérité le système fonctionnera non seulement dans la concurrence avec l'État, mais encore dans l'émulation entre régions. Une telle concurrence n'est pas exclusive de la mise en cohérence des plans de développement régionaux avec les outils de planification étatique qui se réalisera au moyen des contrats de plan négociés d'une part entre l'État et les Régions et, d'autre part entre l'État les Régions et les Communes[52]. Ces contrats définiront autour de projets concrets la nature et le niveau de participation de chacun des partenaires. Tout ceci laisse augurer des changements profonds dans l'organisation de la gestion de l'État et l'amélioration des conditions de vie de a population dans l'ensemble du territoire.

2. L'égalité des chances de développement des régions

L'égalité des chances est le fondement d'une société démocratique et le pilier essentiel pour tout développement pragmatique, réaliste et de proximité. La lutte pour cet idéal démocratique a servi depuis des siècles soit de détonateur à des révoltes et révolutions dormantes comme en France en 1789, soit de base aux « contrats sociaux » pour des évolutions sereinement négociés au moyen des instruments juridiques. La politique d'égalité des chances repose singulièrement sur le postulat que des moyens juridiques et l'indépendance financière sont les conditions premières de l'égalité des chances. Pour cette raison, les lois de 2004 relatives à la mise en œuvre visent à satisfaire cet idéal par l'institution de la dotation globale de décentralisation[53]. Ces textes imposent à l'État l'obligation de fournir aux

---

[50] SADI SAÏD, Communication à l'université d'été des 5, 6 et 7 septembre 2001, www.RCD-algérie.net, *Régionalisation : le Maroc avance*, publié le 12/O1/10, consulté le 18/02/10.

[51] M.-L TRÉGUIER, « Flux et reflux de la décentralisation », *RFDA*, juillet-août 1994, p. 706.

[52] L'article 20 préconise « la passation, en relation avec l'État, de contrats de plans pour la réalisation d'objectifs de développement » et « l'élaboration du schéma régional d'aménagement du territoire conformément au plan national et le soutien à l'action des communes en matière d'urbanisme et d'habitat ».

[53] Loi n° 2004/017 du 22 juillet 2004, article 24 – (2) Toute charge nouvelle incombant aux Collectivités territoriales en raison de la modification par l'État, par voie réglementaire, des règles relatives à l'exercice des compétences transférées doit être compensés par le versement approprié à la dotation générale de la décentralisation prévue à l'article 23 ou par d'autres ressources fiscales, suivant des modalités définies par la loi.

régions des moyens humains et financiers pour toute charge ordinaire ou supplémentaire assurent à toutes les mêmes possibilités, les mêmes droits et devoirs tendant à les conditions de croissance et d'un développement harmonieux. En retour, l'effort de chaque région n'aura une portée nationale que si l'exploitation optimale de ses atouts et potentialités s'opère en corrélation et en concomitance avec la mise en place des mécanismes efficients de solidarité révélant la complémentarité et la cohésion interrégionales dans un Cameroun uni. Car le fractionnement du pouvoir en plusieurs centres de décisions autonomes comporte le risque de cacophonie institutionnelle et d'actions sur le terrain.

Cependant l'égalité des chances dans l'intégralité du territoire national et, donc, entre les régions est une affaire d'équilibre à entretenir en permanence. Tout déséquilibre accidentel ou voulu, c'est-à-dire toute tendance à privilégier ou à sous-estimer telle ou telle région par rapport à d'autres peut déboucher sur de fâcheux résultats et affecter la durabilité du développement que l'on recherche tant. En effet des inégalités de chances qui naissent fatalement du déséquilibre de développement entretiennent irrémédiablement un développement « précaire », un fléau dangereusement ralentisseur des efforts surhumains consentis pour réaliser une politique générale de développement durable et généralisé en tant que seul et unique critère de crédibilisation d'un système politique donné. En pareils cas, les instruments juridiques qui ont conduit à de pareils desseins risquent de s'avérer inefficaces pour orienter l'action locale vers le but fixé par le législateur. Il en est de même du contrôle de l'opportunité des actes des collectivités locales décentralisées par l'autorité centrale ou déconcentrée pour prévenir ou obtenir le redressement rapide des erreurs et déviances qui peut se révéler sans objet surtout s'il intervient après coup.

Il faut en convenir néanmoins que chaque région a des besoins spécifiques qui n'intéressent que les habitants de cette localité qui tendent à donner un sens réel à la notion d'affaires locales. Une expression qui n'est pas du reste exempte de toute ambiguïté comme le soulignent M. Yves MENY et bien d'autres auteurs avant lui.[54] A première vue le développement des spécificités régionales correspond plus à la division du travail qui ne comporte pas en soi les vertus de nivellement de toutes les compétences entre les entités en présence. Dès lors, l'écart dérivant du retard de certaines régions dans de nombreux domaines économique et social risque de se creuser davantage par rapport à d'autres. D'un autre point de vue, en termes de création de richesses lorsqu'on met l'accent, mieux on se concentre

---

(3) L'acte réglementaire visé à l'alinéa (2) doit en faire mention. Dans les cas où l'insuffisance des ressources financières des Collectivités territoriales risque de compromettre la réalisation ou l'exécution des missions de service public, l'État peut intervenir par l'octroi de dotations spéciales aux Collectivités territoriales concernées.

[54] Y. MENY, *Décentralisation et centralisation dans le débat politique français (1945-1969)*, LGDJ, 1974, pp. 25 et s.

prioritairement sur ce qu'on sait faire et de le faire le mieux possible, cela induit la spécialisation des tâches qui est un tremplin vers une production de qualité qui par la suite doit se transformer en production de masse. C'est un passage obligé vers une production compétitive au niveau mondial. C'est l'encouragement à la spécialisation qui donnera un sens profond à l'égalité de chances de développement exprimé à l'article 55 (4) qui prescrit l'arbitrage de l'État pour assurer un « développement harmonieux de toutes les collectivités territoriales décentralisées ». Ce n'est que de cette façon que les inégalités tenant aux ressources naturelles peuvent être compensées par le savoir-faire humain. Dans cette œuvre donc, la volonté politique est déterminante.

B. L'indispensable volonté politique dans l'émergence régionale

La pertinence de la formulation et surtout de la mise en œuvre d'une stratégie de développement efficace dans les régions dépend de la volonté politique qui du reste n'est qu'une somme de petits efforts. Car selon Charles Baudelaire, « une suite de petites volontés fait de gros résultats ». Faute d'une forte détermination de part et d'autre (État et régions) les chances de faire des ces entités territoriales de véritables espaces de production de richesses sont minces. Cette volonté politique qui, va favoriser la découverte et l'exploitation du génie créateur contenu dans nos savoir-faire ancestraux, suppose deux choses : l'association des populations à la production des richesses et une véritable mutation d'esprit.

1. L'association des populations à la production des richesses

L'enjeu majeur de la décentralisation en général est la promotion du développement durable par implication des populations locales à la gestion de leurs affaires en osant leur accorder une grande responsabilisation, en les incitant à prendre des initiatives, et à s'investir dans la recherche des solutions idoines à leurs problèmes. Pour ce faire, il serait plus judicieux de mettre l'accent sur le social et le culturel qui font du chemin dans la pensée développementaliste au côté de l'économique. Car ces « variantes sociale et culturelle sont désormais perçues comme permettant à un État d'être économiquement compétitif ».[55] Dans la majorité des cas la région « est un niveau auquel on peut encore espérer mobiliser des *collectivités* réelles pour un avenir perçu comme commun » parce que « la cohésion culturelle reste assez élevée ».[56] Comme la culture permet de « prendre possession des

---

[55] D.BASRI, *La décentralisation au Maroc - De la commune à la région*, Paris Nathan, 1994, p. 188.
[56] - OCDE/BAD:CILSS, op. cit., p. 46.

esprits, ce qui est le plus sûr garant des attitudes et des comportements »[57], en cela elle joue un rôle de main invisible. Il va de soi qu'il faut accroître l'offre d'éducation et de santé, d'utiliser les ressources locales, notamment le travail communautaire et les savoir-faire locaux.

Tout ceci renvoie à la problématique de la revalorisation des ressources humaines au plan qualitatif et quantitatif. Il est connu de tous que « le facteur densité de la population joue un rôle fondamental dans le processus de développement »[58] comme l'illustre la Chine ou l'Inde. Par conséquent, « la densité du peuplement est un des principaux facteurs capables de conférer à une région une individualité marquée »[59] à condition que les autorités régionales s'impliquent à fond pour susciter, structurer, organiser et protéger le génie économique de leurs peuples. Ils sont condamnés à le faire en référence à l'obligation de faire de chaque région un ressort économique crédible d'abord sur la scène étatique puis dans la sphère mondiale. La levée progressivement des nouvelles contraintes de l'action publique imposées par la mondialisation et la construction des unions économiques, permettra aux régions de se positionner en interlocuteurs privilégiés dans une économie globalisée dans le respect du droit de l'État. Au plan interne, la production solidaire des richesses locales et communautaires va indubitablement libérer les dynamiques d'accumulation et il ne restera plus qu'à assurer aux populations un partage équitable des fruits de leur dur labeur à tous.

Lorsque la production est suffisante, les conditions de vie s'améliorent nécessairement grâce à la généralisation de l'offre et à la qualité des services sociaux. Sur ce point bien précis, la région va assurer à un niveau intermédiaire les modes d'allocation et de gestion des ressources humaines et naturelles, être au centre du processus de production des biens collectifs et des formes de légitimation avec l'environnement. En d'autres termes, elle aura une emprise importante sur les fonctionnements politiques et sociaux laquelle est au demeurant la matérialisation du principe de subsidiarité bien qu'il soit « un concept plus *promoteur que précis*, dont le caractère opérationnel n'est guère *a priori* »[60]. Dans sa plus simple expression, ce principe postule l'abandon par la collectivité territoriale supérieure à la collectivité inférieure la plus proche du citoyen le soin de lui fournir les services et prestations nécessaires à son épanouissement. La liberté d'action qui y est inhérente, sous le contrôle de l'État bien sûr, peut stimuler la créativité des gestionnaires locaux et induire des nouvelles techniques de gouvernement à ce niveau infra étatique.

---

[57] J.-F. GONIDEC, *L'État africain - Évolution, fédéralisme et centralisation*, Paris, LGDJ, 1985, p. 125.

[58] H. BÉGUIN, « Régionalisation et développement », *Tiers-Monde*, 1970, Volume 11, n° 42, p. 619.

[59] *Ibidem.*

[60] A. ROUX, « Constitution, Expérimentation et décentralisation », in *Études en l'honneur de Loïc Philip Constitution et fiances publiques*, Economica, 2005, p. 212.

En outre, l'engagement dans les grands projets de développement comporte un effet de substitution au profit des bénéficiaires qui leur assurent autonomie et puissance. Le désengagement de l'État de certaines compétences lourdes et difficiles à exercer efficacement de loin telles que l'enseignement, la santé, l'action sociale peut susciter un partenariat beaucoup plus volontaire entre ces nouvelles structures et les populations locales. Ce qui laisse conjecturer l'émergence du dynamisme local et la démocratisation des localités. L'émulation et l'auto-motivation qui en résulte sont des moteurs assez puissants du développement économique et social. L'exécutif régional, habité par la visibilité de ses actions et mû par le goût de diriger et le désir d'exercer de larges responsabilités peut aller jusqu'à empiéter les compétences des autres collectivités territoriales (État, commune). Il va se poser en véritable chef d'orchestre par l'adoption de nouvelles méthodes de gestion afin de créer de nouveaux services publics modernes. L'effet Tsimi Evouna au niveau communal est assez édifiant pour croire qu'il en serait de même niveau.[61] La nécessité de visibilité des actions des uns fera certainement émerger, du lot un chef de file dont l'exemple sera suivi par beaucoup d'autres.

2. Le changement des mentalités

Le changement des mentalités semble un moteur majeur dans la mise en place des mutations futures. Ce changement de mentalités s'effectue essentiellement par la réaction de chaque individu au monde qui l'entoure et aux signaux que ce monde lui envoie. Finalement il est amené à changer les actes aussi bien dans leur nature que dans les motifs qui les guident. La mutation d'esprit conditionne les gens à agir dans un sens qui favorise effectivement la prise de décisions les meilleures visant à satisfaire l'exigence de maîtriser et de conduire l'économie vers un développement équitable et harmonieux sur l'ensemble du territoire pour qu'à terme ne puisse plus s'afficher de disparités régionales graves. Cela signifie aussi que les populations disposent des clés pour effectuer une réelle prise de conscience sur leur situation « précaire » qui est à solutionner. Dans une telle hypothèse, il en résulte une accélération du processus de régionalisation avec de prime abord effet sur le plan politique comme cela se manifeste au plan communal[62]. La primauté du politique s'explique par le fait qu'il est plus

[61] Monsieur Tsimi Evouna est l'actuel délégué du Gouvernement dans la Communauté urbaine de Yaoundé dont la façon de mener sa mission a créé une sorte d'émulation entre les communes. De sorte que beaucoup de maires veulent aussi imprimer leurs marques.

[62] Depuis l'exercice budgétaire 1998/99, la presse rapporte temps à autre que le conseil municipal de telle ou telle commune a refusé de voter le compte administratif du maire. Le Ministère de l'Administration territoriale et de la décentralisation apparemment ne tient pas de statistiques à ce sujet en affirmant même qu'il apprend aussi certains refus par la presse. De mémoire la commune rurale de Dzeng a inauguré la chronique de ces refus en 1999 et le dernier cas en date se rapporte à la Communauté urbaine de Dschang où le Conseil municipal

facile de mobiliser les sentiments que les énergies pour le développement. Axer préalablement l'action au plan politique est en soi un grand pas en avant surtout si la participation à la vie de la cité peut cesser d'être une allégeance aux autorités pour devenir une implication active dans les affaires publiques dans un esprit constructif[63]. La stabilité de l'aspect politique permet de passer à la phase de l'économique et du social.

Quel que soit l'angle d'action, l'implication active des uns et des autres suggère une réflexion sur les thèmes qui touchent la gestion publique. Il s'agit alors de s'interroger sur la meilleure façon d'absorption des ressources internes d'investissement et d'éviter le gaspillage des maigres ressources ; sur la manière d'agir dans le sens de l'intérêt général afin de faire taire les égoïsmes individuels qui accroissent la corruption et la mauvaise gouvernance ; sur la façon de mieux insérer l'action économique à nos réalités sociales afin de repousser le mimétisme servile qui fait appliquer des schémas de développement venus de l'étranger conçus pour des contextes différents et à des époques différentes. Un tel questionnement inclut nécessairement les données-clés qui doivent accompagner le changement à savoir l'évolution de la nature de l'éducation à dispenser, le type de soins de santé à prodiguer et le système d'information à mettre sur pied.

Il s'en suit naturellement que le premier critère qui entrera en ligne de compte dans l'entreprise régionale est le savoir-faire des autorités locales qui n'est pas forcément lié à la capacité financière de la région, même si l'argent reste le nerf de la guerre. C'est plutôt le savoir-faire des hommes qui aménagerait un espace propice à l'affluence des capitaux à l'exemple de la Suisse ou de la Principauté de Monaco dès lors qu'il existe un minimum de services publics de base (voirie urbaine, équipements et administration étoffée d'un personnel qualifié), que cessent des basses manœuvres liées à la mal gouvernance et qu'est assurée une bonne communication. S'agissant des moyens financiers, le minimum de départ est acquis par le patrimoine d'affectation et la dotation globale de décentralisation. A longue échéance, la capitalisation du savoir-faire et savoir-être, qui en découlera, favorisera l'entrée dans une phase irréversible du progrès économique.

Le pari semble donc énorme en ce qu'il nécessite une véritable révolution de mentalités si l'on veut éviter que les tares tant décriées jusque-là au centre ne se reproduisent à la périphérique là où l'on croyait asseoir le développement durable si convoité. La construction d'un espace de prospérité passe inévitablement par une rupture avec le fonctionnement structurellement déviant d'une société. Convient-il alors de faire prendre conscience de l'existence des déficiences. Pour cela, il faudrait commencer par mettre à bas les individualités et s'exprimer collectivement en une seule

---

a accepté de voter le budget que le 1er février 2011 après maintes interventions et négociations des autorités déconcentrées et coutumières.

[63] P. BRAUD, *Sociologie politique*, Paris, LGDJ, 1994, p. 284.

voix, nonobstant la diversité des partis politiques aux aspirations divergentes qui le composent. Il s'agira aussi de permettre au pouvoir délibératif régional de s'affirmer, au pouvoir gestionnaire de connaître les besoins de sa localité et d'évaluer l'échelle de ses priorités. Du point de vue politique, les partis d'opposition doivent se construire en formant une coalition capable d'élaborer un programme politique alternatif et crédible et, par conséquent, susceptible de capter l'attention des électeurs afin de rendre possible l'alternance au niveau des gouvernements régionaux.

Au total tout un état d'esprit est nécessaire dont la promotion se réalise absolument par la culture, c'est-à-dire le développement de l'identité culturelle favorisant la recherche des solutions communes aux problèmes régionaux. Dans cette œuvre édificatrice, la doctrine sera d'un apport précieux pour vulgariser à la fois les textes, les opinions ainsi que les expériences positives ou malheureuses internes et externes pour guider l'action des responsables régionaux.

CONCLUSION

La refondation des institutions et de la culture de gouvernance et le renouvellement de la classe dirigeante pour l'instauration d'une légitimité démocratique fondée sur le droit se mettent en place progressivement. Ils introduisent les modes de gestion politique en adéquation avec les aspirations d'un Cameroun profondément renouvelé et en symbiose avec l'universalité des droits de l'Homme et les exigences de l'économie mondiale actuelle. Un projet si ambitieux interdit de faire l'économie d'une véritable réflexion sur la refondation de l'action publique à la base qui participe de la transformation de la société camerounaise. La constitution des régions fortes et influentes requiert donc beaucoup d'efforts de conception, de matérialisation et d'adaptation pour en faire des espaces de production de richesses. Sa dynamique essentielle repose sur la compétition des élites dans le souci de l'enrichissement collectif où seront mises en œuvre les valeurs sociales qui dominent à présent les nations prospères à savoir le travail, l'organisation, l'efficacité, la formation, la créativité, l'innovation, la revendication tant des droits économiques que des droits politiques et culturels.

La crise de la loi en droit public camerounais

Stève Thiery BILOUNGA
Docteur/Ph.D en Droit Public
Chargé de Cours - FSJP - Université de N'Gaoundéré

« Si le législateur, se trompant dans son objet, prend un principe différent de celui qui naît de la nature des choses, on verra des lois s'affaiblir insensiblement ; la constitution s'altérer et l'État ne cessera d'être agité »[1]

Près de trois siècles plus tard, ces prédictions de Jean Jacques Rousseau semblent conserver toute leur pertinence et trouver favorable plate-forme de concrétisation dans le système juridique et institutionnel camerounais.

A la source de *« l'idéalisme législatif »*[2] de la Révolution française, le père du *contrat social* subodorait déjà les conséquences néfastes d'une fonction législative défectueuse sur le cadre juridico-institutionnel d'un État. Il s'appesantissait une fois de plus sur la loi, préoccupation constante de la doctrine du droit public[3] ayant jadis suscité l'attention de Montesquieu[4]. Malheureusement, et en dépit du succès universel de sa théorie de la séparation des fonctions, ce dernier ne détermina précisément le contenu idéal de cette norme, surtout dans ses relations avec le règlement[5]. Sans doute n'avait-il pas pensé que la loi serait un contenant dans lequel l'on pouvait mettre n'importe quel contenu[6], encore moins un contenu à même d'être calfeutré dans n'importe quel contenant[7].

---

[1] J.J. ROUSSEAU, *Du contrat social*, Union Générale d'Éditions, Paris, 1773, p. 117.

[2] J.M. COTTERET, *Le pouvoir législatif en France*, LGDJ, Paris, 1962, p 11.

[3] En effet, déjà en janvier 1976, lors du quatrième Symposium interparlementaire tenu à Genève, l'on s'interrogeait en ces termes : « *Qui légifère dans le monde moderne ?* »

[4] MONTESQUIEU, *L'esprit des lois*, Chap. VI, Livre XI.

[5] B. MATHIEU, « La part de la loi, la part du règlement », *Pouvoirs*, n°114, 2005, pp. 73 et suivantes.

[6] C'est le cas des « *cavaliers budgétaires* », c'est-à-dire des matières n'ayant pas une essence financière, mais que l'on retrouve curieusement dans la loi de finances.

[7] C'est la logique des ordonnances qui sont en principe des actes du pouvoir exécutif à valeur réglementaire avant l'habilitation parlementaire, et à valeur législative après celle-ci.

Mu par une conception orthodoxe de la norme législative[8], Rousseau plaça le pouvoir législatif au sommet de la pyramide étatique. Selon lui en effet, c'est au souverain, c'est-à-dire au peuple, qu'il appartient de faire des lois que l'exécutif se bornera ensuite à appliquer. *« Mais qu'est- ce- qu'une loi et comment la prononcer au moment du besoin ? »,*[9] s'était-il alors interrogé, tout en esquissant par la suite *: « c'est une déclaration publique et solennelle de la volonté générale sur un objet d'intérêt commun*[10]*... La volonté générale pour être vraiment telle, doit l'être dans son objet ainsi que dans son essence ».*[11]

Une telle réflexion semble de plus en plus urgente au Cameroun, au vu de l'activation et des résultats de la fonction législative. En d'autres termes, force est de déterminer successivement la nature et le régime juridiques authentiques de la loi en droit positif camerounais. Car cette norme suscite de sérieuses interrogations allant des sources de son essence, aux confins de ses conditions d'existence.

La première préoccupation aborde la loi dans son concept[12], sa catégorie[13] et son hiérarchie[14] juridiques. Elle titille les considérations de classification[15] technique des normes législatives, à travers l'analyse respective de leur contenu littéral et normatif, de leur typologie, et de leur portée en droit public camerounais. La seconde, complémentaire à la première, saisit la loi dans ses *« institutions-organes »* et ses *« institutions-mécanismes »*[16]. Elle mobilise les instruments théoriques de mise en œuvre du droit, en vue

---

[8] J.J. ROUSSEAU, *Du contrat social, op. cit.*, pp. 96-119.

[9] Ibid., p.97.

[10] J.J. ROUSSEAU, *Lettres sur la montagne*, Lettre VI, p. 201.

[11] J.J. ROUSSEA), *Du contrat social, op.cit.*, pp. 75-76.

[12] C'est le concept dans son acception en droit romain. Déterminer le concept d'un mot consiste à donner le sens du mot qui le désigne d'après les éléments qui le constituent. La définition du concept a donc à la fois un aspect substantiel et un aspect formel. Plus exactement, elle exprime la consistance matérielle d'un concept : c'est le fond ; et elle énonce le sens formel du terme qui le désigne : c'est la forme. Cf. Jean Louis BERGEL, Théorie générale du droit, 4ème Edition, Dalloz, Paris, 2003, p. 212.

[13] La catégorie juridique est le prolongement définitionnel du concept juridique. Ici, il ne s'agit plus d'étudier chaque phénomène en soi, mais de le comparer aux autres pour l'en rapprocher ou l'en dissocier. La catégorie est alors un acte ou un groupe d'actes soumis à un régime juridique précis. Cf. BERGEL, *op. cit.*, pp. 219 et suivantes.

[14] E. MILLARD, *Théorie générale du droit*, Dalloz, Paris, 2006, pp. 74 et suivantes.

[15] La classification est l'œuvre théorique de détermination des catégories juridiques. Il existe plusieurs types de classifications : les classifications simples ou monovalentes qui permettent de qualifier une situation juridique en fonction des critères utiles à son intégration dans une catégorie déterminée ou dans celle opposée. Et les classifications plurivalentes ou complexes. Ici, on tente de qualifier un phénomène hétéroclite sous ses différents aspects. Il faut dès lors les classer dans plusieurs catégories cumulatives ; Les deux types de classifications sont mobilisés dans cette étude. Cf. BERGEL, *op. cit.*, pp. 227 et suivantes.

[16] BERGEL, *op. cit.*, p. 196. Il convient néanmoins de préciser que le mérite d'une construction théorique générale de l'institution revient à Maurice HAURIOU dans son œuvre : Principes de droit public, publié en 1910 ; pp.126 et suivantes.

d'identifier non seulement le véritable auteur, mais aussi la procédure spécifique d'édiction de la loi. Tout acte juridique devant par ailleurs être concrètement appliqué[17], il sied enfin de se préoccuper de la réalisation effective de la loi, en vue d'en jauger l'*« efficacité »*[18].

Toute tentative de réponse à ces préoccupations s'apparente pourtant à un véritable serpent de mer, à partir du moment où l'on s'aventure à transcender l'acception organique de la loi[19]et les façades des dispositifs textuels. Il est en effet difficile en droit positif camerounais[20], de réunir tous les matériaux au sujet de cette norme et de les agencer au rythme d'un argumentaire objectif, en phase avec les principes constants d'une science universelle du droit public[21] en cours de transformation[22]. La loi semble alors ébranlée dans son essence et dans son existence, au point où parler d'une crise pourrait paraître peu ou prou euphémistique[23]. En fait, la loi est en proie à des forces négatives qui tendent à la dénaturer et à la vulnérabiliser.

En quoi consiste cette crise ? Et quelles pourraient en être les conséquences sur le plan de la théorie et de la pratique du droit dans cet État ? Autrement- dit, quels sont les tenants et aboutissants des malformations et dysfonctionnement qui affectent la loi dans son essence et dans son existence en droit public camerounais ?

D'une part, plusieurs paramètres inclinent à penser que cette crise est d'abord spirituelle avant d'être matérielle. En d'autres termes, le mal qui gangrène la loi en droit public camerounais s'est au préalable saisi de son concept, avant d'affecter ses institutions.

A propos du concept, déterminer juridiquement la loi semble relever d'une véritable gageure[24], du fait de la difficulté à ressortir ses contenus normatif[25] et littéral. En effet, tandis que la lettre de la loi semble se

---

[17] BERGEL, *op. cit.*, p.189.

[18] En effet, KELSEN faisait de l'efficacité, la condition d'un bon système juridique ou d'une bonne norme. La norme étant efficace lorsqu'elle s'applique telle quelle, c'est- à- dire, concrètement et exhaustivement. Cf. Henri BATIFFOL, La philosophie du droit, *« Que sais-je »*, PUF, 11ème Edition, 2000, p.25. Lire aussi : M. VIRALLY, « Le juriste et la science du droit (A propos de la traduction de « Théorie pure du droit »), *RDP*, 1964, pp.591-611.

[19] B. MATHIEU, *La loi*, 2ème Edition, Dalloz, 2004, pp. 19 et suivantes.

[20] A.D. OLINGA, *La constitution de la République du Cameroun*, Presses de l'UCAC, Yaoundé, 2006.

[21] A. DEMICHEL, P. LALUMIERE, *Le droit public*, PUF, *« Que sais-je ? »*, Paris, 1969, pp.5 et suivantes

[22] L. DUGUIT, *Les transformations du droit public*, Éditions La Mémoire du Droit, Paris, 1999, pp. 2- 286.

[23] Plusieurs auteurs avaient déjà subodoré cette crise en France. Cf. G. BURDEAU, « Le déclin de la loi », in *Archives de philosophie du droit*, Dalloz, 1963, p.35 et suivantes ; P. DURAND, « La décadence de loi dans la constitution de la Ve République », *JCP*, 1959, I, p.1470 et suivantes.

[24] A.D. OLINGA, *op. cit.*

[25] J.P. CAMBY, « La loi et la norme : à propos de la décision n°2005-512 DC, du 21 avril 2005 », *RDP*-2005, n°4, p.852 et suivantes.

caractériser par une certaine élasticité, la norme qu'héberge l'acte législatif camerounais quant à elle, tend à s'illustrer par sa plasticité. D'un texte à un autre, le corps de la loi semble contenir dans son dispositif, des éléments en moins ou en plus, qui rendent sa compréhension ardue, lorsqu'ils ne sont pas source de curiosité sur le terrain de la science juridique[26]. L'âme de la loi quant- à elle paraît d'une malléabilité à nulle autre pareille au sujet de son objet et même de son essence. Ainsi, au-delà des façades des dispositifs législatifs, des domaines non avoués sont en hibernation, en attendant des conditions favorables pour s'épanouir. Pendant que dans l'espoir d'être *normés* par des principes non équivoques, les sujets des lois semblent régis par des *incantations*, des programmes.

Concernant les institutions, si tant est que celles-ci sont le miroir des aspirations des citoyens, le reflet d'un certain esprit, d'une certaine « *imagination* »[27], celles législatives semblent traduire dans la réalité des faits, les maux qui minent la loi dans son essence. Les organes et les procédures législatives constituent ainsi le terrain d'extériorisation de ces maux. Quel est en effet le véritable auteur de la loi en droit camerounais ?[28]Autrement dit, à quel organe de décision doit-on en attribuer la paternité[29] ? Ainsi est paradoxalement ouverte, *l'action en reconnaissance de paternité* de la norme législative. Les candidats à la paternité semblent nombreux : l'organe législatif lui-même[30], l'organe exécutif[31] ensuite, et les organes communautaires[32] enfin. Une chose paraît pourtant vraisemblable au vu de la nature du régime politique en place. C'est qu'il existe constitutionnellement un *père naturel* et un *père adultérin*. Ce dernier semble malheureusement dicter la loi au père naturel. Car ayant prioritairement participé à l'initiation, donc à la *procréation* de la loi, et

---

[26] M. ONDOA, « La constitution duale : recherches sur les dispositions constitutionnelles transitoires au Cameroun », *Revue africaine des sciences juridiques*, vol. 1, n°2, 2000, pp. 20-56.

[27] L. SINDJOUN, « L'imagination constitutionnelle de la nation », in *La Réforme constitutionnelle du 18 janvier 1996 au Cameroun, aspects juridiques et politiques*, Friedrich Ebert, p. 83 et suivantes. L'auteur affirme par exemple que *« la constitution est influencée par l'idéologie nationale qu'elle formalise en retour ».*

[28] J. KANKEU, « Les missions du parlement camerounais : regard sur une illusion », *Juridis périodique*, n°73, janvier-février-mars, 2008, pp.42 et suivantes.

[29] P. AVRIL, « Qui fait la loi ? », *Pouvoirs*, n°114, 2005, pp.89-100.

[30] Cf. article 14 de la constitution ; *« le pouvoir législatif est exercé par le Parlement qui comprend deux chambres »* ; article 26 (1) : *« La loi est votée par le parlement... »*

[31] Cf. article 28 : *« Dans les matières énumérées à l'article 26, al. 2, ci- dessus, le parlement peut autoriser le Président de la République, pendant un délais limité et suivant un objet déterminé, à prendre des ordonnances... »*

[32] V ; ONIDA, « Pour le dépassement définitif de la souveraineté de la loi », *Cahiers du conseil constitutionnel*, n°25, 2008, pp. 70- 73 ; CUBERTAFOND, « Souveraineté en crise ? », *RDP*-1989, septembre-octobre, pp.1273-1303 ; Cl. GOYARD, « Que reste-il de la souveraineté ? », in *Mélanges Dmitri Georges Lavroff*, Dalloz, 2005, p.383 et suivantes.

surtout maîtrisé sa promulgation et sa publication, donc sa *parturition*. Sans oublier le monopole exercé sur son régime de vote, donc de *gestation*.

Aussi, quelle est la procédure authentique d'édiction de la loi en droit public camerounais ? Mieux, à quelle loi correspond juridiquement quelle procédure d'édiction ? Si tant est qu'il existe plusieurs types de lois ici, quelle est alors la procédure respective de chacune ? A chaque acte ou groupe d'actes doit pourtant correspondre un régime juridique particulier. C'est la loi de la catégorisation juridique. Si la loi est alors une catégorie juridique, chaque type de loi devrait avoir son régime procédural spécifique. Ce raisonnement syllogistique s'avère difficilement objectivé en droit camerounais. En effet, à chaque loi semble ne pas correspondre une procédure propre. Certains types de lois pourtant reconnues dans les canons universels du droit public, font l'objet de vide juridique sur le plan de leur procédure d'édiction. Pour d'autres, une procédure est clairement définie par le droit positif, mais, soit n'est jamais mobilisée, soit est faussée dans l'ordre successif des étapes d'édiction. Parfois, des lois de typologie différente sont édictées concomitamment en mobilisant quasiment les mêmes actes de procédure. Les procédures législatives semblent, à la fois, éludées, inhibées, déviées et même pratiquement dédoublées. Elles donnent alors l'impression d'être illuminées par des clairs-obscurs. Nous prenons d'ailleurs le parti de faire fi de la logorrhée[33] ou de la *normorhée*[34], dont souffrirait la loi en droit parlementaire camerounais, sans cependant occulter la sagesse cartésienne selon laquelle : *« La multitude des lois fournit souvent des excuses au vice en sorte qu'un État est bien réglé lorsqu'en ayant que fort peu, elles y sont fort étroitement observées »*.

D'autre part, les conséquences de la crise sont perceptibles sur un double plan théorique et pratique. Sur le plan théorique, la crise pourrait fausser les bases techniques de classification des actes législatifs et vicier ainsi toute perspective d'identification des lois en droit public camerounais. Dans cette optique, toute conceptualisation, catégorisation ou hiérarchisation des lois serait illusoire. Des interrogations sur la nature, la typologie et la portée juridiques précises des lois subsisteraient alors sans réponse objective, au point de porter une sérieuse hypothèque sur l'objectivité de l'ordre juridique interne propre à l'État camerounais.

Sur le plan pratique, la mise en œuvre de la loi pourrait être en butte à de nombreux obstacles[35]. La loi problématiquement conçue serait alors difficilement applicable, car elle aura perdu ses principaux facteurs de

---

[33] G. HISPALIS, « Pourquoi tant de loi(s) ? », *Pouvoirs*, n° 114, 2005, pp.101-116.

[34] Ces expressions désignent la production pathologiquement excessive des lois. Cf. J. GICQUEL, « Le temps parlementaire », in *La réforme du travail législatif*, Dalloz, 2006, P.16.

[35] B. EDELMAN, « Théorie et pratique juridiques », in *Archives de philosophie du droit*, Tom 33, Sirey, 1988, pp.141- 154.

concrétisation à savoir, l'accessibilité[36] et l'intelligibilité[37]. Elle serait alors dénuée de toute sa rationalité[38] et pêcherait en effectivité[39]. Par ailleurs, la crise de la loi est rédhibitoire à la sécurité juridique des citoyens camerounais. En effet, inaccessible ou inintelligible, insusceptible de garanties concrètes et hypothétiquement dites par un juge gardien des droits, libertés et de l'intégrité de l'ordre juridique[40], le citoyen ne pourra ni se prévaloir de son droit subjectif à l'information juridique, ni se fonder sur une loi précise en cas de litige. Le droit sera alors *source de conflit*[41] et le citoyen sera à la merci de ses contingences ou de son instabilité[42].

Une étude sur la crise de la loi, pourrait faire accroire à une inclination pessimiste de son auteur. Loin s'en faut ! Philosophiquement, la démarche est optimiste, en ce qu'elle prône une amélioration et un regain en efficacité du système camerounais de production et d'application des normes. Car l'expérience révèle que l'on pourrait *a priori* douter de sa capacité à s'auto-reformer, ne serrait-ce qu'en raison du caractère dominant de l'inaccessibilité, de l'inintelligibilité ou de l'ineffectivité. Cette étude milite dès lors pour une loi de qualité[43], c'est-à-dire *« celle qui est bien accueillie par le citoyen, celle qui suscite le moins de difficultés d'application et d'interprétation ».* C'est une loi gage de sécurité juridique[44] et de stabilité institutionnelle.

Toutes ces vertus propres à la *bonne loi*, loin de relever des vues de l'esprit, semblent malheureusement hibernées par des incongruités juridiques et des dysfonctionnements mécaniques consubstantiels à notre cadre juridico-institutionnel. Vraisemblablement, la statue de la loi souffre d'un effritement qu'il convient de diagnostiquer (I), avant d'en envisager les conséquences potentielles (II).

---

[36] J L SOURIOUX, « Le bon législateur selon Portalis », in *Mélanges Dmitri Georges Lavroff, op.cit.*, p.515 et suivantes.

[37] Ph. DUBOIS, « L'intelligibilité de la loi », in *Mélanges Philippe Jestaz*, Dalloz, Paris, 2006, pp.645 et suivantes.

[38] J P MAUBLANC, « Les nouveaux mythes constitutionnels de la rationalité de la loi », in *Mélanges Dmitri Georges Lavroff, op. cit.*, pp.245 et suivantes.

[39] MONTESQUIEU, *Lettres persanes*, Lettre n°129 ; l'auteur s'interroge à cet effet en ces termes : « *Comment peut-on observer les lois si elles ne sont pas connues ?* »

[40] J. HAUSER, « Le juge et la loi », *Pouvoirs*, n°114, 2005, pp. 139-155.

[41] V. DAUDET, J. NAVARRE-BRAGER, « Le droit source de conflit », *Jurisdoctoria*, n°1, 2008, pp. 21 - 41.

[42] S. BOISSARD, « Comment garantir la stabilité des situations juridiques individuelles sans priver l'autorité administrative de tous moyens d'action et sans transiger sur le respect de la légalité ? Le difficile dilemme du juge administratif. », *Cahiers du Conseil constitutionnel*, n°11, 2001, pp.105-123.

[43] J. L. HERIN, « La qualité de la loi », in *La réforme du travail législatif, op. cit.*, pp.41-53.

[44] N. MOLFESSIS, « La sécurité juridique et l'accès aux règles de droit », *RTD* civ.2000, pp. 662 et suivantes.

I. La consistance de la crise

A l'image du modèle séculaire français[45], le droit public camerounais expérimente une situation désolante. Jour après jour, la loi perd toutes ses vertus. Quand sa quantité n'est pas débordante, sa qualité décline. L'essence et même l'existence de la loi semblent alors connaître une profonde crise[46] qui affecte son concept (A) et ses institutions (B).

A. La crise du concept de la loi

La loi, comme d'ailleurs tout acte juridique, est conceptuellement duale[47]. Elle est faite d'un corps et d'un esprit. Autrement dit, son essence consiste en un concept littéral, c'est-à-dire le résultat de son processus de rédaction, et en un concept normatif, c'est-à-dire, le sens ou l'esprit de la loi sur le plan du droit[48]. A ce sujet, la loi semble être en proie à des malformations qui édulcorent son essence en droit public camerounais. D'une part, son contenu littéral paraît élastique, dans l'hypothèse heureuse où il serait mis à la disposition de son destinataire. Il recèle de nombreuses insuffisances consistant soit en des omissions d'éléments déterminants, soit en des additions d'éléments redondants, sources d'équivoques. D'autre part, son contenu normatif semble plastique, dès lors que l'on transcende l'acception organique. L'objet et la vocation de la loi s'avèrent alors malléables à souhait.

1. Un concept littéral élastique

La qualité d'une loi dépend d'abord de sa lettre, qui est l'enveloppe physique hébergeant son esprit. La lettre de la loi doit satisfaire aux normes universelles de qualité. En premier lieu, elle doit être d'un abord facile, afin de parvenir aisément à ses destinataires que sont les citoyens[49] : c'est l'exigence d'accessibilité[50]. Une fois à la disposition des citoyens, la loi doit ensuite être facile de compréhension[51]. Et pour ce faire, elle doit être de lecture aisée. La lettre de la loi doit alors être claire, précise et concise.

---

45 BURDEAU et DURAND, *op.cit.*

46 F. TERRE, « La crise de la loi », in *Archives de philosophie du droit*, Tome 25, p.17 et suivantes.

47 J.L. BERGEL, *op. cit.*, p 212.

48 G. BACOT, « L'esprit des lois, la séparation des pouvoirs et Charles Eisenmann », *RDP-3*-1992, pp.617-656.

49 G. DU PUY- MONTBRUN, R. LEONETTI, « Droit accessible et droit acceptable », *Jurisdoctoria*, n°1, 2008, pp. 77-90.

50 SOURIOUX, *op. cit.*, p. 516.

51 LASSERRE-KIESSOV, « La compréhensibilité des lois à l'aube du XXIe siècle », *Dalloz 2002*, pp. 1157

Autrement dit, sa présentation doit être agréable, son style simple[52] et son volume raisonnable : c'est l'exigence d'intelligibilité[53].

La loi camerounaise concrétise-t-elle effacement ces principes d'accessibilité[54] et d'intelligibilité[55] ? La réponse à cette question est quelque peu embarrassante. Il serait en effet hardi d'affirmer que la loi n'est pas publiée au Cameroun. Seulement, l'écart existant entre le texte publié et la grande majorité du public destinataire semble si grand que la loi demeure comme n'ayant jamais existé pour ce dernier[56]. Le problème n'est donc pas simplement celui de la publicité, encore moins de la publication, mais celui des corollaires auxdits mécanismes, c'est- à- dire la sensibilisation ou la vulgarisation des instruments normatifs en général, et des textes législatifs en particulier. Car quand bien même la loi serait mise à la disposition des citoyens, sa lettre paraît souvent si ambiguë que l'esprit de la loi devient difficilement perceptible. Deux cas de figure sont généralement observés ici : les omissions d'éléments de précision ou alors les additions d'éléments superflus dans la lettre de la loi.

a. Les omissions à la lettre de la loi

En droit public camerounais, la lettre de la loi connaît souvent des problèmes d'omission des précisions essentielles, utiles à son intelligibilité. Un exemple peut être tiré en matière constitutionnelle, de l'oubli involontaire ou délibéré du constituant du 18 janvier 1996 à fixer, dans les dispositions transitoires, des délais rigoureux[57] de mise en place des nouvelles institutions créées. Une telle imprécision est susceptible de rendre la lettre de la loi nouvelle élastique au point de la voir s'étendre sur la loi ancienne, qui pourrait, par ce seul fait, continuer à s'appliquer[58], en vertu d'une équivoque et illimitée *mise en place progressive*[59] des institutions nouvellement créées.

Une illustration parfaite de précision temporelle quant à l'application d'une loi, est pourtant tirée en matière de droit public financier, au sujet de la

---

[52] D. GUTMANN, « L'objectif de simplification du langage législatif », in *Nicolas Molfessis (dir), les mots de la loi*, Economica, 1999, pp. 73 et suivantes.
[53] Ph. MALAURIE, « L'intelligibilité des lois », *Pouvoirs*, n°114, 2005, pp. 131- 138.
[54] X. SOUVIGNET, « L'accès au droit, principe du droit, principe de droit », *Jurisdoctoria*, n°1, octobre 2008, pp.23- 50.
[55] M. Ch. BERGERES, « Un principe à valeur constitutionnel paradoxalement ignoré du droit fiscal : l'intelligibilité de la loi », in *Mélanges Dmitri Georges Lavroff*, Dalloz, 2005, p.53 et suivantes.
[56] DEUMIER, « La publication de la loi et le mythe de sa connaissance », *Petites Affiches*, 6 mars 2000, p. 6.
[57] A. CLAUDO, « La maîtrise du temps en droit processuel », *Jurisdoctoria*, n°3, octobre 2009, pp.21-42.
[58] M. ONDOA, La constitution duale : recherches sur les dispositions constitutionnelles transitoires au Cameroun », *op. cit.*, pp.20-56.
[59] Cf. article 67 de la constitution du 18 janvier 1996.

loi n° 2007/2006 du 26 décembre 2007 portant régime financier de l'État. En effet, au Titre IX afférent aux dispositions diverses, transitoires et finales, l'article 75 précise : *« La présente loi est d'application progressive pour une période n'excédant pas cinq (5) ans, à compter du 1er janvier 2008, dans les conditions définies aux articles 77 à 80 ci- dessous »*. Il s'agit là d'un cas de *mise en place progressive* bien limitée dans le temps ; un exemple à perpétuer pour l'intelligibilité de notre cadre normatif.

Des précisions de temps se présentent ainsi comme des considérations essentielles pour la qualité des instruments juridiques[60]. Car le nouvel ordre juridique institué doit taire à jamais l'ancien en lieu et place duquel il se pose pour le futur. Il serait donc judicieux que la lettre de la loi soit très précise à cet effet. Autrement dit, en droit, et surtout en matière constitutionnelle, dans les rapports entre une ancienne et une nouvelle constitution, *« un passé qui ne passe pas »* est hautement répréhensible, même si les enjeux, au demeurant, juridiques, d'une *« mémoire historique »* sont énormes[61]. La nouvelle loi devrait alors, par sa lettre et de manière non équivoque, fixer les conditions de son harmonieuse application.

b. Les additions à la lettre de la loi

La situation inverse à la réalité précédente est aussi d'actualité au Cameroun. En effet, il existe des situations où le législateur, soucieux d'être très explicite dans sa lettre, devient plutôt pléonastique, voire équivoque.

Une illustration parmi tant d'autres concerne l'article 2 de la constitution du 18 janvier 1996. Il est affirmé dans les deux alinéas de cette disposition : *« La souveraineté nationale appartient au peuple camerounais qui l'exerce par l'intermédiaire du Président de la République et des membres du Parlement, soit par voie de référendum. Aucune fraction du peuple ni aucun individu ne peut s'en attribuer l'exercice. Les autorités chargées de diriger l'État tiennent leurs pouvoirs du peuple par voie d'élection au suffrage universel direct ou indirect, sauf dispositions contraires de la constitution »*.

Cette disposition est susceptible d'embarrasser le lecteur au sujet du type de souveraineté adopté par le constituant camerounais : souveraineté nationale ou alors souveraineté populaire ? Dès l'entame de la lecture de cette disposition constitutionnelle, l'on croit l'option pour la souveraineté nationale évidente, mais *in fine* les méandres sur la souveraineté populaire se font plus convaincants. L'on se retrouve ainsi, de manière curieuse, en train d'opter concomitamment pour les deux formes de souverainetés, à cause d'une simple adjonction de mot à la lettre de la loi. Au lieu de le simplifier[62],

---

[60] R. PANAIT, « Le temps comme facteur de qualité du droit », *Jurisdoctoria*, op. cit, pp.43-64.

[61] A. MACAYA, « Un passé qui ne passe pas : les enjeux juridiques de la *« mémoire historique »*, en France et en Espagne », *Jurisdoctoria, op. cit.*, pp.65- 96.

[62] D. GUTMANN, « L'objectif de simplification du langage législatif », *op.cit.*, p.73.

le constituant camerounais semble plutôt avoir compliqué le langage législatif en rendant sa lettre élastique. D'ailleurs, l'esprit de la loi en devient souvent tout aussi plastique.

2. Un concept normatif plastique

Si la lettre de la loi consiste en l'enveloppe physique qui porte l'acte législatif, l'esprit quant à lui traduit l'onde immatérielle qui lui donne un sens[63]. C'est l'âme qui oriente la loi, au point de pouvoir subodorer la conception de la nature et de la hiérarchie des normes que l'on se fait dans un système juridique quelconque[64]. Cette conception semble pourtant plastique, en droit camerounais, eu égard à l'excessive flexibilité spirituelle de la loi. Si le pouvoir législatif consiste alors au pouvoir de faire des lois, qu'est -ce- donc qu'une loi[65] en droit public camerounais ? Autrement dit, quel est le concept normatif de la loi propre à notre droit positif ?

En vertu de l'article 26 (1) de la constitution du 18 janvier 1996 : *« la loi est votée par le parlement »*. Dans ce sens, tout acte juridique d'émanation parlementaire serait une loi. L'acception camerounaise de la loi, sur le plan normatif, est de ce fait purement et simplement organique. En d'autres termes, le concept normatif de la loi camerounaise est incarné par l'organe qui est supposé l'élaborer, à savoir le Parlement. Chose d'ailleurs loin d'être surprenante, eu égard au sempiternel cordon ombilical liant le droit camerounais à celui français[66]. En effet, il s'agit là, en partie, d'une vision similaire à la conception française de la loi. L'École allemande d'abord, et ensuite Léon Duguit, influencé par la perception rousseauiste, avaient distingué, *« la loi matérielle »* de *« la loi formelle »*. La première est la norme juridique générale, abstraite, impersonnelle inhérente au texte législatif, et la seconde, tout acte émis par le parlement[67].

S'il est alors vrai que la loi est normativement bidimensionnelle, qu'en est-il donc de la *loi matérielle* en droit camerounais ? Sur ce plan, l'objet et l'essence de la loi nationale semblent plutôt convier l'analyste à un *bal masqué*, du fait de leur extensibilité foncière.

---

63 G. KALINOWSKY, « Sur les normes et leur logique. Remarques en marge de « Is and Ought » de Georg Henrik von Wright », in *Archives de philosophie du droit*, Tom 32, Sirey, 1987, pp. 277-289.

64 M. H. FABRE, « La loi expression de la souveraineté », *RDP-2*-1979, pp. 341- 346.

65 PONTIER, *A quoi servent les lois*, Dalloz, 2000, Chron. 57.

66 J. M. BIPOUN WOUM, « Recherche sur les aspects actuels de la réception du droit administratif dans les États d'Afrique noire d'expression française, le cas du Cameroun », *RJPIC*, n°3, 1972, pp.665-692.

67 F. MENDEL, « La compétence des parlements. Études comparées », *op. cit.*, p. 949.

a. La plasticité de l'objet de la loi

A priori, l'article 26, alinéa 2 fixe limitativement les seules matières pouvant amener le législateur à exprimer solennellement la volonté générale sous forme de règles impersonnelles et abstraites. Pourtant cette perception des choses s'illustre, *a posteriori*, comme une enseigne lumineuse trompeuse, tant les bornes ainsi fixées s'avèrent fictives.

D'abord, déterminer limitativement le domaine de la loi, proclame implicitement son impotence. La loi serait alors circonscrite à un champ au-delà duquel elle ne saurait s'exprimer. Il s'agit là d'un esprit diamétralement opposé à la logique britannique, où la loi peut tout faire[68] et à celle du Proche orient ancien, où les lois étaient empreintes d'empirisme[69] . Quelle est alors cette expression de la volonté générale qui serait calfeutrée à certains cas[70] ?

Ensuite, une telle délimitation semble de façade. En effet, l'article 26 (2) énumère les matières qui ressortissent au législateur. Pourtant, à plusieurs reprises, le constituant lui renvoie la compétence pour créer ou organiser telle ou telle institution que l'on ne pourrait d'emblée classer dans son domaine préalablement assigné. D'où la formation implicite d'un nouveau domaine. Par conséquent, deux domaines semblent désormais coexister dans le cadre constitutionnel camerounais : *le domaine par définition expresse* et *le domaine par renvoi implicite du constituant au législateur*. Le second serait d'ailleurs plus consistant que le premier[71]. La disposition sus évoquée fait pourtant accroire à un domaine unique clairement délimité. Or un autre domaine plus consistant demeure en veilleuse.

Enfin, les matières énumérées à travers l'article 26 (2) ne sont pas l'apanage du législateur. C'est ce qui semble se dégager de l'article 28 de la constitution. En effet, par habilitation parlementaire, le Président de la République peut se prononcer sur les matières dévolues au législateur à travers des ordonnances. Il en résulte de matières constitutionnellement législatives par essence, mais potentiellement exécutives par précellence présidentielle sur le parlement. Ainsi, à partir d'un même domaine, il est possible d'avoir deux instruments normatifs de nature différente, même s'ils sont, à certains égards, de portée identique : la loi et l'ordonnance[72].

---

[68] R. DAVID, « Droit commun et common law », in *Study in memorial di Tullio Ascarelli* (1968) I, pp. 345- 363.

[69] S. DEMARE, « La valeur de la loi dans les droits cunéiformes », in *Archives de philosophie du droit,* Tom.32, Sirey, 1987, pp.335-346.

[70] P. BRUNET, « Que reste-il de la volonté générale », *Pouvoirs*, n°114, 2005, pp.5-20.

[71] A. D. OLINGA, *op.cit.*, pp. 124 et suivantes.

[72] MESNARD, « Ordonnances, lois d'orientation ou lois cadres ? », *RDP*, 1982, pp. 1073-1080.

b. La plasticité de l'essence de la loi

La loi a vocation à poser des règles, des principes clairs, qui doivent satisfaire aux exigences de généralité, d'impersonnalité et d'abstraction[73]. Ces caractéristiques ne semblent plus absolues[74], surtout en droit public camerounais[75], car le particularisme et la personnalisation tendent à devenir la règle dans certaines matières. Ainsi, dans l'optique d'une justice fiscale de plus en plus prononcée, le législateur camerounais distingue les contribuables et définit leurs régimes d'imposition en fonction de leurs différents niveaux de richesse[76]. On parle alors *d'imposition selon la faculté contributive*[77] ou de *solidarité fiscale.*

Quant à la finalité, la loi camerounaise s'efforce certes à poser des règles consistant soit en la formulation des interdictions, soit en l'octroi des avantages[78]. Mais l'on ne saurait cependant occulter qu'elle prescrit de plus en plus des programmes et de moins en moins des principes[79]. D'où la prolifération des lois de programmes, des lois d'orientation, des chartes, qui se particularisent, pour les premières, par la largeur de leur champ d'application et leur globalité, et pour les dernières, par la définition des objectifs à atteindre dans le temps[80]. La loi semble progressivement perdre son caractère décisoire pour devenir *« programmatoire »* ou *« programmatique »*[81], voire *« incantatoire »*. Par ces types de loi, la compétence législative tend à subir une sorte de redistribution ou de délégation. Puisque la loi est de moins en moins capable de prévenir toutes les situations, d'entrer dans les conséquences des préoccupations qu'elle voudrait régir. Elle semble laisser au gouvernement le soin de mettre en œuvre une politique dont elle ne détermine que les grandes lignes[82]. Et de ce fait, l'exécutif devient un législateur non négligeable. C'est peut-être là aussi les signes de sa crise institutionnelle.

---

[73] B. MATHIEU, *La loi*, Dalloz, Coll. Connaissance du droit, Paris, 1996, pp. 4 et suivantes

[74] G. BURDEAU, « Essai sur l'évolution de la loi en droit français », in *Archives de philosophie du droit*, 1933.

[75] S. BILONG, *La dissertation de droit constitutionnel par l'exemple*, Presses universitaires de Dschang, 2005, p. 40.

[76] ATANGA FONGUE, Contrôle fiscal et protection du contribuable dans un contexte d'ajustement structurel au Cameroun, Harmattan, Paris, 2007, pp. 3 et suivantes.

[77] LEKENE-DONFACK, Finances publiques camerounaises, Berger- Levrault, Paris, 1987, p. 151.

[78] P . AMSELEK, « L'acte juridique à travers la pensée de Charles Eisenmann », in *Archives de philosophie du droit*, Tom. 32, Sirey, 1987, pp. 305-334.

[79] A.D. OLINGA, *op. cit.*, p. 126 et suivantes.

[80] Ces lois atypiques concernent pratiquement tous les aspects du champ social, notamment, l'éducation (loi n°98/004 du 14 avril 1998) ; l'enseignement supérieur (loi n°2001/005 du 16 avril 2001) ; la décentralisation (loi n°2004/017 du 22 juillet 2004) ; les investissements (loin°2002/004 du 19 avril 2002), le sport (loi n°98/09 du 5 août 1998).

[81] A.D. OLINGA, *op. cit.*, p. 127.

[82] G. BURDEAU, « Essai sur l'évolution de la loi en droit français », *op. cit.*, pp. 7 et suivantes.

B. La crise des institutions de la loi

La crise du concept de la loi semble avoir un prolongement logique sur le plan institutionnel. Quelle que soit la conception retenue de la séparation des pouvoirs[83], la fonction exécutive demeure par nature subordonnée à la fonction législative. Et la loi est l'œuvre du législateur qui est par essence le peuple représenté par le parlement. Il serait alors aberrant, au nom de la liberté, de renverser cet ordre des choses fondateur de l'équilibre des pouvoirs[84]. Pourtant au Cameroun, tel semble être le cas. L'exécutif, dont la vocation est d'appliquer la loi, tend à se substituer au législateur lui-même. D'où la relégation de l'Assemblée nationale à une simple *« fonction de ratification »*[85]. La conséquence est alors l'expérimentation[86] des mécanismes législatifs complexes, du moins, hors du commun. La crise institutionnelle de la loi est donc à la fois organique et mécanique. Elle consiste en un déséquilibre des organes législatifs, et en un encombrement des procédures d'édiction des lois.

1. Des organes législatifs déséquilibrés

Dans la répartition des tâches propres à la fonction législative, Montesquieu distingue *« la faculté de statuer »* et *« la faculté d'empêcher ».* La première est la faculté d'édicter les lois : elle appartient au législateur. Et la seconde se résume *« au droit de rendre nulle une résolution prise par quelqu'un d'autre »* : c'est le droit de veto, inhérent au pouvoir de promulgation en régime d'essence parlementaire, comme le nôtre. Il ressortit au monarque[87]. L'auteur précise que la puissance exécutive ne peut disposer que de la faculté d'empêcher. Elle peut à une moindre mesure participer à l'œuvre de proposer des lois, même si cela n'est pas tout à fait indispensable. Mais elle ne saurait *« entrer dans le débat des affaires »*[88], c'est- à- dire, *« discuter la loi, l'amender, participer à sa rédaction définitive ; il prendrait par là part à la faculté de statuer, et il n'y aurait plus de liberté »*[89].

Au Cameroun pourtant, le Président de la République, détenteur constitutionnel de *la faculté d'empêcher*, semble entrer activement dans les débats, au point d'inféoder le légitime propriétaire de *la faculté de statuer.*

---

83 M. TROPER, La séparation des pouvoirs et l'histoire constitutionnelle française, Thèse Paris, 1967, LGDJ, 1973, p. 26.

84 P. PACTET, Institutions politiques, droit constitutionnel, 15ème édition, Armand Colin, Paris, 1996, p.110.

85 J. GICQUEL, « Le présidentialisme négro-africain. L'exemple camerounais », in *Mélanges George Burdeau*, Paris, 1977, p.724.

86 B. FAURE, « l'intégration de l'expérimentation au droit public français », in *Mélanges Franc Moderne*, Dalloz, 2004, pp. 1266 et suivantes.

87 EISENMANN, « La pensée constitutionnelle de Montesquieu », in *Bicentenaire de l'esprit des lois*, Sirey, 1952, pp. 133 et suivantes.

88 MONTESQUIEU, *L'esprit des lois,* Livre XI, Chapitre 6, p.405.

89 BACOT, *op. cit.*, p. 622.

Devenu réel législateur, il semble même souvent recevoir serment d'allégeance du Parlement[90]

a. La prépondérance exécutive en matière législative

A la lumière des articles 25 à 36 de la constitution, définissant les rapports entre l'exécutif et le législatif, le premier semble maîtriser toutes les étapes de la procédure législative[91]. La nature du régime politique institué ici[92] pourrait certes apporter des éléments justificatifs à cette réalité. Mais dès lors que cette nature est elle-même vivement recherchée[93], au vu de la floraison des thèses qui s'affrontent à ce sujet[94], il serait simpliste de conforter un tel raisonnement. Ceci étant, au-delà de la procédure législative dite *« déléguée »*[95] où la primauté du pouvoir exécutif semble atteindre son paroxysme, celle ordinaire trahit judicieusement cette tendance, au point de paraître quasiment *« sous tutelle »*[96]. Ainsi, que ce soit en matière d'initiative, d'adoption, de promulgation ou de publication, le monopole présidentiel ne fait l'ombre d'aucun doute[97].

Selon l'article 25 de la constitution, l'initiative des lois appartient concurremment au Président de la République et aux membres du Parlement. L'impact pratique d'une telle disposition serait de voir dans la grille législative nationale, un ratio de projets de lois, proportionnel à celui des propositions. L'idéal étant même que ces dernières prévalent quantitativement sur les premiers, afin que gouvernants et gouvernés se

---

[90] S. NTONGA BOMBA, « La procédure législative devant l'Assemblée nationale du Cameroun », *Juridis périodique*, n° 49, janvier- février- mars 2002, pp.57 et suivantes.

[91] F.X. MBOME, « Les rapports entre l'exécutif et le parlement », *Lex Lata, numéro spécial 23-24*, février –mars 1996, pp. 25 et suivantes.

[92] M. ONDOA, « Une résurrection : le régime parlementaire camerounais », *Annales de la FSJP de l'Université de Douala*, 2 juin- décembre 2002, pp 7- 43

[93] Y. MOLUH, « L'introuvable nature du régime camerounais issu de la constitution du 18 janvier 1996 », in *La réforme constitutionnelle du 18 janvier 1996 au Cameroun. Aspects juridiques et politiques, op. cit.*, pp. 249 et suivantes.

[94] Les plus significatives sont : M. ONDOA, « Une résurrection : le régime parlementaire camerounais », *op. cit.*, pp 7- 43 ; M. KAMTO, « Révision constitutionnelle ou écriture d'une nouvelle constitution ? », *Lex Lata*, 23-24 (1996), pp.17- 20 ; A.D. OLINGA, « Cameroun : vers un présidentialisme démocratique. Réflexion sur la révision constitutionnelle du 23 avril 1991 », *RJPIC*, (1992) ; M. NGUELE ABADA, « Ruptures et continuités constitutionnelles en République du Cameroun : réflexion à propos de la réforme constitutionnelle du 18 janvier 1996 », *RJPIC* (1996) ; J.C. TCHEUWA, « Essai sur la qualification du régime politique camerounais : la difficile affirmation d'un régime authentiquement parlementaire », *Revue juridique et politique des États francophones*, 2 (2003), pp. 169 et suivantes.

[95] A.D. OLINGA, *La constitution de la République du Cameroun, op. cit.*, p.128. L'auteur affirme à cet effet que *« les ordonnances sont un élément qui contribue à faire du Président de la République une sorte de législateur déléguée »*.

[96] D. CHAGNOLLAUD, *Droit constitutionnel contemporain*, Sirey, Paris, 1999, p.334

[97] S. Th. BATOUM-BA-NGOUE, « Les pouvoirs présidentiels dans la constitution du 18 janvier 1996 : l'idée d'une République présidentielle au Cameroun », *Revue camerounaise des relations internationales*, mai 2000, pp. 247- 265.

reconnaissent à l'aulne des lois qui traduiraient alors leurs aspirations légitimes. Pourtant, la grande majorité des lois sont initiées par l'exécutif. Par contre, tous les moyens semblent réunis pour annihiler l'exercice de la compétence législative en la matière. Les irrecevabilités[98] sont scrupuleusement suivies et le droit d'amendement fortement encadré[99]. Au demeurant, en mobilisant l'argument statistique, de 1982 à 1998 par exemple, il y a eu 369 projets contre 12 propositions de lois d'ailleurs de nature *« alimentaire »*[100], car concernant davantage la situation personnelle des députés que les questions d'ordre général.

La procédure d'adoption relève la prépondérance exécutive à travers l'inscription à l'ordre du jour et l'adoption proprement dite des projets et propositions de loi[101]. Selon l'article 18 alinéa 1 de la constitution : *« l'ordre du jour de l'Assemblée nationale est fixé par la conférence des présidents »*[102]. Or l'alinéa 4[103], plus disert, dispose : *« l'ordre du jour comporte en priorité et dans l'ordre que le Gouvernement a fixé, la discussion des projets de loi ou des propositions de loi qu'il a acceptées. Les autres propositions de loi retenues par la conférence des présidents sont examinées par la suite »*. Il en ressort clairement que la Conférence des présidents ne formalise qu'un ordre du jour préalablement déterminé par le Gouvernement en fonction de ses priorités. Les matières retenues par l'Assemblée nationale elle-même n'occupant qu'une place secondaire. De là à imaginer le sort qui pourrait être réservé aux propositions de loi, au cas où les projets seraient interminables. Il faudra attendre l'issue de la prochaine session ordinaire, pour espérer leur examen lors de la session d'après[104]. Le gouvernement n'est d'ailleurs pas tenu de les placer en première position à cette occasion. Et entre temps, il peut, de droit signaler l'urgence sur un projet[105].

Après délibération, l'Assemblée nationale adopte les lois à la majorité simple[106]. Lors de la navette, un texte peut être rejeté par le Sénat. Il appartient alors à l'Assemblée nationale, à la majorité absolue, de l'adopter.

---

98 Cf. articles 18 alinéa 3 (a) et 23 alinéa 3 (a) : *« sont irrecevables, les propositions de lois* - et non les projets – *ou les amendements qui auraient pour effet, s'ils sont adoptés, soit une diminution des ressources publiques, soit l'aggravation des charges publiques, sans réduction à due concurrence d'autres dépenses ou création des recettes nouvelles d'égale importance ».*

99 J.P. CAMBY, « Le droit d'amendement, une nouveauté ? », in *Mélanges Dmitri Georges Lavroff, op. cit.*, pp.109-127.

100 Z. G. BELINGA, *Profil sociologique des députés de l'Assemblée nationale camerounaise et activité parlementaire de 1982 à 1998 : morphologie de l'espace parlementaire au Cameroun*, Thèse de Doctorat Ph/D, Université de Yaoundé II, 2008, pp. 238-239.

101 P. AVRIL, « Le vote bloqué », *RDP*, 1966, pp. 399- 457.

102 On retrouve les mêmes termes, pour ce qui est du Sénat à l'alinéa 1 de l'article 23.

103 Cf. alinéa 4 de l'article 23, pour ce qui est de la seconde chambre ?

104 Cf. articles 18 (4) et 23 (4) *in fine*.

105 Cf. alinéas 5 des articles précités respectivement.

106 Cf. article 19, alinéa 1 de la constitution.

Lorsqu'à l'issue des délibérations, aucune majorité n'a pu se dégager, le Président de la République peut constituer une commission mixte paritaire[107] réunissant les deux chambres, afin de proposer un texte commun sur les dispositions rejetées. Au cas où le texte commun ne fait pas l'objet d'une adoption par la commission mixte, le Président de la République peut demander à l'Assemblée nationale de statuer définitivement ou alors déclarer caduc le texte envisagé[108]. Le Président de la République devient par ce fait détenteur du dernier mot dans l'élaboration de lois litigieuses. Cela ne préjudicie guère d'ailleurs sa dévolution de compétence en matière de promulgation[109].

Pourtant, de celle-ci, jaillit une double interrogation, quant à la portée et au fondement de l'acte de promulgation[110]. D'une part, qu'adviendrait-il, si le Président refusait perpétuellement de promulguer les lois, par une demande systématique et interminable de *seconde lecture* à l'Assemblée nationale, dans les 15 jours qui lui sont impartis ? L'alinéa 2 de l'article 31 ne donne pas de réponse à cette question en parlant de « *l'issue du délai* » et de « *la carence présidentielle* » qui déclencheraient automatiquement le mécanisme de substitution par le Président de l'Assemblée nationale. Il n'est guère fait allusion du nombre de demandes de seconde lecture au-delà duquel le texte de loi devrait être impérativement promulgué. Le Président de la République pourrait ainsi, à sa guise, bloquer la production des lois sans pour autant en bloquer les mécanismes d'élaboration. D'autre part, comment comprendre que l'on confie le pouvoir de prendre la loi au Parlement, mais celui de la promulguer, c'est-à-dire d'en décider en dernier ressort, à un autre organe, qui plus est le détenteur d'un pouvoir supposé séparé à vocation exécutive ? Il semble par là s'esquisser une translation horizontale de l'axe de répartition de la fonction législative au profit de l'exécutif : par l'exercice de *« la faculté d'empêcher »*, le Président de la République *« statue »* définitivement. Il prive de ce fait, l'Assemblée nationale de sa faculté naturelle en la matière.

La publication de la loi ne résout guère ce déséquilibre. L'article 31, alinéa 3 prévoit en effet que la loi est publiée au Journal officiel de la République en français et en anglais. Or cette plate- forme de publication relève institutionnellement d'une Direction des services de la Présidence de la République[111]. Par ailleurs, la plupart des lois publiées nécessitent des textes d'application de nature réglementaire, dont la prise n'est pas limitée

---

[107] TRNKHA, « La commission mixte paritaire », *RDP*, 1963, pp.520 et suivantes.

[108] M. PERRE, « Note sur la rationalisation de la navette parlementaire et l'équilibre des pouvoirs constitutionnels », *RDP*, 1982, pp.1675- 1679.

[109] Cf. article 31, alinéa 1, *« le Président de la République promulgue les lois adoptées par le parlement dans un délai de 15 jours à compter de leur transmission, s'il ne formule aucune demande de seconde lecture ou s'il n'en saisit le conseil constitutionnel »*

[110] G. JEZE, « La promulgation des lois », *RDP*, 1918, pp.378 et suivantes

[111] Cf. Ordonnance n°72/11 du 26 août 1972 relative à la publication des lois.

dans le temps[112]. Lorsque la procédure d'élaboration de la loi n'est pas conquise par l'exécutif, elle semble alors abandonnée volontairement par le législatif lui-même.

b. L'allégeance parlementaire en matière législative

Le parlement camerounais, réduit à la seule Assemblée nationale, semble parfois faire acte d'obéissance vis- à- vis de l'exécutif, lors de l'exercice de ses compétences en matière législative. Il devient par là complice de la rationalisation progressive de ses pouvoirs[113]. Car il adopte une curieuse attitude frisant l'atonie ou l'inertie, qui se manifeste par une certaine docilité à l'égard des ambitions législatives de l'exécutif[114]. D'une part, l'essence parlementaire[115], pratiquement affadie par la tendance *« présidentialiste »*[116] de notre régime, assoit une *collaboration à sens unique* des pouvoirs, au profit de l'exécutif. La procédure d'élaboration de la loi en est alors la parfaite illustration. D'autre part, la représentation des partis à l'Assemblée nationale est dominée par le parti au pouvoir à une majorité très large[117]. Il se pose alors le problème de la force de l'opposition[118] à pouvoir contrecarrer un projet ou même une proposition de loi initiée par le parti majoritaire[119]. La pratique en la matière démontre que tout texte de cet acabit prospère systématiquement, par l'influence de la *discipline de vote* issue de *l'encadrement parlementaire des élus par le parti majoritaire*[120]. L'axe de répartition de la fonction législative semble alors, cette fois-ci, subir une translation verticale, toujours au profit de l'exécutif. Ceci pourrait d'ailleurs justifier l'encombrement des mécanismes législatifs observé ici.

---

[112] M. GUIBAL, « Le retard des textes d'application des lois », *RDP,* 1974, pp.1039-1078.

[113] J. DANIEL, Cl. EMERI, « L'Assemblée nationale et son devenir », *RDP*, 1989, pp. 1245-1272.

[114] MANDJACK, « L'Assemblée nationale camerounaise, miroir de l'autoritarisme », *Revue camerounaise de parlementarisme et de démocratie*, Vol 01, 1999, pp.1et suivantes.

[115] M. ONDOA, « Une résurrection : le régime parlementaire camerounais », *op. cit.*

[116] J. MOULIN, *Le présidentialisme et la classification des régimes politiques*, LGDJ, Paris, 1978.

[117] En 2007 par exemple, l'on comptait 153 députés du RDPC contre 27 députés de l'opposition. Cf. TOUO (Herman), « Multiparty politics and democratic construction in Cameroon", in Lawson, Kay (General editor), *Political Parties and Democraty*, Vol. 4, Africa and Oceania, Santa Barbara, Praeger, 2010, p.24.

[118] TOUO (Herman), Les dynamiques d'ancrage du pluralisme partisan au Cameroun (1990-2006). L'économie des rapports entre pouvoir et opposition, Thèse en vue de l'obtention du Doctorat /Ph.D, Université de Yaoundé II, 2007.

[119] J. MOUANGUE KOBILA, « Création des normes : les occasions manquées du nouveau parlementarisme pluraliste au Cameroun », *Revue camerounaise de parlementarisme et de démocratie*, Vol 1, 1999, pp. 23 et suivantes.

[120] R. G. SCHWARTZENBERG, Sociologie politique, Montchrestien, 4ème édition, 1988, pp. 401-402.

2. Des mécanismes législatifs troublés

La crise qui frappe les organes d'édiction des lois, n'épargne pas les mécanismes mobilisés pour cette cause. Ils semblent troublés. En effet, du fait de l'ambiguïté de leurs schémas, les procédures législatives reflètent de véritables *clairs- obscurs* :

a. Des procédures éludées

La thèse des procédures éludées traduit la situation où le droit positif envisage une loi par son objet ou son domaine potentiel, mais ne prévoit curieusement pas sa procédure d'édiction. Le droit constitutionnel camerounais semble expérimenter cette situation, au sujet de la loi organique. Tandis que son domaine semble visiblement susciter l'intérêt particulier du constituant, sa procédure par contre fait l'objet d'un mutisme gênant de celui-ci, au point de paraître finalement comme *« un type inconnu »*[121].

La notion de loi organique recoupe deux idées : il s'agit à la fois d'une loi qui, conformément à son étymologie, a trait aux *« organes »* de l'État et d'un texte pris pour l'application de la constitution[122]. En ce dernier sens, Jean Gicquel la définit comme *« une loi d'application ou le prolongement de la constitution »*[123]. Elles ont un domaine d'attribution précis et devraient être adoptées selon une procédure spéciale. Ce domaine est composé en principe de trois éléments distincts. D'une part, elle régit le fonctionnement d'une institution[124]. D'autre part, elle fixe les éléments de certains statuts[125]. Enfin, elle étend le champ d'application de certains articles de la constitution. C'est ainsi que certaines dispositions de la constitution pourraient être *« précisées »* ou *« complétées »,* et certains régimes *« fixés »* ou *« déterminés »* par la loi .Ces trois éléments sont réunis à la l'analyse du droit positif camerounais[126]. On se serait donc logiquement attendu que le constituant définisse une procédure spéciale d'édiction desdites normes[127]. Mais malheureusement cette attente n'a pas été satisfaite, suscitant ainsi l'arrière-goût d'une œuvre inachevée.

---

[121] A.D. OLINGA, *La constitution de la République du Cameroun*, *op. cit.*, p. 126.

[122] J.P. CAMBY, « La loi organique dans la constitution de 1958 », *RDP*, 1989, p. 1402.

[123] J. GICQUEL, *Droit constitutionnel*, Montchrestien, Paris, 1987, p. 813.

[124] A l'instar des assemblées parlementaires, du Conseil constitutionnel, du Conseil supérieur de la magistrature, de la Haute cour de justice, du Conseil économique et social.

[125] A savoir, entre autres, celui des magistrats ou les incompatibilités applicables à certaines personnes.

[126] Cf. entre autres dispositions constitutionnelles, pour la première catégorie, art 17 (2) sur le Parlement, 52 sur le conseil constitutionnel, 53 (4) sur la Haute cour de justice, 54 sur le Conseil économique et social ;pour la seconde catégorie, art 14 (6) sur le statut des parlementaires, 51 (5) sur le statut des membres du conseil constitutionnel ; pour la dernière catégorie, art 7 (3) sur les modalités d'application des alinéas 1 et 2 de l'art 7.

[127] C'est le cas en droit français à travers l'article 46 de la constitution de 1958.

b. Des procédures déviées

L'idée soutenue ici est celle où une procédure législative est clairement définie par le droit positif, mais n'est pas du tout respectée lors de l'édiction de la norme concernée. Certains éléments de procédures étant délibérément viciés. Le vaste mouvement de réforme constitutionnelle propre à l'avènement de l'État unitaire au Cameroun, est certes fort instructif à ce sujet[128]. Mais l'expérience la plus significative en la matière est celle de la dynamique constitutionnelle[129] vers l'État unitaire décentralisé. En effet, deux éléments fondamentaux, du strict point de vue des procédures, inclinent à penser que le passage de la constitution du 2 juin 1972 à celle du 18 janvier 1996 ne s'était guère opéré par authentique révision, comme l'intitulé du texte révisé tend à le faire accroire. Il a plutôt été question de l'écriture pure et simple d'une nouvelle constitution[130].

D'une part, contrairement aux projets de révision intervenus avant[131] et même après cette date[132], celui déposé au bureau de l'Assemblée nationale en novembre 1995 ne faisait aucunement mention des dispositions de la constitution en vigueur devant être modifiées. Il s'agissait plutôt du projet de loi *« portant révision de la constitution du 2 juin 1972 ».* Un intitulé d'ailleurs fort évocateur, quant à l'ampleur même du changement envisagé : la modification de toute la constitution[133]. A ce sujet, croire sur le fond que le pouvoir constituant dérivé est capable de tout modifier[134], à l'exception du *« plancher constitutionnel incompressible »*[135], est certes fort ingénieux. Encore même que l'hypothèse *d'une révision de la révision*[136], ou plus précisément d'une révision du mode de révision, n'est pas à exclure ici. Mais s'eut été plus judicieux, en respect des exigences de forme, que ce pouvoir institué précisât clairement les dispositions à réviser, quitte à les lister toutes.

---

[128] J. OWONA, « La constitution camerounaise du 20 mai 1972 : de l'État fédéral à l'État unitaire », *RJPIC*, 1 (1973) : 1-40.

[129] M. KAMTO, « La dynamique constitutionnelle du Cameroun indépendant », *Revue juridique africaine*, n°1, 2 et 3, 1995, pp. 7- 49.

[130] M. KAMTO, « Révision constitutionnelle ou écriture d'une nouvelle constitution ? », *Lex Lata*, 23-24, 1996, pp. 17-20.

[131] Le projet de révision du 23 avril 1991 est clairement intitulé : « Loi n°91/001 du 23 avril 1991 portant modification des articles 5, 7, 8, 9, 26, 27, et 34 de la constitution ».

[132] Celui du 14 avril 2008 fait également mention de la disposition ciblée par la révision, à savoir l'article 6.

[133] AUBERT, « La révision totale des constitutions », in *L'esprit des institutions, l'équilibre des pouvoirs*, Dalloz, 2003, pp. 455 et suivantes.

[134] ISIDORO, « Le pouvoir constituant peut-il tout faire ? », in *L'esprit des institutions, l'équilibre des pouvoirs*, *op. cit.*, pp. 237 et suivantes.

[135] Cette formule élégante renvoie aux limitations matérielles du pouvoir de révision de l'article 37. Cf. A.D. OLINGA, *La constitution de la République du Cameroun*, *op. cit.*, p. 18.

[136] L'idée ici est qu'à partir du moment où l'organe titulaire du pouvoir constituant institué peut modifier le mode de révision, il peut pratiquement tout faire, y compris une révision totale. Cf. PACTET (Pierre), « Retour sur l'acte dit loi constitutionnelle du 10 juillet 1940 », in *Mélanges Dmitri Georges Lavroff précité*, pp.496.

D'autre part, la constitution du 2 juin 1972 ayant été modifiée dans son intégralité, il aurait fallu, par simple parallélisme des formes que ce fût l'autorité l'ayant établi qui procédât aussi à sa modification. Car, à elle seule devrait en principe ressortir la compétence d'une modification de cette ampleur. Malheureusement, ce ne fut pas le cas. Par référendum, c'est-à-dire, par consultation directe du peuple souverain, l'on établit la constitution de 1972, mais par indirecte représentation du souverain, l'on adopta celle du 18 janvier 1996. Ceci étant, entre l'acte du peuple s'exprimant directement et l'acte du peuple agissant à travers l'Assemblée nationale, lequel est plus légitime ?[137] Le bon sens démocratique semble donner raison à la première option. Car il serait naïf, au vu des dérives du phénomène de la *majorité présidentielle à l'Assemblée nationale* camerounaise, de penser que la volonté des députés est toujours celle du peuple[138]. Il nous semble qu'à ce niveau de la réflexion, la question n'est plus simplement celle de la *« densité normative ou de la portée juridique »*[139] de l'acte, mais plutôt celle des aspirations sociales et surtout de la pratique politique. La modification ayant été opérée par l'Assemblée nationale, le pouvoir de révision fut alors détourné et la procédure déviée[140].

c. Des procédures inhibées

Parler de procédure inhibée renvoie à la situation où une procédure est clairement prévue et définie par le droit positif, mais n'est jamais mobilisée. L'on recourt plutôt à des sortes de *subterfuges procéduraux*, en mobilisant des procédures d'édiction d'actes d'essence différente, mais de portée législative. Le cas de la loi de finances rectificative est fort probant à cet effet. Il est de principe que toute modification budgétaire intervenue après l'adoption de la loi de finances initiale, doit se faire par une loi de finances rectificative[141]. La pratique financière camerounaise paraît pourtant très hostile à ce type de loi, malgré la multitude d'occasions nécessitant sa mobilisation. Elle semble plutôt favorable à l'ordonnance du Président de la République[142], qui nécessite pourtant une procédure plus longue. Comment

---

[137] F. HAMON, « Vox imperatoris, vox populi ? (réflexion sur la place du référendum dans un État de droit) », in *Mélanges Guy Braibant*, op. cit., pp. 389- 402.

[138] J. ONANA, « Apprentissage, savoir-faire politique et spécialisation de l'activité politique : sociogenèse du métier parlementaire au Cameroun », *Revue camerounaise de science politique,* Vol 9, numéro spécial, 2002, pp.29-59.

[139] A.D. OLINGA, *op. cit.*, p.18.

[140] Une déviation de procédure de révision de cette nature fut alors perpétrée en France au profit du gouvernement du Maréchal Pétain. Cf. P. PACTET, « Retour sur l'acte dit loi constitutionnelle du 10 juillet 1948 *», op. cit.*, pp. 491-506.

[141] Article 19 alinéa 1 de la loi n°2007/2006 du 26 décembre 2007 portant régime financier de l'État.

[142] Ce fut le cas d'abord en 2008 et en 2010, pour ne citer que l'actualité la plus récente. Par ordonnance, le budget de 2007 augmenta dans l'ordre de 206 milliards. En 2010, le budget enregistra plutôt une baisse de 2%. Passant de 2570 milliards à 2520 milliards 600 millions.

dès lors concevoir dans un État de droit financier, que l'on fasse des prévisions financières par une loi, mais des rectifications par ordonnance, alors que les questions financières sont du domaine de la loi ? Pourquoi définir la procédure d'élaboration d'une loi de finances rectificative et la laisser inopportunément lettre morte ?

d. Des procédures dédoublées

L'idée défendue ici, décrit la situation où deux lois de typologie différente sont édictées au courant d'une même procédure, au point où distinguer la procédure spécifique de l'une par rapport à celle de l'autre, devient pratiquement impossible. L'élaboration de la loi de finances de l'année concrétise cette idée. En effet, c'est au cours des premiers actes de cette procédure, que la commission des finances vote aussi la loi de règlement du dernier budget exécuté. D'où l'alignement procédural et même matériel de la loi de règlement à la loi de finances initiale. Et, le plus souvent, juste quelques minutes et quelques lignes des *dispositions générales* sont consacrées à la première loi, lors de son édiction. Chose fort étrange, eu égard à la complexité et à l'importance[143] des opérations de règlement du budget[144], surtout pour des députés à l'expertise financière douteuse. Un tel alignement de procédures[145] est-il alors gage de performance financière[146], ou tout simplement la parfaite illustration d'un attachement viscéral à la budgétisation selon la logique des moyens[147]? Seule la réalisation de la loi pourrait l'attester ou l'infirmer. Une chose demeure cependant vraisemblable ; c'est qu'elle fait l'objet d'une profonde crise susceptible de générer de sérieuses conséquences sur le plan de la théorie et de la pratique du droit dans l'État camerounais.

---

143 C'est en effet lors du règlement du budget que l'on fait le solde financier annuel de l'État. L'on compare l'état des réalisations à celui des prévisions. C'est l'occasion idoine pour jauger de la transparence financière de l'État, à travers plusieurs types de contrôles. L'élaboration de la loi de règlement nécessite dès lors un temps et des moyens considérables pour réaliser efficacement ces vérifications.

144 Article 22 du régime financier précité.

145 J. P. CAMBY, « L'alignement de la procédure de vote de la loi de finances rectificative à celle de la loi de finances initiale », *RFFP*, n°39, 1992, pp.193-201.

146 R. BRAIBANT, « Réformes en cours en vue d'introduire une plus grande exigence de performance dans la gestion des finances publiques au Cameroun », in *La réforme du cadre juridique pour une meilleure gestion des finances publiques au Cameroun*, Yaoundé, 11-13juillet 2001, pp.93-102.

147 R. MUZELLEC, « Diagnostic du système financier camerounais », in *La réforme du cadre juridique pour une meilleure gestion des finances publiques au Cameroun*, op.cit., pp.26-3

II. LES CONSEQUENCES DE LA CRISE

Les conséquences de la crise conceptuelle et institutionnelle de la loi sont susceptibles de se percevoir sur un double plan théorique et pratique. En théorie, la crise qui affecte la loi a pour effet de fausser les bases techniques de classification[148] de cette norme, en rendant ainsi problématique toute initiative d'identification scientifique[149] des lois dans cet État, dont la particularité est la multitude des instruments de nature et de portée législatives (A). En pratique, cette crise est à même d'hypothéquer la mise en œuvre efficace des lois, en rendant difficile leur application et en suscitant un environnement d'insécurité juridique chez les citoyens destinataires de ces instruments normatifs. Élaborées afin d'être reçues, comprises et appliquées de manière concrète et efficace par ses principaux destinataires, les imperfections inhérentes aux processus de conception, de fabrication et de vulgarisation des lois pourraient rendre ces actes ineffectifs pour inaccessibilité et inintelligibilité. Et les citoyens auront alors le sentiment d'échapper à l'encadrement du droit (B).

A. Les conséquences théoriques de la crise : les problèmes d'identification des lois

Le caractère élastique et plastique des contenus littéral et normatif des lois et même les imperfections institutionnelles propres à l'élaboration de ces normes, ont pour conséquence sur le plan de la théorie du droit, la difficile identification des instruments législatifs en droit public camerounais. Autrement dit, satisfaire à l'exigence scientifique détermination des lois, s'apparente à une œuvre titanesque, à cause du chamboulement des bases techniques de classification objective des instruments législatifs, orchestré par la crise. Concrètement, la conceptualisation, la catégorisation et la hiérarchisation des lois sur le terrain du droit, deviennent hypothétiques. Lorsque l'on croit maîtriser un concept législatif, il glisse, s'étend, se rétrécit ou se fait incarné par son auteur. Lorsque l'on s'attelle à attribuer des régimes juridiques respectifs aux lois, ils disparaissent, s'allongent ou se transforment en d'autres régimes. Et lorsque l'on s'entête à hisser une loi à son rang normal objectivement déterminé par la science universelle du droit public, elle se rabat curieusement au rang inférieur. Décidément, la loi est perpétuellement en quête de sa véritable essence juridique en droit public camerounais.

---

[148] P. M. GAUDEMET, « Les classifications en droit constitutionnel », *RDP*, juillet-août 1989, pp.945-979.

[149] E. MILLARD, Théorie générale du droit, *op. cit.*, pp.74 et suivantes.

1. La non- maîtrise des concepts législatifs

En droit, l'étude des concepts porte sur la déclinaison des contenus respectifs des notions envisagées. C'est l'œuvre de définition des termes en question[150]. A ce sujet, la loi semble connaître un réel problème de détermination en droit public camerounais, suite à la crise de son processus de conception. En effet, définir fidèlement la loi, c'est- à- dire ressortir son contenu théorique exact, semble relever d'une véritable gageure du fait de la malléabilité de son concept. Tandis que la définition formelle de la loi, fondée sur le critère organique, semble aller de soi, la définition matérielle quant à elle, est en bute à de sérieux obstacles, dont les plus importants tiennent au dynamisme de l'objet et à l'élasticité de la vocation essentielle de la loi. Ainsi, un mystère semble planer sur le domaine de définition de la loi, au point où il paraît impossible d'en déterminer les bornes précises, malgré les façades de l'article 26 de la constitution. Et la norme inhérente au texte législatif devient aussi glissante en dépit de la manœuvre du constituant de la nicher maladroitement dans l'acception organique du législateur[151]. Le droit positif camerounais est dès lors en déphasage, sur ce plan, avec celui français, où le juge constitutionnel décide clairement que : *« la loi a pour vocation d'énoncer des règles et doit par la suite être revêtue d'une portée normative »*[152]. Elle a pour fonction première d'imposer une règle de droit précise. *« Son office est de fixer par de grandes vues, les maximes générales du droit, d'établir des principes féconds en conséquence et non de se rendre dans le détail des questions qui peuvent naître sur chaque matière »*[153].

Malheureusement ici, en dépit de l'évidence de *« la loi formelle »*, c'est-à-dire celle édictée par le Parlement au sens de l'article 26 (1), *« la loi matérielle »* est, à plusieurs égards, équivoque. Elle tend à devenir *« n'importe quoi..., et nécessite une diététique..., un régime saint... et une hygiène alimentaire »*[154], du fait de l'influence négative de la crise qui l'édulcore spirituellement et matériellement en droit positif camerounais. Toute chose qui ne laisse pas l'œuvre d'attribution des catégories législatives indifférente.

2. L'hybridation des catégories législatives

A l'image des concepts, attribuer des catégories aux différents types de lois que regorge le droit public camerounais, devient davantage complexe, suite à la crise des institutions législatives. En effet la dénaturation et

---

[150] J.L. BERGEL, *op. cit.*, p 212.

[151] Cf. article 26 (1) : *« La loi est votée par le parlement... »*

[152] Décision n°2005/512/DC du 21 avril 2005 relative à la constitutionnalité de la loi d'orientation et de programme pour l'avenir de l'école.

[153] M. COUDERC, « Les fonctions de la loi sous le regard du commandeur », *Pouvoirs*, n°114, 2005, pp. 23 et suivantes.

[154] G. CARCASSONNE, « Penser la loi », *Pouvoirs*, n°114, 2005, pp.40 -50.

l'encombrement des procédures, propres à la pratique juridico-institutionnelle en matière législative, semblent avoir pour conséquence, une transformation des régimes juridiques, et partant une hybridation des catégories législatives.

D'une part, des lois devant être classées dans des catégories juridiques précises du droit public universel sont, à cause des régimes procéduraux insolites qui leur sont imposés en droit camerounais, classées dans d'autres catégories, entraînant par ce fait, la création de catégories originales. Trois séries d'interrogations sont susceptibles d'objectiver cette hypothèse :

- Loi organique ou loi ordinaire ou alors « loi organique ordinaire » ?

En effet, la loi organique, embrigadée sur le plan procédural dans la loi ordinaire, tend à se confondre à cette dernière. Car aucune procédure spécifique n'est prévue pour son édiction. Or, en principe, la loi organique et la loi ordinaire sont deux catégories législatives distinctes. La crise des procédures, consistant ici en l'absence d'une procédure particulière d'édiction de la loi organique, a alors pour conséquence, la mobilisation de la procédure d'élaboration des lois ordinaires, lors de la prise des lois organiques. Il se pose dès lors la question de savoir quelle sera la catégorie juridique précise de la loi résultant d'une telle disposition des choses : une loi organique ? Une loi ordinaire ? Ou alors tout simplement une *« loi organique ordinaire »* ? Une chose demeure en tout cas certaine. C'est qu'il ne s'agira, à proprement parler, ni d'une loi organique, ni d'une loi ordinaire. Et l'ineffectivité d'un juge constitutionnel particulièrement hardi dans l'architecture juridico- institutionnelle camerounaise, n'augure pas des lendemains chantants à ce sujet[155].Il aurait certainement par son interprétation judicieuse, fixé les pensées, en toute opportunité, au sujet de ces catégories curieuses. En attendant sa mise en place effective, la loi organique continue à subir une sorte d'*« ordinarisation »*.

- Loi constitutionnelle ou loi fondamentale ou alors « loi constitutionnelle fondamentale » ?

Le débat visant à savoir si la loi du 18 janvier 1996 est la constitution du 2 juin révisée ou la constitution de 1996 tout simplement, se décline sur le plan des catégories législatives, en la question de déterminer si ce texte est une loi constitutionnelle ou alors une loi fondamentale fondatrice d'un nouvel État. Dans les canons d'étude de la typologie législative, il existe assurément une différence nette entre ces deux variétés de lois qui tendent à être confondues dans l'architecture juridique camerounaise, même si elles régissent le même phénomène. Tandis que la loi constitutionnelle est la loi

---

[155] F. LUCHAIRE, « Les lois organiques devant le conseil constitutionnel », *RDP*, 1992, pp. 389-423.

de révision d'une constitution qui continue à produire des effets et que le pouvoir constituant dérivé modifie dans certaines dispositions précisément identifiées, la loi fondamentale quant à elle crée un nouvel ordre juridique, donc un nouvel État. Elle est l'œuvre en principe du pouvoir constituant originaire.

Par dysfonctionnement procédural, la nouvelle constitution du 18 janvier 1996 a été établie sous le couvert d'une révision constitutionnelle de façade. Ainsi, par mobilisation de la procédure d'édiction d'une loi constitutionnelle, une nouvelle loi fondamentale a été élaborée. D'où l'imbrication de deux régimes distincts. Le résultat d'une procédure d'édiction de cette nature donne alors naissance à quel type de loi ? Une loi constitutionnelle ou plutôt une *Grundnorm*[156] *?* Vraisemblablement, il génère une sorte de *« loi constitutionnelle fondamentale » ;* une catégorie législative curieuse qui semble attester qu'au Cameroun, *« constitution sans culture constitutionnelle n'est que ruine du constitutionnalisme »*[157].

- Loi de finances initiale ou loi de règlement ou alors « loi de finances initiale de règlement » ?

Les conséquences de la crise des mécanismes législatifs n'épargnent pas le champ théorique des finances publiques, cadre par excellence de perception desdites conséquences. La procédure d'élaboration de la loi de règlement du dernier exercice budgétaire exécuté est, en droit public financier camerounais, arrimée à celle d'édiction de la loi de finances initiale du prochain exercice. Autrement dit, l'élaboration de la loi de finances initiale et celle de règlement de deux exercices budgétaires différents, se fait concomitamment.

En procédant à cette sorte d'alignement procédural, alors que l'une et l'autre devraient émaner de procédures spécifiques, l'on bouleverse certainement leurs catégories respectives. Aucune des deux n'étant édictée conformément à sa procédure propre, ni la première, encore moins la seconde, n'est alors confortée dans sa catégorie. Il semble plutôt émerger une catégorie législative originale, fruit de l'imbrication des procédures à savoir, « *la loi de finances initiale de règlement* ».

D'autre part, des actes juridiques n'ayant pas en principe de nature législative du fait de l'identité de leur initiateur et des conditions de leur

---

[156] L'expression est de Hans KELSEN, dans *Die Reine Rechtslehre*, connue par la traduction eisenmannienne en Français : *la Théorie pure du droit, op. cit.* Elle désigne la norme fondamentale et a inspiré plusieurs travaux, entres autres : M. VIRALLY, « Le juriste et la science du droit », *op. cit.* ; G. VEDEL, P. DEVOLVE, *La Constitution, base du système juridique, Journée Société de législation comparée*, 1979, pp. 111 et suivantes

[157] J. DU BOIS De GAUDUSSON, « Constitution sans culture constitutionnelle n'est que ruine du constitutionnalisme. Poursuite d'un dialogue sur quinze années de « transition » en Afrique et en Europe », in *Mélanges Slobodan Milacic*, 2008, pp. 333-348.

régime d'édiction, semblent par leurs contenus, vider certaines catégories législatives de leur signification et même de leur utilité. L'interrogation qui sous-tend cette hypothèse met en rapport deux normes d'essence et de vocation différentes, à savoir la loi de finances rectificative et l'ordonnance. Elle est la suivante : « **loi de finances rectificative ou *« ordonnance de finances rectificative »*** ?

Pour des situations impérieuses de modification du budget de l'État camerounais en cours d'exécution, suite aux cas imprévisibles lors de l'élaboration de la loi de finances de l'année, l'article 19 de la loi du 26 décembre 2007 portant régime financier de l'État, consacre une loi particulière appelée loi de finances rectificative[158]. Pourtant dans la pratique quotidienne, les pouvoirs publics mobilisent plutôt, lorsque les circonstances financières l'exigent, une ordonnance. Autrement dit, la rectification des équilibres financiers en cours d'exécution budgétaire est souvent l'œuvre d'une ordonnance et non de la loi spécialement conçue à cet effet. Ainsi au lieu de mobiliser le régime d'édiction de la loi de finances rectificative comme le droit positif le prévoit[159], c'est plutôt le régime d'élaboration d'une ordonnance qui est activé. La matière qui est l'apanage de la catégorie juridique dénommée *loi de finances rectificative*, est alors transvasée dans une catégorie autre, à savoir *l'ordonnance*. D'où l'émergence en droit public financier camerounais, des *« ordonnances de finances rectificatives »*, catégories typiquement locales, en lieu et place des lois de finances rectificatives, catégories universellement consacrées. De toute évidence, à l'instar du droit français, les ordonnances sont devenues en droit public camerounais *« un moyen volontaire de méconnaître la répartition des compétences normatives entre la loi et le règlement »*[160] . Elles n'ont manifestement pour seule finalité que de *tuer* la loi, et non de la *sauver*[161]. La déchéance de la norme législative pourrait d'ailleurs en être symptomatique.

---

[158] Cf. article 19 *(1) : « Sous réserve des exceptions prévues par la présente loi, seules les lois de finances rectificatives peuvent, en cours d'année, modifier les dispositions de la loi de finances de l'année. Elles ratifient les modifications apportées par décret aux crédits ouverts par la dernière loi de finances.*
(2) : « Elles sont présentées dans les mêmes formes que la loi de finances. Elles traduisent obligatoirement l'incidence des modifications apportées sur l'équilibre de l'exercice en cours et le solde de la loi de finances ».

[159] Cf. article 19 de la loi portant régime financier de l'État, *op. cit.*

[160] M. VERPEAUX, « Les ordonnances de l'article 38 ou les fluctuations contrôlées de la répartition des compétences entre la loi et le règlement », *Cahiers du Conseil constitutionnel*, n°19, 2005, p.149.

[161] M. GUILLAUME, « Les ordonnances : tuer ou sauver la loi ?», *Pouvoirs*, n°114, 2005, pp.117-130.

3. Le déclassement des lois

L'imprécision des concepts et des catégories législatives déteint sur le travail de détermination de la hiérarchie de ces normes. En effet, si tant est qu'il est illusoire de définir, mieux, de circonscrire avec assurance et précision le contenue des lois et qu'il s'avère complexe d'affecter des régimes juridiques stables à celles-ci, il sera, par voie de conséquence, davantage nébuleux de procéder à leur hiérarchisation[162]. Et la difficulté atteint son paroxysme quand s'y mêlent des règles de droit communautaire[163]. Autrement dit, l'œuvre de fixation de la portée juridique des instruments normatifs de nature législative dans l'ordre juridique interne sera tout aussi complexe. La crise des concepts et des institutions a ainsi des conséquences sur l'équilibre vertical des normes, consubstantiel au droit public camerounais. Car elle a pour effet d'empêcher l'ascension de certaines normes législatives[164] à leur niveau normal, dans l'ordonnancement juridique de notre État.

La « *potentielle* » loi organique du droit public camerounais illustre parfaitement nos idées. En effet, confinée au rang de la loi ordinaire par manque de procédure spécifique, la loi organique court le risque de perdre sa portée constitutionnelle principielle, pour se confondre à la mêlée législative ordinaire. Elle sera alors conditionnée par une loi en principe de portée inférieure, qui de surcroît lui fera perdre ses effets spéciaux tant sur le plan de l'ordonnancement juridique, que sur le plan contentieux.

Sur le premier plan, la loi organique est hiérarchiquement supérieure à la loi ordinaire[165]. Et sur le second plan, la loi organique fait partie intégrante du doit que dit le juge constitutionnel en matière de constitutionnalité. Autrement dit, et afin de fonder la différence entre les deux normes, lorsque la loi organique inspire le juge constitutionnel lors du contrôle de constitutionnalité, la loi ordinaire quant- à elle subit ce contrôle. Quant la première loi peut être texte de base du contrôle de constitutionnalité, la second est plutôt texte objet du contrôle. Dans cette optique, plusieurs lois, appréhendées comme le prolongement de la constitution camerounaise de 1996, sont, en conséquence de la crise des mécanismes législatifs, déchus au rang de simples lois ordinaires. Espérons tout de même que l'audace du futur juge constitutionnel statuant en inconstitutionnalité pourra ramener la

---

162 O. CAYLA, « Comment comprendre un texte établissant une hiérarchie des normes comme étant lui-même le texte d'une norme ? », *Cahiers du Conseil constitutionnel*, n°7, 1999, pp. 117 et suivantes.

163 O. PFERSMANN, « La primauté : double, partiellement directe, organiquement indéterminée, provisoirement fermée », *Cahiers du Conseil constitutionnel*, n°18, 2005, pp.180- 155.

164 B. GENEVOIS, « Norme de référence du contrôle de constitutionnalité et respect de la hiérarchie en leur sein », in *Mélanges Guy Braibant*, op. cit., pp. 323-340.

165 C. BRAMI, *La hiérarchie des normes en droit français*, Thèse de Doctorat, Université de Cergy Pontoise, 2008, pp. 6 et suivantes.

potentielle loi organique camerounaise à sa juste portée[166] et limiter, par ce fait, les problèmes de mise en œuvre efficace des normes législatives.

A. Les conséquences pratiques de la crise : les problèmes de mise en œuvre des lois

La bonne concrétisation d'une norme est d'abord tributaire de son processus d'édiction[167]. A cet effet, l'accessibilité et l'intelligibilité qui conditionnent la sécurité juridique des citoyens dans leurs rapports avec la loi, sont fonction du concept et des institutions d'élaboration et de vulgarisation de cette norme. Toute anomalie sur ces données fondamentales est dès lors susceptible de limiter la performance de la loi. En d'autres termes, la crise conceptuelle et institutionnelle de la loi a pour conséquence de rendre problématique sa mise en œuvre intégrale[168].

Ce raisonnement théorique se matérialise au Cameroun, au vu des méfaits des tares du système législatif sur le terrain la de mise en œuvre des actes conçus. Les pesanteurs inhérentes aux circuits de fabrication des lois ont alors une double conséquence pratique. Elles ont rendu l'application de la loi relative, et, de ce fait, suscité une atmosphère morose d'insécurité chez son destinataire principal à savoir, le citoyen. La loi semble alors avoir perdu une grande partie de sa rationalité pratique[169].

1. La relative application des lois

Les lois camerounaises connaissent des difficultés d'application à cause de la crise qui affecte leurs processus de conception et leurs mécanismes de fabrication. Bien que plusieurs d'entre elles soient applicables dans des conditions acceptables, une grande partie des lois connaissent pourtant sur ce plan, des situations frisant l'ineffectivité totale. En effet, une loi inopportune, mal rédigée, insuffisamment rendue publique, non sujette à sensibilisation et au demeurant technique, court le risque d'être ineffective sur le plan pratique. Car tous les éléments rédhibitoires à son application concrète, à savoir l'inaccessibilité et l'inintelligibilité, sont réunis. Une telle loi est *« inutile »* au sens de Portalis. Or *« il ne faut point de lois inutiles ; elles affaibliraient les lois nécessaires ; elles compromettraient la certitude et la majesté de la législation ».*[170] Il faut plutôt des lois effectives, car, renchérit

---

[166] J. FERSTENBERT, « Le contrôle par le conseil constitutionnel, de la régularité constitutionnelle des lois promulguées », *RDP*, 1991, pp.339- 391.

[167] I. DWARS, « La rationalité du discours pratique selon Robert Alexis », in *Archives de philosophie du droit*, Tom. 32, Sirey, 1987, pp. 291-304.

[168] B. EDELMAN, « Théorie et pratique juridique », *op. cit.,* pp.150 et suivantes.

[169] J.P. MAUBLANC, « Les nouveaux mythes constitutionnels de la rationalité de la loi », *op. cit.,* pp. 245 et suivantes.

[170] PORTALIS, « Discours préliminaire », *op. cit.*, p.467.

Bergel, *« quelles que soient la valeur de son inspiration, et de ses sources et son adéquation à son environnement, la raison d'être de tout ordre juridique se mesure à son effectivité »*[171].

L'inaccessibilité et l'inintelligibilité sont alors les deux principaux facteurs de la relative application de la loi en droit public camerounais. Elles font suite à la crise des concepts et des institutions que connaît la loi dans cet État.

a. L'inaccessibilité des lois

L'insuffisante mise à disposition matérielle et intellectuelle de la loi par les pouvoirs publics, éloigne les citoyens de cette norme. La publicité apparaît donc comme la clé de l'accessibilité des lois et toute insuffisance des mécanismes y afférents est vectrice d'inaccessibilité[172]. Publier les lois constitue d'ailleurs une obligation pour les gouvernants dans un contexte démocratique. Sourioux affirme à cet effet que : *« Le bon législateur par destination ne doit pas perdre de vue que les lois sont faites pour les hommes et non les hommes pour les lois »*[173]. Les citoyens jouissent alors d'un droit subjectif à l'information[174], dont la contrepartie est leur obligation objective à connaître la loi[175]. D'où la pertinence de cette décision du juge : *« Il faut d'abord que la loi soit suffisamment accessible : le citoyen doit pouvoir disposer de renseignements suffisants dans les circonstances de la cause, sur les normes juridiques applicables à un cas donné »*[176]. La publicité évoque aussi le retour à l'étymologie même du mot *« loi »*, puisque ce mot vient du latin *legere,* c'est-à-dire *« lire »*, L'on lisait alors la loi au peuple pour lui en donner connaissance[177]. Par son indisponibilité, les citoyens deviennent étrangers aux règles qui les encadrent et se trouvent dépossédés de certains de leurs droits les plus essentiels[178].

A titre d'illustration, combien de citoyens camerounais sont au courant de l'existence du *« Journal Officiel » ?* Combien d'entre eux peuvent établir la différence entre cette plate-forme officielle de publication des actes normatifs étatiques et le journal radio ou télédiffusé ou même *Cameroun-*

---

171 J.L. BERGEL, op. cit., p. 234 et suivantes.

172 NICOLAU, « Inaccessible droit », *RRJ* 1998-1, p. 15 et suivantes.

173 SIRIOUX, « Le bon législateur selon Portalis », *Op. cit.*, p.516.

174 F. BROCAL VON PLAUEN, *Le droit à l'information en France*, Thèse de Doctorat, Université de Lyon II, 2004, pp. 5 et suivantes.

175 D'où l'adage : « nul n'est censé ignorer la loi ». Cf. A. AKAM AKAM, « Libres propos sur l'adage « nul n'est censé ignorer la loi », *RASJ, Vol. 4, n°1*, 2007, pp. 31-54.

176 CEDH, 26 avril 1979, Sunday Times c/Royaume-Uni, série A, n° 217, §49.

177 F. MAUBLANC, L. VICTOIRE, « Accessibilité et intelligibilité de la loi ou la réhabilitation de la loi par le conseil constitutionnel », in *Mélanges Dmitri Georges Lavroff*, LGDJ p.162.

178 LARRALDE, « Intelligibilité de la loi et accès au droit », *Petites Affiches 2002*, n° 231, p.11.

Tribune ? Objectivement, ce distinguo semble être l'apanage des seuls étudiants brillants des facultés de droit. Pendant que le reste du corps social appréhende indistinctement ces institutions de communication. Une telle situation met en exergue le degré d'inaccessibilité ambiant au Cameroun, facteur majeur de la mauvaise application des lois. Il est donc urgent de rapprocher le citoyen de la loi, afin que nul n'en ignore, car son ignorance est susceptible de produire des conséquences néfastes sur le système de gouvernance[179]. Les pouvoirs publics pourraient alors judicieusement éviter d'être dans la situation de Denys, roi de Syracuse, qui fut traité de tyran par les citoyens, juste parce qu'il avait accroché les tablettes de lois tellement haut que ceux-ci ne purent les lire. Cette réaction fut bien justifiée, car ces lois leur étaient inconnues, donc inintelligibles.

b. L'inintelligibilité des lois

L'inintelligibilité est le second facteur de la relative application de la loi en droit public camerounais. La loi est menacée d'inintelligibilité ici, en grande partie, du fait de sa mauvaise rédaction. L'insuffisance des mécanismes de publicité et de sensibilisation aggrave d'ailleurs cette menace. L'inintelligibilité est donc la conséquence logique de la crise conceptuelle et institutionnelle de la loi. Il est à cet effet incongru d'exiger des citoyens une parfaite maîtrise d'une loi, dont la lettre et le fond sont approximatifs, et qui plus est, ne jouit d'aucune forme de vulgarisation. *« Comment pourrait-on alors observer les lois si elles ne sont connues ? »*[180], s'interrogeait à juste titre Rousseau.

Depuis l'Arrêt Sunday Times, le juge semble pourtant avoir pris clairement position à ce sujet : *« on ne peut considérer comme « loi » qu'une norme énoncée avec assez de précision pour permettre au citoyen de régler sa conduite ; en s'entourant au besoin de conseils éclairés, il doit être à même de prévoir, à un degré raisonnable dans les circonstances de la cause, les conséquences de nature à dériver d'un acte déterminé »*[181]. La loi doit donc être *« compréhensible »*[182], afin d'éviter son ineffectivité.

Pourquoi certaines lois, et non toutes, font alors l'objet de campagnes spéciales de vulgarisation et de sensibilisation en droit camerounais ? Comment comprendre par exemple la campagne nationale de vulgarisation du code de procédure pénale alors que le code général des impôts, pour ne citer que celui-là, n'est connu du citoyen ordinaire qu'en cas de contentieux fiscal ? Des discriminations de cette nature trahissent à suffisance les

---

[179] J. CHANTEUR, « La loi de Dieu, la loi des hommes et la paix », in *Archives de philosophie du droit, Tom. 32*, Sirey, 1987, pp. 235 et suivantes.
[180] J.J. ROUSSEAU, *Lettres persanes*, Lettre n°129.
[181] Cf. Arrêt "Sunday Times" précité, §49 *in fine*.
[182] LASSERRE-KIESOV, « La compréhensibilité des lois à l'aube du XXIe siècle », *op. cit.*, pp. 1157.

imperfections du système de publicité, à même de rendre la loi inintelligible au Cameroun. Or dès lors qu'une loi est inintelligible, une sérieuse hypothèque est d'emblée posée sur son application concrète et même sur la sécurité juridique des citoyens destinataires de cette norme.

1. L'insécurité juridique

Une autre conséquence pratique de la crise de la loi en droit public camerounais consiste en l'atmosphère d'instabilité autour duquel vit quotidiennement le citoyen dans ses rapports avec la loi qui est supposé pourtant encadrer ses agissements. Il s'agit de l'insécurité juridique que suscitent des lois conçues, édictées et appliquées de manière approximative. En effet, la plupart des lois résultant des conditions d'imagination et d'élaboration de crise, sont par voie de conséquence mal appliquées, et de ce fait, sont source d'insécurité juridique pour leurs sujets, car elles ont pour dénominateur commun leur qualité incertaine. Lorsqu'elles ne pêchent pas en lettre, elles pêchent en esprit. Lorsqu'elle n'édulcore pas les organes de conception, elles trahissent les procédures. Lorsqu'elles n'affectent pas les conditions de publicité, elles se trompent de cible. Bref, elles ont toujours un problème quelconque, qui taraudera toujours les esprits de leurs sujets lors de l'application, et paraître en fin de compte comme une véritable Épée de Damoclès sur leurs têtes.

L'insécurité juridique peut être nourrie par plusieurs paramètres, et avoir ainsi une multitude de manifestations. Notamment, l'inintelligibilité et l'inaccessibilité de la loi, la non-garantie légale des exigences constitutionnelles, les obstacles à la saisine d'un juge respectueux des droits de la défense, la justification de la rétroactivité d'une norme par une raison autre que l'intérêt général[183].

Dans le contexte camerounais, au-delà de la prédominance manifeste de l'inaccessibilité et de l'inintelligibilité de la loi, d autres facteurs d'insécurité juridique sont perceptibles.

D'abord, toutes les exigences constitutionnelles ne rencontrent pas toujours des garanties légales dans la réalité. C'est ainsi que depuis l'adoption de la Constitution du 18 janvier 1996 jusqu'à nos jours, tous les droits reconnus aux citoyens camerounais par le préambule, encore moins les nouvelles institutions créées, ne sont ni garantis, ni intégralement mises en place. Le principe pratique de l'institution progressive de ces innovations constitutionnelles est assurément un facteur explicatif à une telle situation symptomatique d'insécurité juridique.

---

[183] Pour tous ces paramètres lire : F. LUCHAIRE, « La sécurité juridique en droit français », *Cahiers du Conseil constitutionnel*, n°11, 2001, pp.100 et suivantes.

Ensuite, le rapport de proximité prône entre le juge et le citoyen, n'est pas toujours assuré[184]. Et cette lapalissade est perceptible à tous les niveaux de la hiérarchie des ordres juridictionnels, et même au sujet de la justice constitutionnelle, bien que de sérieux efforts soient relevés en matière judiciaire. Cependant, les secteurs juridictionnels administratif[185] et constitutionnel[186] nécessitent une attention particulière, car ils demeurent des cadres par excellence de dénis non seulement de droits, mais aussi de justice[187]. En effet, bien que les textes régissant l'organisation et le fonctionnement des tribunaux administratifs au niveau régional soient pris, le justiciable le plus tenace de l'ordre administratif doit encore se rendre au siège des institutions nationales pour se faire rendre justice. Car lesdits tribunaux ne sont pas encore opérationnels au niveau local. Le juge à ce niveau n'est pas encore prêt pour trancher les litiges nés de l'application de la loi par le citoyen[188]. Et cela constitue une véritable atteinte à sa *« citoyenneté administrative »*[189].

Le Conseil constitutionnel aussi attend son effectivité, pour officier non par saisine de n'importe quel citoyen[190], mais en satisfaction d'une catégorie résiduelle de justiciables. L'*« actio popularis »* n'est pas en effet la règle ici, comme l'auraient souhaité tous les citoyens camerounais qui ont pourtant fort heureusement vécu l'ascension de leurs droits et libertés au rang de droits et libertés fondamentaux. Toutes ces situations ont pour effets pervers d'inhiber le citoyen dans la jouissance desdits droits.

En dernière analyse, il a une fois de plus été question, comme l'a toujours fait le dédicataire de ces lignes, d'attirer l'attention sur un phénomène d'une gravité considérable pour la sécurité juridique[191] et la stabilité de nos

---

184 R. DEGNI-SEGUI, « L'accès à la justice et ses obstacles », in *L'effectivité des droits fondamentaux dans les pays de la communauté francophone*, AUPELF-UREF, Montréal, 1994, pp.241 et suivantes

185 S. BOISSARD, « Comment garantir la stabilité des situations juridiques individuelles sans priver l'autorité administrative de tous moyens d'action et sans transiger sur le respect de la légalité ? Le difficile dilemme du juge administratif », *Cahiers du Conseil constitutionnel*, n°11, 2001, pp. 105 -123.

186 J.M. BIPOUN WOUM, « Les origines constitutionnelles du Cameroun », *Revue juridique, politique et économique du Maroc*, n°22, 1989, pp. 85-106.

187 L.P. CARNIER, « Zone de non droit, zone de conflit ? », *Jurisdoctoria*, n°2, avril 2009, pp. 129- 150.

188 J. HAUSER, « Le juge et la loi », *Pouvoirs* n°114, 2005, pp.139- 155.

189 G. DUMONT, La citoyenneté administrative, Thèse de Doctorat, Université de Paris II, 2002, pp.3 et suivantes

190 L. FAVOREUX, « Sur l'introduction hypothétique du recours individuel devant le conseil constitutionnel », *Cahiers du Conseil constitutionnel*, n°10, 2001, pp163 et suivantes.

191 B. MATHIEU, « La sécurité juridique : un produit d'importation dorénavant « made in France », (à propos des décisions 99 -421 DC et 99-422DC du Conseil constitutionnel), *D.2000*, n° 4.

institutions[192] : *la dégradation du système législatif.* De la conception à l'application, la loi est en proie à de nombreux maux qui minent son essence et son existence. Son concept, littéralement élastique et normativement plastique, requiert une esthétique à l'aune de l'orthodoxie législative. Ses institutions, organiquement désaxées et mécaniquement désarçonnées, nécessitent une réforme profonde au gré de la répartition principielle de la fonction législative. La problématique détermination juridique de la loi risque d'entamer sa mise en œuvre efficace, en pervertissant ses actes techniques de classification théorique et ses facteurs de bonne application pratique[193]. Qu'il nous soit alors permis, pour le *salut* de la loi, d'invoquer une *divinité* de la doctrine camerounaise du droit public :

"Ave Josepha !
Ave Maria !"[194]

---

[192] Y. TANGUY, « L'institution dans l'œuvre de Maurice Hauriou. Actualité d'une doctrine », *RDP*, 1991, pp. 61- 79.

[193] S. LASVIGNES, « Sécurité juridique et qualité de la règlementation : quelque considérations pratiques », *Cahiers du conseil constitutionnel*, n°11,2001, pp.170- 176.

[194] Entendez *: « Je vous salue Joseph ! Je vous salue Marie ! ».* En référence aux prénoms de celui que les disciples, devenus collègues appellent affectueusement : *« Le Vieux »*, notamment, le grand professeur Joseph-Marie BIPOUN WOUM.

La Supraconstitutionnalité. –*Vue d'Afrique*

Éric NGANGO YOUMBI
Docteur en droit public, Université de Paris I Panthéon-Sorbonne
Diplômé de l'Institut des Études Européennes de Bruxelles

1. A l'occasion du débat sur la supraconstitutionnalité, dans les suites de la ratification du traité de Maastricht par le France, Georges VEDEL[195] mettait en garde son principal contradicteur de l'époque –Louis FAVOREU[196], contre le risque d'insérer dans la discussion, des exemples tirés du droit étranger : *« (...) Que le droit comparé soit invoqué au secours de la supraconstitutionnalité [disait-il] ne doit pas ébranler la conviction qui jusqu'ici, a été celle du Conseil constitutionnel pour qui le législateur ne peut être approuvé ou censuré en droit par référence à une disposition constitutionnelle écrite. Il faut se défaire de l'idée que telle ou telle théorie, telle ou telle pratique adoptée par une Cour constitutionnelle étrangère dans une démocratie parfois juvénile s'impose comme le dernier cri de la mode féminine lancé dans les collections du printemps*[197]*. »* Grâce lui soit rendue pour ce manque de courtoisie qui ne s'embarrasse ni de nuances ni de périphrases envers nous autres, « pauvres hurons[198] ». Heureusement qu'en

---

[195] G. VEDEL, « Souveraineté et supraconstitutionnalité », *Pouvoirs* n° 67, 1993, p.79-96. L'auteur n'est contre la notion de « supraconstitutionnalité » que pour autant que l'on attribuerait le caractère de règles de droits aux principes qu'elle contient ; il ne trouve pas d'anomalie en revanche, qu'on y mette des normes de caractère éthique ou des principes d'un credo politique, *ibidem*, p.80.

[196] L. FAVOREU, « Souveraineté et supraconstitutionnalité », *Pouvoirs* n° 67, 1993, p. 71-77 ; du même auteur, « Le contrôle de constitutionnalité du traité de Maastricht et le développement du 'droit constitutionnel international' », *RGDIP* 1993, t. 97, p. 49 ; v° aussi, « Supraconstitutionnalité et jurisprudence de la juridiction constitutionnelle en droit privé et en droit public français », *Journées de la Société de la législation comparée*, Paris, 1993, p. 466 et ss.

[197] G. VEDEL, « Souveraineté et supraconstitutionnalité, *op. cit.*, p. 96.

[198] D'après l'expression de J . RIVERO in « Le Huron au Palais-Royal ou réflexions naïves sur le recours pour excès de pouvoir », op.cit. p. 37 à 40.

braves ignares, nous savons tout au moins, qu'une *« vérité en deçà des pyrénéens »* peut être une *« erreur au-delà ! ».* Soulignons pour ne plus y revenir, que le débat sur la supraconstitutionnalité ne peut se réduire à l'ordre juridique français, eu égard aux enjeux qui y sont attachés.

2. On sait depuis longtemps en France –sur base de deux décisions du Conseil constitutionnel rendues respectivement en 1992 et 2003 qu'une partie majoritaire de la doctrine a rejeté non seulement la distinction classique entre pouvoir constituant originaire et pouvoir constituant dérivé, et partant la possibilité d'un contrôle du législateur en référence aux normes limitatives de révision constitutionnelle. Bien que ces interprétations doctrinales nous paraissent controuvées, elles semblent curieusement constituer aujourd'hui l'état de droit en vigueur. Si l'on doit sur le fondement de ces données jurisprudentielles et doctrinales, récuser l'idée de supraconstitutionnalité, il faudrait pour rester logique, concevoir dans le même temps que la République ne soit pas un absolu ou une construction établie à perpétuelle demeure, et que théoriquement, rien n'exclut le retour à la Monarchie par exemple. Idée à première vue saugrenue, mais juridiquement fondée dans la perspective des opposants à l'intangibilité de certaines dispositions constitutionnelles.

3. Plus qu'une simple spéculation doctrinale, les effets opératoires de la discussion sont considérables eu égard aux intérêts juridico-politiques qui y sont attachés. *L'intérêt juridique* de l'idée de supraconstitutionnalité n'est plus à démontrer. Si l'on reconnaît à une norme, la vertu supraconstitutionnelle, ceci équivaudrait à admettre –premièrement, que l'autorité chargée du pouvoir de révision ne peut ni modifier, ni abroger ladite norme[199] ; – secondairement, le juge constitutionnel en cas de conflit entre une norme constitutionnelle et la norme supraconstitutionnelle est en droit d'appliquer la seconde et en écarter la première[200]. *L'intérêt politique* réside dans la stabilité induit de la Constitution et des institutions, non seulement dans les jeunes démocraties d'Afrique et d'Europe centrale et de l'Est, mais aussi dans les démocraties dites *« grandes ».* Le rejet de l'idée de supraconstitutionnalité aboutirait dans les *« grandes démocraties »* à une instabilité des régimes politiques et dans les *« petites démocraties »* –pour reprendre l'étonnante terminologie en vogue, à la construction des *« États patrimoniaux[201] ».* Dans le premier cas de figure, il faut constater par exemple que la France est le Pays qui historiquement a été le plus instable du point de vue du changement des régimes politiques. Ainsi, entre 1789 et 1814, elle aurait connu une succession de trois régimes : la Monarchie,

---

[199] L'existence de principes « supraconstitutionnels » emporte pour conséquences, selon Michel TROPER, *« qu'ils ne puissent être créés et modifiés par le pouvoir constituant et a fortiori par l'un des pouvoirs constitués »* in *La supraconstitutionnalité, 15e Journées juridiques franco-italiennes,* Rennes, 7-10 octobre 1993, *JSLC,* vol. 15,1993, p. 343.

[200] G. VEDEL, « souveraineté et supraconstitutionnalité » *op.cit.,* p.80.

[201] V° F. BAYART, *L'État en Afrique –la politique du ventre,* Fayard 2006.

certes limitée, la République, l'Empire. Ce même cycle va se répéter et dans le même ordre entre 1814 et 1870. Après des régimes provisoires, la tradition parlementaire se mettra en place sous les III e et IVe Républiques[202]. Cette variation que certains auteurs –soucieux vaille que vaille de défendre l'originalité française, qualifient de *« laboratoire constitutionnel »* n'en a pas moins été catastrophique à la fois pour le progrès économique et social et pour les libertés individuelles. Dans le second cas de figure, il faut constater que la Constitution en Afrique souffre de l'irrévérence des Présidents de la République en exercice, elle est en certaines de ses dispositions, *« un instrument de cire »* pour reprendre les termes de Thomas JEFFERESON[203]; une pâte alluviale entre les mains du Chef de l'Exécutif, qui n'hésite pas au terme des mandats constitutionnellement autorisés, à escamoter tout obstacle constitutionnel capable d'empêcher son maintien au Pouvoir *ad vitam aeternam.* Rejeter l'idée de supraconstitutionnalité conduit à fournir une base juridique sure et durable à ces détournements de procédure, et institutionnaliser *ipso facto* la personnification du pouvoir, dont on sait que les effets ont été désastreux sur le continent aux lendemains des Indépendances et continuent de l'être. Selon la constitutionnaliste belge, Marie Françoise RIGAUX, il faut nécessairement *« prévoir les instruments qui sauvegardent les institutions d'une société contre des assauts incontrôlés menés par des groupes agissant dans leur intérêt exclusif [y compris les représentants] Dans cette perspective, on ne peut plus dénier de façon aussi péremptoire toute forme d'effectivité à des règles constitutionnelles qui seraient frappées d'intangibilité dans le but de préserver la société contre des bouleversements qu'elle ne saurait maîtriser à défaut d'elles. Il est des moments, dans la vie constitutionnelle d'un État, qui peuvent s'accommoder de ce type de dispositions : un garde-fou juridique peut contenir parfois des mouvements dont l'impétuosité engendrerait des bouleversements non jugulables[204]. »*

5. Cela étant, la présente contribution vise à enrichir la discussion sur la supraconstitutionnalité en prenant appui sur les décisions inédites de la Cour constitutionnelle du Bénin –que l'on peut considérées par quelque extrapolation, comme la position africaine sur la question. Une telle

---

[202] Toutefois ces deux Républiques sont séparées par la guerre et par un chassé-croisé de l'« État français » à la « France Combattante. » La Constitution du 04 octobre 1958 est le quinzième texte fondamental (ou le vingt-deuxième si l'on compte les textes qui n'ont pas été appliqués) de la France depuis la Révolution Française

[203] Président américain à l'époque de l'affaire *Marbury vs Madison* (1803).

[204] F. RIGAUX note que « l'expérience douloureuse du nazisme pour le monde et pour nombre de citoyens d'Allemagne peut expliquer qu'en 1949 les députés de Bonn aient songé à adopter un article 79, paragraphe 3, restreignant l'objet des révisions ultérieures de la loi fondamentale portant, notamment, sur le respect des droits de l'homme ou des principes démocratiques » (*Ibid.*, p. 241-242).

généralisation est sans doute contestable, toutefois, un continent ne peut donner que ce qu'il a de meilleur. La doctrine majoritaire aborde généralement les droits africains non seulement avec beaucoup de préjugés, mais selon une perspective uniformisante pourtant erronée. Le Bénin et l'Afrique du sud sont sans contexte aujourd'hui, les fleurons prometteurs du constitutionnalisme africain. Quoi qu'il en soit, le juge constitutionnel béninois a le mérite de clairement faire une distinction entre le pouvoir constituant originaire et le pouvoir constituant dérivé (I) –distinction qu'une certaine doctrine illuminée en France tend à faire oublier, en prétendant que le pouvoir de révision serait *« souverain ».* Il réaffirme en outre la compétence de la Cour constitutionnelle non seulement pour contrôler – toutes proportions gardées, les lois référendaires, mais aussi les lois parlementaires de révision (II). Le système béninois prend ainsi ses distances avec le droit constitutionnel français et consacre s'il en fut, la doctrine de la supraconstitutionnalité dans son aspect de normes limitatives de révision. Une telle position doit être prise en compte.

I. Distinction entre pouvoir constituant originaire et derivee

6. Fort étrangement, la distinction entre *pouvoir constituant originaire* et *pouvoir constituant dérivé* est l'une des contributions les plus durables et importantes de la France à la science du droit constitutionnel. Attribuable à l'Abbé Emmanuel Sieyès, elle sera théorisée par Raymond Carre de Malberg[205], qui dans ses *« contributions à la théorie générale de l'État »* fit une distinction entre *« le pouvoir constituant dans la première Constitution de l'État »* et *« le pouvoir constituant une fois l'État formé*[206] *»* ; il distinguera aussi *« le pouvoir constituant exercé dans le cadre révolutionnaire »* et *« le pouvoir constituant exercé dans les circonstances paisibles ».* Partant du constat que ses congénères faisaient une confusion dans l'usage de la notion *« pouvoir constituant »*, il séparera dans sa thèse de Doctorat *« le pouvoir constituant stricto sensu »* et le *« pouvoir de révision*[207] *».* Cette idée sera reprise par son disciple Georges Burdeau[208] et par Roger Bonnard[209] qui parle de *« pouvoir constituant originaire »* et

[205] R. CARRE de MALBERG, *Contribution à la théorie générale de l'État,* t. II, p.489-490, et n° 442. G. BURDEAU ; Thèse de doctorat soutenue en 1930 où il était positiviste pure.
[206] Ibidem.
[207] Ibidem.
[208] G. BURDEAU, *Manuel de droit constitutionnel et institutions politiques,* Paris, L.G.D.J, 1984, p.85 s.
[209] On doit à Roger BONNARD les notions « pouvoirs constituant originaire » et « pouvoir constituant institué », R. BONNARD, « Les actes constitutionnels de 1940, RDP, 1942.

« pouvoir constituant institué ». Georges Vedel[210], préférera l'adjectif *« dérivé »* à *« institué »,* terminologie plébiscitée par la doctrine.

7. Le Doyen Georges Vedel a donc participé à la clarté de la distinction. Paradoxalement, il enseignera quelques années après, qu'il suffisait pour lever l'obstacle des normes limitatives, que l'autorité investie du pouvoir de révision procédât en deux temps : dans un premier temps, la suppression de la norme limitative ; dans un second temps, la révision voulue positivement[211]. Une telle manière d'agir, jugeait-il, fût juridiquement correcte et impeccable. Il écrit à propos de la valeur juridique de l'article 95 de la Constitution de 1946 (norme limitative de révision) : *« Il suffit de faire abroger par voie de révision l'article 95 précité ; après quoi l'obstacle étant ainsi levé, une seconde révision peut porter sur la forme républicaine du gouvernement[212] ».* Ces idées empruntées en réalité à Burckhardt[213] et Duguit[214], sont aux confins de l'absurdité. Elles sont malheureusement devenues classiques et cités par beaucoup d'auteurs réfléchissant au sujet de la valeur juridique des limites à la révision constitutionnelle[215]. En parfaite conformité avec cette théorie surprenante, Vedel estimait par exemple que la révision des lois constitutionnelles de la IIIe République en 1940, par laquelle le pouvoir constituant fut attribué au Maréchal Petain, pour être *« politiquement critiquable »,* n'en fût pas *moins « juridiquement correcte[216] ».* Les décisions de 1992 et 2003 sont selon lui, la confirmation

---

210 G. VEDEL, *Droit constitutionnel,* 1949, p.115-116, il reprend la terminologie de Roger BONNARD en substituant « dérivé » à *« institué »,* VEDEL distingue dont *« le pouvoir constituant originaire »* et le *« pouvoir constituant dérivé », distinguo* plébiscité par la doctrine.

211 G. VEDEL dans son *Manuel élémentaire de droit constitutionnel,* Sirey 1949, p. 117 « Il suffit de faire abroger par voie de révision l'art. 95 précité ; après quoi l'obstacle étant ainsi levé, une seconde révision peut porter sur la forme républicaine du gouvernement ».

212 G. VEDEL, *Manuel élémentaire de droit constitutionnel, op. cit.,* p.117 ; l'auteur reprend récemment la même thèse, v°, « Schengen et Maastricht », *Revue française de droit administratif,* 1992, p.179 ; *v°* également, « Souveraineté et supraconstitutionnalité », *op. cit.,* p.90.

213 R. CARRE de MALBERG a critiqué vigoureusement la confusion entre pouvoir constituant originaire et pouvoir constituant dérivé, *Contribution..., op. cit.,* t. II, p.525-526, note 17, v° aussi pp.545-546. ESMEIN a critiqué cette confusion, il souligne qu'après la loi constitutionnelle du 14 août 1884, il ne faudrait pas, d'ailleurs, dire et croire que l'Assemblée Nationale de révision soit souveraine, in *Éléments de droit constitutionnel français et comparé,* 8e édition revue par H. NEZARD, Paris, Sirey, 1928, t. II, p.545.

214 A propos de la valeur juridique de la loi constitutionnelle de 1884 qui interdisait de réviser *« la forme républicaine du Gouvernement »,* une semblable thèse a été pour la première fois développée par L. DUGUIT, *Traité de droit constitutionnel,* 2e édition, Paris, Ancienne librairie fontemoing, 1924, t. IV, p.540.

215 O. BEAUD, *La Puissance de l'État,* P.U.F., coll. « Léviathan », 1994, p. 370 et ss. ; B. GENEVOIS, « Les limites d'ordre juridique à l'intervention du pouvoir constituant », *RFDA,* 1998, p. 914 et ss. ; B. CHANTEBOUT, *Droit constitutionnel et science politique,* Armand Colin, 6eme éd., 1985 p. 39 ; F. HAMON, M. TROPER, *Droit constitutionnel,* Paris, L.G.D.J, 23 éd., 1993, p.54.

216 G. VEDEL, *Manuel élémentaire de droit constitutionnel,* Paris, Sirey, 1949, p. 277.

jurisprudentielle de ses enseignements. Le juge constitutionnel français aurait reconnu que *« le législateur est souverain »*. Par la décision Maastricht de 1992 (19ème considérant), le juge constitutionnel français souligne que : *« sous réserve, d'une part, des limitations touchant aux périodes au cours desquelles une révision de la Constitution ne peut pas être engagée ou poursuivie, qui résultent des articles 7, 16 et 89, alinéa 4, du texte constitutionnel et, d'autre part, du respect des prescriptions du cinquième alinéa de l'article 89 en vertu desquelles 'la forme républicaine du gouvernement ne peut pas faire l'objet d'une révision', le pouvoir constituant est souverain ; Qu'il lui est loisible d'abroger, de modifier ou de compléter des dispositions de valeur constitutionnelle dans la forme qu'il estime appropriée[217] (...) »* On se serait attendu qu'en conformité avec cette décision, il affirmât dans les faits en 2003, sa compétence pour connaître d'une révision mettant en cause tout au moins la *« forme républicaine du gouvernement »*. Coup de théâtre, le Conseil se réfugie derrière le moyen tiré de son incompétence, sans grandes motivations particulières. Fort de ce *« (...) silence du Conseil constitutionnel sur la distinction pouvoir constituant originaire, pouvoir constituant dérivé[218] »*, certains auteurs plutôt que de fustiger le déni de justice[219], conclussent à *« l'abandon de la distinction entre pouvoir constituant originaire et pouvoir constituant dérivé[220] »*.

9. Il s'agit à notre avis d'un véritable déni de justice qui ne ferra pas long feu, car si la compétence du Conseil constitutionnel est exclusive ; s'il a affirmé par ailleurs en 1992 très clairement des limites à la révision constitutionnelle, le fait de décliner sa compétence alors qu'on se trouve dans l'hypothèse d'une de ces limites, laisse subsister à la fois une situation de paralogisme et de non-droit. Si une partie de la doctrine[221] émit quelques regrets, on ne comprend en revanche pas la conclusion hâtive de certains auteurs, sans doute par déférence au Maître Georges VEDEL, à conclure que le pouvoir constituant dérivé serait souverain[222]. Il faut à notre avis rejette

---

[217] Décision n° 92-312 DC, précitée, note n° 5

[218] J. JAN, « *L'immunité juridictionnelle des lois de révision constitutionnelle* », *Petites affiches*, 31 octobre 2003, n° 218, pp. 4 et ss.

[219] M. CANDEO, « L'histoire d'une double occasion manquée », RDP, 2003, p. 767-792 ; CAMBY (J.P), « Supra-constitutionnalité : la fin d'un mythe », RDP, 2003, p. 671-688

[220] F. CHALTIEL, « La souveraineté du pouvoir constituant dérivé : développements récents (à propos de la décision n° 2003-469 D.C. du Conseil constitutionnel du 26 mars 2003) », *LPA* n° n° 123 (20 juin 2003), p. 7 s

[221] J. ROBERT, « La forme républicaine du gouvernement », in *RDP,* 2003, p. 357 et ss. ; CANEDO (M), « L'histoire d'une double occasion manquée », in *RDP,* 2003, p. 767et ss. ; T. MEINDL, « Le Conseil constitutionnel aurait pu se reconnaître compétent », in *RDP,* 2003, p. 741 et s.

[222] G. VEDEL, « Souveraineté et supraconstitutionnalité », *Pouvoirs*, n° 67,1993, p. 89-90, il avait d'ailleurs développé des idées semblables antérieurement, in « Schengen et Maastricht (A propos de la décision n° 91-294 DC du Conseil constitutionnel du 25 juillet 1991) »,

vigoureusement de telles confusions, c'est à raison qu'Olivier BEAUD parla de *« faute logique*[223] *»* ou encore Guy HERAUD qui estime que *« (...) d'un point de vue juridique positif, il n'y a aucune nécessité à concevoir la possibilité de révision constitutionnelle, quand la constitution la prohibe*[224]*. »* Maurice DUVERGER rappelle que, juridiquement, les limites à la révision constitutionnelle *« s'imposent à l'organe de révision : puisqu'il tient son pouvoir de la constitution, il doit la respecter*[225] *»* ; Dimitri Georges Lavroff quant à lui, observe que *« cette interdiction [art.89, al.5] peut être considérée comme ayant une valeur juridique au résultat du raisonnement suivant : le pouvoir de révision de la Constitution est un pouvoir institué, on voit mal comment un pouvoir institué pourrait détruire le texte qui l'institue, car il perdrait du même coup la base de sa légitimité*[226]*. »* Otto Pfersmann préconisait pour contrecarrer la logique vedelienne que l'on insérât *« (...) une règle additionnelle selon laquelle la modification de cet alinéa [norme limitative de révision] est également interdite dans le cadre de la Loi fondamentale, faute de quoi cet alinéa serait dépourvu de signification*[227] *»*. Il faut convenir avec Louis Favoreu qu'une telle opération procède d'un détournement de procédure[228]. Il est clairement établi au Bénin que le pouvoir constituant dérivé à la différence du pouvoir constituant originaire, est limité à la fois par les *« clauses intangibles »* prévues par les textes (A), et par ce que la Cour appelle le *« respect de l'ordre constitutionnel »* (B).

A. Limitation textuelle –respect des « clauses intangibles »

10. Les *« clauses intangibles »* auxquelles fait référence la Cour sont mentionnées au titre XI de la Constitution qui prévoit des limitations procédurales (1) et matérielles (2), il faudrait y ajouter des limitations temporelles (3).

RFDA, 1992, p. 179 et ss. ;D. MAILLARD, « Le pouvoir constituant dérivé reste souverain », *RDP*, 2003, p. 725-739.

[223] O. BEAUD, « Maastricht et la théorie constitutionnelle –la nécessaire et inévitable distinction entre le pouvoir constituant et le pouvoir de révision constitutionnelle », *Les petites affiches,* 31 mars 1993, p. 15 ; du même auteur voir aussi, La souveraineté de l'État, le pouvoir constituant et le Traité de Maastricht, in *RFDA,* 1993, p. 1056 et, surtout, La puissance de l'État, Paris, PUF, 1994, pp. 315 et ss.

[224] G. HERAUD, L'ordre juridique *et pourvoir originaire* (Thèse de doctorat), Faculté de droit de Toulouse, Paris, Sirey, 1946, p.254.

[225] M. DUVERGER, *Manuel de droit constitutionnel et de science politique*, Paris, P.U.F., 5e édition, 1948, p.195. G. BURDEAU aussi défend la même thèse, G. BURDEAU, *Traité de science politique*, *op. cit.*, t.IV, p. 236-239.

[226] D. G. LAVROFF, *Le droit constitutionnel de la Vème République,* 3ème éd., Dalloz, 1999, p p.106.

[227] O. PFERSMANN, « La révision constitutionnelle... », *op. cit.,* p.52-53.

[228] F. FAVOREU, « Souveraineté et supraconstitutionnalité », *op. cit.,* p.76.

1. Limitations procédurales

11. Elles concernent le droit d'initiative et la procédure d'adoption de la révision constitutionnelle. Selon l'Article 154 de la Constitution : *« L'initiative de la révision de la Constitution appartient concurremment au président de la République, après décision prise en Conseil des ministres et aux membres de l'Assemblée nationale. Pour être pris en considération, le projet ou la proposition de révision doit être voté à la majorité des trois quarts des membres composant l'Assemblée nationale. »* L'article 155 : *« La révision n'est acquise qu'après avoir été approuvée par référendum, sauf si le projet ou la proposition en cause a été approuvé à la majorité des quatre cinquièmes des membres composant l'Assemblée nationale. »* Dans sa Décision DCC 13-124 du 12 septembre 2013, la Cour a jugé que l'article 154 de la Constitution : *« subordonne la validité de l'initiative du Président de la République en matière de révision de la Constitution à la seule et suffisante délibération du Conseil des Ministres. »*

2. Limites matérielles

12. S'agissant des limites matérielles, elles sont l'objet de l'article 156 qui dispose clairement qu'*« Aucune procédure de révision ne peut être engagée ou poursuivie lorsqu'il est porté atteinte à l'intégrité du territoire. La forme républicaine et la laïcité de l'État ne peuvent faire l'objet d'une révision. »* Le juge constitutionnel a par sa jurisprudence rappelé ces dispositions intangibles (v° supra, p. 10 et suivantes).

3. Limitations temporelles

13. Les limitations temporelles concernent les cas de vacance du Présidence de la République. Aux termes de l'article 50 de la Constitution : *« En cas de vacance de la présidence de la République par décès, démission ou empêchement définitif (...) les fonctions de président de la République, à l'exception de celles mentionnées aux articles 54 alinéa 3, 58, 60, 101 et 154 sont provisoirement exercées par le président de l'Assemblée nationale (...) En cas de mise en accusation du président de la République devant la Haute Cour de justice, son intérim est assuré par le président de la Cour Constitutionnelle qui exerce toutes les fonctions de président de la République à l'exception de celles mentionnées aux articles 54 alinéa 3, 58, 60, 101 et 154. »* Il est donc clair que le Président de l'Assemblée Nationale ou le Président de la Cour constitutionnelle, assurant la vacance du PR ne peuvent prendre l'initiative de la révision de la Constitution, dévolue au PR par l'article 154.

14. Le constituant béninois à côté de ces dispositions que l'on peut dans une perspective organiciste comparer au corps des clauses intangibles, prescrit également le respect de ce que l'on pourrait appeler *« l'esprit de la*

Constitution », matérialisé par les résolutions de la *« Conférence des forces vives de la Nation »,* c'est ce que le juge appelle *« l'ordre constitutionnel ».*

B. Limitation prétorienne –respect de « l'ordre constitutionnel »

15. Tout le défi est alors de saisir la matérialité de cet esprit, par définition, les esprits n'ont ni chair, ni os. Sans éléments concrets, il faudrait mobiliser des talents divinatoires, on sortirait alors du champ juridique. La Cour nous donne quelque lumière dans une décision rendue en 2011, à l'occasion de l'examen de la loi organique de la même date, portant conditions de recours au référendum. Elle a estimé que l'examen de la loi fait ressortir que l'article 6 est contraire à la Constitution en ce qu'il ne cite pas toutes les options fondamentales de la Conférence nationale de février 1990 et qui sont reprises par les articles 42, 44 et 54 de la Constitution ; qu'il s'agit du nombre de mandats présidentiels, de la limitation d'âge pour les candidats à l'élection présidentielle et de la nature présidentielle du régime politique dans notre pays. La Cour a estimé que l'article 6 doit donc être reformulé comme suit :

« Ne peuvent faire l'objet de questions à soumettre au référendum, les options fondamentales de la Conférence Nationale de février 1990, à savoir :

- la forme républicaine et la laïcité de l'État ;

- l'atteinte à l'intégrité du territoire national ;

- le mandat présidentiel de cinq ans, renouvelable une seule fois ;

- la limite d'âge de 40 ans au moins et 70 ans au plus pour tout candidat à l'élection présidentielle ;

- le type présidentiel du régime politique au Bénin[229]*. »*

1. Limitations liées au Mandat présidentiel

16. Cette décision est claire ; en réécrivant l'article 6 de la loi organique sur le recours au referendum, la Cour admet implicitement, mais certainement que le mandat présidentiel de cinq ans, renouvelable une seule fois ; de même d'ailleurs que la limitation d'âge pour les candidats à l'élection présidentielle, car elle exclut expressément ces dispositions de toute procédure référendaire –a fortiori dirions-nous, de toute procédure législative. Il s'agit à l'évidence d'une décision lourde de conséquences, qui devrait inspirer les juges constitutionnels des autres États d'Afrique noire francophone où, parvenus au terme du Mandat, le Président de la République n'hésite pas à modifier la Constitution pour s'assurer une nouvelle

---

[229] DCC 11-067 du 20 octobre 2011, Président de la République. « Loi organique portant conditions de recours au référendum », Président de la République, Obs., Abdoulaye SOMA, *ACJB*, p. 132.

réélection. L'exemple récent nous est fourni par le Cameroun, le Burkina qui s'est soldé par un fiasco, le Burundi, le Congo-Brazzaville...Le plus inacceptable est que les partisans de ces modifications fournissent souvent des arguments pseudo-juridiques du genre : *« la limitation des mandats serait antidémocratique si le Peuple voudrait maintenir un Président au pouvoir »*. Au Bénin, le juge est clair, le Peuple n'est pas libre de choisir *ad vitam aeternam* qui il veut, sauf si l'ordre constitutionnel de 1990 venait à être reversé par un nouvel ordre constitutionnel –ce qui suppose une révolution. Il en va de même de la nature présidentielle du régime politique.

2. Nature présidentielle du régime politique

16. Dans une Décision rendue en 1998, la Cour avait apporté quelques précisions sur la nature du régime politique béninois. Elle constatait que le constituant a institué une conception souple de la séparation des pouvoirs : *« Considérant que le principe de la séparation des pouvoirs posé à l'article 125 de la Constitution signifie que chacun des pouvoirs exerce ses compétences sans que l'un puisse exercer celle des autres, ni s'immiscer dans l'exercice de ses attributions (...) que la Constitution n'instaure pas une séparation rigide des pouvoirs, mais organise dans certaines dispositions la collaboration entre les différents pouvoirs*[230]*. »* Il découle de cette Décision que la Constitution a institué au Bénin, un régime présidentiel qui conforte la séparation et l'autonomie des pouvoirs au sens organique et fonctionnel. Chaque Pouvoir étant une entité à part entière reste par conséquent maître de l'activité qui lui est confiée[231]. Cette précision est importante dans la mesure où elle évite que le régime ne dérive ni vers un présidentialisme, ni vers un régime d'Assemblée, ni vers un *« gouvernement des juges »*.

3. Laïcité de l'État

17. La laïcité de l'État s'entend de sa neutralité confessionnelle, à savoir que l'État adopte à l'égard des diverses églises et religions une attitude d'impartialité et de neutralité. Dès lors, la Cour a jugé que le Président de la République et les membres de son Gouvernement doivent garder une attitude d'impartialité et de neutralité à l'égard des prophéties dont fait état le

---

[230] DCC 98-042 du 14 mai 1998, AYIKPE Louis.

[231] Mais ce principe de la spécialisation fonctionnelle n'est pas absolu. Il admet un certain nombre d'exceptions qui résultent de la Constitution elle-même. En effet, la Constitution a donné aux Pouvoirs Exécutif et Législatif, le privilège de nommer les membres des institutions telles que la Cour Constitutionnelle, la Haute Autorité de l'Audiovisuel et de la Communication, le Conseil Économique et Social...et à la Cour Constitutionnelle, le pouvoir de réguler le fonctionnement des autres Institutions. Dans l'exercice de cette compétence, la Haute Juridiction s'oblige à donner des injonctions aux Pouvoirs Publics.

requérant[232]. Elle juge toutefois que la référence à Dieu du Chef de l'État dans ses propos n'est pas une violation du principe de laïcité dans la mesure où le mot *« Dieu »* est un terme générique[233]. Dans une décision rendue le même jour, la haute juridiction juge que la neutralité de l'État découlant du principe de laïcité n'emporte pas interdiction de subventions, toutefois, si l'État veut intervenir en soutenant financièrement ou par des dons, les confessions religieuses, cela doit se faire sans discrimination[234]. Ici réapparaît l'idée défendue plus haut, l'attribution des droits de 2ème et 3ème génération par l'État doit se faire dans le respect du principe d'égalité ou de non-discrimination. Elle a jugé également que la laïcité implique qu'aucune communauté religieuse ne doit imposer à l'autre ses croyances ou pratiques religieuses. L'État, dans le respect de la laïcité et de l'ordre public, doit garantir la libre pratique de toutes religions ou pratiques religieuses[235].

17. Il faut se garder de croire que *« l'ordre constitutionnel »* serait constitué de ces quelques éléments, la liste est susceptible de s'étendre en fonction des développements jurisprudentiels. La Constitution n'est pas une relique coulée dans du marbre, en face de laquelle les juges constitutionnels doivent s'incliner comme des dévots débordants de vénération, elle est comme le disait Woodrow WILSON, *« une pierre angulaire, non une construction complète », « une racine (...) non une vigne imparfaite*[236] *»*.

II. CONTROLE JURIDICTIONNEL DU POUVOIR CONSTITUANT DERIVE

18. Une partie de la doctrine française bien longtemps d'ailleurs avant les précisions du Conseil constitutionnel, dénia en effet aux limites de révision toute valeur juridique[237]. Ces limites ne seraient selon ces thèses, que des *« idées »*, ou des *« souhaits politiques »* sans force juridique[238] ; des

---

232 DCC 12-017 du 22 février 2012 ?

233 DCC 10-007 du 21 janvier 2010, John Augustino FRANCEY.

234 DCC 09-019 du 26 février 2009, Boni FAAKIH ; DCC 10-006 du 21 janvier 2010, Franck OKE.

235 DCC 00-049 du 31 aout 2000, OUEOUNOU Ernest.

236 W. WILSON « Le gouvernement congressionnel –étude sur la politique américaine », Paris, V. GIARD et E. BRIERE, 1890, p. 13.

237 J. BARTHELEMY et P. DUEL, *Traité de droit constitutionnel*, Paris, Dalloz, 1933 (Réimpression : Economica, 1985), p.231 ; J. LAFERRIERE, *Manuel de droit constitutionnel*, Paris, Éditions Domat-Montchrestien, 2e édition, 1947, p.289 ; G. VEDEL, *Cours de droit constitutionnel et d'*institutions *politiques*, Paris, Les Cours du droit, 1960-1961, p.117 ; *Essai d'une théorie de la révision des lois constitutionnelles*, Thèse 1930, pp.3-4 ; *G.* LIET-VEAUX, *Droit constitutionnel*, Paris, Éditions Rousseau, 1949, p.163.

238 J. BARTHELEMY et P. DUEL, *Traité de droit constitutionnel*, *op. cit.*, p.231 ; J. LAFERRIERE, *Manuel de droit constitutionnel*, *op. cit.*, p.289.

« *barrières de papier*[239] ». Par conséquent, elles ne s'imposent pas à l'exercice du pouvoir de révision constitutionnelle[240].

19. En droit constitutionnel béninois il est clairement établi qu'un contrôle est possible non seulement en référence aux conditions de recours au referendum telles qu'elles ont été examinées ci-dessus (A) ; a fortiori sur les lois parlementaires de révision constitutionnelle (B).

A. Contrôle des lois référendaires de révisions

20. Au Bénin le contrôle des conditions du recours au referendum est envisageable. La Cour s'est reconnue le pouvoir de s'assurer que la question référendaire se situe bien dans la liste des questions que la Constitution désigne comme pouvant en être l'objet, il faut également qu'elle se situe en dehors des questions qui en sont expressément exclues. De même la procédure doit être strictement respectée, aussi bien en ce qui concerne l'initiative, les avis, que le vote du projet ou de la proposition référendaire. Pour terminer, en vertu des dispositions constitutionnelles, le juge exerce un contrôle sur les conditions temporelles du referendum.

21. Même si on n'a connu que très peu de referenda au Bénin, il faut dire que la sortie de la Cour, à l'occasion de l'examen de la loi organique de 2011 portant conditions de recours au référendum lui a permis de dessiner le droit du referendum. Cette décision laissait augure favorable au contrôle de la procédure référendaire et même du fond du referendum. Dans ce contexte, même si l'article 30 de ladite loi dispose que les projets ou propositions de loi référendaires adoptés par le Peuple constituent l'expression directe de la souveraineté nationale et sont soustraits à tout contrôle de constitutionnalité. Une formulation qui toutes les allures d'une immunité, ne doit en rien nous abuser, la Cour constitutionnelle béninoise contrôle non seulement le fond c'est-à-dire les questions soumises au referendum, mais aussi la procédure dont le projet ou la proposition n'est que l'aboutissement. L'immunité est dès lors différente du droit français où elle est conçue de manière absolue. On se souvient en effet qu'à l'occasion de la loi relative à l'élection du PR au suffrage universel direct adopté par le referendum du 28 octobre 1962[241], le Président du Sénat français à l'examen du Conseil constitutionnel, la loi en question, non seulement en considération de son objet, mais surtout en raison des irrégularités flagrantes de la procédure ayant abouti à son adoption. Selon lui, la seule procédure instituée de révision constitutionnelle

---

[239] G. LIET-VEAUX, *Droit constitutionnel*, Paris, éd. Rousseau, 1949, p.163. L'expression « barrière de papier » est reprise récemment par François LUCHAIRE, « l'Union européenne et la Constitution », *RDP*, 1992, p.1591.

[240] W. BURCKHARDT, *Kommentar des Schweizerischen Bundesverfassung vom 29. Mai 1874*,
Bern, 1905, p.7 et s. cité par Carré de Malberg, *Contribution..., op. cit.*, t.II, p.524, note 17.

[241] JORF du 07 novembre 1962, p. 10778.

est celle de l'article 89 et non l'article 11, il estimait que *« l'exercice de la souveraineté nationale (...) n'est en effet légitime que dans le respect des règles de procédures instituées par la Constitution. Admettre qu'il puisse en être autrement en cas de referendum conduirait nécessairement qu'à admettre que les représentants du peuple ne sont également soumis à aucune règle constitutionnelle dans l'exercice de la souveraineté qui leur est déléguée. Ce serait donc ruiner, non seulement la base même du droit, mais celle de la stabilité des institutions*[242]*. »* Cet argument emprunte de finesse n'a pas prospéré. Le Conseil constitutionnel français rappelant la lettre et l'esprit de la Constitution de 1958, décida qu'il n'avait qu'une compétence d'attribution et qu'au regard de la cause, il n'avait pas compétence. Selon la Haute juridiction française, les lois adoptées par le Peuple par referendum constituent *« l'expression directe de la souveraineté nationale »* et bénéficient à ce titre d'une immunité absolue[243]. Cette injusticiabilité absolue de la procédure, du fond et de la loi issue du referendum est liée aux excès du régime représentatif en France. Elle pose bien évidemment de nombreuses questions. Si les conditions de recours au referendum sont surveillées au Bénin, à plus fortes raisons le seraient les lois parlementaires de révision constitutionnelle.

B. Contrôle des lois parlementaires de révision

22. Dans une décision rendue en 2006[244], la Cour constitutionnelle déclare inconstitutionnelle une loi de révision, au motif qu'elle viole les idéaux ayant abouti à l'adoption de la Constitution. (Il importe de noter que la décision en cause a été l'objet de 24 requêtes ayant le même objet, ce qui atteste s'il en était encore besoin la culture constitutionnelle du peuple béninois). Le juge constitutionnel souligne en substance : « *(...) même si la Constitution a prévu les modalités de sa propre révision, la détermination du peuple béninois à créer un État de droit et de démocratie pluraliste, la sauvegarde de la sécurité juridique et la cohésion de la nation commandent que toute révision tienne compte des idéaux qui ont présidé à l'adoption de la Constitution du 11 décembre 1990, notamment le consensus national, principe à valeur constitutionnel ; qu'en conséquence les articles 1 et 2 de la loi constitutionnelle n°2006-13 adoptée par l'Assemblée Nationale le 23 juin 2006, sans respecter le principe à valeur constitutionnelle ainsi rappelé, sont contraires à la Constitution (...)* ». Les commentaires de Luc Sindjoun à la suite de cette importante décision méritent d'être approuvés. Le juge constitutionnel béninois établit *« une constitution à double vitesse ; à double standard dont les principes à valeur constitutionnelle dégagés par le juge*

---

242 Lettre de transmission du Président du Sénat, www.conseil-constitutionnel.fr.

243 CC français, Déc n° 62 -20 DC du 06 novembre 1962.

244 DCC 06-074 du 08 juillet 2006.

sont supérieurs aux dispositions constitutionnelles(...). En se posant comme dépositaire des idéaux ayant présidés à l'adoption de la Constitution (...), la Cour constitutionnelle crée la « supra constitution[245]. »

23. Une nouvelle occasion a été donnée au juge constitutionnel béninois en 2014. Par cette décision, il a soigneusement clarifié la distinction entre pouvoir constitution originaire et pouvoir constituant dérivé, en même temps qu'il rappelle les exigences auxquelles sont soumises –sous peine de sanctions, les lois de révision constitutionnelle. Les faits de la cause, sont simples : la Haute juridiction est saisie d'une requête du 28 août 2014, enregistrée à son secrétariat à la même date, par laquelle Monsieur Emmanuel Houenou forme un recours en inconstitutionnalité de la lettre ouverte de Monsieur Latifou Daboutou au Président de la République, parue dans les organes de presse *« Le Matinal »* et *« La Presse du Jour »* du mercredi 27 août 2014 ; elle est saisie sur le même objet par une autre requête du 27 août 2014 enregistrée à son secrétariat le 29 août 2014, par laquelle Monsieur Paulin Ahouandogbo forme également un recours en inconstitutionnalité de la même lettre. En raison de l'identité d'objet, la Cour décide de joindre les différentes requêtes. La Cour constitutionnelle en 2014 déclare : *« Considérant par ailleurs que le titre XI de la Constitution organise et encadre la révision de la Constitution du 11 décembre 1990 ; qu'une jurisprudence constante de la Cour précise les limites et modalités de cette révision, qu'elle soit opérée par voie parlementaire ou par référendum ; que la révision opérée dans les formes prescrites, à l'exception des clauses expressément exclues de toute révision et qualifiées 'de- clauses intangibles', garantit la stabilité de la Constitution en l'adaptant aux nouvelles aspirations légitimes du peuple souverain ; que la révision de la Constitution résultant de la mise en œuvre du pouvoir constituant dérivé ne peut détruire l'ordre constitutionnel existant et lui substituer un nouvel ordre constitutionnel*[246]. » Il déclare : *« Considérant (...) que le titre XI de la Constitution organise et encadre la révision de la Constitution du 11 décembre 1990 ; qu'une jurisprudence constante de la Cour précise les limites et modalités de cette révision, qu'elle soit opérée par voie parlementaire ou par référendum ; que la révision opérée dans les formes prescrites, à l'exception des clauses expressément exclues de toute révision et qualifiées 'de- clauses intangibles', garantit la stabilité de la Constitution en l'adaptant aux nouvelles aspirations légitimes du peuple souverain ; que la révision de la Constitution résultant de la mise en œuvre du pouvoir constituant dérivé ne peut détruire l'ordre constitutionnel existant et lui*

---

[245] Nous émettons toutefois des réserves aux analyses du professeur qui tendent à rattacher ces principes à des *« droits naturels »*. Il s'agit à notre avis des *principes purement positifs* n'ayant rien à voir avec *la théorie du droit naturel, L.* SINDJOUN, *les grandes décisions de la justice constitutionnelle africaine,* op. cit., p.311-337.

[246] DCC 14-199 du 20 novembre 2014, Emmanuel HOUENOU et Paulin AHOUANDOGBO

substituer un nouvel ordre constitutionnel[247] *; qu'elle n'a donc pas vocation à créer une nouvelle république (...) que l'avènement d'une nouvelle république ne peut procéder que du pouvoir constituant originaire distinct du pouvoir constituant dérivé prévu et organisé directement par la Constitution elle-même.* »

EN GUISE DE CONCLUSION

24. Le déni de la supraconstitutionnalité est une curiosité française. Elle résulte de trois facteurs : la tradition de changement des régimes politiques – historiquement la *« République n'a jamais été une fin en soi en France ».* Avant 1875, la révision était quasiment inconnue, les mutations institutionnelles procédaient d'un changement de Constitution plutôt que d'une révision de celle-ci. Le coup d'État tenait lieu de révision[248]. Régimes politiques et textes constitutionnels se sont ainsi succédé jusqu'à l'entrée en vigueur de la Constitution du 4 octobre 1958 : *« Les convulsions de l'Histoire politique française ont donc contribué à relativiser l'importance en la matière de la règle de droit*[249]*».* Depuis 1958, au contraire, et singulièrement en période récente, le recours à la révision est devenu courant. Le second facteur est la survivance inavouable du spectre du principe de la souveraineté de la loi qui continue de trôner insidieusement dans la conscience collective. Le troisième facteur est lié aux excès du régime représentatif en France, qui conduit à une confusion entre le Peuple/Nation et les représentants élus, et partant, une confusion entre la possession et l'exercice de la souveraineté. Dans ce contexte, on comprend l'ambiguïté jurisprudentielle, confortée par les interprétations excessives de certains constitutionnalistes. La supraconstitionnalité est pourtant reconnue dans beaucoup de systèmes de par le monde. Ainsi. En Afrique du Sud, le passage de l'apartheid à la démocratie *« multiraciale »* s'est fait par le biais d'une Constitution *« transitoire »* du 22 décembre 1993 par laquelle une Assemblée constituante était appelée à élaborer une nouvelle Constitution ; mais celle-ci, selon l'article 71 de ce texte *« transitoire »,* devrait respecter un certain nombre de principes (33 tout de même, dont la séparation des

---

[247] Ibidem.

[248] « Les limites d'ordre juridique à l'intervention du pouvoir constituant », Exposé présenté par M. Bruno Genevois, ancien Secrétaire général du Conseil constitutionnel, lors des rencontres franco-italiennes de Florence des 24 et 25 septembre 1998 (Fondation Spadolini), *RFDA* n° 5 (sept-oct. 1998), pp. 929 et ss., disponible sur http://www.conseil-constitutionnel.fr/dossier/quarante/notes/revision.htm.

[249] « Les limites d'ordre juridique à l'intervention du pouvoir constituant » - Exposé présenté par M. Bruno Genevois, ancien Secrétaire général du Conseil constitutionnel, lors des rencontres franco-italiennes de Florence des 24 et 25 septembre 1998 (Fondation Spadolini), *RFDA* n° 5 (sept-oct. 1998), pp. 929 et ss., disponible sur http://www.conseil-constitutionnel.fr/dossier/quarante/notes/revision.htm.

pouvoirs, le fédéralisme, etc.), la Cour constitutionnelle étant chargée de vérifier que le texte voté par l'assemblée constituante leur serait bien conforme[250]. Bien longtemps avant –en 1952, la Cour suprême sud-africaine, dans l'affaire *Harris v. Minister of the Interior*[251]. La décision de la Cour constitutionnelle du 6 septembre 1996, qui opère un contrôle de la *« constitutionnalité de la Constitution »* est un exemple particulièrement manifeste[252]. Dans les années 1950, la jurisprudence du Tribunal constitutionnel allemand s'est inspirée aux principes du droit naturel pour affirmer l'existence de normes fondamentales *« suprapositives ».* Dans la Décision du 23 octobre 1951 le *Bundesverfassungsgericht* a affirmé que *« il y a des principes constitutionnels qui sont tellement fondamentaux et sont tellement l'expression d'un droit préexistant à la Constitution qu'ils lient le constituant même et que les autres dispositions constitutionnelles qui n'ont pas ce rang peuvent être annulées quand elles portent atteinte à la Constitution ».* Par la suite, avec la décision du 18 décembre 1953, le Tribunal constitutionnel allemand, a reconnu le double assujettissement soit du pouvoir constituant originaire aux principes *« suprapositifs »* soit des lois de révision aux principes essentiels de la Loi fondamentale, en introduisant ainsi une hiérarchie parmi les normes constitutionnelles. Dans les décisions du 15 décembre 1970 et du 23 avril 1991, le Tribunal constitutionnel allemand a jugé de la constitutionnalité de deux lois constitutionnelles, en démontrant leur conformité à la Constitution fédérale. Le Tribunal constitutionnel fait référence au noyau dur constitutionnel *(Verfassungskern)* établit par l'article 79 (3) et aux principes de l'État de droit *(Rechtstaatsprinzip)*, d'égalité et de l'État social *(Sozialstaatsprinzip)* prévus par les articles 1 et 20[253]. La Cour constitutionnelle autrichienne a même annulé une disposition constitutionnelle pour violation du principe

---

[250] C. KLEIN, *Théorie et pratique du pouvoir constituant*, coll. Les voies du droit, Paris P.U.F. 1996, p. 178 et s.

[251] *Ibidem*, p. 178.

[252] La situation est assez particulière dans le pays de Nelson MANDELA, la procédure de certification prévue à l'art. 5 de la Constitution est une opération particulière qui consiste pour la Cour à vérifier la conformité de chaque disposition de la nouvelle Constitution avec les principes constitutionnels existants. Ces principes sont énoncés dans le Préambule de la Constitution intérimaire (IC) incorporé par l'art.71 (1) (a). On les appelle les 34 principes constitutionnels (CP). Ils sont la résultante du compromis réalisé dans ce pays en 1990. Dans son Arrêt du 06 septembre 1996 donc sur la certification de la Constitution, la Cour constitutionnelle sud-africaine était invitée à confronter la Constitution (NT) adoptée par l'Assemblée constituante (CA) en 1996 aux principes constitutionnels. Pour plus de développements sur la certification[252]. La Cour constitutionnelle annula le premier projet le 6 septembre 1996, et valida le second, modifié en conséquence, le 4 décembre, à l'aube de la promulgation du nouveau texte constitutionnel dont l'entrée en vigueur s'étalera jusqu'en 1999 - date des prochaines élections générales.

[253] Décision du 15 décembre 1970 ; Décision du 29 mai 1974, *Solange I* ; Décision du 22 octobre 1986, *Solange II* ; Décision du 23 avril 1991 ; Décision du 12 octobre 1993.

constitutionnel d'État de droit[254] » A titre de comparaison, en Allemagne, l'article 79 alinéa 3 de la Loi fondamentale interdit toute modification qui toucherait au fédéralisme, à la démocratie, à l'État de droit ou à la protection des libertés[255]. La Cour constitutionnelle italienne a par l'arrêt n° 366 du 23 juillet 1991, affirmé qu'il existe des limites à la révision constitutionnelle représentées par tous les droits inviolables *« qui ne peuvent pas être objet de révision, quand ils représentent des valeurs fondamentales de la personne et les fondements de l'ordre démocratique républicain ».*

[254] PFERSMANN (O), « De l'impossibilité du changement de sens de la Constitution », in *L'esprit des institutions, l'équilibre des pouvoirs – Mélanges en l'honneur de Pierre PACTET, Paris,* Dalloz, 2003, p. 363 ; v° la chronique du même auteur, in l'*Annuaire international de justice constitutionnelle,* XVII, 2001, Paris, Economica, 2002, p. 443-454.
[255] V° FROMONT (M), « La révision de la Constitution et les règles constitutionnelles intangibles en droit allemand », *RDP* n° 1 / 2007, p. 89 s.

II. DROIT ADMINISTRATIF

Contribution de l'Afrique à l'évolution du droit administratif français

Alain Serge MESCHERIAKOFF
Professeur émérite à l'Université Paris-Dauphine

L'influence des institutions et du droit administratifs français sur les institutions publiques des États d'Afrique, anciennement colonies françaises, a été abondamment étudiée.

Depuis les indépendances, le phénomène de ce qui a été appelé la réception du droit administratif français, a fait l'objet de nombreux travaux et notamment par celui auquel cette étude est dédiée (voir par exemple Bipoun Woum « *recherches sur les aspects actuels de la réception du droit administratif dans les États d'Afrique Noire d'expression française : le cas du Cameroun* », revue juridique politique, indépendance et coopération, 1972 pages 359-388).Cette réception va d'ailleurs parfois jusqu'au mimétisme (voir A.S Mescheriakoff « *L'ordre patrimonial : essai d'interprétation du fonctionnement de l'administration d'Afrique francophone subsaharienne* » Revue française d'administration publique N°42, avril juin 1987, p. 323 à 351).

Mais le phénomène inverse, s'il a moins retenu l'attention des juristes n'en est pas moins existant. L'Afrique a contribué à l'évolution du droit administratif français contemporain entre les années 1880 et 1960, à un moment d'ailleurs où celui-ci se constituait en un corps de principes et de règles ayant sa propre cohérence.

Il faut de suite préciser que par l'Afrique, nous entendons l'Afrique francophone, c'est-à-dire celle qui à un moment ou à un autre de son histoire a subi la domination politique de la France, que ce soit sous forme de colonie proprement dite, c'est-à-dire d'entité administrative placée dans le cadre de la République Française ou sous une autre forme par exemple de protectorat, comme en Tunisie, étant entendu qu'en Afrique subsaharienne, le glissement entre la forme protectorat et la forme colonie a parfois été progressif et sans véritable solution de continuité, ou enfin de mandat confié par la Société des Nations puis de tutelle à partir de 1945 par l'Organisation des Nations Unies.

L'existence de cette rétroaction ne se fonde pas simplement sur une intuition, mais sur la constatation banale que parmi les grands arrêts de la jurisprudence administrative répertoriés dans les ouvrages de jurisprudence, un certain nombre d'entre eux et non des moindres règlent un contentieux né en Afrique, on pense par exemple à l'élargissement de la responsabilité administrative par les arrêts TOMASO GRECCO (*Conseil d'État, 10 février 1905*) et COUITEAS (*Conseil d'État, 30 novembre 1923*). Dans cette dernière affaire suffisamment connue pour ne pas être exposée, le Commissaire du gouvernement RIVET proposait au Conseil d'État « *d'élargir quelque peu la notion de responsabilité de la puissance publique* » (*D. 1923-3-63*).

On ne peut également éviter de mentionner le célèbre arrêt dit du Bac d'Eloka (*TC, 22 janvier 1921, Société commerciale de l'Ouest africain*).

Il n'est donc pas sans intérêt de se pencher sur cette sorte de rétroaction que les sociétés africaines ont exercée sur le droit administratif français.

Celle-ci ne pouvait être de même nature que l'action, que les institutions et le droit administratifs français ont exercée sur ces contrées.

En effet, le rapport colonial est essentiellement un rapport asymétrique de dominant à dominé et l'influence du premier sur le second ne peut pas être de même nature et avoir les mêmes effets que l'influence inverse.

Si la France a imposé à ces populations le modèle administratif et juridique qui était le sien, inversement les institutions existantes au moment de la colonisation n'ont pas pu exercer une influence similaire sur les institutions françaises du fait du décalage existant entre les unes et les autres.

La France a soit détruit les institutions politiques existantes pour les remplacer par les siennes (nous ne nous poserons pas ici la question d'ordre ethnologique et sociologique de savoir si dans certaines populations, il existait véritablement un État et des institutions politiques, il suffit de considérer que ces sociétés, d'une manière ou d'une autre, connaissaient une organisation sociale, souvent stricte et codifiée et que c'est cette organisation qui a été bouleversée sinon détruite par le phénomène colonial), soit les a utilisées en les dénaturant.

Globalement le colonisateur pour s'assurer le contrôle des populations sur de très vastes territoires, du moins en regard de celui de la métropole, a dû utiliser les institutions existantes quand il les laissait subsister, c'est notamment le cas des chefferies traditionnelles, qu'il s'agisse des chefferies des peuples animistes ou qu'il s'agisse de la hiérarchie politico-religieuse des États islamisés (sur ces différents points, on peut se rapporter à l'étude de E. LE ROY « *les chefferies traditionnelles et le problème de leur intégration* » dans les institutions administratives dans États francophones d'Afrique Noire, sous la direction de G. CONAC, *Economica Paris 1979, page 105 et suivantes.* Mais ces institutions, qu'elles soient élémentaires comme dans les sociétés segmentées de l'Afrique forestière ou qu'elles soient de civilisations arabo-musulmanes dans le Sahel, étaient trop éloignées du modèle français issu de la Révolution de 1789 pour pouvoir l'influencer.

Dès lors la rétroaction, dont nous parlons, est d'une autre nature, elle passe par la confrontation du modèle institutionnel et juridique français à des situations sociales pour lesquelles il n'avait pas été forgé et qu'il n'avait pas l'habitude de gérer. C'est cet affrontement à un substratum social nouveau qui a provoqué sa nécessaire adaptation.

En effet, le droit et les institutions publiques ne sont qu'un système d'encadrement social et s'il peut façonner les sociétés qu'il régit, il doit en retour nécessairement s'adapter aux situations de fait qu'il rencontre et qu'il doit régler.

Cette adaptation s'est faite sur les deux aspects de l'administration, l'aspect institutionnel et l'aspect fonctionnel qui concerne le fond du droit administratif lui-même.

Ces deux aspects du phénomène seront évoqués successivement.

I. L'Afrique et l'inflexion des institutions administratives françaises

L'organisation administrative française résulte du bouleversement révolutionnaire de 1789, réorganisée par le Consulat en 1800 par la Loi du 28 Pluviôse an VIII. On a d'ailleurs parlé à son sujet de la Constitution administrative de la France. Cette organisation repose sur un découpage du territoire de la République uniforme et pyramidal en circonscriptions administratives :

- La commune dirigée par un maire,
- L'arrondissement dirigé par un sous-préfet,
- Le département dirigé par un préfet,
- Le chef de l'État.

Le tout structuré par le principe hiérarchique, d'où la notion de centralisation.

On sait que progressivement ce système a évolué du fait d'un phénomène appelé décentralisation, qui s'analyse en la reconnaissance d'une autonomie juridique des collectivités territoriales, communes et départements par rapport à l'État, fondée sur la notion d'intérêt local exprimé par des conseils locaux élus décidant sous la tutelle de l'État.

Les lois de 1871 pour les départements et de 1884 pour les communes, ont jalonné cette évolution jusqu'en 1982. Ainsi, au moment de la colonisation de l'Afrique, il existait donc sur le territoire de la République, une double administration, l'une directement placée sous l'autorité du chef de l'État et l'autre, l'administration territoriale décentralisée autonome, qui subissait simplement un contrôle dit « *tutelle administrative* ».

On constate que c'est durant cette période couvrant les IIIème et IVème Républiques qu'ont été créées les structures administratives coloniales. La République va utiliser la notion de décentralisation pour gérer les territoires coloniaux en y implantant cette double administration, d'une part une administration d'État territorialement divisée en circonscriptions hiérarchisées à l'instar de la métropole (territoires, cercles, cantons) localement représentée par les fonctionnaires de la République, Hauts Commissaires, administrateurs, et d'autre part une administration de la colonie, souvent d'ailleurs gérée par les mêmes personnes selon le principe du dédoublement fonctionnel, mais dotée d'une personnalité juridique propre distincte de celle de l'État.

Toutefois, l'exercice de la puissance publique en Afrique s'est toujours caractérisé par une hypertrophie de la fonction administrative (sur ce point voir A.S Mescheriakoff précité) si bien que le modèle français va devoir s'adapter à cette situation coloniale et va évoluer principalement sur deux plans qui vont rétroagir sur la situation métropolitaine, à savoir l'introduction d'un fédéralisme administratif et la création d'une juridiction administrative de premier degré à compétence générale.

A. L'introduction du fédéralisme administratif

Dans le modèle français de décentralisation, il n'existe pas de hiérarchie administrative entre les différents niveaux territoriaux, chaque collectivité territoriale est autonome par rapport aux autres, il n'existe aucune relation de pouvoir ou de tutelle entre les communes entre elles et les départements entre eux. Chaque collectivité a un lien direct avec l'État.

La question va se poser en Afrique de savoir si ce modèle pouvait être introduit tel quel.

1. Les limites du modèle français

Au début de la colonisation, chaque colonie est une entité isolée des autres et correspond directement avec la métropole, du fait d'ailleurs de l'éloignement réciproque des divers territoires et de la date et de la forme de la conquête coloniale. Ainsi dans les années 1850, ce créée progressivement la colonie du Sénégal à partir des comptoirs existants souvent depuis les XVIe et XVIIe siècles, colonie qui va progressivement englober les autres possessions de l'Afrique de l'Ouest, au fur et à mesure de leur prise de contrôle par la France.

En 1879, cette colonie est dotée d'un conseil général, à l'instar d'ailleurs des départements français, bien que la composition soit différente. Puis progressivement, d'autres colonies voient le jour, ainsi en 1882 les possessions françaises dénommées « *les rivières du Sud* » sont érigées en colonie, mais dépendante du Sénégal, en 1891 elle devient la colonie Guinée française, en 1890 le Soudan est érigé en entité spécifique, mais toujours en lien avec le Sénégal et à partir de 1893 ces trois entités deviennent trois colonies indépendantes. En 1895, les différentes possessions françaises sont érigées en six colonies indépendantes l'une de l'autre.

Cependant se pose le problème des limites territoriales. Ainsi, le Conseil général du Sénégal proteste contre des incursions des troupes relevant de la colonie du Soudan ou de Guinée dans les territoires qu'il revendique comme relevant de sa compétence. Parfois, ces revendications débouchent même sur des expéditions militaires.

A ces questions de délimitation, s'ajoutent des problèmes économiques puisque certaines colonies sont riches et peuvent équilibrer un budget autonome, tandis que d'autres colonies pauvres n'ont pas de ressources et doivent émarger au budget de la métropole.

Se pose alors la question de la péréquation financière entre colonies.

On constate que c'est une problématique que l'on va retrouver en France métropolitaine entre les collectivités territoriales à partir des années 1970 et jusqu'à aujourd'hui.

La problématique posée en Afrique de l'Ouest se retrouve également en Afrique équatoriale en ce qui concerne le Congo, le Gabon et en Afrique Centrale, au Tchad et en Oubangui-Chari. La nécessité d'une remise en ordre se fait donc très rapidement sentir à la fin du XIXe siècle.

2. Les solutions nouvelles

En 1894 est créé un Ministère des colonies, celles-ci dépendant auparavant du Ministère de la Marine pour des raisons historiques facilement compréhensibles et ce Ministère va se consacrer à la réorganisation de l'administration coloniale. En 1894 un décret organique est pris, créant le gouvernement général de l'Afrique Occidentale Française (AOF) lequel a pour mission, la coordination de ce que l'on appellerait aujourd'hui les politiques publiques en Afrique de l'Ouest et l'arbitrage entre les différentes colonies. A partir de 1900, un système de solidarité financière va se mettre en place et par une loi de 1904, un budget général est créé auprès du gouvernement général lequel budget alimenté par des prélèvements sur les différents budgets coloniaux va pouvoir donner des subventions aux colonies en déficit structurel. Une organisation similaire sera ensuite mise en place en Afrique équatoriale Française (AEF).

Bien que la controverse ne cessera pas sur les pouvoirs réciproques de l'échelon fédéral (le gouvernement général d'AOF à Dakar et d'AEF à Brazzaville) et le niveau fédéré des différentes colonies, ce système perdurera jusqu'aux indépendances, et la loi cadre de 1956, dite « Loi Deferre », respectera ce système bien qu'elle amorce l'éclatement de la fédération qui se produira une fois les indépendances acquises.

Il faut observer que la solution du fédéralisme administratif pratiqué en Afrique n'est pas sans analogie avec la mise en place des structures supra-communales en France à partir des années 1960. Il est d'ailleurs révélateur que le maître d'œuvre de la loi cadre de 1956 ait été également celui des lois dites de décentralisation de 1982. On ne peut que remarquer sinon la similitude tout ou moins la parenté entre cette solution de fédéralisme administratif mis en place en Afrique et les solutions de regroupement de communes pratiquées en France avec les communautés de communes, les communautés d'agglomérations, les communautés urbaines.

B. La création d'une juridiction administrative à compétence générale

Jusqu'en 1953, date de création des tribunaux administratifs en France, il n'existe pas de juge administratif unique de droit commun au premier degré. Les conseils de préfecture issus de la loi du 28 Pluviôse an VIII, sont des juridictions administratives qui n'ont que des compétences d'attribution fixées par la loi, à savoir un certain nombre de contentieux de pleine juridiction, (*sur ces questions, voir E. Laferrière, traité de la juridiction administrative et des recours contentieux, réédition 1989, LGDJ, page 317).*

Seul le Conseil d'État avait une compétence générale et rendait la justice au nom du peuple français depuis la loi du 24 mai 1872, qui lui confère la justice déléguée en matière administrative, mais il n'est une juridiction de premier degré que dans un certain nombre de domaines qui échappent à la compétence des conseils de préfecture.

Il faudra attendre 1953 et la transformation des conseils de préfecture en tribunaux administratifs pour que ces derniers se voient conférer une juridiction générale de premier degré sur l'ensemble du contentieux administratif (sauf dans les matières relevant de certaines juridictions administratives spécialisées).

Au contraire, dans les colonies, les conseils de contentieux d'Outre-mer ont une compétence générale dans le contentieux administratif de la colonie depuis l'ordonnance du 21 août 1825 réformée par le décret du 5 août 1881 (voir E. Laferrière précité, page 340). Ils disposent de la juridiction ordinaire de premier degré soumis à l'appel du Conseil d'État. Il existe donc aux colonies une unité du contentieux administratif colonial qui préfigure la réforme de 1953.

Il est à noter que ces conseils de contentieux d'Outre-mer ont été dotés dès le départ de la formule exécutoire selon laquelle ils jugeaient au nom du peuple français, et ceci avant même la loi de 1872 conférant cette même prérogative au Conseil d'État. D'ailleurs à la même époque, on s'interrogeait sur le statut exact des décisions des conseils de préfecture qui continuaient de se nommer « arrêté », ce qui marquait leur statut administratif, ces décisions n'étant pas formellement revêtues de la formule exécutoire même si dans les faits on leur reconnaissait l'autorité de chose jugée.

Mais les conseils de contentieux d'Outre-mer préfigurent également les réformes de la juridiction métropolitaine de la seconde moitié du XXe siècle par l'existence d'un code de procédure administrative contentieuse édicté par l'ordonnance du 31 août 1828.

Il faudra attendre 1973 pour qu'existe en France un code des tribunaux administratifs qui d'ailleurs ne sera unifié avec d'autres dispositions concernant notamment le Conseil d'État que par la publication au Journal Officiel le 7 mai 2000, d'un code de justice administrative.

On notera d'ailleurs que la «*judiciarisation*» de la juridiction administrative coloniale était plus poussée que celle des juridictions administratives en France métropolitaine par la présence au sein de ces juridictions de magistrats de l'ordre judiciaire.

Les conseils de contentieux d'Outre-mer avaient donc sur les affaires administratives de la colonie qui, rappelons-le, étaient dotés de leur propre personnalité juridique dans le cadre de la décentralisation administrative une compétence générale qui faisait que seules les décisions des administrateurs coloniaux agissant pour le compte de la République relevaient du Conseil d'État, lequel ne connaissait le contentieux colonial que par la voie de l'appel.

Cette situation ne pouvait pas ne pas avoir d'influence sur le fond du droit administratif du fait du caractère largement jurisprudentiel de ce dernier.

II. L'Afrique et l'evolution du droit de l'action administrative

Comme on le sait le droit public français repose depuis 1789 sur la conception française de la séparation des pouvoirs. Dans cette conception, les relations entre les trois fonctions qui régissent l'action de l'État, fonction législative, fonction exécutive et fonction judiciaire sont organisées de la manière suivante :

- La fonction législative qui appartient à un parlement élu joue le rôle dominant (c'est ce qui a été appelé le légicentrisme),
- La fonction exécutive se caractérise par un régime administratif qui s'exerce nécessairement *infra legem* et *secundum legem*,

Quant à la fonction judiciaire qui est neutre, c'est-à-dire apolitique, elle ne peut juger l'administration car selon cette conception «*juger l'administration, c'est encore administrer*». Dans ces conditions, l'administration est obligée de se juger elle-même, dans un premier temps par ses propres administrateurs (théorie de l'administrateur juge) et dans un second temps par un juge spécifique tiré de ses rangs, le Juge administratif.

Comme il a été exposé précédemment, cette conception du Juge administratif a été transposée de la métropole aux colonies avec les conseils de contentieux précédemment évoqués.

Mais, la colonisation s'est caractérisée par l'assomption de la fonction administrative au détriment des fonctions législative et judiciaire et ceci du fait du rôle pilote qu'à jouer dans cette colonisation, d'abord l'administration de la marine et ensuite de l'armée. On a pu dire qu'aux colonies l'administrateur jouait le rôle du Maître Jacques de Molière à la fois intendant, gendarme, juge *(voir sur ce point A.S. MESCHERIAKOFF précité).*

Dès lors, cette assomption ne pouvait pas rester sans effet sur les deux piliers du droit administratif bien établi à l'époque de la troisième République, à savoir le légicentrisme et le rôle du Juge administratif comme contrôleur de l'administration. Le légicentrisme va être remis en cause par l'apparition de la notion de législateur colonial, c'est-à-dire d'une autonomie du pouvoir réglementaire par rapport à la loi, et l'action du Juge administratif va conduire à une interpénétration croissante du droit public et du droit privé dans l'encadrement de l'action administrative, et il s'agira dans les deux cas d'une anticipation des évolutions postérieures du droit public en France métropolitaine.

C. L'autonomie du pouvoir réglementaire

Si l'on part de la création du droit public moderne à partir du 1789, et plus précisément de la constitution de l'an VIII (1799-1800) c'est dans les colonies qu'est apparue la notion de règlement autonome par rapport à la loi.

1. L'apparition de la notion de règlement autonome

Il est très rapidement apparu dès les premières années de la Révolution que dans les colonies subsistant du premier empire colonial (essentiellement les Antilles, la Réunion et la Guyane), les lois votées par les Assemblées ne pouvaient pas y être immédiatement applicables tel quel d'où l'application de règles administratives. De là est née la notion de législateur colonial.

C'est pratique constante, depuis, la Révolution française a été codifiée par un *sénatus consulte* de 1854 en application de l'article 27 de la Constitution de 1852 qui disposait :

« *Le Sénat règle par un sénatus consulte : 1. la constitution des colonies et de l'Algérie* ».

Il disposait qu'à l'exclusion des Antilles et de la Réunion soumise à une législation spécifique les colonies devaient être « *régies par décret de l'Empereur jusqu'à ce qu'il ait été statué à leur égard par un sénatus consulte* », comme ce dernier n'est jamais intervenu les colonies sont restées soumises au régime du décret.

Les IIIe et IVe Républiques ayant considéré que ce *sénatus consulte* de 1854 restait en vigueur avec la force juridique d'une loi ordinaire.

Ainsi, sous la IIIe république, sauf lorsque le législateur était intervenu dans une matière déterminée par une loi s'appliquant à une colonie, c'est le Président de la République qui était le législateur de droit commun des colonies.

La constitution de la IVe République (article 72) disposait que dans les territoires d'Outre-mer, le pouvoir législatif appartient au Parlement, en ce qui concerne la législation criminelle, le régime des libertés publiques et l'organisation politique et administrative, mais dans toutes les autres matières, la loi n'est applicable dans les territoires d'Outre-mer que par une disposition expresse, à défaut « *des dispositions particulières à chaque territoire pourront être édictées par le Président de la République en Conseil des Ministres, sur avis préalable de l'Assemblée de l'Union* ».

Cependant, la notion de législateur colonial n'est qu'une manière de parler car le Juge administratif a toujours considéré que les dispositions prises par le Président de la République étaient des dispositions contestables par la voie du recours pour excès de pouvoir devant le Conseil d'État.

En d'autres termes, il s'agissait toujours d'actes de nature administrative. Cependant, à la grande différence des actes administratifs pris sur le territoire métropolitain, ils n'étaient pas « *secundum legem* », d'où la notion de pouvoir réglementaire autonome, sous-entendu par rapport à la loi, notion qui va progressivement être transposée sur le territoire métropolitain.

A la fin de la IIIe République et surtout sous la IVe République, est née la pratique des décrets-lois. Il s'agissait d'un mécanisme par lequel le parlement autorisait le gouvernement à prendre par décret des dispositions qui normalement auraient dû relever de la loi.

Il ne s'agissait pas véritablement de règlements autonomes puisqu'ils étaient encadrés par ce qu'il était convenu d'appeler une loi-cadre.

Toutefois, le Juge administratif avait déjà fait une interprétation large de la compétence du pouvoir réglementaire par un arrêt très connu, Labonne (CE, 8 août 1919, recueil page 737) considérant que le pouvoir réglementaire pouvait non seulement appliquer une loi en particulier, mais prendre des dispositions d'application des lois en général, notamment dans le domaine de l'ordre public. Toutefois, ces règlements administratifs étaient toujours réputés *secundum legem*.

C'est avec la constitution de la Ve République qu'apparaît véritablement la notion de pouvoir réglementaire autonome du fait des dispositions de l'article 34 qui cantonne la loi dans un certain nombre de domaines et de l'article 37 qui dispose :

« *Les matières autres que celles qui sont du domaine de la loi ont un caractère réglementaire* ».

On voit que la technique du « législateur colonial », c'est-à-dire l'intervention du pouvoir réglementaire dans des domaines qui ne sont pas préalablement réglés par une loi est transposée des colonies au territoire métropolitain.

D'ailleurs, le Conseil d'État qui, après la mise en application de la constitution de 1958, sera amené à statuer sur un décret colonial ne s'y trompera pas (*CE, 26 juin 1959, syndicat général des ingénieurs conseils*). Dans cette affaire, il était saisi de la légalité d'un décret du 25 juin 1947 réglementant la profession d'architecte dans les territoires relevant du Ministère de la France d'Outre-mer alors qu'en métropole, cette profession était régie par la Loi du 31 décembre 1940.

Compte tenu de l'évolution de la situation des colonies depuis cette date lorsque le Conseil d'État statue, le décret n'est plus susceptible d'application pratique, néanmoins, il estime qu'il y a lieu à statuer et le Commissaire du gouvernement explique que la décision portant sur ce décret va en réalité servir de jurisprudence pour les décrets de l'article 37 de la nouvelle constitution. Il expose en effet au Conseil d'État que la question qu'il a à trancher « *à recouvrer depuis quelque mois un intérêt certain. Vous avez à dire, en effet, si l'autorité réglementaire, lorsqu'elle dispose d'un pouvoir autonome, qui ne se réduit pas à l'exécution des lois est ou non limitée par des règles non écrites et quelles sont ces règles.* » Et le Commissaire du gouvernement se réfère expressément à l'article 37 de la Constitution et il précise plus loin que « *décrets coloniaux et décret de l'article 37 ont ceci ont communs qu'ils sortent du cadre juridique dans lequel s'exerce traditionnellement le pouvoir règlementaire* » (conclusions FOURNIER, RDP 1960, p. 1010)

On constate ainsi que l'administration coloniale, notamment africaine a servi de modèle pour la mise en place de cette nouvelle conception du pouvoir règlementaire en France métropolitaine.

Mais ce faisant, le Juge administratif toujours soucieux de garantir les libertés par un bornage de l'action administrative a mis en même temps en place des garde-fous, à savoir des principes qu'il hisse en tant que de besoin au niveau constitutionnel pour limiter ce pouvoir administratif soustrait à l'emprise du législateur.

2. L'apparition de principes constitutionnels non écrits propres à limiter le législateur colonial

Dans les conclusions rendues sur l'arrêt syndicat des ingénieurs-conseils précité, le Commissaire du gouvernement FOURNIER remarquait que les décrets coloniaux pouvaient intervenir en toute matière, à la différence d'ailleurs des décrets de l'article 37 qui sont limités par le domaine législatif de l'article 34, et il estimait que ces décrets, s'ils devaient respecter les lois intervenues en matière coloniale, ne trouvaient le plus souvent aucune loi pour les borner et que par conséquent, il ne pouvaient l'être que par la Constitution.

Or, à l'époque, la Constitution était conçue comme un texte à caractère essentiellement procédural, sans être véritablement une garantie des droits et libertés individuelles et collectives. La jurisprudence du Conseil constitutionnel n'interviendra sur ce point qu'ultérieurement.

C'est dans ces conditions que le Commissaire du gouvernement estimait que les décrets coloniaux devaient respecter certains principes non écrits et que ces principes devaient avoir une valeur, soit législative, soit constitutionnelle et il se référait à l'arrêt d'Assemblée du Conseil d'État, établissements VEZIA (*CE, 20 décembre 1935, recueil 1212*) qui portait sur le droit d'acquérir par la voie d'expropriation pour cause d'utilité publique dans l'intérêt de sociétés de nature coopérative. Le Conseil d'État, tout en reconnaissant la légalité de cette mesure, l'a apprécié au regard du principe de la liberté du commerce et de l'industrie, principe à caractère non écrit et le commissaire du gouvernement Fournier estimait que c'est « *seulement en reconnaissant à certaines règles, non écrites, une valeur différente de celle de la loi, une valeur constitutionnelle ou quasi constitutionnelle que l'on peut expliquer la jurisprudence VEZIA* », il concluait « *un contrôle de ce genre existe sur les actes de l'autorité réglementaire qui doit donc respecter ces principes indépendamment de toutes dispositions législatives* ».

En d'autres termes, on peut voir dans l'arrêt établissement VEZIA, la préfiguration de ce que sera la législation sur les principes généraux du droit à partir de l'après-guerre (*sur ce point, voir CE, 5 mai 1944, Dame Veuve Trompier Gravier, recueil page 133*). Si une controverse doctrinale a pu exister sur la valeur juridique des principes généraux du droit applicable par le Conseil d'État et d'une manière générale par le Juge administratif dans la hiérarchie des normes, il n'en reste pas moins que ces principes ont une valeur supérieure à celle des actes administratifs. Et d'ailleurs ultérieurement, le Conseil Constitutionnel va s'emparer de cette notion de principe à valeur de règles non écrites pour censurer les actes à valeur législative, c'est ainsi qu'il va reconnaître les principes fondamentaux reconnus par les lois de la République comme faisant partie du bloc de la constitutionnalité (voir par exemple : Conseil constitutionnel, *20 janvier 1984*, 165 DC sur les libertés universitaires et le principe fondamental reconnu par les lois de la République de l'indépendance des professeurs d'université).

La jurisprudence du Conseil d'État au sujet de situations africaines peut donc être considérée comme à l'origine de la notion de principes non écrits à valeur tant législative que constitutionnelle, qui constitue à l'heure actuelle un élément fondamental de l'armature générale du droit public français.

Il existe d'ailleurs un principe qui a été expressément reconnu comme un principe général du droit du fait d'une jurisprudence africaine, c'est le principe général selon lequel il existe un recours pour excès de pouvoir même lorsqu'est interdit tout recours juridictionnel. On sait que ce principe général a été appliqué dans le célèbre arrêt Dame Lamotte (*Conseil d'État,*

17 février 1950, Ministre de l'Agriculture contre Dame Lamotte, recueil page 110), mais il avait déjà été sinon invoqué du moins appliqué dans l'arrêt du 9 novembre 1934, *Chambre de Commerce, d'Industrie d'Agriculture de Tamatave.*

Dans cette affaire, la question était de savoir si le Conseil d'État était compétent en tant que Juge du recours pour excès de pouvoir contre un acte du gouverneur général de Madagascar agissant aux noms de la colonie de Madagascar et de la Commune de Tamatave, d'autant que cet acte portait sur l'approbation d'un contrat intervenu entre la colonie et une société privée, la société des magasins généraux et entrepôt de Madagascar car le contentieux des actes de la colonie relevait du Conseil de contentieux et non pas du Conseil d'État en première d'instance. Le Conseil d'État juge néanmoins la requête recevable car quel que soit le recours de plein contentieux dont disposait la requérante, il estime que, dès lors qu'un acte unilatéral est pris par une autorité représentant la République Française, il pouvait être soumis au Conseil d'État par la voie du recours pour excès de pouvoir. Le Conseil d'État fait donc du recours pour excès, un recours de droit commun. C'est cette jurisprudence qui sera approfondie dans l'arrêt Dame Lamotte précité.

On peut donc dire que le contentieux d'origine africaine a permis au Juge administratif d'élargir et d'approfondir son contrôle sur les actes administratifs, de même d'ailleurs que d'élargir la responsabilité administrative évoquée précédemment.

Sans vouloir exagérer l'influence du contentieux d'origine africaine sur cet approfondissement du contrôle de l'administration, il convient néanmoins de le noter.

II. L'INTERPENETRATION CROISSANTE DU DROIT PUBLIC ET DU DROIT PRIVE DANS L'ACTION ADMINISTRATIVE

On sait que la conception française de la séparation des pouvoirs interdit au Juge judiciaire de connaître de l'action administrative, et que celle-ci a été réservée à un Juge spécial créé au sein de l'administration, mais dès lors qu'il existait un double système de juridiction, la question du partage des compétences entre les deux types de juridictions devait nécessairement se poser.

Compte tenu de la place prise par l'administration dans la République Française depuis la loi du 28 pluviôse en VIII, c'est à elle qu'il a d'abord appartenu de délimiter le contentieux administratif par rapport au contentieux judiciaire, jusqu'à la création du Tribunal des conflits par la Loi du 24 mai 1872. Mais la question fut alors d'établir le critère de la distinction entre les contentieux administratifs et judiciaires, s'agissant des actions conduites par des personnes publiques.

On sait que c'est l'arrêt Blanco qui a posé les bases de cette distinction fondée sur la notion d'activité de services publics, laquelle renvoyait à la notion de puissance publique. Un Commissaire du gouvernement concluant dans une affaire parallèle à l'affaire Blanco expliquait que le principe posé par la Révolution Française était que « *toutes les fois que l'État avait agi comme puissance publique pour l'accomplissement d'un service public, l'autorité judiciaire instituée pour régler les rapports des personnes privées, était incompétente, et qu'à l'autorité administrative seule était réservé la mission de régler les rapports entre la puissance publique et les personnes civiles* » (Voir conclusions Perret sur Planque et Papelard, Tribunal des conflits, 8 février 1973, D. 1873 III.18).

Dans ce système classique, il existe une équation fondamentale, à savoir : service public = puissance publique = administration = juridiction administrative.

C'est simplement lorsque les personnes publiques se conduisaient comme personnes civiles concrètement comme propriétaires ou contractantes de droit commun que leurs actes, dits actes de gestion relevaient de la juridiction judiciaire.

Ce système va être ébranlé une première fois par un arrêt qui n'a rien à voir avec l'Afrique, à savoir l'arrêt Terrier de 1903 (*CE, 6 février 1903, Terrier, recueil 94, conclusions Romieu*), dans cette affaire, le Commissaire du gouvernement va expliquer qu'il existe des circonstances « *où l'administration doit être réputée à agir dans les mêmes conditions qu'un simple particulier* ». Autrement dit, même si les personnes publiques n'agissent pas comme personnes civiles, mais comme administrations, elles peuvent néanmoins utiliser le droit privé. Cette possibilité va être étendue par l'arrêt du Conseil d'État, Commune de Mesle-sur-Sarthe (Conseil d'État, 3 février 1911, D. 1913, III 25.) dans lequel, il va juger qu'une usine de production électrique gérée par une commune (certes en commun avec un particulier), est soumise au droit fiscal commun, en raison de l'analogie de sa gestion avec une gestion privée. Toutefois, ces décisions de jurisprudence ce reconnaissaient pas franchement l'existence d'une possibilité de gestion privée de l'administration.

Dans l'arrêt Commune de Mesle-sur-Sarthe précité, la situation était particulière, compte tenu du fait qu'un particulier était partie prenante quant à l'arrêt Terrier, cette évocation d'une gestion privée de l'administration n'était faite que par le Commissaire du gouvernement, et le Conseil d'État reconnaissait sa compétence dans une affaire opposant un particulier à un département.

C'est à partir d'une situation africaine que la notion de gestion privée de l'administration va prendre son envol et déboucher sur la notion de service public à caractère industriel et commercial qui constitue à l'heure actuelle une des données clés du droit administratif contemporain.

A. La notion de gestion privée de l'administration et de service public à caractère industriel et commercial

Il faut citer, bien évidemment le célèbre arrêt dit du Bac d'Eloka (*Tribunal des Conflits, 22 janvier 1921, société commerciale de l'Ouest Africain, recueil page 91, D. 1921.3.1, conclusions Matter*). Cette affaire est trop connue pour être commentée, et il suffit de rappeler que le Tribunal des conflits renvoie à la juridiction judiciaire, le soin de juger un contentieux entre la colonie de Côte d'Ivoire et une société privée du fait de l'activité du Bac d'Eloka géré en régie directe par la colonie aux motifs que lorsque l'administration gère une activité dans les mêmes conditions que le secteur privé, elle doit être soumise au même droit et à la même juridiction que ledit secteur privé.

Non seulement l'arrêt du Bac d'Eloka va ultérieurement donner naissance à la notion de service public à caractère industriel et commercial même par des voies indirectes (voir sur cette question, notre étude « *L'arrêt du Bac d'Eloka, légende et réalité d'une gestion privée de la puissance publique* », RDP 1985, pages 1061 et suivantes), mais il va également introduire l'idée qu'il doit y avoir égalité des conditions d'intervention dans la vie économique entre les personnes publiques et les personnes privées, ce qui va progressivement promouvoir dans le droit public, la notion de libre concurrence et obliger les personnes publiques lorsqu'elles agissent sur un marché à respecter l'égalité des conditions de concurrence, égalité de concurrence qui sera d'ailleurs érigée en principe général du droit par le Conseil d'État en 1998 (Conseil d'État Assistance publique, Hôpitaux de PARIS, 13/03/98) et qui préfigure tout le régime juridique du Code de Commerce issu de l'ordonnance du 1er décembre 1986 (article L.410-1) aux termes duquel les règles définies au présent livre s'appliquent *« à toutes les activités de productions, de distributions et de services, y compris celles qui sont le fait de personnes publiques.... »*.

Mais cette interpénétration du droit public et du droit privé ne se limite pas aux activités de type industrielles et commerciales, elle s'est également étendue à un secteur fort important du droit administratif français, à savoir le droit de la fonction publique.

On sait qu'en FRANCE, les emplois publics doivent être prioritairement pourvus par des fonctionnaires soumis à un statut de nature légale et réglementaire (voir titre 1er du statut général des fonctionnaires, article 3). Certes, il est admis que les personnes publiques peuvent engager dans certaines conditions des agents contractuels, mais ces contrats sont considérés comme des contrats administratifs plaçant les agents en question sous l'empire du droit public.

Or, suite à un conflit entre un agent de la colonie de Madagascar travaillant au service des chemins de fer et son employeur, le Conseil d'État reconnaît pour la première fois qu'un contractuel employé par la colonie peut être un salarié privé (CE, 26 janvier 1923, De Robert Lafrégeyre, Recueil page 67).

Certes, dans le cas d'espèce, le Conseil d'État a retenu sa compétence, mais au motif que le requérant était le Directeur du service. Cette possibilité d'utiliser des salariés privés par les personnes publiques initiée aux colonies a été étendue ensuite aux administrations de la Métropole en lien d'ailleurs avec l'apparition de la notion de service public à caractère industriel et commercial.

Ce n'est qu'en 1957 que le Conseil d'État jugera d'une manière générale qu'il *« n'appartient qu'au Tribunaux judiciaires de se prononcer sur les litiges individuels »* concernant les agents employés à des activités à caractère industriel et commercial (à l'exception du chef de service et des agents ayant la qualité de comptable public).

En outre, dans cet arrêt De Robert Lafrégeyre apparaît la notion de fonctionnaires contractuels qui certes va être condamnée à partir de 1946 par la survenance du statut général des fonctionnaires, mais qui à l'heure actuelle resurgit d'une manière détournée par la création de contrats de droit public à durée indéterminée.

On peut donc dire que les situations africaines ont été à l'origine de l'apparition de la gestion privée de l'administration même gestionnaire de service public et revêtue, à ce titre, de prérogatives de puissance publique, gestion privée qui concerne non seulement les relations de l'administration avec les usagers et les fournisseurs, mais qui concerne également ses relations avec les agents.

Cependant, l'interpénétration entre le droit public et le droit privé ne se fait pas seulement par l'utilisation du droit privé par les personnes publiques, elle se fait également dans l'autre sens, à savoir l'utilisation du droit public par des personnes privées.

B. L'utilisation de personnes privées pour participer à l'action administrative

Cette participation se fait aussi bien par l'utilisation de prérogatives de puissance publique que par des activités de service public.

Le fait de faire bénéficier des personnes privées de prérogatives de puissance publique constitue l'apport au droit administratif de l'arrêt précité, établissements VEZIA (*Conseil d'État, Assemblée 20 décembre 1935, établissements VEZIA, recueil page 1212).*

Cet arrêt découle d'une situation typiquement africaine. En 1910 avaient été instituées en Afrique Occidentale Française des « sociétés indigènes de prévoyance » de type coopérative pour aider les paysans africains à moderniser leur activité et à commercialiser leurs produits.

En 1915, le gouverneur général a reçu la possibilité d'obliger tous les cultivateurs d'un territoire à adhérer à ces sociétés. Puis cette adhésion obligatoire est généralisée et les cotisations, obligatoires elles aussi, sont assimilées à des impôts.

La crise de 1929 conduira à renforcer leur pouvoir et un décret colonial du 9 novembre de 1933 donnait à la colonie la possibilité d'exproprier les immeubles nécessaires au fonctionnement de ces sociétés de prévoyance.

Les établissements VEZIA ont considéré que ces sociétés leur portaient préjudice et ont attaqué le décret devant le Conseil d'État, celui-ci juge que « *à raison du caractère d'intérêt public qui s'attache... aux opérations des sociétés de prévoyance... et en l'absence de toutes dispositions législatives qui s'y opposent, il appartenait au gouvernement, dans l'exercice des pouvoirs qu'il tient... du senatus consulte 1854, de disposer... que les immeubles nécessaires au fonctionnement des organismes dont s'agit seraient au besoin appropriés par la colonie et rétrocédés à la société* intéressée. »

La doctrine en a conclu que le Conseil d'État venait de créer une nouvelle catégorie de personnes, des personnes privées d'intérêt public.

Bien que le destin de cette nouvelle notion ait été rapidement scellé, force est de constater que cet arrêt marque une interpénétration accrue entre des activités privées et la puissance publique, et préfigure l'intervention dans l'action administrative de personnes privées auxquelles l'administration confie des missions de service public avec au besoin des prérogatives de puissance publique.

Là encore, l'Afrique va jouer un rôle moteur dans cette évolution qui a été dans les années 1960, analysée en termes de dissociation de la notion de service public entre ses aspects institutionnels et fonctionnels.

L'arrêt du Conseil d'État - Compagnie maritime de l'Afrique orientale *(Conseil d'État 5 mai 1944 – recueil page 129)* joue également un rôle précurseur dans cette évolution.

Le gouverneur général de Madagascar avait institué un nouveau cahier des charges-type pour la manutention des marchandises dans les ports de la colonie, et dans ce cahier des charges il était prévu que les autorisations seraient liées à l'exécution de services nécessaires à l'exploitation des ports (remorquage, etc..), et les permissions de voirie qui avaient été accordées antérieurement étaient retirées pour placer toutes les futures autorisations sous l'empire de ce nouveau cahier des charges.

La Compagnie maritime de l'Afrique orientale, s'estimant lésée par ce nouveau régime, a demandé au Conseil d'État l'annulation de cette décision du gouverneur général.

Le Conseil d'État a refusé de faire droit à la requête en estimant que le gouverneur général qui avait compétence pour l'administration du domaine portuaire avait pu « *légalement comprendre dans les autorisations susmentionnées l'exploitation des services de remorquage dans les ports et rades, au même titre que celles des engins, appareils, hangars et autres installations établies sur le domaine public »*, et il justifie cette décision en estimant : *« qu'il lui appartenait de soumettre, comme il l'a fait, à des obligations de service public les bénéficiaires des autorisations d'outillage accordées en vue d'assurer la satisfaction des besoins des usagers des ports de la colonie. »*

En d'autres termes, une société privée, dès lors qu'elle voulait utiliser des installations du domaine public, était obligée de consentir à l'exécution de prestations de service public.

La mission de service public devenait donc indépendante de l'existence de services administratifs dédiés.

Certes, quelques années auparavant dans un arrêt du 13 mai 1938 - Caisse Primaire et Aide et Protection (Recueil page 417), le Conseil d'État avait déjà estimé que les Caisses primaires d'assurance maladie, bien qu'organismes de droit privé, étaient chargées de l'exécution d'un service public, mais il s'agissait là d'une situation tout à fait spécifique résultant expressément de la loi.

Par l'arrêt « Compagnie maritime de l'Afrique orientale », cette possibilité est étendue d'une manière générale en dehors de toute habilitation législative spécifique, et préfigure les développements jurisprudentiels considérables que connaîtra cette notion de personne privée chargée de l'exécution d'une mission de service public (voir par exemple dans le dernier état de la jurisprudence du Conseil d'État (Conseil d'État, 22/02/2007, A.P.R.E.I. JCP A 2007, 2066).

Cette jurisprudence permettant de confier à des personnes privées des missions de service public avec, le cas échéant, les prérogatives de puissance publique y afférentes, a connu d'ailleurs un prolongement intéressant en droit européen dans le cadre du respect de la libre concurrence confrontée à la notion d'aide d'État.

La Cour de justice des communautés européennes a jugé que la compensation des charges de service public imposées à une entreprise privée ne constituait pas une aide d'État illégale venant fausser la libre concurrence *(CJCE 24 juillet 2003 – ALTMARK – Recueil 2003 – I/ - page 7747)* jurisprudence valable d'ailleurs en droit français *(Conseil d'État 18 décembre 1998 Société Générale – Recueil page 500).*

Ainsi, on constate que le contentieux découlant de situations africaines a contribué puissamment au brouillage de la séparation gestion publique - gestion privée, que les révolutionnaires de 1789 – 1800 avaient entendu établir, cette séparation étant d'ailleurs conçue comme une garantie des libertés et notamment de la liberté du commerce et de l'industrie qui était au cœur de leur pensée économique.

Le brouillage de cette frontière a conduit à imaginer à partir des années 1960 d'autres moyens de limitation de l'État centrés autour de la protection d'un marché fondé sur la libre concurrence qui s'impose désormais à tous les acteurs économiques, aussi bien publics que privés.

Après les indépendances, il n'est pas certain que les droits africains aient connu la même évolution d'où le brouillage entre les activités publiques et privées et la difficulté de limiter l'emprise de l'administration publique sur la société.

Cette dernière constatation nous invite à une interrogation qui, sous son aspect paradoxal, mérite d'être étudiée, à savoir si finalement sur la longue période, pour utiliser le vocabulaire des historiens, l'AFRIQUE n'aurait pas eu sur le droit français et par-delà européen une influence plus durable que la France sur les droits africains ?

Bilan de la réception du droit administratif au Cameroun : malaise ou décrépitude ?

Dr. BILONG Salomon
Chargé de cours - Droit public, Université de Dschang

Dans son emblématique article intitulé « Recherches sur les aspects actuels de la réception du droit administratif dans les États d'Afrique noire d'expression française : le cas du Cameroun », le professeur Bipoun Woum,[1] après avoir fait l'état du droit administratif camerounais regrettait « l'immobilisme de son contentieux », mais terminait son propos par une note d'espoir qui relevait des perspectives ouvertes[2].

Peut-on remettre en cause cette position ? Pour tout esprit clair et serein on serait peu porté à le faire, tant le constat de ce rhéteur de tous les temps reposait sur une analyse éprouvée. Pourtant, comme l'a si bien souligné le Doyen René Savatier, « le caractère à la fois passionnant et décevant de la tâche du juriste vient de ce que le droit est sans cesse à reconstruire : traduisant les réalités, il en suit les contours ; aussi les compartiments qu'il établit ne sont ni étanches ni définitifs »[3] Cette réflexion de l'éminent juriste reste d'actualité.

De fait, les interrogations et les réflexions sur les mutations du droit administratif ne sont propres ni à notre temps, ni à notre pays. On peut même penser que cette discipline de par sa nature intrinsèque secrète un questionnement permanent. C'est la raison pour laquelle le problème de l'état d'évolution est l'une des questions les plus débattues du droit administratif depuis la fin des années quatre – vingt. Rien de plus normal, dès qu'on considère que cette discipline est le fruit de l'histoire, mais aussi se trouve ancrée dans les mœurs administratives de chaque État.

En France, on dénombre une multitude de travaux consacrés à cette question dont certains sont pessimistes quant à l'avenir du droit

---

[1] In RJPIC, t. 26, n° 3, pp 359 et suiv.
[2] Op cit, pp 376 et suiv.
[3] Cité par C. Debouy, « Le droit administratif français : tendances récentes », *Petites affiches*, 5 déc. 1997, n° 146, p.4.

administratif, alors que d'autres le sont moins.[4] Pourtant, malgré l'existence de cette doctrine considérable, l'intérêt de notre propos ne nous semble pas moins utile, ceci pour plus d'une raison :

D'abord, comme l'a si bien avancé Vedel, « le droit de glaner derrière les moissonneurs n'a jamais été contesté dans le champ des travaux juridiques »[5] On peut donc valablement remuer une question déjà débattue.

Ensuite, sans revenir sur le procès du mimétisme du droit administratif en Afrique[6], il convient seulement d'indiquer que les observations mentionnées en ce qui concerne le droit administratif français ne sont pas toujours valables dans le contexte afric*ain* en général et plus spécifiquement camerounais. Nous nous appuyons pour cela sur les idées relativement récentes de M. Gaudemet qui, parlant de l'influence du droit administratif français, dit d'un ton assez ferme : « à y regarder de plus près, on constate que cette influence française n'a pratiquement jamais – sauf peut-être le cas de la Colombie- pris la forme de l'importation de l'ensemble du régime administratif, dans ses principes essentiels et que, là même où la France était en situation de reproduire son modèle – je pense à plusieurs pays d'Afrique noire et du Maghreb-, elle ne l'a fait qu'avec précaution et pour partie ».[7] On ne saurait par conséquent inférer que ce qui est valable pour l'un l'est également pour l'autre.

---

[4] Sans prétendre faire un inventaire exhaustif de ces littératures, on notera d'abord qu'une série d'études sont regroupées dans un ouvrage unique, Le droit administratif en mutation, CURAPP, PUF, 1993 et parmi les travaux individuels, on pourra citer de manière arbitraire pour les pessimistes, MM. R. Drago, La tenaille. Réflexion sur l'état du droit administratif, Université Panthéon Assas, Clés pour le siècle, Dalloz, 2000, pp. 436 et ss. ;J.C. Froment, « Remarques sur les enjeux et la portée d'une « criminalisation » du droit administratif », *RDP,* 2001, pp. 555 et suiv. ; J. Boulouis, « Supprimer le droit administratif ? », *Pouvoirs,* N° 46, 1998, pp. 5 et ss ; J-B. Auby, « La bataille de San Romano », *AJDA,* 2001, pp 916 et ss ; C. Debouy, « Le droit administratif français : tendances récentes », *Les petites affiches*, N° 146, 1997 pp. 4 et ss. ; J. Chevallier, « L'évolution du droit administratif », *RDP,* Num. spécial, 40 ans de la Vème République, 1998, pp 1794 et ss. etc. et pour les moins pessimistes, on peut citer MM. J-J. Bienvenu, « Le droit administratif, une crise sans catastrophe », *Droits*, N° 4, 1986, pp 93 et ss. ; J-M. Pontier, « Le droit administratif et la complexité », *AJDA*, 20 mars 2000, pp 187 et ss ; J. Caillosse, « Quel droit administratif enseigner aujourd'hui ? », *R.A.*, Juillet 2002, N° 328, pp 343 et ss. Etc.

[5] G. Vedel, cité par Jean Waline, « L'évolution de la responsabilité extracontractuelle des personnes publiques », *RDP*, 1990, p. 1525.

[6] On se référera par exemple aux auteurs ci-après : J. Bugnicourt, « Le mimétisme administratif en Afrique, obstacle majeur au développement », *RFSP,* 1973, pp1254 et ss ; A. Bockel, « Sur la difficile gestation d'un droit administratif sénégalais », *Annales africaines*, 1973, pp137 et ss. ; G. Conac, « Le juge de l'État en Afrique francophone », *Afrique contemporaine*, N° 156, 4ème trimestre 1990, Numéro spécial : *La justice en Afrique* (Sous la dir. J. D. DE Gaudusson et G. Conac), Economica, pp 13 et ss., J. M. Bipoun Woum, « La représentation de l'État en justice, au Cameroun », *RCD*, N° 28, 1982, pp 15 et ss ; M Kamto, « La fonction administrative contentieuse de la Cour suprême au Cameroun », in *Les cours suprêmes en Afrique*, Economica, Paris, 1988, T3 etc.

[7] Y. Gaudemet, « L'exportation du droit administratif français .Brèves remarques en forme de paradoxe », *Mél, p. ardent*, LGDJ, 1999, p. 432.

Enfin, ces deux premières observations étant acquises, il convient de reconnaître que la question n'a véritablement pas été abordée dans le contexte camerounais. On ne saurait cependant passer sous silence la réflexion de M. Keutcha publiée en 2000[8]. Mais celle-ci a davantage porté sur la réforme administrative institutionnelle que sur les fondements mêmes du droit administratif. Il ne s'est donc intéressé que vaguement, à notre sens, sur la vie propre du droit administratif matériel.[9]

Il convient lors de dire, sans exagérer sur le propos, qu'on peut constater que cet analyste bien connu des phénomènes administratifs camerounais – il compte beaucoup de publications entre autres sur les institutions administratives camerounaises- fait plutôt brillamment un état des réformes institutionnelles du système administratif camerounais plutôt qu'il n'analyse véritablement les mutations du droit administratif, en ce sens que les fondements mêmes, les caractères intrinsèques de cette discipline ne sont pas pris en compte.

Quoi qu'il en soit, les constats relevés par les auteurs ci-dessus cités ne donnent pas lieu à inquiétude. Les transformations soulignées peuvent à la limite s'analyser comme une vitalité, comme un signe de dynamisme qui permet à la discipline de s'adapter à la fois à son temps et aux circonstances contingentes d'une société en constante mutation. C'est d'ailleurs sans doute pour cela que, dans un autre contexte, M. Bienvenu parle de crise sans catastrophe[10], alors que M. Caillosse évoque la nécessité de faire « des réagencements et de redistributions des dispositifs juridiques »,[11]M. Pontier de « remodelage »[12]et de « la vanité des grands bouleversements »[13] et que M. Boulouis conclut plus prosaïquement que « le droit administratif est l'ombre de l'État éclairé par la lumière du siècle. L'ombre varie avec le siècle et ses lumières, mais vouloir s'en défaire relève moins du libéralisme que de l'utopie ».[14]

Pourtant, plus que d'une mutation et parlant du droit administratif camerounais, c'est d'une évolution vers la perte ou plus exactement de la survie qu'il est question. Ce droit qui pendant longtemps fut auréolé d'un prestige légitimé par le label du service public et la cuirasse de la puissance publique perd presque inexorablement ses critères, au point où ses principales catégories tombent dans l'incertitude, alors que son caractère a

---

[8] C. Keutcha Tchapnga, « Les mutations récentes du droit administratif camerounais », *Revue électronique Afrilex*, 2000, n° 1, CERDRADI, CEAN, pp 1 à 22.

[9] La plus grande partie des développements dans cette étude est ainsi consacrée à la reforme des collectivités locales, même si on note vers la fin, quelques développements ayant trait, de manière allusive aux fondements classiques du droit administratif qui sont le service public et la puissance publique

[10] J-J. Bienvenu, « Le droit administratif, une crise sans catastrophe », op. cit.

[11] J. Caillosse, « Quel Droit Administratif enseigner aujourd'hui ? », Op . cit. p.346.

[12] J-M. Pontier, *Le droit administratif*...P. 195

[13] *Op. cit.* p. 194.

[14] J. Boulouis, « Supprimer le droit administratif ? », *Pouvoirs*, 1988, N° 46, p. 12.

fondamentalement changé. Sa justice elle-même est en voie d'être léguée aux oubliettes ou classée dans les musées.[15] Dans le cadre modeste de cette étude, nous voudrions montrer que le droit administratif camerounais en tant que discipline autonome, tel qu'il a été reçu de sa terre d'origine, se meurt, parce qu'il connaît une décrépitude sans précédent. Deux principales causes semblent être à l'origine de cette mort programmée : La déliquescence des repères (I) et la réduction inexorable de sa matière (II).

I. La deliquescence des reperes classiques du droit administratif camerounais

Quelle que soit l'optique dans laquelle on se situe, on doit pouvoir caractériser le droit administratif soit par la présence du service public, soit par l'existence des prérogatives de puissance publique. Or justement, dans le contexte camerounais, la stabilité de ces éléments est remise en cause dans l'action administrative, ainsi qu'on peut l'observer à travers les contrats administratifs et les actes administratifs unilatéraux.

A. La perception incertaine des contrats administratifs

Jusqu'à une époque récente, la jurisprudence ne s'est pas préoccupée de la définition du contrat administratif. On se contentait alors de la position des textes à la fois lacunaires et déroutants. Lacunaire parce que les définitions proposées étaient insuffisantes. Déroutants parce que ces définitions ont jeté du trouble dans la compréhension de la notion, avec l'inspiration des contrats conclus sous l'empire du droit privé.

1. Les contrats administratifs : une définition insuffisante

La réglementation des contrats administratifs au Cameroun est des plus instables. Mais le texte qui régit cette matière aujourd'hui est le décret n°2004/275 du 24 septembre 2004 portant code des marchés publics.[16] Comme son nom ne l'indique, ce code qui n'en est véritablement pas un [17]ne retient qu'une catégorie de contrats administratifs, à savoir, le marché public qu'il définit comme « un contrat écrit (...) par lequel, un entrepreneur, un fournisseur ou un prestataire de service s'engage envers l'État, une collectivité territoriale décentralisée, un établissement public ou une

---

[15] On constate que la plupart des décisions de fond les plus importantes se situent dans la période allant de 1953 à 1980, ainsi qu'en témoigne d'une certaine manière une étude de M. J. Binyoum, « Bilan de vingt ans de jurisprudence administrative de la Cour suprême (Première partie) » *RCD*, 1978,N° 15 et 16.

[16] Ce décret qui reprend pour une large part les textes antérieurs qu'il a abrogé, notamment, le décret n°79/035 du 02 février 1979 portant réglementation des marchés publics

[17] Le code étant strictement parlant...

entreprise du secteur public ou parapublic à réaliser des travaux soit à fournir des biens ou des services moyennant un prix ». Cette définition porte un triple vice facteur d'énervement du droit administratif.

D'abord, en ne citant que les marchés publics comme contrat administratif, le texte laisse de côté toutes les autres catégories des contrats administratifs à savoir les contrats de concession des travaux publics, les contrats de louage de service, etc.[18]

La définition citée est rédigée de telle sorte que ne puisse être prises en compte que les hypothèses de contrats administratifs où le bénéficiaire de la prestation ou de la fourniture est la personne publique, mettant encore une fois de côté les cas où la personne publique est appelée à donner par voie contractuelle ses prestations à des particuliers, l'exemple topique de ce type de contrat étant les contrats d'abonnement téléphonique.

Mais là n'est pas la vraie difficulté. Celle-ci réside dans le fait que la définition ayant été insuffisamment donnée, il y a des risques de voir les juges faire montre de fortes incohérences préjudiciables dans la perception des contrats administratifs et celle des contrats privés. Certes, on pourrait relativiser ces appréhensions, du fait des affinités étroites observées entre les deux types de contrats. [19]

Or, parce que la définition textuelle ne dégage pas les critères clairs des contrats administratifs, pas plus que la jurisprudence administrative jusqu'à une date relativement récente,[20] le juge judiciaire, par empirisme, s'est toujours déclaré incompétent lorsque les contrats étaient jugés de nature privée soit en vertu de leur objet, [21] soit en vertu de la nature des clauses[22] .

---

[18] Certes, les articles 41 à 50 du Code font allusion aux contrats de délégation de service public et aux marchés des prestations intellectuelles et certains textes particuliers définissent les contrats de partenariat. Mais cette approche énumérative ne semble pas à même d'épuiser tous les éléments de la palette contractuelle.

[19] Les professeurs de Laubadère, Vénézia et Gaudemet, suivant la thèse de Duguit posait qu'« il n'y a pas de différence quant au fond, entre un contrat civil et un contrat administratif » car, ajoutaient-ils, « dans ses éléments intrinsèques, un contrat a toujours les mêmes caractères et les mêmes effets ». (In *Traité élémentaire de droit administratif*, LGDJ, 1988, p. 594. Jèze pour sa part a une opinion opposée puisqu'il fonde l'autonomie du contrat administratif sur l'originalité de ses conséquences. Pourtant, il faut bien synthétiser la controverse et relativiser ces points de vue. On se rend compte que si la notion de contrat est commune au droit public et au droit privé, en tant qu'accord de volontés générateur des situations juridiques subjectives, il n'en demeure pas moins que le régime juridique du contrat administratif comporte des singularités. (Voir dans ce sens, Agathe Van Lang, *Juge judiciaire et droit administratif*, LGDJ, Bibliothèque de droit public, N° 183,1996, p. 105.)

[20] Quelques vieilles décisions abordent furtivement cette question mais la seule qui dégage clairement les critères du contrat administratif est le jugement de la Chambre administrative de la Cour Suprême en date du 31 août 2005 Um Ntjam François qui reprend d'ailleurs les critères adoptés par le juge administratif français.

[21] Jugement n°62/TGI Yaoundé, du 14 décembre 1983, Bikok Momha Edouard c/ État du Cameroun s'agissant d'un contrat de location d'un immeuble d'habitation pour un fonctionnaire

Du fait de cette démarche empirique, il fallait s'attendre à des dérapages ou à des incompréhensions car, dans la bataille naturelle de revendication du domaine de compétence, on a vu le juge administratif de son côté connaître des contrats qui n'avaient rien d'administratif.[23]

On se trouve ainsi en face d'une tendance généralisée à l'hybridation de cette catégorie juridique fondamentale que constituent les contrats administratifs. Le résultat c'est que c'est tout le droit administratif des contrats qui se trouve détraqué, du fait de la perte de la substance juridique qu'elle génère, amenant ainsi à se poser des questions sur la pertinence de la distinction entre le droit public et le droit privé. Certes, ce phénomène de mutation du droit administratif n'est pas insolite. M. Ondoa a d'ailleurs démontré la possibilité de gauchissement du droit en Afrique par l'ajustement structurel.[24] Mais devrait-on aller jusqu'à la perte de la substance propre de la discipline ? C'est là ce qui est problématique.

2. Les difficultés générées par la notion de contrat conclu sous l'empire de droit privé

L'article 9 alinéa 3 de l'ordonnance N° 72/6[25] dispose que relèvent du juge administratif, entre autres, les litiges concernant les contrats administratifs « à l'exception de ceux conclus même implicitement sous l'emprise du droit privé ». Manifestement, la question doit être envisagée sous l'angle de la compétence. Elle se pose exactement dans les termes suivants : Selon quel principe estimera-t-on qu'il y a lieu de renvoyer tel litige au juge judiciaire ? Plus clairement, que recouvre l'expression « empire de droit privé »? Sont-ce les rapports de droit privé, les liens de droit privé ou tout simplement les contrats soumis au droit privé en vertu de la loi ? La réponse à cette question est d'autant plus importante que la question elle-même renvoie à la logique du bloc de compétences qui suggère qu'on mette à la compétence du juge judiciaire tous les litiges qui s'y rattachent. Cette indétermination est à l'origine du flottement de jurisprudence en matière de répartition des compétences, et c'est le juge judiciaire qui tentera de donner un contenu à cette notion.[26] Cette difficulté

---

[22] Jugement civil n° 523/TGI du 11 avril 1990, Esdson Afana Joseph c/ État du Cameroun (Ministère de la Défense (Contrat d'exploitation, par le Génie militaire d'une carrière appartenant à un particulier)

[23] The big brothers Trading Company c/ État du Cameroun (Ministère du développement industriel et commercial) à propos du contrat de gardiennage des locaux du ministère.

[24] M. Ondoa, « Ajustement structurel et reforme du fondement théorique des droits africains post-coloniaux, l'exemple camerounais », *R.A.S.J.*, N° 1, 2001, pp. 75- 118, not. P.77.

[25] Ord. N° 72/6 du 26/08 1972 fixant organisation de la Cour Suprême repris par la loi n° 2006/022 du 29 décembre 2006 fixant organisation et fonctionnement des tribunaux administratifs.

[26] TGI Yaoundé, Ch. civ, jugement ADD, 23 juillet 1997, Société ADECOCAM C/ État du Cameroun (Ministère de la Santé)

ne date pas d'aujourd'hui. Le Professeur Franck Moderne en faisait déjà état en 1970 en France, s'agissant des services publics de transport[27]. Avant cela en 1967, le Commissaire du Gouvernement Galabert estimait que ce critère compliquait inutilement « le tracé de la ligne de partage des compétences »[28]

On peut imaginer le désastre que le juge judiciaire peut faire subir à la théorie générale des contrats administratifs, du fait que ceux-ci sont soumis à sa compétence, parce que conclus « sous l'empire du droit privé. » Et on l'observe de manière constante en droit camerounais, en matière des contrats de louage de services, c'est-à-dire lorsque des personnes physiques sont appelées par voie contractuelle, à apporter leur contribution au fonctionnement du service public. Ils sont généralement désignés les travailleurs contractuels.

En droit camerounais en effet, les employés contractuels sont invariablement soumis à un régime de droit privé, indépendamment de la nature des clauses contractuelles et des missions qui leur sont confiées. Le juge administratif est campé sur cette position depuis longtemps.[29] Cette position sera plus tard renforcée par le décret n° 78/484 du 9 novembre 1978 fixant les conditions des personnels de l'État relevant du code du travail. Il y a là un recul par rapport au droit administratif français. Dans ce pays en effet, on distingue parmi les agents contractuels de l'administration, ceux qui relèvent du statut du droit public et ceux qui sont soumis au régime de droit privé ou encore du droit du travail. La base de la distinction est alors la participation directe à l'exécution du service public et l'existence des clauses exorbitantes de droit commun. La doctrine est claire là-dessus[30], renforcée en cela par la jurisprudence[31] .

Que le juge administratif camerounais soumette certains personnels de l'État au régime de droit privé n'est que normal ; car certains d'entre eux sont dans une situation telle que les placer dans un régime de droit public serait injuste du fait de leur rôle dans le fonctionnement des structures administratives. De là à soumettre tous les personnels contractuels au régime

---

27 F. Moderne, « Nouvelles difficultés pour la notion de « rapports de droit privé » comme critère de compétence judiciaire », *AJDA*, 1970, pp. 523 à 543.

28 Dans ses conclusions sur C.E. Ass. 13 juillet 1967, sieur Allegretto, A.J.D.A., 1967, p. 519.

29 CFJ/SCAY, Arrêt n° 26 du 15 nov. 1966, Atangana Martin Camille C/ État du Cameroun.

30 Voir dans ce sens notamment, l'étude de F. Quérol, « Réflexion sur la jurisprudence récente relative à la participation directe à l'exécution du service administratif », *RDP*, sept-oct. 1995, PP1269-1295, notamment. 1279.

31 La jurisprudence française a même évolué sur la question. Elle a d'abord considéré que lorsqu'un simple agent avait évolué dans son service pour se voir attribuer des missions directement liées au service en cause, son contrat changeait de nature pour devenir un contrat administratif T.C., 25 nov. 1963 Dame Veuve Mazerand Réc. 1964, P. 792 et, aujourd'hui, depuis l'arrêt du Tribunal des Conflits du 25 mars 1996 Berkani (A.J.D.A.1996, Chronique Stahl et Chevaux p. 354 et suiv.) il est définitivement admis que « les personnels non statutaires travaillant pour le compte d'un service public à caractère administratif sont des agents contractuels de droit public quel que soit leur emploi »

de droit privé apparaît tout aussi comme une monstruosité juridique et même une hérésie.

Pourtant, c'est la situation tout particulièrement de certains personnels de l'Institut de recherche et des assistants des 'universités d'État. Les uns et les autres sont des personnels contractuels, dont les contrats sont truffés de prérogatives exorbitantes (salaire indiciaire, fixation unilatérale de la charge de travail par l'administration, etc.) et qui plus est, leur mission participe directement à l'exécution du service public de la personne publique qui les emploie à savoir la recherche pour les personnels de l'Institut de recherche et l'enseignement pour les assistants d'université. Pourtant pour les uns[32] et pour les autres[33]le juge administratif s'est déclaré incompétent en cas de litige, A l'inverse, pour ce dernier cas, le juge judiciaire saisi par la suite s'est déclaré compétent[34]. Dans tous ces cas, la position du juge semble prendre appui sur le fait que les contrats concernés visent le décret n° 78/484[35] .

A défaut de chercher l'existence d'une loi qui lui donnerait compétence pour connaître de tels contrats, le juge administratif ne pourrait-il pas mettre en œuvre la méthode des faisceaux d'indices comme l'a fait en son temps son homologue français dans l'arrêt Narcy[36] ? Il suffirait alors pour lui de constater d'abord la participation à l'exécution même du service public, ensuite, l'existence des cluses exorbitantes, enfin que les personnels concernés restent sous le contrôle étroit de la personne publique qui les emploie. Il nous semble bien difficile d'admettre que la conciliation de ces éléments ne puisse pas donner lieu à un contrat administratif. [37]

Malheureusement, le juge camerounais préfère adopter un raisonnement critiquable ; car le décret ne saurait s'imposer au principe de la séparation des autorités administratives et judiciaires qui, à défaut d'avoir une valeur législative revêt tout au moins la nature d'un principe général de droit ayant valeur supra décrétale, donc s'imposant à l'administration. La jurisprudence est claire à ce sujet.[38] La formulation de l'article 9 alinéa 2 (b) de

---

[32] CS/CA N° 72 du 25 août 1994, Nliba Nguimbous Marie c/ Institut des Sciences Humaines (Ministère de la Fonction publique) L'intéressé était chargé de recherches au CREA.

[33] CS/CA N° 21 du 30 janvier 1986, Nguena Antoine c/Université de Yaoundé. L'intéressé était assistant à l'Université de Yaoundé.

[34] Cour D'appel de Douala, Ch. Soc., n° 603 S du 29 sept. 1993, Chancelier de l'Université de Yaoundé c/ Nguena Antoine.

[35] Fixant statut des personnels de l'État relevant du code du travail (précité)

[36] C.E. Sect. 28 juin 1963, Narcy A.J.D.A., 1964 p 94, Note A. de Laubadère .

[37] Voir dans ce sens et sous un autre angle, Geffroy (J.B.) Service public et prérogatives de puissance publique, Réflexions sur les déboires d'un couple célèbre, R.D.P., 1987 (1), p. 58

[38] On peut citer à cet égard, entre autres, le jugement n° 62/CS/CA du 25 sept. 1980 Société Assureurs Conseil Franco-Africain (ACFRA) C/ État du Cameroun où le juge dit « Attendu que le principe de la légalité implique aussi une soumission des autorités administratives au respect de toutes les règles qui ne sont pas seulement issues des lois formelles, mais aussi des sources, tels que les règlements ou encore les principes non écrits que la jurisprudence

l'ordonnance de 1972 est sans doute difficultueuse. Car en mettant à la compétence du juge judiciaire les contrats administratifs « conclus même implicitement sous l'empire du droit privé »le législateur a mis le juge dans l'embarras. Les conditions de conclusion d'un contrat sous l'empire de droit privé ne sont guère précisées dans un texte et le juge administratif n'a pas fait montre d'un minimum de hardiesse pour s'adjuger, en cas de doute, un domaine de compétence bien plus étendu. C'est le droit administratif qui en pâtit.

B. L'étiolement du critère du service public

Le service public, on le sait, constitue l'une des pierres angulaires du droit administratif. Tout au long de son histoire, le service public a été tantôt exalté, tantôt vilipendé, mais il est resté vivace, malgré les critiques.

On lui a souvent reproché d'être difficile à définir et de connaître une dégénérescence marquée par l'extension de son critère finaliste, l'éclatement du critère organique et la diversification du critère matériel[39]. Beaucoup d'auteurs ont fait le procès du critère de service public dans les contextes africains[40] et français[41] qu'il n'est pas utile d'y revenir. Mais pendant que ce procès était en cours, on observait de la part de ce critère, des signes de renaissance et de vitalité[42].

Dans le contexte camerounais le service public connaît une désagrégation sans précédent, marquée par la méconnaissance jurisprudentielle de ses éléments matériel et fonctionnel.

---

considère comme s'imposant à l'administration et que l'on appelle les principes généraux du droit »

[39] Voir dans ce sens, G. Guglielmi, *Introduction au droit des services publics*, L.G.D.J., Systèmes, 1994, Notamment p. 27 et suiv ; S. Regourd, « Le service public et la doctrine : pour un plaidoyer dans le procès en cours », *RDP,* 1987 (1), PP. 5 et suiv. Notamment pp 9 et suiv.

[40] Pour cette question, on peut citer B.D. Coulibaley, « Sur le service public en Afrique : Déclin et utilité d'une institution », *Annales de la Faculté des Sciences juridiques et politiques* (Université de Dschang- Cameroun), T. 7, 2003, PUA, pp.165-171 ; E. Sossou Ahouanka, « Réflexion sur la crise du service public en Afrique de l'ouest francophone », *Revue béninoise des sciences juridiques et administratives,* n° 16, 2006, pp. 43 -79. D'ailleurs ces auteurs montrent que même si le service public montre un déclin dans ses finalités, l'intérêt général étant parfois tourné en dérision, il reste une nécessité incontournable qui est d'ailleurs appelée à se développer dans le contexte africain

[41] Loin d'être exhaustif, on pourra se référer à des auteurs comme J.-L De Corail, *La crise de la notion juridique de service public en droit administratif français*, L.G.D.J., 1954 ; G. Morange, « Le déclin de la notion juridique de service public », Dalloz, 1947, Chron., p. 45 et suiv. ; M. Waline, V »icissitudes récentes de la notion de service public », R.A., 1948, p. 23 ;R. Latournerie, « Sur un Lazare juridique, Bulletin de santé de la notion de service public. Agonie? Convalescence ? Ou jouvence ? », *E.D.C.E.,* 1960, p. 61 et suiv. .

[42] Voir par exemple, A. De Laubadère, « Revalorisations récentes de la notion de service public en droit administratif français », *A.J.D.A*, 1961, p. 591 et suiv. .

L'élément matériel du service public joue un rôle résiduel en droit administratif camerounais. Ceci est traduit a priori par la conception restrictive de la notion d'acte administratif, symbolisé par la position de l'Assemblée Plénière de la Cour Fédérale de Justice qui, dans une de ses grandes décisions définit l'acte administratif comme « un acte juridique pris par une autorité exécutive dans l'exécution d'une fonction administrative et créant des droits et des obligations pour les particuliers. »[43] Ainsi, seules les personnes publiques administratives sont susceptibles de prendre des actes administratifs unilatéraux. Cette perception de l'acte qui a longtemps prévalu dans le droit français y est aujourd'hui dépassée, au profit d'une nouvelle approche qui englobe les décisions élaborées par toute « autorité exerçant un pouvoir administratif »,[44] prenant ainsi en compte les personnes ou organismes privés chargés d'une mission de service public et disposant des prérogatives exorbitantes de droit commun.

La jurisprudence administrative française a fini par lever toute équivoque sur la question. Depuis lors, on distingue dans ce pays, trois hypothèses : Les actes que prend une personne privée chargée d'un service public pour l'exécution de celui-ci sont administratifs, ce qui permet de réaliser la liaison de la nature administrative de l'acte à l'accomplissement d'un service public administratif ; c'est l'hypothèse de l'arrêt Monpeurt.[45] Ensuite, sont également constitutifs d'actes administratifs, les actes pris par les personnes privées mettant en œuvre des prérogatives exorbitantes de droit commun qui leur sont confiées. Cette hypothèse se rencontre essentiellement dans le contentieux des fédérations et des groupements sportifs.[46]

Enfin, la ligne de jurisprudence qui réalise la synthèse des deux pôles de droit administratif, la puissance publique et le service public implique qu'un acte, pour être administratif, consiste dans l'exercice d'une prérogative de puissance publique dans le cadre d'un service public ; c'est l'hypothèse de l'arrêt Magnier[47]. Le professeur Moreau les appelle « les actes administratifs par assimilation »[48]. Il y a ainsi appel au critère organique, critère dont le professeur Moderne a souligné « l'adéquation foncière …pour la définition de l'acte administratif »[49].

Pourtant, le juge administratif camerounais avait à un certain temps intériorisé cette conception large, notamment en ce qui concerne les ordres

---

[43] CFJ/AP, 20 mars 1968, Ngongang Njanké Martin C/ État du Cameroun.

[44] M Rougevin-Baville, R Denaix de St-Marc, D Labetoulle, *Leçons de droit administratif*, Paris, Hachette, 1989, p. 99

[45] CE Ass., 31/7/1942, *RDP*, 1943, p.57, Note Bonnard.

[46] CE Section, 10/12/1961, Fédération nationale des huileries moyennes et artisanales, Réc. 1961, P. 544.

[47] CE Section, 13/1/1961, *AJDA*, 1961, p. 442.

[48] J. Moreau, *Droit administratif*, PUF, Collection Droits fondamentaux, 1989, P.452.

[49] F. Moderne, « Remarque sur le concept d'acte administratif dans ses relations avec les notions de personne privée et de service public à gestion privée. (De l'arrêt Epoux Barbier à l'arrêt Blanchet) », *AJDA*, 1975, p. 15

professionnels[50] et les fédérations sportives.[51]Le juge administratif se reconnaissait ainsi compétent à connaître des actions mettant en cause des personnes morales de droit privé. Curieusement, quelques années après, ce même juge reviendra sur ses positions en adoptant une conception restrictive de l'acte administratif unilatéral, et se déclarer incompétent pour connaître des actions dans la catégorie ci-dessus citée. En particulier, s'agissant des fédérations sportives.[52] La haute juridiction faisant sienne une interprétation restrictive de l'ordonnance de 72[53] dit en effet, pour motiver sa décision, que la Fédération Camerounaise de football n'est ni l'État, ni une collectivité publique ; par conséquent, les litiges la mettant en cause ressortissent à la compétence du juge judiciaire.

En réalité, c'est le législateur qui avait alors annoncé quelques années auparavant cette conception. En effet, tout au long des lois dites de déréglementation qui intervinrent en 1990 lors de la libéralisation de la vie économique, il fut attribué presque de manière systématique au juge judiciaire, la compétence pour connaître du contentieux des organismes privés investis de mission de service public, les lois les régissant prévoyant pour chacun la juridiction compétente en cas de litige.[54]

La Cour Suprême semble l'avoir bien compris puisqu'elle fait appel à ces lois pour se déclarer compétente lorsqu'un litige mettant en cause de tels organismes lui est soumis[55]

Il y a dans cette situation, un brouillage des figures juridiques qui rend incertaine, la spécificité et par delà la pertinence même du droit administratif. Le raisonnement qui amène à cette déduction est assez simple. Ne négligeant pas l'histoire, on observera que pendant longtemps, on a considéré que les personnes privées ayant en charge la gestion d'un service public étaient à mesure de prendre des actes administratifs. (Que ce soit par assimilation est sans conséquence sur leur régime). Le service public en tant que pilier du droit administratif contaminait de son régime ces actes ; voici que moins lointainement, le juge en est venu à décider que le statut de l'organisme l'emportait sur le régime et la finalité des actes ; le critère organique prend le pas sur le critère matériel et, du coup, c'est le service

---

50 C.F.J.,27/01/1968,Bernard Auteroche C/ Ordre National des Investisseurs ; CS/CA, 03/03/1977, Feumi Njantou Jacques C/ Ordre National des Avocats.

51 CS/CA, Jugement N° 48/88/89 du 25/5/1989 Aigle Royal de Dschang « El pacha »C/ État du Cameroun.

52 CS/CA N° 27/91/92 du 27/2 1992, Dutchou Jean C/ État du Cameroun (Fédération camerounaise de football)

53 Op.cit.

54 Pour d'amples informations, voir S. Bilong, « Le droit des fédérations sportives au Cameroun, le cas de la FECAFOOT. A propos des sources juridiques récentes », *Revue juridique et économique du sport*, Lamy, N° 45 déc. 1997, p.98.

55 Voir par exemple, CS/CA, N°39/ADD, do 30/3 1995, Mveng Ela Francis C/ Conseil National de l'Ordre des Pharmaciens.

public, critère fondamental du droit administratif qui est en passe d'être légué aux oubliettes, laissant ainsi sa discipline mère toute chancelante.

Le fait que certaines lois particulières mettent certains de ces actes à la compétence du juge administratif ne justifie rien, ou plus exactement ne témoigne pas de leur régime de droit public, mais, à la limite, ne procède que, selon l'heureuse formule du Conseil Constitutionnel, d'une « bonne administration de la justice ».[56]

Le droit administratif camerounais rame à contre-courant par rapport à la jurisprudence française et à sa propre logique. En effet, jusqu'à la fin des années soixante, le Conseil d'État français a eu une conception restrictive de l'intérêt général qu'il opposait catégoriquement aux intérêts privés. Mais ce clivage se trouvera relativisée dès 1971, lorsque cette juridiction va considérer qu'il y a bien de possibilités que l'intérêt privé soit constitutif de l'intérêt général. Et la doctrine le comprendra très facilement[57].

Certains auteurs camerounais ont tenté de trouver une justification à cette désaffectation du service public comme critère de compétence du juge administratif. A titre d'exemple, Roger Gabriel Nlep[58] estime que cet état de choses se justifie par le souci de l'administration de préserver les deniers publics de l'État. [59] Raisonnement doublement contestable. D'abord, aucune étude, à l'État actuel du droit camerounais, ne permet d'inférer à cette conclusion que le juge administratif est moins protecteur des intérêts de l'État, ensuite et surtout, la connaissance d'une action en responsabilité dirigée contre une personne privée investie d'une mission de service public, par le juge administratif, n'emporte pas nécessairement l'engagement de la responsabilité de la personne publique.

Dans le même ordre d'idée, le droit camerounais ne tient véritablement pas compte de l'élément fonctionnel du service public, ainsi qu'en témoignent la jurisprudence et la réglementation relativement aux emplois dans les entreprises du secteur public et parapublic.

La forte implication de l'État dans ces institutions amène à se poser des questions sur le statut juridique de leurs agents ainsi que sur leur régime juridique.

---

[56] CC, 23 janvier 1987, Conseil de la concurrence, *RFDA*, 1987, p. 301, Note Favoreu.

[57] Voir dans ce sens, A. Homont, « Note sous C.E., 20 juillet 1971, Ville de Sochaux », *AJDA*, 1971, pp 227 et ss.

[58] R.G. Nlep, *L'administration publique camerounaise. « Contribution à l'étude des systèmes africains d'administration publique*, L.G.D.J., Bibliothèque africaine et malgache, 1986, pp. 213 et ss.

[59] D'autres auteurs vont lui emboîter le pas, à l'instar de M. M. Ondoa, *L'économie des deniers publics dans l'administration camerounaise*, Thèse de Doctorat 3ème cycle, Université de Yaoundé, 1989 ; C. Keutcha Tchapnga, « Les mutations récentes ... », op cit, p. 20.

La jurisprudence camerounaise en la matière a évolué dans un sens défavorable au juge administratif, contrairement à la jurisprudence française.[60].

Au départ, le juge administratif camerounais estime que les personnels des entreprises publiques industrielles et commerciales relèvent du statut de droit privé[61]; mais il pose explicitement des exceptions qui concernent le personnel de direction. Telle est la substance de l'arrêt Moundoumbou où le juge considère "que la RNCF [62]est un service public à caractère industriel et commercial dont seul le personnel de direction conserve la qualité de fonctionnaire"[63]. Le juge appliquait ainsi le critère de la nature des fonctions ou critère du « plus haut emploi ».

Ce statut en principe, comme en droit français,[64] s'étend aux comptables s'ils ont la qualité de comptable public. Cette conception, par rapport à celle actuellement en vigueur en France est un peu plus extensive, car on pouvait faire entrer dans la catégorie du "personnel de direction", plusieurs autres agents, en l'occurrence, le Directeur général adjoint, le Président du Conseil d'Administration, etc.

Mais, depuis 1972, on a observé un revirement dans la position de la jurisprudence administrative camerounaise par l'arrêt de la Chambre Sociale de la Cour Suprême, Jean Faustin Betayene[65] qui soumet tous les agents de ce secteur sans distinction de fonction au statut de droit privé. Dans cette affaire, Le requérant administrateur civil principal donc fonctionnaire est nommé Président Directeur Général de la Société Camerounaise d'Investissement (S.N.I.) pour une durée de cinq ans renouvelable. Lorsqu'il est remis à son administration d'origine, il naît un contentieux sur la liquidation de ses droits. L'affaire ayant été tranchée par la Cour d'Appel, le Procureur Général se pourvoit en cassation pour incompétence du juge judiciaire. Les hauts magistrats rejettent ses prétentions en posant clairement

"Qu'en énonçant "que sont insuffisants comme en l'espèce à constituer un tel statut" (de droit administratif), les seuls faits que la nomination à un emploi émane du pouvoir exécutif ... et que la rémunération est fixée par décision de ce même pouvoir exécutif ...;

Que dès lors détaché de la fonction publique et ayant donc perdu dans son nouvel emploi la qualité de fonctionnaire et son ancien statut ne

---

[60] Voir à ce sujet les décisions : CE 25 Janvier 1952, Boglione et Autres Réc p. 55 ; CE 8 Mars 1957, Jalenques de Labeau, Réc. p. 157 ; CE 25 Janvier 1983, Cocaing, *RDP*, 1983, p. 1138 ; T.C. 13 Février 1986, Pomaredes Réc. p. 534.

[61] Arrêt N° 320/CCA du 3 Septembre 1951, Ada Ndzié c/ Administr. du Territoire.

[62] Régie Nationale des Chemins de Fer du Cameroun.

[63] Arrêt N° 75/CCA du 22 Décembre 1951, Moundoumbou Théodore c/ Administration du Territoire.

[64] Voir entre autres CE, 4 juin 1954, Vingtin et Afortit, Rec. P. 342 ; CE, Sect.

[65] Arrêt N° 36/CS/S du 1er Février 1973, Faustin Betayene contre SNI, RCD N° 6, pp. 162 et s. Observations Robert Mbella Mbappe.

s'appliquant qu'en ce qui concerne l'avancement dans son cadre d'origine et ses droits à la retraite, seuls droits restant acquis à l'exclusion de tous autres, J.F. Betayene n'est pas justiciable devant la juridiction administrative ... le juge d'appel non seulement n'a violé aucun texte visé au moyen, mais a légalement et suffisamment motivé sa décision".

On peut tout de suite observer que le juge s'est quelque peu trompé d'optique en prenant pour axe essentiel de sa motivation la question de détachement alors que c'est le statut du personnel de direction qui était en cause. Cet arrêt constitue un spectaculaire revirement de jurisprudence[66] Désormais, même le personnel de direction des entreprises publiques, en l'occurrence le Directeur général, le Directeur général adjoint, etc. sont soumis à un régime de droit privé.

En s'inscrivant brusquement en faux par rapport aux positions antérieures, la Haute juridiction donne l'impression de déraper. Pourtant, cette position devait recevoir un an plus tard une consécration réglementaire puisque l'article 13 du Décret N° 74/138 du 18 Février 1974[67] dispose clairement et sans une quelconque idée d'exception que "le fonctionnaire détaché est soumis à l'ensemble des règles qui régissent la fonction qu'il exerce par l'effet de son détachement". Le revirement définitif de la jurisprudence pour l'uniformisation des statuts des différents personnels en service dans les entreprises publiques est intervenu en 1977 avec l'arrêt Tsanga Sother[68], où la Cour Suprême statuant en cassation s'est estimée compétente en dépit des arguments de la Banque Camerounaise de Développement qui soutenait que l'acte par lequel le Président de la République approuvait les délibérations d'un Conseil d'administration, agréait les nominations et autorisait les licenciements qui y sont effectués, constitue un acte de gouvernement.

Le débat est définitivement réglé par la loi de 1999 sur le statut général des établissements publics et des entreprises du secteur public et parapublic. Les articles 16 et 17 de ce texte écartent toute équivoque en posant que ces personnels, fonctionnaires ou agents de l'État en détachement ou affectés, relèvent pendant toute la durée de leur emploi de la législation du travail. Leur responsabilité civile ou pénale est soumise aux règles de droit commun et des conflits de travail de la compétence des juridictions de droit commun. Les arrêts Betayene et Tsanga Sother se trouvent ainsi définitivement légitimés, consacrant une fois encore l'holocauste du droit administratif.

---

[66] Par exemple par rapport à l'arrêt N° 75/CCA du 22 Décembre 1951. Moundoumbou Théodore ... op cit.

[67] Portant statut général de la fonction publique repris par l'article 78 alinéa 3 du Décret N° 94/199 du 7 Octobre 1994 fixant statut général de la fonction publique de l'État.

[68] Arrêt N° 29/CS/S du 14 Juillet 1977, Tsanga Sother contre Banque Camerounaise de Développement.

Même « l'impératif de normalisation » développée par M. Ondoa ne semble pas pouvoir légitimer un tel développement.[69]

C. Une procédure contentieuse inhibitrice

On ne peut parler de la viabilité du droit administratif sans prendre en compte le rôle des juridictions chargées de mettre en œuvre le contentieux administratif. M. Braibant observait justement que « l'organisation de la justice, sa structure, est en effet un élément fondamental de chaque système qui détermine largement les autres, c'est-à-dire les principes, les pouvoirs, les procédures et les capacités d'intervention. »[70] De manière plus directe, l'efficacité d'une juridiction est tributaire de sa procédure, c'est-à-dire de l'ensemble des règles et principes qui conditionnent le déroulement du procès, et la vitalité du droit administratif en dépendra. Comme l'explique avec justesse Mme Diagne, « L'étendue du domaine du contentieux administratif, dépend de l'interprétation que le juge fera des règles d'introduction des recours dans tous les cas où le législateur n'est pas explicite sur la question. Le contentieux administratif sera quantitativement important si le juge interprète largement les conditions de recevabilité des recours. Il sera pratiquement insignifiant si l'interprétation de ces mêmes règles tend, par sa sévérité, à entraîner de nombreuses déclarations de rejet. »[71] Face à cette réflexion, on ne peut manquer de se poser des questions suivantes : les règles de procédure mises en œuvre permettent-elles d'assurer l'épanouissement du droit administratif camerounais ? Ou, au contraire, sont-elles de nature à entraîner cette discipline vers son dépérissement ? Répondre à ces questions peut supposer que l'on passe en revue l'ensemble des règles de forme et de procédure qui entourent le déroulement d'un procès, de la requête introductive d'instance à l'acte juridictionnel, ce qui n'est pas notre préoccupation ici. On peut tout de même inférer, au regard de l'interprétation que le juge se fait de certaines règles, que son action porte en son sein les germes du mal-être du droit administratif. On se contentera d'indiquer un problème dans la procédure administrative contentieuse camerounaise, celui de l'abus des recours administratifs obligatoires.

On en parle lorsque le recours administratif s'interpose entre l'administré lésé et le juge. Autrement dit, lorsque « avant de saisir ce dernier, l'administré est obligé de s'adresser à l'administration et de lui demander de

[69] M. Ondoa, « Ajustement structurel et reforme du fondement théorique des droits… », op. cit. Par une démonstration lumineuse, l'autre montre l'articulation entre la reforme du fondement théorique du droit africain et l'ajustement structurel.

[70] G. Braibant, « Monisme(s) ou dualisme(s) », *Rev. Adm.*, N° spécial n°2, 2000, p.4.

[71] N.M.F. Diagne, *Les méthodes et les techniques du juge en droit administratif sénégalais*, Thèse de doctorat d'État en Droit, Dakar, 1995, p.24.

modifier sa position à son égard »[72], s'imposant ainsi comme un « impératif processuel »[73] dans le contentieux administratif.

Or il apparaît que dans la procédure administrative contentieuse camerounaise, les recours administratifs sont doublement abusifs. D'abord, la mise en œuvre du principal recours administratif précontentieux, à savoir le recours gracieux souffre d'une rigueur malfaisante pour le droit administratif, ensuite le contentieux administratif est victime d'une concurrence de ces mêmes recours.

Le principe de recours gracieux comme préalable à la saisine du juge a été posé par l'article 12 de l'ordonnance N° 72/6 du 26 août 1972 fixant organisation de la Cour Suprême[74].

Des études pertinentes ont été faites sur la question et une littérature abondante[75] et unanime sur le caractère pervers de cette règle de procédure existe, si bien qu'il n'est plus valorisant de revenir là-dessus. Indiquons tout simplement à titre documentaire et pour les besoins de la cause que cette règle pose trois ou quatre grands problèmes : la computation des délais, la détermination de l'autorité « adressataire », la liaison du contentieux et son caractère d'ordre public.

Une mauvaise computation des délais donne lieu à l'irrecevabilité pour soit requête prématurée lorsque la requête introductive d'instance est déposée avant que le délai imparti à l'autorité administrative pour répondre au recours n'arrive à son terme, soit pour forclusion lorsque la requête est déposée au-delà des délais impartis.

De même, le recours gracieux n'est réputé valable que s'il est adressé à l'autorité juridiquement compétente. L'autorité « incompétemment » saisie d'un recours gracieux n'a pas le devoir de le transmettre à l'autorité compétente, conformément à la théorie de la « compétence plausible ».[76]

---

[72] E. Prévédourou, *Le recours administratif obligatoire. Étude comparée des droits allemands et français*, L.G.D.J., Bibliothèque de droit public, 1996, P. 1.

[73] M. Kamto, *Droit administratif processuel du Cameroun. Que faire en cas de litige avec l'administration.* P.U.C., P. 153.

[74] Ce texte pose : « Le recours devant la Cour Suprême n'est recevable qu'après rejet d'un recours gracieux adressé au Ministre compétent ou à l'autorité statutairement habilitée à représenter la collectivité publique ou l'établissement public en cause…
Le recours gracieux doit, à peine de forclusion, être formé :
a)- dans les deux mois de publication ou de notification de la décision attaquée
b)- en cas de demande d'indemnisation dans les six mois suivant la réalisation du dommage ou sa connaissance ;
c)- en cas d'abstention ayant d'une autorité ayant compétence liée dans les quatre ans à partir de laquelle ladite autorité était défaillante. »

[75] On citera par exemple pour les plus représentatives : Mescheriakoff (Alain Serge), Le régime juridique du recours gracieux préalable dans la jurisprudence administrative camerounaise, RCD, 1978, N°15 et 16 Série II, pp 42-55 ; R.G. Nlep, *L'administration publique camerounaise…*op. cit. pp. 259 et ss. ; M. Kamto, *Droit processuel du Cameroun.*, PP. 39 et suiv.

[76] Mescheriakoff (A-S), Le régime juridique du recours gracieux... op.cit., P. 52.

Certes, cette question semble avoir trouvé une solution dans la loi n° 2006/022 du 29 décembre 2006.[77] Mais ses dispositions procédurales ne sont pas encore entrées en vigueur et attendent la mise sur pied des nouvelles juridictions créées.

On prend davantage la mesure du vice du recours gracieux préalable quand on se rend compte qu'il réalise la liaison du contentieux, en ce sens que la requête introductive d'instance doit lui être identique, en ce qui concerne la cause, l'objet et les parties.

Le recours prématuré, la forclusion,[78] l'erreur sur l'autorité adressataire du recours gracieux[79] et le défaut d'identité du recours à la requête introductive d'instance[80] donnent presque inévitablement lieu à l'irrecevabilité de la requête juridictionnelle et donc au rejet de la requête par le juge. Ce dernier en fait une application d'autant plus rigoureuse que le recours gracieux a un caractère d'ordre public[81], et que les exceptions à la règle ne sont pas nombreuses.[82] On pourrait nous rétorquer par la maxime latine « *dura lex, es lex* »[83], ce qui est vrai, mais on ne peut parler de droit qu'à partir du moment où la loi pose des règles objectives identifiables par tous ses destinataires. Or justement s'agissant du recours gracieux, le juge fait montre d'une instabilité déroutante, d'autant plus déroutante que même les initiés se perdent en conjecture,[84] ce que certains auteurs n'hésitent pas de qualifier de « cacophonie jurisprudentielle » [85]

On n'est plus dès lors étonné des résultats d'une étude qui montre que pour l'ensemble des requêtes déposées devant le juge administratif, 45% sont déclarées irrecevables pour défaut de recours gracieux préalable.[86]Il y a lieu de convenir avec la doctrine camerounaise presque unanime, pour dire

---

[77] Fixant organisation et fonctionnement des tribunaux administratifs. L'article 17 de ce texte allège la difficulté de détermination de l'autorité compétente à recevoir le recours gracieux qui doit désormais adressé à l'autorité auteur de l'acte.

[78] CS/CA N°24/77-78 du 13 juillet 1978, Essomba Ntonga Gabriel c/ État du Cameroun.

[79] CS/CA N°69/88-89 du 29 juin 1989 Che Michael Nde c/ État du Cameroun.

[80] CS/CA N° 14/ 77-78 du 27 avril 1978 Atangana Essomba Protais c/ État du Cameroun.

[81] CS/CA N° 12 77-78 du 27 avril 1978 Item Dieudonné c/ État du Cameroun.

[82] On cite essentiellement comme exceptions, la saisine d'une juridiction incompétente, la contestation des décisions du Conseil de discipline budgétaire et financier et le contentieux électoral.

[83] La loi est dure mais c'est la loi

[84] Une bonne partie des requêtes déclarées irrecevables pour recours gracieux adressé à une autorité incompétente avaient pour mandataire un enseignant de droit public. Cf par exemple Jugement n°40 du 30 avril 1981, Guiffo Jean Philippe lui-même étant enseignant de droit public ; n° 69 CS/CA du 29 juin 1989, Che Michael Nde c/ État du Cameroun Mandataire Dr Binyoun, n° 20/2002/2003 du 28 nov. 2002, Mbouendeu Jean-De Dieu c/ État du Cameroun (lui-même étant Chargé de Cours de droit public) n° 47/04/05 du 22 février 2005 Mback Jean Pierre, Mandataire Professeur Nlep etc.

[85] J. C. Abah Oyono, « Chronique du grain de sable dans la fluidité jurisprudentielle de la Chambre administrative de la Cour Suprême du Cameroun », *RASJ*, vol. 1, 2008 p.60

[86] Voir dans ce sens, J.-C. Kamdem, *Contentieux administratif*, Cours polycopié, Université de Yaoundé, FDSE, T. 1 1985, P. 137.

que le recours gracieux a pour finalité inavouée la protection de l'administration contre les velléités d'actions contentieuses des justiciables.[87] A cette difficulté liée au recours gracieux préalable, le législateur a cru devoir ajouter d'autres barrières d'accès au prétoire qui lui font concurrence.

En nous limitant d'indiquer un exemple, on citera la loi de 1987 portant création des communautés urbaines[88] . L'article 56 de cette loi soumet toutes les actions contre une communauté urbaine à une requête adressée à l'autorité de tutelle, requête exposant l'objet et les motifs de la réclamation. On se souvient opportunément que relativement aux mêmes actions, un recours gracieux préalable est exigé, lequel est adressé non pas à l'autorité de tutelle, mais à « l'autorité statutairement habilitée à représenter la collectivité publique(...) en cause », en l'occurrence le plus haut responsable de la municipalité.[89] Du coup, un certain nombre de questions se posent : Ce recours que nous pouvons appeler « recours de tutelle préalable » remplace-t-il le premier ou doit-il être mis en œuvre simultanément ? Est-il valable seulement devant le juge administratif ou est-il aussi exigible devant le juge judiciaire ?

Face à ces questions, le juge se trouve embarrassé, ce qui, inévitablement l'amène à prendre des solutions critiquables. L'exemple en a été donné par le tribunal de grande instance de Yaoundé dans un litige pourtant banale.[90] Pour une affaire de destruction d'immeuble, le requérant saisit le tribunal civil aux fins d'indemnisation, après échec d'une tentative de conciliation. Le Conseil de la communauté urbaine conclut à l'irrecevabilité de la requête, celle-ci n'ayant pas été précédée par un recours de tutelle conformément à l'article 56 de la loi de 1987. Le requérant rétorque que les recours administratifs préalables ne sont opposables qu'en matière de contentieux administratif et que la requête devant le juge judiciaire répond aux règles ordinaires de procédure civile. Le juge déclare sa requête irrecevable en des termes simples et clairs certes, mais qui jette du doute dans l'esprit des juristes.[91]

---

[87] Dans ce sens, H. Jacquot, « Le contentieux administratif au Cameroun », *RDC*, N° 7 et 8, 1975, p.16 ; A-S. Mescheriakoff, « Le recours gracieux... », op.cit., P. 54 ; R.-G. Nlep, *L'administration camerounaise*, op.cit. P. 277 ; M. Kamto, *Droit administratif processuel*, op.cit., P. 253.

[88] Loi N° 87/015 du 15 juillet 1987 portant création des communautés urbaines.

[89] Art. 12 de l'ordonnance de 1972 précité.

[90] TGI Yaoundé, Jugement civil N° 335 du 20 avril 1994, Kenfack Etienne c/ Communauté urbaine de Yaoundé.

[91] Le juge dit : « Attendu que le demandeur (...) articule que le recours gracieux n'est préalable qu'au contentieux administratif tel que limitativement fixé par l'article 9 alinéa 2 de l'ordonnance n° 72/6 fixant organisation de la Cour Suprême du Cameroun, que son action est recevable conformément à l'article 9 alinéa 3 de l'ordonnance sus visée.
Mais attendu qu'il résulte des dispositions de l'article 56 de la loi n° 87/015 du 15 juillet 1987 « qu'aucune action contre la communauté urbaine n'est recevable si le demandeur n'a préalablement adressé à l'autorité de tutelle une requête exposant l'objet et les motifs de sa réclamation dans les délais prévus par la législation en matière de contentieux »

La position du juge signifie en effet que le recours de tutelle préalable est exigé au même titre que le recours gracieux et simultané à lui, aussi bien devant le juge judiciaire que devant le juge administratif. Et dans ce dernier cas, deux recours administratifs obligatoires qui se superposent pour un même litige rendent inévitablement le juge inaccessible. C'est le droit administratif camerounais qui en est la principale victime.

C'est en cela que l'analyse de Paul Duez nous paraît pertinente. En effet, faisant une longue étude sur les méthodes et artifices utilisés par l'administration, le célèbre maître a pensé que l'intérêt de l'administration est dans la création de tout un arsenal de dispositions visant à raréfier l'exercice des actions en responsabilité. L'esprit du droit de la responsabilité poursuit-il élaboré par un juge soucieux de faire produire au juste distributif tous ses effets a donc eu plutôt pour conséquence de rejeter une extension infinie des possibilités d'exercice d'actions en réparation[92].

Il y a vingt-cinq ans, un auteur avait commencé à tirer la sonnette d'alarme en parlant du déclin de la fonction administrative contentieuse au Cameroun. Par une étude socio juridique en effet, il a pu observer la raréfaction des jugements et l'appauvrissement des types de litige. Mais au fait cette « crise » ne menaçait pas la survie de la fonction en question dont l'auteur se réjouissait du reste de l'existence, contrairement au cas de beaucoup d'autres pays d'Afrique noire francophone[93]. La situation actuelle est bien plus préoccupante, car c'est de la survie de la discipline qu'il est désormais question.

II. La reduction de la matiere du droit administratif au Cameroun

Dans son essence, le droit n'est qu'une superstructure qui varie en fonction de la matière qu'il régit et non l'inverse. Le droit administratif camerounais qui n'échappe pas à cette donne se dépérit corrélativement à la réduction de sa matière, dépérissement qui se traduit par le travestissement du droit de la responsabilité administrative et sa déjuridicisation.

Que l'autorité de tutelle des communes est le ministre de l'administration territoriale…(Irrecevabilité)

[92] P. Duez, *La responsabilité de la puissance publique (en dehors des contrats),* Dalloz, Paris, 2ème éd, 1938, pp 103 et ss.

[93] A.S. Mescheriakoff, « Le déclin de la fonction administrative contentieuse au Cameroun », *RJPIC,* T. 34, Nov. 1980 pp. 825- 840.

A. Le travestissement du droit administratif de la responsabilité administrative

Deux maux minent le droit administratif camerounais de la responsabilité : La généralisation de la compétence judiciaire et les velléités d'un certain « déni de justice ».

1. La généralisation de la compétence judiciaire en matière de responsabilité

En droit administratif camerounais, la responsabilité du fait des actes administratifs est maigre. Et comme si cela ne suffisait pas, les lois viennent dans ce domaine déjà fortement tronqué soustraire également quelques catégories d'acte, rendant le champ de compétence du juge administratif de plus en plus incertain. On est porté à se demander si d'ici peu les missions de ce juge dans ce domaine ne deviendront pas une véritable sinécure.

On pourrait avec pertinence nous rétorquer que, selon une doctrine de plus en plus dominante, l'intervention du juge judiciaire dans le domaine de la responsabilité des personnes publiques n'est plus anormale. On partirait alors des idées développées par certains auteurs à la tête desquels se trouve Eisenmann, qui a démontré successivement d'une part que la soumission de cette responsabilité à un droit « autonome » n'est pas le principe et d'autre part que le droit public et le droit privé de la responsabilité extra contractuelle ne diffèrent pas foncièrement[94]. Il sera d'ailleurs rejoint dans une certaine mesure par M. Chapus.[95] Cette objection est fondée, mais ne nous contrarie pas. Sans doute convient-il d'analyser le schéma du droit camerounais.

L'ordonnance N° 72/06 [96] repris la loi n° 2006/022,[97] pose qu'en matière de responsabilité, la cour suprême connaît des recours en indemnisation du préjudice causé par un acte administratif. Il ajoute que les tribunaux de droit commun connaissent conformément au droit privé de toute autre action même si elle met en cause les personnes morales de droit public, la responsabilité de l'État étant substituée à celle de son agent lorsque la faute est commise dans l'exercice de ses fonctions. Il en résulte trois conséquences majeures. D'abord, toute la matière de la responsabilité extra contractuelle des personnes publique (en dehors des actes administratifs) ressortit à la compétence du juge judiciaire ; ensuite, le juge statue conformément aux règles de droit privé ; enfin il applique le mécanisme de substitution lorsque la faute est commise dans l'exercice des fonctions.

---

[94] Ch. Eisenmann, « Sur le degré d'originalité de la responsabilité extra contractuelle des personnes(Collectivités) publiques », *JCP*, 1949, pp. 742 et 751)

[95] R. Chapus, *Responsabilité publique, responsabilité privée*, LGDJ, 1957.

[96] Fixant organisation de la Cour suprême art 9 al. 3, précité.

[97] Op.cit., art. 2 et 3.

Sauf à nier la réalité du régime administratif, il est indiscutable que l'administration publique repose sur des principes et des finalités qui lui sont propres et que par conséquent, elle doit être gérée par un juge différent.

Toutefois, que le juge judiciaire soit amené à connaître les litiges mettant en cause les personnes publiques, n'est pas en soi un scandale et ce n'est pas ce qui choque. Nous partageons logiquement la pensée de M. Chevallier qui a démontré que la loi des 16 et 24 août 1790 en affirmant la séparation des fonctions judiciaires et des fonctions administratives n'avait pas voulu interdire aux tribunaux de juger l'administration, mais seulement de faire œuvre d'administrateur.[98] Cette analyse peut être transposée *mutatis mutandis* au droit administratif camerounais. Dès lors, comme le pense le professeur Gaudemet « la situation est telle qu'elle condamne d'elle-même le vieux thème d'après lequel le juge judiciaire serait constitutivement inhabile à être le juge de l'action administrative »[99] Bien plus, on sait qu'il est parfaitement possible que le droit administratif soit mis en œuvre dans un système de monisme juridictionnel. Dans ce cas, la juridiction unique applique le droit privé dans les rapports entre particuliers et le droit administratif dans les rapports entre les personnes publiques et les personnes privées[100]. Cela a d'ailleurs donné lieu à de très bons résultats dans certains pays, à l'instar de la Grande-Bretagne, ainsi que le démontre J. Bell.[101] Et Dénis Levy[102] On peut même penser que cela constitue un puissant ferment pour l'enrichissement du droit administratif, car en appliquant les règles de droit public, le juge judiciaire peut leur imprimer une dynamique propre qui, inévitablement va au-delà de la simple réception, même si ceci peut se faire parfois au prix d'un certain gauchissement. Qui plus est, cette intervention judiciaire pourrait donner une dimension particulière à la discipline qui révèle ainsi sa double autonomie, aussi bien vis-à-vis du droit privé que vis-à-vis du juge administratif. Sur ce dernier aspect d'ailleurs, la doctrine est unanime à démontrer que le droit administratif ne dépend pas nécessairement du juge administratif. [103]Dans ces conditions, la compétence du juge judiciaire n'affecte pas véritablement la particularité de la matière, puisqu'il applique plutôt « le droit administratif judiciaire ».[104]D'ailleurs,

---

[98] J. Chevallier, « Du principe de séparation au principe de dualité », *RFDA*, 1990,p. 713 et ss.

[99] Y. Gaudemet, « L'avenir de la juridiction administrative », *Gazette du Palais*, 27 sept. 1979, p. 514.

[100] Pour cette dernière hypothèse on peut utilement se référer à l'arrêt Giry…

[101] J. Bell, « Unité ou dualité de juridiction en matière administrative », *RFDA*, N° 5 1990, pp. 892 et ss.

[102] D. Levy, « Les développements récents du droit administratif anglais. En guise d'exemple, l'auteur cite le dénouement d'une affaire devenue célèbre. RidgeV Badwin », in *Mél. Chapus*, Ed. Montchrestien, 1992, pp. 390-392.

[103] Voir dans ce sens, A. Van Lang, *Juge judiciaire et droit administratif*, LGDJ, Bibliothèque de droit public, T. 183, 1996, pp. 251 et ss.

[104] P. Weil, « A propos de l'application par les tribunaux judiciaires des règles du droit public, ou : les surprises de la jurisprudence Giry », Mél. Eisenmann, 1975, p. 379.

quel que soit le cas, du seul fait qu'on sait que le droit de la responsabilité administrative en France est le fruit d'un travail jurisprudentiel patient et réfléchi, on peut entièrement être d'accord avec M. Sandevoir pour penser que « tout cela ne disparaît pas facilement par quelques virements jurisprudentiels de circonstance. Une certaine philosophie administrative, des valeurs déterminées président à ce type de constructions juridiques et persistent longtemps, en dépit d'évolutions pratiques inévitables ou heureuses ».[105]

Ce qu'il y a de nouveau, ce sont les causes, l'intensité avec lesquelles cette incursion se manifeste ou se propose, le contexte dans lequel tout cela se produit. « Il semble en effet, pense M. Rebollo Puig, que tout dépend du simple choix du législateur, ou plus exactement des multiples choix du législateur qui, sans tenir compte d'aucun critère essentiel et profond, déduit de la nature des choses, décide librement quand et où il doit établir les règles spéciales et quel est leur domaine d'application »[106]

Aussi, qu'il soit demandé au juge judiciaire de statuer conformément au droit privé comme au Cameroun pour les litiges mettant en cause l'administration, et qui plus est toute la matière de la responsabilité extra contractuelle peut de toute évidence s'avérer difficultueux ; car contrairement à ce que l'on peut penser, l'administration reste l'administration, avec ses contraintes, ses suggestions, ses privilèges, et les artifices qu'on attache à sa gestion (distinction gestion publique - gestion privée) sont inopérationnels, car en réalité, « il est absurde de distinguer les activités réalisées par l'administration en tant qu'administration publique et celles qu'elle réalise en tant que sujet de droit privé. Elle ne subit jamais cette métamorphose »[107]Le transfert massif de la compétence du juge administratif au juge judiciaire fait de celui-ci un concurrent réel du juge administratif dans la connaissance de l'opération administrative. Il convient de dire avec insistance que ce mouvement de banalisation du droit administratif peut, selon une vision optimiste, être source d'enrichissement. Or dans un système moins rodé tel que celui du Cameroun, il faut craindre que cette situation ne produise l'effet contraire. Car le juge judiciaire habitué au maniement du droit écrit aura, selon toute vraisemblance de la peine à intérioriser le droit jurisprudentiel et les rapports entre les personnes publiques et les agents publics. Pire encore, il pourrait avoir une propension à appliquer les principes du droit public qui lui sont étrangers, ainsi qu'en témoigne l'affaire Litty Hermann[108] La Cour Suprême statuant en cassation

---

[105] P. Sandevoir, « Unité et diversité du contentieux administratif et du contentieux judiciaire dans le droit de la responsabilité hospitalière », *Mél. R. Drago*, Economica, 1996, p.472.

[106] M. Rebollo Puig, « Monisme ou dualisme du droit de l'administration et unité ou dualité de juridiction en matière administrative », *Rev. Adm.*, N° spécial, 2000, P. 34.

[107] ibid, p. 39.

[108] Cour Suprême, Arrêt n° 245du 18 juillet 1967, Litty Hermann C/ Mbeleck Paul. Un accident de circulation ayant été causé par un chauffeur de l'administration, les juges

rappelle alors aux juges inférieurs qu'ils doivent rechercher, au regard du droit privé et non du droit administratif si la responsabilité civile de l'État est engagée du fait de son agent et, dans l'affirmative, la substituer de plein droit à la sienne. Cette mise au point s'est par la suite avérée vaine puisque dans plusieurs autres décisions, le juge judiciaire a continué à interpréter le lien de service[109] « court-circuitant » ainsi le juge administratif dans sa matière.

Dans cet imbroglio, on comprend que l'articulation des décisions du juge judiciaire avec les principes de fonctionnement et de gestion des services publics et même de la justice administrative se réalise avec beaucoup de peine, au détriment du droit administratif. L'une des plus vibrantes preuves est donnée par la question de la contestation de l'action récursoire. Ici, la position du juge administratif traduit un véritable assujettissement vis-à-vis du juge judiciaire, car pour lui, la substitution de responsabilité de l'administration à celle de son agent est un simple acte mécanique qui légitime à tous égards l'action récursoire de l'administration contre son agent coupable. Car en cas de contestation, il se refuse systématiquement de l'annuler sous prétexte que la décision du juge judiciaire acquiert l'autorité de la chose jugée.[110]

On voit alors que le juge judiciaire, et même parfois le juge administratif, n'ont jamais compris la portée réelle de la nouvelle répartition des compétences imposée par les textes. Ils devraient comprendre qu'en même temps que ces textes créent une règle de compétence exclusive des tribunaux judiciaires en matière de responsabilité extracontractuelle de l'État[111], elles créent deux règles de fond, à savoir la situation de la victime qui est réglée selon les principes du droit civil, et que cette victime ne peut s'adresser qu'à l'Administration pour la réparation du préjudice subi. Le litige entre l'Administration et son agent, notamment en contestation de l'action récursoire, est réglé par le juge administratif. Tant que cela n'est pas compris, c'est le rôle du juge administratif qui s'en ressentira.

Il est de bon droit de penser que le juge administratif peut faire mieux que d'être hésitant entre l'activisme et la réserve, empêtré dans le respect inconditionnel à l'égard du juge judiciaire qui n'est pourtant pas conçu à cet usage, mais dont il a aussi bien du mal à se détacher.

---

judiciaires d'instance et d'appel saisis condamnent directement le chauffeur pour, disent-ils avoir, commis une faute personnelle, alors que les textes lui recommandent de statuer selon les règles de droit privé qui ne connaissent pas la distinction publiciste faute personnelle et faute de service et qui imposaient qu'il soit procédé à la substitution de plein droit de la responsabilité de l'État à celle de son agent..

[109] Entre autres, Jugement civil n° 80 TGI Yaoundé, 21 déc. 1983, Simo André C/ Prison centrale de Yaoundé et État du Cameroun ; 18 avril 1984, Zogo Lucien C/ État du Cameroun ; n°18 du 9 octobre 1985Mbamba Ndeme Louis C/ État du Cameroun etc.

[110] CS/CA, Jugement N°33 du 27 septembre 1978, Owoundi Jean Louis C/ État du Cameroun

[111] En dehors des actes administratifs.

2. Les velléités d'un certain « déni de justice »

De manière générale, le droit administratif camerounais a une conception restrictive de la responsabilité des personnes publiques. Certains auteurs, à tort ou à raison expliquent cette attitude par la volonté d'économiser les deniers publics[112].Cette tendance s'observe notamment dans sa variante catégorielle de responsabilité-prix.[113] On sait en effet que selon cette dernière règle, « toute personne morale qui exerce une activité correspondant à la satisfaction d'un intérêt public, et tenue pour régulière, doit réparer, indemniser les dommages spéciaux et anormaux infligés à des tiers au titre de cette activité », [114]et que spécialement en droit public, la jurisprudence en fait application aussi bien aux activités normatrices qu'aux activités matérielles. S'agissant spécifiquement des activités normatrices, le juge administratif applique la règle lorsque de telles activités causent un dommage spécial et anormal. Aussi le Conseil d'État français condamnera-t-il l'État à payer à la Société anonyme des produits laitiers « La Fleurette » pour préjudice anormal et spécial qu'elle a subi du fait d'une loi.[115], règle qui sera étendue aussi bien aux conventions internationales,[116] qu'aux actes unilatéraux présentant des carences d'application des actes juridictionnels.[117].

Malheureusement, le juge administratif camerounais tarde à entériner une telle solution. L'occasion lui avait pourtant été donnée dans une affaire plus ou moins récente, relative à la responsabilité de l'État du fait de la loi. Il ne l'a pas saisie. Et l'arrêt de la Société des grands travaux de l'Est[118] en est un cas topique. Une loi modifie les dispositions du Code général des impôts et fait rétroagir lesdites modifications. La société requérante saisit le juge administratif au motif que la modification concernée lui fait perdre 7.726.360 francs au titre de la taxe proportionnelle sur les revenus des capitaux immobiliers. Ayant été déboutée en premier ressort, elle saisit le juge d'appel qui tout en reconnaissant la violation du principe de non-rétroactivité de la loi, confirme le premier jugement par un raisonnement

---

[112] Voir dans ce sens, R.G. Nlep, *L'administration publique camerounaise*, op cit, M. Ondoa, *L'économie des deniers publics dans l'administration camerounaise*, Thèse de doctorat de droit public, Université de Yaoundé, F.D.S.E., 1990.

[113] On sait que du point de vue de ses fonctions, la responsabilité comporte l'une des trois catégories suivantes :la responsabilité- sanction, la responsabilité -assurance et la responsabilité -prix. Pour d'amples précisions, voir L. De Gastines, « La responsabilité extracontractuelle des personnes morales publiques », *RDP*, 1992, pp 139 et ss.

[114] L. de Gastines, op cit, p. 162.

[115] CE, 14/1/1938, Société anonyme des produits laitiers « La Fleurette », Réc. P. 25.

[116] CE, 29/10/1976, Ministre des affaires étrangères C/ Consorts Burgat, AJDA, 1977, p.56 et 30.

[117] CE, 30/11/1923, Couitéas, et plus récemment encore, CE, 6/5/1991, Société Automobile Citroën, RDP, 1991, p. 1454.

[118] Arrêt N°4/CFJ/AP du 28/10/1970, Société des grands travaux de l'Est C/ État du Cameroun Oriental.

pour le moins déroutant : *« Attendu d'autre part qu'au regard de la constitutionnalité de la modification législative litigieuse, aucun contrôle de constitutionnalité des lois par voie d'exception comme en l'espèce n'est prévu par le droit camerounais. »* Un véritable paralogisme. Le juge est parti d'un raisonnement vicié pour aboutir à une conclusion manifestement fausse. Il s'est appuyé sur l'inconstitutionnalité de la loi et par là, a mal déterminé l'objet du litige. Il aurait pu, sans tenir compte de la validité de la loi voir si la charge issue de la loi qui incombait à la requérante était particulièrement grave, importante et spéciale et, le cas échéant, donner suite à la demande de réparation du préjudice subi. Ne l'ayant pas fait, le juge a affirmé haut et fort non seulement l'irresponsabilité de l'État législateur, l'injusticiabilité de tels litiges et, partant, son impossibilité de mettre en œuvre la responsabilité sans faute de l'État sur la base de la rupture de l'égalité des citoyens devant les charges publiques du fait des lois. Un déni de justice, privant ainsi le juge administratif d'une partie de sa matière.

B. L'essor du mouvement de « déjudiciairisation » de l'action administrative

Le terme judiciarisation est doté d'une polysémie source de confusion qui le rapproche de juridictionnalisation et même de juridicisation. Pourtant, la judiciarisation qui est une notion toute différente peut prendre deux sens. D'abord, en tant que tendance de l'évolution du droit positif, entendu comme la transformation d'un organisme en rouage de la justice par son intégration dans l'appareil judiciaire. Ensuite, en tant que pratique d'acteurs, la judiciarisation apparaît comme une pratique par laquelle on soumet les conflits ou différents au juge.[119] Prise dans ce dernier sens, la déjudiciarisation qui en est le mouvement inverse traduit la pratique des immunités juridictionnelles par laquelle les politiques soustraient d'une manière ou d'une autre les différends à la connaissance du juge.

Dans le contexte Camerounais, cette pratique prend des proportions inquiétantes. Si l'acte de gouvernement est considéré comme le chancre classique de l'immunité juridictionnelle, le législateur camerounais fait montre d'une hardiesse particulière à créer d'autres zones obscures de « justiciabilité ».

1. Le clair-obscur de la notion d'acte de gouvernement

La notion d'acte de gouvernement est une catégorie bien définie et nous pouvons valablement dire aujourd'hui que c'est un domaine scientifiquement pacifié. En conséquence, comme nous l'avions démontré dans

---

[119] Pour d'amples informations dans ce sens, voir L. Cadiet, (Dir), *Dictionnaire de la justice ?* PUF, 2004, pp. 675 et suiv.

d'autres circonstances,[120] l'analyse qui consiste à considérer que tous les actes de l'administration qui bénéficient d'une immunité juridictionnelle du fait de la loi sont des actes de gouvernement est scientifiquement fausse et intellectuellement erronée.

Par définition, l'acte de gouvernement est « un acte accompli par le pouvoir exécutif, dans ses relations avec une autorité échappant à tout contrôle juridictionnel »[121] Cette définition révèle ainsi la distinction entre les actes de gouvernement et d'administration, en tout cas, « la part politique non administrative de l'activité de certaines autorités relevant du pouvoir exécutif »[122]. Le juge administratif camerounais semble avoir bien assimilé ces définitions

Pourtant, comme l'a observé le professeur Kamto,[123] la position du juge camerounais sur la question est curieuse. Car pendant longtemps ayant fait appel aux critères objectifs, il a semblé à un moment faire intervenir le critère incertain du mobile politique.

Pendant longtemps, dans beaucoup de ses décisions[124], le juge s'est voulu précis et détaillé quant à la définition et aux domaines d'intervention des actes de gouvernement. Il s'agit des actes qui intéressent soit les rapports du gouvernement avec le parlement, soit les rapports du gouvernement camerounais avec l'étranger dans le domaine international et diplomatique. Il s'agit là pour le juge camerounais, qu'il soit administratif ou judiciaire[125], d'une position constante qui entérinait seulement celle du Conseil d'État français dans son arrêt du 19 février 1875 Prince Napoléon[126].

La position du juge administratif camerounais est d'autant plus claire sur la question que dans l'arrêt Monkam Tientcheu David, il ajoute que même dans l'hypothèse où une loi dispose qu'un acte donné ne peut faire l'objet d'un recours administratif ou judiciaire, cette disposition ne saurait être interprétée comme excluant le recours pour excès de pouvoir qui est ouvert même sans texte, contre tout acte administratif faisant grief et qui a pour effet d'assurer conformément aux principes généraux, le principe de la légalité. On peut observer que cette position qui cite in extenso l'arrêt du Conseil d'État Dame Lamotte (17/02/1950)[127] permet d'une part, de faire une distinction entre les actes de gouvernement et les actes Administratifs

---

[120] S. Bilong, « Le déclin de l'État de droit au Cameroun : le développement des immunités juridictionnelles » *Juridis périodique* n° 62, Avril, mai, juin 2005 p. 55 et suiv.

[121] R. Odent, *Contentieux administratif*, Cours IEP, Paris, 1970/1971, p. 304.

[122] J. Moreau, *Droit administratif*, PUF, 1989, p.66.

[123] M. Kamto, « Actes de gouvernements et droits de l'homme au Cameroun », *Lex lata*, N° 026, mai, 1996, p. 9 et suiv.

[124] Jugements CS/CA du 31 mai 1979 Kouang Guillaume Charles, CS/CA 29 mars 1980 Essomba Marc Antoine, et CS/CA 29 mai 1980 Monkam Tientcheu David.

[125] CS/S 14/7/1977,Tsanga Soter C/ Banque Camerounaise de Développement

[126] Voir M. Long, P. Weil, G. Braibant et autres, *Les grands arrêts de la jurisprudence administrative*, Dalloz, 16ème édition 2007, N° 3, P. 16 et suiv.

[127] Op.cit., n° 64.

unilatéraux, d'autre part et surtout, de dire que le gouvernement ne peut, dans l'exercice du pouvoir réglementaire soustraire certains de ses actes à tout contrôle juridictionnel, soit en écartant le recours pour excès de pouvoir, soit en prononçant la validation de certaines décisions administratives.

Or, très rapidement, la Chambre administrative de la Cour Suprême va se déjuger, car dans l'affaire à rebondissements Essougou Benoît[128], le juge va faire valoir l'argument du mobile politique. Il dit en substance que « *l'acte de gouvernement est un acte à caractère essentiellement politique dont la décision appartient exclusivement au gouvernement. C'est aussi un acte se rattachant à l'exercice de la puissance exécutive dans les matières du gouvernement* ». Cette position du juge administratif dans cette affaire est triplement troublante.

D'abord tout en affirmant que la décision de rejet de la demande de reconduction d'une autorisation d'exercer en clientèle privée par le Ministre de la santé n'est pas un acte de gouvernement, il précise que celui-ci est un acte ayant un caractère essentiellement politique donc la décision appartient exclusivement au gouvernement. On croirait alors que le juge savait bien ce que recouvre la notion du caractère politique, mais on comprend mal pourquoi il n'a pas daigné en esquisser le contenu.

Ensuite, il apparaît que c'est la première fois qu'il fait appel à ce critère et on a de la peine à comprendre comment la plus haute juridiction a pu délibérément jeter du flou dans un domaine depuis longtemps « pacifié », mettant ainsi en question l'État de droit.

Enfin, on peut observer que la position du juge administratif dans l'arrêt Essougou Benoît se trouve en retrait par rapport au Conseil d'État français qui, depuis l'arrêt Napoléon a définitivement abandonné la théorie du mobile politique qu'il faisait pourtant valoir plusieurs années auparavant.[129]Il y a, quoi qu'on dise, une régression juridique et, partant, une menace dans l'épanouissement du droit administratif. Ce qui est fort regrettable.

2. L'accentuation de la « déjudiciarisation » d'origine législative

L'analyse stratégique de la conjoncture normative camerounaise prouve clairement que les pouvoirs publics veillent à assurer une protection efficace de la puissance publique. L'instrumentalisation consiste ainsi à recourir à l'accentuation de ce qui, dans un État de droit, constitue une véritable brèche ouverte à la soumission de l'administration au droit, de même qu'à l'épanouissement du droit administratif. La déjuridiciarisation de l'activité administrative se traduit alors par le développement des immunités juridictionnelles d'origine législative. Nous sommes ici en présence d'une

[128] CS/CA, jugement du 24 avril 1980, et CS/AP Arrêt du 19 mars 1981, Essougou Benoît.

[129] CE, 01/05/1822 Laffitte, Réc. 1821-1825, p. 202 ; CE, 09/05/1867 Duc d'Aumale et Michel Lévy, Réc. P. 472.

situation juridiquement singulière par laquelle le législateur met carrément l'État en marge du droit.

Tout commence par une loi de 1964, prétendument initiée pour lutter contre le terrorisme. Une parade légitime ; car, croyait-on, la situation était circonstancielle ou occasionnelle. Malheureusement, la réaffirmation de l'immunité juridictionnelle de l'État va s'inscrire dans un courant législatif moins spectaculaire, mais néanmoins constant qui tend à restreindre le contrôle de l'administration, se manifestant par la création de nouveaux gisements de non-droit par la multiplication des îlots d'immunités juridictionnelles, dépouillant ainsi le contentieux administratif de son domaine de prédilection et le droit administratif de sa matière.

La loi N° 64/LF/1 du 26 juin 1964 relative à la réparation des dommages causés par les activités terroristes exclut de la connaissance du juge toutes les actions en indemnisation du préjudice éventuellement causé par les activités terroristes ou les actions en répression de ces mêmes activités.[130] De telles actions sont soumises exclusivement au Président de la République qui statue sur la base des considérations méta juridiques, tel par exemple l'apport du requérant dans la construction d'un Cameroun moderne. On se trouve ainsi au cœur de l'administration-juge. Et qui plus est, la loi se voulait rétroactive, c'est-à-dire qu'elle a concerné les affaires déjà pendantes devant les juridictions et c'est sur cette base que la Cour fédérale de justice se déclara dessaisie dans l'affaire de la société forestière de la Sanaga.[131]

La loi N° 80/31 du 27 novembre 1980 dessaisissant les juridictions des affaires relatives aux contestations soulevées à l'occasion de la désignation des chefs traditionnels. L'article 1er de cette loi pose : *« les juridictions de droit commun et de l'ordre administratif sont dessaisies d'office de toutes les affaires pendantes devant elles et relatives aux contestations soulevées à l'occasion de la désignation des chefs traditionnels ».* C'est sur la base de cette loi que l'Assemblée plénière de la Cour Suprême va se déclarer dessaisie dans un arrêt de trois affaires pendantes devant elle et relative à la désignation des chefs traditionnels.[132]Pourtant, de par la formulation de la loi, on se serait attendu à ce que le juge se déclare seulement dessaisi des affaires pendantes et que pour toutes les autres avenir qu'il ne sente pas sa compétence affectée, le dessaisissement n'étant pas synonyme de

[130] L'article 1er de ce texte pose : « Est irrecevable nonobstant toutes dispositions législatives contraires, toutes actions dirigées contre la République fédérale, les États fédérés et les autres collectivités publiques dans le but d'obtenir la réparation des dommages de toute nature occasionnés par les activités terroristes ou pour la répression du terrorisme »

[131] CFJ/AP, N° 3, du 15/03/1967, Société forestière de la Sanaga C/ État du Cameroun Oriental.

[132] Arrêt N° 17/CS/AP, du 19 mars 1981 (3 espèces) :
1)- État du Cameroun C/ Enfants du chef Banka
2)- Collectivité Deido –Douala C/ État du Cameroun
3)- Kouang Guillaume C/ État du Cameroun.

l'incompétence. Malheureusement, il a assimilé le dessaisissement à l'incompétence et a étendu la compréhension de la loi à d'autres espèces ultérieures.[133]

Enfin, sans être exhaustif dans cette énumération, on peut aussi citer la loi n°2003 /016 du 22 décembre 2003 relative au règlement des litiges portant sur les limites des circonscriptions administratives et des unités de commandement traditionnel. L'article 1er de cette loi pose que de tels litiges « sont portés devant des commissions qui, à la suite d'une procédure contradictoire, établissent des procès-verbaux au vu desquels l'autorité compétente statue en premier et dernier ressort ». L'article 2 ajoute : « Est irrecevable nonobstant toute disposition législative contraire, tout recours judiciaire en annulation d'un acte pris pour le règlement des litiges portant sur les limites des circonscriptions administratives. »

Sans doute est-il prématuré, sur la base de ces faits rapportés, de dresser le certificat de décès de la juridiction administrative. Mais on doit observer pendant ce temps que la fonction est de plus en plus réduite à la portion congrue. Les précédents qui auraient dû être suivis sont interprétés de manière à aboutir à un contrôle minimum. Point n'est besoin de présenter ici dans les détails, la liste des décisions qui, en statuant sur les principes antérieurement débattus, en ont donné une conception dans le sens de la réduction systématique des pouvoirs du juge. On peut néanmoins citer à titre d'exemple et de manière arbitraire, le jugement Bateg [134] Une brève indication des faits n'est pas inutile pour une meilleure compréhension. Dans cette affaire, les opérations de désignation se sont déroulées dans des bonnes conditions ; l'autorité de tutelle, le préfet en a entériné la décision. Quelques mois après, son supérieur hiérarchique lui intime l'ordre d'abroger son acte (d'où en quelque sorte c'est le ministre qui l'abroge alors qu'il n'est pas compétent), ce qui est fait, au mépris des droits acquis. Appelé à statuer sur cette grave illégalité, le juge dit : « *Attendu qu'en conséquence cette affaire relative aux contestations soulevées à l'occasion de la désignation d'un chef traditionnel est exclue de la compétence de cette juridiction, la loi ne précisant pas s'il s'agit des contestations soulevées au cours des consultations ou après l'arrêté préfectoral d'approbation de la désignation.* » On le voit bien, pour le juge administratif, tout ce qui tourne de près ou de loin autour de ces domaines exclus de la compétence contentieuse des juridictions, subira le même sort, même lorsqu'il s'agira des questions d'ordre public, telles que la compétence des autorités administratives

Le constat est que ces immunités concernent des domaines où l'administration détient d'importants pouvoirs exorbitants. Une étude a été menée sur cette question et a permis de montrer que non seulement ces lois

---

133 Jurisprudence Egbe Bessong

134 CS/CA, n°8/02/03 du 31 octobre 2002,Bateg Daniel C/ État du Cameroun

n'ont pas créé des actes de gouvernement, mais surtout traduisent à la fois une inconstitutionnalité criarde et l'émergence du l'écran législatif.[135]

On ne peut manquer d'observer que le droit administratif camerounais connaît une évolution paradoxale. Le développement des prérogatives de puissance publique propres aux pays en voie de développement ne s'accompagne pas d'un développement corrélatif de la mise en œuvre des règles de droit administratif. Il y a là une dérive importante qui donne au droit administratif camerounais, un visage particulier.

CONCLUSION

Sans doute, notre démarche ne rend-elle pas entièrement compte de l'état réel de délabrement du doit administratif camerounais qui, visiblement, se comporte comme en sursis, dans l'attente du sacrement d'extrême onction ; mais elle permet à tout le moins de bousculer des certitudes et d'alimenter le doute autour de cette discipline.

Le droit administratif est très sensible au phénomène de l'accélération de l'histoire, certainement, parce qu'il est lui-même, dans une certaine mesure le produit de l'histoire.

D'une simple mutation observée au début des années soixante-dix avec la constitution camerounaise d'alors, l'évolution du droit administratif s'est muée en une véritable remise en cause. Cette crise s'est manifestée aussi bien au niveau même de l'origine de sa production normative, ce droit devenant davantage légiféré[136], qu'au niveau de l'alourdissement du droit administratif processuel, avec pour élément essentiel, la consécration du recours gracieux préalable comme facteur d'énervement des velléités des recours contentieux, situation qu'observeront très rapidement les professeurs Kamto et Nlep[137] . Face à cette déliquescence, à cette décrépitude avancée de la discipline, l'enseignant semble condamné à une posture pédagogique des plus inconfortables et, du coup, la question posée par M. Caillosse au titre d'une de ses réflexions semble plus que d'actualité.[138] C'est qu'en réalité, le droit administratif camerounais se trouve dilué dans un cocktail indescriptible, fait d'un mélange confus de droit public, de droit privé et de politique, avec comme résultat voulu ou non, la crise de la légalité et de l'État de droit. Dès lors, il n'est plus exagéré de penser que la vie du droit administratif camerounais est faite d'un quotidien gémissant, comme si la discipline n'attendait qu'un coup de grâce.

---

[135] S. Bilong, « Le déclin de l'État de droit au Cameroun… », op cit notamment p. 57 et suiv.

[136] Voir dans ce sens J.-M. Bipoun Woum, « Recherche sur les aspects actuels de la réception du droit administratif … », pp 364 et suiv..

[137] Voir supra dans leurs articles précités.

[138] J. Caillosse, « Quel Droit administratif… », op cit

Notre propos peut, à la limite, paraître pessimiste ; mais c'est parce que la pensée juridique qui essaye de suivre ces nouvelles contorsions et distorsions de la discipline pour en extraire la substantifique moelle, n'arrive qu'à un résultat somme toute décevant. Sa laïcisation est d'autant plus accentuée que ses clés de délimitation et d'explication des particularismes deviennent véritablement incertaines[139]. La technique d'« immunisation » juridictionnelle des actes administratifs et la procédure contentieuse tatillonne inhibent le rôle du juge dans son effort de jurislation, refoulant tout espoir de voir la discipline renaître de ses cendres.

Il faut cependant dire que notre cri de détresse ne doit être ni exagéré, ni désespéré. Dans cette phase déclinante, quelques voies de solutions sont possibles dont les moindres ne sont pourtant pas la sécurisation, par la voie de la constitutionnalisation, du statut du juge administratif, l'entrée en scène effective du juge constitutionnel et l'harmonisation des textes, avec comme idée sous-jacente leur codification. Faire appel à celle-ci ne signifie cependant pas de réinventer le droit administratif, mais tout simplement, de classer ses textes importants dans un document unique et soigneusement recoupé. Certes c'est une tâche assez difficile, mais certains États en ont fait des esquisses[140] et l'expérience n'a pas été décevante. Le besoin d'un tel travail est réel, sauf à vouloir sombrer définitivement dans une situation touffue, compacte et difficile à démêler, surtout avec la perspective de l'arrivée inévitable des normes communautaires dans le paysage administratif africain.

Le mouvement évolutif du droit administratif camerounais a besoin être maîtrisé, et appelle un cadrage mieux, un recentrage judicieux, afin qu'il n'apparaisse pas plus tard comme symptomatique d'une disparition programmée de cette branche de droit, mais plutôt comme le trait marquant de la nouvelle identité d'une discipline qui s'adapte à son environnement et à son temps.

---

[139] Dans ce sens, voir, J-B. Auby, « Le mouvement de banalisation du droit des personnes publiques et ses limites », *Études offertes à Jean-Marie Auby*, Dalloz, 1992, P. 9.

[140] On voit par exemple le cas du Sénégal qui a mis sur pied un Code des obligations de l'administration (Loi N°65.51 du 19 juillet 1965 portant…, JO, N° 3763 du 23 août 1965)

Evolution du droit administratif camerounais

Daniel MBARGA NYATTE
Chargé de Cours / HDR, FSJP/ Université Yaoundé II

A l'heure où se célèbrent partout en Afrique subsaharienne, les cinquantenaires de l'accession à l'indépendance, il est tout à fait aussi utile de faire un premier bilan des droits africains.

Le droit administratif, cette branche du Droit Public constituée de l'ensemble des règles juridiques conçues pour régir les organes et les activités de l'Administration, excluant de son champ d'application les activités extra-administratives et qui sont d'ordre constitutionnel, international, financier ou judiciaire[1], est par essence évolutif et novateur.

Il ne peut en être autrement, et le droit administratif camerounais, dès lors qu'on le considère comme tel, à l'instar de celui des autres pays d'Afrique noire francophone, trouve son origine dans le droit français. Et comme 'la si bien souligné le Professeur A. Bockel (1978 : 19) les principaux concepts, les grandes constructions théoriques, comme les techniques particulières sont identiques[2].

Ce mimétisme, considéré par la plupart des auteurs d'outrancier, déteint une matière transplantée dans un milieu tout à fait différent du pays

---

[1] Toutefois, cette distinction n'est pas toujours facile à opérer. C'est pour cela que, afin de cerner la notion d'activité administrative, on considère trois critères, à savoir,

- Celui organique à partir des organes qui s'y livrent, dont les structures administratives des personnes publiques
- Celui fonctionnel qui se réfère à la nature des fonctions assumées ayant pour finalité la satisfaction des besoins de l'ensemble de la collectivité.
- Celui matériel s'intéressant à la nature des actes accomplis et qui sont soit unilatéraux ou bilatéraux.

[2] Voir A. Bockel, *Droit Administratif*, Nouvelles Editions Africaines 1978. P.19. En effet, les principaux concepts de base sont repris du modèle français, comme les constructions théoriques identiques telle la notion de personne publique. Les mêmes théories du contrat, de la responsabilité, de l'acte unilatéral et de sa légalité, les principes généraux du droit. La similitude dans les techniques et procédés juridiques, c'est-à-dire l'ensemble des recettes difficiles à retenir globalement, qui constituent la trame, la charpente du commerce juridique, ou l'architectonique, pour reprendre l'expression de Cretalla (in *Droit Administratif comparé*, Editora da Universidade de Sao Paulo 1973) est évidente.

d'origine, la France, qui possède une longue tradition démocratique et une expérience dans la construction de l'État de droit depuis 1789[3].

Mais, au-delà des conséquences négatives inhérentes à cette réalité[4], J.C. Gautron trouve néanmoins une explication, une justification, dès lors qu'il souligne de manière positive, que les États de l'Afrique noire (sous-développés, non développés, ou en voie de développement) ont acquis en partage certaines conceptions théoriques universalistes par leur visée et historiquement dominantes au moment où elles ont été reçues. Ainsi deux bons d'eux d'entre elles ont servi d'alibi et de vecteur pour l'implantation et la croissance d'une administration publique :

D'abord, il a été induit de la sociologie wébérienne, la perspective stratégique qu'une administration de type légal-rationnel devait être substituée à des modes de domination et à des légitimités traditionnelles, pouvant prendre en charge des objectifs de modernisation ou de développement et, en augmentant ses capacités techniques, l'administration relèverait à la fois de la logique de l'État et celle de développement.

Ensuite, la sociologie du développement elle-même, fortement influencée par le dualisme, a longtemps affirmé que les différences entre les pays ou secteurs développés, et les pays ou secteurs sous-développés, étaient identifiables en termes de retard dans les étapes de la croissance, (sociologie historique de Rostov) ou d'écart entre les structures, trop particularistes dans le pays sous-développés, plus universalistes dans les pays développés (sociologie structurale de Hozelitz)[5].

Cette double présupposition a ainsi créé des conditions favorables, objectivement et subjectivement, consciemment ou non pour un transfert massif des techniques et normes administratives des pays développés, surtout des pays dispensateurs d'une aide technique et financière, et pour la recherche des systèmes administratifs réputés spécifiques et mieux adaptés aux contextes locaux[6]. L'ultime conséquence à ces réalités restant, cela va s'en dire, et comme l'a si bien relevé Subramaniam de manière péjorative,

---

[3] Voir M. Kamto « La fonction administrative contentieuse de la Cour Suprême du Cameroun » in Les cours suprêmes en Afrique. Economica 1988.

- J.M. Bipoun Woum « Recherche sur les aspects actuels de la réception du Droit Administratif dans les États francophones d'Afrique noire d'expression française : le cas du Cameroun ». in RJPIC 1972. T. XXVI. N°3 p.361.
- J. Binyoum « Bilan de vingt ans de jurisprudence administrative de la Cour Suprême du Cameroun ». 1ère partie (1957-1965) in R.C.D. N°15-16 série II 1978.
- Langrod « Genèse et conséquence du mimétisme administratif en Afrique « RISA 1973.
- J. Bugnicourt « Le mimétisme administratif en Afrique, obstacle majeur au développement » in Revue Française de Science Politique. 1973.6.

[4] En effet, en dehors du mimétisme, l'on déplore l'affaiblissement de l'autonomie, ainsi que le caractère trop inégalitaire de ce droit.

[5] Voir J.C. Gautron « L'Administration » *Revue pouvoirs*, n°25 : « Les pouvoirs africains » P.107.

[6] Ibid.

une politisation sans cesse accrue de l'action de développement, modifiant ainsi les rapports entre les fonctionnaires et les gouvernants d'une part, les administrés d'autre part, le système administratif en partageant la fragilité[7].

Cela n'enlève pourtant rien au paradigme de l'évolution, surtout que les fondements politiques et constitutionnels sur lesquels repose le Droit Administratif sont porteurs de mutations.

D'abord le paramètre politique, comme l'a si bien montré le professeur F.P Benoit, s'impose, car, à l'origine, il existe un fondement politique, contingent, lié à la Révolution française de 1789. Par un phénomène de substitution de raison d'être, il s'impose ensuite un fondement technique qui n'est rien d'autre que le résultat de l'œuvre assumé par l'institution créée sur la base de fondement politique qui soutient son maintien. Le paramètre politique subsiste toujours, puisqu'il commande les modalités de l'organisation et du fonctionnement de la juridiction et de la jurisprudence administratives qui, en définitive, ne sont pas entièrement des problèmes de techniques juridiques, mais des éléments essentiels de la conception de l'État[8].

L'autre fondement, celui abondamment répercuté par G. Vedel, est celui des bases constitutionnelles du Droit Administratif[9], et il n'est pas superflu de le mentionner, les constitutions, tant en France qu'au Cameroun, ont connu et continuent de vivre une dynamique fort caractéristique, avec des répercussions sur les systèmes de droit en général[10]. Depuis les années 1983, des initiatives assez louables ont marqué la vie politique et institutionnelle, surtout en matière de promotion de la démocratie, l'instauration des libertés, et l'abolition des lois d'exception[11]. Ces initiatives essentiellement positives

---

[7] Voir Subramaniam « Politicized administration in Africa and elsewhere: A socio-historical analysis » *RISA*. Vol. XI.III. 1977. N°4. P.297 et suiv.

Voir aussi G. CONAC : *Les institutions administratives des États d'Afrique noire francophone* Economica 1979.

[8] Voir F.P Benoit « Les fondements de la jurisprudence administrative », *Mélanges Wahne*. T2. P.283 et J.L Mestre « Les fondements historiques du droit administratif français » *EDCE* 1982-1983 p.10-34.

[9] G. Vedel « Les bases constitutionnelles du droit administratif » *EDCE* 1954- P.21.

[10] Voir : M. Nguele Abada *État de droit et démocratisation : contribution à l'étude de l'évolution politique et constitutionnelle du Cameroun,* Thèse de Doctorat en Droit Public. Université de Paris I. Panthéon Sorbonne. 1995.

Du même auteur « Ruptures et continuités constitutionnelles en République du Cameroun » Réflexions à propos de la révision constitutionnelle du 18-1-1996 – RADIC 1994.

[11] Voir les supports suivants :

- Le 14 septembre 1983 – Discours de clôture du second Congrès Extraordinaire de l'UNC à Yaoundé
- Loi du 18 novembre 1983 qui introduit le principe de la pluralité des candidatures à l'élection présidentielle et autres.
- Le Congrès du RDPC de Juin 1990 qui annonce l'avènement de l'ère de la concurrence politique au Cameroun

et très attendues, ont certainement eu des répercussions sur le droit administratif qui reste, comme le pense D. Truchet (1992 : 633-645), en perpétuelle adaptation, aucun droit ne pouvant rester figé quand les rapports sociaux ne cessent de se modifier. Le droit administratif, comme l'une des disciplines de base de droit public aura, toutes propositions gardées, subi des transformations, mutations et nombre de réformes auront été enregistrées. Effectivement, qu'il s'agisse du Droit Administratif général (I) ou alors des domaines spéciaux de ce droit (II), il est loisible de constater que l'on est en présence des années significatives, malgré les vicissitudes.

I. La dynamique du droit administratif general

Dans la conception française, le droit administratif général est destiné, dit Bockel (1978 :6), à permettre la compréhension des notions essentielles, et de situer les solutions adoptées par les États se livrant à la pratique de ce droit. Ces notions englobent l'organisation administrative, l'action de l'administration et sa limitation en termes d'actes et de soumission de l'administration en droit. En toute vérité, la plupart de ces notions ont connu une métamorphose, et pour s'en convaincre, deux domaines peuvent corroborer cette affirmation.

I.A. Les mutations au titre de l'organisation administrative de l'État : les bons pas de la decentralisation

Dans son ouvrage de référence consacré à la matière, et en fonction des données de l'époque, Nlep (1986 : 26 et suiv.) avait, opportunément souligné que l'administration publique était le théâtre d'une augmentation et d'une différentiation des structures administratives. Le même constat aura été fait

---

- Abolition de l'Ordonnance n°662/OF/18 du 12 mars 1962 portant répression de la subversion, modifiée par les lois n°63/30 du 25 octobre 1963 et 67/OF/1 du 12 juin 12967.
- Loi n°90/042 du 19 décembre 1990 règlementant la carte nationale d'identité ;
- Loi n°90/043 du 19 décembre 1990 règlementant les conditions d'entrée, de séjour et de sortie du territoire ;
- Loi n°90/047 du 19 décembre 1990 portant simplification de la procédure pénale pour certaines infractions.
- Loi n°90/047 du 19 décembre 1990 portant sur l'État d'urgence ;
- Loi n°90/048 du 19 décembre 1990 portant organisation judiciaire militaire
- Loi n°90/052 du 19 décembre 1990 portant liberté de communication sociale.
- Loi n°90/053 du 19 décembre 1990 portant liberté d'association
- Loi N°90/054 du 19 décembre 1990 règlementant le maintien de l'ordre
- Loi n°90/055 du 19 décembre 1990 portant régime des réunions et des manifestations publiques.
- Loi n°90/056 du 19 décembre 1990 relative aux partis politiques.

en termes quantitatifs, révélant ainsi une volonté politique dans le sens du rapprochement de l'Administration des administrés[12]

Cette progression en nombre[13] sera relayée, processus démocratique aidant depuis 1982, par une conception qualitative en vue de l'efficacité dans plusieurs domaines. L'article 67 de la constitution de 1996 ayant précisé que les nouvelles institutions de la République prévues par la présente constitution seront progressivement mises en place, il y a lieu de relever qu'en dehors de la constitution elle-même, plusieurs textes constituent le socle de la décentralisation administrative au Cameroun à l'heure actuelle, pour une avancée significative de la démocratie locale[14]. Deux points essentiels sont relevés :

1. L'autonomie renforcée des collectivités locales

Parmi les conditions de la décentralisation, figure en bonne place la notion d'autonomie[15]. Au-delà de l'effervescence intellectuelle sur cette notion, la décentralisation à l'état pur n'existant pas, il y a lieu de souligner avec M. Keutcha Tchapnga que le droit administratif camerounais a, pendant longtemps, en tout cas avant 1990, valorisé les prérogatives de l'administration, au lieu de les limiter au maximum[16].

L'Administration a donc été considérée depuis l'indépendance en 1960, beaucoup plus comme une administration de souveraineté, qu'une administration de gestion, voire de développement. Cette ancienne conception de l'administration bâtie sur la primauté de l'ordre public, pour reprendre les mots de Prouzet (1974 :9-116), va céder la place, depuis l'adoption de l'ère des libertés, à une administration plus soucieuse de la garantie des droits et de l'intérêt général, améliorant ainsi les relations entre l'administration et les particuliers.

---

[12] Voir R.G. Nlep *L'Administration Publique camerounaise : contribution à l'étude des systèmes africains d'administration publique* LGDJ. 1986.

[13] P.F. Ngayap, *Cameroun qui gouverne, de Ahidjo à Biya : l'héritage et l'enjeu*, Paris, L'Harmattan. 1983.
En effet, si le premier gouvernement Camerounais formé au lendemain de la désignation de M. André-Marie Mbida au poste de Premier Ministre le 16 mai 1957 compte 8 Ministres et 5 secrétaires d'État, le dernier gouvernement du Président Ahidjo formé le 17 juillet 1980 compte 22 départements ministériels. Le gouvernement Biya du 16 mai 1988 compte déjà 23 Ministres et 7 secrétaires d'État, pour se retrouver aujourd'hui à une soixantaine de hautes personnalités.

[14] Voir : - Loi n°2004/017 du 22 juillet 2004 d'orientation de la décentralisation.
- Loi n°2004/018 du 22 juillet 2004 fixant les règles applicables aux communes.
- Loi N°2004/19 fixant les règles applicables aux régions.

[15] En plus de l'autonomie financière, ajouter l'octroi d'une personnalité juridique et justifier l'existence des intérêts propres à la communauté.

[16] V. C. Keutcha Tchapnga « Les mutations récentes du droit administratif camerounais » in Juridis Périodique Revue de Droit et de Science Politique – Edition Spéciale Janvier – mars 2000, P. 75 et S.

Les collectivités locales (creuset de la démocratie) ont fait nécessairement l'objet d'une réforme importante, initiée par le législateur en 1992, poursuivie en 1996 et parachevée en Juillet 2004 avec la loi n°2004/018 DU 22 Juillet 2004 fixant des règles applicables aux communes. En effet, la loi n°96/06/du 18 janvier 1996 portant révision de la constitution du 02 juin 1972 fixe les principes de la nouvelle décentralisation territoriale. L'existence même des collectivités territoriales décentralisées est consacrée par deux de ses dispositions : l'article 55 alinéa 1 mentionne celles qui vont exister désormais à savoir les régions et les communes.

De cette mention résulte un statut privilégié dès lors qu'elles ne peuvent être supprimées que par une loi ayant valeur constitutionnelle.

L'alinéa 2 du même article 15 précise d'ailleurs que ces collectivités s'administrent librement par des conseils élus et dans les conditions fixées par la loi[17]. Par ailleurs, l'article 20 de la constitution de 1996 donne tout relief à la place tenue par les collectivités locales au sein de l'État, en disposant que le Sénat représente les collectivités territoriales décentralisées[18]. La loi n°2004/018 du 22 juillet 2004 fixant les règles applicables aux communes, avec ses 157 articles, fait mention dans 08 titres des dispositions d'ordre général ; de la gestion et de l'utilisation du domaine privé de l'État, du domaine public et du domaine national ; des compétences transférées aux communes ; des organes de la commune, du régime spécial applicable aux agglomérations urbaines ; de la coopération et de la solidarité intercommunales ; des dispositions financières ; ainsi que des dispositions diverses, transitoires et finales.

Ainsi, à la faveur du mouvement de revendication démocratique déclenché au Cameroun à la fin des années 1990, l'institution communale s'est libérée de certaines pesanteurs qui freinaient jusqu'alors son épanouissement, renouveau consacré par la démocratisation du mode de désignation des organes de la commune et par le réaménagement d'un cadre juridique adéquat réglementant le contentieux des élections municipales[19].

A partir de 1992, le législateur met en place un cadre juridique adéquat, permettant d'assurer un choix véritablement démocratique des organes municipaux, essayant d'adapter la décentralisation du pays au temps, ce

---

[17] V. *La Libre administration des collectivités locales. Réflexion sur la décentralisation.* (Direction J. Moreau et G. Darcy) Economica. 1984.

[18] Il faut néanmoins préciser que la structure de l'État et l'unité affirmée ne peuvent conduire à donner à une collectivité territoriale la forme d'État ou à lui reconnaître le droit de sécession. C'est ainsi que les attributions réservées aux organes centraux de l'État ne sont pas dévolues aux collectivités décentralisées. Le Conseil constitutionnel veille au respect des règles établies.

[19] Il va de soi que les communes étant perçues, du temps de la fédération et de l'unification, non comme des pouvoirs politiques locaux pouvant entrer en conflit avec le pouvoir central au nom de la défense des intérêts locaux, mais principalement comme des administrations destinées à servir les intérêts nationaux à l'échelon local, et l'intervention du parti unique pour la désignation des maires à l'époque limitait en plus l'émancipation municipale.

d'autant plus que, à la différence de la nomination ou de l'investiture par le parti au pouvoir des dirigeants locaux, l'élection, le 21 janvier 1996 et en octobre 2002, des maires et des conseillers municipaux par les habitants a généré un statut d'autonomie en faveur des élus locaux et a constitué en démocratie le procédé de réalisation de la décentralisation administrative.

Les maires des communes urbaines non soumises à un régime spécial et les communes rurales, tout comme les conseillers municipaux, ont ainsi vu leur statut se consolider à travers l'instauration d'élections pluralistes désormais porteuses de contestation, surtout de contentieux, considéré comme une des garanties de tout système de droit. Ce contentieux, qui ressortit à la compétence du juge administratif, connaît déjà un enracinement jurisprudentiel avec fortunes diverses[20]. Le Maire, élu par le conseil municipal, est donc l'élu des élus, donc des électeurs eux-mêmes. Fort de son élection quasi directe, nanti des pouvoirs non moins importants, agissant dans un cadre restreint qui permet de lui attribuer les réalisations de la commune, le Maire incarne mieux que tout autre élu local, et beaucoup plus que par le passé, l'accomplissement de l'idéal politique[21]. Avec l'adoption des différentes lois de juillet 2004, il y a lieu de penser que les règles du jeu seront de plus en plus circonspectes.

2. L'accréditation des provinces au rang des collectivités territoriales régionales

La constitution du 04 mars 1960 avait déjà, pour une durée très courte, expérimenté cette formule où la province, dotée d'une personnalité morale au-dessus du département, composée d'une assemblée délibérante (conseil général de Province chargé des intérêts provinciaux) et d'un exécutif nommé (généralement un Ministre ou un Secrétaire d'État qui représentait le gouvernement et assurait l'exécution des décisions du conseil général)[22]. La Province va devenir, avec la réunification en 1961, une simple circonscription déconcentrée de l'Administration d'État, et accéder de nouveau au rang de collectivité territoriale décentralisée dans la réforme constitutionnelle de 1996.

---

[20] Voir D. Mbarga Nyatte « Sociologie du Contentieux relatif aux élections municipales du 21 janvier 1996 au Cameroun ». In Juridis périodique. Revue de Droit et de Science Politique – Janvier – Février – Mars 2001 n°45. PP.78 et S.

[21] Peut-on parler d'une ère révolutionnaire pour le Maire et les conseillers municipaux ? La réponse à cette question doit être nuancée et non seulement le décret N°93/322 du 25 novembre 1993 a multiplié les villes désormais soumises au régime des délégations de gouvernement, mais aussi la commune souffre toujours d'une tutelle paralysante au plan organique, tracassière et à la limite démobilisatrice au plan fonctionnel. De plus, les finances publiques locales se caractérisent par un accroissement des charges auxquelles doivent faire face des communes aux ressources insuffisantes. V. Loi N°2004/017 du 22 Juillet 2004 d'orientation de la décentralisation.

[22] V. article 47 et 48 de la constitution de 1960.

De par sa composition, la région nouvelle sera dirigée par des élus du peuple ayant à sa tête un président. Les conseillers régionaux, dont le mandat est de cinq ans, seront :

- Les délégués départementaux élus au suffrage universel indirect ;
- Les représentants du commandement traditionnel élus par leurs pairs.

Le mode d'élection, le nombre, la proportion par catégorie, le régime des inéligibilités, des incompatibilités et des indemnités des conseillers régionaux sont fixés par le législateur[23]. Cette réglementation est effective depuis le 22 Juillet 2004 avec un arsenal juridique imposant. C'est ainsi qu'en plus de la loi n°2004/017 d'orientation de la décentralisation, le législateur a délibéré et adopté la loi 2004/019 du 22 juillet 2004 fixant les règles applicables aux régions. L'imposant dispositif, constitué de 101 articles, est subdivisé en sept (7) titres dont : les dispositions générales ; de la gestion et de l'utilisation du domaine privé de l'État, du domaine public et du domaine national par les régions ; des compétences transférées aux régions : des organes de la région ; de la coopération et de la solidarité interrégionale ; des dispositions financières ; des dispositions diverses transitoires et finales.

Les parlementaires de la région peuvent assister, avec voix consultative, aux travaux du conseil. L'exécutif régional va être retiré au gouverneur et confié au président du Conseil régional, personnalité autochtone de la région, élue en même temps que le bureau régional au sein du conseil pour cinq ans.

Le gouverneur et le délégué du gouvernement seront exclusivement les représentants de l'État dans la région.

A ce titre, ces autorités auront la charge des intérêts nationaux, du contrôle administratif, du respect des lois et règlements, et du maintien de l'ordre public, et assurément la supervision et la coordination des services des administrations civiles de l'État dans la région[24].

Il est ensuite significatif de noter que le Cameroun s'est engagé vers la reconnaissance des statuts qui seront ainsi tolérés. Ainsi que le précise l'article 62 alinéa 2, la loi peut tenir compte des spécificités de certaines régions dans leur organisation et leur fonctionnement.

Il est important de relever que l'esquisse de changement ainsi amorcé reste limitée par les dispositions combinées des articles 59 et 60 de la constitution qui confèrent au Président de la République le pouvoir de

---

[23] Article 57 alinéa 2 de la constitution de 1996.

[24] L'intervention du législateur pour fixer le régime général des 10 régions étant, on peut d'abord noter à ce stade du raisonnement que la décentralisation régionale telle qu'elle résulte de la réforme de 1996, est sérieusement tempérée par le « départementalisme », moins inquiétant pour le pouvoir central. Ainsi, les sièges du conseil régional seront répartis entre les différents départements, et c'est dans le cadre de ces derniers que l'élection se déroulera de sorte que les élus régionaux seront en vérité les élus départementaux.

suspendre seul, sans recueillir l'avis, même consultatif du conseil constitutionnel, le conseil régional, ainsi que le Président et le bureau du conseil, lorsque lesdits organes accomplissement des actes contraires à la constitution, portent atteinte à la sécurité de l'État et l'ordre public, mettent en péril l'intégrité du territoire.

Des dispositions que l'on trouverait dans tout jeune État soucieux de son unité quoi qu'ayant la volonté de se démocratiser. Néanmoins, l'institution des régions, au-delà d'une bonne administration du territoire, répond à une demande d'autonomie locale, elle-même étant basée sur des revendications irrédentistes à peine voilées, et il y aurait quelque appréhension à retarder longuement la mise en place des régions, dès lors que certains groupes ethniques du pays, à l'image des Sawa, expriment une attente et un espoir de voir leur statut revalorisé à travers la gestion des régions, dont le Président du Conseil est une personnalité autochtone de la région[25]. Peut-on dire que c'est sous la pression des groupes ethniques en mal d'affirmation identitaire que la mise en place progressive des régions s'effectuera ? En réalité, il faut reconnaître que, s'il y a une institution au sujet de laquelle la demande sociopolitique est importante et quasi-unanime, c'est l'institution régionale. Toujours est-il que, malgré l'urgence à sa mise en place, il y a lieu de prendre en compte cette affirmation de Pontier (1991 :1223), qui relève que :

« La décentralisation ne peut être pensée, et surtout appliquée que par rapport au temps. Faute de temps suffisant, un certain nombre de régimes ont échoué dans les réformes qu'ils voulaient réaliser... Le temps apparaît toujours comme un facteur important de la réforme de l'organisation locale ».

La réforme de 1996 n'étant qu'un commencement, il n'y a pas à se hisser tout d'un coup au niveau de la décentralisation française, encore moins celles italienne et espagnole. Dès lors, la mise en place des nouvelles institutions sera bien l'expression de la volonté des autorités politiques que le résultat de la force des choses, et du cours de certains événements. Ce qui est le plus important, c'est que le droit administratif camerounais se trouve réconforté, et au-delà de toute autre considération, la nouvelle donne locale implique certaines certitudes[26].

3. Quelques réalités trois aspects sont évidents

a. La collaboration nécessaire entre les collectivités

Elle va s'opérer à deux niveaux :

D'abord entre l'État et les collectivités locales. L'exigence de la collaboration est affirmée ici par l'article 56 de la constitution qui prévoit que : *l'État transfère aux régions, dans les conditions prévues par la loi, des*

---

[25] V. A.D. Olinga l'Article 67 de la Constitution in Lex Lata n°033- Mars 1997. P.9.

[26] V. C. Keutcha Tchapnga. Op. cit. pp 81 et s.

compétences dans les matières nécessaires à *leur développement économique, social, sanitaire, éducatif, culturel et sportif.* La logique du transfert, somme toute, commande cette collaboration.

Ensuite, la concertation entre les collectivités décentralisées. C'est l'une des caractéristiques de la décentralisation. Elle est nécessaire au Cameroun, dans la mesure où les collectivités décentralisées sont de plus en plus nombreuses avec des ressources financières inégales - l'État devant veiller au développement harmonieux de toutes les collectivités territoriales décentralisées sur la base de la solidarité nationale, des potentialités régionales et de l'équilibre interrégional.

Cette collaboration est beaucoup plus pratique et évidente avec les lois de juillet 2004. Ainsi, l'article 5 de la loi N°2004/017 d'orientation de la décentralisation précise que :

Les collectivités territoriales peuvent, dans le cadre des missions définies a *l'article* 4 (1) *ci-dessus, exécuter des projets* en *partenariat entre elles, avec l'État, les Établissements publics, les entreprises* du *secteur public* ou *parapublic, les organisations non gouvernementales, des partenaires* de *la société civile* ou *des partenaires extérieures dans les conditions et modalités fixées par leurs règles spécifiques.*

La lecture combinée des articles 131 de la loi sur les règles applicables aux communes et 83 sur les régions révèle que *la coopération décentralisée résulte d'une convention par laquelle deux (02) ou plusieurs communes décident de mettre* en *commun leurs divers moyens* en *vue de réaliser des objectifs communs ... elle peut s'opérer entre des communes camerounaises ou entre celles-ci et des"-'-communes étrangères, dans les conditions fixées par la législation et la réglementation* en *vigueur ... Les communes et/ou les régions peuvent adhérer à des organisations internationales de villes ou des régions jumelées, ou* a *d'autres organisations de villes ou de régions.*

La convention y relative, préalablement autorisée par délibération du conseil municipal ou régional, est soumise au représentant de l'État, a l'approbation préalable du Ministre Chargé des collectivités territoriales. La création du Fonds spécial d'Équipement et d'intervention Intercommunale (FEICOM), le Conseil National de la Décentralisation, le comité Interministériel des Services Locaux à créer, et le syndicat des Communes expriment la volonté politique dans ce domaine.

b. La protection des intérêts de certaines catégories sociales

Après la fameuse politique d'équilibre matérialisée par les quotas et dosages aux différents concours administratifs, le législateur a encore inscrit dans le préambule et le corpus constitutionnel deux innovations :

D'abord la prise en compte des composantes sociologiques de la circonscription.

Ici, la loi n°92/002 du 14 août 1992 fixant les conditions d'élection des conseillers municipaux dispose en son article 3 al. 2 que : *la constitution* de *chaque liste* do*it tenir compte des différentes composantes sociologiques* de *la circonscription.* Les partis politiques, en présentant leur liste, doivent veiller à cette exigence" elle-même renforcée par l'article 57 al2 de la constitution de 1996, qui prévoit que le conseil régional doit refléter les différentes composantes sociologiques de la région. Il en est de même du bureau régional[27].

Ensuite, l'obligation de désigner une personnalité autochtone comme Président du Conseil régional.

Ainsi, aux termes de l'article 57 al3 de la constitution de Janvier 1996, le Conseil Régional est présidé par une personnalité autochtone, élue en son sein pour la durée du mandat du conseil. Cette notion d'autochtone comme le précise M. Kamto, est loin d'être juridique, le critère étant assez flou et reposant le plus souvent sur des mouvements migratoires[28]. A ce sujet, le juge du contentieux des élections municipales et régionales aura, au préalable, et courageusement, à fixer les contours pour la simplification des procédures pour un droit administratif en quête d'efficience.

c. Le développement de la démocratie locale et la transparence

A ce niveau, la loi d'orientation du 22 juillet 2004 de la décentralisation précise en son article 13 que : toute *personne physique ou morale peut formuler* a *l'intention* de *l'exécutif régional ou communal, toutes propositions tendant* à *impulser le développement* de *la collectivité territoriale concernée et ou* à *améliorer son fonctionnement. Tout habitant ou contribuable d'une collectivité territoriale peut,* à *ses frais, demander communication ou prendre copie totale ou partielle des procès-verbaux du conseil régional* ou *du conseil municipal, des budgets, comptes ou arrêtés revêtant un caractère réglementaire, suivant des modalités fixées par voie réglementaire.*

---

[27] Même critiquée, cette composition a une utilité sur le plan sociopolitique, la prise en compte des composantes sociologiques de la circonscription constitue un contrepoids institutionnel aux tentatives de l'hégémonie numérique absolue, et donne, un facteur d'apaisement, une mesure de confiance, de sécurité pour tous, dès lors que les effets dévastateurs d'une application mécanique du principe majoritaire sont tempérés, l'aventure démocratique devenant une aventure nationale collective et de consensus. V. A.D. Olinga : « l'exigence de la prise en compte des composantes sociologiques de la circonscription en droit électoral Camerounais » In *Juridis périodique.* N°28. Octobre - Décembre 1996 pp 67 et 5

[28] V. M. Kamto : « Dynamique constitutionnelle du Cameroun Indépendant ». R.J.A. n01, 2 et 3 P. 46.

I.B. L'ECLOSION DES MODALITES DE L'ACTION ADMINISTRATIVE

Toute administration, quelle qu'elle soit, est en quête de rendement, et il s'agit d'un impératif qui se traduit concrètement par un double phénomène de rentabilisation des moyens et d'une rationalisation des choix[29]. Dans l'exercice des fonctions qui lui sont confiées, le Professeur A. Bockel souligne que l'administration agit de façon multiforme, et les actes juridiques qu'elle est amenée à prendre, au titre de ses activités matérielles, sont constitués pour l'essentiel par les actes administratifs unilatéraux et les contrats[30].

Ces deux techniques ont subi, depuis deux décennies, des réorientations, témoignant d'une plus grande rationalisation de l'action administrative.

1. Le développement et la consolidation du contrat de concession

Le contrat, plus proche des techniques de droit prive, est un accord de volonté émanant généralement d'une ·administration et d'une personne privée. Le procédé contractuel est un moyen important de l'action administrative. II n'a plus pour seule préoccupation d'obtenir des prestations, mais devient au contraire un instrument privilégié pour la poursuite et la mise sur pied d'une économie *concertée* et d'une orientation des activités socio-économiques. Si les critères de qualification du contrat existent[31], autant que les diverses formes[32] il y a lieu de relever que cette modalité de l'action administrative a connu un virement remarquable, et le recours au contrat de concession, *rarement utilisé* depuis les indépendances, est une réalité[33].

De nos jours, la concession apparaît indubitablement comme un moyen salutaire d'organiser un service public, et son régime juridique est imprégné de l'idée de service public et des principes fondamentaux de la continuité du

---

[29] V. J.J. Chevalier et D. Loschak *Science Administrative* Que sais-je ? PUF 1980. P101- D'une part,
toute administration devrait chercher à utiliser au maximum les moyens dont elle dispose en prenant en considération le rapport coût - efficacité à partir des méthodes de management moderne, et d'autre part, la réduction au maximum de la part de hasard et d'incertitude qui s'attache à la prise des décisions, en faisant appel aux techniques les plus sophistiquées d'information et de prévision.

[30] A. Bockel *op. cit.* p. 130.

[31] La loi ou le règlement peuvent qualifier un contrat d'administratif. En l'absence de cette qualification, la jurisprudence a dégagé une condition organique et deux éléments complémentaires alternatifs. Le critère organique est la présence d'une personne publique, alors les deux éléments alternatifs qui sont d'une part la participation a l'exécution même du service public, et d'autre part la présence des clauses exorbitantes de droit commun.

[32] On ne peut passer en revue tous les contrats administratifs, dès lors qu'il existe aussi des contrats innomés. Mais l'on peut citer en général le marche des travaux publics, les marchés de fourniture, les contrats comportant occupation du domaine public, les contrats économiques, les contrats d'achats, l'emprunt public, l'offre de concours, etc.

[33] V. J. Binyoum *Cours polycopie* Université de Yaoundé. IIe année de Licence. 1984 - p.82.

service public, de l'adaptation du service public aux besoins nouveaux, de l'égalité des usagers devant le service public. La concession, mode de gestion et de contractualisation, consistant à ce qu'une collectivité publique (le concédant), charge un particulier, un individu, ou le plus souvent une société (concessionnaire) par une convention conclue avec celui-ci, du soin de faire fonctionner le service public a ses frais et risques, et en se rémunérant au moyen des redevances perçues sur les usagers, est d'actualité au Cameroun[34].

Le mouvement de désengagements de l'État du Cameroun des secteurs productifs et concurrents, effectivement engagé en 1990 à la faveur du décret n°90/1423 du 03 octobre 1990 portant privatisation de certaines entreprises du secteur public et parapublic, n'a pas été l'occasion de créer de nouveaux instruments juridiques, mais de donner une impulsion nouvelle à plusieurs. La concession contribue ainsi d'illustrer avec relief l'esprit du droit administratif.

C'est, comme le précise Keutcha Tchapnga (2000 : 84), du fait de l'extension du champ d'application de cette forme de relation juridique que ce droit s'est renouvelé la tendance de l'administration à agir par personne interposée, et le procédé de la concession, dont le renouveau est allé en s'accentuant, a vu son régime fiscal fixé par le législateur.

La concession présente ainsi l'avantage de permettre à l'État, tout en gardant à la fois des services publics sous l'autorité de la puissance publique, de faire jouer dans leur gestion, le mobile du progrès capitaliste, aiguillon nécessaire du progrès économique dans l'optique libérale, et de se décharger sur le concessionnaire des risques financiers de ses initiatives. C'est ainsi que la concession a été choisie pour les chemins de fer du Cameroun pour permettre à l'État concédant de rester propriétaire du patrimoine ferroviaire, tout en imposant à la société concessionnaire des responsabilités importantes en matière d'investissement, notamment de maintenance et de renouvellement des infrastructures[35].

Il en a été de même des contrats de concessions signés en 2005 au port Autonome de Douala concernant le Terminal à conteneur, les Abeilles, l'usine à glace et autres.

D'une manière générale, le procède de la concession, comme alternative à l'acte d'autorité, peut être applicable dans nombreux domaines au Cameroun. Ainsi, peuvent être l'objet de concession, en tout ou partie, a une ou plusieurs personnes morales du droit public ou privé, par des conventions fixant notamment des droits et des obligations du concessionnaire et de l'autorité concédante, les domaines de l'État ci-après :

- l'établissement des réseaux de télécommunication ouverts au public ;

---

[34] Il faut tout simplement noter que la nature juridique de la concession est un acte mixte, dès lors que certaines clauses ont une nature réglementaire, d'autres une nature contractuelle.

[35] V. Keutcha Tchapnga. Op. cit. p.84.

- la fourniture du service téléphonique entre points fixes ;
- la fourniture du service télex et du service télégraphique ;
- l'établissement des infrastructures de transport, des signaux de radio diffusion sonore ;
- les systèmes globaux de télécommunication par satellite ;
- l'émission/ ou la réception d'ondes radioélectriques d'un ou/vers un satellite de télécommunications.

De même, toute activité de production, notamment hydroélectrique, établie sur le domaine public, ainsi que de transport et de distribution d'électricité est soumise au régime de concession.

Le droit administratif camerounais connaît ainsi une extension considérable du champ d'application~ de la gestion publique des personnes privées, ce qui, à terme, va conduire le juge administratif camerounais à remettre en cause certaines solutions jadis acquises, et de prendre en compte les principes consolidés ailleurs. Certaines sociétés en cours de privatisation au Cameroun le sont sous la stratégie de la concession[36], et le critère de l'acte administratif ne devrait devenir que plus opérationnel.

2. Vers la revitalisation du critère fonctionnel de l'acte administratif unilatéral

L'acte administratif constitue une décision qui émane de l'administration seule, et reste à l'heure actuelle le procédé privilégié par l'État pour caractériser la puissance de son intervention[37]. Pendant longtemps, le juge administratif camerounais a opté pour la conception restrictive en confinant la qualité d'acte administratif aux seules décisions prises par les autorités administratives dans l'exercice d'un pouvoir administratif, créant des droits et obligations envers les particuliers, privilégiant ainsi le critère organique.[38]

De l'espèce Ngongang Njanke, le juge camerounais, voulant à tout prix réduire sa compétence, et beaucoup plus afin de préserver les deniers publics, a encore, dans une espèce Obam Etémé, soutenu que la compétence du juge administratif se limitait à la connaissance des seules actions dirigées contre les actes des personnes morales de droit public[39]. Ce qui, indubitablement, allait contre la solution française dans les célèbres arrêts Monpeurt et Magnier, où le conseil d'État avait admis que les décisions unilatérales, réglementaires ou individuelles qui peuvent émaner des organismes en cause, lorsqu'ils sont liés à l'exécution d'un service public et

---

[36] Il en est par exemple de la Cameroon Telecommunication (CAMTEL)

[37] Il y a lieu de préciser que cette assertion peut être atténuée au regard de la multiplication des instances de consultation.

[38] V. Arrêt n°20 du 20 mars 1968 Ngongang Njanke Martin C/État du Cameroun.

[39] *CFJ/CAY* arrêt N°98 du 24 janvier 1970 Obam Eteme Joseph C/République Fédérale du Cameroun confirmée par CS/CA Jugement n°23 du 3 février 1977Yayap Njoya.

comportent des prérogatives de puissance publique, peuvent être attaquées devant le juge administratif, et ceci dans les mêmes conditions qui si la décision émanait d'une autorité administrative[40].

Cette surestimation du critère organique de l'administratif unilatéral par le juge administratif camerounais n'a plus sa raison d'être, et le temps est venu de concevoir une conception fonctionnelle de l'autorité administrative, comme l'a jadis proposé en son temps, le professeur H. Jacquot[41]

Cet espoir est palpable avec l'intervention sans cesse accrue des personnes privées dans l'action administrative de nos jours, et nécessairement une remise en cause de certaines solutions acquises est évidente, situation qui incite le juge à revoir sa jurisprudence très restrictive en matière d'acte unilatéral.

Le doute à ce sujet n'est plus permis, et le déclin du critère organique, qui s'est amorcé timidement avec le cas des ordres professionnels qui sont des organismes de droit privé considérés par la jurisprudence administrative comme générateurs d'actes normatifs unilatéraux, est évident[42].

Ainsi, il faut ajouter à cette jurisprudence, le cas des fédérations sportives, à la lecture du jugement n° 48 du 25 mai 1989, Aigle Royal de Dschang *EI Pacha* contre État du Cameroun (Ministère de la Jeunesse et des Sports).

Dans cette affaire, la commission d'homologation et de discipline de la Fédération Camerounaise de Football (FECAFOOT) avait retiré deux points à l'équipe demanderesse au profit de Diamant de Yaoundé, à la suite d'un incident survenu au cours d'une rencontre de football opposant les deux équipes, décision confirmée en Appel par le Bureau exécutif de la même institution.

Par requête en date du 16 décembre 1987, enregistrée aux greffes le 21 janvier 1988, sous le numéro 234, le requérant saisit la Chambre Administrative de la Cour Suprême pour la voir annuler cette mesure contestée- En guise de réponse, le juge administratif déclara la demande irrecevable parce que prématurée, car introduite moins de deux mois seulement suivant la publication de l'acte litigieux par voie de radio le 22

---

[40] Le conseil d'État français a admis, dans les célèbres arrêts Monpeurt et Magnier, que les décisions unilatérales réglementaires ou individuelles, qui peuvent émaner des organismes privés, lorsqu'ils sont liés à l'exécution d'un service public et comportent l'emploi des prérogatives de puissance publique, peuvent être attaquées devant le juge administratif, et ceci dans les mêmes conditions que si la décision émanait d'une autorité administrative - voir : CE Assemblée 31 juillet 1942 Monpeurt D 1942.P 138 - conclu. Segeul. Aussi, CE 13 janvier 1961, Magnier - RDP 1961 P 155 - Concl. Fournier et TC 15 janvier, 1968. Époux Barbier - RDP 1968 - P 893. Note Waline et 1969 P 142 Concl Kahn.

[41] H. Jacquot « Le contentieux administratif au Cameroun » in *Revue Camerounaise* de *Droit,* n°7 Janvier 1975, P·24·

[42] Arrêt n°50/CFJ/CAY du 27/01/1968, Bernard Auteroche *C/*Ordre national des Médecins et *C/S* Assemblée Plénière, n°7 du 31 mars 1977 Feumi-Jantou Jacques *C/* Conseil de l'Ordre des Avocats.

novembre 1987. Par ce jugement, ce qui importe, c'est que la Chambre Administrative a implicitement affirmé sa compétence pour connaître des mesures disciplinaires prises par les fédérations sportives à l'encontre des associations qui en sont membres- Rien d'étonnant à cela, car la haute juridiction n'a fait que restituer l'état du droit en réitérant sa compétence pour connaître des actes des organismes privés qui se trouvent investis d'une mission de service public, et qui jouissent des prérogatives de puissance publique[43].

Pour rester égal à lui-même, le juge administratif camerounais, on l'imagine, n'aura plus à provoquer un revirement, et devrait continuer à considérer les actes de ces multiples organismes devenus prives au Cameroun, d'une mission de service public, comme des actes administratifs, utilisant ainsi indifféremment les critères organique et fonctionnel, pour plus d'efficacité.

Dans l'ensemble, et en conclusion partielle, le Droit Administratif General au Cameroun se caractérise, après un demi-siècle, par une plus grande soumission de l'administration au droit, à partir d'une remise en cause de la légalité d'exception depuis 1990, de l'abandon du recours constant à l'état d'urgence et d'exception, de l'annulation des anciennes ordonnances 662/0F /18 du 12 mars 1962 et autres portant répression du terrorisme.

Ce qui entraîne un contrôle sans cesse accru de l'action administrative, tant de légalité que de responsabilité, les instances de contrôle pouvant en toute quiétude mener leurs investigations. Mais les spécialités du droit administratif ne sont pas en reste au Cameroun.

I.C. LES REFORMES ESSENTIELLES EN DROIT ADMINISTRATIF SPECIAL

Le plan d'une étude de la partie spéciale du droit Administratif, s'il comporte nécessairement une certaine part d'arbitraire, consiste en une méthode de présentation de grands secteurs ainsi que le régime administratif du secteur considéré. Ces secteurs assez diversifiés, ont subi beaucoup de mutations, qu'il s'agisse du Droit Spécial de la fonction publique *(A)* que du droit du contentieux administratif (B).

---

[43] Voir S. Bilong, « Le droit de fédérations sportives au Cameroun ... : Le cas de la FECAFOOT » in *Revue Juridique et économique du sport,* Export n°45, décembre 1997, PP-91-103 et R.G Nlep, note sous Cour/Suprême / Chambre Administrative, jugement n° 48 du 25 mai 1989. Aigle Royal de Dschang « El Pacha » contre État du Cameroun. *Revue Juridique et Économique du sport* Export N°21, 1992, P-44

A. Regards prometteurs sur le nouveau statut général de la fonction publique

Avec le décret n°94/199/du 07 octobre 1994, le Président de la République a mis fin a vingt ans d'application du décret n° 74/138/du 18 février 1974. L'actuel dispositif statutaire, plus ramasse de 133 articles contre 202 pour l'ancien texte, est assez ambitieux. Si certaines zones d'ombre transgressent le nouveau document, aucune œuvre humaine n'étant parfaite[44], il est incontestable que de très nombreuses conquêtes jonchent ce bréviaire des agents publics.

1. Des dispositions normatives intéressantes

Le Professeur Lékéné Donfack, en réfléchissant sur le nouveau statut général de la Fonction Publique, a décelé, d'une part, des réaménagements qui concernent l'extension de la notion de service, impliquant une gestion centralisée de la fonction publique et une gestion participative, et un réaménagement de la carrière, de l'entrée du fonctionnaire dans le service au déroulement de sa carrière ; d'autre part des innovations portant sur le renouvellement du contentieux de la Fonction Publique, et l'avènement du poste de travail[45].

Pour le Professeur M. Kamto, le texte est malgré certaines ambiguïtés et des tendances répressives, est manifestement empreint de libéralisme triomphant, à la fois sur le plan des libertés individuelles et collectives, et au plan du statut juridique de l'agent fonctionnaire[46]. Concrètement, il s'agit de nombreuses novations normatives.

---

[44] Les ambiguïtés et insuffisances sont nombreuses :
Le Professeur Lékéné pose un problème de forme : le nouveau statut est un décret et non une loi comme dans la plupart des pays d'Amérique noire francophone comme le Bénin, Burkina, C6te-d'Ivoire, etc. il relève ensuite l'environnement économique hostile dans lequel le statut est adopté, marqué par la baisse des salaires et la mal administration, tributaire d'une crise d'efficacité dans la Fonction Publique. Voir Refixions sur le Nouveau Statut General de la Fonction Publique CA propos du décret N°94/1999 du 07 octobre 1994 in Juridis Info. N°20, octobre - novembre - décembre 1994.
Le Professeur Kamto relève un certain nombre de problèmes non résolus :
* d'abord l'applicabilité du texte à des situations antérieures, une véritable difficulté ;
* Ensuite les risques de confusion dans l'interprétation du Titre V sur les dispositions diverses, transitoires et finales qui reste floues.
* Enfin une procédure spéciale pénalisante en cas de contestation de la suspension de solde et la rigueur du texte en cas d'absence de service fait, v. Regards sur Le Nouveau Statut General de la Fonction Publique in LEX LATA n°002 et 003. Octobre 1994 et novembre 1994.

[45] E. Lékéné Donfack op.cit.

[46] Voir M. Kamto « Regards sur Le Nouveau Statut General de la Fonction Publique » in *LEX LATA*, n° 002 et 003 octobre 1994 et novembre 1994, op. cit.

a. Un effort de clarification intellectuelle

Ainsi, le décret 94/1992, en essayant de combler une lacune de l'ancien texte, consacre son titre 1 er article 2 alinéa 1 dans la définition de la notion de *Fonction Publique* qu'il décrit comme étant *constituée des postes de travail correspondant à des niveaux de classification différents.* Au-delà de certaines incongruités[47], la notion de poste de travail signifie, pour les rédacteurs, une définition plus rigoureuse que par le passe des taches des agents de l'État ainsi que du profil des personnes requises pour s'en acquitter, et une fois le fonctionnaire recruté, il doit pouvoir espérer progresser dans son travail, c'est-a-dire gravir les échelons, changer de cadre et de catégories.

b. La création de nouveaux droits et obligations du fonctionnaire

Il en est du droit a la santé qui s'étend désormais aux cas d'accidents ou de maladies non imputables au service en prévoyant la participation de l'État, en tant que de besoin, aux frais occasionnés par les soins médicaux, pharmaceutiques, d'évacuation, d'hospitalisation, de rééducation fonctionnelle et d'appareillage, pour le fonctionnaire, son conjoint et ses enfants légitimes ou reconnus selon des modalités fixées par décret du Premier Ministre article 31.

De même, l'article 32 prévoit un droit a la formation permanente, systématisant une pratique, l'innovation venant du fait que celle-ci est désormais érigée en droit que peut par conséquent exiger le fonctionnaire. Cette institution de la formation permanente, qui vise à accroître les performances, l'efficacité et le rendement professionnel du fonctionnaire répond à un souci de l'amélioration de la qualité du service public et du rendement des fonctionnaires.

Le droit à la participation du fonctionnaire consacre la démocratie participative (article 34 alinéa 1), permettant aux fonctionnaires de prendre part à travers leurs représentants élus siégeant dans les organes consultatifs, à l'élaboration des règles statutaires relatives à leur carrière et au fonctionnement des services publics[48].

---

[47] Cette notion semble renvoyer à un ensemble de taches, attributions et responsabilités immuables exigeant un profil précis, et pécherait par un risque de fixité et de cloisonnement étanche entre paliers hiérarchiques qui exclurait toute perspective d'évolution ou de la progression du fonctionnaire, et peut même mettre fin à la notion de carrière.

[48] Cette disposition valorise une des conclusions des recherches, en science de l'organisation et en particulier en science administrative : l'implication du personnel dans le processus décisionnel et l'élaboration des actes administratifs, et cela est susceptible d'accroître l'efficacité de l'action administrative en plus de la définition de l'action sociale, culturelle, sportive et de loisirs à organiser et à bénéficier.

c. La définition du régime de la responsabilité de l'État vis-à-vis du fonctionnaire

Les articles 25 et 26 énoncent clairement que la responsabilité civile de l'État se substitue de plein droit à celle du fonctionnaire condamné pour faute personnelle commise contre un tiers dans l'exercice ou à l'occasion de l'exercice de ses fonctions. L'État dispose, dans ce cas, d'une action récursoire à l'encontre du mis en cause suivant les modalités fixées par arrêté du Ministre Chargé de la Fonction Publique (Article 25 alinéa 1).

S'agissant des atteintes que pourrait subir le fonctionnaire en raison ou à l'occasion de l'exercice de ses fonctions (outrages, violences, voies de fait, injures ou diffamations), l'État, conformément à l'obligation qui lui échoit d'assurer la protection du fonctionnaire, est tenu de réparer le préjudice subi par ce dernier, après avoir fait procéder à l'évaluation des dommages. Il est alors subrogé d'office aux droits de la victime pour obtenir des auteurs des faits incriminés la restitution des sommes versées par lui au fonctionnaire intéressé à titre de dédommagement, et de tous les autres frais engagés (article 26 alinéa et 1 et 2)[49].

d. Le réajustement des limites d'âge

Certaines difficultés, lors des recrutements, étaient inhérentes dès lors que certaines personnes terminaient leur cycle de formation ayant dépassé l'âge requis (17-35 ans pour la catégorie A et B ; 17 – 30 ans pour C et D). La dérogation Présidentielle étant requise pour la solution du problème, ou alors on se retrouvait soit contractuel, soit sans statut fixe.

Le nouveau statut règle désormais ce problème, en prévoyant une dérogation spéciale qui permet au Premier Ministre, sur proposition motivée du Ministre Chargé de la Fonction Publique, de reculer exceptionnellement, à titre individuel la limite d'âge prévue pour l'accès à la fonction publique et, d'autre part, en prescrivant une obligation de précaution consistant à prendre des dispositions en amont. Ainsi, l'article 16 énonce :

L'âge limite d'entrée dans une école de formation de futurs fonctionnaires doit être fixé de telle sorte que compte tenu du cycle d'études, les élèves, qui y sont admis se situent à leur sortie, à la limite d'âge de recrutement dans la fonction publique[50].

---

[49] Le processus est donc inverse du précédent
: Cette fois-ci, l'État s'acquitte de la réparation auprès du fonctionnaire et se retourne contre les usagers auteur du dommage. Il peut également engager des poursuites pénales contre ces derniers de même qu'il dispose, aux mêmes fins, d'une action directe qu'il peut exercer par voie de constitution de partie civile devant la juridiction pénale.

[50] Aussi, les redoublements se trouvent exclus pour les élèves dont l'âge limite approche. Ils devraient réussir à tout prix ou être exclus de l'établissement de formation, à moins de choisir malgré tout de poursuivre leur formation sans pouvoir prétendre ultérieurement au recrutement dans la Fonction Publique.

1. Des orientations libérales encourageantes

Elles sont toutes aussi nombreuses et de manière exhaustive :

a. Une plus grande jouissance des droits et libertés

L'innovation consiste dans le fait qu'il est désormais reconnu, de façon explicite, la possibilité au fonctionnaire d'adhérer à une association politique ou culturelle, à un syndicat professionnel légalement reconnu, en vue d'assurer la représentation et la défense de ses intérêts de carrière article 21. Il s'agit incontestablement d'une marque d'ouverture qui traduit le souci d'adapter la fonction publique camerounaise aux réalités d'une société pluraliste marquée entre autres par la diversité syndicale, le pluralisme associatif et le multipartisme. En principe, il est désormais possible d'être militant d'un parti d'opposition et continuer à exercice tranquillement dans la fonction publique.

b. L'allégement de la procédure de détachement

Dans le statut de 1974, le détachement était prononcé par arrêté du Ministre chargé de la fonction publique, soit sur la demande du fonctionnaire intéressé après avis favorable de l'organisme de détachement et du Ministre dont dépend le fonctionnaire, soit d'office, sur proposition du Ministre de tutelle de l'organisme de détachement du fonctionnaire après avis du Ministre utilisateur.

Tout cela apparaissant lourd et compliqué, ces nombreux visas et accords ont été supprimés et le détachement n'est plus prononcé par arrêté du Ministre chargé de la fonction publique que dans le seul cas des fonctionnaires appartenant au corps de l'administration générale (article 71 alinéa 2).

Les fonctionnaires peuvent désormais être détachés non plus seulement pour servir auprès d'une institution publique, des collectivités publiques locales, des entreprises publiques, des organismes publics ou parapublics, mais aussi auprès des entreprises privées nationales, des organismes privés d'intérêt général, ou de caractère associatif assurant des missions d'intérêt général, des organisations internationales ou des organisations non gouvernementales.

c. L'ouverture et la possibilité d'exercer une activité privée lucrative

La condition à cette ouverture est que celle-ci ne nuise pas à son indépendance et à la mission d'intérêt général liée au statut du fonctionnaire. Le contexte économique très difficile étant, les fonctionnaires peuvent ainsi, autant se faire que peut, s'investir à joindre les deux bouts et lutter contre la corruption.

d. L'affectation indifférente touchant un couple de fonctionnaires ou dont l'un est agent de l'État

Le décret de 1994 consacre la stricte égalité entre époux, et l'article 128 met un terme à cette situation d'infériorisation injustifiée de la mariée fonctionnaire qui devait toujours suivre son époux. Désormais, en cas de mariage entre deux fonctionnaires appartenant à une même administration et résidant dans la même localité, il appartient au Ministre utilisateur de choisir la localité où ils seront rapprochés, en tenant compte des nécessités de service, de leur situation de famille ou de l'État de leur santé attesté par des certificats médicaux.

Lorsque les deux fonctionnaires unis par le mariage appartenant à des administrations différentes et résident dans la même localité, il appartient aux Ministre s'utilisateurs dont ils relèvent respectivement de leur offrir, selon la préférence qu'ils auront préalablement exprimée, soit la localité où exerce l'époux, soit celle om exerce l'épouse, en fonction des postes de travail correspondant à leur qualification.

A. La renaissance et le renouveau du contentieux administratif

Par cette branche spéciale du droit administratif, les citoyens reçoivent le privilège et le pouvoir de poursuivre l'administration devant les tribunaux pour la contraindre au respect du droit. A. Plantey souligne qu'il s'agit là d'un mécanisme régulateur de l'administration, sans incidence sur le régime politique, suivant la conception française du Conseil d'État[51] II est question d'un legs colonial qui a connu une évolution et une adaptation au contexte malgré les vicissitudes, certains ayant conclu très tôt au déclin du Contentieux-Administratifs[52]. Toujours est-il que cette matière est en perpétuelle transfiguration ne serait-ce que sur trois plans.

1. Une juridiction beaucoup plus accessible

D'une manière générale, le contrôle juridictionnel suppose l'existence préalable des normes dont le respect s'impose à l'administration. Ces normes ou voies de droit doivent être organisées, être d'accès facile pour permettre aux particuliers de saisir le juge. Ce dernier n'intervenant que lorsqu'il est saisi d'un recours. Le Professeur J. M. Pontier souligne à cet effet que l'organisation est considérée comme le meilleur moyen d'assurer le contrôle, quels que soient, par ailleurs les formes et modalités que peut revêtir cette

[51] V. A. Plantey « Considérations générales sur l'administration de l'État africain » in : la vie du droit en Afrique. Direction de G. CONAC *Les institutions administratives des États francophones d'Afrique noire* Economic 1979 p. 11 et S.

[52] V. A.S. Mescheriakoff « Le déclin de la fonction administrative contentieuse au Cameroun » In : RJPIC n° 4. oct. - déc. 1980 pp. 825 - 840.

organisation juridictionnelle[53]. Il s'agit d'un véritable « devoir de protection juridictionnelle de l'État » selon les termes chers au Doyen Favoreu[54]. L'organisation juridictionnelle revue par la Constitution et les lois prévoient une Chambre Administrative et des Tribunaux Administratifs, ainsi qu'une procédure plus adaptée.

a. La Chambre Administrative

Avec la Constitution du 18 janvier 1996, la notion de pouvoir judiciaire est consacrée et se substitue à celle d'autorité judiciaire. Ce pouvoir judiciaire se présente ainsi comme l'aptitude ou la capacité exclusive juridiquement reconnue à l'institution judiciaire de dire le droit et de trancher les litiges nés de l'application de la loi[55].

La création de la Chambre administrative dans le giron de la Cour Suprême par l'article 38 al 2 de la constitution du 18 janvier 1996 a été suivie par l'adoption de la loi 2006/016 du 29 décembre 2006 fixant l'organisation et le fonctionnement de la Cour Suprême. Au titre de l'article 9 (1) de la loi, la chambre administrative est divisée en cinq (05) sections dont :

- une section du contentieux de la fonction publique ;
- une section du contentieux des affaires domaniales ;
- une section du contentieux fiscal et financier ;
- une section du contentieux des contrats administratifs ;
- une section du contentieux de l'annulation et des questions diverses.

La division du contentieux en section rappelle aussi la pratique en cours au sein du Conseil d'État français, avec une extrême spécialisation, qui ne peut être que source d'efficacité[56].

- La composition de la Chambre

Au titre de l'article 12 de la loi, la Chambre Administrative est composée :

D'un président, de conseillers, d'un ou plusieurs avocats généraux, d'un greffier en chef, des greffiers. Le Professeur Guimdo, en substance,

---

[53] V. J.M. Pontier, *Contrôle et nouvelles protections en France* in Annuaire Européen d'Administration Publique, vol VI, 1983.

[54] L. Favoreu, *Du déni de justice en droit public français*, Paris LGDJ, 1994, P555.

[55] V. M. Kamto, « Les mutations de la justice camerounaise à la lumière des développements constitutionnels de 1996 » in Revue Africaine des sciences juridiques, Vol. 1 n°1,200. p. 9.

[56] V. D. Mbarga Nyatte *Les expériences française et camerounaise en matière de contrôle juridictionnel de l'Administration : tentative d'évaluation* ; mémoire de DEA, Aix-Marseille III, 1986.

considère cette structure organique comme un élément non négligeable de l'ancrage du droit d'accès à la juridiction administrative[57].

b. Les Tribunaux Administratifs

La loi n°2006/022 du 29 décembre 2006 fixe l'organisation et le fonctionnement des Tribunaux Administratifs. L'article 5 précise qu'il est créé un Tribunal administratif par région. Son siège est fixe au chef-lieu de ladite région. Toutefois, suivant les nécessités de service, le ressort d'un tribunal administratif peut per décret du Président de la République, étendu a plusieurs régions.

- La composition

L'article 6 de la loi renseigne que le Tribunal administratif est composé :

- au siège par un président, des juges, un greffier en chef, des greffiers ;
- au parquet par un Procureur General près la Cour d'Appel du ressort du Tribunal administratif, d'un ou plusieurs substituts du Procureur General.

L'article 7 précise bien que le parquet près le Tribunal administratif est le parquet général près la Cour d'Appel du ressort du tribunal administratif.

Les membres du Tribunal administratif et ceux du Parquet sont des magistrats relevant du statut de la magistrature. Toutefois, pour les besoins de service, peuvent être nommés juges administratifs pour une période de cinq (05) ans :

- les professeurs de droit des universités ayant exercé comme enseignants pendant au moins dix (10) années consécutives ;
- les chargés de cours en droit des universités ayant exercé comme enseignants pendant au moins quinze (15) années consécutives ;
- les fonctionnaires de la catégorie A et les cadres contractuels d'administration titulaires d'une Maîtrise en droit ayant exercé leurs fonctions au moins quinze (15) années consécutives.

Les présidents et les juges du Tribunal sont nommés conformément au texte portant statut de la Magistrature. Le greffier en chef et les greffiers sont nommés conformément au texte portant statut des personnels des greffes et à celui portant organisation administrative des juridictions.

Avant leur entrée en fonction, les juges et les substituts en service extraordinaire prêtent, devant.la Cours d'Appel siégeant en audience solennelle, le serment prévu par le statut de la magistrature. Pendant

[57] B.R. Guimdo Dongmo « Le droit d'accès à la justice administrative au Cameroun », Revue Africaine des sciences juridiques, Vol. 4 n°01 2007, P184.

l'exercice de leurs fonctions, ils relèvent, sur le plan disciplinaire, des organes prévus à cet effet par le statut de la magistrature.

Au titre de l'article 13, le Tribunal administratif siège en formation collégiale de trois membres et les décisions sont rendues à la majorité des voies.

1. Des compétences beaucoup plus circonspectes

Selon A. de Laubadère « le partage des compétences entre la juridiction administrative et la juridiction judiciaire peut être conçu et réalisé selon deux procédés : ou bien la loi énumère de manière précise les matières dont le contentieux relève de chacune des deux juridictions ou au moins de l'une d'elles ; il y a alors compétence par détermination de la loi ; ou bien le législateur se borne a énoncer un principe général duquel on peut logiquement déduire quelles catégories de procès reviennent respectivement à l'une ou l'autre des deux juridictions : c'est le système dit de la clause générale de compétence[58]. Le constituant et le législateur camerounais ont opté, pour l'essentiel, pour la première solution. Quelle est donc la part respective de chaque juridiction ?

a. La compétence de la Chambre Administrative

Au titre de l'article 40 de la constitution du 18 janvier 1996 et de la loi n°2006/016 du 29 décembre 2006, la Chambre Administrative connaît de l'ensemble du contentieux administratif de l'État et des autres collectivités publiques.

Elle connaît, en appel, des décisions rendues par les juridictions inférieures en matière de contentieux des élections régionales et municipales, ainsi qu'en matière de sursis à exécution et de réfère administratif.

Elle connaît également des pourvois en cassation contre des décisions rendues en dernier ressort par les juridictions administratives inférieures.

II en est de même des exceptions préjudicielles soulevées en matière de voie de fait et d'emprise devant lesdites juridictions, ainsi que de tout autre litige qui lui est expressément attribué par la loi.

Par ailleurs, elle connaît, en premier ressort, et a titre transitoire, des recours en annulation (pour excès de pouvoir et, en matière non répressive, des recours incidents en appréciation de la légalité, des actions en indemnisation du préjudice cause par un acte administratif, des litiges concernant les contrats ou les concessions de services publics, des litiges intéressant le domaine public, des requêtes aux fins de sursis à exécution et de réfère administratif, et de tous autres litiges que la loi attribue expressément à ces juridictions.

---

[58] A. de Laubadère. *Traité de Droit Administratif* 6e édition LGDJ, 1973. P.405.

b. La compétence des Tribunaux Administratifs

Au titre de la loi n°2006/022 du 29 décembre 2006 fixant l'organisation et le fonctionnement des Tribunaux Administratifs, ceux-ci sont des juridictions inférieures en matière de contentieux administratif au terme de l'article 40 de la constitution, connaissent en premier ressort du contentieux des élections régionales et municipales, de l'ensemble du contentieux administratif concernant l'État, les collectivités publiques territoriales décentralisées et les Établissements publics adnl inistratifs.

Le contentieux administratif comprend donc :

Le recours en annulation pour excès de pouvoir et, en matière non répressive, les recours incidents en appréciation de légalité. (Et est, constitutif d'excès de pouvoir au sens de cette disposition : le vice de forme, l'incompétence, 1a violation d'une disposition légale ou réglementaire, le détournement de pouvoir) ;

- les actions en indemnisation du préjudice causé par un acte administratif ;
- les litiges concernant les contrats (à l'exception de ceux conclus implicitement sous l'emprise du droit privé) ou les concessions de services publics ;
- les litiges intéressant le domaine public ;
- les litiges intéressant les opérations de maintien de l'ordre.

Ce dernier chef de compétence concerne l'action de la police administrative qui est d'assurer la tranquillité, la sécurité et la salubrité publiques. Des dommages individuels on collectifs peuvent être provoquées par des désordres, des accidents et des atteintes à la santé et à l'hygiène publiques, et les autorités administratives peuvent en tout temps et selon les cas, dans le cadre des opérations du maintien de l'ordre public, prendre des mesures allant de la soumission de la circulation des personnes et des biens à des contrôles ; requérir les forces de police et de gendarmerie pour préserver ou rétablir l'ordre ; prendre des mesures de garde à vue d'une durée de 15 jours renouvelables dans le cadre de la lutte contre le banditisme. -- _.

Le juge administratif va donc vérifier ces mesures, s'il s'agit vraiment du maintien de l'ordre. Il va vérifier les compétences des autorités administratives qui édictent les mesures de maintien de l'ordre, les formes, les procédures, la régularité du but et des motifs de droit et de fait. Il va vérifier l'exactitude matérielle effective du désordre, il va contrôler la qualification des mesures et des fins, la gravité d'une mesure devant correspondre à la gravite de la menace. C'est l'application du principe de proportionnalité.

Dans l'ensemble, 1a juridiction administrative connaît à l'heure actuelle une activité importante, surtout a l'occasion des élections de tous genres, où l'on remarque qu'il y a augmentation de la demande en justice en la matière, une maîtrise avérée des conditions de recevabilité des requêtes par les requérants ; une représentation considérable des parties au procès multiplication des interventions volontaires ; un certain professionnalisme du juge[59]. Le Professeur M. Kamto avait donc raison, quand il soutenait contre certains, qu'il é »était hâtif de conclure au déclin du contentieux administratif au Cameroun »[60].

L'on sera donc, dans un avenir très imminent, en face d'un juge plus proche[61], qui nous éloignera d'une institution empreinte d'incommunicabilité, déjà longuement décriée au Cameroun et ailleurs[62]. Ce sera à coup sûr, le triomphe de l'État de droit.

2. Un juge moins dépendant des avis conformes du ministère public

Dans tous les stades de la procédure, les prérogatives du Ministère public ont toujours été décisives. Il apparaît que le fondement de son pouvoir et partant des prérogatives rattachées à sa fonction résident dans l'idée qu'il défend l'ordre public. Ce qui a conduit le législateur, pour autant qu'il l'ait voulu, à imposer le point de vue du Ministère public au juge administratif. Cependant, l'incursion et l'exigence de conformité de la décision du juge administratif à l'avis (surtout conforme) du Ministère Public constitue une voie d'inféodation du judiciaire à l'exécutif et complique « une procédure administrative déjà suffisamment alourdie »[63] avec possibilité d'orientation des conclusions du Ministère Public par le Garde des Sceaux, et un probable retour à la justice retenue.

Ainsi, depuis la constitution du 18 janvier 1996, et surtout la loi sur la procédure à suivre, il y a une atténuation du rôle prépondérant du Ministère Public. Une évolution majeure a eu lieu en matière de justice administrative, surtout dans les domaines du référé et du sursis à exécution, où l'avis conforme n'existe plus, remplacé par de simples conclusions du Ministère Public. Cette entrave tant décriée est donc levée, et le président de la Chambre Administrative se retrouve ainsi affranchi, lui qui voyait sa liberté de juger limitée par cet avis du Ministère Public, auquel il devait toujours se conformer.

En conclusion generale

Le droit administratif, comme les autres matières du droit public, est en nette évolution, qu'il s'agisse de l'aspect général, ou des aspects spéciaux de

---

[59] V. D : Mbarga Nyatte « Sociologie du contentieux rclatif aux élections n1unicipalcs du 21 janvier 1996 au Cameroun » in Juridis périodique N°4 janvier-mars 2001. P.79 et S.

[60] V. M. Kamto « La fonction administrative contentieuse de la Cour Suprême du Cameroun » in Les cours Suprêmes en Afrique, Direction G. Conac. T3 Economica 1988, P.60.

[61] V. Bonifait, « Pour un juge plus proche », AJDA, 1973.

[62] A. De Laubadère « Le Conseil d'État et l'incommunicabilité » EDCE. 1979 et 1982.

[63] V. M. Kamto, *Droit administratif processuel* PUC 1990 p.176-177.

ce droit – Toutefois, il est aussi opportun de souligner l'œuvre des théoriciens et grands doctrinaires qui s'ingénient à penser ce droit au fil des années. Il s'agit d'abord de ceux que l'on peut dénommer les trois « J » que sont les pionniers : Joseph Owona, Joseph-Marie Bipoun Woum, Joseph Binyoum, qui ont été les premiers nationaux à s'intéresser en la matière. Ils ont été ensuite relayés par les professeurs Maurice Kamto, Roger Gabriel Nlep, et bien d'autres. De nos jours, nous avons l'œuvre constructive ou originale des professeurs Magloire Ondoa, Bernard Raymond Guimdo, Célestin Keutcha Tchapnga, entourés d'enseignants spécialisés dans le domaine. L'apport des uns et des autres est variable, mais contribue certainement à l'évolution, quoi qu'on dise, du Droit Administratif camerounais.

La cessation anticipée de fonctions des organes municipaux au Cameroun

Pr. Gérard M. PEKASSA NDAM
Professeur de Droit public, Université de Yaoundé II.

Existe-t-il un droit camerounais de cessation anticipée de fonctions des organes municipaux ? La question mérite amplement réflexion et recèle un intérêt juridique qui peut même déborder le cadre de la cessation de fonctions pour avoir une portée plus générale. L'interrogation se rattache à la problématique du droit applicable dans l'ordre juridique interne d'un État ; à vrai dire, cette problématique n'est pas nouvelle.

Dans un article classique[1] publié au début des années soixante-dix, véritable source à laquelle de nombreux étudiants et chercheurs sont venus et viennent encore s'abreuver, le Maître que l'on honore aujourd'hui marquait son intérêt pour la recherche en droit public comparé. A l'aube de l'accession à la souveraineté internationale des États africains de tradition juridique française, le Professeur Bipoun Woum remarquait la tendance de ces derniers à la réception du droit administratif de l'ex-métropole. Il percevait une réception législative « *due davantage à des facteurs circonstanciés (et donc contingents) qu'à une élaboration délibérée* », une réception de « *caractère sélectif* »[2]. A cette époque, plusieurs autres commentateurs posaient un regard critique sur l'imitation du droit administratif français[3], sur le phénomène de mimétisme juridique ou

---

[1] J-.M. BIPOUN WOUM, « Recherches sur les aspects actuels de la réception du droit administratif dans les États d'Afrique noire d'expression française : le cas du Cameroun », *RJPIC*, 1972, n°3, pp. 359-388.

[2] *Ibid.*, p. 361 et 365. La doctrine privatiste semblait abonder dans le même sens : « *L'inspiration du législateur camerounais n'est jamais servile : elle est sélective, ce qui lui donne une originalité bien marquée* », écrivait le Doyen Stanislas MELONE, « Les sources anglaises de la procédure pénale au Cameroun », *in* P.-F. GONIDEC (Mélanges offerts à), *L'État moderne : horizon 2000. Aspects internes et externes*, Paris, LGDJ, 1985, p. 362.

[3] J. RIVERO, « Les phénomènes d'imitation des modèles étrangers en droit administratif », in *Miscellanées W. J. Ganshof Van der Meersch*, Bruxelles, 1972, t. 3, pp. 619-659.

administratif observable en Afrique[4], voire sur l'inexistence d'un droit administratif propre aux États du continent africain[5].

A mesure qu'on s'éloigne de cette phase qui suit immédiatement l'indépendance, on est en droit de s'interroger sur la réalité ou la persistance de ce « mimétisme » postcolonial. Trente ans après la remarquable étude du Doyen Bipoun Woum, la problématique de la réception du droit administratif français en Afrique est prolongée, notamment par le Professeur Magloire Ondoa. Si ce dernier concède la possibilité de recourir ponctuellement à des règles du droit français, il défend surtout l'autonomie des droits africains. Pour lui, l'idéologie de la construction nationale commande que les critères de sélection des normes à introduire en Afrique soient notamment l'aptitude de ces normes à renforcer l'autorité de l'État ; surtout, la « *réception formelle présuppose une œuvre réfléchie et volontaire qui exclut l'hypothèse véhiculée à travers le concept de mimétisme, d'imitation aveugle* »[6]. L'approche structurelle de celui-ci se distancie de celle conjoncturelle privilégiée par celui-là. Et quarante ans après la publication du célèbre article du Professeur Joseph-Marie Bipoun Woum, on peut se demander si le facteur temporel, avancé par l'éminent juriste comme argument explicatif de la réception du droit français au Cameroun, ne s'est pas effiloché considérablement au point de perdre toute pertinence.

La problématique du contenu des droits africains n'a pas perdu tout intérêt, loin s'en faut ; elle est encore d'actualité. Aussi, peut-on la mobiliser à propos de la cessation anticipée de fonctions des organes de l'institution communale camerounaise. Avec la nouvelle architecture décentralisatrice issue des lois du 22 juillet 2004[7], le pays fait-il preuve d'autonomie de production juridique ? Avant toute évocation de l'économie normative de la matière, une clarification terminologique préliminaire doit être faite.

La notion d'organes municipaux ne présente aucune difficulté d'appréhension. Elle recouvre, selon une énumération législative limitative,

---

[4] v., entre autres, J. BUGNICOURT, « Le mimétisme administratif en Afrique : obstacle majeur au développement », *RFSP*, 1973, n°6. pp. 1239-1267 ; G. LANGROD « Genèse et Conséquences du mimétisme juridique et administratif en Afrique », *RISA*, 1973, vol. XXXIX, n°2, 1973, pp. 119-131.

[5] v. M. BERNARD, « Existe-t-il un droit administratif ivoirien ? », *Revue ivoirienne de droit*, 1970, n°4, p. 11 ; A. BOCKEL, « Sur la difficile gestation d'un droit administratif sénégalais », *Annales Africaines*, 1973, p. 137.

[6] M. ONDOA, « Le droit administratif français en Afrique : contribution à l'étude de la réception des droits étrangers en droit interne », *RJPIC*, vol. 56, n°3, 2002, pp. 287-333 (spéc. p. 316 à 321).

[7] Le Cameroun a enrichi son arsenal législatif de trois textes majeurs : la loi n°2004/017 portant orientation de la décentralisation (ci-après loi n°2004/017), la loi n°2004/018 fixant les règles applicables aux communes (ci-après loi n°2004/018) et la loi n°2004/019 fixant les règles applicables aux régions.

deux entités : le conseil municipal et l'exécutif communal[8]. La notion de cessation se montre d'intellection peu évidente du fait de la variabilité de son contenu[9]. De facto, elle est tantôt temporaire, la fonction fait alors l'objet d'une suspension et son exercice peut renouer avec un cours, tantôt définitif, auquel cas il est mis un terme final à la fonction et son exercice ne peut alors reprendre. On entend ce concept ici dans le second sens et il peut être synonyme d'interruption.

En droit camerounais, on le sait, les élus municipaux sont désignés au suffrage universel direct pour un mandat d'une durée de cinq ans renouvelable indéfiniment[10]. Tout être vivant connaissant, d'une manière ou d'une autre, un début et une fin, l'exercice des fonctions publiques électives n'échappe pas à la règle. La cessation de fonctions des organes communaux intervient normalement à l'expiration de leur mandat. Élus pour une durée limitée, les conseillers municipaux, le maire et ses adjoints sont conduits, en principe, à rendre compte de leur gestion aux électeurs lorsqu'ils sollicitent le renouvellement de leur mandat. Pour autant que l'on considère que l'élection confère une certaine légitimité, alors le contrôle le plus important est exercé par le corps électoral. Pourtant, avant le terme de leur mandat, les élus municipaux peuvent cesser leurs fonctions, de leur propre chef ou sous contrainte. Toute cessation est consubstantielle de l'accès à la fonction, au point où il ne serait pas abusif d'affirmer que l'accès et la cessation sont deux facettes d'une même réalité juridique.

La question de la cessation anticipée de fonctions ne se pose pas seulement au niveau local. En y consacrant une recherche, nous devons fournir une justification ; notre démarche procède d'une double constatation. D'abord, si les collectivités territoriales décentralisées camerounaises attirent souvent la curiosité des analystes[11], les juristes semblent moins disposés à

---

[8] Cf. art. 23 de la loi n°2004/018. De même, celle-ci prévoit (art. 112) deux organes pour la commune à régime spécial : le conseil de la communauté urbaine et le délégué du gouvernement auprès de la communauté urbaine.

[9] Sur cette question, v. Ch. PERELMAN (dir.), *Les notions à contenu variable en droit*, Bruxelles, Bruylant, 1984 ; G. TUSSEAU (dir.), *Les notions juridiques*, Paris, Economica, coll. Études juridiques, n°31, 2009.

[10] Cf. art. 2 (1) de la loi n°92/002 du 14 août 1992 fixant les conditions d'élection des conseillers municipaux (modifiée et complétée par la loi n°2006/010 du 29 déc. 2006) et art. 63 de la loi n°2004/018 (pour l'exécutif).

[11] Des publications significatives récentes attestent cet intérêt : v. entre autres, J. OWONA, *La décentralisation camerounaise*, Paris, L'Harmattan, 2011 ; M. FINKEN, *Gouvernance communale en Afrique et au Cameroun*, Harmattan-Cameroun, 2011 ; J. NJOYA, « Les mutations de la vie politique en Afrique : la trajectoire erratique de l'élu local au Cameroun », *in* J.-P. FELDMAN et E.-P. GUISELIN (dir.), *Les mutations de la démocratie locale. Élections et statut des élus*, Paris, L'Harmattan, 2011, p. 279 ; J.-T. HOND, « État des lieux de la décentralisation territoriale au Cameroun », *in* M. ONDOA (dir.), *L'administration publique camerounaise à l'heure des réformes*, Yaoundé, Harmattan-Cameroun, 2010, p. 93 ; E. MANGA ZAMBO, « La décentralisation dans le paysage administratif au Cameroun », *in* M. ONDOA (dir.), *L'administration publique camerounaise à l'heure des réformes*, op. cit.,

entreprendre l'investigation sur ces institutions locales ou périphériques, tant l'État, ses modalités d'organisation, ses structures et ses institutions constituent l'essentiel des études de droit public. Et quand bien même la question de la durée des mandats électifs publics occupe l'actualité scientifique, celle des mandats nationaux éclipse très souvent celle des mandats locaux.

En tout état de cause, il n'existe pas d'étude juridique spécifique consacrée à la cessation des fonctions publiques électives au niveau local. Le désintérêt manifeste de la doctrine publiciste pour cet aspect du droit ne s'explique certainement pas par une quelconque « insignifiance » juridique, à preuve la littérature publiciste française est relativement prolixe sur le sujet[12]. Le droit des institutions locales de l'État n'est pas une branche à part du droit public ; c'est le droit de l'État, mais seulement celui-ci s'occupant des institutions qui, au plan administratif, ne procèdent pas de l'autorité directe des pouvoirs centraux. D'ailleurs, il n'est pas classique que l'on distingue les institutions centrales des institutions périphériques en droit public. Cette distinction n'est cependant pas dépourvue d'intérêt, car les secondes comportent nécessairement, du fait des principes juridiques qui leur donnent naissance, des spécificités par rapport aux premières. Ainsi, par exemple, il est établi que les institutions périphériques telles que les communes résultent de la décentralisation qui admet la tutelle de l'institution centrale, c'est-à-dire l'État. De là apparaît la nécessité d'interroger le régime des institutions municipales afin d'en faire ressortir des éléments les

---

p. 115 ; G. PEKASSA NDAM, « La classification des communes au Cameroun », *Revue Africaine des Sciences Juridiques (RASJ),* vol. 6, n°1, 2009, p. 229 ; J.-C. EKO'O AKOUAFANE, *La décentralisation administrative au Cameroun*, Paris, L'Harmattan, 2009 ; S. NGANE, *La décentralisation au Cameroun. Un enjeu de gouvernance,* Yaoundé, Afrédit, 2008 ; C. NACH MBACK, *Démocratisation et décentralisation. Genèse et dynamiques comparés des processus de décentralisation en Afrique subsaharienne*, Paris, Karthala-PDM, 2003 ; A.-D. OLINGA, « La régionalisation camerounaise en chantier : acquis constitutionnels et perspectives législatives », *Juridis Périodique*, n°55, 2003, p. 91.

[12] v. Charles A. DUBREUIL, « Le contrôle juridictionnel de la révocation des maires », *JCP A.*, 20 sept. 2010 ; B. SEILLER, « Le pouvoir disciplinaire sur les maires », *AJDA* 2004, p. 1637 ; F.-P. BENOIT, « Statut du maire et des adjoints », *Rép. coll. loc. Dalloz*, 2001 ; B. PACTEAU, « Jusqu'où peut aller la tutelle disciplinaire sur les maires ? », *Rev. Adm.* 1982, n°206, p. 159 ; A. MADIOT, « La dissolution des conseils municipaux », *RDP*, 1974, p. 373 ; J. MOREAU, note sous CE Sect. 1er février 1967, Cuny, *AJDA* 1967, p. 344 ; J. SINGER, « Les motifs des suspensions ou révocations des maires », *AJDA* 1963, p. 670.
A signaler que les études privatistes sont plus abondantes. Sur l'ensemble de la question, et en raison des nombreuses références bibliographiques citées, v. A. AKAM AKAM, « La cessation des fonctions des dirigeants des sociétés commerciales en droit OHADA », *Afrilex*, mars 2009, pp.1-20. Sur l'aspect spécifique de la révocation, v. Bérenger Y. MEUKE, « Brèves réflexions sur la révocation des dirigeants sociaux dans l'espace OHADA », *Revue Juridique Tchadienne*, n°12, 2007 ; A. DIONE, « La révocation des dirigeants des sociétés anonymes et des sociétés à responsabilité limitée à la lumière de l'acte uniforme relatif au droit des sociétés commerciales et de groupement d'intérêt économique », *Revue EDJA*, n°54, 2002.55.

distinguant des institutions centrales, ces éléments pouvant être liés à leur fonctionnement et à leur réglementation.

La présente recherche s'inscrit dans la ligne de la réflexion théorique du Professeur Bipoun Woum, dont elle se veut être une déclinaison en mode d'exégèse textuelle. Dans le champ du droit administratif, spécifiquement celui des collectivités territoriales décentralisées, l'étude a pour objet l'examen des règles juridiques régissant la cessation en cours de mandat de fonctions des organes communaux. C'est la question de l'essence des modalités de cette interruption qui se pose, précisément celle de savoir si elles sont ou non le fruit d'une construction endogène. A partir d'un exposé juridique qui s'appuie sur les sources normatives d'une telle cessation, il s'agit de discerner le dispositif de celle-ci. La posture n'est pas exclusive, elle admet l'approche comparée qui permettrait de mesurer sa spécificité à l'aune de l'expérience d'autres États en Afrique noire d'expression française et de la France.

Le propos se focalise sur les modalités de cessation anticipée de mandats des organes municipaux, tout en minorant ce qu'elles induisent. Mais en quoi consiste cette interruption de fonctions ? Alors qu'à l'étranger, il est courant qu'une disposition législative liste les procédés de cessation anticipée de fonctions, ces procédés sont éparpillés dans la législation camerounaise réglant notamment les cas de décès, de démission, de révocation, de déchéance, de destitution et de dissolution.

Les divers mécanismes n'ont pas nécessairement la même portée. On pourrait être tenté de s'attacher à une démarche diptyque conforme à la dualité institutionnelle communale. Cette démarche est d'emblée avantageuse parce qu'elle revendiquerait une indiscutable simplicité en permettant précisément d'identifier, cas par cas, les modalités de départ prématuré de fonctions pour chaque organe municipal. Toutefois, ladite démarche n'offre pas une totale satisfaction, car elle a l'inconvénient de dissimuler certaines réalités parfois partagées par les deux organes. C'est pourquoi ces modalités doivent être abordées dans une certaine cohérence juridique. A cet égard, il convient de distinguer celles qui sont communes à tous les organes municipaux (**I**) et celles qui sont spécifiques à certains de ces organes (**II**).

I. LES MODALITES DE CESSATION COMMUNES A TOUS LES ORGANES

Les formules de cessation anticipée de fonctions applicables aux membres du conseil municipal et de l'exécutif communal sont numériquement importantes. Le décès est l'une des causes de cette cessation des fonctions, mais, on ne s'y attardera pas parce qu'il ne fait point l'objet de prescriptions juridiques particulières. La démission (**A**) et la déchéance (**B**) des conseillers et des dirigeants municipaux[13], pris individuellement, sont,

[13] Les « dirigeants municipaux » ou « dirigeants communaux » sont les membres de l'organe exécutif. Selon le Conseil d'État français, la « municipalité » désigne l'ensemble constitué du

pour leur part, régies par des dispositifs juridiques dont l'exploration est nécessaire.

A. La démission des conseillers et dirigeants municipaux

En tant que mécanisme de cessation anticipée de fonctions, la démission se présente sous deux formes distinctes : la démission volontaire (**1**) et la démission d'office (**2**).

1. La démission volontaire

On entend ici par démission volontaire, le mécanisme par lequel un élu municipal renonce spontanément à l'exercice de ses fonctions[14]. En droit administratif camerounais, comme à l'étranger, les conseillers, autant que les dirigeants municipaux, sont libres de démissionner. L'analyse de cette modalité de cessation anticipée de fonctions ne saurait se limiter aux règles applicables (**a**), en ignorant les exigences d'effectivité de la démission (**b**).

a. Les règles applicables à la démission volontaire

Si l'organisation méticuleuse de la démission volontaire retient la même forme de notification, les modalités prennent quelques reliefs particuliers selon qu'elles sont applicables aux membres de l'organe délibérant ou à ceux de l'organe exécutif.

La démission d'un conseiller municipal[15] est adressée par lettre recommandée au maire de la commune avec copie au représentant de l'État. C'est ainsi qu'elle prend la forme écrite et emprunte la voie postale, ce qui permet au conseiller de garder une preuve de l'envoi de sa lettre. Dans les droits étrangers, l'écrit est aussi de rigueur et les modalités de notification sont variables, parfois peu pointilleuses. Au Mali, par exemple, la démission est adressée au ministre chargé des collectivités territoriales qui en accuse réception[16]. En se rapprochant du Cameroun, ce pays d'Afrique de l'ouest partage avec le nôtre une singularité par rapport aux autres pays. Ailleurs, la démission volontaire d'un conseiller est adressée au maire[17] qui informe immédiatement le représentant de l'État[18]. Elle est expédiée par lettre

---

maire et ses adjoints (CE 1er juillet 1936, Berthon, *Rec.* 713) ; dans la présente étude, ce terme est synonyme d'exécutif communal.

[14] Au sens général, v. G. CORNU (dir.), *Vocabulaire juridique*, Paris, PUF, coll. Quadrige, 7è éd, 2005, p. 285.

[15] Loi n°2004/018, art. 51.

[16] Art. 11 de la loi n°95-034/AN-RM du 12 avril 1995 portant Code des collectivités territoriales (ci-après CCT).

[17] Burkina Faso, art. 253 du Code général des collectivités territoriales (ci-après CGCT).

[18] France, art. L. 2121-4 du Code général des collectivités territoriales (ci-après CGCT).

recommandée au maire avec copie au représentant de l'État[19], ou encore transmise par écrit au maire tenu d'accuser réception et d'informer le préfet ainsi que le conseil municipal[20].

Le régime de la démission volontaire d'un membre de la municipalité[21] avoisine celui d'un conseiller municipal, mais comprend une nuance concernant l'autorité adressataire, c'est-à-dire l'autorité qualifiée ou compétente pour recevoir la démission. Cette dernière est signifiée, sous forme de lettre recommandée avec accusé de réception, au ministre en charge des collectivités territoriales ; il y a donc en droits étrangers une saisine d'un niveau plus élevé de la hiérarchie administrative. L'autorité ministérielle est le principe au Mali[22], et, dans une certaine mesure, au Burkina Faso[23]. Par contre, la démission du maire ou de ses adjoints est adressée simplement au représentant de l'État dans le département, pour la France[24] et au conseil municipal ainsi qu'au préfet, pour le Togo[25].

b. Les exigences d'effectivité de la démission volontaire

L'important problème de l'effectivité de la démission n'a pas été éludé par le législateur camerounais, même si on peut regretter un aménagement partiel et/ou lacunaire selon qu'il s'agit de la fixation du moment de sa prise d'effet ou de sa rétractation.

La démission volontaire d'un conseiller ne devient effective qu'à compter de la date de l'accusé de réception par le maire ou, en l'absence d'un tel accusé de réception, dans un délai maximal d'un mois à compter de la date du nouvel envoi de la renonciation, constatée par lettre recommandée. En dehors de la France où la démission devient effective dès sa réception par le maire[26], on constate dans la législation de quelques pays africains d'expression française, soit l'existence de dispositions juridiques presque à l'identique sur l'effectivité[27], soit l'absence de celles-ci[28].

Cela dit, le maire peut-il refuser cette démission ? Difficile de répondre devant le silence de la loi. Juridiquement, le maire doit se borner à prendre acte de la réception de la démission et d'en informer l'autorité préfectorale.

---

[19] Sénégal, art. 172 de la loi n°96–06 du 22 mars 1996 portant Code des collectivités locales, modifiée et complétée par les lois n°2002–14 et n°2002–16 du 15 avril 2002 (ci-après, CCL).

[20] Togo, art. 81 de la loi n°2007-011 du 13 mars 2007 relative à la décentralisation et aux libertés locales (ci-après loi n°2007-011).

[21] v. art. 100 (1), loi n°2004/018.

[22] Art. 14, CCT.

[23] L'art. 280 du CGCT parle de « *l'autorité de tutelle* » et l'art. 54 prévoit que la tutelle administrative est assurée par le ministre des collectivités territoriales qui délègue une partie de ce pouvoir aux représentants de l'État dans les circonscriptions administratives.

[24] Art. L. 2122-15 CGCT.

[25] Art. 100, loi n°2007-011.

[26] Art. L. 2121-4 CGCT.

[27] Mali (art. 11 CCT) et Sénégal (art. 172 CCL).

[28] Cas du Burkina Faso et du Togo.

D'ailleurs, le libre exercice de leurs mandats par les élus locaux n'a-t-il pas, selon la haute juridiction administrative française, le caractère d'une liberté fondamentale[29] ? Bien que le juge administratif camerounais n'ait pas été appelé, jusqu'à présent, à trancher ce point de droit -encore qu'on peut se demander s'il aurait la hardiesse de son homologue français-, le droit de démissionner apparaît comme l'une des composantes du libre exercice de son mandat par l'élu d'une collectivité territoriale décentralisée. Il reste concevable qu'un conseiller municipal démissionnaire précise que sa décision prendra effet à une autre date, postérieure à la réception par l'autorité destinataire.

Relativement à l'effectivité, la démission des membres de l'exécutif devient définitive à compter de la date de son acceptation par le ministre susvisé. En clair, la loi camerounaise subordonne le caractère définitif de la renonciation non pas à la notification de la décision du ministre, mais bien à son acceptation. L'idée d'acceptation semble indiquer que le ministre de tutelle technique ne se borne pas juridiquement à prendre acte de la démission, mais qu'il peut tout autant la refuser. L'effet d'un tel acte étant subordonné à son acceptation par le ministre, si ce dernier y oppose une fin de non-recevoir, le maire ou l'adjoint peut renouveler sa demande par l'envoi d'une lettre recommandée ; dans ce cas, la renonciation devient définitive un mois après l'envoi de ce pli recommandé. On comprend ainsi pourquoi le législateur de 2004 a pris soin d'encadrer un refus explicite ou implicite en disposant : « *ou, le cas échéant, dans un délai maximal d'un mois à compter de l'envoi d'une nouvelle lettre recommandée* ». Il faut remarquer que cette précaution existe en termes quasi identiques dans certains droits étrangers[30].

S'agissant de la rétractation, si la liberté de se démettre est acquise, le conseiller municipal ou le dirigeant municipal jouit-il de la faculté de se rétracter, c'est-à-dire de revenir sur sa volonté manifestée de cesser ses fonctions ? Cet aspect de l'effectivité est méconnu voire inconnu de l'aménagement législatif ; aucune disposition législative camerounaise ne le régit, ce qui est du reste observable également dans les autres pays africains d'expression française et en France[31]. Cependant, la démission ne peut plus

[29] CE 11 avril 2006, *Hirohiti Tefaaere*.

[30] Cf. art. 41 du CCT au Mali et art. L. 2122-15 du CGCT en France. Toutefois, la démission n'est effective qu'après un délai de 30 jours suivant la date de sa transmission, ou à compter de la date du dépôt de l'acceptation de l'autorité de tutelle sur le bureau du maire, respectivement au Togo (art. 100, loi n°2007-011) et au Burkina Faso (art. 280 CGCT).

[31] On doit saluer l'œuvre jurisprudentielle du juge administratif français. Après une longue période au cours de laquelle celui-ci n'avait pas fixé de règles strictes concernant la détermination de la date d'effet de la démission, un arrêt du Conseil d'État (CE, 26 mai 1995, *Etna*) a finalement tranché la question en estimant que le maire doit être considéré comme ayant cessé ses fonctions à la date à laquelle lui a été notifiée l'acceptation du préfet. A défaut d'acceptation, la démission intervient tacitement un mois après l'envoi de la lettre

être retirée dès le moment où elle est devenue définitive. Dès lors, il y a cristallisation de la décision qui fait perdre sa qualité d'élu municipal au conseiller démissionnaire. Cela crée une vacance au sein du conseil et le conseiller concerné ne peut plus participer aux réunions de cette instance délibérante.

En définitive, le droit de démissionner unilatéralement vaut pour tous les organes municipaux ; les membres du conseil municipal autant que ceux de l'exécutif communal sont libres de quitter leurs fonctions. Force est de constater que la cessation anticipée de fonctions connaît une certaine souplesse. Devenue définitive, la cessation n'est pas nécessairement immédiate ; elle peut s'accompagner d'un mécanisme transitoire dans la mesure où les maires et adjoints démissionnaires poursuivent l'exercice de leurs responsabilités jusqu'à l'installation de leurs successeurs afin, nous semble-t-il, de ne pas compromettre le bon fonctionnement de l'administration communale. De plus, tout élu municipal démissionnaire de son propre gré peut se porter candidat lors du prochain scrutin électoral communal.

Au demeurant, si en matière de démission volontaire la liberté est la règle, cette flexibilité fait défaut à la démission d'office.

2. La démission d'office

Il y a démission d'office lorsqu'un élu municipal renonce, sous l'effet d'une contrainte légale à l'exercice de ses fonctions communales. Cette forme de démission n'intervient que sous certaines conditions (**a**) et selon une procédure définie (**b**).

a. Les conditions de la démission d'office

La démission d'office, ou « *procédure de désinvestiture forcée* »[32], peut frapper les membres aussi bien du conseil municipal que de l'exécutif communal.

Deux mécanismes juridiques permettent de sanctionner les conseillers municipaux ayant manqué aux obligations de leur charge d'élus locaux. Cela

---

recommandée ; le maire doit être considéré comme ayant cessé ses fonctions à la date à laquelle lui a été notifiée l'acceptation du préfet.
Dans cette espèce, le maire avait donné sa démission au préfet le 4 déc. 1994. Ce dernier, par lettre du 26 déc. 1994, l'avait acceptée et notifié cette acceptation le 4 janv. 1995, en fixant la date d'effet de la démission au 7 janv. 1995. Seulement, le 5 janv. 1995 le maire décide de retirer sa démission. Le juge a considéré qu'en dépit du fait que le préfet avait accepté, à la demande du maire, d'en fixer la date d'effet au 7 janv. 1995, la démission était devenue définitive le 4 janv. 1995. La haute juridiction administrative l'a rappelé récemment : « *la démission du maire devient définitive dès que l'acceptation du préfet lui est notifiée, sans que cette notification coïncide nécessairement avec le moment où il en prend connaissance* » (CE 17 nov. 2010, *Hugon et autres*).

[32] G. CORNU (dir.), *Vocabulaire juridique*, op. cit., p. 285.

vise d'abord tout conseiller qui, convoqué régulièrement, n'a pas participé à trois sessions successives du conseil municipal sans fournir de motifs légitimes. L'élu est alors déclaré démissionnaire d'office par décision du ministre chargé des collectivités territoriales, notifiée à l'intéressé avec copie au représentant de l'État[33]. Il faut néanmoins souligner que l'absence répétée non motivée[34] aux séances du conseil ne constitue pas une cause de démission d'office dans tous les ordres juridiques. Selon les pays, tantôt elle conduit l'élu à être déclaré démissionnaire par le maire[35] ou par le ministre de tutelle[36], tantôt elle est passible d'une suspension[37], d'un avertissement, voire d'un blâme[38], ou n'est pas du tout considérée comme manquement aux obligations de la charge d'élu local[39]. L'autre mécanisme[40] permet au ministre sus-indiqué de déclarer démissionnaire le conseiller municipal qui, sans excuse valable, a refusé de remplir les fonctions qui lui sont dévolues par les lois et règlements en vigueur. La loi dispose de manière expresse que le refus peut résulter d'une déclaration écrite ou de l'abstention persistante de cet élu local d'assumer ses fonctions statutaires.

A l'analyse, la conquête d'un mandat électif local s'accommode non pas de l'absentéisme ou de l'abstention, mais d'une présence assidue et d'un exercice effectif des fonctions. Il serait loisible d'y voir un dispositif répulsif. La fonction communale n'est assurément pas une sinécure. Un observateur[41] perçoit, à juste titre probablement, dans la dynamique soutenue de la compétition électorale au niveau des communes, un signe de la volonté manifeste des Camerounais et Camerounaises de participer à la gestion des affaires publiques, la commune ayant accédé aujourd'hui au rang d'acteur majeur du développement local[42]. La doctrine classique soulignait déjà

---

[33] Cf. art. 48 (1) et (2), loi n°2004/018.

[34] Précisons que l'art. 49 (1) de la loi susvisée établit des garanties à l'activité professionnelle des élus salariés : les employeurs doivent laisser à leurs salariés, lorsqu'ils sont conseillers municipaux, le temps nécessaire pour participer aux séances plénières du conseil ou des commissions qui en dépendent.

[35] Cas au Sénégal pour l'absence à trois sessions successives (art. 169 CCL).

[36] Cas au Mali pour plus de deux absences aux sessions dans l'année (art. 12 CCT).

[37] Togo, art. 80, loi n°2007-011.

[38] Burkina Faso, art. 239 CGCT.

[39] Cas de la France clairement précisé par la jurisprudence : v. CE 6 novembre 1985, Maire de Viry-Châtillon, *RFDA*, 1986, p. 388, concl. Latournerie.

[40] Loi n°2004/018, art. 50 (1) et (2).

[41] Cf. TCHEJIP KAPTCHOUANG, *Partis politiques et démocratie locale au Cameroun : une analyse de la compétition politique locale*, Thèse doctorat science politique, Université de Yaoundé II, 2006, 578 p.

[42] Aux termes de l'art. 3 (1) de la loi n°2004/018, la commune a « ... *une mission générale de développement local et d'amélioration du cadre et des conditions de vie de ses habitants* ». Cet article est une déclinaison de l'art. 55 (2) de la Constitution de 1996 et de l'art. 4 (1) de la loi n°2004/017.

l'importance des institutions locales. Tocqueville[43] voyait dans les institutions communales un moyen de promotion de la liberté dans une Nation, tandis que le Doyen Hauriou[44] concevait la décentralisation comme un instrument de liberté politique. Récemment, un analyste français a perçu la décentralisation comme un moyen de «*fragmenter et de disperser le pouvoir politique, de créer des opportunités pour l'émergence des groupes politiques de l'opposition, de créer de nombreux terrains d'apprentissage des pratiques démocratiques* »[45]. Bien perçue hors de nos frontières, l'importance des fonctions communales justifie la sanction du refus d'un conseiller municipal de remplir ses fonctions statutaires au Sénégal et en France ; la démission d'office est prononcée respectivement par le ministre chargé des collectivités locales[46] et par le juge administratif[47]. C'est dire que, lorsque le mécanisme existe à l'étranger, il est quasi-similaire à celui en vigueur au Cameroun.

Au-delà des membres de l'organe délibérant, la démission d'office ou forcée peut aussi concerner ceux de l'exécutif communal. Il s'agit pour les autorités de l'État de sanctionner précisément les conditions d'exercice de leur mandat. En fait, les sanctions visent des irrégularités postélectorales. A y regarder de près, on distingue deux types de mécanismes : l'un commun au maire et à ses adjoints, l'autre propre au maire.

D'abord, un maire ou son adjoint est susceptible d'être démis de ses fonctions à cause de sa situation en marge de la régularité au regard du droit communal[48]. A défaut d'avoir cessé immédiatement ses fonctions, un décret du président de la République y met fin. Cela survient lorsque les dirigeants se trouvent, postérieurement à leur élection, dans un cas d'incompatibilité avec certaines activités[49], laquelle ne rend pas nulle l'élection et s'apprécie

---

[43] A. de TOCQUEVILLE, *De la démocratie en Amérique*, Paris, Gf-Flammarion, tome I, 1981, p. 123.

[44] M. HAURIOU, *Précis de droit administratif et de droit public*, Paris, Sirey, 1919 (Préface à la 9è édition).

[45] A. ROSENBAUM, « Gouvernance et décentralisation. Leçons de l'expérience », *RFAP*, n°88, 1998, p. 510.

[46] Sénégal, art. 171 CCL.

[47] France, art. L. 2121-5 CGCT.

[48] Loi n°2004/018, art. 98. On retrouve cette hypothèse incluant l'inéligibilité au Sénégal (art. 137 CCL).

[49] La liste de ces activités, très fournie et exhaustive, est fixée par la loi n°2004/018 (art. 65). Distinctes de celles pré-électorales (visées à l'art. 10 de la loi n°92-002 du 14 août 1992 fixant les conditions d'élection des conseillers municipaux, modifiée et complétée par la loi n°2006/010 du 29 déc. 2006), ces incompatibilités peuvent être regroupées en 3 catégories :
- fonctions électives : député et sénateur, président de conseil régional ;
- fonctions administratives centrales et locales : membre du gouvernement et assimilé, secrétaire général de ministère et assimilé, ambassadeur ou responsable dans une mission diplomatique, directeur général ou directeur d'établissement public ou de société à participation publique, directeur d'administration centrale, autorité administrative, agent des

postérieurement à celle-ci. L'autre cas, d'appréciation délicate, est celui dans lequel ces dirigeants ne remplissent plus, toujours après leur désignation, les conditions requises pour être maire ou adjoint au maire. Il serait erroné de penser que le législateur de 2004 a prescrit une condition supplémentaire d'éligibilité ; cette dernière reste subordonnée à la seule qualité de conseiller municipal. En réalité, en disposant que « *le maire et les adjoints résident dans la commune* »[50], la législation communale camerounaise a subtilement introduit la question de résidence comme condition d'exercice des fonctions exécutives municipales. Cette notion de résidence n'a pas le même contenu qu'en matière d'accès à la fonction de conseiller municipal. Certes, « *nul ne peut être candidat aux élections municipales s'il ne réside effectivement sur le territoire de la commune concernée* », mais il reste admis que « *les personnes non résidentes peuvent être candidates si elles justifient d'un domicile réel dans le territoire de la commune concernée* »[51]. Cette conception de la résidence n'est pas rigide, et on a pu y voir « *une mesure de souplesse* »[52]. Seulement, la souplesse cède le pas à la rigueur quant à l'entendement de l'obligation de résider pour l'exercice de la responsabilité au niveau de la municipalité. L'exercice du mandat est conditionné par le respect de l'effectivité résidentielle. Il s'agit de sanction non pas pour cause d'inéligibilité, cette dernière s'appréciant avant l'élection conformément aux dispositions susvisées de la loi électorale, mais bien pour cause d'ineffectivité de résidence des dirigeants de la municipalité.

Ensuite, il existe un régime de démission d'office en raison des incompatibilités spéciales au maire[53]. En effet, le maire nommé à une fonction incompatible avec son statut bénéficie librement de la faculté d'opter soit pour la fonction nominative, soit pour son mandat municipal. La loi lui laisse ainsi la latitude de faire une déclaration d'option dans un délai de trente jours. Concrètement, il incombe en premier lieu au magistrat municipal de mettre un terme à la situation circonstancielle de cumul illégal. Si le concerné refuse manifestement d'opérer un choix, il peut être déclaré d'office démissionnaire par le ministre de tutelle. La démission d'office intervient alors comme ultime mesure réprimant l'attitude négative de l'élu face à la situation d'incompatibilité statutaire.

En veillant au respect des obligations de la charge de membre de l'organe délibérant, ainsi qu'au respect de l'exigence d'incompatibilité des fonctions

---

administrations financières ayant à connaître des finances ou de la comptabilité de la commune concernée, agent et employé de la commune concernée ;
- fonctions judiciaires et sécuritaires : président des cours et des tribunaux, membre des forces du maintien de l'ordre.

[50] Loi n°2004/018, art. 58 (3).

[51] Art. 8, loi n°92-002 du 14 août 1992, précitée.

[52] J.-P. KUATE, *Les élections locales au Cameroun : l'élection des conseillers municipaux et du maire*, Douala, Les Dynamiques locales, 2002, p. 22.

[53] Loi n°2004/018, art. 99. Ce cas existe aussi au Sénégal (art. 138 CCL).

et de l'astreinte résidentielle des titulaires du pouvoir exécutif au sein de la commune, l'administration de l'État exerce un pouvoir de sanction, lequel est inséré dans une procédure déterminée.

b. La procédure de la démission d'office

L'applicabilité de la démission d'office à tous les organes municipaux n'est pas pour autant synonyme d'identité procédurale. En dépit de quelques éléments communs à ces différents organes, la législation camerounaise a conçu une procédure particulière selon qu'il s'agit d'un conseiller municipal, du maire ou de son adjoint, ou du maire exclusivement.

La procédure de démission d'office d'un conseiller municipal absentéiste met en évidence quelques remarques. Premièrement, le principe de la consultation est posé dans la mesure où l'autorité ministérielle a, préalablement à l'édiction de sa décision, l'obligation de solliciter l'avis du conseil municipal sans toutefois être tenue de décider dans le sens suggéré par l'organe consultatif saisi : on est en face d'un avis obligatoire[54]. La deuxième remarque est relative au principe du contradictoire : avant la sanction, le conseiller absentéiste doit nécessairement avoir été invité par le maire à fournir des explications[55], lesquelles pourraient faire valoir des motifs légitimes d'absence. Par ailleurs, l'impératif de mettre en demeure le concerné contribue à réduire le risque d'arbitraire ministériel. Dans l'ensemble, le conseiller déclaré démissionnaire a eu l'opportunité de s'exprimer, de faire valoir son point de vue. Ces remarques sont tout à fait transposables au Sénégal. Si le Cameroun partage avec ce pays[56] et le Mali[57] la justiciabilité de la décision administrative, seul notre pays prive le conseiller démis d'éligibilité à l'élection municipale partielle ou générale qui suit immédiatement la date de sa démission d'office[58]. La procédure de démission d'un conseiller municipal abstentionniste[59] appelle également l'avis du conseil municipal et une mise en demeure préalables. La soumission au contrôle juridictionnel de la légalité de la décision correspondante est pareillement acquise. On ne peut s'empêcher de dénoncer le mutisme législatif sur le devenir électoral du membre de l'organe délibérant déclaré d'office démissionnaire ; il ne serait pas incongru d'étendre ici l'interdiction de candidature sus-évoquée. A titre de

[54] Le législateur reste silencieux, notamment sur la participation du conseiller déclaré démissionnaire aux travaux du conseil relatifs à l'émission de l'avis consultatif. Il y a lieu de penser que cette participation n'est pas menacée logiquement, car le concerné garde encore sa qualité de conseiller municipal.

[55] La législation communale camerounaise n'ayant pas prescrit une forme particulière, on peut se demander si les explications sont orales ou écrites.

[56] Art. 169 CCL, précité.

[57] Art. 13 CCT.

[58] Art. 48 (3), loi n°2004/018.

[59] Art. 50, *ibid.*

comparaison, en France où il revient au tribunal administratif de prononcer la démission d'office dans ce cas spécifique, le conseiller démis ne peut être réélu avant le délai d'un an[60].

L'aménagement procédural relatif à la démission d'office d'un maire ou de son adjoint, confronté à une irrégularité liée à l'incompatibilité ou au non-respect des conditions d'exercice des fonctions, est plus élaboré. Il combine l'injonction, la suspension et la décision de cessation de fonctions[61]. En effet, saisi par le représentant de l'État, le ministre chargé des collectivités territoriales enjoint le maire ou l'adjoint de passer immédiatement le service à son remplaçant conformément aux dispositions pertinentes de la loi municipale, sans attendre l'installation de son successeur. Le refus de l'intéressé de démissionner ouvre la voie à sa suspension pour une certaine durée, et sans autre formalité, « *il est mis fin à ses fonctions par décret du président de la République* ». Le caractère péremptoire de cette disposition illustre fort bien la fermeté de l'ensemble procédural, laquelle n'est guère un monopole de notre pays, puisque le Sénégal connaît des dispositions similaires[62].

Quant au chef de l'exécutif communal nommé à une fonction incompatible avec son mandat municipal, la procédure de démission d'office est plutôt allégée. A l'expiration du délai à lui accordé pour opérer son choix, le maire peut faire face à une mise en demeure, pour un délai maximal de 15 jours. Par cet ultime avertissement, le ministre en charge des collectivités territoriales intime l'ordre au maire d'abandonner l'une de ses fonctions. En cas de refus explicite ou de refus implicite, après la mise en demeure, un arrêté ministériel déclare démissionnaire le magistrat municipal. Une fois de plus, le droit sénégalais affiche la même réalité procédurale[63].

Qu'il s'agisse de tout membre de l'exécutif communal ou de son chef, on note l'absence de dispositions, d'une part, sur le statut contentieux des décisions de démission d'office et, d'autre part, sur les implications électorales de telles décisions pour les victimes.

En tout état de cause, la pratique camerounaise est déjà fructueuse, même si on peut estimer qu'elle ne concerne qu'une portion résiduelle des dirigeants municipaux. En 2009, après une longue période de sensibilisation et dans le respect des exigences procédurales en la matière, le ministre d'État, ministre de l'Administration territoriale et de la Décentralisation a engagé la phase répressive des situations de cumul irrégulier d'activités. Dans leurs visas, trois arrêtés du 19 février 2009[64] visent formellement

---

[60] Art. L 2121-5 CGCT.

[61] Art. 98 (2), loi n°2004/018.

[62] Cf. art. 137 CCL.

[63] Cf. art. 138 CCL.

[64] L'arrêté n°00025 suspend M. Antoine BIKORO ALO'O de ses fonctions de maire de Kyé-Ossi ; il était en même temps Directeur Général (à titre intérimaire) du Chantier naval et industriel du Cameroun (société à participation publique). L'arrêté n°00026 suspend, pour sa

l'article 98 de la loi n°2004/018 et portent suspension –pour une période trimestrielle renouvelable- des maires pour incompatibilité de fonctions et refus de renoncer aux responsabilités exécutives. La démarche ministérielle est très curieuse. Comment comprendre qu'après avoir sommé plusieurs magistrats municipaux de résider impérativement dans leurs communes, et après avoir également attiré leur attention sur le blocage causé par leurs absences à la tête de la mairie et sur les nécessités de service, le ministre se garde de sanctionner ceux d'entre eux qui ne se conforment pas à la prescription légale de résidence ? On ne voudrait pas croire que l'autorité de tutelle la plus élevée ait cédé à un chantage corporatiste[65]. L'autre sujet de curiosité réside dans les suites de la suspension. Alors que cette dernière est renouvelable et conduit à ce qu'il soit mis fin aux fonctions du suspendu, il n'y a eu à ce jour aucun acte formel de renouvellement ou de démission d'office. Par conséquent, il serait juridiquement raisonnable de soutenir la caducité de la suspension et la légitimité des maires suspendus qui prétendraient reprendre l'exercice de leurs fonctions exécutives. A défaut d'inertie[66], doit-on considérer que la suspension a changé de nature, passant de simple mesure conservatoire à une décision administrative définitive ? La tentation est grande d'y répondre par l'affirmative.

Quoi qu'il en soit, les différents mécanismes de démission d'office semblent avoir un effet et une finalité précis. Un analyste souligne que depuis le dernier scrutin municipal, un retrait massif des élites politiques centrales de la direction de l'exécutif communal est observable ; en plus de cet effet dissuasif, il relève l'objectif de stabilisation et de professionnalisation de la fonction des maires découlant de l'élargissement du régime des incompatibilités et de l'obligation résidentielle des dirigeants municipaux[67]. Mais, la consolidation et la valorisation des fonctions communales restent précaires, car tous les organes municipaux sont aussi passibles de déchéance.

---

part, M. Joseph ADEBADA de ses fonctions de maire d'Ombessa, responsabilités qu'il cumulait avec celles de directeur dans les Services du Premier ministre. L'arrêté n°00027, quant à lui, suspend M. Lucien C. EDOUBE de ses fonctions de maire de Mouanko, charges qu'il assumait parallèlement avec celles de directeur de l'administration générale au ministère des Relations extérieures ; mais postérieurement à sa suspension, cet élu a opté pour la seconde fonction.

[65] En décembre 2008, le Bureau exécutif des Communes et villes unies du Cameroun recommandait à son président d'user de « *ses prérogatives pour mettre fin à la polémique administrative sur la résidence des maires, notion juridique interprétée de manière extensive, et qui ne saurait constituer à elle toute seule un critère d'évaluation de l'efficacité des Magistrats municipaux, astreints davantage à une obligation de résultats* ».

[66] Il est possible que des projets de décrets de révocation aient été préparés, mais l'inertie administrative retarde leur édiction. Sur cette tare bureaucratique, v. A.-D. OLINGA, *Propos sur l'inertie*, Yaoundé, éd. Clé, 2009.

[67] J. NJOYA, « Les mutations de la vie politique en Afrique : la trajectoire erratique de l'élu local au Cameroun », *in* J.-P. FELDMAN et E.-P. GUISELIN (dir.), *Les mutations de la démocratie locale. Élections et statut des élus*, op. cit., pp. 292 et 293.

B. La déchéance des conseillers et dirigeants municipaux

La déchéance peut s'appréhender comme la perte d'une fonction municipale venant sanctionner un comportement incorrect, une indignité, ou une incurie[68]. Tout responsable de l'exécutif ou tout conseiller municipal est exposé à la déchéance selon des conditions et modalités identiques. Les types (**1**) et les raisons (**2**) de cette déchéance sont multiples.

1. Les types de déchéance

Il se dégage de l'analyse de l'article 148 de la loi n°2004/018 deux types de déchéance : l'une de droit (**a**) et l'autre facultative (**b**).

a. La déchéance de droit

En droit camerounais des collectivités territoriales décentralisées, les membres des organes exécutif et délibérant de la commune peuvent être frappés de déchéance. Cela se produit automatiquement lorsque le maire, le délégué du gouvernement ou tout autre conseiller municipal est condamné pour crime[69]. En d'autres termes, une condamnation pénale de nature criminelle entraîne automatiquement la déchéance.

Cette déchéance consécutive à une condamnation juridictionnelle pour une infraction pénale d'extrême gravité trouve ses bases dans la législation pénale. En effet, aux termes du Code pénal en vigueur au Cameroun, la déchéance peut consister dans la destitution des fonctions, emplois ou offices publics et s'applique à toute condamnation pour crime[70]. Le législateur aurait pu s'abstenir de construire ce régime juridique de la déchéance de droit et se contenter d'un renvoi aux dispositions pertinentes de notre législation pénale.

L'option de consacrer des dispositions pénales dans la législation communale de 2004 semble superfétatoire, voire discutable, en ce qu'elle contribue au renforcement du phénomène de pullulement et d'éparpillement des textes de droit pénal décrié par un juriste camerounais[71]. La justification de ce choix réside certainement dans la ferme volonté des pouvoirs publics de condamner toute apologie des actes criminels, et par conséquent, de sanctionner les responsables et conseillers municipaux auteurs de tels actes.

---

[68] Se reporter à G. CORNU (dir.), *Vocabulaire juridique*, op. cit., p. 262 ; Rémy CABRILLAC (dir.), *Le dictionnaire du vocabulaire juridique*, Paris, LexisNexis-Litec, coll. dico objectif droit, 2009, p. 114.

[69] Art. 148 (1), loi n°2004/018.

[70] Sur le champ de la destitution et les types de condamnation, v. art. 31 (1) et (2) du Code pénal.

[71] En l'occurrence A. AKAM AKAM, « Libres propos sur l'adage nul n'est censé ignorer la loi », *RASJ*, vol. 4, n°1, 2007, pp. 31-54 (spéc. p. 45).

Au demeurant, la déchéance n'est pas nécessairement automatique. L'automaticité n'est pas exclusive, la faculté de déchoir existe aussi.

b. La déchéance facultative

L'autre hypothèse de déchéance prévue par la législation camerounaise[72] n'est pas nécessairement la conséquence d'une sanction juridictionnelle. Le maire, le délégué du gouvernement, ou tout autre conseiller municipal ayant, selon le cas, fait l'objet d'une condamnation pour délit, ou ayant mis gravement en cause les intérêts de la commune ou de la communauté urbaine par son comportement, peut être déchu par arrêté du ministre chargé des collectivités territoriales décentralisées.

La déchéance qui résulte d'une condamnation délictuelle n'appelle aucunement de commentaires particuliers. On peut souligner juste qu'elle s'inscrit dans le prolongement du Code pénal[73]. A l'inverse, la déchéance fondée sur le comportement des dirigeants et conseillers municipaux commande un exercice de qualification juridique. En effet, s'il revient à l'organe délibérant d'établir qu'un comportement compromet les intérêts de la commune ou de la communauté urbaine, c'est sur la base de faits précis qualifiés comme tels par le conseil.

A l'observation, il y a un partage de compétences. Si l'appréciation matérielle des faits constitutifs d'une conduite dommageable incombe à l'organe délibérant municipal, la décision formelle, pour sa part, relève d'une autorité centrale de l'État. Et l'acte administratif unilatéral du ministre doit se conformer au principe du contradictoire : le magistrat municipal ou le conseiller n'est déchu qu'après avoir été entendu ou bien invité par le représentant de l'État à fournir des explications écrites sur les faits qui lui sont reprochés.

Qu'il s'agisse d'une déchéance facultative ou d'une déchéance de droit, il est loisible de comprendre la célérité qui pourrait régir la mise en œuvre. En supposant que la décision de justice doive être définitive, c'est-à-dire passée en force de chose jugée, le représentant de l'État peut, à titre conservatoire et en cas d'urgence, notifier au responsable ou au conseiller incriminé, par tout moyen laissant trace écrite, la cessation immédiate de ses charges[74]. Dans le cas spécifique de la déchéance non automatique, l'arrêté ministériel qui la met en application est publié dans un délai maximal d'un mois à compter de la date de la notification.

Dans la mesure où la déchéance sanctionne une infraction pénale ou des agissements blâmables, il est raisonnable d'avoir une bonne appréhension des motifs invocables.

---

72 Art. 148 (2), loi n°2004/018.

73 Art. 30 (1) et 31 (4) du Code pénal.

74 Art. 148 (3), loi n°2004/018.

2. Les motifs de déchéance

La déchéance se présente, on le sait, comme la sanction de faits criminels ou délictuels ainsi que des comportements irréguliers. L'éventail de ceux-ci s'avère extrêmement large. Parce qu'il serait utopique de croire qu'on peut arrêter une liste exhaustive, le législateur a opté raisonnablement pour l'énumération non limitative des causes de la déchéance (**a**), choix dont la qualité essentielle réside dans la flexibilité (**b**).

a. L'option de l'énumération indicative des motifs

Les faits susceptibles d'entraîner la déchéance sont listés par l'article 150 de la loi n°2004/018. Au nombre de cinq, ils peuvent en réalité être perçus sous deux versants.

Le premier agrège une série de trois faits en rapport direct avec les finances publiques : les faits prévus et punis par la législation instituant le conseil de discipline budgétaire et financière, l'utilisation des deniers publics de la collectivité territoriale décentralisée à des fins personnelles ou privées, et la concussion ou la corruption.

Le second versant, à deux éléments, embrasse des faits situés en dehors des finances publiques : le faux en écriture publique authentique tel que prévu dans la législation pénale, et la spéculation sur l'affectation ou l'usage des terrains publics et autres biens meubles et immeubles de la commune, et les permis de construire, de lotir ou de démolir, suivant le cas.

A bien y regarder, les différents motifs de déchéance déclinés par la loi sont rattachables aux activités administratives de manière générale ou aux fonctions communales spécialement. Ils correspondent à un ensemble de faits susceptibles de compromettre la bonne marche de la commune. Il faut dire d'emblée que cette modalité de cessation anticipée de fonctions des organes municipaux n'a son pendant ni dans la législation française, ni dans celle des États africains considérés dans cette étude, à l'exception du Burkina Faso. Dans ce pays, la déchéance prend la dénomination de révocation dont peuvent faire l'objet les membres de tout organe municipal en cas de fautes graves[75]. Le Burkina Faso se démarque par une énumération exhaustive desdites fautes. En plus des motifs retenus au Cameroun, on recense : l'endettement de la commune résultant d'une faute de gestion, le refus de signer et/ou de transmettre à l'autorité de tutelle une délibération du conseil municipal, le refus de réunir le conseil municipal conformément aux textes en vigueur, l'absence du président du conseil depuis plus de 6 mois pour des raisons autres que celles relatives à sa santé ou à l'intérêt de la commune, et enfin la poursuite devant un tribunal répressif ou la condamnation pour des faits et actes punis par la loi, à l'exception des

[75] Les articles 271 et 311 CGCT visent respectivement le maire ou son adjoint et le conseiller municipal. L'article 272 énumère les fautes concernées.

contraventions de simple police ou des délits d'imprudence, hormis les cas de délit de fuite concomitant.

Bien évidemment, la liste non close de ces motifs rend malléable leur détermination.

b. La flexibilité de l'énumération indicative des motifs

L'approche énumérative des motifs de déchéance retenue par la législation camerounaise n'épuise pas la matière. Elle est même opportune parce que flexible. Cette énumération non limitative ne doit pas, en tant que telle, fermer la porte à l'identification de faits nouveaux destinés à mettre en œuvre le pouvoir appréciatif du conseil municipal. Logiquement, il est impossible de programmer la survenance de faits précis qualifiés par cet organe comme constitutifs d'un comportement qui compromet les intérêts de la commune ou de la communauté urbaine. Cette survenance est purement aléatoire, la gestion des affaires locales ouvrant la voie à d'innombrables situations.

Au-delà de l'occurrence indéterminable de tels phénomènes, il n'est pas exclu que la déchéance des responsables et conseillers municipaux découle d'autres législations, notamment la législation pénale dont la codification dans la décennie de l'indépendance[76] peut nécessiter aujourd'hui une relecture pour une mise à jour.

A l'heure où les pouvoirs publics présentent la décentralisation comme axe fondamental de promotion de la bonne gouvernance au niveau local[77], le législateur semble avoir voulu responsabiliser davantage les conseils municipaux. La qualification dynamique des faits leur incombe afin de sanctionner les comportements inadmissibles des membres tant des organes délibérants que des municipalités.

Quoi que l'on puisse en penser, cette approche d'énumération indicative est classique en droit. La rationalité voudrait que l'on admette l'incapacité du droit à prévoir toutes les situations susceptibles de survenir. Cela étant, la flexibilité de la déchéance tranche avec la sévérité de ses conséquences électorales futures. La déchéance emporte de plein droit une inéligibilité à toute fonction municipale pour dix ans[78]. La perte automatique de la capacité électorale, suite à une condamnation pénale ou à une conduite compromettant les intérêts communaux, ne peut être considérée comme une sanction douce. Lorsque l'inéligibilité n'est pas la conséquence d'une sentence pénale, la remise en cause administrative de la légitimité élective devrait faire l'objet d'un contrôle juridictionnel de légalité.

Au reste, outre ces modalités de cessation anticipée des fonctions, dont l'application s'étend à l'ensemble des organes communaux, il en existe

[76] En rappel, le Code pénal camerounais a été institué par la loi n°67/LF/1 du 12 juin 1967.
[77] Loi n°2004/017, art. 2.
[78] Loi n°2004/018, art. 149.

d'autres qui s'appliquent spécifiquement au conseil municipal ou à l'exécutif communal.

II. LES MODALITES DE CESSATION SPECIFIQUES A CERTAINS ORGANES

La disparité des modalités de cessation anticipée de fonctions et la dualité d'organes municipaux sont consubstantielles. Les cas de retrait anticipé des fonctions se présentent pour l'essentiel comme une sanction, laquelle peut être endogène ou exogène, selon qu'elle est infligée par le conseil municipal ou par les autorités de l'État.

Cependant, il convient d'aborder distinctement les mécanismes de cessation anticipée de fonctions en examinant, d'une part, la dissolution de l'organe délibérant (**A**) et, d'autre part, la destitution et la révocation de l'organe exécutif (**B**).

A. La dissolution du conseil municipal

La dissolution est la décision par laquelle une autorité du pouvoir exécutif met fin, avant leur terme normal, aux fonctions d'une assemblée délibérante élue[79], en l'espèce le conseil municipal. L'entendement que l'on a de ce dernier est susceptible de varier. Il peut en effet représenter les conseillers municipaux, pris individuellement ou collectivement. A ce stade de nos développements, le conseil municipal considéré comme un organe collégial qui doit interrompre définitivement son mandat, avant terme, parce qu'il est frappé d'une mesure de dissolution. Comparé aux droits étrangers, le droit camerounais se démarque à la fois par le régime juridique (**1**) et par la dualité du fondement (**2**) de la dissolution.

1. Le régime juridique de la dissolution

La dissolution, qui concerne une assemblée délibérante procédant du suffrage universel, obéit à des règles juridiques strictes et peut avoir des conséquences considérables. Cette mesure, ou, plus exactement cette sanction administrative, est donc juridiquement encadrée (**a**) en même temps qu'elle donne lieu à des implications importantes (**b**).

a. L'encadrement de la dissolution

La dissolution de l'organe délibérant d'une commune connaît un encadrement juridique bien élaboré, au regard tant des faits ou actes imputés que de l'autorité compétente.

---

[79] v. G. CORNU (dir.), *Vocabulaire juridique*, op. cit., p. 314.

S'agissant des faits, ils sont limitativement énumérés par la loi[80] et concernent l'accomplissement d'actes contraires à la Constitution, l'atteinte à la sécurité de l'État ou à l'ordre public, la mise en péril de l'intégrité du territoire national, et l'impossibilité durable de fonctionner normalement. Pour ce qui est de l'autorité compétente, la décision de dissoudre le conseil municipal est prise par décret du président de la République. La législation communale prescrit deux mécanismes juridiques assez liés. En raison des faits sus-indiqués, le président peut décréter la dissolution soit lorsqu'il y a persistance ou impossibilité de rétablir la situation qui prévalait antérieurement à la suspension du conseil municipal[81], soit d'autorité, c'est-à-dire lorsqu'il y a accomplissement d'actes contraires à la Constitution, atteinte à la sécurité de l'État ou à l'ordre public, mise en péril de l'intégrité du territoire national, et impossibilité durable de fonctionner normalement[82].

L'on ne saurait ignorer le régime de cessation anticipée de fonctions relatif à l'organe délibérant de la communauté urbaine, celle-ci étant soumise aux règles générales applicables à la commune, sous réserve des dispositions législatives qui lui sont propres. Globalement, il ne serait pas admissible que l'interruption de fonctions du conseil de la communauté urbaine soit régie par des dispositions particulières par rapport à celles applicables au conseil municipal, dans la mesure où cette commune à statut spécial fonctionne *mutatis mutandis* suivant les règles applicables à la commune ordinaire[83]. Dès lors, on conçoit que la dissolution du conseil de la communauté relève du droit commun de l'institution communale.

En tout état de cause, le régime camerounais de cessation anticipée du mandat de l'organe délibérant communal captive par son encadrement contrasté. Si l'on admet l'encadrement de la dissolution consécutive à une suspension, du fait qu'elle reprendrait implicitement les mêmes motifs invoqués préalablement par cette dernière, on ne peut en dire autant lorsque la dissolution n'est pas subordonnée à une mesure suspensive antérieure. Dans cette hypothèse, la dissolution illustre un pouvoir discrétionnaire, tant elle est affranchie de l'exigence de motivation.

Sur le plan du droit comparé, la mesure est strictement encadrée dans certains États francophones de notre continent. C'est ainsi que le conseil municipal peut être dissous par décret après avis du Conseil d'État[84], par décret motivé pris en conseil des ministres sur rapport du ministre en charge

---

[80] Loi n°2004/018, art. 46 (1).

[81] Loi n°2004/018, art. 47 b). Selon l'art. 46, la suspension peut être décidée par arrêté motivé du ministre chargé des collectivités territoriales (al. 1er) pour une durée maximale de 2 mois (al. 2).

[82] Art. 47 a) *ibid.*

[83] Art. 111 et 114 *ibid.*

[84] Sénégal, art. 173 CCL. Avec le rétablissement de la Cour suprême, le Conseil d'État est supprimé des institutions juridictionnelles (loi constitutionnelle n°2008-34 du 8 août 2008 portant révision de la Constitution).

des collectivités territoriales[85], sinon, le cas échéant, il ne peut être dissous que par décret motivé pris en Conseil des ministres[86]. Hors de l'Afrique, la formulation française se montre aussi restrictive en prescrivant que le conseil « *ne peut être dissous que par décret motivé rendu en conseil des ministres (...)* »[87].

Quoi qu'il en soit, la dissolution remet définitivement en cause les résultats du processus électoral universel sans provoquer un vide juridique. Son implication fait l'objet d'une attention particulière du législateur.

b. L'implication de la dissolution

La dissolution du conseil municipal implique l'aménagement d'un expédient dérogatoire. Elle entraîne la nomination, par arrêté du ministre chargé des collectivités territoriales, et ce dans les 8 jours qui suivent, d'une délégation spéciale faisant office d'organe délibérant[88]. Le même acte procède à la désignation d'un président et d'un vice-président qui remplissent les fonctions respectives de maire et d'adjoint[89]. Cette délégation remplit les fonctions du conseil municipal, à l'exception de certaines ses attributions[90].

Cependant, la réélection du conseil municipal, qui met automatiquement fin aux fonctions de la délégation, intervient en principe dans les 6 mois à compter de la date de la dissolution[91]. Dans le silence de la loi, on doit penser que la composition de la délégation spéciale est laissée à la libre appréciation du ministre susvisé ; de même que rien ne priverait juridiquement les anciens membres du conseil municipal du droit d'être éligibles. Par ailleurs, cinq membres de cette délégation assurent la représentation, au sein du conseil de la communauté urbaine, du conseil municipal dissous[92].

Hors du Cameroun, la situation n'est pas uniforme. Si on retrouve à peu près les mêmes mécanismes au Sénégal[93], ce n'est véritablement pas le cas dans d'autres pays africains couverts par l'étude. Au Burkina Faso[94], en cas

---

[85] Burkina Faso, art. 251 CGCT, et Togo, art. 84, loi n°2007-011.

[86] Mali, art. 8 CCT.

[87] Art. L. 2121-6 CGCT.

[88] v. art. 53 de la loi n°2004/018. La délégation compte 3 ou 7 membres selon que la population communale est inférieure ou supérieure à 50 000 habitants.

[89] Art. 57 *ibid.*

[90] Les pouvoirs de la délégation sont limités : elle ne peut aliéner ou échanger des propriétés communales, augmenter l'effectif budgétaire, créer des services publics, ni voter des emprunts (v. art. 54 de la même loi).

[91] Loi n°2004/018, art. 55 (2). Mais la reconstitution du conseil municipal peut prendre plus de temps : le délai de 6 mois peut être prorogé par décret du président de la République, pour une période de 6 mois, renouvelable au plus trois fois (v. alinéa 3 du même article).

[92] Art. 114 (2) de la loi n°2004/018.

[93] Art. 175 à 178, CCL.

[94] Art. 252, CGCT.

de dissolution du conseil municipal, le représentant de l'État territorialement compétent est chargé de l'expédition des affaires courantes ; il préside une délégation spéciale si la dissolution survient au cours de la dernière année du mandat des conseillers municipaux. La réélection du conseil municipal a lieu dans un délai maximum de 60 jours. Pour le cas du Mali[95], un décret en conseil des ministres pris sur proposition du ministre chargé des collectivités territoriales nomme, dans les 15 jours de la dissolution, une délégation spéciale ; surtout, aucun membre du conseil dissous ne peut en faire partie. On procède à de nouvelles élections dans un délai de 3 mois à compter de la date de dissolution. Au Togo[96], la délégation spéciale est nommée, dans les 15 jours qui suivent la dissolution, par un décret en conseil des ministres, sur proposition du ministre de l'administration territoriale. Les pouvoirs de cette délégation sont limités à la gestion courante. Il importe de souligner que les membres du conseil dissous ne peuvent se présenter aux élections suivant immédiatement la dissolution. L'élection du nouveau conseil municipal intervient dans un délai de 3 mois à dater de la nomination de la délégation spéciale. Pour ce qui est de la France[97], le représentant de l'État au niveau départemental nomme, dans un délai de 8 jours à compter de la dissolution du conseil municipal, une délégation spéciale. Cette dernière élit son président et, le cas échéant, son vice-président pour remplir les fonctions de maire sans toutefois excéder les actes de pure administration conservatoire et urgente. Si les fonctions de la délégation prennent fin à la reconstitution du conseil municipal, la réélection de celui-ci intervient dans les 2 mois suivant la dissolution.

Au total, le droit camerounais n'est pas toujours un modèle de célérité et de précision, même s'il ne détient guère le monopole de ces imperfections. Il est curieux que le droit français, notamment, soit aussi muet quant à la participation des conseillers sortants à la future élection municipale en qualité de candidats. Que dire du fondement dual de la dissolution du conseil municipal ?

2. La dualité du fondement de la dissolution

Le fondement double de la dissolution est un trait caractéristique de la cessation anticipée des fonctions de l'organe délibérant communal au Cameroun. La mesure peut être fondée sur l'inaptitude du conseil municipal de fonctionner normalement (**a**) ou sur la gravité des actes pris par celui-ci (**b**).

---

[95] Art. 9 et 10, CCT.

[96] Art. 85, 86 et 87 de la loi n°2007-011.

[97] Art. L. 2121-35 à 2121-39, CGCT.

a. Le dysfonctionnement de l'organe délibérant

Le premier élément du fondement de la dissolution, que le Cameroun partage avec divers pays, est l'atteinte au bon fonctionnement de l'organe délibérant. On peut regretter le silence des articles 46 et 47 de la loi n°2004/018 quant aux motifs de dissolution d'un conseil municipal, silence observable dans les droits africains[98], sauf au Togo où la législation fonde cette dissolution notamment sur la dissension grave au sein du conseil[99]. L'exception se retrouve aussi en France, mais de façon mieux élaborée. La pratique de dissolution par le président de la République est confinée aux hypothèses dans lesquelles les dissensions internes au conseil entravent l'administration de la commune[100]. L'exploitation de la jurisprudence permet de donner de la consistance à la notion générique de dissensions internes. Il peut arriver que ces dernières atteignent un degré de gravité tel que la gestion administrative de la commune se trouve mise en péril ; précisément les rapports conflictuels existant entre un maire et une majorité municipale constituée de ses opposants –suite à des élections partielles consécutives à la démission de plusieurs adjoints- ont pu faire obstacle à l'adoption du budget primitif et à celle du compte administratif de la commune[101].

La dissolution ne peut être motivée que par l'existence d'une entrave au fonctionnement du conseil municipal. En droit français la dissolution est explicitement une mesure de nature à assurer la continuité de l'action administrative au niveau communal. Il reste concevable que l'aspect disciplinaire du pouvoir ainsi souligné soit seulement implicite dans les pays africains francophones étudiés, sans doute parce qu'ici le pouvoir disciplinaire s'apparente à une forme de manifestation particulière du pouvoir de sanction de l'administration centrale.

Au-delà du cas où le fonctionnement du conseil municipal se révèle durablement impossible, parce que paralysé du fait des querelles sous-tendues par le jeu des affinités politiques ou des intérêts personnels, la dissolution peut se justifier par la portée significative des décisions adoptées par cet organe.

---

98 Au Sénégal, par exemple, le rapport de présentation du décret n°2008-452 du 2 mai 2008 portant dissolution du conseil municipal de Kédougou souligne des détournements de l'aide extérieure qui mettent en péril l'institution communale et surtout l'absence chronique des conseillers et du maire aux réunions du conseil municipal, constitutive de blocage.

99 Art. 84 de la loi n°2007-011.

100 v. par exemple, le décret du 15 octobre 2009 portant dissolution du conseil municipal de la commune de Villeneuve-la-Comptal ; le décret du 25 août 2006 portant dissolution du conseil municipal de la commune de, Loudes et le décret du 20 janvier 2005 portant dissolution du conseil municipal de la commune de Saint-Eloi.

101 Conseil d'État, 4 juin 2007, M. René A. Cet arrêt est relatif au décret du 11 mai 2006 portant dissolution du conseil municipal de la commune du Pêchereau.

b. La gravité des actes de l'organe délibérant

L'autre élément du domaine d'application regroupe des faits d'une certaine gravité : l'accomplissement d'actes contraires à la Constitution, l'atteinte à la sécurité de l'État ou à l'ordre public, la mise en péril de l'intégrité du territoire national. La sanction de tels actes par la dissolution pourrait s'expliquer à la lumière des dispositions pertinentes de la loi n°2004/017 portant orientation de la décentralisation.

En effet, aux termes de l'alinéa 2 de l'article 3 du texte législatif, les collectivités territoriales « *exercent leurs activités dans le respect de l'unité nationale, de l'intégrité du territoire et de la primauté de l'État* ». Selon l'alinéa 1er de l'article 14, « *aucune collectivité territoriale ne peut délibérer (...) sur un objet étranger à ses compétences ou portant atteinte à la sécurité de l'État, à l'ordre public, à l'unité nationale ou à l'intégrité du territoire* ». Et l'alinéa 2 prévoit que « *la nullité absolue de la délibération ou de l'acte incriminé [soit] constatée par arrêté du ministre chargé des collectivités territoriales, sans préjudice de toutes sanctions prévues par la législation et la réglementation en vigueur* ».

A l'observation, l'autorité ministérielle dispose non pas du pouvoir d'annulation des actes du conseil municipal, mais seulement de celui de constatation de leur nullité. Dans le même temps, elle devient juge de la constitutionnalité et de la légalité desdits actes sans pour autant avoir le statut d'une juridiction. Ce dispositif législatif assez sévère, ou du moins dissuasif, peut surprendre. D'abord, le mécanisme de la tutelle[102] exige que les actes pris par une commune soient transmis au représentant de l'État auprès de cette collectivité territoriale, en l'espèce le préfet, et deviennent exécutoires de plein droit 15 jours après la délivrance de l'accusé de réception. Seulement, cette entrée en vigueur est conçue sans préjudice de la possibilité pour le préfet de demander, dans le délai de 15 jours à compter de la date de réception, une seconde lecture des actes concernés ; surtout, la demande de relecture a un effet suspensif. A travers le préfet, l'État dispose de moyens juridiques constitutifs d'un premier niveau de contrôle *a priori* de la légalité des délibérations du conseil municipal. Le second niveau de ce contrôle n'est pas administratif, mais juridictionnel. En l'état actuel des règles du contentieux administratif camerounais, à moins que les actes en cause ne soient susceptibles de contestation juridictionnelle[103], le recours pour excès de pouvoir, ce « *procès fait à un acte* » selon un éminent juriste[104], reste ouvert au représentant de l'État[105]. Cela est d'autant plus vrai

---

[102] Art. 67 et 68, loi n°2004/018.

[103] On peut retenir ici les actes unilatéraux qui ne font pas grief.

[104] E. LAFERRIERE, *Traité de la juridiction administrative et des recours contentieux*, Paris, Berger-Levrault, 2e éd., 1896, t. 2, p. 561.

[105] Le contentieux administratif comprend, entre autres, « *les recours en annulation pour excès de pouvoir* » (loi n°2006/022 du 29 déc. 2006 fixant l'organisation et le fonctionnement des Tribunaux Administratifs, art. 2 al. 3).

que le juge administratif camerounais a clairement indiqué que « *(...) même dans l'hypothèse où une loi dispose qu'un acte donné ne peut faire l'objet d'aucun recours administratif ou judiciaire, cette disposition ne saurait être interprétée comme excluant le recours pour excès de pouvoir qui est ouvert sans texte contre tout acte administratif faisant grief, et qui a pour effet d'assurer, conformément aux principes généraux, le respect de la légalité* »[106].

A l'étranger, où le contrôle *a posteriori* prédomine, quelques législations prescrivent expressément au bénéfice du représentant de l'État le droit de déférer pour illégalité, devant la juridiction administrative, les actes ou délibérations qui sortent des attributions des autorités communales, ceux qui sont contraires aux lois ou règlements et ceux pris par des organes illégalement réunis. A la voie du recours pour excès de pouvoir[107], le représentant de l'État a la possibilité d'assortir son recours d'une demande de sursis à exécution[108]. On sait qu'en France, les lois décentralisatrices du 2 mars et du 22 juillet 1982 ont remplacé les pouvoirs d'autorisation, d'approbation et d'annulation qu'exerçait le préfet sur les actes des collectivités territoriales par un contrôle de légalité *a posteriori*, permettant à cette autorité administrative déconcentrée de déférer au juge administratif ces actes. Déclenché à l'initiative du préfet, lorsqu'une illégalité a été constatée dans le cadre du contrôle administratif, le déféré préfectoral[109] est une déclinaison particulière du recours pour excès de pouvoir ; ce recours juridictionnel ne suspend pas les actes attaqués, mais il revient au préfet de présenter, le cas échéant, en même temps que le recours en annulation, un référé-suspension sur lequel le juge statue rapidement, dans les conditions d'urgence propres à tout référé. Ainsi, le déféré préfectoral est une conception plus réaliste du contrôle de légalité dont la réception en droit camerounais serait souhaitable.

Au fond, les membres de l'exécutif communal ne sont pas passibles de dissolution comme les conseillers municipaux, mais ils peuvent être révoqués ou destitués.

---

[106] Jugement n°40/CS/CA/79-80 du 29 mai 1980, *Monkam Tientcheu David c. État du Cameroun.* C'est une reprise de la jurisprudence française *Dame Lamotte* (CE Ass. 17 février 1950, *Rec.* p. 110, *RDP* 1951, p. 478.

[107] Art. 61 CGCT au Burkina Faso.

[108] C'est le cas au Togo, art. 134, loi n°2007-011.

[109] L'expression « déféré préfectoral » ne figure pas à l'art. L. 2131-6 du CGCT. Sur ses caractéristiques, se reporter à l'excellente étude de M. VERPEAUX, « Constitution, déféré préfectoral et recours pour excès de pouvoir, ou Commune du Port, encore... », *in* J. MOREAU (Mélanges en l'honneur de), *Les collectivités locales*, Paris, Economica, 2003, p. 469.

B. La révocation et la destitution de l'exécutif communal

L'organe exécutif de la commune peut faire l'objet d'une mesure de cessation anticipée de fonctions sous forme de révocation ou de destitution. Ayant pour dénominateur commun la sanction d'actes répréhensibles des élus qui exercent des responsabilités exécutives, ces deux modalités de retrait des fonctions ne relèvent pas de la compétence des mêmes autorités. Par conséquent, malgré des éléments de similitude, la révocation (**1**) et la destitution (**2**) doivent être traitées distinctement.

1. La révocation des dirigeants municipaux

Il y a révocation[110] lorsqu'une autorité étatique décide, par un acte administratif unilatéral, de mettre fin aux fonctions exercées par un dirigeant municipal. Bien évidemment, cette modalité de cessation de fonctions s'opère selon un régime précis (**a**) susceptible appréciation critique (**b**).

a. L'exposé du régime de la révocation

L'examen d'une telle variante de retrait anticipé de fonctions se focalise sur les règles de fond et sur celles de procédure.

D'abord, la révocation des dirigeants municipaux relève de la compétence du président de la République. Le décret peut être l'aboutissement d'un processus enclenché par la suspension décidée par le ministre chargé des collectivités territoriales[111]. La violation des lois et règlements en vigueur, ainsi que la faute lourde, sont les causes justificatives d'une telle révocation. Cependant, la suspension ne fait pas obstacle à une révocation ultérieure pour les mêmes faits, bien au contraire, la seconde est indépendante de la première ; elle reste possible en dehors de toute mesure préalable de suspension. Les dirigeants communaux peuvent être révoqués spontanément en raison d'atteinte à la fortune publique, d'infraction pouvant entraîner une sanction pénale assortie de déchéance, de carence avérée ou de faute lourde dans l'exercice de leurs fonctions[112].

Ensuite, quelques règles procédurales sont établies. Quel que soit le cas, la décision présidentielle de révocation intervient après que les mis en cause ont été entendus ou invités à fournir des explications écrites sur les faits qui leur sont reprochés. On trouve là une illustration appropriée du principe du respect des droits de la défense, principe général du droit d'origine jurisprudentielle qui impose à l'autorité administrative de ne pas décider sans que l'intéressé ait été en mesure de présenter, pour la défense de ses

---

[110] Pour une définition plus générale, v. Rémy CABRILLAC (dir.), *Le dictionnaire du vocabulaire juridique*, Paris, LexisNexis-Litec, coll. dico objectif droit, 2009, p. 330.

[111] Art. 94 (1), loi n°2004/018. La révocation intervient à l'expiration de la suspension dont la durée maximale est de trois mois.

[112] Art. 95 (1), loi n°2004/018.

intérêts, des objections contre la décision projetée, dès lors que celle-ci revêt, à son encontre, le caractère d'une sanction[113]. En outre, la validité de la révocation est conditionnée par le respect de la motivation[114] de l'acte administratif dont elle découle. En d'autres termes, ces deux exigences constituent des formalités substantielles de la procédure administrative régissant l'édiction des décisions révocatoires. La révocation n'est pas laissée à la discrétion du président de la République qui voit son pouvoir strictement encadré. Pouvait-il en être autrement eu égard à la gravité de la révocation ? Assurément, non.

De fait, le dispositif juridique régissant les agissements condamnables de ces élus locaux est bien aménagé, sans pour autant être exempt de critique.

b. L'appréciation du régime de la révocation

Supposé que les conditions du contradictoire et de motivation évitent probablement le risque d'abus de pouvoir des autorités étatiques, le législateur n'a pas toujours fait preuve de précision, notamment à propos de la notion de faute lourde qui peut pourtant servir de motif à la décision de révocation des dirigeants communaux. Les disciplines juridiques, aussi bien de droit privé que de droit public, connaissent la faute lourde qui peut être perçue, au sens large, comme la conduite « *qui s'écarte largement du comportement qu'aurait eu dans les mêmes circonstances le bon père de famille [et] qui dénote chez son auteur, soit l'extrême sottise, soit l'incurie, soit une grande insouciance à l'égard des dangers que l'on crée* »[115].

Au regard de la pratique, les exigences procédurales de contradiction et de motivation sont observées. La mauvaise gestion est la cause récurrente de révocation. Pour preuve, deux maires ont été révoqués par décret du président de la République respectivement les 18 mai 2006 et 02 juin 2008 pour « *irrégularités constatées dans la gestion des deniers publics communaux* »[116]. Cela paraît surprenant, du moment qu'« *on attend d'un élu local qu'il soit aussi un gestionnaire capable de concevoir un programme réaliste, de diriger une équipe administrative et technique et de gérer un*

---

[113] v. Arrêt n°18/A/CS/AP du 24 mars 1984, *Nana David c/État du Cameroun*. Pour la France, v. CE Sect. 5 mai 1944, *Dame veuve Trompier-Gravier, Rec.* p. 133.

[114] Art. 94 (3), loi n°2004/018. Lire utilement C. KEUTCHA TCHAPNGA, « L'obligation de motiver certaines décisions administratives au Cameroun », *Juridis Périodique*, n°31, 1997, pp. 60-66.

[115] G. CORNU (dir.), *Vocabulaire juridique*, op. cit., p. 397.

[116] Il s'agit de R. ATANGANA et P.-E. KINGUE qui présidaient aux destinées respectives de la commune d'arrondissement de Yaoundé VI et de la commune de Njombé-Penja. Selon les arrêtés de suspension, il leur était imputé les fautes énumérées à l'art. 106 (1) a) b) c) de la loi n°2004/018, à savoir : les faits prévus et punis par la législation relative au contrôle des ordonnateurs, gestionnaires et gérants de crédits publics, l'utilisation des deniers publics de la commune à des fins personnelles ou privées, et le faux en écriture publique authentique tel que prévu dans la législation pénale.

budget dans le respect de la loi »[117]. Il y a tout de même des raisons d'espérer une amélioration de la gestion communale ; la doctrine montre l'évolution qualitative des dirigeants municipaux tant il est vrai que les élites administratives, économiques et intellectuelles ont récemment investi, de manière dynamique, le champ de la compétition politique locale[118]. Si la révocation de ces deux magistrats municipaux a été consécutive à une mesure de suspension, on constate avec étonnement qu'il y a un cas de suspension d'un maire pour carence avérée dans l'exercice de ses fonctions, en l'occurrence l'abandon de poste, qui n'a pas donné lieu à la révocation[119].

En réalité, personne ne s'offusquerait qu'on affirme l'absence de semblables mécanismes ailleurs. Au Sénégal, le régime de révocation des maires et adjoints[120] nous rappelle celui de déchéance des maires, adjoints et conseillers municipaux au Cameroun. La France, quant à elle, se singularise par des règles de révocation d'un extrême laconisme. Aucun motif n'est avancé. Tout juste est-il prévu que les maires et adjoints ne puissent être révoqués que par décret pris en conseil des ministres ; ils peuvent faire l'objet d'une suspension dont l'une des conditions de régularité tient à ce que ces responsables municipaux aient été au préalable entendus ou invités à fournir des explications écrites sur les faits qui leur sont reprochés[121]. Ainsi, les motifs de la révocation des fonctions sont déterminés au cas par cas par la tutelle[122] et, le recours contentieux pouvant être exercé contre le décret de révocation, le juge administratif est à même d'opérer le contrôle des motifs[123].

---

[117] v. J.-M. ROUSSIGNOL, « Quelle contribution possible à la réussite de la décentralisation en Afrique ? », *Informations et documents*, n°6, Institut International d'Administration Publique, 1990, p. 298.

[118] Cf. C. TCHEJIP KAPTCHOUANG, *Partis politiques et démocratie locale…*, op. cit., pp. 252-266.

[119] v. Arrêté n°0152/A/MINATD/DCTD du 25 sept. 2009 suspendant le maire de la commune de Garoua-Boulaï, M A. KOUMANDA, parce qu'il exerçait en même temps dans d'une organisation internationale à l'étranger.

[120] Art. 141 à 147, CCL. Si l'on s'en tient aux fautes susceptibles d'entraîner la révocation, leur liste est à la fois non limitative et quasi-identique à celle en vigueur au Cameroun.

[121] Art. L. 2122-16 CGCT.

[122] A titre d'illustration, le décret primo-ministériel du 13 janvier 2011 révoquant M. SOUFFOU, maire de la commune de Koungou, a pour motivation essentielle ses agissements et sa mise en examen avec interdiction de se rendre sur le territoire communal, faits qui le privent de l'autorité morale nécessaire à l'exercice de ses fonctions de maire et soient par conséquent inconciliables avec ces fonctions. Le décret du 2 août 2005 révoque M. MAIROTO, maire de la commune de Makemo, au motif qu'il « *a commis des négligences graves et répétées dans l'accomplissement des fonctions qui lui incombent en tant que chef de l'administration communale et, plus particulièrement, dans la gestion financière et comptable ainsi que dans le fonctionnement des services administratifs de la commune* ».

[123] Dans l'arrêt Camino (CE, 14 janvier 1916, *Rec.* 15, *RDP*, 1917, p. 463, concl. Corneille, note Jèze), le maire d'Hendaye avait été suspendu puis révoqué pour avoir, selon la rumeur, fait passer un cercueil par une brèche du mur du cimetière et fait creuser une fosse aux

De toute évidence, la révocation d'un maire et/ou de ses adjoints au Cameroun n'entraîne pas la perte de leur qualité de conseillers municipaux[124], ce qui est, en quelque sorte, le moindre mal. On peut comprendre l'attitude du législateur de 2004, qui fait preuve de réalisme, vu qu'il semble sanctionner les dirigeants municipaux dans l'exercice de leurs fonctions au titre de l'organe exécutif et non pour le compte de l'organe délibérant. Cela suppose l'admission d'un dédoublement fonctionnel des maires et leurs adjoints qui sont préalablement tous des conseillers municipaux.

Il est clair que si les autorités de l'État disposent du pouvoir de sanction à l'égard de l'exécutif municipal, elles n'en ont pas le monopole, le conseil municipal étant compétent pour destituer les dirigeants municipaux.

2. La destitution des dirigeants municipaux

On entend la destitution comme le fait pour les dirigeants d'une commune d'être privés, par mesure disciplinaire, du droit d'exercer leurs fonctions[125]. Elle est juridiquement organisée (**a**) et exprime le parallélisme des formes (**b**).

a. L'organisation juridique de la destitution

La destitution constitue la sanction que peut infliger le conseil municipal à un membre de l'exécutif communal[126]. La délibération ayant pour objet de destituer le maire et/ou ses adjoints est adoptée dans le cadre d'une session extraordinaire convoquée par le représentant de l'État, à son initiative ou à celle de la majorité qualifiée (2/3) des conseillers. La destitution est une mesure de gravité considérable ; elle se justifie par la portée des agissements condamnables des membres de l'exécutif communal identifiés par la législation camerounaise en matière de révocation. Pour l'adoption de la mesure de destitution, le vote est-il acquis à la majorité simple ou à la majorité qualifiée ? Il est déplorable que la législation camerounaise soit lacunaire sur un aspect juridique aussi important. En plus de son caractère grave, la destitution présente des conditions d'application sévères, étant donné que la délibération du conseil emporte d'office suspension du maire ou de ses adjoints dès son adoption, avant qu'intervienne l'arrêté du ministre chargé des collectivités territoriales qui la rend exécutoire.

---

dimensions insuffisantes, pour marquer son dédain à l'égard du défunt. Le conseil d'État a annulé les deux mesures en raison de l'absence de véracité des faits justificatifs.

[124] Loi n°2004/018, art. 94 (4).

[125] Pour une définition générale, v. G. CORNU (dir.), *Vocabulaire juridique*, op. cit., p. 298.

[126] Art. 95 (2), loi n°2004/018.

Quels que soient la justesse du motif de destitution et son degré de sévérité, la procédure reste expressément assujettie au respect du principe du contradictoire.

Alors que la destitution des membres de la municipalité est inconnue en droits français, malien, sénégalais et burkinabè[127], le droit togolais y consacre deux articles qui correspondent à deux hypothèses distinctes. D'une part, le maire peut être destitué en cas de dissension grave entre lui et le conseil municipal, lorsque cette dissension met en péril le fonctionnement normal et la gestion de la commune[128]. D'autre part, le magistrat municipal et, le cas échéant, un adjoint, sont passibles de destitution au cas où ils seraient coupables d'actes répréhensibles limitativement listés[129]. Dans les deux hypothèses, la destitution décidée par le conseil municipal, à la majorité des 2/3 de ses membres, est susceptible de recours juridictionnel.

b. L'expression du parallélisme des formes

Le pouvoir de constitution de l'exécutif communal dont dispose le conseil municipal a pour corollaire celui de sa destitution, ce qui n'est pas sans rappeler la règle du parallélisme des formes. La cessation anticipée de mandat, sous forme de destitution, envisagée formellement par la loi relève de la logique juridique. Elle n'échappe pas à l'organe délibérant de la commune ; celui-ci est à l'origine de la constitution de l'exécutif communal. En un mot, le conseil municipal élit et peut destituer le maire et ses adjoints.

L'évocation du parallélisme des formes est sans objet lorsque la cessation anticipée concerne les responsables exécutifs de la communauté urbaine. La destitution par le conseil de communauté n'est point envisageable. Sur la base de la compétence *ratione materiae* et du parallélisme des formes, on pourrait dire que la destitution -si on l'assimile à la révocation- du délégué du gouvernement et de ses adjoints relève, au même titre que leur nomination, du pouvoir discrétionnaire[130] dont bénéficie le président de la

[127] Le Burkina connaît tout de même un mécanisme proche, la motion de défiance. Introduite à l'encontre du maire, elle doit être signée par au moins un tiers des membres du conseil municipal. Cette motion ne peut être adoptée qu'au terme d'un débat contradictoire suivi de vote et est acquise à la majorité des deux tiers du conseil municipal. La démission du maire pour cause de défiance est constatée par décret pris en conseil des ministres. Sur les détails de cette question, cf. art. 273 à 277 CGCT.

[128] Art. 83, loi n°2007-011.

[129] Selon l'art. 101 de la loi n°2007-011, les motifs de destitution sont : détournement des fonds publics, concussion et/ou corruption, emprunts d'argent sur les fonds de la commune, faux en écritures publiques, établissement et usage de faux documents administratifs, endettement de la commune résultant d'un acte de mauvaise foi ou d'une faute de gestion, refus de signer et de transmettre à l'autorité de tutelle une délibération du conseil municipal, et refus de réunir le conseil municipal au moins une fois dans le trimestre.

[130] Deux facteurs peuvent expliquer ce caractère discrétionnaire. D'abord, l'absence de délimitation temporelle de l'exercice des fonctions des dirigeants de la communauté urbaine qui n'exécutent pas un mandat électif ; on pourrait admettre qu'il leur a été confié un mandat,

République. Les dirigeants de la communauté urbaine ne détiennent d'ailleurs pas un mandat électif à la base.

Malgré la conservation de leur qualité de conseiller municipal par le maire et les adjoints destitués[131], il n'aurait pas été inutile que le législateur réservât formellement des dispositions au statut contentieux de l'acte de destitution.

Depuis les lois décentralisatrices de 2004, on relève un seul cas de destitution de magistrat municipal[132] fondée sur une pluralité de motifs librement appréciés par l'assemblée délibérante communale[133]. La faible occurrence de cette modalité de cessation de fonctions masque la réalité. En dépit des velléités manifestes dans plusieurs communes, la destitution du maire n'aboutit presque jamais à cause des querelles au sein du conseil municipal, voire de l'action ou l'inaction du représentant de l'État[134].

CONCLUSION

In fine, la cessation de fonctions en cours de mandat des organes municipaux au Cameroun se distingue par son originalité. En dehors du décès et de la démission volontaire, le régime de cessation anticipée de fonctions des organes municipaux est dominé par l'idée de sanction. Les autorités étatiques doivent veiller au bon fonctionnement des collectivités territoriales décentralisées[135], le contrôle sur les organes communaux est conçu comme une série de mesures administratives destinées à contraindre les élus à se soumettre à leurs obligations statutaires. L'action punitive de l'administration de l'État vise aussi bien l'organe délibérant que l'organe exécutif de la commune. Elle exprime en réalité un pouvoir qui est d'une nature spécifique : ni hiérarchique, ni tutélaire, il est très exactement

au sens de mission, à durée indéterminée dont la cessation peut intervenir à tout moment. Ensuite, l'absence d'obligation de motivation prive du dévoilement des raisons justifiant l'édiction de l'acte juridique mettant un terme aux fonctions des dirigeants d'une communauté urbaine.

[131] Loi n°2004/018, art. 94 (4).

[132] Il s'agit de M. Jolinon F. ELA EKOTO destitué de sa fonction de maire de la commune d'Ambam par le conseil municipal réuni en session extraordinaire le 12 janvier 2010. La destitution a été rendue exécutoire par l'Arrêté n°017/MINATD/DCTD du 05 février 2010.

[133] Le conseil reprochait au maire sept faits : violation de la réglementation des marchés publics, détournement de deniers publics, mauvaise gestion, défaut de collaboration avec les autorités administratives locales, mépris à l'endroit de la tutelle, violation de l'obligation de résidence et absentéisme.

[134] Dans le cas de la commune d'Ambam, la session extraordinaire du conseil municipal au cours de laquelle le maire a été destitué était convoquée par le préfet en exécution d'une instruction du ministre d'État, ministre de l'administration territoriale et de la décentralisation.

[135] v. art. 55 (3) de la Constitution de 1996.

disciplinaire[136] et s'apparente à « *une arme incontestablement centralisatrice* »[137].

Aujourd'hui, l'idée de mimétisme apparaît encore de manière isolée dans la sphère juridique[138]. La soutenir reviendrait à entretenir une vision réductrice de la dynamique créatrice du droit en Afrique et à tenir notre institution parlementaire pour un « législateur incapable ». On oublie souvent que dès le milieu des années soixante, un auteur indiquait que « *si les techniques constructives d'un droit moderne africain peuvent être inspirées de l'Occident, la matière première doit être africaine* »[139]. Quoique le législateur camerounais ait parfois été influencé par le droit français, il a essayé de sublimer celui-ci, d'œuvrer pour une production normative issue du génie légistique national qui tient compte de la réalité camerounaise. N'était-ce pas là, au fond, le vœu profond du dédicataire de ces lignes ?

---

136 v. B. SEILLER, « Le pouvoir disciplinaire sur les maires », op. cit., p. 1639 et 1640.

137 L'expression est de S. REGOURD, *L'acte de tutelle en droit administratif français*, LGDJ, 1982, p. 113.

138 D. ABARCHI, « Problématique des réformes législatives en Afrique : le mimétisme juridique comme méthode de construction du droit », *Penant*, 2003, pp. 88-105.

139 Michel BACHELET, « Sources du droit en Afrique Noire », *RJPIC*, n°1, janv-mars 1966, p. 106.

Décentralisation et le temps : reflexions sur le cas camerounais

Dr. Manga Zambo Eleuthère Joseph
Chargé de Cours, Université de Yaoundé II

La dialectique centralisation et décentralisation ne cesse de diviser le monde politique depuis la promulgation des lois d'orientation de la décentralisation[1]. Si aujourd'hui ces deux concepts ne coïncident pas tout à fait et ne permettent pas l'évocation d'une minorité qu'on qualifierait de jacobine et d'une majorité girondine, le débat sur le dessin et le dessein de la décentralisation ne perd pas de son actualité. Il s'est au contraire ravivé par la transformation des notions juridiques et politiques. Aux évocations de la démocratie libérale classique se superposent les préoccupations sociales et économiques. Les collectivités territoriales décentralisées ont désormais pour mission de promouvoir le développement économique, social, sanitaire, culturel et sportif[2].

L'étude de la période coloniale jusqu'à nos jours permet de saisir la profonde évolution des idées en même temps que la persistance d'un noyau idéologique irréductible. Même si les aspects économiques supplantent les analyses exclusivement juridiques et politiques, ils apparaissent comme des épiphénomènes d'options nouvelles et profondes. C'est le sort de l'État qui est en jeu et qui suscite tant de passions[3]. La décennie 90 marque le retour au multipartisme au Cameroun. L'année 1996 est le terme d'un long processus qui consacre formellement l'existence des collectivités territoriales décentralisées[4]. Qui plus est, elle a fait apparaître au grand jour, la nécessité

---

1 -Cf. Loi n°2004/017 du 22 juillet 2004 d'orientation de la décentralisation, loi n°2004/018 du 22 juillet 2004 fixant les règles applicables aux communes, loi n°2004/019 du 22 juillet 2004 fixant les règles applicables aux régions. Rec. des lois de décentralisation publié par le Service de Coopération et d'Action Culturelle de l'Ambassade de France, novembre 2005.

2 -Art 55 de la Constitution du 18 janvier 1996. on lira A.D.Olinga, *La Constitution de la République du Cameroun*, Yaoundé, Presses de l'UCAC, Terre Africaine, 2006.

3 - Cf. Cameroun tribune n° 6789/5432 du 24 juillet 2004.

4- Cette consécration est très forte puisqu'elle a conduit à l'organisation de leur représentation au sein des institutions de l'État. « Le Sénat représente les collectivités territoriales

d'une régionalisation ignorée par le constituant en 1960 et 1972. Si le débat sur la décentralisation s'exprime avec tant de force, c'est qu'elle correspond à un besoin de plus en plus pressant des sociétés modernes et, particulièrement, des sociétés africaines[5]. La décentralisation n'est pas seulement garante de la liberté dans la démocratie ainsi que l'écrivait Alexis de Tocqueville au XIXe siècle[6]. Elle est aussi, assurent les managers du XXIe siècle l'une des conditions de la réussite économique et administrative. Pour d'autres, elle est source de libération de l'homme, participation de l'individu à son destin[7].

L'importance des enjeux de la décentralisation explique l'intérêt que lui portent les politiques et l'écho qu'elle suscite dans l'opinion publique. Mais, la diversité des conceptions qui justifie l'adhésion à l'idée décentralisatrice en explique en même temps, les ambiguïtés. Le pavillon recouvre une marchandise diverse et le courant décentralisateur tient du capharnaüm ou de l'auberge espagnole. Chacun donne aux mots et aux concepts une signification singulière, propre à lui conférer le titre enviable de décentralisateur. De sérieuses études ont été menées par des universitaires et des fonctionnaires sur ce thème. Mais, le monde politique n'en a souvent retenu que quelques thèmes isolés de leur ensemble et par conséquent, déformés.

Rares sont ceux qui s'avouent centralisateurs. A la manière de Montesquieu qui s'étonnait qu'en son siècle on pût être persan[8], on pourrait s'interroger aujourd'hui sur l'incongruité de s'avouer girondin. Aussi le débat est-il marqué, comme de nombreux thèmes de la vie publique[9], par un foisonnement de clichés dont les partis et formations politiques sont largement responsables. Habitués à un système fortement centralisé, organisé en fonction de lui, ils se sont longtemps gardés de le combattre. La

---

décentralisées. Chaque région est représentée au Sénat par (10) dix sénateurs dont (7) sept sont élus au suffrage universel indirect sur la base régionale et rois nommés par le Président de la République » Article 20.1.2 de la Constitution.

5 -M. Nguélé Abada, *Du constitutionnalisme de transition en Afrique : Réflexions sur l'évolution constitutionnelle en République Démocratique du Congo,* Rev. de la Recherche juridique, droit prospectif, n° XXXIII, p. 523.

6 - A. de Tocqueville, *De la démocratie en Amérique,* Livre I chap. V. Sur ce thème, Cf. G.Gojat, *Les corps intermédiaires et la décentralisation dans l'œuvre de Tocqueville*, in *libéralisme ; traditionalisme, et décentralisation* », Cahiers de la Fondation nationales des Sciences politiques, n° 31, p.13.

7 E. Mbarga, *La décentralisation territoriale au Cameroun,* Annales de la Faculté de Droit et de Sciences Économiques, n° 3 ; Yaoundé, 1972.

8 Sur ce thème, voir notamment,. Roig, *Théorie et réalité de la décentralisation*, Rev. Française de Science politique, Paris, 1966, p.447 ; F.P.Benoît, *Le droit administratif français*, Dalloz 1968, p.135.

9 On songe bien évidemment au financement des partis politiques et des campagnes électorales au Cameroun, cf. M. Nsizoa *Revue Africaine d'Études Politiques et Stratégiques, n°2, 2002*, p. 35 et suiv.

dénonciation politique du centralisme étatique[10] va de pair avec la crainte d'un changement brutal[11]. Cette situation se traduit par un engouement pour les constructions idéales et les schémas abstraits. Chaque parti ou formation politique cherche à consacrer son adhésion à l'idée décentralisatrice par la proposition d'un édifice administratif nouveau se hâte de tracer un découpage territorial, et d'esquisser des institutions nouvelles. Pour désigner l'antidote de notre système centralisé, on évoque la décentralisation, la subsidiarité, l'aménagement du territoire, etc. De nouveaux vocables sont apparus, d'anciens ont été ressuscités : pôles de développement, développement participatif, gouvernance locale, coopération décentralisée pour ne citer que les expressions les plus fréquemment utilisées. Sans doute chacun des mots a-t-il une signification précise, spécialement lorsqu'il est utilisé par les techniciens de l'économie, les spécialistes du droit, de la géographie et de la sociologie. Toutefois, leur annexion par le politique contribue à leur déformation inconsciente ou bien systématique. La confusion des concepts permise et accentuée par les incertitudes du vocabulaire semble dissimuler quelques clivages.

Entendus comme le fait pour l'État de transférer des compétences à des personnes morales qu'il crée[12], le dessin et le dessein de la décentralisation déploient des thèmes plus ou moins ambitieux.

Le premier d'entre eux est modeste : limité à une dimension managériale, il vise à rationaliser le transfert des ressources matérielles et financières, entre le centre et la périphérie.

Le deuxième, plus politique, mise sur la décentralisation pour rééquilibrer les pouvoirs et les forces politiques. Éviter que les individus comme les institutions ne soient absorbés par l'État Moloch. Les lois d'orientation de la décentralisation de juillet 2004 participent de cette théorie et se placent sur ce registre. La décentralisation est conçue comme un outil devant permettre d'améliorer le fonctionnement démocratique des institutions et assurer un meilleur équilibre des pouvoirs, non certes au regard des concepts traditionnels du droit constitutionnel entre l'exécutif et le législatif, mais

---

[10] H.L. Menthong, *La construction des enjeux locaux dans le débat constitutionnel au Cameroun, in La réforme constitutionnelle du 18 janvier 1996 : Aspects juridiques et Politiques,* Fondation Friedrich Ebert au Cameroun, p 146 et s.

[11] P. Biya Discours d'ouverture des travaux du *Comité Consultatif Constitutionnel*, in Anthologie des Discours et Interviews du Président de la République du Cameroun, 1982-2002, éd. Sopecam Yaoundé, vol. 2. p. 57 er s. En fixant les modalités du déroulement du débat sur la révision constitutionnelle, le Président de la République a précisé que « *L'État unitaire est le résultat d'un vote suite au référendum, donc, de la volonté des Camerounais... L'État unitaire est la forme de l'État qu'il convient. Il reste à améliorer cette technique de gestion...par des réformes allant dans le sens de la décentralisation* ». Cf. Cameroun Tribune n° 5345 du 25 mars 1993, p.3. Voir aussi A.K. Kouomegni, « ...Il s'agit de sauvegarder le caractère sacré des acquis de l'unité nationale et de l'intégrité du territoire » Idem.

[12] On lira à ce propos, M.Verpeaux et P. Bodineau, *Histoire de la décentralisation,* 2è ed. Paris, PUF, coll. « Que sais-je », 1997, n° 2741.

entre les différentes autorités de sensibilités politiques divergentes sur l'ensemble du territoire national.

Plus ambitieuse encore, la troisième finalité impartie à la décentralisation est de faire surgir un nouveau mode de définition de l'intérêt général, non plus seulement conçu par les acteurs nationaux, mais aussi, dans certains domaines, imaginé et porté par les acteurs locaux. En conséquence, cet intérêt général ne sera plus seulement mis en œuvre au niveau national en fonction des finalités et des modalités retenues par la collectivité nationale, mais aussi partiellement construit par les citoyens et leurs responsables à différents niveaux territoriaux. Cette dernière approche est incontestablement la plus riche que l'on puisse donner aux termes de décentralisation et de subsidiarité. Mais, lorsqu'on emploie ces termes, peuvent-ils dans notre exemple, recevoir la même acception que celle qu'ils ont, en théorie comme en pratique dans d'autres États ?

La présente étude ne saurait prétendre ni à l'exhaustivité dans son contenu ni à la finalité d'une démarche conceptuelle. Le propos auquel on entend répondre se borne, plus modestement, à contribuer à appréhender le sens et l'évolution de notre décentralisation territoriale. Dans cette optique, le pari méthodologique retenu ici, un peu à l'image de ce que faisait Platon dans la République, consistera à utiliser « le plus grand détour ». Pour chaque catégorie de collectivité territoriale décentralisée- la commune et la région -, il nous a semblé nécessaire de commencer par faire le point de ce qu'était la situation institutionnelle de cette collectivité territoriale par rapport à l'État avant et après 2004 à l'effet d'en appréhender les mutations, profondes ou secondaires intervenues depuis lors. C'est seulement ainsi, qu'il sera possible de rendre lisible notre processus de décentralisation.

Quant à la conception et la structure de la présente contribution, précisons d'entrée de jeu qu'elle ne relève pas de l'approche classiquement utilisée en matière de droit des collectivités territoriales qui fait une large place à l'analyse normative des systèmes électoraux, du statut des élus locaux, de la domanialité locale, des services publics locaux … Pour l'étude de ces questions, il est proposé de se reporter aux études générales y relatives[13]. Soulignons également que le thème des finances locales parce qu'intimement lié à celui de l'organisation et des missions des collectivités territoriales décentralisées, est envisagé de manière globale et non par catégories de collectivités, afin de faire ressortir une problématique d'ensemble.

Sous tendue par le rappel des racines historiques des institutions locales d'hier et d'aujourd'hui, de l'évolution des principes qui organisent

---

[13] E. Mbarga, *La décentralisation territoriale au Cameroun*, Annales de la Faculté de Droit et des Sciences Économiques, n° *3*, Yaoundé 1972, A ;Bockel, *L'Administration camerounaise*, IIAP, berger Levrault, Encyclopédie administrative, Paris, 1971. ; M. Finken, *Communes et gestion municipale au Cameroun*, Presses du Groupe Saint-François, janvier 1996.

désormais leurs relations avec l'État, la présente contribution a pour ambition d'examiner l'architecture d'ensemble des rapports État/collectivités territoriales décentralisées[14] pour en discerner à travers le facteur temps, le sens et la portée.

Par l'ampleur des principes qu'elle mobilise, la décentralisation est une réalité. Y aura-t-il d'ailleurs, autant de débats à son sujet s'il ne s'agissait que d'une idée ? Les questions ne tournent donc plus autour de l'existence de la décentralisation, mais autour de son étendue et de son évolution.

Parce que la décentralisation ne peut, par définition, être figée, elle s'inscrit dans le temps. Comment pourrait-elle être indifférente au temps ? Et comment pourrait-on ne pas songer à lui appliquer un certain nombre d'aphorismes qui mettent en garde contre l'action d'usure du temps ? « Cent fois sur le métier, remettrez votre ouvrage » nous murmure le fabuliste[15]. Et de manière plus réaliste encore, un autre auteur déclare : « le temps, qui toutes choses corrode et diminue »[16]. Ainsi, la décentralisation ne peut être pensée, et surtout appliquée que par rapport au temps[17]. Faute de temps suffisant, un certain nombre de régimes ont échoué dans les réformes qu'ils voulaient réaliser[18]. Parce que le processus de la décentralisation s'inscrit dans le temps. Celui-ci apparaît toujours comme un facteur important. En raison des dispositions prises sans discontinuer pendant des années, il est possible de dire que notre décentralisation a subi et subira certainement l'épreuve du temps. Les lois, décrets, arrêtés, circulaires, qui aujourd'hui se comptent par dizaine suffiraient à témoigner en faveur de l'existence d'une politique de décentralisation[19]. Historiens, juristes, et hommes politiques

---

[14] Les expressions de collectivités territoriales décentralisées, collectivités locales, collectivités secondaires seront indifféremment utilisées. Les collectivités locales seront considérées, sans plus de précision, comme l'expression de la décentralisation territoriale, c'est-à-dire, sur le plan juridique, la reconnaissance par l'État, et sur son territoire, de personnes publiques territoriales gérant des intérêts propres. On lira à ce propos, A. Gruber, *La décentralisation et les institutions administratives*, Armand Colin 2è éd. ; G. Dupuis, M-J. Guèdon, P. Chrétien, *Droit administratif*, Armand Colin, 8è éd.

[15] Il convient de préciser que la phrase complète est : « car le temps, qui toutes choses corrode et diminue, augmente et accrût les bienfaits ». *La vie très horrifique de Gargantua*, chapitre L.

[16] On pourrait dire d'ailleurs que ce recul, comme le point de vue que l'on peut avoir de Sirius, est un recul dans l'espace et dans le temps simultanément.

[17] Art. 5 alinéa 2 de la loi n° 2004/ 017 du 22 juillet 2004 *portant orientation de la décentralisation prévoit que* « le *transfert et la répartition des compétences entre l'État et les collectivités territoriales décentralisées obéissent aux principes....de progressivité...* »

[18] Nous songeons bien évidemment à l'échec du projet de réforme du Sénat et de création des régions en France, que le Général de Gaulle souhaitait soumettre au référendum en 1968.

[19] Le 5 décembre 1974 est promulguée la loi n° 74/ 23 du 5 décembre 1972 portant organisation communale. Pour l'essentiel, ce sont ses dispositions qui ont régi l'institution communale jusqu'à la réforme du 22 juillet 2004. Sur les aspects historiques de la décentralisation communale, voir, E. Mbarga, op cit. A. Bockel, l'Administration camerounaise, *ILAP, Berger Levrault, Encyclopédie administrative*, Paris, 1971. ; M. Finken, *Communes et gestion municipale au Cameroun*, Presses du Groupe Saint-François, janvier 1996

sont quasiment unanimes. La décentralisation fera passer les affaires de la main des fonctionnaires à celles des citoyens et constituera le gouvernement du pays par le pays[20].

Mais, quel jugement de valeur peut-on porter sur l'esprit et la lettre de la législation ancienne et nouvelle ? Nous tenterons de démontrer avec un peu de recul, que ce temps de la décentralisation apparaît tout d'abord comme un temps d'organisation (**I**) et ensuite, comme un temps d'accommodations et d'interrogations (**II**).

I. Un temps d'organisation

Toute réforme est nécessairement marquée par le temps. A chaque époque correspondent des préoccupations différentes. Celles qui ont commandé l'organisation de la décentralisation communale avant et pendant la période coloniale ne sont plus tout à fait les mêmes aujourd'hui (**A**). Certaines questions sont sans doute demeurées sans réponses satisfaisantes au cours de ce temps. Mais, il est des acquis que l'on ne songe plus guère à remettre en cause. Tel est, par exemple, le cas de la personnalité morale, condition première de toute décentralisation qui n'a été acquise que progressivement tout au long d'une histoire politique et administrative heurtée. Aujourd'hui, elle paraît si évidente que l'on ne songe même plus à la citer lorsqu'on parle de la décentralisation.

Les lois de décentralisation du début de ce siècle cherchent à mettre fin à la logique qui a fondé l'État central jacobin. Le cadre juridique et institutionnel qu'elles mettent en place révèle des écarts de préoccupations et de conceptions par rapport à la situation antérieure. En consacrant formellement la spécificité des collectivités territoriales décentralisées, les lois nouvelles vont à rebours de ce qui a prévalu antérieurement et ont pour ambition de mettre fin à l'effort multiséculaire de centralisation (**B**).

A. Les apports certains, mais limités de la législation antérieure à la réforme

L'histoire révèle que c'est sous la colonisation que l'esquisse d'une politique de décentralisation, faite d'originalités et de péripéties voit le jour. Quelques repères permettent de le constater[21]. Mais, il n'est pas inutile de

[20] S. Okole, *Captivant oral du Ministre d'État, Ministre de l'Administration territoriale et de la décentralisation,* Cameroun tribune n°8984/5183 du 26 novembre 2007, p. 3 er s.

[21] A. Bockel, *L'Administration camerounaise, I.I.A.P, Berger- Levrault, Encyclopédie administrative, Paris, 1971* p. 23. 24, Bulletin officiel des Communes (Territoire du Cameroun) n° 9, septembre 1955 à 1956, *Imprimerie du gouvernement. Bulletin officiel des* communes (République du Cameroun), n° 10, mai 1960. Bulletin Officiel des Communes, n° 12, mars 1970 (République du Cameroun. G. Biwole, *L'institution communale au Cameroun,* Sopecam, Yaoundé 1985. M. Finken, *Communes et gestion municipale au Cameroun,* op.cit.

rappeler que l'histoire de la décentralisation communale débute timidement en 1916, prend de l'ampleur entre 1955-1960, et connaît des avancées quantitatives et qualitatives entre 1974, 1996 et 2004[22]. En effet, l'histoire politique du Cameroun moderne remonte à la période coloniale allemande (1884-1916) période au cours de laquelle le Cameroun tel que nous le connaissons aujourd'hui, comme entité territoriale, humaine et politique, avec des contours bien définis voit le jour[23]. Cette histoire comporte quatre grandes périodes essentielles de durée très inégale.

La première, qui peut se définir comme celle de la dépendance totale, s'étend de 1884 à 1945. Durant cette période, les Camerounais dépendant totalement de l'administration coloniale. Ils ne participent à la gestion de leurs affaires que d'une manière très indirecte, presque insignifiante, aucune constitution, même octroyée, ne leur est appliquée ; le territoire n'est doté d'aucune institution vraiment représentative.

La deuxième, s'étend de 1945 à 1960-1961. Les Camerounais s'initient à la gestion de leurs propres affaires et préparent l'accession du pays à l'indépendance.

La troisième période quant à elle commence le 1er janvier 1960 avec la proclamation de l'indépendance. Elle voit le triomphe de la réunification le 1er octobre 1961. Elle se termine en 1972 avec l'abolition de la fédération, et l'avènement d'une République Unie. Un important cycle de l'histoire nationale s'achève avec la Révolution pacifique du 20 mai 1972, jour où le peuple camerounais, souverain et maître de son destin signe « le pacte inviolable qui scelle définitivement et manifeste sa profonde unité »[24].

La quatrième période enfin, s'étend de 1982 à 1996. Elle correspond à la période pendant laquelle le Président Ahmadou Ahidjo quitte le pouvoir.1996 est l'année au cours de laquelle la Constitution du 2 juin1972 est révisée. Il va s'en dire que dans la période qui s'entend de 1916 à 1961, l'institution communale a connu une double acclimatation tenant compte du partage du pays en deux zones d'influence à l'issue de la première guerre mondiale entre la France et la Grande-Bretagne. Partage qui a donné naissance à deux entités politiques distinctes : le Cameroun occidental placé sous administration britannique et le Cameroun oriental placé sous administration française[25]

Au moment de l'indépendance, deux préoccupations alimentent le débat sur la décentralisation : la construction de l'unité nationale et les nécessités du développement. Toutefois, une réalité s'imposait aux dirigeants : la

---

22 B.R Guimdo, *Les bases constitutionnelles de la décentralisation au Cameroun*, Rev. Générale de droit, 1998, p. 98

23 A. Owona, *La naissance du Cameroun 1884-1914*, Cahiers d'Études Africaines, 49, vol. XIII, 1er Cahier, 1973, p, 16-36.

24 La formule est du Président Ahidjo lui-même, in *Anthologie des Discours, 157-1979*, s, 1 1980, III, pp. 1392-1415.

25 L .P. Ngongo, *Histoire des institutions et des faits sociaux*, t 1, Berger–Levrault, 1987.

société. Ces éléments étaient-ils ou non favorables à la mise en ouvre d'une politique de décentralisation ? Constituaient-ils une source de difficultés ?

De nombreuses et minutieuses investigations révèlent que l'existant c'est-à-dire, le legs de la législation coloniale n'était pas a priori, défavorable à la décentralisation, car, les structures traditionnelles, animées d'une conception communautaire de la vie collective, étaient naturellement décentralisées[26]. Cependant, on a pu estimer que la culture qui fonde la tradition n'est que difficilement compatible avec ce qu'implique le développement économique et social[27]. Par ailleurs, on s'entendait généralement à affirmer que la décentralisation territoriale est un instrument de développement économique et social. Il passe par la libération des initiatives locales, cultive l'esprit de responsabilité et contribue à l'émancipation des populations qui, pour ainsi dire, prendraient en charge la gestion de leurs propres affaires.

Sous ce prisme, la décentralisation est apparue comme une méthode d'intégration nationale en se référant du moins, à une conception démocratique de celle-ci ; un attachement profond à une communauté et surtout la solidité de la construction nationale supposent à la fois des citoyens et des administrés actifs au service du développement. Cependant, le legs colonial a en effet, laissé une décentralisation restreinte limitée aux agglomérations urbaines, tandis que les structures traditionnelles ont été reléguées dans les fonctions subalternes et obscures. La mise en œuvre d'une politique de décentralisation s'est donc heurtée à de sérieuses difficultés parce que trop inspirée du modèle métropolitain. Par rapport à ce modèle, les grands principes de l'État central jacobin sont mis en œuvre. Seule la coordination centrale peut initier les activités de la société. Seul l'État est apte ou capable - dans tous les sens du terme - d'arbitrer l'intérêt général et l'intérêt particulier. Seule la raison centrale peut orienter l'action de la société civile locale en faisant prévaloir le bon sens contre l'approximation et l'impéritie[28].

En 1960, le débat sur la décentralisation refait surface. En vertu de la Constitution du 4 mars 1960, les collectivités locales de l'État du Cameroun sont les provinces et les communes. Ces collectivités s'administrent librement par les conseils élus dans les conditions prévues par la loi. L'article 47 indiquait que les autorités placées à la tête de chaque province comprennent un conseil général de province, chargé de la gestion des intérêts provinciaux, et un ministre ou secrétaire d'État qui représente le gouvernement et assure l'exécution des décisions du conseil général de la province. Quant à l'article 48, il était prévu que « le conseil général de province est formé de membres non parlementaires, élus pour cinq ans, et les

---

[26] P.L Audat, *Décentralisation et développement, l'exemple de l'Afrique de l'ouest,* CAFRAD, 4B, décembre 1968.

[27] Prats, *L'administration territoriales et les collectivités,* Paris, Cujas, 1973, p.18.

[28] F. Djougong, *L'administration territoriale dans l'Afrique noire d'expression française,* Thèse 3è cycle, Paris I, 1975.

députés de la province à l'Assemblée nationale ». Après la révision constitutionnelle de 1969[29], la décentralisation ne fut plus évoquée. Ce n'est que dans l'article 20 de la Constitution du 2 juin 1972 que l'on retrouvera une disposition relative à l'organisation des collectivités locales ainsi rédigée : « l'organisation des collectivités locales relève du domaine de la loi ».

Des premières esquisses à la réflexion d'ensemble, le thème de la décentralisation réapparaît dans le discours politique. Lors d'une remise de diplôme aux lauréats de l'École Nationale d'Administration et de Magistrature, le Président du Cameroun indépendant déclarait : « Notre administration, épine dorsale de l'État, ne saurait être une plate copie de l'administration française et britannique …nos communes doivent être les supports de toute action de développement, les relais indispensables à défaut desquels aucun projet, aucune ambition nationale ne pourra prendre corps. Le principe fondamental qui doit guider l'action des pouvoirs publics à ce stade du développement national est la déconcentration tandis qu'au plan local, cette action doit se traduire par une plus grande décentralisation » [30].

En 1972 est engagée une réflexion d'ensemble sur la réforme de l'administration territoriale. Deux années plus tard, est promulguée la loi du 5 décembre 1974 portant organisation communale. L'objectif de la réforme est double : civique et pratique. Civique, il était question d'associer les citoyens à l'effort de construction nationale. Pratique, il s'est agi d'harmoniser les administrations locales des deux anciens États fédérés conformément à la logique de l'État unitaire. En fait d'harmonisation, le législateur s'est appuyé sur le système français alors en vigueur dans l'ex-partie orientale pour le transposer dans la partie occidentale[31].

Considérée comme l'une des grandes lois du Cameroun indépendant, la loi du 5 décembre 1974 est le premier texte qui ait été entouré d'autant de publicité. Les débats parlementaires qui ont conduit à son adoption sont particulièrement riches en enseignements[32]. Pourtant, si l'on examine l'esprit de la réforme, on est enclin à trouver dans cette loi, moins de satisfaction[33].

Plus qu'à la loi, il importe ici de se référer à quelques extraits des débats parlementaires : Ceux-ci sont le reflet des croyances et des répulsions du législateur de l'époque. Ces débats montrent que la discussion du projet de loi a opposé deux courants d'idées. Les uns se réclamant des textes de 1955

---

[29] Loi n°69-LF du 14 novembre 1960 et de 1970, Loi n°70-LF-1 du 4 mai 1970

[30] A. Ahidjo, *Anthologie des Discours*, 1957-1979, t.1, p. 637 à 642, Nouvelles Éditions Africaines.

[31] Il comportait 148 communes réparties de la manière suivante : communes de plein exercice à régime spécial, communes de plein exercice à régime normal, communes mixtes rurales, communes rurales de moyen exercice, local goverment de l'ex-Cameroun occidental

[32] J.O du 25 juillet 1974, p. 623. et s.

[33] Loi n° 74/023 du 5 décembre 1974. Elle est considérée comme première loi en la matière parce qu'elle est intervenue quatorze années après l'indépendance (1960).

et de 1957[34], les autres des dispositions de la Constitution de 1960. Sur le premier point, le legs colonial était évident. En revanche sur le second point, on admettait que la décentralisation marquerait un attachement profond des individus à leur terroir. Toutefois, ces oppositions de surface n'ont pas empêché deux tendances de se dessiner à l'Assemblée.

La commission c'est d'abord et surtout son rapporteur qui eut des idées modérées. Les idées de la commission se résument en ceci : la décentralisation est souhaitable parce qu'elle remet à des agents la gestion des intérêts de la commune. La gestion des intérêts de l'État et des intérêts communaux doit demeurer séparée, mais un contrôle de l'État sur les organes communaux doit subsister parce que les autorités locales pourraient porter atteinte à l'unité nationale. Notons au passage que le texte de la commission s'inscrivait plus en réaction des idées professées pendant la période coloniale qu'il ne procédait d'une réflexion sur l'avenir.

Certains députés à la suite de la commission estimaient que le rôle de la commune est d'abord d'éduquer[35]. C'est en apprenant à gérer les affaires locales que les communes deviendraient capables de s'élever à la conception ainsi qu'à l'administration des affaires générales du pays. D'autres députés sont allés plus loin en préconisant une décentralisation qui ne soit pas seulement administrative, mais politique : « Je crois qu'il n'est pas nécessaire de chercher dans la commune la base de notre organisation politique »[36].Ce à quoi le rapporteur de la commission répondait qu'un tel système irait à l'encontre de l'unité nationale[37]. Réfutant l'autonomie des communes ainsi préconisée, le rapporteur de la commission soutenait que les communes ne doivent pas être libres d'organiser ou de ne pas organiser le fonctionnement de la police municipale. Vues sous cet angle, les compétences communales ne furent perçues que comme des compétences d'action et non des compétences de refus. C'est ainsi que dans le texte du 5 décembre 1974, furent introduits deux types de dispositions permettant de déterminer les compétences communales. Il s'agit, des dispositions relatives aux attributions des conseils municipaux d'une part, et des maires d'autre part. La disposition la plus précise étant celle de l'article 46 qui vise les délibérations du conseil relatives à un certain nombre d'objets[38].

Le caractère hétéroclite de cette énumération n'a pas été d'une très grande utilité pour définir les compétences des communes. Le terme « d'objets » utilisé par la loi semblait inadéquat. La loi ne visait pas réellement les objets que la commune peut réglementer : les uns visent les biens, les autres sont des moyens En outre, le maire fut investi de certaines attributions, mais là encore, la loi n'a pas cru devoir définir un domaine de

[34] Voir note n° 25.
[35] M. Mboua, Député à l'assemblée nationale, Archives nationales du Cameroun.
[36] J.O op. cit, p. 624
[37] M.Mboua, op.cit.
[38] Loi n° 74/023 du 5 décembre 1974, portant organisation communale.

compétence précis. Elle s'est seulement contentée d'indiquer quels sont les pouvoirs juridiques dont dispose le maire. Encore que ce domaine ne fut envisagé qu'indirectement par les termes de « propriété de la commune », « d'établissement communaux », de « travaux communaux », de « voirie et de police municipale » ; encore fallait-il savoir si toute propriété peut devenir communale, quel critère aurait permis de dire que la voirie est municipale. Ce qui était en question, c'était donc de savoir ce qui est communal.

La réponse à cette question fut donnée par l'article 45 de la loi du 5 décembre 1974. Cet article déclare, « le conseil municipal délibère sur les affaires de la commune. Il donne son avis lorsqu'il est requis en vertu de la loi ou à la demande de l'autorité de tutelle. Il émet des vœux et fait des suggestions sur tous les problèmes d'intérêt local ». C'est cette clause générale de compétence qui fut la seule à fonder l'intervention des communes. Mais, en quoi consistaient les affaires de la commune ? La généralité des termes a-t-elle laissé à la commune une grande latitude d'action ? On peut aussi se demander s'il y avait des affaires qui, par nature, sont communales et des affaires qui, par nature n'appartiennent pas à la commune.

L'absence d'un domaine communal par détermination de la loi a pu apparaître gênante dans la mesure où l'étendue des affaires de la commune fut fonction de la force respective de l'État et de la collectivité locale, de la pression que l'un a pu exercer sur l'autre [39]. On peut donc dire qu'il y avait dans la clause générale de compétence, une ambiguïté qui provenait de l'esprit dans lequel le législateur avait entendu réformer l'organisation communale.

Mais, malgré ses mérites, la loi du 5 décembre 1974 n'en traduisait pas moins un esprit peu progressiste. Elle exprimait en effet, la vision d'un monde stable et calme. Ceci semble expliquer la prudence dont le législateur a fait preuve dans sa conception des communes et de leurs compétences. De toute évidence, ce monde était d'abord considéré comme un monde rural. La prédominance des problèmes ruraux apparaît nettement dans les prises de positions des députés. Lorsque ceux-ci faisaient référence à la commune, c'est à la commune rurale qu'ils pensaient[40]. Et le fonctionnement des conseils y était épisodique[41]. Pour les députés de l'époque, l'image la plus

---

[39] B.R. Guimdo, *l'emprise de l'État sur l'exécutif communal au Cameroun,* Lex lata, n°004 du 30 novembre 1994, p.12-14 ;

[40] Aux termes des dispositions de l'article 2 de la loi précitée, « la commune rurale est celle dont le ressort territorial s'étend à la fois sur les agglomérations urbanisées et sur des zones rurales ».

[41] C'est ainsi qu'un député qui demandait la rétribution des maires, un membre de la commission répond « On vous a parlé des conseils municipaux des communes rurales ». Mais, à vrai dire, d'après l'expérience de la période coloniale, ces conseils ne se réunissaient que de manière tout à fait circonstancielle.

naturelle était celle rassurante du citoyen qui, de temps en temps, abandonne ses champs pour venir, en costume endimanché, discuter avec quelques autres citoyens.

Ce monde rural était ensuite perçu comme un monde qui connaît peu de changements. Cela transparaît à travers les missions qui ont été dévolues aux communes. Très peu de dispositions concernaient véritablement l'économie. On est ainsi tenté de dire qu'à l'abri de leurs murs les communes devaient continuer de vivre leur propre histoire comme une continuation du passé, et non comme un devenir.

Sans qu'il soit besoin de faire ici le procès de cette formule énigmatique et littéralement incorrecte aux termes de laquelle, le conseil municipal « règle par délibération les affaires de la commune », on résumera simplement la position dominante en soulignant qu'il est fort peu de commentateurs avisés du droit des collectivités territoriales qui n'aient vu dans la clause générale de compétence, l'une des meilleures garanties de gestion des affaires d'intérêt local par un conseil municipal. Il est possible de dire en effet, qu'au moment où est votée la loi du 5 décembre 1974, le thème de la décentralisation n'est pas nouveau pour le législateur camerounais de l'époque. En fait, Châteaubriant[42], Eisenmann [43]Tocqueville[44], l'ont parfaitement illustré en leur temps. Pour A de Tocqueville, « certains intérêts sont communs à toutes les parties de la nation, tels que la formation des lois générales et les rapports du peuple avec l'étranger. D'autres intérêts sont spéciaux à certaines parties de la nation telles, par exemple, les entreprises communales ». Mais c'est sans aucun doute, le manifeste de Nancy qui en a donné l'expression la plus forte, en une formule slogan « les affaires communales à la commune, les affaires régionales à la région, les affaires nationales à l'État »[45].

Il n'est donc pas étonnant dans ce contexte idéologique que notre loi du 5 décembre 1974 consacre juridiquement cette doctrine dominante. Justifier la décentralisation par la notion « d'affaires locales » reposait pour ainsi dire, sur une conception territorialiste de la compétence, c'est-à-dire sur la « faculté d'accomplir les actes de leur fonction dans une certaine sphère territoriale, en certains lieux[46] ». C'est ainsi que furent considérées comme « affaires communales », tout ce qui est ressenti comme besoins collectifs, justifiant une intervention des conseils municipaux. Outre, les questions d'administration générale, on y trouvera, les missions de maintien de l'ordre et de tranquillité publics, l'hygiène, la santé publique, la voirie, bref tout ce qui doit assurer aux populations locales, de meilleures conditions de vie.

---

[42] Cf. Politique de Chateaubriand par G. Dupuis, J. Georgel, J. Moreau, Collection U - Armand Colin, Paris, 1967

[43] Ch. Eisenmann, *Centralisation et décentralisation*, Paris, LGDJ, 1948, p. 32.

[44] A. de Tocqueville, *De la démocratie en Amérique*, op.cit.

[45] Cf. Roig, op.cit.

[46] Ch. Einsenmann, *Centralisation et décentralisation*, Paris, LGDJ 1948, p.32.

Bénéficiant de droits propres et d'intérêts distincts de ceux de l'État, la commune devait donc avoir une vocation de généraliste[47]. D'une manière générale, les communes ont connu trois difficultés essentielles : l'une d'ordre juridique[48]., la deuxième de nature géographique et la troisième d'origine financière. Pour ne prendre qu'un seul exemple, que signifiait concrètement, dans la loi du 5 décembre 1974, le dispositif selon lequel, la communauté urbaine a compétence dans le domaine de l'éclairage public et de l'approvisionnement en eau potable, si celle-ci ne dispose pas de services techniques aptes à le faire ?

Malgré tout, la réorganisation communale dans les années qui ont suivi l'indépendance a été faite autour d'un certain nombre de lignes de force. Certaines libertés ont été affirmées. Les orientations principales ont consisté dans l'ébauche d'un statut des élus locaux. Une formule de coopération intercommunale a été instituée. A l'évidence, il ne s'agissait pas là, de questions secondaires. La longévité apparente de la loi du 5 décembre 1974 cachait en fait, une série de lacunes. Il n'a pas pu constituer la « bible » de l'organisation communale. De nombreux autres textes l'ont modifié et complété[49].

Mais, ces derniers ont rarement eu pour objet de revenir sur la clause générale de compétence qui, prise dans un sens restrictif a fait de l'intérêt local le prétexte de tous les dessaisissements, et dans un sens extensif, l'alibi de toutes les charges indues d'intérêt général. Toutes choses qui ont conduit le législateur à renverser l'économie générale du régime institué en 1974.

---

[47] Dans la réalité cependant, les moyens d'intervention des communes furent limités par des procédés juridiquement organisés. Une première limite d'ordre quantitatif. Les Communes « maîtresses » chez elles ne purent intervenir dans les affaires qui ne sont pas considérées comme d'intérêt local. Mais, des considérations théoriques et pratiques ont rendu cette première réserve peu contraignante relevant ainsi l'impossibilité la notion d'affaires communales comme critère de détermination des compétences.

[48] Décret n°77/91 du 25 mars 1977 déterminant les pouvoirs de tutelle sur les communes, syndicats de communes et établissements communaux

[49] Avant la révision constitutionnelle du 18 janvier 1996 qui consacre l'existence de deux grandes catégories de collectivités territoriales décentralisées -communes et régions- titre XI- la loi du 5 décembre 1974 a été modifiée quatre fois. Les deux premières modifications datent respectivement de juillet 1977 et de décembre 1990 et n'ont apporté que des changements mineurs portant sur le nombre des conseillers municipaux et sur la possibilité pour les communes d'ouvrir des comptes hors budget. La troisième, la loi n° 92/003 du 4 août 1992, remplace à la tête des communes rurales, les administrateurs municipaux nommés par les maires élus au sein du conseil municipal. Toutefois, cette dernière modification n'entrera dans les faits qu'avec les élections municipales de janvier 1996. La quatrième modification de la loi communale est intervenue avec la loi n°95/21 au 8 août 1995 par laquelle des changements sensibles ont été apportés aux ressources des communes. De nouvelles créations de communes ont eu lieu après la réorganisation de 1977. Par une série de décrets de 1979, 1993 et 2009.

B. La logique inversée par la nouvelle législation

Politiquement et juridiquement les lois de juillet 2004 vont à rebours de la logique qui a prévalu jusqu'au siècle dernier en matière d'organisation de la décentralisation territoriale.

Politiquement. Il faut revenir sur un extrait du discours du Président de la République qui indiquait que « [...] la consécration des libertés, des droits de l'homme ne saurait être la seule finalité d'une Constitution. Celle-ci doit également proposer un mode d'organisation de la collectivité nationale qui soit à même d'assurer l'harmonie, l'unité et l'autorité de l'État. Il s'agit plus précisément : de moderniser nos institutions, de les adapter aux changements intervenus dans notre société depuis l'indépendance ; d'accorder plus de responsabilités aux citoyens et aux collectivités locales... Bref, d'associer davantage nos compatriotes à la gestion des affaires publiques ... Un État responsable, c'est aussi un État qui doit désormais enraciner l'unité nationale dans la diversité et la responsabilité de ses collectivités locales »[50]. Il s'agit bien d'une logique inversée par rapport au modèle antérieur.

Par ailleurs, l'exposé des motifs de la loi d'orientation de la décentralisation insiste sur la nouvelle citoyenneté qui permettra d'offrir la démocratie quotidienne partout où il sera possible, de nouveaux espaces de liberté et de responsabilités. A plus d'un siècle de distance, cette nouvelle vision consiste à reprendre à titre d'illustration, pour les communes, le jugement que nous empruntons volontiers à Alexis de Tocqueville qui disait « ôtez à la commune la force et l'indépendance, vous n'y trouverez que des administrés et non des citoyens »[51].

Et la région ? A la vision économique doit correspondre une conception juridique. Ainsi se résume en substance, l'exposé des motifs des lois de décentralisation[52]. Si le dessein politique [53] des régions est clair, leur dessein économique l'est aussi[54].

Juridiquement. Deux catégories de principes sont consacrées par les lois nouvelles : Il y a d'une part, des principes purement institutionnels ; et

---

[50] P. Biya. Discours, op. cit. p.58 et s ; voir également, *Discours de présentation du projet de loi portant révision de la Constitution devant l'Assemblée nationale,* Yaoundé, le 27 novembre 1995, Anthologie des Discours et Interviews du Président de la République du Cameroun, éd. Sopecam, Yaoundé, p. 127 et s.

[51] A de Tocqueville, *op. cit*

[52] Loi d'orientation de la décentralisation, op.cit ; on lira aussi, A.D.Olinga, *La régionalisation camerounaise en chantier : acquis constitutionnels et perspectives législatives*, Juridis, n° 55, 2003.

[53] Art 2 et 4 de la loi fixant les règles applicables aux régions.

[54] Art 18 de la loi précitée. Sont transférées aux régions : la promotion des petites et moyennes entreprises, l'organisation des foires et salons, la promotion de l'artisanat, la promotion des activités agricoles, pastorales et piscicoles, l'encouragement à la création de groupements régionaux pour les opérations économiques, l'appui aux microprojets générateurs de revenus et d'emploi, la promotion du tourisme.

d'autre part, des principes fonctionnels, relatifs aux transferts et à la répartition des compétences.

Les principes institutionnels sont en fait contenus dans le titre même de l'une des premières lois de 2004, intitulée « loi d'orientation de la décentralisation ». L'accent est tour à tour mis sur les droits et les libertés, et non sur un balancement circonspect entre droits et devoirs, libertés et contraintes. Et le fait que toutes les collectivités territoriales soient énumérées sans distinction entre chacune des catégories citées – communes et régions - laisse déjà entendre que, pour le gouvernement comme pour le législateur, l'objectif est qu'au regard de l'État, ces collectivités ne devraient pas être placées dans une situation identique.

Pour ce qui est des principes fonctionnels, il faut surtout en retenir, que les transferts et la répartition des compétences s'effectuent de l'État vers les collectivités territoriales décentralisées et s'accompagnent de la mise à leur disposition, de moyens nécessaires à l'exercice des compétences transférées[55].

Troisième et dernière remarque sur la logique de 2004, la méthode adoptée n'a pas été calquée sur les expériences antérieures. En fait, de manière camerounaise et fort caractéristique de notre administration, la réforme a permis de déterminer quel devait être le rôle de l'État et quel devait être celui des collectivités territoriales décentralisées[56].

Ainsi, pour définir autrement les rapports l'État/collectivités territoriales décentralisées, il a été jugé nécessaire d'opérer définitivement un certain nombre de ruptures destinées à mieux structurer ces relations. Dans cette optique, les principes contenus dans les lois de décentralisation consacrent un même déploiement thématique ainsi que l'illustre la matrice des transferts et de répartition des compétences[57]. C'est dans ce moule qu'a été coulée la décentralisation. Elle s'articule autour de huit principes : quatre d'organisation et quatre de réalisation. Tous ces principes garantissent le caractère indivisible de la République d'une part, et protègent les fonctions régaliennes de l'État, d'autre part.

Pour des raisons politiques et de management, les transferts et la répartition des compétences ne portent pas atteinte à la prééminence de l'État[58]. Le caractère indivisible de la République proclamé par l'article 1er alinéa 2 la Constitution signifie qu'un seul pouvoir doit exercer la souveraineté sur l'ensemble du territoire. Il interdit qu'une collectivité infra étatique décide de son propre champ de compétences et se saisisse d'elle-même d'attributions qui ne lui auraient pas été confiées par le législateur. Ce

---

[55] Art 15 de la loi précitée.

[56] Titres II et IV de la loi précitée.

[57] Recueil des lois de décentralisation, p. 56 et s.

[58] Ce principe est ainsi défini par l'article 8-1 de la loi d'orientation de la décentralisation « Le transfert et la répartition des compétences entre les collectivités territoriales s'effectue en distinguant celles qui sont dévolues aux régions, et celle dévolues aux communes »

transfert permet à l'État de mieux se consacrer à ses missions fondamentales. Celui-ci reste chargé des tâches de souveraineté : affaires étrangères, défense, justice, sécurité. Dans ces deux derniers domaines, son rôle a même été renforcé[59].

En outre, l'État définit et met en œuvre la politique économique et sociale de la Nation alors que les collectivités décentralisées ont pour mission de promouvoir le développement économique, social, sanitaire, éducatif, culturel et sportif[60]. C'est-à-dire, de donner effet aux mesures prises dans ces domaines, par la pouvoir central.

Il ne saurait donc découler de cette répartition des compétences une répartition des pouvoirs normatifs entre l'État et les collectivités décentralisées semblables à ce qui existe en République d'Allemagne entre le Bund et les Länder ou en Espagne avec les lois de dévolutions des compétences[61].

D'une part, les transferts de compétences ne créent pas de tutelle d'une collectivité sur une autre. Tout caractère hiérarchique étant exclu des relations entre collectivités, celles-ci ne peuvent qu'établir des liens contractuels entre elles. Les collectivités territoriales sont ainsi censées être autonomes, chacune dans sa sphère de compétence. Ces sphères étant bien séparées les unes des autres.

D'autre part enfin, et dernier principe d'organisation : le transfert de compétences est défini en fonction de la vocation principale de chaque niveau de collectivité. On retrouve là, un principe de bon sens suivant lequel, il convient de confier à chaque collectivité territoriale ce qui, compte tenu de sa surface géographique, elle peut le mieux faire.

En conséquence de ce dernier principe ainsi que du troisième principe d'organisation retenu, tout transfert porte sur l'ensemble des attributions relatives à une compétence donnée et est effectué au profit d'une seule collectivité qui en assumera la pleine responsabilité. Ont été ainsi conférés : à la commune, l'ensemble des attributions relatives à la maîtrise du sol et aux équipements de proximité ; et à la région, une mission d'impulsion et d'incitation notamment en matière économique, sociale et culturelle.

En fait, et en droit, il est possible de dire que deux préoccupations ont dominé en cette matière.

Il s'agit d'abord de préoccupations d'ordre économique. La complexité de la vie économique, les besoins croissants des populations conduisent les personnes publiques à multiplier leurs interventions. C'est le cas notamment des communes et des régions. Les transformations socio-économiques sont très sensibles à l'échelon local. Le temps semble désormais propice pour ce

---

59 Décret n° 2008/O752/PM précisant certaines modalités de fonctionnement des organes délibérants des exécutifs de la commune, de la communauté urbaine et des syndicats de communes.

60 Art 55-2-1 de la Constitution.

61 A. Malibeau, *Les pouvoirs locaux à l'épreuve de la décentralisation*, Paris, *Pedone*, 1983.

conseiller municipal qui rappelle à son Maire. Monsieur le Maire, « peu nous importe le montant des centimes additionnels, les citoyens sont attachés à leur terroir. Il importe que les routes soient bien aménagées pour écouler nos produits vers les centres urbains et que l'eau soit accessible à tous. Une commune moderne doit combattre la maladie, l'ignorance et la pauvreté ! »

Les préoccupations d'ordre administratif se confondent avec les préoccupations économiques. En fait, l'objectif fondamental est ici lié à l'idée de moderniser l'administration[62]. L'attribution de nouvelles compétences au profit des autorités décentralisées est ainsi à l'origine d'exigences nouvelles destinées à garantir la cohérence des actions. Ces exigences se résument en termes de conformité des actions et de collaboration[63]. Autant dire que notre temps est bien, comme cela n'avait jamais été le cas auparavant, le temps de la concertation. Celle-ci est aussi bien l'expression de la volonté du législateur que le résultat de la force des choses. Que les pouvoirs publics aient souhaité, suggéré, favorisé, la collaboration, est assez évident : il n'est guère de domaine ayant fait l'objet d'un transfert de compétence qui n'implique une collaboration. Quant à la force des choses, elle signifie qu'aujourd'hui une collectivité ne peut plus vivre repliée sur elle-même. La collaboration est devenue une nécessité de notre temps.

Par ailleurs, ce qui nous intéresse ici est ce qui est recherché et affirmé par le législateur « la décentralisation constitue l'axe fondamental de promotion du développement, de la démocratie et de la bonne gouvernance au niveau local »[64]. Manifestement dans cette perspective, les pouvoirs publics ont compris que nous avons changé de temps. Les élus locaux les plus avisés pourraient effectivement dire de « nôtre temps … le temps de l'avant …» était celui de la tutelle dont chacun connaît l'histoire dans les moindres détails. Aujourd'hui est officiellement, celui des temps nouveaux, le temps de la considération et de l'action commune dans le respect de chacun[65].

S'il est trop tôt pour apprécier la portée des textes relatifs à la décentralisation, il convient de souligner que les débats [66] qu'ils ont suscités à l'Assemblée nationale suggèrent que la décentralisation fera bien partie de ces nouvelles « masses de granit » qui composeront notre paysage administratif. Les textes retiennent la diversité locale comme ciment de l'unité nationale. Comme elle, ils adoptent le principe de subsidiarité pour définir les rôles de chacun. Mais plus encore, qu'elle, ils s'éloignent de la conception verticale et quasiment hiérarchisée - sinon- hiérarchique - qui a organisé notre espace territorial et optent pour une vision plus conviviale, plus collégiale, en quelque sorte, fondée

---

[62] Ministre d'État, Ministre de l'Administration Territoriale et de la Décentralisation ; *Avant propos, Recueil* des textes précité, p.2.

[63] Art. 9 alinéa 2 de la loi précitée.

[64] Art. 2alinéa 2 de la loi précitée.

[65] A propos de la tutelle, il convient de noter que ces mécanismes ont été aménagés. Les actes locaux sont exécutoires de plein droit. Mais leur contrôle a été confié au juge administratif.

[66] Le texte a enregistré 33 amendements.

sur une répartition des responsabilités en fonction de l'ampleur des missions à accomplir et de leur degré de complexité.

En tout état de cause, parce qu'il est un moment d'organisation, le temps de notre décentralisation est aussi par voie de conséquence, un temps d'accommodations et d'interrogations. Tel est l'objet de la seconde partie de cette contribution.

II. Un temps d'accommodations et d'interrogations

Ambition majeure pour les uns, perspective redoutable pour les autres, il est incontestable que le train des réformes engagées est ambitieux et novateur. Mais, l'opération comporte divers paris. De nombreuses difficultés et interrogations demeurent.

Parce qu'elle n'est pas une idée éthérée, la décentralisation ne peut que s'inscrire dans le temps. Le temps est ce qui la fera vivre. Au cours de celui-ci, il se produira des accommodations (**A**) et, l'on peut d'ores et déjà s'interroger sur l'avenir de ce processus de décentralisation (**B**).

A. Les accommodations

Les accommodations sont liées à la prise en compte, par le processus de décentralisation, d'un ensemble de données qui, sans lui être contraires, sont susceptibles de l'infléchir ou de le gêner. Parler d'accommodations de la décentralisation, c'est d'une part, accepter des conciliations, et admettre des ajustements, d'autre part.

1. Les conciliations nécessaires : la prise en compte du facteur temps

Aucune politique ne peut faire abstraction du temps. Celui-ci peut être un allié. Mais, pour les hommes, il est le plus souvent un ennemi. Pour les réformes administratives également, le temps est davantage un obstacle qu'un stimulant. Les réformes se heurtent souvent à l'incompréhension, au scepticisme ou au pire, au refus. Il en est spécialement ainsi en matière de décentralisation territoriale pour la simple raison que toute réforme est susceptible de se heurter à des habitudes, voire à des intérêts.

L'expérience montre aussi, que les réformes ont d'autant plus de chances d'aboutir qu'elles sont conduites avec célérité. Mais, prendre son temps, c'est prendre le risque de voir une réforme s'engluer dans le temps. C'est le sort fatal de nombreuses réformes annoncées ou engagées depuis les années 1990 et qui n'ont pas encore abouti à des résultats probants[67]. Se hâter, telle est la hantise de tous ceux qui veulent imprimer leur marque à l'histoire.

---

[67] Tel est le cas de la mise en place de certaines institutions prévues par la constitution du 18 janvier 1996, On lira notamment M. Ondoa, *La constitution duale, recherche sur les*

Mais, en même temps, quelle que soit la volonté d'aller vite, tout ne peut être fait en même temps. Il faut toujours renvoyer dans l'avenir une partie de la tâche. En effet, la rédaction de l'article 9 alinéa 2 de la loi d'orientation de la décentralisation traduit bien l'aveu des pouvoirs publics de ne pouvoir tout régler en même temps. Pour le législateur, « le transfert et la répartition des compétences obéissent au principe de subsidiarité et de progressivité ... »[68]. « Des lois détermineront... »

A travers le facteur temps, le gouvernement entend bien en conjurer les effets funestes en établissant un calendrier effectif pour le transfert des compétences et des moyens[69]. Dans les lois de décentralisation, on trouve la référence au temps comme si, craignant de ne pouvoir persévérer dans leur action, les pouvoirs publics s'obligent en quelque sorte, se lient par avance, en se fixant des délais. Naturellement, ces derniers n'ont aucune valeur juridique. Cependant leur inscription est un moyen d'exorciser la crainte d'un éventuel échec.

Plus que le principe de progressivité qui illustre bien la prise en compte du facteur temps, le principe de subsidiarité est un principe d'organisation sociale d'application très large[70]. Le dictionnaire de Gérard. Cornu y fait référence à travers l'adjectif « subsidiaire, qu'il définit comme s'appliquant à « ce qui a vocation à venir en second lieu – à titre de remède, de garantie, de suppléance, de consolidation - pour le cas où ce qui est principal, primordial, vient à défaut »[71]. Le dictionnaire de droit constitutionnel lui consacre un

---

dispositions constitutionnelles transitoires au Cameroun, Rev. Africaine des Sciences juridiques, FSJP, Université de Yaoundé II, vol.1 n°2,2000.

68 Ainsi rédigé « le transfert et la répartition des compétences....obéissent au principe de subsidiarité, de progressivité... »

69 Le programme national de gouvernance 2006-2010 prévoit 17 textes d'application des lois ; l'adoption de la loi fixant le mode d'élection des conseils régionaux, la mise en place des institutions de suivi de la régionalisation (CND-Conseil National de la Décentralisation ; CISL- Comité interministériel des services locaux, le réforme de la fiscalité locale et le renforcement des capacités des services financiers et fiscaux locaux, la mis en œuvre des programmes de formation-information des acteurs ; la mise en place d'un dispositif de contrôle externe de la légalité des actes et de la gestion des finances publiques régionales.

70 Ce principe est utilisé aussi bien en droit public interne qu'en droit international public. En droit interne, le Conseil d'État utilise le principe de subsidiarité relativement à la situation des collaborateurs bénévoles. La haute juridiction française fait jouer cette règle lorsqu'une loi ne permet pas de donner une réparation satisfaisante à la victime ayant apporté bénévolement son aide à l'exécution d'un service public. Cf. Arrêt Cames du 21 juin 1895, Rec. 509, concl. Romieu ; S.1897, 3, 33, note, M. Hauriou, relatif, on au collaborateur bénévole, mais à l'agent public non couvert par un régime administratif de pension d'invalidité en cas d'accident dans son travail. En droit international, le principe la subsidiarité est utilisé dans le droit des organisations internationales. Il s'agit d'une technique permettant à ces dernières de créer, à côté des organes existants, de nouveaux organes qualifiés de subsidiaires. Cette possibilité est reconnue à l'ONU (article 7 paragr. 2 de la Charte), mais également à d'autres organisations internationales ou à des institutions spécialisées

71 Dès, lors cet adjectif ne se rencontre guère en droit privé que dans le domaine de la procédure, pour qualifier une demande, un moyen ou l'exécution d'une obligation.

article pour établir sa double filiation : allemande, en tant que principe de droit constitutionnel fédéral ; et communautaire, en tant critère d'exercice des compétences concurrentes[72]. Mais c'est à l'intérieur de l'Église catholique que la formulation du principe de subsidiarité paraît plus claire. Ce sont en effet, les encycliques pontificales et, en particulier celle de Pie XI, rédigée en 1931 pour le quarantième anniversaire de *Rerum Novarum Quadragesimo* qui ont donné la signification la plus achevée à ce principe de subsidiarité [73] : « On ne saurait ni changer ce principe ni l'ébranler [...] de même qu'on ne peut enlever aux particuliers, pour les transférer à la communauté, les attributions dont ils sont capables de s'acquitter de leur seule initiative et par leurs propres moyens. Ce serait commettre une injustice, en même temps que troubler d'une manière très dommageable l'ordre social, que de retirer aux groupements d'ordre inférieur, pour les confier à une collectivité plus vaste et d'un rang plus élevé, les fonctions qu'ils sont en mesure de remplir eux-mêmes... »[74] . Ce principe est réaffirmé avec constance par les différents papes qui se sont succédé depuis Pie XI[75] et l'on peut dire que selon la doctrine pontificale, à l'intérieur de chaque pays, les rapports des pouvoirs publics avec les citoyens, les familles et les corps intermédiaires doivent être régis et équilibrés[76]. Mais alors quel est le contenu du principe de subsidiarité son dans le domaine qui nous intéresse ?

Sa définition est d'abord une définition négative. Le principe de subsidiarité n'est pas en effet, un principe secondaire. La subsidiarité n'est pas la qualité de subsidiaire entendue au sens de secondaire, c'est-à-dire accessoire. En ce dernier sens en effet, on parle du requérant qui emploie certains moyens subsidiaires c'est-à-dire qui éventuellement, pour conforter

---

[72] Tel que transposé par la Cour de justice des Communautés européennes cf. *Affaire Kramer, 14 juillet 1975*, Aff. 34 et 6/76, Recueil, p. 1308. Le principe de subsidiarité est à ce jour jamais mentionné par les manuels de droit administratif, tandis que celui de décentralisation demeure une catégorie de base de l'organisation administrative de l'État, même si les constitutionnalistes ont tendance à préférer le principe de libre administration que celui de subsidiarité. Cf., La libre administration des collectivités locales, *Réflexions sur la décentralisation*, Colloque d'Arc et Senans (sous la dir. de G. Darcy et J. Moreau), Paris, *Economica,* Presses universitaires d'Aix Marseille, 1983. On pourra se reporter aussi à S. Flogaïtis, *La notion de décentralisation en France, en Allemagne et en Italie*, Paris, *L.G.D.J*, et plus récemment, à C. Bacoyannis, *Le principe constitutionnel de libre administration des collectivités territoriales*, Presses Universitaires d'Aix Marseille et Economica, 1993.

[73] Actae Apostolicae sedis, 23 (1931), p. 203, parag. 126-127. Par la suite, le pape Léon XIII écrit ainsi : « De ce que les sociétés privées n'ont d'existence qu'au sein de la société civile, dont elles sont comme autant de parties, il ne suit pas, à ne pas parler qu'en général et à ne considérer que leur nature, qu'il soit au pouvoir de l'État de leur dénier l'existence » Sur ce point voir, J-Y Calvez et J. Perrin, *Église et société économique,* Aubier,1959, p. 165 et s.

[74] Quadragesimo Anno, *op. cit*, p. 203 parag. 126.

[75] Mater et Magistran 15 mai 1961, A.A.S. 53 (1961),p. 401 et suiv. paragr. 248 et 312, Pacem in Terris, 11 avril, 1963, A.A.S. (1963), p. 237 et suiv.

[76] J.M Pontier, *La subsidiarité en droit administratif*, Rev. du droit public et de la Science politique, 1987, p. 1515 et s. Voir également,

une argumentation principale, invoque devant le juge des moyens secondaires complémentaires.

Le principe de subsidiarité n'a une telle signification ni dans le droit ecclésiastique, ni dans le droit public[77]. En ce qui concerne les relations entre l'État et les collectivités territoriales décentralisées, affirmer que le premier ne doit faire que ce qui ne peut pas être fait par les secondes ne signifie pas que ces dernières auraient ou devraient avoir une compétence de principe, alors que l'État ne disposerait que d'une compétence complémentaire, accessoire. Ce dernier dispose d'une compétence propre. Cette compétence n'est pas modifiée par le fait que les collectivités territoriales décentralisées remplissent ou non correctement leurs fonctions[78].Peut-on alors assimiler principe de subsidiarité et la fonction de suppléance ?

Le principe de subsidiarité est effectivement utilisé en ce sens tant en droit international[79] qu'en doit public dans le contentieux de la responsabilité administrative[80]. En ce qui concerne les relations entre l'État et les collectivités territoriales décentralisées si la subsidiarité implique que celui-là peut effectivement suppléer la carence de celles-ci elle ne peut être assimilée à une simple fonction de suppléance. Une telle assimilation reviendrait encore à limiter l'action de l'État. Or le principe de subsidiarité n'est pas un principe de limitation de l'action de l'État[81]. Ce dernier « doit intervenir pour établir la justice distributive entre les membres de la communauté nationale »[82] « L'État peut et doit accomplir seul ses propres fonctions au service du bien commun général et pour la réalisation de la justice distributive [...] dans la mesure où les collectivités ne parviennent pas à la solution des problèmes qui leur reviennent normalement [83]».

En introduisant ainsi le principe de subsidiarité dans notre droit interne, le législateur le considère essentiellement comme un principe d'organisation des compétences qui tendrait à renforcer les pouvoirs de la base par rapport au sommet. Ce qui pourrait certainement avoir un impact sur l'avenir de la décentralisation.

---

[77] J.Y Calvez et J. Perrin, op.cit, p. 415.

[78] J.C Douence, *La répartition des compétences,* AJDA, 1983, p. 23 et s.

[79] S. Bastid, écrit ainsi que ce principe « *a été utilisé pour remédier à certaines carences du système institutionnel que le changement de circonstances a fait apparaître* » in Les problèmes juridiques posés par les organisations internationales, Cours DES, Paris, 1971-72, Les cours de droit, p. 439.

[80] Cf. Labetoule et Cabanes, *Chronique de jurisprudence administrative*, A.J.D.A, 1971 p. 37.

[81] J.M Pontier, op.cit.

[82] J.Y Calvez et J. Perrin, op.cit.

[83] A. Delcamp, « Principe de subsidiarité et décentralisation », *Rev. Française de droit constitutionnel*, 1995, n°21, p. 622 et s.

2. La référence au temps

Les convictions sont des données que l'on ne peut omettre lorsqu'on cherche à analyser les mesures prises par un pouvoir. Les hommes sont tout naturellement portés à se déterminer en fonction du temps, c'est-à-dire, en fonction de ce qui a été et de ce qui pourra ou pourrait être. Deux attitudes extrêmes sont concevables, la rupture et la continuité. Il est de bon ton que ceux qui ouvrent la voie nouvelle affirment la rupture d'avec le passé. Il se peut que dans certains domaines, en particulier dans celui de l'interventionnisme économique des collectivités locales, notre temps devienne celui de la rupture des interdits. Désormais et par principe l'interventionnisme économique des collectivités territoriales est consacré. En effet, les services d'intérêt public à caractère industriel et commercial peuvent être exploités en régie par les collectivités territoriales, lorsque l'intérêt public l'exige, et notamment en cas de carence ou d'insuffisance de l'initiative privée »,[84] Mais dans l'ordre de l'administration, il n'y a jamais eu de rupture totale. Notre administration n'a pas encore fait table rase de son passé, malgré l'affirmation, compréhensible de rupture, c'est la continuité qui l'emporte.

La réticence à affirmer la continuité par rapport au passé caractérise d'abord le discours sur le processus de décentralisation : les citoyens sont habitués, surtout à notre époque dominée par les médias, à ce qu'on leur propose ou promette une amélioration de ce qui existe, une plus grande efficacité qu'auparavant[85]. Il n'est guère valorisant, pour ceux qui incarnent le pouvoir, d'affirmer qu'ils vont simplement continuer ce qui a été fait. La continuité, ici, n'est pas assimilable au respect de la tradition ; celle-ci concerne les coutumes, les mœurs, les valeurs, tandis que la continuité en matière administrative, n'est pas clairement définissable (continuité par rapport à quel temps à quelles règles ? La continuité ce n'est pas toujours continuer. En termes de réalité, la continuité n'est pas aisée simplement parce que les conditions changent. Ce qui était possible auparavant ne l'est plus nécessairement. Ce qui paraissait satisfaisant devient insuffisant. La plupart des domaines d'intervention des collectivités territoriales décentralisées au titre des transferts de compétences illustrent bien cette affirmation. Là où autrefois, il suffisait d'entretenir la route traversant une commune et le bâtiment abritant une l'école, il faudrait désormais songer aux équipements de loisirs, de sports, aux espaces verts… C'est dire qu'au-delà des conciliations, plus qu'elles, les ajustements sont inévitables.

---

[84] Art, 52 alinéa 2 de la loi d'orientation de la décentralisation précitée.

[85] O. Okole, *Décentralisation* : *Prêt pour le grand saut*, Cameroun tribune n°9474/5675 du 21 novembre 2009, p. 3.

3. Les ajustements inévitables

Tous les administrativistes connaissent le principe d'adaptation ou de mutabilité, véritable, « loi » des structures et des services selon Louis Rolland[86]. Ce principe joue à l'égard des collectivités territoriales décentralisées de la même manière qu'à l'égard de l'État.

Pendant longtemps, on a vécu avec cette image d'immuabilité, presque d'intemporalité, de la commune. Au fond, il était rassurant de conserver cette image alors que la société connaissait des bouleversements. On s'était habitué à ce que l'État change, d'abord parce que les gouvernements changeaient, ensuite parce que l'on attendait beaucoup de cet État. Les collectivités territoriales décentralisées, c'est-à-dire, en fait, les communes-apparaissaient, par contraste, comme un pôle de stabilité. Peut-être la commune a- t- elle, en tant que communauté de base cristallisée le besoin de stabilité crée par le déracinement consécutif à l'exode rural.

Mais ces collectivités territoriales décentralisées et, spécialement les communes, sont elles aussi, confrontées à l'épreuve des faits. Si les Camerounais s'attendrissent volontiers à l'évocation du passé, s'ils aiment ces images liées à la nostalgie d'une campagne apprivoisée, ils exigent également d'avoir des routes en bon état, l'eau, l'électricité, le téléphone, des parcs de loisirs et de distractions dans leurs lieux de séjour. Les communes, les régions sont aujourd'hui sollicitées d'intervenir. S'adapter ou disparaître n'est pas seulement une loi applicable aux êtres vivants, mais aussi aux structures administratives.

Les conceptions les plus larges et les intentions les meilleures peuvent également, mal résister à l'épreuve du temps. Les dispositions relatives aux interventions économiques des collectivités territoriales décentralisées ainsi que celles relatives à la création et la gestion des services publics locaux le montrent bien. Avant 2004, les communes en particulier n'avaient pas de larges pouvoirs en la matière. Aujourd'hui, les lois de décentralisation leur donnent plus de pouvoirs. La législation nouvelle prévoit que ces collectivités peuvent, exécuter des projets en partenariat entre elles, avec l'État, les établissements publics, les entreprises du secteur public, et parapublic, les organisations non gouvernementales, des partenaires de la société civile ou des partenaires extérieurs[87]. Ces ajustements n'ont rien d'anormal, ils sont l'expression d'une nécessaire adaptation à l'évolution de la société et de ses besoins.

B. Les interrogations

De la recherche d'un nouvel équilibre entre l'État et les collectivités territoriales décentralisées découle-t-il un partage du pouvoir ? Les

[86] J.F Lachaume, *Grands services publics*, Masson, 1989.
[87] Art. 62 et suiv. de la loi d'orientation précitée.

compétences transférées aux collectivités territoriales décentralisées constituent-elles de vrais domaines de responsabilités ?

1. Répartition des compétences ou émergence d'un pouvoir local ?

L'interrogation peut paraître audacieuse au regard de la dépendance historique des collectivités territoriales envers l'État. Elle traverse néanmoins, la doctrine « localiste » inspirée par la légitimité sociale et constitutionnelle dont se parent aujourd'hui nos communes[88]. Elle suit l'idée d'un pouvoir municipal primitivement naturel, mais centré sur une vie commune que l'État s'engage désormais à respecter. Il n'est cependant pas pensable d'y chercher une autonomie des collectivités territoriales. Si ce terme a un sens précis, il doit signifier que ces collectivités trouveraient par elles - mêmes, et pour elles-mêmes, leurs lois en fonction de leurs objectifs propres, sans soucis de l'environnement juridique qui les entoure. Or, comme nous l'avons dit, il n'existe pas deux législateurs dans notre État unitaire décentralisé et l'article 55 alinéa 2 de la Constitution qui assure la soudure entre le droit constitutionnel et le droit administratif ne leur promet qu'une liberté de s'administrer dans la subordination au pouvoir législatif.

Dans ce contexte, l'unité des notions et des techniques juridiques n'autorise pas à séparer, comme deux univers différents, le droit des collectivités territoriales décentralisées et le droit administratif. En ce sens, aucun droit dans l'État ne peut s'affirmer autonome et, peut-être pas même celui d'un État fédéré qui doit son principe et ses règles essentielles à l'organisation supérieure de l'État fédéral. Autrement dit, l'article 55 alinéa 2 précité n'a rien de déterminant et ne réserve pas un corps de règles spécifiques permettant de tirer les conséquences de l'émergence d'un quelconque pouvoir local. En précisant que les collectivités territoriales s'administrent dans les conditions fixées par la loi, cet article se borne à organiser une règle par renvoi au droit commun de l'habilitation législative.

L'idée de l'émergence d'un pouvoir municipal peut encore être contestée au regard du champ *ratione materiae* de la décentralisation. Celui-ci est, dans certains domaines, plus large que dans d'autres. De la sorte, le système que l'on s'apprête à mettre en place ne brille pas par son cartésianisme.

Pour illustrer notre propos, nous avons délibérément choisi d'examiner deux compétences transférées aux communes et aux régions. Compétences

---

[88] Congrès de l'Association des Maires des Communes du Cameroun, Yaoundé, du 23 au 25 novembre 2007 . Que les élus locaux soient les chantres de l'autonomie des communes et des régions n'a rien pour étonner. Le thème en a tellement été ressassé qu'il est devenu, depuis 2005, l'un des lieux communs les plus éculés de la vie politique. A ce premier aspect de la rhétorique des élus s'ajoute l'évocation ou rôle irremplaçable des élus et l'affirmation du rôle économique des collectivités territoriales. Enfin, en contrepoint de cet auto-satisfecit, les forces concurrentes sont vivement critiquées : aussi bien par les « technocrates » que par les catégories socioprofessionnelles récemment introduites dans les mécanismes de la décision administrative, sont considérés comme des intrus dans un domaine jusque là réservé.

que l'on pourrait qualifier de droit commun. Il s'agit d'une part, de la formation technique et professionnelle confiée aux régions[89]; de l'organisation et de la gestion des secours au profit des nécessiteux, attribuée aux communes d'autre part[90].

En ce qui concerne la formation technique et professionnelle, de la consécration du principe à sa concrétisation, une certaine distorsion apparaît. Le principe est celui de la compétence de droit commun de la région en matière la formation technique et professionnelle[91] et, l'article 22 de la loi d'orientation de la décentralisation permet de conclure que face à cette compétence de droit commun, l'État n'aura qu'une compétence d'exception. Or, la réalité sera tout autre. En effet, la réalisation administrative de ce transfert est telle que, pour la définition des actions et des orientations de la formation technique et professionnelle, l'État continuera de jouer un rôle décisif auquel la région ne sera que très modestement associée. Administrativement, financièrement, mais aussi en termes de conduite d'actions de formation, la politique de formation technique et professionnelle n'est vraiment pas de niveau régional. L'État continuera à gérer seul les crédits affectés à cette formation dont le financement passe par le canal du Fonds National de l'Emploi. Face au principe législatif d'une compétence de droit commun confiée à la région en matière de formation technique et professionnelle, la réalité révélera plus une velléité qu'une réelle volonté de décentralisation. Il n'existe pas de politique régionale de formation technique et professionnelle.

Le second transfert de compétences que l'on peut qualifier de compétence de droit commun est relatif à l'organisation et à la gestion des secours aux nécessiteux. Concrètement, dans l'application de ces principes, cela pose un certain nombre de problèmes. Il y a, dans ce domaine, un enchevêtrement des attributions respectives de l'État et des communes. Ici, on est loin de la théorie des « blocs » de compétences. Car, la répartition des actions et des missions entre l'État et les collectivités territoriales décentralisées suivant qu'elles correspondent à des solidarités de proximité ou de voisinage, ou au contraire, à des solidarités similaires de caractère national, engendre un dispositif administratif complexe.

Considérés globalement, ces transferts de compétences mettent en jeu un certain nombre d'attributions principales qui, indiscutablement demeurent

---

[89] Art. 22 *de la loi n°2004/019* du 22 juillet 2004 applicable aux régions.

[90] Art. 19 et suivants de la *loi n° 2004/018 du 22 juillet 2004* applicable aux communes.

[91] Dans ce domaine, la région est chargée du recensement exhaustif des métiers régionaux, de l'élaboration d'un répertoire des formations professionnelles existantes avec indications des aptitudes requises et des profils de formation, la participation à l'élaboration de la tranche régionale de la carte scolaire se rapportant à l'enseignement technique et à la formation professionnelle ; l'élaboration d'un plan prévisionnel de formation ;la maintenance des établissements, centres et instituts de formation de la région. -le recrutement et la prise en charge du personnel d'appoint etc.

pour l'essentiel, de la compétence du pouvoir central. Comment peut-on alors imaginer qu'une telle répartition qualifiée de « simplificatrice » puisse longtemps résister à la complexité de la réalité et au temps ?

3. Des domaines de vraie responsabilité ? L'urbanisme communal et l'État

Dans ce domaine, la loi prévoit que les communes ont une vraie responsabilité en matière d'élaboration des plans d'occupation des sols, des documents d'urbanisme, d'aménagement concerté de rénovation urbaine et de remembrement. Il appartient au Conseil municipal de saisir les services de l'État pour avis[92]. Cependant, le transfert ainsi préconisé n'est pas aussi catégorique puisqu'il est juridiquement fort encadré par un ensemble des règles générales et prudentielles s'imposant à l'ensemble des collectivités territoriales.

Sur un tout autre plan, l'éducation traduit à suffisance, une confusion des rôles entre l'État et les collectivités territoriales. Ici, une comparaison entre les textes qui régissent l'éducation et les lois de décentralisation permet de constater à quel point la différence est importante. La loi d'orientation de la décentralisation transfère des compétences aux communes et aux régions en matière d'éducation et d'alphabétisation. Si l'on peut dire, que les nouvelles responsabilités des collectivités territoriales décentralisées sont pleines et entières pour ce qui a trait à la création, la gestion, l'équipement l'entretien et la maintenance des équipements et des établissements scolaires, il y a lieu de noter que de tout temps, les communes ont toujours été faiblement concernées pour la définition de ce qui est quand même l'essentiel à savoir : la politique éducative. En fait, les communes et les régions ne seront consultées sur cette politique qu'à l'occasion de l'élaboration des schémas prévisionnels de formations. Toutefois, la centralisation de la gestion du personnel enseignant demeure et, l'association des collectivités à la définition des objectifs de la politique éducative paraît des plus limitée.

Il serait loisible de continuer ainsi à l'infini. Mais, d'une manière générale, comme dans bien d'autres domaines, la logique qui préside au transfert et à la répartition des compétences entre l'État et les collectivités territoriales décentralisées laisse au premier les missions nobles, qu'il lui est relativement facile d'assumer en se déchargeant sur les secondes, des tâches administratives comme du soin de les financer. Le choix par le législateur, pour qualifier ces transferts, du terme de « compétences » indique clairement que son objectif n'était pas forcément de transférer aux collectivités territoriales du « pouvoir », mais seulement des attributions administratives. Il n'est donc pas illogique que cette répartition de compétences, envisagée dans son architecture d'ensemble laisse apparaître la prééminence de l'État

[92] Art18 de la loi fixant les règles applicables aux communes.

aussi bien dans la conception que dans le suivi de la mise en œuvre des politiques considérées. Des compétences ont certes été transférées aux collectivités territoriales, mais elles n'accroissent guère le pouvoir des élus locaux.

En termes d'acquis cependant, le Cameroun devra désormais compter trois niveaux de gestion (État, région, et commune) ce qui, compte tenu de l'exiguïté géographique qui caractérise cette dernière, ne peut que favoriser le maintien et la prééminence de la pression étatique. Compter près de 339 communes réparties dans dix régions, pour à peu près de 16 millions d'habitants, plus que n'en comptent les autres pays membres de la Communauté Économique et Monétaire de l'Afrique Centrale est certainement une richesse démocratique. Mais inversement, que signifie concrètement transférer des compétences à des entités qui n'ont aucune capacité technique, financière pour les assurer de manière autonome ? 65% des communes camerounaises comportent moins de 500.000 habitants et ne survivent financièrement que grâce aux financements publics[93]. Que signifie concrètement, dans les lois de décentralisation, le dispositif suivant lequel, le maire est chargé de délivrer les permis de bâtir, d'élaborer des plans d'occupation des sols, si celui-ci ne dispose pas de services techniques aptes à étudier les demandes de permis de construire ?

Ainsi, entre une petite commune, insuffisamment pourvue en personnels et donc en capacités d'expertise, peu fournie en moyens financiers, et une grande commune munie de tous ces éléments, il existera de facto une différence considérable. En conséquence, l'application des dispositions qui consistent à accroître les compétences du niveau communal ne peut qu'être fort différente suivant que l'on considère une commune rurale et une commune urbaine, dotée d'équipements, bénéficiant d'infrastructures et de ressources financières considérables. Autrement dit, la diversité communale et régionale constatée sur le terrain, faite à la fois de disparités démographiques, de différences financières, d'inégalités de compétences techniques, ne peut être sans incidence sur l'exercice quotidien des compétences transférées.

Dans un registre différent, on peut penser que l'aménagement des textes n'entraînera pas pour autant, celle des comportements. On peut craindre aussi qu'à la tutelle de l'État, simple mécanisme de régulation, ne s'ajoute ou ne se substitue une tutelle régionale sous le couvert de la réalisation des projets par elle subventionnés.

Même si la limitation du cumul des mandats suscite l'apparition de responsables régionaux, la région, - et ce n'est pas seulement une question de découpage géographique - ne peut demeurer qu'une fédération de départements et de communes.

93 Statistiques fournies par le Fonds d'Équipement et d'Intervention Intercommunale (FEICOM), septembre 2007

La décentralisation veut remédier aux méfaits d'une structure administrative et territoriale jugée pyramidale. Elle veut ainsi créer une structure territoriale sans tutelle d'une collectivité sur une autre, ni hiérarchie entre elles certes. Mais l'inégalité qui caractérise la situation de chacune de ces collectivités par rapport à l'autre, et à l'ensemble de ces mêmes collectivités par rapport à l'État, ne peut que favoriser le maintien ou la réapparition, sous d'autres formes, de la tutelle et du pouvoir hiérarchique.

3. Une réforme de l'administration centrale toujours à venir ?

La déconcentration de l'administration centrale est une condition indispensable à la décentralisation. Mais, celle-ci semble avoir été oubliée par le législateur. La profonde et nécessaire modification des structures, des compétences, des pouvoirs et des moyens de l'administration centrale n'a pas été abordée. Certes, le gouvernement a pris des décisions en ce sens depuis 2003. Mais, il faudrait aller plus loin, sinon un déséquilibre structurel déjà perceptible, affectera nos institutions : face à un notable président de conseil régional, fortement enraciné dans son terroir et disposant de moyens humains et financiers confortables, le représentant de l'État pourrait se trouver en porte à faux[94].

Pour permettre la définition comme la réalisation de politiques publiques cohérentes, comme pour éviter l'émergence de baronnies ou de féodalités locales, l'État doit être fort au niveau territorial. Il faudrait modifier la structure de services déconcentrés de l'État, doter les représentants de l'État de services d'études qu'ils n'ont pas. Il faudrait aussi s'interroger sur le type de hauts fonctionnaires à former. Faut-il pérenniser les modèles anciens en les modifiant seulement à la marge et en tenant compte des modes ? Les écoles de formation ne devraient-elles pas former ceux qui occuperont les postes d'importance dans les collectivités territoriales décentralisées ?

Raisonnablement, il faut tout d'abord, envisager de procéder en quelque sorte, à une « révolution copernicienne » dans la conception comme dans l'élaboration des textes réglementaires destinés à compléter les lois de décentralisation. Avec la décentralisation, nombre de ces textes d'application vont intervenir dans des domaines virtuellement conflictuels et, pratiquement d'application diversifiée. A ce propos une concertation entre l'État et les élus locaux doit être organisée et une modification de la conception même des textes réglementaires s'impose. Aussi faudrait-il passer de la règle précise et impersonnelle fixée par l'État à la détermination d'un cadre juridique d'application souple et varié.

D'une façon générale, si certains produits se bonifient, il est plus fréquent que les structures, elles s'altèrent avec le temps. Ceci n'a rien, en soit de surprenant, parce que les institutions sont animées par les hommes, des

---

[94] Art 67 de la loi d'orientation de la décentralisation.

pesanteurs, des déviations, des déformations apparaissent. Le tout est d'en avoir conscience pour pouvoir opérer les rectifications indispensables.

En ce qui concerne la décentralisation, les altérations les plus évidentes pourraient provenir du poids du passé. On se débarrasse difficilement de vieilles habitudes qui sont tenaces. Parmi ces fantômes ou fantasmes issus d'un long passé, un mérite d'être rappelé. C'est celui des serpents de mer dont on sait que la particularité consiste à revenir périodiquement dans l'actualité sans que la question ne trouve jamais une réponse satisfaisante. On ne rangera pas ici le regroupement communal, ou le problème de la coopération décentralisée[95] parmi ces ophidiens.

Le serpent de mer par excellence est celui de la fiscalité locale. Le problème a si souvent été analysé, qu'il paraît inutile de le reprendre dans le cadre limité de la présente étude. Il suffit de noter qu'il ne sera pas réglé de manière satisfaisante tant que l'on ne se posera pas clairement une question essentielle : qui, de l'État ou des collectivités territoriales décentralisées, est le premier des acteurs, donc doit disposer des ressources de la nation de façon prioritaire ?

Les lois de décentralisation autorisent, dans certains domaines d'action, de possibles prises de pouvoirs par les collectivités territoriales décentralisées. Grâce à leurs possibilités juridiques d'intervention, les communes et les régions peuvent entraîner des notables modifications dans notre paysage économique et social. Elles peuvent en effet, si elles le souhaitent, aller plus loin que ce que les textes leur permettent de faire autrement qu'auparavant[96].

Sans avoir à nous prononcer sur un avenir proche, est-il possible, dès à présent, de formuler un jugement ou plus modestement, de discerner les critères de jugement permettant d'appréhender le devenir de notre décentralisation ?

A coup sûr, le pragmatisme et l'art de la nuance s'imposent. S'il est incontestable que le processus de décentralisation s'éloigne progressivement de l'application pure et parfaite du modèle centralisé qui a fait son temps, il est tout aussi certain que les réformes amorcées ne constituent pas le prélude d'une révolution dont l'aboutissement serait le fédéralisme.

Pour des raisons historiques, comme pour des motifs culturels où se mêlent souvenirs et aspirations, il est admis par tous, du simple citoyen aux

---

[95] Y. S. Ngassu Méli, *Gestion participative au Cameroun,* Mémoire Master Droits de l'Homme et Action Humanitaire, Université Catholique d'Afrique Centrale (UCAC) Yaoundé.

[96] Notamment en faveur du développement économique. En dehors des instruments auxquels le dispositif normatif mis en place par les lois de décentralisation prévoit en matière de développement économique, la loi du 22 décembre 1999 portant statut général des établissements publics et des entreprises du secteur public et parapublic précise que ces collectivités territoriales décentralisées peuvent détenir des actions et des titres dans des sociétés à capitaux publics et les sociétés d'économie mixte.

élus nationaux et locaux, que la décentralisation n'est pas et ne saurait être le pas d'un retour au fédéralisme.

Ni exclusivement centralisé ni résolument fédéraliste, notre pays, en ce XXIe siècle où la décentralisation et la subsidiarité vont enfin être acclimatées par une République traditionnellement unitaire et jacobine, se rapprocherait-il des États régionalistes qui, suivant des formules institutionnelles différentes et avec des concrétisations politiques et administratives variées bordent ses frontières ?

Il semble possible d'estimer que, contrairement aux principes politiques hautement affirmés par les lois nouvelles, l'évolution des rapports, entre l'État et les collectivités territoriales décentralisées, même fondés sur le principe de subsidiarité, n'aboutira pas à faire des communes et des régions des centres de décision pleinement autonomes et pleinement responsables et ayant pour mission de concevoir et de réaliser de manière diverse les actions publiques que l'État se contenterait d'orienter et de réguler. On est encore loin, très loin, de donner au principe de subsidiarité le sens qu'il a dans certaines démocraties. Au Cameroun, la réalité et, pourrait-on dire, la nécessité de la centralisation sont toujours présentes et acceptées, voire désirées par le citoyen comme par l'homme politique, même s'il s'agit d'un élu local.

La question posée revient à se demander s'il est réellement possible de construire un schéma administratif rationnel reposant conjointement sur l'existence d'un État fort et l'affirmation d'une décentralisation qui avance.

La doctrine administrativiste camerounaise et « son » juge : chronique d'un divorce aux torts partagés

A. Raphaël ATEBA EYONG
Docteur en droit public, Université de Maroua

Le doyen Joseph-Marie Bipoun Woum est un grand, un *très* grand juriste. Peut-être même, lui aussi, *mutatis mutandis*, de la trempe de ceux d'une autre époque dont parlait M. Philippe Malaurie[1] sous d'autres cieux. On lui doit quelques-uns de ce que l'on pourrait s'autoriser à considérer comme « *les articles fondateurs* »[2] de la doctrine camerounaise de droit public, dans le champ du droit administratif en particulier[3]. Et, dans ce domaine spécifique, au travers de ces travaux, sa pensée a irradié la doctrine administrativiste, exerçant une influence à nulle autre pareille dont les traces sont encore nettement visibles aujourd'hui.

Son insistance à poser en nécessité le recours au droit comparé dans les études de droit public en Afrique[4] a ainsi fortement pesé sur l'orientation méthodologique des administrativistes camerounais[5]. Non sans trahisons et

[1] V. Ph. MALAURIE, « Les grands juristes », pp. 79-89 in : *Mélanges en hommage à Roland Drago* : l'unité du droit, Paris, Economica, 1996.

[2] Sur cette thématique, v. P-Y GAUTIER, « Les articles fondateurs (Réflexions sur la doctrine) », pp. 255-271 in : *Études offertes à Pierre Catala*, Le droit privé français à la fin du XXe siècle, Paris, Litec, 2001.

[3] Allusion est ainsi faite aux deux grands « classiques » de M. J.-M. Bipoun Woum : d'une part son « Recherches sur les aspects actuels de la réception du droit administratif dans les États d'Afrique noire d'expression française : le cas du Cameroun », *RJPIC*, n° 3-1972, pp. 359-388 ; et d'autre part, « La représentation de l'État en justice au Cameroun », *RCD*, 1984, pp. 18-57

[4] V. J-M BIPOUN WOUM, *Le droit international africain. Problèmes généraux-Règlement des conflits*, Paris, LGDJ, 1970, p. 5 ; et aussi, du même auteur, « Les origines constitutionnelles du Cameroun », *RJPEM*, n° 22-1989, p. 85

[5] Il n'est pas rare, d'ailleurs, que tel auteur se revendique très expressément de l'autorité de M. J.-M. Bipoun Woum pour expliciter ses choix méthodologiques. V. par ex. A. NYETAM TAMGA, *Le pouvoir de sanction administrative au Cameroun*, Th. : Droit public : Yaoundé II : 1998-1999, p. 36 ; ou encore François-Narcisse DJAME, *Contribution à l'étude des usages et de la coutume en droit administratif camerounais*, Th. : Droit public : Paris XII : 31 mars 2004, p. 52

apostasies[6]. Mais, c'est surtout sur le terrain de l'analyse dogmatique des données positives relatives à la création jurisprudentielle de notre droit administratif que ce maître aura sans doute le plus marqué les esprits.

Dans un article retentissant publié en 1972 dans les colonnes de la *Revue Juridique et Politique Indépendance et Coopération*[7], face à la forte imprégnation du droit issu de l'activité normative du juge administratif camerounais par la jurisprudence française, il posera le constat d'« *un juge non enclin à l'originalité* »[8], qui « *vit davantage dans l'univers du juge administratif français* »[9]. Il lui apparaissait en effet, ce juge, comme peu porté à « *un authentique travail de création judiciaire, seul capable de soutenir la perspective d'un droit administratif adapté aux réalités culturelles, économiques et sociales des jeunes États* »[10], dominé qu'il lui semblait être par « *une tendance trop prompte à se référer aux solutions élaborées dans un contexte différent par la jurisprudence des tribunaux français* »[11]. Et c'est cette insistance à tancer l'esprit d'imitation *irraisonnée* du juge administratif qui le fit considérer comme le « père » de *la thèse du mimétisme juridique* au Cameroun. Bien que lui-même n'utilise pratiquement jamais l'expression, ses écrits semblent montrer que, dans sa réflexion, la chose existe. Sans le mot.

Ces vues auront manifestement un impact décisif sur la doctrine ultérieure, tant au Cameroun où elles seront très souvent reprises en écho par la doctrine majoritaire[12] qu'au-delà, à l'échelle même du continent africain, dans la doctrine « africaniste » notamment[13]. Jusqu'à ce que, de

---

[6] V. *infra*, II-B) 1- et 2-

[7] V. « Recherches sur les aspects actuels de la réception du droit administratif... », *op. cit.*

[8] *Ibid.*, p. 376

[9] *Ibid.*, p. 378

[10] *Ibid.*, p. 362

[11] J-M BIPOUN WOUM, « Recherches sur les aspects actuels de la réception... », *op. cit.*, p. 362

[12] V. par ex. Anicet ABANDA ATANGANA, « A la recherche d'un cadre juridique approprié pour une meilleure protection des droits des administrés au Cameroun », *Penant*, n° 818, mai-sept. 1995, p. 141 ; J. BINYOUM, *Droit administratif* (Cours polycopié, 2e année de Licence), Université de Yaoundé, p. 15 ; J.-C. KAMDEM, *Contentieux administratif* (cours polycopié), T.I, Université de Yaoundé, année académique 1985-1986, p. 39 ; Ahmadou NCHOUWAT, *Le juge et l'évolution du droit administratif au Cameroun* : Th. 3e cycle : Droit public : Yaoundé II : 1993-1994 ; M. NGUINI, « La Cour Fédérale de Justice », *Penant*, 1973, p. 347 ; etc....

[13] V. par exemple G. CONAC, « Introduction », p. V, in Gérard Conac, Jean Dubois de Gaudusson (dir.), *Les Cours suprêmes en Afrique*, T. III : La jurisprudence administrative, Paris, Economica, 1988 ; D. DARBON, « Le juge africain et son image : la glace déformante du transfert de jurisprudence administrative en Afrique », *Afrique contemporaine*, n° 156 (spécial), 1990, not. p. 243 et p. 245 ; J. DUBOIS de GAUDUSSON, « La jurisprudence administrative des Cours suprêmes en Afrique », p. 2 in : Gérard Conac, Jean Dubois de Gaudusson (dir.), *Les Cours suprêmes...*, *op. cit.*

relativisation[14] en nuances[15], la thèse du mimétisme juridique fasse désormais l'objet d'une entreprise de révision systématique menée principalement par M. Magloire Ondoa au nom de *l'autonomie des droits africains* et, subséquemment, celle des autorités normatives dont le juge, face au droit français[16].

Dès lors, il existe aujourd'hui *deux récits de la genèse* de notre droit administratif, deux visions de l'élaboration de la composante jurisprudentielle du régime de droit public applicable à l'administration au Cameroun. L'une, sous la bannière du mimétisme, interprétant l'activité normative du juge national comme une « *imitation servile* »[17] de son homologue français, aboutissant à un droit sans véritable identité camerounaise si ce n'est quelques spécificités, d'ailleurs accidentelles. L'autre, sous l'étendard de l'autonomie, postulant l'existence d'un droit administratif camerounais autonome dans ses sources formelles et original dans son contenu matériel, comme produit d'une volonté créatrice sous-tendue par une cohérence et une logique propres.

Ce débat *mimétisme vs autonomie*, l'un des plus beaux et des plus animés que la doctrine administrativiste camerounaise ait entretenu, paraît donc loin d'être clos à l'heure actuelle[18]. Sans doute ne nous faudrait-il pas même seulement envisager de le faire ici. Assurément, l'espace nous manquerait. Et l'autorité aussi. Tout au plus, ne résisterons-nous pas à la tentation d'en ouvrir, largement, l'une des multiples fenêtres, une de celle restée jusqu'ici simplement entrouverte : *la question des rapports entre la doctrine et le juge administratif dans la construction jurisprudentielle d'un droit administratif toujours plus marqué d'une identité spécifiquement camerounaise*. La

[14] V. not. Henri Jacquot, « Le contentieux administratif au Cameroun », *RCD*, n° 6 et 7, janv.-juin 1975, p. 15 ; et sur la même ligne que ce dernier, M. KAMTO, « La fonction administrative contentieuse de la Cour suprême du Cameroun », not. pp. 56-59 in : Gérard Conac, Jean Dubois De Gaudusson (dir.), *Les Cours suprêmes en Afrique*, *op. cit.* Lui-même suivi sur ce point par C. KEUTCHA TCHAPNGA, C. SIETCHOUA DJUITCHOKO, note sous CS/CA, jug. n° 29, 03 mai 1990, *Affaire Mbarga Symphorien c/ E.C.*, *Juridis*, n° 43, juill.-août-sept. 2000, p. 67 et aussi L. SINDJOUN, « Esquisse de théorie du droit administratif camerounais », *Penant*, n° 813, oct.-déc. 1993, p. 324. V. aussi au compte de la relativisation de la thèse du mimétisme, J. OWONA, *Droit administratif spécial de la République du Cameroun*, Paris, EDICEF, 1985, p. 185

[15] Sur ce terrain on peut signaler la conception d'un mimétisme réel mais évolutif dans le temps, défendue par S. BILONG, *Responsabilité de la puissance publique et compétence du juge en droit camerounais*, Th. : Droit public : Douala : 2000-2001, p. 13

[16] V. M. ONDOA, Le droit de la responsabilité publique dans les États en développement. Contribution à l'étude de l'originalité des droits africains, Th. : Droit public : Yaoundé II : 1997, 3 T. ; et aussi son article « Le droit administratif français en Afrique francophone : contribution à l'étude de la réception des étrangers en droit interne », *RJPIC*, n° 3-2002, pp. 287-333

[17] Ahmadou NCHOUWAT, *Le juge et l'évolution du droit administratif...*, *op. cit.*, p. 89

[18] Modestement, nous y apportons notre part. v. Aimé R. ATEBA EYONG, *Le juge administratif et la création du droit : Essai sur l'élaboration jurisprudentielle du droit administratif camerounais*, Th. : Droit public : Yaoundé II.

circonstance des hommages rendus au doyen Bipoun Woum constitue par elle-même un excellent prétexte, suffisant pour justifier cette énième variation autour d'une pensée la -sienne- profonde. L'état de la doctrine sur le point soulevé également.

En effet, quelle que soit la thèse soutenue -et il existe quelques bonnes raisons (jurisprudentielles) de pencher pour celle de l'autonomie[19]-, au-delà des *différences d'interprétation*, il est pour le moins singulier de constater comme une convergence parfaite de la doctrine autour de l'idée que, de toute façon, le juge administratif opte beaucoup moins souvent pour l'imagination créative de règles endogènes que pour l'importation sélective du droit -français- exogène. Un problème important, pour ne pas dire des plus déterminants étant alors, sans se désintéresser des « *parturitions originales* »[20] du juge ni de ses efforts d'« *acclimatation tropicale du droit français* »[21], de se demander pourquoi ce dernier ne fait-il pas preuve de davantage d'originalité.

La préoccupation, évidemment, n'est pas neuve. Ce qui n'implique nullement qu'elle ne puisse être renouvelée. La doctrine l'a considérablement retournée, mais peut-être pas dans tous les sens. Elle a élaboré plusieurs schémas d'explication à base d'arguments que l'on pourrait dire « psychologiques »[22] et d'autres relevant d'un registre plus technique[23] difficiles à évaluer en quelques lignes. Mais, surtout, ce faisant, elle a oublié -excès de pudeur ?- de s'interroger sur elle-même et sur l'état de ses rapports avec le juge dans le processus d'élaboration de notre droit administratif.

De fait, si en d'autres lieux, « *la responsabilité de la doctrine dans la création du droit* »[24] en général, ou « *l'importance de la doctrine dans l'élaboration du droit administratif* » par le juge[25] en particulier ont souvent été mis en exergue sous les espèces d'un somptueux « *chœur à deux voix* »[26], tel ne paraît pas être le cas sous nos latitudes. Il semble bien que M. Ahmadou Nchouwat soit le seul auteur, et c'est tout à son honneur, qui ait su insister sur le rôle déterminant que devrait jouer la doctrine dans le

---

[19] Que l'on nous pardonne cette affirmation dont l'argumentation viendra plus tard… (v. notre thèse, *supra*).

[20] Formule démarquée de Ahmadou NCHOUWAT, *Le juge administratif et l'évolution…*, *op. cit.*, p. 150

[21] M. KAMTO, « La fonction administrative contentieuse… », *op. cit.*, p. 60

[22] Convoquant la « paresse » du juge, son « manque d'audace et de courage », sa « fascination » pour la jurisprudence du Conseil d'État français.

[23] Est mis en cause sous ce chapitre la non-spécialisation des magistrats, de formation « privatiste », statuant au contentieux administratif.

[24] V. H. BATTIFOL, « La responsabilité de la doctrine dans la création du droit, RRJ, 1981, pp. 175-184

[25] M. DEGUERGUE, *Jurisprudence et doctrine dans l'élaboration du droit de la responsabilité administrative*, Th. : Droit public : Lille 3, p. 17

[26] J. RIVERO, « Jurisprudence et doctrine dans l'élaboration du droit administratif », *EDCE*, 1955, p. 35

développement progressif d'un droit administratif authentiquement camerounais, en harmonie avec le juge faut-il ajouter. Comme il le dit lui-même, « *l'usine d'où naîtra le véritable droit administratif camerounais doit porter l'estampille de la doctrine qui assurément mesure plus que quiconque la taille du défi à relever* »[27].

L'idée semble d'une grande justesse. Plus encore qu'aux juges, certainement « *il revient à la doctrine de trouver la voie la plus indiquée pour un développement satisfaisant du droit administratif* »[28]. En principe, « *elle a la mémoire, le sens de la cohérence d'ensemble, l'imagination, le recul et le temps qui leur font si souvent défaut* »[29]. Bien que n'étant pas une source du droit[30], c'est ce qui en fait, dans l'absolu, la collaboratrice inspirée de la construction du droit, par le juge notamment et ce, d'un double point de vue. D'une part, la doctrine prépare la jurisprudence,[31] car, de par ses fonctions[32], elle se trouve à l'avant-garde de la phase d'analyse savante des données réelles, historiques, rationnelles et idéales[33] qui président à la formation du droit, et fournit de ce fait au juge les matériaux pour la construction de règles traduisant, au plus près la réalité sociale. D'autre part, la doctrine commente la jurisprudence et fait en sorte qu'elle s'intègre harmonieusement dans l'ensemble de l'édifice juridique, tant par l'information qu'elle en donne que par son examen critique sous une forme systématique[34]. Idéalement.

Mais concrètement, manifestement, pareille symbiose ne semble pas exister dans le contexte camerounais, et l'on pourrait y voir, en complément des raisons tirées du défaut de spécialisation, l'une des causes essentielles de la faible créativité du juge administratif. Sans que ce dernier en porte seul la responsabilité. Sur le terrain de la construction d'un droit administratif proprement camerounais, les rapports entre la doctrine administrativiste camerounaise et « son » juge semblent en effet marqués par une défiance réciproque. Une sorte de « divorce aux torts partagés » des deux partenaires donc, qui se lit la disposition mesurée du juge administratif à s'ouvrir à la doctrine (**I**) d'une part, la contribution limitée de la doctrine à la construction de règles endogènes par le juge (**II**) d'autre part.

---

[27] Ahmadou NCHOUWAT, *Le juge et l'évolution du droit administratif…*, *op. cit.*, p. 120

[28] *Ibid.*, p. 403

[29] D. TRUCHET, « Quelques remarques sur la doctrine en droit administratif », p. 776 in : *Mélanges Paul Amselek*, Bruxelles, Bruylant, 2005.

[30] Elle ne bénéficie, dans l'ordre juridique camerounais, d'aucune investiture formelle à créer du droit.

[31] V. M. Van De KERCHOVE, François OST, *Le système juridique entre ordre et désordre*, Paris, PUF (Les voies du droit), 1988, p. 125

[32] Fonction de systématisation, de critique, et de prospective. Sur ce point, v. not. Philippe JESTAZ, « Déclin de la doctrine ? », *Droits*, n° 20, 1994, not. pp. 89-94

[33] V. F. GENY, *Science et technique en droit privé positif*, T.2 (2e tirage), Paris, Sirey, 1927, pp. 371 et s.

[34] V. M. Van De KERCHOVE, François OST, *Le système juridique…*, *op. cit.*, pp. 125-126

I. La disposition mesuree du juge administratif a s'ouvrir a la doctrine

Privée, pour une bonne part, de sa source d'inspiration doctrinale, la créativité du juge administratif se trouve quelque peu bridée. La faute, tout d'abord, au juge lui-même. Il paraît bien peu porté jusqu'à présent à s'ouvrir à la doctrine, qu'il s'agisse de lui donner ou de recevoir d'elle. En clair, ce qu'il est question de noter ici c'est, autant que la diffusion limitée de la production jurisprudentielle auprès de la doctrine (A), la réception mitigée de la doctrine par le juge administratif (B).

A. La diffusion limitée de la production jurisprudentielle auprès de la doctrine

Pour que la doctrine puisse remplir son office, « *éclairer la jurisprudence acquise* » et « *préparer la jurisprudence de l'avenir* »[35], encore faut-il qu'elle ait accès aux produits de l'activité normative du juge. Dans la pratique, ce n'est guère chose aisée dans notre contexte. Le juge administratif camerounais pratique « *l'incommunicabilité* »[36] avec un art consommé. Ou, en tout cas, une certaine forme de celle-ci. La difficulté ici ne concerne pas véritablement l'intelligence des jugements et arrêts de la juridiction administrative. Notre juge ignore « *la rhétorique chinoise, faite de détours stratégiques et de non-dits assourdissants* »[37] dont le Conseil d'État français a fait sa marque de fabrique. Il ne pratique pas davantage le « *laconisme ténébreux* » parfois reproché à certains de ses homologues africains à l'instar du juge administratif sénégalais[38]. Beaucoup plus singulièrement, le problème se pose plutôt, chez nous, du point de vue de la connaissance que les auteurs peuvent avoir de l'existence même de telle ou telle jurisprudence du fait de la non-publication systématique des décisions du juge administratif, avec de bien fâcheuses implications tant pour la doctrine que pour les magistrats eux-mêmes, sans parler des justiciables.

1. La non-publication des décisions du juge administratif

« *Souffrant de maintes infirmités, la jurisprudence présente un vice - certes non congénital, ni rédhibitoire- mais dont les conséquences sont*

[35] Les principales missions de la doctrine résumées par A. Esmein cité par, Ph. JESTAZ, Ch. JAMIN « Doctrine et jurisprudence : cent ans après », *RTD civ*, janv.-mars 2002, p. 2

[36] V. A. De LAUBADERE, « Le Conseil d'État et l'incommunicabilité », *EDCE*, n° 31, 1979-1980, pp. 17-22

[37] J-M MAILLOT, *La théorie administrativiste des principes généraux du droit. Continuité et modernité*, Paris, Dalloz, 2003, p. 549

[38] V. Sy DEMBA, « Le juge sénégalais et la création du droit administratif », p. 400, in D. Darbon, J. Dubois De Gaudusson (dir.), *La création du droit en Afrique*, Paris, Karthala, 1997.

graves : elle est très mal connue parce qu'elle n'est pas systématiquement publiée »[39]. Cette réflexion d'un auteur français trouve parfaitement matière à s'appliquer au Cameroun, particulièrement en ce qui concerne la juridiction administrative. Depuis la disparition du Bulletin des arrêts de la Cour Suprême du Cameroun Oriental à l'orée des années 1980, aucune initiative n'est intervenue, au niveau institutionnel, pour assurer la publication systématique de la jurisprudence, administrative particulièrement. « *Cela a de quoi surprendre dans un État qui, dans sa Constitution, a pourtant consacré le pouvoir judiciaire* »[40], note M. le doyen André Akam Akam. Surtout qu'il n'existe aucune explication officielle à cet état de fait. On peut seulement suggérer que des raisons économiques n'y sont peut-être pas étrangères[41]. A moins qu'il ne s'agisse, face à la rudesse de la critique doctrinale, de la manifestation chez les juges d'une sorte de pudeur, d'« *une prudente réserve relevant de l'adage « pour vivre heureux, vivons cachés »* »[42]...

Quoi qu'il en soit, un fait demeure certain, c'est qu'en l'absence d'une telle diffusion systématique, l'accès à la jurisprudence administrative camerounaise est resté problématique, quel que soit l'expédient utilisé pour contourner la difficulté. Et il n'en a pas manqué jusqu'aujourd'hui.

Des notes d'arrêts ainsi que des chroniques ou revues de jurisprudence administrative ont été, et continuent d'être publiées dans des revues spécialisées, notamment avec une certaine régularité dans la revue *Juridis périodique*, véritable « Dalloz national », toutes proportions gardées. Fort utiles au demeurant, ces notations offrent cependant une information souvent non actualisée, globalement très parcellaire, et de surcroît parcellisée entre plusieurs supports dont certains ne paraissent plus du tout[43], d'autres encore de manière « *fort irrégulière pour ne pas dire anecdotique* »[44], quand il ne s'agit pas simplement de revues qui, paraissant à l'étranger, sont peu accessibles sur place[45].

Des recueils de « grands arrêts » ont été édités. Ceux de François-Xavier Mbomè[46] et de M. François-Xavier Mbouyom[47] tiennent encore le haut du

---

[39] A. DUNES, « La non-publication des décisions de justice », *RIDC*, n° 2-1986, p. 758

[40] A. AKAM AKAM, « *Libres propos sur l'adage « Nul n'est censé ignorer la loi »* », *RASJ*, n° 1-2007, p. 44

[41] V. dans le même sens, J. DUBOIS De GAUDUSSON, « La jurisprudence administrative... », *op. cit.*, p. 1

[42] A. DUNES, « La non-publication des décisions de justice », *op. cit.*, p. 761

[43] Cas de la défunte *Revue camerounaise de droit*, ou encore de la *Revue juridique africaine*, etc....

[44] Visant spécifiquement les revues des facultés de droit, ainsi s'exprime A. AKAM AKAM, « Libres propos... », *op. cit.*, p. 44

[45] Ainsi par exemple de la revue *Penant* ou de la *Revue juridique et politique indépendance et coopération.*

[46] V. F-X MBOME, *Recueil de commentaires d'arrêts en droit administratif*, polycopié, 1982.

pavé, en attendant l'aboutissement de plusieurs entreprises similaires actuellement en cours et nonobstant l'existence d'un recueil élaboré sous les auspices de M. Alexis Dipanda Mouéllé, Premier Président de la Cour Suprême[48]. Instruments irremplaçables de diffusion de la jurisprudence administrative camerounaise, ils n'échappent cependant pas à la principale difficulté de ce type de supports à savoir la sélection des arrêts pertinents[49]. Au demeurant, la question de la mise à jour de ces recueils anciens se pose désormais avec une singulière acuité au regard du développement actuel de la production jurisprudentielle du juge administratif.

Enfin, des personnes privées, professeurs de droit le plus souvent, ont pu, jouant de divers mécanismes informels, parvenir à constituer des collections assez complètes de la jurisprudence administrative. Toutefois, il ne s'agit là que de démarches visant à satisfaire des besoins de recherches privés et, par conséquent, vouées à combler le besoin d'information de cercles restreints et, en tant que telles, insusceptibles de suppléer, auprès de la communauté scientifique dans son ensemble, à la nécessité d'une publication systématiquement organisée, par l'institution judiciaire elle-même de préférence. N'est-il pas vrai que « *les hauts magistrats des Cours Suprêmes sont les mieux placés pour apprécier l'intérêt juridique des décisions qu'ils élaborent* »[50].

Finalement, le plus sûr moyen, pour le plus grand nombre, de prendre connaissance de la jurisprudence administrative aura été, et reste jusqu'à présent, la possibilité d'aller effectuer une consultation sur place, aujourd'hui à la Cour Suprême, en attendant, demain, au siège des tribunaux administratifs. Non sans difficultés et/ou désagréments de diverses natures. Le chercheur doit « manœuvrer » pour emprunter le cadre de travail des agents des greffes[51] -sauf à s'accommoder des couloirs et spatio comme autant de « bureaux » improvisés...-. Il doit également composer avec l'inexistence d'un thesaurus systématique des décisions rendues, leur classement inégal, et même l'incomplétude du répertoire, des années judiciaires entières étant « introuvables ».

En fin de compte, chez nous comme ailleurs, « *(...) il faut souhaiter que se développe, aujourd'hui, une réflexion approfondie et surtout très prosaïque au sujet de la communication erga omnes des évolutions de la*

---

[47] V. F.-X MBOUYOM, *Recueil des grands arrêts de la jurisprudence administrative de la Cour Fédérale de Justice*, 2 Tomes.

[48] V. A. DIPANDA MOUELLE *et alii*, *Répertoire chronologique de la jurisprudence de la Cour Suprême du Cameroun*, T.II, Droit administratif : année 1960-1980.

[49] Par exemple dans le « recueil Mbouyom » et le « recueil Mbomè », on ne trouve nulle trace de l'arrêt *Ngongang Njanke Martin* (CFJ/AP, arr. n° 20, 20 mars 1968), qui présente pourtant tous les caractères extrinsèques et intrinsèques du « grand arrêt ».

[50] A. DUNES, *op. cit.*, p. 760

[51] V. à ce propos le témoignage de B-R GUIMDO, *Le juge administratif et l'urgence. Recherches sur la place de l'urgence dans le contentieux administratif camerounais*, Th. D'E. : Droit public : Yaoundé II : 27 mars 2004, p. 43

jurisprudence »[52]. En ce sens, l'on ne peut que se féliciter de la prise de conscience de cette urgence. Au sein des instances gouvernementales avec la création récente d'un « Centre de documentation juridique judiciaire et multimédia » chargé notamment « *de collecter, traiter et diffuser la jurisprudence nationale et internationale* »[53]. Au sein de la Cour Suprême aussi, puisqu'un projet de relance de la publication systématique de la jurisprudence issue de l'auguste instance y serait en cours de mûrissement[54]. A ce propos, osons un double vœu : que le projet aboutisse et qu'il s'étende, bien au-delà des seules décisions, à la diffusion des conclusions du ministère public et de la note du juge-rapporteur dans chaque affaire[55].

Rejeter ces solutions reviendrait, pour la juridiction administrative, à maintenir le choix de l'opacité du droit jurisprudentiel, avec de multiples conséquences les unes plus néfastes que les autres.

2. Les implications de la confidentialité du droit jurisprudentiel

Le secret qui entoure les règles de droit administratif d'origine jurisprudentielle a des implications multiples.

Sur les justiciables d'abord, en termes de sécurité juridique[56]. Astreints au respect de règles difficilement connaissables dont les professionnels chargés d'assurer la défense de leurs intérêts en justice n'ont souvent qu'une connaissance fort relative, les citoyens ne sont jamais en situation de mesurer l'exacte étendue de leurs droits et obligations face à la puissance publique ni de les faire valoir valablement en justice. « *L'accès au droit doit donc devenir un objectif majeur de notre système juridique, comme c'est déjà le cas ailleurs* »[57].

Il y va d'ailleurs de la qualité de la justice aussi. En effet, le droit prétorien connaît une certaine érosion dans la durée. En d'autres termes, « *l'écoulement du temps peut entraîner l'oubli d'une jurisprudence, en particulier lorsque la juridiction qui en est l'auteur a subi des remplacements de ses membres* »[58]. En l'absence de répertoires de jurisprudence publiés et d'archives bien tenues ce risque se trouve décuplé, pouvant alors conduire à des errements de la jurisprudence dus à la

---

[52] D. De BECHILLON, « Le juge et son œuvre. Un an de fabrication du droit administratif dans la jurisprudence du Conseil d'État », p. 364 in : *Mélanges en l'honneur de Michel Troper* : L'architecture du droit, Paris, Economica, 2006.

[53] Art. 5 (1) du décret n° 2012/121 du 15 mars 2012 portant *création d'un centre de documentation juridique, judiciaire multimédia.*

[54] Source : *entretiens.*

[55] Celle-ci et celles-là sont des éléments déterminants dans l'élaboration de la jurisprudence administrative.

[56] Sur cette thématique de la sécurité juridique en droit camerounais, v. P.-G. POUGOUE, « Les figures de la sécurité juridique », *RASJ*, vol. 4, n° 1-2007, partic. pp. 6-7

[57] A. AKAM AKAM, « Libres propos… », *op. cit.*, p. 35

[58] H. LE BERRE, « La jurisprudence et le temps », *Droits*, n° 30, 2000, p. 72

méconnaissance de leurs propres précédents par les juges sur telle ou telle question précise. De plus, la confidentialité du droit jurisprudentiel est un obstacle sérieux au dialogue des juges appartenant à des ordres différents dans les matières de compétence partagée. Il est d'ailleurs à craindre que la dysharmonie fasse son lit au cœur même de l'ordre juridictionnel administratif dans un futur proche. Il pourrait s'avérer difficile, en l'état actuel des canaux de diffusion de la jurisprudence administrative, d'éviter une cacophonie entre les tout nouveaux tribunaux administratifs et la Chambre administrative de la Cour Suprême, et même entre les sections de la Chambre administrative.

Pour finir et surtout, mettant en question la sécurité juridique des particuliers, perturbant la cohérence de la jurisprudence, le défaut de publicité des décisions du juge administratif a également de profondes répercussions sur la doctrine. Son travail de mise en ordre et d'exposition systématiques du droit prétorien souffre considérablement des difficultés qu'ont les auteurs à accéder matériellement aux produits de l'activité normative des juges.

Il arrive quelquefois que la doctrine méconnaisse un ou plusieurs arrêts d'importance sur un point de droit précis ; le système qu'elle construit ne correspond plus alors à l'état du droit positif. Concernant la coutume administrative par exemple, l'on a pu lui dénier toute force obligatoire[59] treize ans après l'intervention d'une décision de principe posant pourtant clairement le contraire[60]. De même que la jurisprudence administrative a été considérée comme fluctuante concernant la validité des usages *contra legem*[61], en méconnaissance semble-t-il de décisions affirmant radicalement l'invalidité de tels usages[62]. Autre exemple intéressant, celui des critères jurisprudentiels de définition du contrat administratif, avant les développements les plus récents sur la question[63], et dont on avait cru pouvoir constater l'inexistence dans notre droit positif[64] au mépris de l'arrêt *Renucci c/ A.T*[65], rappelé par M. Joseph Binyoum[66]. Et puis, il y'a eu ce débat considérable en son temps, et si vain finalement, sur la valeur juridique

[59] V. J. OWONA, *Droit administratif spécial…*, *op. cit.*, p. 20

[60] V. CFJ/CAY, arr. n° 201, 18 août 1972, *Dame Makongo Agnès Flore c/ E.F.C. et E.F.C.or.*

[61] V. F.-N DJAME, *Contribution à l'étude des usages et de la coutume en droit administratif camerounais*, Th. : Droit public : Paris XII : 31 mars 2004, p. 312

[62] V. CS/CA, jug. n° 51/96-97, 30 janvier 1997, *Ngo Eog Christine c/ E.C. et Mme Baroux née Nyangono Ebollo Christine (partie intervenante)* ; et aussi les jugements n° 80, 81, 82 du 31 juillet 1997.

[63] V. CS/CA, jug. n° 147/04-05.ADD, 31 août 2005, *Um Ntjam François c/ E.C. (MINEF)*

[64] V. H. JACQUOT, « Le contentieux administratif au Cameroun », *op. cit.*, p. 26 ; Roger-Gabriel NLEP, *L'administration publique camerounaise. Contribution à l'étude des systèmes africains d'administration publique*, Paris, LGDJ, 1986, p. 328

[65] V. CCA, déc. n° 83, 22 décembre 1951, *Renucci c/A.T.*

[66] V. J. BINYOUM, *Droit administratif*, *op . cit.*, p. 63

des préambules respectifs des constitutions de 1960 et 1972[67], pourtant précisée sans équivoque dans une décision du juge administratif restée méconnue[68], etc....

Plus désastreux encore que la systématisation incomplète du droit par méconnaissance de jurisprudences déterminantes, le manque de communication du juge administratif a eu un autre effet pervers. Il s'est développé au sein de la doctrine une démarche expédiente -épargnant bien des auteurs tout de même- consistant à pallier aux difficultés d'accès aux décisions du juge administratif en travaillant en seconde main sur les références, citations et commentaires émanant d'autres auteurs. Ajouté à la structure particulière du champ doctrinal camerounais au sein duquel l'argument d'autorité[69], à base de respect et de déférence dus aux aînés -si ce n'est d'autres caractères moins honorables...-, semble s'imposer bien souvent à l'observation raisonnée -et éventuellement critique- des faits, on obtient un cocktail explosif aux conséquences (d) étonnantes.

D'une part, il peut arriver qu'une erreur de citation commise par un illustre aîné fausse l'analyse des générations suivantes qui s'y référeront sans précautions. Pour ne considérer que le cas le plus spectaculaire, on peut citer l'exemple du célèbre arrêt de l'Assemblée plénière de la Cour Fédérale de Justice *Ngongang Njanke Martin*[70] posant les bases de la définition de l'acte administratif unilatéral. En l'espèce, le juge avait notamment posé que l'acte administratif unilatéral est, entre autres, un acte juridique « *créant des droits ou des obligations pour les particuliers* » (c'est nous qui soulignons). Mais reproduisant -avec des guillemets- la définition du juge, M. Henri Jacquot écrira plutôt, acte juridique « *créant des droits et des obligations pour les particuliers* »[71] (c'est nous qui soulignons). Cette variation du « ou » au « et », montre bien que la citation n'était pas fidèle à la proposition originelle. Et c'est sur cette version erronée de la définition jurisprudentielle

---

[67] V. E. BOEHLER, obs. sous CFJ/SCAY, arr. n° 178, 29 mars 1972, *Eitel Mouelle Koula c/ R.F.C.* et CFJ/SCAY, arr. n° 194, 25 mai 1972, *Nana Tchana c/ E.F.C.*, *RCD*, n° 3, janv.-juin 1973, pp. 57-59 ; Maurice KAMTO, « L'énoncé des Droits dans les constitutions des États africains francophones », *RJA*, n° 2 & 3-1991, pp. 14-15 ; F.-X MBOUYOM, « Les mécanismes juridiques de protection des droits de la personne au Cameroun », *RJPIC*, n° 1-1982, p. 60 ; J. MOUANGUE KOBILA, « Le préambule du texte constitutionnel du 18 janvier 1996 : de l'enseigne décorative à l'étalage utilitaire », *Lex lata*, n° 23-24, fév.-mars 1996, p. 35 ; P-G. POUGOUE, M. KAMTO, commentaires sous la Loi n° 89/018 du 28 juillet 1989 portant modification de la loi n° 75/16 du 08 décembre 1975 *fixant la procédure et le fonctionnement de la Cour Suprême*, pp. 8-9

[68] V. CFJ/SCAY, arr. n° 68, 30 septembre 1969, *SGTE c/ E.C.or.*

[69] Rappelons que l'on dira d'une proposition doctrinale qu'elle fondée en autorité « *si je la considère comme vraie (...) non pas parce que mon propre raisonnement m'y conduit, mais parce qu'elle a été formulée par un individu (ou un groupe d'individus) disposant d'une compétence spéciale différente de la mienne* » (M. TROPER, *Pour une théorie juridique de l'État*, Paris, PUF (Léviathan), 1994, p. 107).

[70] V. CFJ/AP, arr. n° 20, 20 mars 1968, *Ngongang Njanke Martin c/ E.C.*

[71] H. JACQUOT, « Le contentieux administratif au Cameroun », *op. cit.*, p. 23

de l'acte administratif unilatéral que de nombreux auteurs s'appuieront[72], ce qui indique clairement qu'ils n'ont pu raisonner à partir du texte même de l'arrêt *Ngongang Njanke Martin*, rendant ainsi dans certains cas leurs analyses parfaitement vaines, car discutant de tout autre chose que des véritables données positives du droit[73].

De plus, ce raccourci -trop ?- facile de la consultation des sources au second degré entraîne une perte de substance, un affadissement de la doctrine. C'est une conséquence inévitable : « *l'originalité -cette vertu cardinale de l'universitaire- consiste à travailler de première main, à se forger une conviction sur pièces au lieu de lire simplement les conclusions d'autrui et d'émettre une opinio supra opinionem* »[74]. Il appartient au juge de rendre cette remontée moins malaisée. Ainsi la doctrine pourra-t-elle mieux contribuer à irriguer sa créativité si, d'aventure, il se montrait plus disposé à recevoir d'elle. Ce qui ne semble point encore être tout à fait le cas.

B. La circonspection manifestée par le juge à l'égard de la doctrine

Pour le principe, le juge n'est pas tenu, on voudrait dire juridiquement tenu, de « réceptionner » les constructions doctrinales. L'idée est parfaitement résumée dans la lumineuse formule de M. Alain Sériaux : « *la doctrine propose, le juge dispose* »[75].

Ainsi, parce que libre de se déterminer à leur égard selon sa souveraine appréciation, le juge peut ignorer les opinions doctrinales sur telle question de droit. Il peut également, en telle autre occasion, se laisser gagner par l'influence des auteurs. Dans l'absolu, l'empreinte de cette dernière est potentiellement difficile à identifier : « *personne ne revendique de façon manifeste avoir été « influencé » et encore moins être « influençable » (...)* »[76], ce qui fait qu'« *il n'est pas d'usage pour les créateurs de normes formelles de citer leurs sources d'inspirations (...)* »[77]. Fort heureusement, le juge administratif camerounais se montre assez disert sur ce plan. Les références qui ont abondé dans ses décisions dans un passé récent montrent

---

[72] V. J.-C. ABA'A OYONO, *La compétence de la juridiction administrative en droit camerounais*, Th. : Droit public : Nantes : 20 juin 1994, p. 36 ; P. E. ABANE ENGOLO, *L'application de la légalité par l'administration au Cameroun*, Th. : Droit public : Yaoundé II : 2008-2009, p. 143 ; S. BILONG, *Responsabilité de la puissance publique...*, *op. cit.*, p. 200 ; J-C KAMDEM, *Cours de contentieux administratif*, *op. cit.*, p. 63 ; Ahmadou NCHOUWAT, *op. cit.*, p. 66 ; R-G. NLEP, *op. cit.*, p. 299

[73] A ce propos, v. not. les développements de J-C. ABA'A OYONO, *op. cit.*, pp. 54 et s.

[74] Ph. JESTAZ, « Déclin de la doctrine ? », *op. cit.*, p. 92

[75] A. SERIAUX, *Le droit, une introduction*, Paris, Ellipses, 1997, p. 217

[76] G. DECOCQ, « Réflexions sur l'influence doctrinale », p. 112 in : *Mélanges en l'honneur de Philippe Jestaz,* Libres propos sur les sources du droit, Paris, Dalloz, 2006.

[77] *Ibid.*, p. 113

bien qu'ouvert à la doctrine de manière générale, il manifeste cependant une sorte de circonspection dans l'exploitation de cette dernière selon son origine. Chacun peut ainsi constater une forte influence de la doctrine étrangère -française- sur notre juge administratif, au moins dans la période de petite enfance de notre droit administratif[78], qui contraste nettement avec la faible audience qu'il semble accorder à la doctrine locale.

1. L'observation d'une forte influence de la doctrine française

Au Cameroun aussi, assez manifestement d'ailleurs, « *la doctrine est une source d'inspiration du juge administratif* »[79] qui ne s'avère point totalement insensible à son influence. Elle semble même occuper une place privilégiée parmi les sources matérielles de notre droit administratif jurisprudentiel. L'on en retrouve la trace grâce à une tendance initiale du juge national à citer ses sources[80]. L'inspiration doctrinale de l'activité créatrice du juge se laisse ainsi voir à travers un certain nombre de formules stéréotypées. Elles peuvent exprimer l'influence directe d'une opinion doctrinale prise en elle-même qui se traduit notamment par le stéréotype « *selon la doctrine...* »[81]. D'autres formules sont également utilisées qui dénotent plutôt l'influence médiate de propositions doctrinales bénéficiant d'ores et déjà d'un renfort jurisprudentiel ou donnant forme à une règle jurisprudentielle diffuse, le juge s'inspirant alors autant de la jurisprudence que de la doctrine qui la véhicule : « *suivant la doctrine et la jurisprudence...* »[82], « *Il est de doctrine et de jurisprudence établies...* »[83], « *Il est de doctrine et de jurisprudence constantes...* »[84], « *La doctrine et la jurisprudence s'accordent à reconnaître que...* »[85], Etc.

Cependant, il convient de ne pas se méprendre sur l'identité précise de « la doctrine » visée par ces formules générales, carrément anonymes. En effet, pourrait-on se dire, si le juge administratif camerounais fait état de « la doctrine constante », quoi de plus naturel que de penser qu'il ne peut s'agir que de la doctrine camerounaise évoquée par prétérition. Seulement, à chaque fois que le juge met un ou plusieurs noms au fronton de cette doctrine là, on se rend aisément compte qu'il vise presque exclusivement des

---

[78] Les références en ce sens ont été nombreuses jusqu'au milieu des années 80. Période qui est également celle des grands arrêts de principe.

[79] Y. GAUDEMET, *Les méthodes du juge administratif*, Paris, LGDJ, 1972, p. 161

[80] Une tendance nettement moins marquée de nos jours.

[81] V. par ex. CS/CA, jug. n° 45/94-95/ADD, 27 avril 1995, *Tchuinou David c/ E.C.*

[82] V. par ex. CS/CA, jug. n° 73/90-91, 31 janvier 1991, *Otto Simon Pondy c/ E.C.*

[83] V. par ex. CS/CA, jug. n° 52/84-85, 1er février 1985, *Akono Claude c/ E.C. (MINUH)*

[84] V. par ex. CS/CA, jug. n° 89/2008, 13 août 2008, *Kamdem Prosper c/ E.C. (MINDAF)*

[85] V. par ex. CS/CA, jug. n° 49/2009, 28 janvier 2009, *Société CPI c/ E.C. (MINTRANSPORT)*

auteurs français. R. Alland[86], L. Boyer[87], R. Chapus[88], B. Chenot[89], A. De Laubadère[90], P. Duez et G. Debeyre[91], O. Dupeyroux[92], B. Jeanneau[93], M. Letourneur[94], E. P. Luce[95], A. Plantey[96], L. Rolland[97], G. Vedel et P. Delvolvé[98],..., au fil de ses jugements et arrêts le juge administratif déroule le répertoire des grands noms de la pensée juridique française, spécialement dans le domaine du droit administratif lato sensu. Il s'appuie aussi bien sur les opinions des universitaires que sur des thèses soutenues par ceux qu'on appelait encore il y'a peu les « commissaires du gouvernement ». En prenant bien soin de ne relayer que les positions les plus fermement établies, celles qui peuvent s'autoriser du soutien d'une « doctrine unanime », ou d'une « doctrine constante » en France.

Ce qui est alors particulièrement frappant c'est, au regard de cette forte prégnance de la doctrine française, le peu d'attention dont, par contraste, la doctrine locale semble faire l'objet de la part du juge administratif national.

2. La constatation de la faible audience de la doctrine nationale

Bien qu'il s'appuie beaucoup sur la doctrine d'une manière générale, le juge administratif ne semble accorder, en tout cas jusqu'à présent, qu'un très médiocre intérêt aux productions des auteurs locaux. *De ce point de vue*, l'autorité de la doctrine administrativiste camerounaise paraît bien faible, de toute façon sans proportion avec celle de la doctrine française.

Sans doute est-il arrivé -et continue-t-il de se produire- que tel universitaire camerounais exerce une influence sur tel magistrat officiant au sein de la juridiction administrative à l'occasion d'une affaire donnée. C'est une influence qui peut être informelle lorsque la décision rendue par le juge s'appuie sur des discussions générales au cours d'une conversation d'alcôve avec un professeur de ses amis. Elle revêt un aspect plus formel dans l'hypothèse où, ayant à résoudre un cas, le juge s'aligne sur les arguments de l'une des parties dont la représentation est assurée par un professeur

---

86 V. CS/CA, jug. n° 50/84-85, 1er février 1985, *Tameghi Boniface (Amsecom-Amseconcom) c/ E.C.*

87 V. CCA, arr. n° 336, 15 mars 1955, *Onana Abraham Marie c/ A.T.*

88 V. CS/CA, jug. n° 50/84-85, *op. cit.*

89 V. CS/CA, jug. n° 8/79-80, 29 novembre 1979, *Élites Banka représentées par Jean de Dieu Mbouendeu c/ E.C.*

90 V. not. CCA, arr. n° 755, 06 mars 1959, *Fouda Etoungou B. c/ E.C.*

91 V. CS/CA, jug. n° 16/85-86, 28 novembre 1985, *Kamdem Waffo Michel c/ E.C.*

92 V. CS/CA, jug. n° 36/91-92, 30 avril 1992, *Mveng Mbarga Constant c/ E.C.*

93 *Ibid.*

94 V. CS/CA, jug. n° 1/75-76, 19 décembre 1975, *Nkong Emmanuel c/ E.C.*

95 V. CS/CA, jug. n° 50/84-85, 1er février 1985, *op. cit.*

96 V. TE, arr. n° 94, 25 mars 1960, *Etoungou Pierre c/ E.C.*

97 V. CCA, arr. n° 336, 15 mars 1955, *Onana Abraham Marie c/ E.C.*

98 V. CS/CA, jug. n° 16/85-86, 28 novembre 1985, *op. cit.*

d'université spécialiste du droit administratif. De M. A. Abanda Atangana[99] à M. J. Owona[100], en passant par MM. J.-C. Aba'a Oyono[101], J. Binyoum[102], J.-M. Bipoun Woum[103], B.-R. Guimdo[104], M. Kamto[105], D. Mbarga Nyatte[106], J. Mouangue Kobila[107], I. Mouliom[108], et R.-G. Nlep[109], nombre de « publicistes » camerounais ont subi l'« épreuve du feu » de la pratique du contentieux comme défenseurs des intérêts de l'État ou de ceux des particuliers. L'influence exercée à ce titre a même pu quelquefois s'avérer absolument spectaculaire comme dans l'*affaire Wabo Rigobert* où la motivation de la décision présentée par le juge reprend mot pour mot l'argumentaire bien charpenté de M. Bernard-Raymond Guimdo représentant légal du requérant en ladite espèce[110].

Le problème c'est qu'en susurrant quelques explications techniques à l'oreille d'un magistrat sur un point de droit général ou en prenant plus officiellement la défense d'intérêts particuliers - publics ou privés- au cours d'un procès, le théoricien se fait partisan. Il n'est plus indépendant des antagonismes immédiats, et sa posture déroge en conséquence aux principes de la scientificité qui postulent une attitude universalisante et neutre[111]. Or, justement, l'indépendance d'esprit, « *qualité éminemment -quoique pas exclusivement- universitaire* »[112], et le désintéressement dans l'exposé systématique et la discussion critique des solutions du droit positif

---

[99] Représentant de l'État not. dans l'*affaire Kamto Maurice c/ E.C. (MINESUP)* (v. CS/CA, jug. n° 27/07-08, 16 janvier 2008).

[100] Représentant de l'État dans l'affaire *Guiffo Moppo Jean-Philippe c/ E.C.* (v. CS/AP, 13 juin 1985).

[101] Représentant de l'Université de N'gaoundéré dans l'affaire *Mama Biloa c/ Université de Ngaoundéré* (v. not. ord. de sursis à exécution, CS/CA, 07 décembre 2000).

[102] Mandataire du requérant, par exemple dans l'*affaire Menkoke Fridolin c/ E.C. (DGSN)* (v. CS/CA, jug. n° 02/02-03, 31 octobre 2002).

[103] Représentant de l'État dans l'*affaire Mbarga Emile c/ E.C.* (v. CS/CA, jug. n° 55, 22 avril 1971).

[104] Mandataire du requérant dans l'*affaire Wabo Rigobert c/ E.C. (MFPRA)* (v. CS/CA, jug. n° 49/99-00, 20 mars 2000).

[105] Représentant de l'État par ex. dans l'*affaire Batchama Rosalie c/ E.C. (MINCULT)* (v. CS/CA, jug. n° 50/05-06, 15 mars 2006).

[106] Représentant de l'État dans l'*affaire Tasha Loweh Lawrence c/ E.C. (MINEFI) et AMITY BANK S.A. et Autres (Intervenants volontaires)* (v. CS/CA, jug. n° 83/04-05, 27 avril 2005).

[107] Mandataire du requérant dans l'*affaire Anicet Ekane c/ E.C.* (v. CS/CA, jug. n° 12/05-06, 02 novembre 2005).

[108] Représentant de l'État dans l'*affaire Wafo Philippe c/ E.C. (MINUH)* (v. CS/CA, jug. n° 24/2009, 14 janvier 2009).

[109] Mandataire du requérant dans l'*affaire Mback Jean-Pierre c/ E.C. (P.R.)* (v. CS/CA, jug. n° 47/04-05, 02 février 2005).

[110] V. CS/CA, jug. n° 49/99-00, 30 mars 2000, *op. cit.*

[111] V. A. BERNARD, Yves POIRMEUR, « Doctrine civiliste et production normative », p. 153 in : CURAPP, *La doctrine juridique*, Paris, PUF, 1993.

[112] D. TRUCHET, « Quelques remarques sur la doctrine en droit administratif », *op. cit.*, p. 771

constituent des caractères parmi les plus essentiels de la doctrine[113]. Il paraît alors nécessaire de distinguer les activités de consultation ou de représentation en justice des doctrinaires du droit administratif camerounais de leur travail proprement, spécifiquement doctrinal[114].

Au bout du compte, un constat net se dégage alors. A l'heure du rendu de sa sentence, « *le juge laisse de côté la doctrine en tant que telle* »[115]. De fait, notre juge administratif n'invoque jamais explicitement les écrits doctrinaux des auteurs camerounais au soutien de ses décisions. Une seule fois semble-t-il, de façon à peu près sûre, s'est-il appuyé sur la doctrine nationale[116]. Encore que l'opinion doctrinale reçue par le juge en l'espèce émanait d'un auteur français en situation de détachement au Cameroun, M. Henri Jacquot, et à ce titre membre de la doctrine camerounaise comme « par adoption ».

Surtout, les situations dans lesquelles la jurisprudence administrative se développe à l'encontre des positions doctrinales sont légion, soit que le juge maintienne des règles jurisprudentielles fortement critiquées par la doctrine soit qu'à l'inverse il renverse des jurisprudences largement approuvées par cette dernière. La matière du recours gracieux préalable est un site d'observation particulièrement privilégié de cette attitude de défiance[117]. Le juge administratif ne s'est ainsi jamais départi d'une attitude de rigueur dans la sanction de l'erreur sur l'autorité adressataire du recours gracieux préalable et les objurgations incessantes de la doctrine plus qu'unanime n'y ont rien changé[118]. Dans l'autre sens, le fait que la doctrine ait applaudi la relativisation de la portée de la règle du recours gracieux préalable[119] n'a pas empêché le juge de revenir sur ce pas pour consacrer et affirmer avec insistance son caractère de moyen d'ordre public[120].

La faible audience des « administrativistes » auprès de « leur » juge, s'impose ainsi comme un fait d'évidence. D'ailleurs, les juristes spécialistes

---

[113] V. à ce propos, Ph. JESTAZ, Ch. JAMIN, *La doctrine*, Paris, Dalloz, 2004, pp. 176 et s.

[114] *Contra*, v. not. M. GOBERT, « Le temps de penser de la doctrine », *Droits*, n° 20, 1994, p. 102

[115] J-D. BREDIN, « Remarques sur la doctrine », p. 114 in : Mélanges offerts à Pierre Hébraud, Toulouse, 1981.

[116] V. CS/CA, jug. n° 51/84-85, 1er février 1985, *Sende Joseph c/ E.C.*

[117] Le régime du recours gracieux préalable constitue l'un des aspects par lesquels notre droit administratif se démarque substantiellement du droit français. C'est pourquoi l'on peut y voir un excellent champ d'analyse des rapports entre le juge administratif et la doctrine « à l'état pur ». L'interférence éventuelle de la pensée juridique française ne pouvant être considérée ici comme un élément probant à prendre en ligne de compte.

[118] V. not. J. C. ABA'A OYONO, *op. cit.*, p. 108 ; H. JACQUOT, *op. cit.*, pp. 114-115 ; M. KAMTO, *Droit administratif processuel du Cameroun*, Yaoundé, PUC, 1990, pp. 154 et s. ; A.-S. MESCHERIAKOFF, « Le régime juridique du recours gracieux préalable dans la jurisprudence administrative camerounaise », *RCD*, série 2, n° 15 & 16, 1978, pp. 49 et s. ; Ahmadou NCHOUWAT, *op. cit.*, pp. 155 et s. ; R.-G. NLEP, *op. cit.*, pp. 268-269

[119] V. not. J-C. KAMDEM, *op. cit.*, pp. 130-131 ; Ahmadou NCHOUWAT, *op. cit.*, pp. 153-155

[120] V. not. CS/CA, jug. n° 60/84-85, 28 février 1985, *Obale Ako Emmanuel c/ E.C.*

de la matière eux-mêmes ne se font guère d'illusions sur « *la superbe indifférence qu'affiche le juge administratif à* [leur] *égard* »[121]. Pourtant, l'exemple d'un Alain-Serge Mescheriakoff avec sa « théorie » de la « *compétence plausible* » en matière de détermination de l'autorité adressataire du recours gracieux préalable[122] montre à suffisance comment la doctrine nationale peut, par les ressources de son imagination, soutenir l'effort jurisprudentiel de construction d'un droit national adapté aux réalités locales. Et c'est à demeurer toujours coupé de cette « *source délicieuse* »[123] que l'imagination créative du juge administratif s'est vue condamnée à l'anémie.

Toutefois, il n'est pas certain que le juge porte seul la responsabilité de cette césure. A sa décharge, il faudrait peut-être relever au premier chef que, traditionnellement, et bien que le constat soit très variable selon les genres doctrinaux et qu'il se profile en tout cas des évolutions rapides en la matière, la doctrine « administrativiste » -entre autres...- s'expose peu. Il apparaît alors légitime de dire d'elle que « *si elle semble peu prisée, c'est sans doute parce qu'elle se manifeste assez discrètement et ne parvient pas, faute de circuit d'information adéquat et adapté à ses multiples destinataires que sont les législateurs parlementaire et gouvernemental, les praticiens notamment les juges et les justiciables* »[124].

Cela dit, ce problème de visibilité de la doctrine semble, en grande partie, d'ordre conjoncturel. L'accroissement du nombre d'auteurs et l'augmentation quantitative de la production dans le temps engendreront, comme par un effet mécanique, les ajustements nécessaires ainsi qu'en témoigne déjà, à l'heure actuelle, la multiplication de projets encore souterrains touchant à la production ou à la diffusion de la doctrine. Il subsiste cependant un autre problème, structurel celui-là, et qui, par ce fait, doit retenir un peu plus l'attention ici. Car, d'un point de vue substantiel, de par son contenu, la doctrine spécialisée n'apporte peut-être qu'une contribution limitée à la construction de règles endogènes par le juge administratif. Là est, semble-t-il, sa part de responsabilité.

II. La contribution limitee de la doctrine a l'elaboration de regles endogenes par le juge

La doctrine manque rarement l'occasion d'exprimer ses regrets face à l'inclination du juge administratif pour l'importation des règles françaises au détriment de la construction de règles endogènes voulues mieux adaptées au

[121] M. KAMTO, *Droit administrative processuel...*, *op. cit.*, p. 164
[122] V. A.-S. MESCHERIAKOFF, *op. cit.*, p. 50
[123] Métaphore empruntée à Ph. JESTAZ, « Source délicieuse...(remarques en cascade sur les sources du droit) », *RTD civ*, 1993, pp. 73 et s.
[124] Ahmadou NCHOUWAT, *op. cit.*, p. 406

contexte local. En revanche, elle ne propose pas toujours au juge des alternatives, allant dans le sens de la seconde voie et susceptibles de favoriser le développement d'un droit administratif camerounais beaucoup moins marqué du sceau l'influence française. A ce compte-là, on pourrait dire que le manque d'imagination du juge est, dans une mesure qui paraît assez large, le reflet et la conséquence de la faible créativité de la doctrine. En cause, son orientation épistémologique « techniciste » très marquée d'un côté (A), et de l'autre, l'utilisation biaisée qu'elle fait du droit comparé (B).

A. L'orientation épistémologique « techniciste »

La prégnance du « *positivisme techniciste* »[125] cher à Kelsen affleure de la production doctrinale des spécialistes du droit administratif. Elle semble moins due, d'ailleurs, à un approfondissement et une adhésion franche aux prémisses de la conception kelsénienne de la science du droit[126], qu'à une influence diffuse du modèle doctrinal français[127] à l'identité « *centrée sur la systématisation* [interne] *des solutions du droit positif (...)* »[128]. Il s'ensuit une situation en forme de curieux paradoxe pour une doctrine majoritairement gagnée par la critique de notre droit administratif pour cause d'extraversion et d'inadaptation contextuelle avérées, dit-on. D'un côté, une inclination généralisée vers la dogmatique juridique. De l'autre côté, une marginalisation des disciplines juridiques « *collatérales* » mieux à même, pourtant, de servir de cadre à une bien nécessaire évaluation critique permanente des bases de notre droit administratif en vue d'en favoriser l'ancrage social.

1. L'inclination générale vers la dogmatique juridique

La thématisation de la doctrine camerounaise de droit administratif révèle une constante forte : le travail de réflexion des spécialistes de la discipline se concentre sur la description, l'analyse et le commentaire de lois, de décisions de justice, en vue de leur mise en ordre. C'est donc un travail de dogmatique juridique puisque, précisément, celle-ci « *vise à organiser et systématiser le droit de manière à déterminer à partir des textes exprimant des règles générales, quels sont les cas auxquels ces règles s'appliquent et, à propos d'un cas donné, quelles sont les règles applicables* »[129]. En d'autres termes,

---

[125] Expression démarquée de J. CHEVALLIER, « Doctrine juridique et science juridique », *Droit et Société*, n° 50-2002, p. 113

[126] Telle qu'elle s'affirme par exemple chez F-N. DJAME, op. cit., pp. 47 et s.

[127] Sur ce « modèle doctrinal », v. not. Ph. JESTAZ, Ch. JAMIN, La doctrine, *op. cit.*, partic. partie I.

[128] P. ANCEL, « Le droit *in vivo* ou plaidoyer d'un membre de la « doctrine » pour la recherche juridique empirique », p. 1 in : Mélanges en l'honneur de Philippe Jestaz, *op. cit.*

[129] M. TROPER, *La philosophie du droit*, Paris, PUF (Que sais-je ?), 2003, p. 60

et de manière schématique, on peut dire que « *la tâche de la dogmatique juridique consiste, (...), à répondre à la question : quels comportements sont prescrits (ordonnés), interdits ou permis par les normes du droit en vigueur ?* »[130].

Il n'y a pas de mal, il y'a même plutôt un grand bien au fait que l'étude dogmatique du droit administratif camerounais se trouve ainsi placée au cœur des préoccupations de la doctrine spécialisée. La dogmatique est en effet indispensable à la constitution même de l'« ordre » juridique. Ainsi que l'observait Hans Kelsen, « *(...) c'est avant tout la connaissance scientifique qui permet au droit, comme à la nature, de devenir une totalité intelligible, c'est-à-dire dépourvue de contradictions* »[131]. En sus de cela, non seulement indispensable à la reconstruction du droit sous la forme d'un système, la dogmatique juridique permet aussi, sur le terrain de l'utilité pratique, d'en assurer la dynamique, le « fonctionnement ». Comme le souligne M. Michel Troper, « *elle fournit aux juges à la fois des instruments pour déterminer les normes applicables, une systématisation des modes de raisonnement jugés appropriés et une légitimité morale et politique* »[132]. L'on ne peut donc pas plus se passer de la dogmatique juridique en droit administratif qu'en toute autre « branche » du droit.

Mais d'un autre côté, la contestation que la doctrine majoritaire nourrit autour du mode d'élaboration de notre droit administratif fortement appuyé sur la jurisprudence du Conseil d'État français lui impose, c'est sa fonction prospective, l'exploration des voies d'un -plus grand- enracinement du droit administratif camerounais dans ses sources sociales. Seulement, pareille entreprise exige nécessairement de la doctrine une prise de distance face aux normes positives ainsi que leurs assises théoriques dans une perspective clairement réflexive et critique eu regard à leur environnement extra-juridique de production et d'application.

Or, la dogmatique juridique est bien loin d'offrir à l'analyste les outils épistémologiques permettant d'entreprendre une telle distanciation critique. Non pas qu'elle s'oppose, par soi-même, à toute forme de discours critique sur le droit positif. C'est juste qu'elle n'en admet qu'une critique en quelque sorte « du dedans ». Ainsi, l'analyse dogmatique « *admet que le droit puisse être critiqué par le juriste sous l'angle de la clarté des formules, de leur cohérence, de leur précision, des risques de fraude qu'elles comportent, des risques de multiplication des litiges qu'elles engendrent souvent, de la liberté excessive laissée au juge, qui rend la prévisibilité plus difficile* »[133].

---

[130] Krystof PLESKA, Tomasz GISBERT-STUDNICKI, « Le système du droit dans la dogmatique juridique », *APD*, T. 31, 1986, p. 109

[131] H. KELSEN, « Qu'est-ce que la théorie pure du droit ? », *Droit et Société*, n° 22-1992, pp. 556-557

[132] M. TROPER, *op. cit.*, p. 61

[133] H. BATTIFOL, « La responsabilité de la doctrine… », *op. cit.*, p. 183

Tout cela est bien certain, mais en toutes hypothèses, on reste là, encore et toujours, *dans* l'ordre juridique positif.

Pourtant, en faisant de la congruence entre les normes françaises importées et le milieu camerounais récepteur la grande affaire de notre droit administratif en construction, la doctrine se situe *en fait* dans l'optique d'une *systématisation externe* conçue comme la tâche « *d'intégrer au maximum le système juridique dans la société constamment en évolution, de même que dans le système de valeurs et de normes qui domine dans cette société* »[134]. Une tâche qui s'avère d'autant plus nécessaire dans l'optique d'une contribution de la doctrine à la création d'un droit endogène par le juge que, selon une voix des plus autorisées, « *l'analyse formelle de la structure de l'ordre juridique est (...) pour les juges, beaucoup moins utile dans le travail de création du droit qu'une réflexion morale, sociologique ou économique sur le contenu des règles* »[135]. Seulement, celle-ci exige un recours massif aux autres sciences sociales, dans le cadre notamment des disciplines « collatérales » du droit qui, cependant et de manière paradoxale, se trouvent complètement marginalisées dans l'activité heuristique des spécialistes camerounais du droit administratif par rapport à la dogmatique juridique.

2. La marginalisation des disciplines juridiques « collatérales »

L'on ne peut affirmer exactement que la doctrine de droit administratif n'a aucune intelligence des difficultés qui bornent la dogmatique juridique. Tout en en reconnaissant l'importance, les auteurs ne manquent pas l'occasion, souvent, de souligner qu'« *elle comporte aussi des limites* »[136]. Il lui est reproché un caractère conservateur et une difficulté à permettre l'appréhension des faits révélateurs des bouleversements, des crises ou mutations touchant à tel ou tel autre aspect de l'ordre juridico-institutionnel[137]. Surtout, note-t-on également, « *en élevant le débat à la relation Droit-Société, (...), on comprend immédiatement l'erreur que l'on commettrait en se cantonnant dans une sorte d'autarcie juridique* »[138], celle qu'impose plus ou moins le point de vue interne propre à la dogmatique juridique. Ainsi se pose aux yeux du plus grand nombre, l'exigence d'un « *dépassement de l'outil juridique* »[139], c'est-à-dire la « *nécessité de*

---

[134] M. Van De KERCHOVE, François OST, *Le système juridique...*, *op. cit.*, p. 130

[135] M. TROPER, « Kelsen, la science du droit, le pouvoir », p. 926 in : Stanley Paulson, Bonnie Litschewski Paulson (dir.), *Normativity and norms. Critical perspectives on kelsenian theme*, Oxford, Clarendon Press, 1998.

[136] A. NYETAM TAMGA, *Le pouvoir de sanction administrative au Cameroun*, Th. 3e cycle : Droit public : Yaoundé II : 1998-1999, p. 35

[137] V. C. MOMO, *Fonction publique et ajustement structurel en Afrique noire : l'exemple du Cameroun*, Th. : Droit public : Bordeaux IV : juillet 1999, p. 38

[138] Ahmadou NCHOUWAT, *op. cit.*, pp. 22-23

[139] *Ibid.*, p. 23

dépasser une interprétation mécanique de la règle vers une lecture dynamique du droit »[140].

Avec pareil programme, l'on s'attendrait à un déplacement du centre d'intérêt de la doctrine vers les disciplines résolument axées sur la relation entre l'ordre juridique et le système macro-social pris en tel ou tel autre de ses aspects. Mais, à l'analyse, il s'avère que le dépassement affirmé de la dogmatique s'opère exclusivement, non sur le terrain disciplinaire, mais plutôt au plan des options méthodologiques. Il se ramène toujours ainsi au rejet du monisme et à l'adoption du pluralisme méthodologique au service, généralement, d'entreprises qui demeurent avant tout, tant bien que mal, de systématisation interne du droit existant. L'idée étant d'être juriste « *sans toutefois être hypocritement juriste* »[141], l'on considère qu'« *il importe donc d'avoir une approche plurielle* »[142], « une approche largement transdisciplinaire, qui « *prend en compte une vision à la fois globale et distincte de celle spécifique des autres disciplines (...)* »[143].

La démarche ne paraît pas critiquable en soi. L'interdisciplinarité permet, en principe, d'ouvrir la dogmatique juridique à la prise en compte de ce qui constitue à proprement parler la dynamique du droit[144]. Seulement, par ce biais, il ne s'agit jamais pour la doctrine de faire autre chose que de la dogmatique, juste d'en « adoucir » la sèche rigueur technique en la saupoudrant d'analyses puisées dans le répertoire méthodologique et analytique de ce que nous qualifions de disciplines juridiques collatérales, alors même que ces dernières ne sont -pour ainsi dire- jamais pratiquées en tant que telles.

En réalité, et contre toute apparence, ces disciplines font donc « *l'objet d'un rejet massif sous la forme subtile d'une fusion-absorption : elles seront désormais des sciences auxiliaires, un nom significatif qui permet de les pratiquer sans trop de rigueur* »[145]. Si peu de rigueur d'ailleurs que l'éclectisme méthodologique, sous prétexte d'opérer une fusion conduit souvent à la confusion. Car, en l'absence d'une claire définition de l'articulation entre le droit et les autres sciences appelées à sa rescousse, l'interdisciplinarité devient simplement le cache-sexe d'une absence de marquage épistémologique précis

Toutes choses qui incitent à penser que la réflexion sur les modalités d'ouverture du droit au monde des faits sociaux est loin d'être achevée -si même

---

140 M. KAMTO, *Pouvoir et Droit en Afrique noire. Essai sur les fondements du constitutionnalisme dans les États d'Afrique noire francophone*, Paris, LGDJ, 1987, p. 52

141 A. NCHOUWAT, *op. cit.*, p. 19

142 A. NYETAM TAMGA, *op. cit.*, p. 35

143 C. MOMO, *op. cit.*, p. 37

144 V. sur ce dernier aspect, M. VIRALLY, « Le juriste et la science du droit », *RDP*, 1964, pp. 604-605

145 Ch. JAMIN, « La doctrine : explication de texte », p. 227 in : *Mélanges en l'honneur de Philippe Jestaz*, *op. cit.*

elle n'a jamais été véritablement ouverte chez nous- au sein de la doctrine « administrativiste ». La question étant de définir la/les voie(s) permettant d'opérer le dépassement -nécessaire- de la dogmatique juridique sans succomber aux « *poisons du syncrétisme et du confusionnisme* »[146] contre lesquels Kelsen – grâces lui en soient rendues- s'est employé à mettre en garde les juristes[147].

A cet effet, deux voies paraissent s'ouvrir à la doctrine. Premièrement, dans le cadre de l'interdisciplinarité, s'employer à définir, « *sans équivoque ni timidité* »[148] les rapports épistémologiques entre la science normative du droit -l'autre nom de la dogmatique juridique[149]- et les disciplines juridiques collatérales. Deuxièmement et surtout, au-delà de l'interdisciplinarité, sortir ces disciplines sœurs ou cousines -plus ou moins éloignées- de la dogmatique du ghetto où les confine leur statut actuel de sciences auxiliaires. Les inscrire pleinement dans l'ordre des branches du savoir juridique, à côte de la dogmatique juridique et non plus (con) fondues en elle. Avec, à la clef, un enjeu de taille.

Le plein épanouissement d'un droit administratif propre au Cameroun est difficilement envisageable sans le renfort d'une pensée juridique -toute aussi- proprement camerounaise. Une qui puisse éclairer, si ce n'est orienter, la politique et la production normatives des autorités habilitées par une confrontation permanente du droit positif à la réalité sociale, grâce à des outils épistémologiques sans cesse renouvelés et perfectionnés avec l'appui d'une réflexion théorico-philosophique globalisante, sous l'éclairage de l'expérience historique de notre État et de celle, contemporaine d'autres nations du monde. C'est dire que la doctrine ne contribuera pleinement à la construction endogène du droit administratif camerounais qu'à la condition qu'une plus grande place soit accordée, dans la recherche en droit administratif, à des travaux clairement et résolument inscrits dans cinq -au moins- domaines de connaissance juridique encore fortement marginaux aujourd'hui : l'épistémologie juridique, la théorie du droit, la sociologie juridique, l'histoire du droit, et surtout le droit comparé sur lequel il convient d'insister tant il fait l'objet d'un usage quelque peu biaisé, semble-t-il.

B. L'utilisation biaisée du droit comparé

Le droit comparé ou, plus exactement, la référence au droit comparé, semble constituer aujourd'hui un « *condiment obligé* »[150] des « cocktails

---

146 M. VIRALLY, *op. cit.*, p. 611

147 V. H. KELSEN, *Théorie pure du droit*, 2e éd. (trad. C. Eisenmann), Paris, Dalloz, 1962, p. 2.

148 M. VIRALLY, *op. cit.*, p. 610, note 28.

149 V. G. KALINOWSKI, *Querelle de la science normative*, Paris, LGDJ, 1969, p. 2

150 Expression démarquée de L. SINDJOUN, « La Cour Suprême, la compétition électorale et la continuité politique au Cameroun : la construction de la démocratisation passive », *Africa Development*, n° 2-1994, p. 21

méthodologiques » servis par les auteurs camerounais spécialistes du droit administratif. Cependant, à l'analyse, la pratique en la matière apparaît purement intuitive, empirique, sans « *aucun scrupule méthodologique* »[151], du fait de « *l'absence de tout balisage théorique que ce soit* »[152]. C'est que, non seulement le droit comparé est longtemps resté inexistant comme discipline académique[153], mais de surcroît, il n'y a au Cameroun, à l'heure actuelle -sauf erreur ou omission - ni travaux ni débats théoriques a fortiori sur le droit comparé, son être, sa/ses méthode(s), sa/ses finalité(s).

Dans ces conditions, l'option souvent déclarée pour l'« approche comparative » ne va pas toujours sans recouvrir quelques confusions[154]. Excepté, évidemment, dans les cas où il est procédé à la confrontation véritable d'une règle camerounaise existante avec un équivalent étranger, français le plus souvent, et, la plupart du temps, aux fins de critique systématique de la première dans l'hypothèse de différences avérées.

Ici, le caractère comparatiste de la démarche paraît hors de doute. Cependant, il pourrait s'agir d'une comparaison dénaturée dans ses moyens et dans ses fins. Dénaturation dans l'ordre des moyens -méthodologiques- d'abord, parce que la focalisation sur le droit français pris quasi automatiquement comme étalon référentiel soulève immanquablement un soupçon d'extraversion du discours doctrinal sous couvert de comparaison. Dénaturation dans l'ordre des fins ensuite, parce que la prédilection qu'affiche la doctrine pour la comparaison différentielle, ou en tout cas une certaine forme de celle-ci, révèle comme une exploitation idéologique de la comparaison, sous-jacente, mais forte.

1. L'extraversion sous couvert de comparaison : la focalisation sur le « modèle » français comme référentiel

Comme par l'effet d'une sorte de loi d'airain, en droit administratif camerounais, le comparatisme échappe difficilement[155] à un jeu de miroir entre le droit camerounais et le droit français. Il ne serait d'ailleurs peut-être pas exagéré de voir dans ce passage par la case « France » une tendance -très- lourde de la doctrine nationale.

Déjà, sur le terrain de la systématisation interne de notre droit, l'appel au droit étranger français apparaît comme un élément incontournable dans le discours savant des juristes de doctrine. Sans doute, et le doyen Bipoun Woum avait-il pleinement raison sur cet aspect, du fait d'un recours massif à la

---

[151] A l'instar des tout débuts du comparatisme en France comme l'indique B. JALUZOT, « Méthodologie du droit comparé. Bilan et prospective », *RIDC*, n° 1-2005, p. 32

[152] P. LEGRAND, « Comparer », *RIDC*, n° 2-1996, p. 284

[153] Son introduction, notamment en 1ère année du Master « Droit public » à l'Université de Yaoundé II ne date que de l'année académique 2010-2011.

[154] Confusion entre le droit comparé comme « approche » ou méthode et le droit comparé comme argument, redoublée par celle entre l'argument de droit comparé *stricto sensu* et l'argument de droit étranger.

[155] Nous généralisons évidemment.

technique juridique française par les autorités normatives et en l'état actuel de faible développement de la doctrine camerounaise de droit administratif, les auteurs s'y trouvent-ils poussés par une sorte de contrainte mécanique[156]. S'impose pareillement, et pour les mêmes raisons, l'exploitation de la doctrine française par les auteurs camerounais comme une sorte de «*patrimoine juridique commun*»[157] aux deux pays. En cela, la situation du Cameroun, loin d'être inédite, se rapproche de celle qu'ont connue d'autres pays comme, le Brésil, le Canada, le Chili, la Grèce, ou la Suisse. Pays dont l'histoire a été -assez récemment- marquée de périodes d'acculturation juridique similaire à celle vécue sous nos latitudes sous forme de pénétration d'un ou plusieurs droits étrangers servant de socle au développement d'un droit et d'une pensée juridique endogènes.

Cependant, et c'est une conclusion que le dédicataire de ces lignes ne renierait probablement pas, la nécessité du recours au droit étranger français à titre complémentaire ou supplétif ne saurait en faire un substitutif à la connaissance et à l'analyse non moins nécessaires des sources nationales en elles-mêmes, surtout lorsqu'elles s'imposent significativement par leur masse ou leur substance. Or, la doctrine semble y incliner fortement. Certains travaux s'appuient si lourdement en tout ou partie sur les sources françaises, sans en préciser de surcroît le statut épistémologique -à quel titre elles sont convoquées-que l'on pourrait légitimement douter qu'ils aient le droit camerounais pour objet[158]. De même le nombre de références à la jurisprudence française[159] atteint dans certains cas des proportions exceptionnelles eu égard à la place -limitée-laissée à l'analyse d'une jurisprudence nationale point toujours insignifiante quantitativement si ce n'est qualitativement[160]. Ce à quoi il faudrait ajouter les nombreuses analyses doctrinales foncièrement peu exactes, car établies sur un recours -trop ?- rapide aux sources étrangères faciles d'accès, mais radicalement démenties par une étude, un peu plus difficultueuse matériellement -ceci expliquant cela ?- des textes et de la jurisprudence camerounais[161].

[156] Le juge aussi d'ailleurs. Et la doctrine majoritaire n'est pas parfaitement cohérente en se réservant ce privilège d'un usage légitime de la source matérielle française qu'elle « refuse » au juge administratif.

[157] La formule est de J. DUBOIS De GAUDUSSON, « La jurisprudence des Cours Suprêmes... », *op. cit.*, p. 2

[158] V. par exemple J.-C. KAMDEM, *Contentieux administratif, op. cit.*

[159] Ce test a été mis en œuvre par D. DARBON, « Le juge africain et son miroir... », *op. cit.*, p. 246

[160] V. par ex. dans la thèse, par ailleurs précieuse, de M. S. Bilong (*Responsabilité de la puissance publique...*, op. cit.) environ 50 p. cent des références jurisprudentielles sont françaises (268 contre 287 camerounaises).

[161] Par exemple M. P. E. Abane Engolo pose que dans notre système juridique, « *les principes généraux du droit ont valeur supra-législative* »... en s'appuyant sur la jurisprudence du Conseil d'État français, notamment CE, sect., 20 oct. 1996, *Commune de Bourg-Charente* (v. *L'application de la légalité...*, *op. cit.*, p. 97, note 216 et p. 98). Une analyse point en phase avec *notre droit positif* puisque le juge administratif camerounais considère plutôt que les

Et c'est comme par extrapolation de ce penchant, nourri semble-t-il, par une croyance plus ou moins diffuse plus ou moins nettement affirmée en l'applicabilité directe des sources formelles du droit français au Cameroun voire l'inexistence d'un véritable droit camerounais[162], que la démarche comparative elle-même, pourtant gage d'ouverture dans son principe, s'enferme à peu près complètement dans une confrontation juridique franco-camerounaise. Déroulée dans un unique sens, celle-ci conduit presque *ne varietur* à la réprobation des aspects de notre droit administratif qui, s'affirmant différents, sont présentés comme « déviants » face à un droit français hypostasié par une bonne part des auteurs.

L'œuvre du juge administratif n'emporte alors aucun assentiment de la doctrine si la « comparaison » révèle qu'elle « *n'épouse pas fidèlement les choix du droit français* »[163]. Son raisonnement pourra même être considéré, dans certains cas, comme « *erroné* »[164] pour les mêmes raisons. La confrontation à la production jurisprudentielle du Conseil d'État français servant finalement beaucoup plus à mettre en exergue les aspects que le juge national n'a pas réceptionnés et dont on considère qu'il avait pourtant -mais pourquoi donc ?- « *le devoir de parler* »[165].

Nulle construction théorique sur la question toujours discutée de la comparabilité des ordres juridiques[166] et des critères de choix des référents de comparaison[167] ne vient justifier cette fixation sur la France et les éléments de son ingénierie juridique. L'argument de droit comparé devient ainsi un pur argument d'autorité, car n'étant pas fondé en raison ni sur une analyse méthodologiquement rigoureuse du droit national et du droit étranger, ni sur une confrontation des deux tout aussi bien structurée au plan de la méthode -comparative- en incluant des éléments du contexte extra juridique et visant un objectif précis. Il se résume à peu près à ceci : « *cela se fait en France, donc c'est bon pour nous* ».

Dans cette manière de faire du « droit comparé », il paraît assez difficile de voir le souci d'un progrès de notre droit appuyé sur son évaluation méthodique par rapport aux droits étrangers. Seul transparaît une sorte de « réflexe » doctrinal consistant non en un « recours » au droit français (parmi d'autres), mais en un « retour » au droit français comme mû par une difficulté atavique à penser notre droit en deçà et au-delà de celui-là.

---

principes généraux du droit ont valeur « non pas supérieure, mais égale à la loi ordinaire (CFJ/SCAY, arr. n° 68, 30 sept. 1969, *SGTE c/ E.C.or.*).

[162] L'une et l'autre croyance s'abreuvant de loin en loin à la thèse du mimétisme.

[163] Critique adressée à la formule de définition de l'acte administratif unilatéral dans l'arrêt *Ngongang Njanke* par J.C. ABA'A OYONO, *op. cit.*, p. 36, note 2.

[164] *Ibid.*, p. 435

[165] V. S. BILONG, *Responsabilité de la puissance publique…*, *op. cit.*, p. 252

[166] Sur la question, v. not., L.-J. CONSTANTINESCO, « La comparabilité des ordres juridiques ayant une idéologie et une structure politico-économique différente et la théorie des éléments déterminants », *RIDC*, 1973, pp. 5-16

[167] La comparabilité est un construit. Elle est la résultante d'un choix de l'analyste.

Qui ne voit alors combien cette sorte d'« extraversion francophile » dissimulée sous le manteau du « droit comparé » a pu être lourde de conséquences sur l'évolution et la structuration actuelle du droit administratif camerounais, particulièrement du point de vue de son autonomie à l'égard du droit français. Comme le faisait remarquer Jean Rivero, « *(...) l'utilisation par la doctrine d'un pays, des catégories et des synthèses élaborées ailleurs pour rendre compte de son droit national est une forme de greffe aussi importante que l'emprunt d'un texte ou d'une jurisprudence* »[168]. Aussi importante, sinon plus même d'ailleurs, car « *l'emprunt doctrinal est peut-être, sur la longue durée, plus chargé de conséquences qu'un emprunt législatif : le professeur donne une certaine image de leur droit à ceux qui, sortis de l'Université, feront vivre et évoluer ce droit* »[169]. Les juges en premier, puisque, selon une juste observation de M. Jean-Denis Bredin, « *le juge peut toujours ignorer la doctrine ou s'en moquer : il reste d'une certaine manière son enfant. Ce qu'il a de culture juridique s'il en a, le peu de Droit qu'il sait, il l'a d'abord appris dans les livres, par les cours, qui participent, bien ou mal de la doctrine* »[170].

Or, avec l'utilisation « franco-centrée » que fait la doctrine de l'argument de droit comparé, on aboutit à cette étrange et paradoxale conséquence que notre droit administratif jurisprudentiel serait infiniment moins original qu'il ne l'est aujourd'hui si le juge prenait toujours au pied de la lettre les indications fournies par la doctrine dominante, censée être engagée pourtant dans l'édification d'un droit administratif véritablement endogène dont elle reste, pour l'heure, peu convaincue de l'existence.

Extraversion donc sous le couvert de la comparaison. Ajoutons aussi l'instrumentalisation idéologique de cette dernière pour compléter le tableau des distorsions qui en perturbent la mise en œuvre.

2. L'« idéologisation » de la comparaison : la prédilection pour une certaine comparaison différentielle

Le droit comparé ne se résume pas seulement chez nous à un tête-à-tête entre le droit français et le nôtre. Surtout, en comparant, l'on se préoccupe davantage de faire saillir des différences entre l'un et l'autre. Comparaison différentielle diront les spécialistes[171].

Juste que celle-ci semble d'un genre un peu particulier. Première particularité, la mise en exergue des différences sert principalement, on l'a vu, à nourrir une critique de la jurisprudence administrative camerounaise dans certains de ses aspects singuliers et beaucoup plus rarement à leur mise en valeur par contraste avec le droit français. La seconde raison du particularisme de ce

---

168 J. RIVERO, *« Les phénomènes d'imitation des modèles étrangers », p. 630 in :*

169 *Ibid.*

170 J.-D. BREDIN, « Remarques sur la doctrine », *op. cit.*, p. 113

171 M.-Cl. PONTHOREAU, « Le droit comparé en question (s). Entre pragmatisme et outil épistémologique », *RIDC*, n° 1-2005, p. 10

mode de comparaison différentielle tient au fait qu'elle s'opère dans un contexte doctrinal profondément marqué par un puissant courant doctrinal critique dirigé contre le juge administratif pour son incapacité alléguée à se démarquer des lignes tracées par le Conseil d'État en France. Comment la doctrine peut-elle donc critiquer tout à la fois, simultanément, et le « mimétisme » du juge administratif par rapport à son homologue français et son autonomie relative à l'égard de l'« orthodoxie » représentée par la jurisprudence administrative française ? Peut-être la contradiction n'est-elle qu'apparente.

En fait, la doctrine, comme le juge, est « *engagée* »[172]. Mais pas au service des mêmes valeurs. Si le second reste jusqu'ici globalement impliqué dans la défense de l'ordre des valeurs -conservatrices- établi par les pouvoirs publics, la première semble majoritairement acquise à la subversion de celui-ci par le fait d'une forte inclination libérale. Un politologue averti a pu faire la même observation selon laquelle, dans notre pays, « *le rapport des juristes aux institutions publiques est généralement médiatisé par des préconstructions idéales de type libéral* »[173]. Et c'est dans le répertoire que leur offre la jurisprudence française actuelle et passée la doctrine et le juge, vont rechercher les instruments juridiques les mieux à même de permettre l'actualisation de leurs engagements idéologiques sous-jacents respectifs.

C'est pour cette raison que la doctrine peut, tout en restant parfaitement cohérente avec elle-même, critiquer le juge de s'inspirer à la fois trop et pas assez du droit français. Le premier grief étant excipé pour disqualifier l'importation du droit étranger lorsque le juge administratif tire de la jurisprudence française des règles plutôt favorables au déploiement de la puissance publique. Et le second, appuyé sur la mobilisation de l'argument de droit comparé, étant utilisé au contraire pour « imposer » au juge l'importation du droit étranger dans certains cas où il adopte une position originale jugée moins favorable à l'expression des libertés que l'équivalent français. En un mot comme en plusieurs, le droit comparé semble ainsi faire l'objet d'une instrumentalisation idéologique par la fraction majoritaire des spécialistes du droit administratif.

Ce faisant, ces derniers sont-ils encore dans leur rôle ? Il s'agit là d'une question d'une grande acuité. Elle engage profondément la conception que l'on se fait de l'étude du droit et de la responsabilité sociale du juriste savant -celui qui a pour métier de penser le droit-. Deux problèmes fondamentaux qui mènent invariablement à un inextricable dilemme, que la doctrine contemporaine s'épuise à essayer de résoudre : entre l'éthique du savant et les convictions du citoyen où doit donc se situer le curseur du discours juridique savant ?

---

172 Elle n'assume pas une position de neutralité axiologique face au droit édicté par les pouvoirs publics.

173 M. L. Sindjoun cité par M. E. OWONA NGUINI, « Juristes-savants, droit de l'État et État de droit au Cameroun : l'énonciation professorale du droit de la souveraineté et des droits de l'homme au crible d'une sociologie politique du champ juridique », *RCSP*, n° 2-1998, p. 32

Un moyen terme a été envisagé par différents auteurs, et qui consiste à distinguer l'aspect doctrinal de l'activité des juristes-savants de la part proprement scientifique de celle-ci[174]. La seconde étant seule redevable des impératifs de neutralité et d'objectivité inaccessibles à la première. La solution ne manque pas d'intérêt. Simplement, elle repose sur une distinction, celle entre la doctrine juridique et la science du droit, qui n'apparaît pas, sous la plume même de ceux qui en sont les promoteurs, ni parfaitement nette ni véritablement absolue[175].

En fait, et en fin de compte, qu'il se drape du manteau de la « science » ou de celui de la « doctrine », le travail du juriste savant est toujours, d'abord, en plus ou en moins selon les cas, de connaissance objective du droit. Comme le dit Mme Danièle Loschak, « *s'astreindre à l'objectivité, ne pas se laisser guider par ses préférences personnelles, font assurément partie de la déontologie du chercheur* »[176]. Et si l'on doit toutefois admettre que le discours savant ne saurait être parfaitement neutre, en toutes circonstances pures de tout jugement de valeur à propos d'un objet qui ne l'est pas, ce ne peut être qu'à condition que le théoricien soit transparent sur ses préjugés personnels et les assume à ce titre. Alors seulement, oui, on pourra le dire tout net : « *la doctrine a le droit d'être partisane à condition de se donner pour telle et non pour porteuse de la vérité scientifique* »[177]. Même si, chacun a pu en faire l'expérience, « *faire la différence entre la défense de ses convictions et celle de ses intérêts n'est pas toujours aisé* »[178].

Le doyen Joseph-Marie Bipoun Woum, homme de convictions s'il en est, lui, a toujours su y parvenir. N'est-ce pas là le secret de cette œuvre, menue et paradoxalement si puissante, qu'il lègue à la postérité et qui continue de nourrir, qu'on s'y rallie ou qu'on s'en distancie, la science du droit administratif au Cameroun depuis plus de quarante ans aujourd'hui ? Un grand, un TRES grand juriste, vous dis-je…

---

[174] V. not. P.AMSELEK, « La part de la science dans l'activité des juristes », *D.*, 1997, pp. 337 et s. ; J. CHEVALLIER, « Doctrine juridique et science juridique », *Droit et Société*, n° 50-2002, pp. 103-119

[175] *Ibid.*, p. 104

[176] D. LOSCHAK, « Entre l'éthique du savant et les convictions du citoyen : le juriste face à ses dilemmes », p. 644 in : *Mélanges en l'honneur de Michel Troper*, *op. cit.*

[177] Philippe JESTAZ, « Déclin de la doctrine ? », *Droits*, n° 20, 1994, p. 93

[178] Didier TRUCHET, « Quelques remarques sur la doctrine », *op. cit.*, p. 772

DEUXIÈME PARTIE

DROIT INTERNATIONAL PUBLIC ET RELATIONS INTERNATIONALES

Droit et démarcation des frontières à la lumière de l'expérience de la démarcation de la frontière entre le Cameroun et le Nigeria*

Professeur Maurice KAMTO
Membre et Président de la Commission du Droit International des Nations Unies.
Membre de l'Institut de Droit International.
Doyen Honoraire de la Faculté des sciences juridiques et politiques, Université Yaoundé II

INTRODUCTION

La frontière est l'élément fondamental de définition du territoire d'un État. La Cour internationale de Justice (C.I.J.) l'a exprimé d'une formule lapidaire dans l'affaire du *Différend territorial (Libye/Tchad)* : « 'Définir'un territoire signifie définir ses frontières »[1]. L'opération complète de détermination de cette ligne frontière comprend deux phases principales : la délimitation et la démarcation.

Il est arrivé que l'on confonde ces deux opérations même dans certains textes juridiques. Ainsi, l'article 5 du Traité de paix de Lausanne avec la Turquie stipulait qu'« [u]ne Commission de délimitation sera chargée de tracer, sur le terrain, la frontière décrite dans l'article 2 », et « s'efforcera, dans tous les cas, de suivre au plus près les définitions données dans le présent Traité, en tenant compte autant que possible, des limites administratives et des intérêts économiques locaux »[2]. Cette confusion entre la délimitation et la démarcation, n'est pas exceptionnelle, les documents étayant la pratique des États montrant qu'elle arrive souvent lorsque la

* Un lien invisible, parce qu'intellectuel, s'est tissé très tôt entre l'éminent dédicataire de la présente contribution et son auteur. Il s'est consolidé au fil des ans, des épreuves et des offrandes communes à l'autel de la Nation. La présente réflexion est un prétexte pour rendre un hommage résonnant et enthousiaste à l'un des plus fins esprits du droit public au Cameroun dont je m'honore de l'amitié et de l'affection discrètes.

[1] C.I.J., arrêt du 3 février 1994, *Recueil* 1994, p. 26 § 52.

[2] Traité du 24 juillet 1923, in *Recueil des Traités de la Société des Nations (R.T.S.D.N.)*, n°701, vol. 28, p. 12.

question des frontières est abordée par les politiques et de façon générale par les non-spécialistes[3].

Traditionnellement, les spécialistes de la question distinguent, en les opposant la délimitation de la démarcation.

La délimitation est une « opération politique et juridique »[4], ou plus précisément encore, une opération de nature « politico-juridique »[5] par laquelle deux États parviennent, par accord direct ou par recours à une tierce partie, à « tracer la ligne exacte ou les lignes exactes de rencontre des espaces où s'exercent respectivement les pouvoirs et droits souverains » de ces États[6]. Selon le professeur Daniel Bardonnet, cette opération consisterait à « déterminer intellectuellement » l'emplacement de la « ligne divisoire » et correspondrait dès lors à « une définition *in abstracto* de la frontière »[7]. Elle est généralement l'œuvre des diplomates et des juristes, y compris les juges.

La démarcation quant à elle s'entend de l'« opération technique » selon certains[8], ou « matérielle » selon d'autres[9], consistant à transposer sur le terrain le tracé d'une frontière préalablement délimitée entre deux États. Elle intervient dans un second temps, en tant qu'activité matérielle subordonnée à la délimitation, « ayant pour objet de fixer, *in concreto*, la frontière sur le terrain »[10]. A vrai dire, la démarcation est un exercice à la fois technique et matériel en ce qu'elle combine le travail technique des cartographes et des topographes voire des arpenteurs, à celui plus matériel ou physique lié à l'abornement, c'est-à-dire la matérialisation de la frontière sur le terrain par l'implantation des repères physiques que sont les bornes et autres structures équivalentes.

La C.I.J. a campé cette distinction d'abord dans l'arrêt qu'elle a rendu en 1994 en l'affaire du *Différend territorial* (Libye/Tchad)[11], puis, en s'appuyant sur celui-ci, dans l'arrêt du 10 octobre 2002 en l'affaire de la

---

[3] Voir par exemple, les propos du Premier Ministre tchadien rapportés par la Cour dans l'affaire du *Différend territorial (Libye/Tchad)* précitée (C.I.J., *Recueil* 1994, p. 28, § 56); ou encore la confusion entre Commission de démarcation et Commission de délimitation de la frontière entre l'Iraq et le Koweit (« Rapport final de la Commission des Nations Unies pour la démarcation de la frontière entre l'Iraq et le Koweit », 20 mai 1993, publié dans la *Revue Générale de Droit et de Jurisprudence (R.G.D.J.)*, 1993, p. 847).

[4] Voir notamment : D. BARDONNET, « De la 'densification' des frontières terrestres en Amérique latine », *Mélanges Claude-Albert Colliard*, Paris, Pedone, 1984, p. 4.

[5] C.I.J., *Délimitation de la frontière dans la région du Golfe du Maine*, arrêt du 12 octobre 1984, *Recueil*, 1984, p. 277, § 56.

[6] *C.I.J., Plateau continental de la mer Égée*, arrêt du 19 décembre 1978, *Recueil 1978*, p. 35, para. 85.

[7] D. BARDONNET, *op. cit.*, p. 4.

[8] NGUYEN QUOC DINH, P. DAILLET, A. PELLET, *Droit international public*, 4e éd., Paris, L.G.D.J., 2002, p. 456.

[9] V. J. SALMON (éd.), *Dictionnaire de droit international public*, Paris/Bruxelles, AUF, Bruylant, p. 317.

[10] D. BARDONNET, *op. cit.*, p. 4.

[11] *C.I.J. Recueil 1994*, p. 28, par. 56.

Frontière terrestre et maritime entre le Cameroun et le Nigeria (Cameroun c. Nigeria ; Guinée Équatoriale (intervenant)) en ces termes : « la délimitation d'une frontière consiste en sa « *définition* », tandis que la démarcation d'une frontière, qui présuppose la délimitation préalable de celle-ci, consiste en son abornement sur le terrain »[12].

L'opposition radicale entre la délimitation qui serait de nature strictement politico-juridique et la démarcation qui serait purement technico-matérielle paraît cependant excessive. De même que toute délimitation repose sur un minimum de données techniques en particulier le matériau cartographique, toute démarcation s'appuie sur les données juridiques de la délimitation. Bien plus, la démarcation passe souvent par une réinterprétation du droit généré par l'exercice de délimitation ou au comblement des lacunes dudit droit et aboutit elle-même, en définitive, à la production d'instruments à la fois techniques et juridiques en ce qu'ils fixent les frontières autant qu'ils sont contraignants pour les États concernés par cette démarcation. L'expérience de la démarcation de la frontière entre le Cameroun et le Nigeria est particulièrement éclairante à cet égard et servira ici d'illustration à cette thèse.

I. Le droit a l'epreuve des realites du terrain

En réalité, l'opération de démarcation commence par un dialogue implicite entre la technique et le droit, voire entre les techniciens et les juristes : les données fournies par l'instrument juridique de délimitation sont-elles assez précises pour la transposition technique du tracé défini sur le terrain ?

Très rapidement, et bien plus souvent qu'on ne peut l'imaginer, les techniciens, cartographes et topographes spécialistes de la démarcation, réalisent que le texte juridique présente des lacunes ou que les éléments physiques auxquels ils renvoient sont imprécis, en décalage avec l'emplacement indiqué ou tout simplement introuvables. Le passage de l'instrument abstrait qu'est le droit à la situation concrète à laquelle se confronte la démarcation réserve des surprises. L'épreuve de terrain met en évidence les limites du *negotuim* juridique et impose généralement aux techniciens de la démarcation de trouver des solutions qui sont techniques par nature, mais juridiques quant à leurs effets dans la mesure où elles s'imposent aux parties puisqu'elles en sont convenues.

---

[12] *C.I.J. Recueil 2002*, p. 359, par. 84. La Cour indique, comme pour étayer le bien-fondé de cette distinction : « En l'espèce, les Parties ont reconnu l'existence et la validité des instruments dont l'objet était d'opérer la délimitation entre leurs territoires respectifs ; par ailleurs, les deux Parties ont insisté à de multiples reprises sur le fait qu'elles ne demandaient pas à la Cour de procéder à des opérations de démarcation, celles-ci devant être effectuées par leurs propres soins à un stade ultérieur. La tâche de la Cour n'est donc ni de procéder à une délimitation *de novo* de la frontière, notre de démarquer celle-ci ». (*ibid.*).

C'est exactement ce qui se produit dans le cadre de la démarcation de la frontière terrestre et maritime entre le Cameroun et le Nigeria, deux États situés sur la côte occidentale de l'Afrique dont la frontière terrestre s'étend du Lac Tchad à la mer sur une distance d'environ 1800 km. Cette frontière a été délimitée par des divers accords coloniaux conclus à la fin du XIXe siècle et au début du XXe siècle par l'Allemagne, la France et la Grande-Bretagne. La Cour internationale de Justice (C.I.J.) en a fait une énumération exhaustive aux paragraphes 33 et 34 de son arrêt du 10 octobre 2002 dans l'affaire de la *Frontière terrestre et maritime entre le Cameroun et le Nigeria*[13] dans laquelle la Guinée Équatoriale apparut comme intervenant non partie. En effet, alors même que leur frontière commune était entièrement délimitée et partiellement démarquée par les nombreux instruments juridiques auxquels on vient de faire référence, divers incidents frontaliers ont eu lieu entre les deux pays après leur accession à l'indépendance en 1960, culminant par l'invasion et l'occupation militaires du territoire camerounais dans le Lac Tchad en 1987 et de la presqu'île camerounaise de Bakassi à la fin de décembre 1993 et au début de janvier 1994. Le différend frontalier entre les deux États prenait ainsi un tour inattendu et particulièrement grave, passant de quelques incidents plus ou moins mineurs autour du tracé exact de la frontière à un véritable litige territorial.

Faute de s'entendre sur l'impératif d'une stricte application des accords coloniaux de délimitation et du respect scrupuleux du principe du respect des frontières héritées à l'accession à la souveraineté internationale, le Cameroun, qui s'estimait victime de la situation prévalant sur le terrain, saisit la C.I.J. le 29 mars 1994 d'une requête introductive d'instance au sujet du différend qu'il circonscrivait alors à la question de la souveraineté ; puis, le 6 juin 1994 il adressa à la Cour une requête additionnelle aux fins d'élargissement du différend à la question de la souveraineté sur une partie du territoire camerounais dans la zone du lac Tchad, et demandant par ailleurs à la Cour de « préciser définitivement » la frontière entre les deux États, du lac Tchad à la mer. Cependant, la Cour ne pouvait pas se prononcer sur le fond de cette affaire sans s'assurer au préalable d'une bonne compréhension de la « tâche » dont le requérant l'avait saisi. En l'occurrence, il s'agissait de cerner la signification de l'expression « préciser définitivement » le tracé de la frontière terrestre tel qu'il a été fixé dans les instruments de délimitation pertinents. Pour la Cour,

« [L]a frontière terrestre ayant été délimitée par différents instruments juridiques, il échet certes, aux fins de préciser définitivement son tracé, de confirmer que ces instruments lient les Parties et sont applicables. Toutefois, contrairement à ce que le Cameroun a laissé entendre à certains stades de la procédure, la Cour ne saurait remplir la mission qui lui a été confiée en

---

[13] *C.I.J., Recueil 2002*, pp. 331-332.

l'espèce en s'en tenant à une telle confirmation. En effet, dès lors que le contenu même de ces instruments fait l'objet d'un différend entre les Parties, la Cour, pour préciser définitivement le tracé de la frontière en question, doit nécessairement se pencher plus avant sur ceux-ci. Le différend qui oppose le Cameroun et le Nigeria sur certains points de la frontière terrestre entre le lac Tchad et Bakassi ne consiste en réalité en rien d'autre qu'en un différend sur l'interprétation ou l'application de tel ou tel passage des instruments de délimitation de cette frontière »[14]

Comme on le voit, la Cour, consciente de ce qu'elle ne pouvait se contenter d'une décision formelle de confirmation des instruments juridiques de délimitation existants sans laisser presque entier le différend qui opposait les deux parties, a ainsi reconnu, implicitement du moins, l'existence d'une zone intermédiaire entre la délimitation et la démarcation pures. Si l'une consiste en une opération juridique formelle et l'autre en une opération technique matérielle, l'application concrète des instruments de délimitation passe par une étape intermédiaire se situant entre l'interprétation desdits instruments et leur transposition sur le terrain dont la phase ultime est l'abornement. Cette étape intermédiaire est considérée comme faisant partie de la délimitation lorsqu'elle est réalisée par des juristes ou, comme en l'occurrence par une instance juridictionnelle. Elle est, ou peut être intégrée dans la démarcation lorsqu'elle est intégrée comme une étape de celle-ci et est réalisée par des techniciens de la démarcation, fût-ce avec l'assistance des juristes.

C'est sur l'ensemble de ce différend ainsi défini, que la Cour s'est prononcée dans l'arrêt du 10 octobre 2002 précité, dans un exercice de délimitation par confirmation des instruments juridiques existants (on pourrait aussi parler d'un exercice de consolidation de la délimitation) et d'amorce de la démarcation par le biais du règlement du contentieux de l'application desdits instruments, lequel lui a imposé l'examen de la cartographie et la détermination de certains éléments physiques de repérage de la frontière sur le terrain.

Pour autant, on n'était pas au bout des difficultés. Restait en effet à exécuter l'arrêt ainsi rendu par la Cour. Le Nigeria y fut d'abord opposé avant de se montrer ensuite bien disposé grâce aux bons offices du Secrétaire Général des Nations Unies d'alors, M. Kofi A. Annan. Ensemble avec les Chefs d'État des deux pays, les Présidents Paul Biya du Cameroun et Olusegun Obasanjo du Nigeria, ils mirent sur pied, le 15 novembre 2002 à Genève, la Commission Mixte Cameroun-Nigeria chargée de l'application de l'arrêt du 10 octobre 2002, sous la présidence du représentant personnel du Secrétaire général des Nations Unies pour l'Afrique de l'Ouest.

La Commission Mixte créa en son sein trois structures techniques opérationnelles : la Sous-commission de la Démarcation, la toute première,

---

[14] *C.I.J., Recueil 2002*, pp. 359-360, par. 85.

créée lors de la première réunion de ladite Commission tenue à Yaoundé le 2 décembre 2002 ; la Sous-commission des Populations concernées ; et quelque temps après, le Groupe de Travail sur la frontière maritime.

La Sous-commission de la Démarcation et le Groupe de Travail sur la frontière maritime créèrent, chacun en son sein, une Équipe Technique Mixte composée exclusivement d'experts des deux États et des Nations Unies, pour la réalisation concrète du travail sur le terrain. Plus particulièrement, la Sous-commission de la Démarcation mit en place son Équipe Technique Mixte (ETN) à sa première session tenue à Genève les 8 et 9 janvier 2003.

Le travail de démarcation a commencé, conformément aux meilleures pratiques en la matière, par l'évaluation sur le terrain de la frontière. L'objectif général de celle-ci est de recueillir les informations nécessaires pour la mise en place des bornes et l'exécution rapide des activités topographiques, son objectif spécifique étant d'identifier individuellement l'emplacement des bornes. Techniquement, l'évaluation de la frontière consiste à reporter sur le terrain le tracé de la frontière défini dans l'instrument de délimitation. Il s'agit concrètement d'un exercice technique qui commence par un travail de bureau conduisant à la réalisation d'extraits de carte, ou cartes images préliminaires, à partir des images satellites à haute résolution, sur lesquels est représentée une ligne provisoire. Cette ligne provisoire fait ensuite l'objet de vérification et au besoin d'ajustement sur le terrain à partir des points des coordonnées extraites des instruments de délimitation et levés sur le terrain, les objectifs spécifiques de l'évaluation sur le terrain étant d'identifier individuellement l'emplacement des bornes.

Lors de la procédure devant la C.I.J., dix-sept points litigieux de la frontière terrestre avaient été examinés par la Cour qui s'était prononcée sur chacun d'eux[15]. La plupart des difficultés rencontrées lors de la démarcation portaient sur le cours exact de la frontière dans les zones en question, auxquelles se sont ajoutées d'autres inattendues, créées par la réalité de terrain d'une frontière relativement longue fondée en grande partie sur des éléments naturels dont certains ont subi des modifications et d'autres disparus au cours du siècle qui a séparé leur identification entre la fin du XIXe siècle et la démarcation au début du XXIe siècle. Environ vingt et une zones de désaccords ont été recensées par l'Équipe Technique Mixte de démarcation. La résolution de ceux de ces désaccords qui présentent une grande sensibilité sur le plan politique a été renvoyée à plus tard pour être examinée, à la fin de l'ensemble de l'opération de démarcation par les instances politiques de la Commission Mixte Cameroun-Nigeria.

En revanche quelques-uns des vingt et un points ont pu être résolus pendant les travaux d'évaluation sur le terrain, ou au cours des réunions de l'Équipe Technique Mixte (ETM), ou de celles de la Sous-commission de la

---

15 *C.I.J., Recueil 2002*, p. 360, § 86.

démarcation. C'est la manière dont ces points ont été résolus et la nature juridique de l'acte consacrant ces solutions qu'il convient de présenter en raison de leur intérêt pour l'illustration du rapport de la démarcation au droit. En l'occurrence, la démarcation apparaît comme un moyen, une occasion ou un facteur de production de normes juridiques contraignantes à partir d'arrangements techniques. On note à cet égard, sur le plan du vocabulaire employé dans les documents de démarcation, une occurrence du terme « accord » et des expressions « ont convenu », « ont adopté », « ont adhéré » ou « ont accepté ». Ainsi, il ressort du rapport de la réunion de l'ETM du 10 octobre 2005 que, « [c]oncernant l'utilisation des coordonnées fournies dans l'arrêt de la C.I.J., les Parties *ont convenu* que ces coordonnées aideront à identifier au cas par cas l'élément physique tel que défini par la Cour. Si les Parties ne parviennent pas à identifier cet élément physique sur le terrain, elles devront *convenir* d'une solution pratique permettant le choix satisfaisant d'un point sur le terrain ».

Sur la frontière terrestre, les points suivants ont fait l'objet d'arrangements acceptés par les deux parties :

A. Marais d'Agzabam

Sur le terrain il n'y a pas eu de consensus entre les membres de l'ETM sur le tracé de la ligne frontière dans cette zone. Deux lignes ont donc été levées, chacune d'elles représentant la prétention de l'une des parties. L'ETM a convenu, au cours de sa réunion tenue à Yaoundé (Cameroun) le 19 avril 2006, de résoudre le problème « en adoptant la ligne médiane séparant les deux tracés initialement proposés par les deux Parties. Les sites des bornes-frontières ont été calculés et les fiches signées »[16].

B. Dumo

Cette zone a été évaluée pendant la phase pilote de l'opération de démarcation. Sur le terrain, chaque partie a indiqué un point différent, correspondant d'après elle aux coordonnées fournies par la Cour. Dans l'incapacité de s'accorder à ce sujet, elles ont demandé aux Nations Unies de faire une proposition concrète concernant ce point en se basant sur les éléments recueillis lors du projet pilote[17]. Au cours de la réunion de l'ETM du 19 avril 2006, les Nations Unies ont proposé aux parties « *d'accepter* » la solution suivante : « le point levé sur le terrain par l'ETM sur la ligne de partage des eaux ayant les coordonnées géographiques (WGS84)

[16] CMCN : *Rapport de la réunion de l'Équipe Technique Mixte de la Sous-commission de la Démarcation*, 19 avril 2006, para. 15.

[17] CMCN : *Rapport de l'Équipe Technique Mixte de la Sous-commission de la Démarcation*, 10 octobre 2005, para. 14.

10°03'33.5769" N, 13°48.7390" E, projection UTM (Zone 33) 1 112 456.54 N, 313 352.79 E. A partir de ce point, une ligne droite sera suivie par l'ETM jusqu'à ce qu'elle arrive à la source de la rivière Tsikakiri identifiée de la façon [ci-après] mentionnée »[18].

C. Source de la rivière Tsikakiri

Ce point est abordé au paragraphe 27 de la Déclaration Thomson-Marchand des 29 décembre 1929 et 31 janvier 1930 fixant la ligne séparative entre les territoires sous mandat britannique et français dans la partie septentrionale du Cameroun. Ledit paragraphe fixe la frontière dans la zone comme suit : « (27) Du sommet du mont Mulikia elle atteint la source du Tsikakiri, laissant Kotcha à l'Angleterre et Dumo à la France ; puis elle longe une ligne jalonnée provisoirement par quatre bornes par MM. Vereker et Pition en septembre 1920 »[19].

Le Nigeria et le Cameroun avaient déjà exposé devant la Cour des positions opposées sur la détermination de la source de la Tsikakiri. La Cour avait tranché en concluant que la frontière dans la région visée au paragraphe 27 de la déclaration Thomson-Marchand « part du point de coordonnées 13° 17'50" de longitude est et 10° 03'32" de latitude nord qui se trouve aux abords de Dumo. Puis, de ce point, la frontière rejoint par une ligne droite le point que la Cour a interprété comme étant la « source du Tsikakiri » mentionnée par la déclaration, avant de suivre le cours de cette rivière »[20]. La Cour avait même joint à cette description un croquis illustratif à la page 376 de son arrêt.

Pas plus que devant la Cour, les parties ne se sont pas accordées sur la localisation de la source de cette rivière lors de la démarcation. En fait, l'évaluation de ce point pendant la phase pilote a révélé trois sources. Lors de la réunion de l'ETM tenue à Abuja (Nigeria) le 10 octobre 2005, les Parties ont demandé aux Nations Unies de faire une proposition concrète en ce qui concerne la source de la rivière Tsikakiri. A la réunion de l'ETM du 19 avril 2006 à Yaoundé, les Nations Unies ont présenté aux Parties, sur cette base, « des propositions qui ont rencontré l'*adhésion du Cameroun et du Nigeria* »[21], permettant ainsi de résoudre les questions en suspens relatives à l'identification de cette source. La solution proposée est la suivante : « Utilisant la même méthodologie que celle utilisée pour identifier la source de la rivière Kohom (Évaluation sur le terrain par l'ETM – Phase 1, tronçon 5), l'ETM marchera tout au long de la rivière Tsikakiri, en direction

---

[18] CMCN : *Rapport de la réunion de l'Équipe Technique Mixte de la Sous-commission de la Démarcation*, 19 avril 2006, Annexe 5.

[19] *C.I.J., Recueil 2002*, p. 374, para. 125.

[20] *C.I.J., Recueil 2002*, p. 375, para. 129.

[21] CMCN : *Rapport de la réunion de l'ETM de la Sous-commission de la Démarcation*, 19 avril 2006, para. 18.

opposée à celle du courant, jusqu'à ce qu'elle rejoigne le dernier point auquel le lit du fleuve est clairement défini, tel que convenu au paragraphe 14 de la réunion du 10 octobre 2005 »[22].

Dans les trois cas ci-dessus ayant donné lieu à des arrangements sur le terrain, il apparaît que les solutions n'ont jamais été imposées aux Parties. Elles sont, soit *convenues* par les Parties dans le cadre de l'ETM, soit *acceptées* par les Parties qui y adhèrent sur proposition du facilitateur/médiateur que sont les Nations Unies dans le cadre de cette expérience singulière. Ces solutions convenues ou consensuelles constituent par conséquent des actes juridiques, et les documents qui les contiennent des instruments juridiques contraignants opposables aux Parties.

II. LES ARRANGEMENTS TECHNIQUES OU PRATIQUES DE DEMARCATION ET LEUR FORCE JURIDIQUE

On pourrait être perplexe à l'idée que des experts techniques, relevant parfois des strates inférieures de la hiérarchie administrative de leurs pays puissent de la sorte convenir des arrangements à valeur juridique contraignante, et donc engager leurs États au niveau international. A vrai dire, la force juridique de ces arrangements découle de la chaîne d'habilitation à négocier (techniquement) et à conclure des ententes ou des solutions, allant des États à la Commission Mixte Cameroun-Nigeria, de celle-ci à la Sous-commission de la démarcation, et de cette dernière à l'ETM dont les documents remontent la chaîne en sens inverse pour validation.

La Sous-commission de la Démarcation a approuvé principalement deux documents de portée juridique élaborés et adoptés par l'ETM, lesquels ont ensuite été entérinés par la Commission Mixte : d'une part, les « Instructions préliminaires pour la démarcation » contenues dans un document intitulé : « Fonctions provisoires de l'Équipe Technique Mixte (ETM) » figurant en Annexe III au rapport de la sixième réunion de la Sous-commission de la Démarcation[23] ; d'autre part, le « Guide Technique pour l'évaluation sur le terrain ».

Premièrement, les « Instructions préliminaires pour la démarcation » : elles opèrent des choix d'équipements à utiliser par l'ETM et posent des règles et principes précis que celles-ci doit observer dans l'accomplissement de sa mission. Ainsi, s'agissant des matériaux techniques à utiliser elles arrêtent que « [l]a cartographie de base sera de type ortho-image et aura pour seul objectif celui d'appuyer/soutenir la réalisation et le relevé de la démarcation », et que le référentiel géodésique est le WGS84. En ce qui

[22] *Ibid.* Annexe 5.

[23] CNMC : *Report of the Sixth Meeting of the Sub-Commission on Demarcation*, Abuja, 24-27 October 2003, Annexe III, pp. 3-6 ;

concerne les règles à observer pour la démarcation, les parties se sont accordées dans lesdites « Instructions » sur les suivantes :

- Les points d'inflexion difficiles de la frontière « ont été définis par des coordonnées géographiques, mais sont localisés à des endroits où la pose de borne n'est pas possible (dans un lac, une rivière ou un marais). Ces cas ne seront pas nombreux et les positions seront définies par coordonnées. Des bornes principales seront implantées sur la frontière si les bornes intermédiaires régulières étaient jugées inadéquates pour une claire démarcation de la frontière ».
- Pour ce qui est du positionnement de points à l'aide de coordonnées géographiques, « [l]es points ou les bornes représentant la frontière telle qu'elle résulte de l'arrêt de la C.I.J. demandent un positionnement précis afin que les coordonnées coïncident avec le point ou la borne représentant la frontière ».
- En ce qui concerne l'utilisation des monuments existants, « [l]es monuments 2 et 5 déjà mis en place par l'IGN (Institut Géographique National-France) seront maintenus, tous les autres seront remplacés par des nouvelles bornes » dont les spécifications ont été arrêtées d'accord parties.
- Lorsque la frontière suit une ligne droite, « les bornes principales seront placées à intervalle de 5 km. Les bornes intermédiaires seront placées avec un intervalle de 500 m qui sera réduit à 100 m en secteurs habités. Selon la configuration du terrain, une certaine flexibilité dans l'intervalle est à prévoir ».
- Lorsque la ligne frontière traverse des routes ou des rivières, « des bornes seront placées sur leurs deux côtés ». Il ne sera pas posé de bornes « à l'intersection de pistes ».
- Lorsque la frontière longe une rivière, elle suivra « la ligne médiane de la rivière et sera définie par une série de lignes droites entre les points coordonnés. Les points d'inflexion seront identifiés sur les angles des segments droits de la ligne médiane de la rivière. Aux points d'inflexion des rivières, une borne intermédiaire sera posée sur la berge traversée par la frontière. Une marque témoin sera placée sur la berge opposée. Au lieu de bornes, des marques témoins seront placées à intervalle le long des deux côtés de la rivière ».
- Sur la question toujours délicate de l'appartenance des îles dans les rivières, il a été convenu qu'elle « sera déterminée selon leur position par rapport à la ligne médiane. La décision finale sur les îles sera remise jusqu'à ce que des nouvelles images permettent une plus exacte évaluation de leur position ».
- S'agissant de la ligne de partage des eaux visée à plusieurs reprises par les instruments de délimitation comme correspondant à la ligne frontière, il a été convenu que des modèles numériques d'évaluation (MNE) « seront utilisés pour [les] identifier. Des inspections seront

aussi effectuées ». Quant à la « ligne incorrecte de partage des eaux » mentionnée dans la déclaration Thomson-Marchand et confirmée par la C.I.J., elle « sera reproduite à partir de la carte jointe au jugement de la C.I.J., avec la plus grande précision possible en tenant compte de l'échelle, de la projection et du référentiel géodésique de la carte ».

Enfin, les membres de l'ETM – et en son sein les deux États parties – ont convenu de définir les principes posés pour la démarcation et les opérations de levés ultérieures, ainsi qu'il suit :

- « 1. La démarcation devra être claire et sans ambiguïté sur le terrain.
- 2. Les rapports devront être clairs et inclure des croquis permettant une identification efficace des marques et détails sur le terrain.
- 3. Toutes les parties de la frontière devraient être facilement identifiables dans le futur.
- 4. Toutes les bornes de la frontière devront être levées de façon à ce que les coordonnées correspondent au-dessus desdites bornes »[24].

Deuxièmement, le « Guide Technique pour l'évaluation » : il est basé sur diverses décisions pertinentes prises par la Sous-commission de la Démarcation à sa première réunion en janvier 2003 à Genève, ainsi que sur d'autres décisions pertinentes subséquentes du même organe et de l'ETM. Il expose en détail les procédures à suivre sur le plan technique par cette dernière dans le cadre de ses activités sur le terrain afin que l'évaluation de la frontière soit menée de manière claire, efficace et rapide.

Le Guide Technique comprend six parties portant respectivement sur : i) Introduction et objectifs ; ii) Principes généraux, iii) Méthode de travail de l'ETM sur le terrain ; iv) Procédures d'identification de l'emplacement des bornes ; v) Consultation de la Sous-commission de la Démarcation ; vi) Guide pour le rapport descriptif.

En ce qui concerne les « Principes généraux », certains d'entre eux ont un caractère normatif dont la force contraignante paraît indiscutable. Ainsi, il est dit que chaque Partie « apportera sur le terrain [ses] GPS de poche et moyens de transport, et prendra en charge toutes ses dépenses » ; que les Parties « fourniront des hélicoptères pour le travail de l'Équipe Technique Mixte si et quand cela sera nécessaire » ; et qu'elles seront par ailleurs « responsables de la sécurité de tous les membres de l'ETM à tout moment lors des opérations sur le terrain », chaque Partie assumant cette responsabilité lorsque les activités se déroulent sur son territoire. Ce dernier point correspond au principe classique de la compétence territoriale de l'État bien établi en droit international.

S'agissant des principes devant gouverner l'action de l'expert des Nations Unies dans le cadre de l'ETM, le Guide stipule que le géomètre affecté par

[24] *Ibid.*, p. 6.

cette organisation à chaque équipe de terrain participera à toutes les activités sur le terrain et appuiera en équipements de levé topographique et en véhicule dans le cadre des activités sur le terrain. Ce rôle qui a été clarifié dans le rapport de la réunion de l'ETM tenue à Abuja, les 5 et 6 mai 2005, précise que le géomètre des Nations Unies doit :

- « Servir de modérateur et assumer un rôle central au sein des équipes techniques.
- Contribuer à localiser sur le terrain les caractéristiques physiques de la frontière mentionnée dans l'arrêt de la C.I.J.
- Si nécessaire, fournir des conseils techniques au sujet des questions relevant des domaines topographique et cartographique, notamment l'information provisoire relative aux cartes images préliminaires.
- S'assurer que la représentation du tracé de la frontière telle qu'elle est définie par la C.I.J. et la position approximative des sites de bornes sont enregistrées et rapportées conformément au Guide Technique *ayant fait l'objet d'un accord* »[25].

Dans le même ordre d'idées les procédures d'identification de l'emplacement des bornes, en particulier « les procédures et instructions relatives au levé topographique », énoncent des règles précises sur la manière de parcourir la frontière, d'élaborer un rapport descriptif, de traiter la frontière dans les cours d'eau et dans les marécages. Par exemple, pour le rapport descriptif : « Quand la description de la C.I.J. est claire sur la frontière, le signaler avec les positions topographiques à intervalle concernant l'étendue de cette portion de la frontière. Si les caractéristiques ne sont pas évidentes, le signaler en notant et en déterminant la position des caractéristiques physiques pertinentes se trouvant le long de cette section ». Pour les cours d'eau, on a déjà indiqué que la règle est que « la frontière devra être la ligne médiane entre les deux rives » du cours d'eau. Il est précisé que le levé de cette ligne médiane « dépend largement de *l'accord trouvé* à propos des rives du fleuve. La position des rives *doit faire l'objet d'un accord* en tenant compte de toute matérialisation d'érosion reconnaissable du fleuve et des interprétations visuelles des cartes images récentes ». Pour ce qui est des marécages, il faudra signaler si un marécage est visible, « sinon donner la position de toute trace de sa position antérieure. Si cela est avéré, situer l'étendue du marécage et toutes autres divisions majeures d'une présence d'eau. Par exemple, les lisières internes et externes ». Pour les lignes droites, si la frontière consiste en une ou plusieurs de ce type de lignes, « signaler la clarté avec laquelle les extrémités et les angles peuvent être identifiés et situés dans le cadre de l'étude topographique ». Par ailleurs, le rapport descriptif devra signaler la nature et l'aspect physiques des cimes de montagnes et la possibilité d'emplacement

[25] *Guide Technique révisé*, les italiques sont de nous.

de bornes, à « situer au point le plus élevé ». Pour les routes, signaler leur largeur et leur état et déterminer les positions topographiques aux angles majeurs sur la route, et si une route n'est pas évidente, « le signaler et déterminer la position de toute trace de route ayant existé antérieurement »[26].

Le Guide Technique comporte des modèles de « Formulaires servant pour identifier les sites de bornes frontières, rives de rivières et zones de désaccord ». Ces formulaires prévoient à la fin des espaces dédiés aux spécifications techniques et aux observations de l'ETM, des emplacements pour les signatures respectives des chefs de délégation des deux États Parties et du représentant des Nations Unies. Par exemple, à propos de la zone inaccessible du Mont Bidoua dont la détermination de l'emplacement des bornes fut un point de désaccord entre les Parties, le Consultant principal des Nations Unies a proposé que les trois points d'inflexion (035 – 340 – TP ; 035 – 338 – TP ; 035 – 339 – TP) deviennent des sites des bornes. « Les Parties *ont convenu* de convertir ces trois points d'inflexion en sites de bornes, et *ont signé les formulaires appropriés* »[27].

On ne peut sous-estimer la portée de ces signatures qui confèrent à ces formulaires la nature de documents opposables. En effet, les représentants des États au sein des structures chargées de la démarcation apposent leurs signatures respectives en toute connaissance, conscients qu'ils sont que ces signatures traduisent leur acceptation des documents en question. Car dans le cas contraire, ils l'indiquent expressément. Ainsi, à propos de la carte préliminaire de la démarcation, les Parties prirent le soin de préciser, lors de la réunion de l'ETM des 7 et 8 décembre 2004, ce qui suit : « Le tracé de la frontière et les toponymes indiqués sur la présente carte préliminaire *n'implique pas reconnaissance ou acceptation officielle* par l'Organisation des Nations Unies, le Cameroun ou le Nigeria »[28].

Le « Guide Technique » comme les « Instructions préliminaires pour la démarcation » et tous les autres documents édictant les mesures techniques nécessaires pour conduire l'opération de la démarcation peuvent faire l'objet d'amendement ou de révision, mais toujours de manière concertée et d'accord parties. De fait, le Guide Technique a été révisé à la lumière de l'expérience de terrain, « mais seulement après adoption par l'ETM ».

*

* *

L'ensemble de ces documents forme le corpus technique de la démarcation ; il n'y a là rien de nouveau. Ce qu'ils révèlent de nouveau sous

---

[26] *Guide Technique révisé*, les italiques sont de nous.

[27] CMCN : *Rapport* précité, p. 3, para. 14.

[28] CMCN : *Réunion de l'Équipe Technique Mixte de la Sous-commission de la Démarcation*. Yaoundé, 7-8 décembre 2004 : « Modifications au design des cartes préliminaires », Annexe IV.

le regard du juriste, c'est qu'il ne s'agit pas simplement d'un assemblage de matériaux techniques pour topographes et cartographes. Ce sont des documents de portée juridique en tant qu'ils expriment les engagements successifs des Parties à l'opération de la démarcation sur les questions qui y sont abordées. Les modifications éventuelles de ces documents ne peuvent se faire que de façon univoque. Une remise en cause unilatérale équivaudrait à la rupture d'un accord bilatéral. Ils entrent dans la construction progressive de l'accord final de démarcation qui formalise la conclusion de l'opération de démarcation, laquelle se traduit sur le plan technique par la signature du procès-verbal de la démarcation par les experts techniques commis à cet effet. Ainsi donc, à l'instar de M. Jourdain qui, dans le théâtre de Molière, faisait de la prose sans le savoir, les techniciens de la démarcation des frontières (topographes, cartographes, etc.) produisent du droit sans en avoir conscience.

Peut-on voir dans tout ceci l'émergence d'un *droit international de la démarcation des frontières ?* Seule une étude systématique de plusieurs expériences survenues en différentes régions du monde et mettant en évidence l'occurrence de certaines règles et pratiques de portée juridique pourrait permettre de s'avancer sur cette question. L'expérience de la démarcation de la frontière entre le Cameroun et le Nigeria atteste cependant qu'il existe incontestablement un rapport en la démarcation et le droit ; ou pour dire autrement, que le droit est présent dans la démarcation, parce qu'elle en produit et parce qu'elle s'en nourrit./-

L'intégration régionale dans le droit constitutionnel des pays d'Afrique sub-saharienne

Samuel-Jacques PRISO-ESSAWE
Maître de Conférences à l'Université d'Avignon et des Pays de Vaucluse
Vice-président de l'Université

Un 21 octobre 1986. Un mardi. Un matin. Devant un auditoire restreint de deuxième année de licence en droit, encore sous le charme des leçons de droit constitutionnel qu'il lui avait apportées l'année précédente, le Professeur Bipoun Woum, avec son sourire presque espiègle de passionné, commence sa séance hebdomadaire en annonçant… l'entrée en vigueur de la Charte Africaine des Droits de l'Homme et des Peuples ! Certes, il s'agissait d'un enseignement de droit international public. Mais le public en face de lui était non seulement jeune, mais surtout novice sinon vierge en la matière ; et nul doute que le Professeur ne manquait pas d'interlocuteurs plus à même de savourer avec davantage d'intelligence et d'intérêt cette échéance. N'empêche, c'était « une très bonne nouvelle » qu'il avait tenu à partager avec son jeune auditoire… Longtemps après, le germe de l'international est toujours présent chez nombre de ces étudiants d'alors, et l'évocation de ce souvenir précis fait écho à l'impact croissant de ce texte. La Charte, désormais analysée sous toutes ses coutures[1], fait son chemin, par exemple entre insertion constitutionnelle[2] et renfort de l'intégration régionale[3].

Les droits fondamentaux ne sont évidemment pas le seul lieu de « rencontre » entre intégration régionale et droit constitutionnel, loin de là. Issus de traités internationaux, les processus d'intégration sont par exemple régis par les dispositifs constitutionnels relatifs à la conclusion

---

[1] Voir plus récemment M. Kamto (dir.), *La Charte africaine des droits de l'homme et des peuples et le protocole y relatif portant création de la cour africaine des droits de l'homme. Commentaire article par article*, Bruxelles, Bruylant, 2011.

[2] La Charte fait « partie intégrante » des dispositions de la constitution béninoise, adoptée le 11 décembre 1990 (cf. Préambule de la constitution).

[3] La CEDEAO a adopté le 21 décembre 2001 un protocole sur la démocratie et la bonne gouvernance, qui étend la compétence de la Cour de Justice communautaire à la protection des droits fondamentaux.

d'engagements internationaux de l'État. Mais ils sont bien plus que le simple résultat d'une mécanique de conclusion de traité. L'intégration régionale est un projet politique, dont la nécessité peut être issue de la volonté du constituant lui-même, soit a priori par une incitation ou un engagement, soit sous la forme d'un « endossement » lorsque, a posteriori, la constitution apporte sa « caution » à un processus d'intégration en cours, parce qu'il a fait ses preuves, ou parce que, en difficulté, on souhaite le relancer et le renforcer. Et l'intégration régionale a fait, elle aussi, son chemin sur le continent africain depuis les indépendances, et plus particulièrement depuis le début de la décennie 1990. Les organisations se sont multipliées, les problèmes de superposition aussi, tout autant que les tentatives d'harmonisation et de « rationalisation »[4]. Les contenus se sont aussi diversifiés, sortant de la volonté classique de construire des espaces de libre circulation pour appliquer la logique supranationale d'intégration à des champs « inattendus » comme le droit des affaires.

La constitution étant – ou devant être considérée comme – le socle du projet global de société, il est opportun d'y rechercher les fondements du processus d'intégration dans lequel l'État est engagé, ou souhaite le faire. Et cette recherche n'est pas vaine. Car, au regard des dispositions des constitutions visitées pour cette étude, il apparaît assez clairement que les pouvoirs constituants se sont intéressés, bien que de façons inégales, à la question de l'intégration régionale. Surtout, et de façon plus caractéristique, il semble se dégager, dans ces constitutions, une « unanimité » quant à la finalité de l'intégration régionale. Celle-ci est liée, dans la quasi-totalité des constitutions d'Afrique subsaharienne, à la construction de l'unité du continent africain. C'est donc dire que les processus d'intégration régionale sont fondés sur une « *idée constitutionnelle d'intégration* » (I), au sens de l'*idée d'œuvre* du Doyen Maurice Hauriou, à savoir cet « élément spiritualisé » qui dote ce qu'il habite de son « armature », son « cadre », sa « consistance »[5]. Partant de cette base *idéologique* et conceptuelle, et du fait de celle-ci, la constitution instaure ensuite un encadrement *opérationnel* et matériel du processus d'intégration (II).

I. L'ASSISE CONSTITUTIONNELLE DE L'*IDEE* D'INTEGRATION

L'observation des constitutions des États d'Afrique subsaharienne montre que l'intégration régionale est une « réalité constitutionnelle » ancienne. Très tôt, en effet, elle a fait irruption dans les textes constitutionnels. De nos

---

[4] Pour une synthèse sur ces questions, voir notamment Commission économique pour l'Afrique, *État de l'intégration régionale en Afrique* (Addis-Abeba, 2004, 306 p.) et *État de l'intégration régionale en Afrique II. Rationalisation des communautés économiques régionales* (Addis-Abeba, 2006, 169 p.).

[5] M. Hauriou, *Principes de droit public*, Paris, Sirey, 1916, pp.276-284.

jours, l'intégration est affichée dans bien des cas comme un véritable projet politique des peuples concernés. Cet affichage quasi unanime[6] se décline sous différentes formulations (A), sans toutefois que le contenu de la notion d'intégration à laquelle il est fait référence ne soit toujours précisé (B).

A. L'affirmation constitutionnelle d'une *idée* d'intégration

Des énonciations constitutionnelles de l'idée d'intégration, il ressort tout d'abord une diversité quant à la *cible* elle-même. Les textes constitutionnels évoquent en effet soit l'intégration régionale elle-même, soit la réalisation de l'unité africaine comme justifiant cette intégration (1). La diversité s'étend ensuite à la dimension de l'intégration (2), que tous les textes fondamentaux n'appréhendent pas de la même façon.

1. La variété des *finalités* de l'intégration

Dans certains cas, c'est l'unité africaine qui est visée. L'intégration n'en est qu'un élément, qu'un moyen. Ainsi, le préambule de la constitution sénégalaise dispose que « Le Peuple sénégalais : [s]oucieux de préparer la voie de *l'unité des États de l'Afrique* et d'assurer les perspectives que comporte cette unité ; (...) Décide [q]ue la République du Sénégal ne ménagera aucun effort pour la réalisation de l'unité africaine », et les abandons de souveraineté ne sont consentis qu'« en vue de réaliser l'unité africaine » (article 96). Au Mali, c'est l'article 117 qui énonce ce lien quasiment dans les mêmes termes[7]. Le Peuple du Burkina Faso quant à lui « recherch[e] l'intégration économique et politique avec les autres peuples d'Afrique *en vue de la construction d'une unité fédérative de l'Afrique* » (Préambule). De même, en Côte d'Ivoire, le Peuple « s'engage à promouvoir l'intégration régionale et sous-régionale, *en vue de la constitution de l'Unité Africaine* ». En Afrique centrale, seule la constitution centrafricaine intègre cette dimension : l'article 67 dispose en effet que « la République peut (...) conclure avec tout État Africain des accords d'association ou de fusion comprenant abandon partiel ou total de souveraineté *en vue de réaliser l'unité africaine* ».

D'autres textes, bien que mentionnant aussi bien l'unité africaine que l'intégration régionale, ne font pas nécessairement, ou tout au moins explicitement, le lien entre les deux. Ainsi, dans le préambule de la

[6] Parmi les États membres de l'UEMOA et de la CEMAC par exemple, seules les constitutions du Cameroun et du Togo font l'impasse sur l'idée d'intégration. Toutes les autres mentionnent la construction de l'intégration africaine comme une volonté « du Peuple ».

[7] « La République du Mali peut conclure avec tout État africain des accords d'association ou de communauté comprenant abandon partiel ou total de souveraineté *en vue de réaliser l'unité africaine* » (art. 117, dans le Titre XV consacré à « l'unité africaine ».

constitution béninoise, le Peuple « Proclam[e] [son] attachement à la cause de l'Unité Africaine et [s']engage[e] à tout mettre en œuvre pour réaliser l'intégration sous-régionale et régionale »[8]. La présence de la conjonction « et » entre les deux éléments cités n'indique qu'implicitement la corrélation. C'est dans des termes semblables que le préambule de la constitution du Togo indique que le Peuple togolais « [s']engag[e] résolument à défendre la cause de l'Unité Nationale, de l'Unité africaine *et* à œuvrer à la réalisation de l'intégration sous-régionale et régionale (...) ». La même observation peut être faite dans le préambule de la constitution du Tchad : le Peuple « Proclam[e] [son] attachement à la cause de l'unité africaine *et* [son] engagement à tout mettre en œuvre pour réaliser l'intégration sous-régionale et régionale ».

Une troisième catégorie de constitutions enfin reste silencieuse sur ce point. Si un attachement à l'unité africaine est affirmé, c'est sans aucun lien avec l'intégration, qui d'ailleurs n'est pas mentionnée. C'est le cas de la constitution du Cameroun, dont le préambule proclame la conviction « que le salut de l'Afrique se trouve dans la réalisation d'une solidarité de plus en plus étroite entre les peuples africains » et affirme la « volonté d'œuvrer à la création d'une Afrique unie et libre ». Les constitutions du Congo, du Gabon et de la Guinée Équatoriale quant à elle sont simplement muettes sur ces deux points.

Pour celles des constitutions qui font référence à l'intégration, c'est l'évocation de sa dimension qui fait observer des différences dans l'énonciation.

2. La diversité des *dimensions* de l'intégration

Certains des textes évoqués mentionnent l'intégration *sous-régionale et régionale* ; d'autres envisagent l'intégration *économique et politique*, tandis que d'autres enfin n'évoquent que les abandons total ou partiel de souveraineté, sans référence explicite à l'intégration. Dans le premier cas, l'on ne relèvera aucune difficulté particulière, mais tout juste une certaine indifférence quant à l'ampleur géographique possible de l'intégration. Les notions de « région » et de « sous-région » étant plutôt incertaines dans leur périmètre respectif, il paraît plus *prudent* d'évoquer les deux afin d'éviter toute difficulté d'interprétation restrictive éventuelle ; il est toutefois important de noter ici la précision apportée par la constitution de Guinée Bissau, aux termes de laquelle la République « participe aux efforts des États africains, *sur une base régionale ou continentale*, à la réalisation concrète du principe d'unité africaine » (article 18). En revanche, le recours à l'abandon de souveraineté est déjà plus problématique, surtout lorsqu'il n'est rendu

[8] L'article 149 précise cependant que « La République du Bénin, soucieuse de réaliser l'Unité Africaine, peut conclure tout accord d'intégration sous-régionale ou régionale ».

possible qu'« *en vue de* » la réalisation de l'unité africaine. Cette unité a-t-elle une dimension politique *et* économique, ou seulement économique[9] ? La réponse ne saute pas aux yeux, surtout lorsque l'on ajoute le constat d'une utilisation parfois ambiguë des notions de référence… Les constitutions oscillent en effet parfois entre confusion et clarté des objectifs. Et quand bien même les catégories sont différenciées, la clarté reste toute relative.

Certaines constitutions font un amalgame en associant l'objectif d'intégration à l'idée de… coopération. Le texte ivoirien par exemple prévoit que la Côte d'Ivoire peut conclure avec d'autres États des accords d'association, et créer ainsi avec eux « des organisations intergouvernementales de gestion commune, de coordination et de libre coopération » (article 122), dont l'objet pourra être « l'harmonisation de la politique monétaire, économique et financière » ou encore « l'établissement d'unions douanières » (article 123). Or l'union douanière par exemple est une des étapes de l'intégration… Dans d'autres cas, l'amalgame est plutôt entre accords d'association et organismes d'intégration ; l'article 182 de la constitution congolaise prévoit que le pays peut signer avec d'autres États des accords d'association, mettant en place « avec ces États » des organismes « de gestion commune, de coordination, de libre coopération et d'intégration ». L'énumération mêle ainsi association, coopération et intégration, sans que l'on sache si elle établit un lien entre ces éléments ou s'il ne s'agit que de possibilités différentes.

Pour le reste, on semble distinguer clairement ce qui permet des abandons de souveraineté du reste. Dans la plupart des cas, les abandons potentiels de souveraineté sont associés à la conclusion d'accords d'association, de communauté ou d'intégration. Une constitution va établir une hypothèse plus intense, plus forte : c'est le texte centrafricain qui rend possible des accords d'association ou de fusion. Entre la coopération entre États et la fusion d'États, il y a un grand écart qu'il n'est pas aisé de comprendre…

On le voit, si l'idée d'intégration est bien présente dans de nombreuses constitutions d'Afrique subsaharienne, la présentation qui en est faite n'est ni homogène, ni très précise. Et à cette relative confusion, s'ajoute le fait que la réalité abritée dans la notion « *constitutionnelle* » d'intégration est tout aussi imprécise.

B. Le contenu imprécis de l'*idée* constitutionnelle d'intégration

Dans les constitutions qui affirment voire encadrent l'idée d'intégration, cette notion n'est pas pour autant définie. Or, l'ambition d'intégration énoncée par le pouvoir constituant n'aurait de sens véritable que si elle faisait référence à quelque chose de précis, tant la notion d'intégration en

[9] On fera le postulat que l'intégration politique est nécessairement économique…

elle-même (1), que son insertion dans l'idéologie « africaniste » (2), peuvent conduire à des interprétations fort différentes.

1. Des fondements théoriques *a priori* classiques

L'intégration renvoie d'abord à une séquence économique spécifique, telle qu'elle a été théorisée notamment par l'économiste hongrois Bela Balassa[10] ; le processus d'intégration va de la zone de libre-échange à l'union politique, en passant par l'union douanière, le marché commun, et l'union économique et monétaire. Sur le plan juridique, les traités d'intégration régionale ne s'attardent pas, pour la plupart d'entre eux, à une définition du concept d'intégration[11], mais décrivent leur objectif dans des termes plus ou moins globaux[12], et détaillent les actions dans le corps du traité (libre circulation, politiques communes, harmonisation des législations, etc.). Seul le GATT en 1947, par son article XXIV-8, dans ses paragraphes a) et b), reprend les définitions économiques de la zone de libre-échange et de l'union douanière, les deux premières étapes du processus.

Les constitutions africaines étudiées ne font, pour leur part, aucune référence à une conception précise de l'intégration. Mais la pratique permet de faire deux observations.

a) D'abord, les organisations d'intégration qui ont été mises en place dès les indépendances l'ont été, pour l'essentiel, sur la base du schéma théorique de Bela Balassa. Des unions douanières ont été mises en place en Afrique centrale (Union douanière équatoriale – UDE) et en Afrique de l'ouest (Union douanière de l'Afrique de l'ouest – UDAO), évoluant plus tard vers

[10] B. Balassa, *The theory of economic integration* (Homewood, R.D. Irwing Inc., 1961). Le canadien Jacob Viner avait quelques années plus tôt consacré une étude plus spécifique aux unions douanières (*The customs unions issue*, 1950).

[11] Signalons toutefois, par exemple, le traité d'Arusha instituant l'East African Community, dont le préambule précise que les États décident de créer entre eux « *une Communauté d'Afrique de l'Est, incluant une Union douanière est-africaine et un marché commun, en tant qu'étapes transitoires et parties intégrantes d'une union monétaire et, au final, d'une Fédération politique* ».

[12] Le Préambule du Traité sur l'Union Européenne, tel qu'issu du Traité de Lisbonne, indique que les signataires décident d'établir entre eux « *une Union économique et monétaire, comprenant (...) une monnaie unique et stable* » ; il précise aussi que le traité vise à instaurer et renforcer « *une union sans cesse plus étroite entre les peuples de l'Europe* », formule reprise dans le Préambule du Traité sur le fonctionnement de l'Union européenne. Dans le traité instituant la CEMAC, les États membres décident « *de passer d'une situation de coopération qui existent déjà entre eux, à une situation d'union susceptible de passer de parachever le processus d'intégration économique et monétaire* » (article 2), tandis que le Préambule rappelle la volonté des États de « *donner une impulsion nouvelle et décisive au processus d'intégration en Afrique centrale par une harmonisation accrue des politiques et des législations* ». L'UEMOA vise, selon le Préambule du traité de Dakar, à élargir au domaine économique la solidarité existant entre les États au plan monétaire, ce qui se traduit par la création d'un marché commun, « *sans préjudice des objectifs définis dans le traité de l'UMOA* » (article 4).

des marchés communs, en tout cas dans l'objectif recherché[13]. Plus tard, l'évolution des organisations régionales d'intégration s'est faite dans le sens d'un renforcement de ces mêmes objectifs. La CEMAC en Afrique centrale et l'UEMOA en Afrique de l'ouest ne postulent guère autre chose que la réalisation d'une union économique et monétaire dans chacun des espaces concernés. Dans un cadre plus large, la CEEAC et la CEDEAO visent des objectifs identiques, tout en intégrant également une dimension politique, notamment en matière de sécurité et de gestion des conflits[14]. On peut donc dire que le projet d'intégration mentionné par le pouvoir constituant est théoriquement fondé sur la description classique de l'intégration économique. Cependant, les organisations citées ne sont pas les seules qui ont mis en œuvre une approche supranationale des rapprochements entre États africains. Si l'approche « *balassienne* » de l'intégration sied à certaines expériences d'intégration, elle ne rend pas compte de l'ensemble du phénomène tel qu'il s'est développé sur le continent depuis notamment le début des années 1990.

b) Telle est en effet la seconde observation qui peut être faite. La création et la mise en route effective de l'OHADA en 1993 ont constitué un tournant pour l'intégration en Afrique, notamment francophone, à un double titre.

D'abord parce que l'OHADA a mis en place une logique supranationale et d'*intégration juridique*[15] spécifique et particulièrement novatrice. L'unification du droit des affaires a emprunté les mêmes canaux juridiques que ceux souvent utilisés dans l'intégration économique ; les actes juridiques ont bénéficié des caractéristiques d'application immédiate d'une part, d'applicabilité directe d'autre part. Les actes unilatéraux de l'organisation issue du traité de Port-Louis se sont en effet vus soustraits à la rigidité dissuasive de l'acceptation nécessaire et préalable par les États membres avant leur mise en œuvre, et ont dans le même temps obtenu un statut

[13] L'UDEAC, créée en 1964, avait pour objet l'instauration d'une libre circulation des personnes et des biens entre les États membres ; il en était de même pour la CEAO en 1973, qui visait la création d'un « espace économique et douanier unifié ».

[14] La mise en place de la FOMUC, Force multinationale de la CEMAC en Centrafrique, s'est faite sous l'impulsion des États de la CEMAC, mais a été intégrée et gérée organiquement dans le cadre de la CEEAC (voir l'Acte additionnel de la Conférence des Chefs d'État de la CEMAC n°21/08-CEMAC-CCE-09 du 25 juin 2008 transférant l'autorité de la FOMUC à la CEEAC ; voir aussi Georges AWOUMOU, « *Le Golfe de Guinée face aux convoitises* », in CODESRIA, *Repenser le développement africain : au-delà de l'impasse, les alternatives*, Maputo, décembre 2005) ; la FOMUC a été remplacée le 12 juillet 2008 par la Mission de consolidation de la Paix en Centrafrique (MICOPAX). La CEDEAO quant à elle dispose depuis plus longtemps encore de l'ECOMOG.

[15] L'expression est utilisée entre autres par le Pr J. Issa-Sayegh : « *L'intégration juridique des États africains de la zone franc* » (Recueil Penant, 1997, n° 823 pp. 5 et s. et n° 824, pp. 125 et s.) ; « *L'OHADA, instrument d'intégration juridique* » (Revue de jurisprudence commerciale, juin 1999, p. 237).

supérieur au droit interne des États Parties à ce traité[16]. Mais l'originalité de l'OHADA réside surtout dans sa dimension juridictionnelle. La Cour Commune de Justice et d'Arbitrage *récupère* en effet la compétence de dernier ressort des juridictions suprêmes des États parties au traité en matière de droit des affaires[17]. Un tel schéma a d'ailleurs pu être considéré par le juge constitutionnel congolais comme portant atteinte à la souveraineté de l'État, même si cette décision n'a pas été suivie de l'effet escompté[18].

Ensuite parce que la dynamique de l'OHADA a eu un effet certain sur les autres processus *classiques* d'intégration économique. Les interactions entre l'OHADA d'une part, la CEMAC et l'UEMOA d'autre part, sont nombreuses. Sur le plan organique, l'identité des personnes statuant sur des questions connexes est parfois la même ; les mêmes ministres sont parfois amenés à siéger aussi bien au Conseil de l'OHADA qu'à celui de chacune des deux Communautés. Sous l'angle des normes ensuite, la connexité est forte, et a souvent été évoquée[19]. Si l'on rajoute à ces éléments « objectifs » le fait que le droit uniforme des affaires a bénéficié d'une dynamique

---

[16] Selon l'article 9 du traité tel que révisé en 2008, l'applicabilité des actes uniformes est conditionnée par leur publication au journal officiel de l'Organisation (la version initiale de cette disposition distinguait l'entrée en vigueur et l'opposabilité des actes uniformes, toutes deux soumises toutefois uniquement et respectivement à leur adoption par le Conseil des ministres, et à leur publication au journal officiel de l'Organisation). L'article 10 dispose quant à lui qu'ils sont « directement applicables et obligatoires dans les États Parties nonobstant toute disposition contraire de droit interne, antérieure ou postérieure ».

[17] L'article 14 du traité de 1993 dispose en effet que « saisie par la voie du recours en cassation, la Cour se prononce sur les décisions rendues par les juridictions d'Appel des États Parties dans toutes les affaires soulevant des questions relatives à l'application des actes uniformes et des règlements prévus au présent traité à l'exception des décisions appliquant des sanctions pénales. Elle se prononce dans les mêmes conditions sur les décisions non susceptibles d'appel rendues par toute Juridiction des États Parties dans les mêmes contentieux ».

[18] Voir Benjamin Boumakani, « *La Constitution congolaise et le traité relatif à l'Harmonisation du Droit des Affaires en Afrique ; à propos de l'avis de la Cour Suprême du 1er octobre 1998* » (Revue trimestrielle de droit africain (Penant), 2001, n° 836, pp. 202 -220)

[19] Voir entre autres Pierre Meyer, « *Les conflits de juridictions dans les espaces OHADA, UEMOA, CEDEAO* », in Séminaire sous-régional de sensibilisation sur le droit communautaire de l'UEMOA (Ouagadougou, Octobre 2003) ; Dorothé C. Sossa, « *Les concurrences de compétence entre les Hautes juridictions communautaires de l'Afrique de l'Ouest et du Centre : Réalités et approches de solutions* », Communication à la 2e Rencontre inter-juridictionnelle UEMOA, CEDEAO, CEMAC et OHADA, (Bamako, février 2009) ; Michel F. Sawadogo, « *Les conflits entre normes communautaires : aspects positifs et prospectifs* », Communication au colloque sur *La concurrence des organisations régionales en Afrique* (Université Montesquieu Bordeaux IV, Septembre 2009 : http://afrilex.u-bordeaux4.fr/le-colloque-la-concurrence-des.html) ; Samuel Priso-Essawe, « *[Regard critique sur] L'hypothèse d'un dialogue préjudiciel entre juridictions régionales africaines* », in *Actes du Séminaire de sensibilisation au droit communautaire* (Cour de Justice CEMAC, N'Djamena, février 2011, à paraître, éd. de l'O.I.F.) ; « *Les "espaces juridiques" de sécurisation des investissements en Afrique : entre droits communautaires et droit uniforme* », Lamy Droit Civil n°67, janvier 2010, pp.59-67.

particulièrement efficace impulsée par la « société civile »[20], on comprend aisément que ces interactions aient pu *déteindre* sur le déroulement des processus d'intégration économique.

La notion d'intégration, telle qu'elle peut être dégagée des relations internationales africaines, fait donc autant référence à l'analyse économique qu'à la *fertilité* des esprits des dirigeants politiques et des élites. Cette diversité des approches ne se reflète pas dans les textes constitutionnels, ce qui est de nature à créer des difficultés dans l'appréciation de la portée des dispositions desdits textes relatives à l'intégration régionale. L'on perçoit aussi, de fait, l'inutilité d'une référence constitutionnelle à l'objet des traités, vu la diversité de ces derniers. De plus, une telle approche serait peu logique, dans la mesure où les traités mettent en œuvre l'idée constitutionnelle d'intégration, et où renverser cette logique reviendrait politiquement à soumettre le constituant à la volonté exprimée par les rédacteurs de traités qui, par ailleurs, ne sont pas toujours, voire jamais, approuvés par voie référendaire…

La difficulté de lecture de l'idée constitutionnelle d'intégration est également politique, dès lors que les constitutions renvoient souvent à l'idée d'unité africaine, dont l'intégration régionale est parfois présentée comme un instrument.

2. La référence à l'« *unité africaine* »

On l'a vu plus haut, certaines des constitutions africaines étudiées mentionnent expressément ou implicitement l'unité africaine comme but ultime de l'intégration. Trois réflexions peuvent être tirées de ces dispositions.

Une certitude forte tout d'abord, c'est que si ces constitutions n'excluent pas des intégrations *asymétriques*, telles que des associations entre État(s) africain(s) et État(s) européens, celles-ci n'ont pas la même *onction* constitutionnelle. Il y a donc ainsi des intégrations constitutionnellement assumées, et des intégrations d'opportunité politique plus circonstancielle. A titre d'exemple, les accords successifs d'association des États ACP avec l'Union européenne ne relèvent pas de la première catégorie. Il en serait de même des accords destinés à s'y substituer, les Accords de partenariat économique en cours de négociation entre les différentes régions ACP et l'Union européenne.

---

[20] L'on ne peut que saluer ici l'initiative de la création des « Clubs OHADA », et constater l'efficacité de la communication parallèle (non officielle) du site www.ohada.com pour la diffusion du droit uniforme des affaires. Il convient cependant d'en regretter les limites, ainsi que la faiblesse de la communication officielle de l'organisation (Voir en ce sens Michel Akouété Akué, « *La communication des institutions de l'OHADA* », Communication à l'Université d'été 2009 du Cercle Horizon - *OHADA et bonne gouvernance* - Orléans, juillet 2009).

Une seconde *certitude* ensuite – bien que déjà un peu plus discutable ; les États africains se situent dans un mouvement d'unité du continent, à travers l'intégration économique. Certitude parce que des textes constitutionnels y font référence ; relativité cependant parce que, comme on l'a indiqué plus haut, d'autres constitutions soit ne semblent faire ce lien que de façon implicite, soit n'évoquent que l'unité africaine, sans faire état du lien avec l'intégration régionale préalable.

Enfin, et malgré ce qui précède, il est difficile de donner un contenu précis à cette notion d'unité africaine. Si l'adossement à l'approche politique de l'Organisation de l'Unité africaine et de ses projets peut être considéré comme la référence *objective*, il n'en reste pas moins des interrogations, concernant la compatibilité (voire la conformité) des différents processus d'intégration avec l'idée *officielle* de l'intégration africaine, telle qu'énoncée par l'OUA à travers le *Plan d'action de Lagos*, instrument officiel de référence dont les effets constatés restent *instables*. C'est en effet sous ce prisme que l'on peut tenter de donner un cadre de référence à l'intégration africaine telle que mentionnée par les textes constitutionnels étudiés.

L'Acte final de Lagos, clôturant la session extraordinaire de la Conférence des Chefs d'État et de Gouvernement de l'OUA le 29 Avril 1980, prévoyait en effet dans l'optique de la création de la Communauté économique africaine, « *de renforcer les communautés économiques régionales existantes, et de créer d'autres regroupements économiques, afin de couvrir le continent dans son ensemble (Afrique centrale, Afrique de l'Est, Afrique australe, Afrique du Nord)* »[21]. Retenir cet instrument comme indiquant un contenu pour l'intégration africaine postulerait que les organisations d'intégration envisagées par les constitutions étudiées dans le cadre de l'unité africaine sont des structures provisoires, transitoires, s'inscrivant dans l'objectif final de la création de la Communauté économique africaine ; leur maintien après la mise en place de la communauté continentale devrait être considéré comme contraire à l'idée constitutionnelle d'intégration, et donc peut-être à la constitution[22]...

L'énumération des Communautés régionales ne peut cependant pas être considérée comme l'indication de l'étendue territoriale des communautés préparatoires à la Communauté économique africaine. L'évocation du renforcement des communautés existantes[23] empêche cette conclusion. Mais surtout, « [i]l y a lieu de faire remarquer *que bien que reconnues comme*

---

[21] Acte final de Lagos, section II, paragraphe B, point 1-a. Notons au passage que contrairement à la résolution du Conseil des ministres de l'OUA de 1976 (n° *CM/Res. 464[XXVI]*), l'Acte final n'énumère que quatre régions au lieu de cinq, oubliant au passage la région Ouest...

[22] Pour autant que celle-ci soit liée à la poursuite ou au renforcement de l'unité du continent... Nous tenterons, en seconde partie, d'établir cette inconstitutionnalité, sa portée et sa sanction.

[23] Et qui ne figurent pas nécessairement parmi celles énumérées par l'Acte final de Lagos et la Résolution du Conseil des Ministres de l'OUA...

telles, l'IGAD, la CEN-SAD et l'EAC, ne répondent pas au critère de région au sens de la Résolution CM/Res. 464 (XXVI) de l'OUA découpant l'Afrique en cinq régions »[24]. L'on ne devrait donc finalement ne retenir que l'idée selon laquelle ces différents regroupements économiques régionaux doivent contribuer, par une coordination et une harmonisation progressives entre elles[25], à l'édification de la Communauté continentale, dont le traité a néanmoins été adopté 3 juin 1991 à Abuja.

Cela ne résout pas pour autant toutes les difficultés. En effet, la mise en œuvre du processus d'intégration peut donner lieu à ces approches très différentes. La référence à l'unité africaine n'a *a priori* aucun impact significatif ni sur la dimension régionale ou sous-régionale du regroupement, ni sur le nombre d'États y participant, leur identification qualitative ou leur situation géographique, contiguës ou non. Autrement dit, dans les termes des constitutions étudiées, aucune autre limitation que le cadre uniquement africain des États participants n'affecterait la constitutionnalité du processus d'intégration…

L'idée constitutionnelle d'intégration se résumerait ainsi à la volonté des peuples concernés d'associer leurs pays respectifs à des organisations d'intégration économique visant, à terme, à construire et consolider l'intégration africaine par la création d'une Communauté économique africaine, dont elles ne seraient que des *vecteurs*. La forme de l'intégration envisagée reste indéfinie, autant que son étendue et même son opportunité. Les constitutions n'obligent pas l'État à s'engager dans un processus d'intégration, et laissent ainsi une marge d'appréciation au pouvoir exécutif, responsable de la négociation des traités et de la conduite des relations internationales du pays, dans l'identification de l'intérêt d'un processus d'intégration donné. Mais, bien qu'apparaissant plutôt « lâche » dans son contenu[26], la référence explicite à l'intégration régionale, insérée dans les textes constitutionnels, n'en a pas moins des implications juridiques fortes. Elle transforme définitivement l'idée politique d'intégration en *projet* constitutionnel, encadrant l'engagement de l'État dans un processus

---

[24] Rapport consolidé du Groupe d'experts gouvernementaux de l'Union Africaine sur la rationalisation des Communautés économiques régionales, Mars 2006, §.10. C'est nous qui soulignons.

[25] Idem, point 1-c.

[26] Cette « *permissivité* » est logique lorsqu'on sait que ces formulations constitutionnelles sont antérieures, pour la plupart, aux traités d'intégration auxquels les États concernés sont parties. L'hypothèse inverse pouvait en effet être observée dans le cas où la Constitution viendrait confirmer et renforcer l'adhésion de l'État à un processus d'intégration particulier. La Constitution française de 1958 en fournit un exemple intéressant, puisque ses plus récentes révisions y ont inclus le processus de construction de l'Union européenne, identifiée en tant que telle. En vue de la ratification par la France du traité instituant l'Union européenne, un titre XIV spécifique intitulé « *Des communautés européennes et de l'Union européenne* » a été inséré par la loi constitutionnelle du 25 juin 1992.

d'intégration régionale d'une manière juridiquement forte, qu'il convient à présent de définir.

II. L'ENCADREMENT CONSTITUTIONNEL DU *PROCESSUS* D'INTEGRATION

L'affirmation par le pouvoir constituant de la spécificité du processus d'intégration régionale est doublement significative quant à l'implication de l'État dans ledit processus. Parce que des exigences particulières peuvent être posées par le texte constitutionnel concernant l'intégration, la constitutionnalité du traité d'intégration dans lequel l'État entend s'engager devrait être examinée à l'aune de ces dispositions particulières (A). Cette vérification est d'autant plus indispensable que l'*onction* constitutionnelle du processus d'intégration en fait un *objectif constitutionnel*, conférant à sa mise en œuvre et à son effectivité une véritable protection constitutionnelle (B).

A. La constitutionnalité du *projet d'intégration* à l'aune de l'*idée* constitutionnelle

Il a pu être affirmé que la prévision de projet d'intégration par le texte constitutionnel conférait au traité mettant en place l'organisation d'intégration une constitutionnalité *a priori* ; il ne serait donc plus nécessaire d'en vérifier la constitutionnalité dès lors que le Constituant lui-même aura consacré l'intérêt d'un regroupement d'État visant l'objectif d'intégration. Ainsi, Alioune Sall pense que dès lors qu'il y a un « *pari régional* » dans certaines constitutions (c'est-à-dire des dispositions affirmant l'importance de, ou l'attachement des peuples à, l'unité ou l'intégration africaines), la conséquence est la légitimité voire la constitutionnalité des transferts ou des abandons de compétences[27]. De même, Jean-Jacques Raynal affirme que la constitutionnalité du traité OHADA ne peut pas être contestée au Burkina Faso, au Niger et au Mali, parce que les constitutions de ces pays prévoient expressément la possibilité d'un « abandon partiel ou total de souveraineté »[28]. Ces affirmations s'appuient également sur des positions jurisprudentielles telles que celle du juge constitutionnel béninois pour qui « un abandon partiel de souveraineté dans le cadre d'un traité ne saurait constituer une violation de la constitution dans la mesure où (…) ledit traité

[27] Alioune Sall, « *Le droit international dans les nouvelles constitutions africaines* », RJPIC, sept-déc. 1997, p.339.

[28] J.-Jacques Raynal, « *Intégration et souveraineté : le problème de la constitutionnalité du traité OHADA* », Penant n°832, 2000, pp.5-22, spéc. p.13.

se justifie, au surplus, par la nécessité de l'intégration régionale ou sous-régionale affirmée par le préambule et l'article 149 de la constitution »[29].

Cette thèse peut séduire. Elle a aussi quelques bases en droit comparé. La reconnaissance par la constitution française de 1958 de l'Union européenne ne prive-t-elle pas le juge constitutionnel français d'une bonne partie de son rôle vis-à-vis du processus d'intégration européenne ? Dès lors que la constitution prévoit que l'État participe à l'Union européenne, est-il encore opportun de s'assurer que ledit traité ne remet pas en cause des conditions essentielles de la souveraineté de l'État, selon la terminologie du Conseil constitutionnel[30] ?

Mais la situation est sensiblement différente dans les constitutions africaines ; elles ne visent pas un traité d'intégration particulier, mais ouvrent la possibilité de s'engager dans un processus d'intégration. Et la position d'un autre juge constitutionnel, celui du Sénégal, montre les limites de cette thèse de la constitutionnalité *a priori*. Le Conseil constitutionnel sénégalais estime en effet qu'« un engagement international par lequel le Sénégal consentirait à abandonner sa souveraineté dans ce but[31] serait conforme à la constitution *à condition que cet abandon de souveraineté se fasse sous réserve de réciprocité et dans le respect des droits de l'homme et des peuples, ainsi que des libertés fondamentales, garanties par des dispositions de valeur constitutionnelle* »[32]. Cet attendu a le mérite de poser clairement la particularité de la constitutionnalité, dans certains États africains, des traités portant sur un processus d'intégration à fondement constitutionnel. La constitutionnalité de ces traités doit certes être établie au regard spécifiquement de l'*idée* constitutionnelle d'intégration (1) ; mais elle

---

[29] Cour constitutionnelle du Bénin, décision du 30 juin 1994 préalable à la ratification du traité de l'OHADA, cité par J.J. Raynal, *op.cit.*, p.15.

[30] Florence Chaltiel relève ainsi que pour surmonter l'inconstitutionnalité des traités de Maastricht et d'Amsterdam, le constituant a opté pour une révision-adjonction plutôt qu'une modification des dispositions constitutionnelles générant la non-conformité des traités. Il a ainsi, précise-t-elle, « choisi de donner une base constitutionnelle générale à l'appartenance française à l'Union et aux Communautés européennes », même si cette base a davantage une « haute teneur symbolique », le texte ne faisant référence à l'exercice en commun, par les États membres, que de « certaines de leurs compétences » (F. Chaltiel, « *Les bases constitutionnelles du droit communautaire* », in *L'esprit des institutions, l'équilibre des pouvoirs. Mélanges en l'honneur de Pierre Pactet*, Paris, Dalloz, 2003, pp.551-568. spéc. pp.557-558). On peut d'ailleurs relever, sur un autre plan, que le constituant français a contourné les arguments d'inconstitutionnalité du Statut de la Cour Pénale Internationale en affirmant tout simplement, par l'insertion d'un article 53-2, que « *La République peut reconnaître la juridiction de la Cour pénale internationale dans les conditions prévues par le traité signé le 18 juillet 1998* », c'est-à-dire précisément celles relevées par le juge constitutionnel comme contraire à la Constitution…

[31] Le Conseil fait ici référence à « la réalisation de l'unité africaine », prévue par le dernier alinéa du Préambule de la Constitution.

[32] Conseil constitutionnel du Sénégal, décision du 16 décembre 1993 relative à la ratification du traité OHADA, cité par J.J. Raynal, *ibid.* p.18. Les italiques sont de nous.

doit aussi l'être par rapport aux conditions générales posées par le Constituant pour tous les engagements internationaux de l'État (2).

1. La compatibilité du *projet d'intégration* avec l'*idée constitutionnelle*

L'application d'un traité d'intégration nécessitera donc d'abord de s'assurer que ledit traité rentre bien dans les cas prévus par les dispositions constitutionnelles relatives à l'intégration et qu'il s'insère dans la perspective de l'unité et/ou de l'intégration africaines. On l'a vu, tous les processus d'intégration ne sont pas couverts par l'autorisation constitutionnelle ; les intégrations *asymétriques* par exemple ne sauraient en bénéficier. De la détermination du type d'intégration envisagée dépend ainsi l'octroi d'une protection constitutionnelle particulière ou non. Il importe en effet de préciser que la nécessaire vérification de la constitutionnalité *spécifique* n'a ni pour objet, ni pour effet, d'interdire les autres processus d'intégration. Elle vise simplement à définir le type d'engagement envisagé par l'État et, partant, le cadre et la protection constitutionnels dans lesquels il s'insère.

Les paramètres du contrôle ne sont pas toujours évidents à identifier ; la valeur de référence, l'intégration régionale et/ou l'unité africaine, n'est en effet pas définie par la constitution, et le juge constitutionnel serait bien en peine d'accomplir sa mission à cet égard. Certaines constitutions sont pourtant claires à ce sujet ; rappelons par exemple qu'au Sénégal, l'article 96 n'autorise de « conclure avec tout État africain des accords d'association ou de communauté comprenant abandon partiel ou total de souveraineté [qu'] *en vue de* réaliser l'unité africaine »[33]. Cette difficulté ne saurait cependant exclure la nécessité d'assurer le respect de cette exigence constitutionnelle[34], en se fondant peut-être sur des éléments tels que les dispositions du traité dont la ratification est envisagée. L'indication par ce dernier de son arrimage à l'objectif d'unité africaine suffirait probablement, faute de mieux, à convaincre le juge constitutionnel que la condition posée par le Constituant est remplie. Et de telles dispositions ne sont pas rares, bien au contraire. Le préambule du traité de l'OHADA réaffirme par exemple la

[33] Dans le même sens, voir les articles 149 de la Constitution du Bénin, 217 de la Constitution de la RD du Congo, 117 de la Constitution du Mali, 67 de la Constitution de la République centrafricaine, ou encore le Préambule de la Constitution de Côte d'Ivoire,

[34] Il arrive pourtant que le juge constitutionnel ne prenne pas nécessairement cette précaution. Il en est ainsi de la Cour suprême de la République démocratique du Congo. Dans son arrêt du 8 février 2010 relatif à la ratification du traité de l'OHADA, elle déclare que les clauses dont l'examen lui est soumis « sont des clauses de transfert de compétence et de limitation de souveraineté des États membres au profit de l'OHADA, susceptible d'être adoptés en vertu de l'article 217 de la Constitution qui édicte que : " la République démocratique du Congo peut conclure des Traités ou des accords d'association ou de communauté comportant un abandon partiel de souveraineté *en vue de promouvoir l'unité africaine* " ». La présence dans l'article 217 de cette précision liée à la promotion de l'intégration africaine ne conduit pourtant la Cour à aucune vérification particulière de cet aspect ...

détermination des États parties « à accomplir de nouveaux progrès *sur la voie de l'unité africaine* » ainsi que « leur engagement en faveur de l'institution d'une communauté économique africaine »[35]. Le préambule du traité de la CEMAC indique pour sa part que les États membres « [prennent] acte de l'approche d'intégration proposée en UDEAC *telle qu'inspirée par les Chefs d'État de l'OUA* lors de la Conférence d'Abuja en juillet 1991 », et l'article 9 du traité précise que « la Communauté participe aux efforts d'intégration dans le cadre de l'Union Africaine (...) » et qu'elle « établit des consultations périodiques, notamment avec les institutions régionales africaines ». Quant aux États membres de l'UEMOA, ils se disent « [f]idèles aux objectifs de la Communauté Économique Africaine et de la Communauté Économique des États de l'Afrique de l'Ouest (CEDEAO) », et soulignent « que leur démarche s'inscrit dans la logique des efforts d'intégration régionale en cours en Afrique, et appelant les autres États de l'Afrique de l'Ouest qui partagent leurs objectifs à se joindre à leurs efforts »[36]. La référence la plus claire dans cette optique est celle de l'article 2§1 du traité de la CEDEAO qui dispose que « les Hautes Parties Contractantes réaffirment la création de la CEDEAO et décident qu'*elle sera à terme la seule Communauté économique de la région aux fins de l'intégration économique et de la réalisation des objectifs de la Communauté Économique Africaine* » [37]. D'autres organisations régionales africaines se positionnent également dans l'optique de l'intégration ou de l'unité africaine[38]. Ces dispositions pourraient donc aider le juge constitutionnel à examiner la conditionnalité posée le cas échéant par la constitution entre organisation régionale d'intégration africaine et intégration globale du continent. Ce contrôle se limiterait toutefois à un simple constat de l'existence dans le traité en cours de ratification de l'affirmation du lien avec l'intégration africaine. La question de la coexistence entre une Communauté économique africaine effective et la communauté régionale pourrait toutefois se poser dans ce cadre, mais ne relèverait alors pas du

[35] De plus, les États parties se disent « [c]onvaincus que l'appartenance à la zone franc, facteur de stabilité économique et monétaire, constitue un atout majeur pour la réalisation progressive de leur intégration économique et que cette intégration doit également être poursuivie *dans un cadre africain pus large* » (c'est nous qui soulignons).

[36] Préambule du Traité de Dakar.

[37] Dans le Préambule, les Chefs d'État disent déjà avoir « à l'esprit le Plan d'action et l'Acte final de Lagos d'Avril 1980 prévoyant la création à l'horizon de l'an 2000 d'une Communauté Économique Africaine basée sur les communautés économiques régionales existantes et futures », ainsi que le traité d'Abuja du 3 juin 1991.

[38] Le Traité d'Arusha du 30 novembre 1991 instituant l'*East African Community* précise, dans le dernier paragraphe de son Préambule, la conviction des États membres que « cooperation at the sub-regional and regional levels in all fields of human endeavour will [...] *accelerate the successive stages in the realisation of the proposed African Economic Community and Political Union* ». Le traité de la SADC quant à lui ne fait aucune référence à l'unité ou l'intégration africaine.

contrôle de constitutionnalité *a priori*, mais plutôt de la problématique de l'effectivité de l'intégration entreprise, question que nous aborderons plus loin[39]. En revanche, il incombera bien au juge constitutionnel, dans le cadre du contrôle de la constitutionnalité du traité d'intégration régionale, de s'assurer du respect d'autres conditions éventuellement tirées de la constitution.

2. La compatibilité du *projet d'intégration* avec les autres conditions du Constituant

Le traité d'intégration doit respecter les conditions posées le cas échéant par la constitution elle-même, ou d'autres engagements internationaux qu'elle insère. C'est le cas lorsqu'une procédure spécifique d'adoption des traités d'intégration a été prévue par la constitution. La constitution du Centrafrique illustre ce cas de figure. Son article 67 dispose que « la République peut, *après référendum*, conclure avec tout État Africain des accords d'association ou de fusion comprenant abandon partiel ou total de souveraineté en vue de réaliser l'unité africaine ». Ainsi, outre la finalité de l'intégration – la réalisation de l'unité africaine – la conclusion de traités d'intégration nécessite une autorisation référendaire. L'absence de cette consultation du peuple devrait alors conduire le juge constitutionnel à constater l'inconstitutionnalité du l'engagement souscrit[40].

Outre cette modalité procédurale importante, la constitution impose aussi d'autres obligations générales qui couvrent toute action de l'État, qu'elle soit nationale ou internationale. Il en va ainsi du respect des droits fondamentaux, qui peuvent être reconnus et/ou intégrés en son sein par la Loi Fondamentale. C'est le cas au Bénin, où la Charte africaine des Droits de l'Homme et des Peuples fait partie intégrante de la constitution. Le Conseil constitutionnel sénégalais, on l'a vu, pose la nécessité pour tout accord international dont la ratification est envisagée par l'Exécutif de respecter les droits fondamentaux « garantis par des dispositions de valeur constitutionnelle ». Cette position, qui n'est pas sans rappeler la vigilance exercée par le juge constitutionnel allemand vis-à-vis tant de la jurisprudence du juge communautaire européen que de la primauté de la législation européenne, marque la prééminence de ces exigences constitutionnelles sur la mise en œuvre de la volonté intégrationniste du Constituant. Ce n'est donc pas un blanc-seing que la constitution donne au pouvoir exécutif quant à la signature et à la ratification de traités

[39] Voir *infra*, partie II-B.

[40] Signalons toutefois que si le traité instituant l'OHADA par exemple, antérieur à cette Constitution de 1995, n'a fait l'objet ni d'une autorisation référendaire de ratifier, ni tout simplement d'un contrôle de constitutionnalité, le traité révisé de la CEMAC semble prendre le même chemin d'une ratification sans aucune autre formalité que le dépôt des instruments par le Chef de l'État…

d'intégration, et il est indispensable – lorsque le contrôle de constitutionnalité est institué à l'égard de traités internationaux, et est effectif – que le juge constitutionnel s'assure du respect de ces exigences.

Les développements précédents peuvent cependant paraître n'avoir qu'une portée théorique, dans la mesure où l'essentiel des traités d'intégration régionale ont déjà été ratifiés par les États membres. La portée de l'affirmation constitutionnelle du projet d'intégration s'étend cependant au-delà de ce contrôle *a priori*. Par ce biais, le Constituant confère au(x) processus d'intégration qu'il évoque, et dans lesquels l'État s'est engagé, une importance telle que leur réalisation concrète bénéficie d'une protection constitutionnelle.

B. La protection constitutionnelle de l'effectivité du processus d'intégration

L'affirmation constitutionnelle d'une *idée* d'intégration contraint doublement l'État. S'il conserve la décision de s'engager dans un processus d'intégration par la ratification du traité correspondant, son engagement ne peut se faire qu'aux conditions prévues par la constitution. La traduction de l'*idée d'intégration* en *projet d'intégration* est donc limitée par l'expression de l'idée elle-même. Cette décision politique a également pour conséquence de transformer l'*idée* en un *objectif constitutionnel* (1), légitimant de ce fait l'évocation, sous certaines conditions, d'un *droit constitutionnel à l'intégration* (2).

1. L'intégration comme « *objectif constitutionnel* »

L'objectif constitutionnel est une notion connue en droit comparé. Le droit constitutionnel allemand par exemple impose des *finalités*[41] à l'action de l'État. Ainsi, par exemple, selon l'article 23 I 1 de la Loi Fondamentale de 1990, « Pour l'édification d'une Europe unie, la République fédérale d'Allemagne concourt au développement de l'Union européenne »[42]. La constitution espagnole quant à elle définit des *principes directeurs de la politique économique et sociale* dont le respect doit inspirer « la législation

[41] Les *Staatzielbestimmungen*. Distinctes des (5) *principes constitutifs* de l'État (républicain, démocrate, fédéral, de droit et social), les *Staastzielbestimmungen* sont des finalités assignées par la constitution à l'action de l'État (voir Christian Autexier, *Introduction au droit public allemand*, Paris, PUF, 1997, pp.89-110).

[42] Ch. Autexier, *op.cit.*, p.110. On notera la similitude, par rapport aux constitutions africaines, de la référence à l'unité du continent… Autres exemples : la réunification de l'Allemagne qui, « dans la formulation initiale du préambule, (…) constituait une obligation juridique pour tous les organes politiques de l'État » (*ibid.*, p.109), ou encore l'obligation pour l'État de « *[promouvoir]* la réalisation effective de l'égalité en droit des hommes et des femmes et *[d'agir]* en vue de l'élimination des désavantages existants » (article 3 II 2 de la Loi Fondamentale 1994, *ibid.* p.110).

positive, la pratique judiciaire et l'action des pouvoirs publics »[43]. En droit communautaire européen, les directives européennes lient les États membres quant au but à atteindre ; les États tiennent donc d'elles un *objectif*. Le droit constitutionnel français quant à lui recourt à la notion *d'objectif de valeur constitutionnelle*, c'est-à-dire de « buts constitutionnels vers lesquels doit tendre l'action du législateur en vue d'une plus grande effectivité des droits et libertés constitutionnels »[44]. Mais contrairement aux autres exemples cités, ce n'est pas la constitution qui énonce ces objectifs ; ils sont « reconnus » par le juge constitutionnel au fil de ses décisions, en les rattachant chaque fois à une disposition constitutionnelle. Le statut de la réalisation de l'intégration régionale dans les constitutions africaines présente cependant quelques nuances aussi bien par rapport au cas français qu'à l'égard des autres.

Il ne s'agit tout d'abord pas d'objectifs simplement *de valeur* constitutionnelle, car l'énonciation de l'objectif est le fait du texte constitutionnel lui-même. En cela, on se rapproche davantage des exemples allemand ou espagnol. Néanmoins, et à la différence de ces derniers, l'objectif a la particularité d'être assujetti à la ratification d'un accord international. Contrairement à l'action en faveur de l'égalité homme/femme ou à la protection de l'environnement, finalités assignées à l'État allemand par la Loi Fondamentale, ou encore à la politique économique dont les principes sont posés par la Constitution espagnole, l'intégration régionale n'est pas conduite par l'État seul. L'autorité étatique restant maître de l'opportunité de négocier ou de ratifier un engagement international, l'affirmation constitutionnelle de la possibilité d'intégration ne saurait donc être interprétée comme l'obligeant à s'engager dans un processus d'intégration régionale. Aucune des constitutions étudiées ne porte atteinte à ce principe. En revanche, la décision politique de s'engager dans un processus d'intégration déterminé donne vie à *l'idée* constitutionnelle, désormais sortie de son enveloppe théorique et conceptuelle, pour rentrer dans le champ des programmes d'action. La ratification d'un traité d'intégration régionale ne fait pas seulement de l'idée constitutionnelle un projet politique, voulu et assumé par l'autorité politique ; elle la transforme en un véritable *objectif constitutionnel*, dont l'opérationnalité juridique n'est plus illusoire, parce qu'un tel projet s'inscrit dans un sillon tracé par la constitution elle-même, et parce que cette dernière lui assigne une finalité identifiée – servir l'unité africaine. Car l'existence dans le texte constitutionnel de l'idée d'intégration contraint l'État dans la réalisation du processus d'intégration. Il s'agit d'un objectif prévu et décrit, plutôt que logiquement construit par la nécessité d'assurer un effet utile à une

[43] Article 53-3 de la constitution, cité par P. de Montalivet, *Les objectifs de valeur constitutionnelle*, Paris, Dalloz, 2006, §.599.

[44] P. de Montalivet, op.cit., p.23.

disposition particulière. L'idée constitutionnelle, traduite en action ou programme par la ratification du traité, acquiert donc une valeur normative précise. Elle oriente l'exécutif dans la négociation et la ratification du traité, et constitue un cadre d'appréciation de l'action qu'il mène dans sa mise en œuvre. Le caractère normateur de cet objectif est d'autant moins problématique que l'idée est énoncée dans des termes généralement précis[45] et souvent dans des conditions formelles sans équivoque[46]. Pour autant, les *objectifs constitutionnels* opèrent dans certaines conditions.

En règle générale, il ne leur est pas reconnu d'effet direct ; ils sont « impropres à être invoqués pour fonder une prétention de l'administré/citoyen à l'appui d'un recours tendant à constater l'irrégularité ou l'inconstitutionnalité d'un acte de la puissance publique »[47]. Pierre de Montalivet leur a identifié trois fonctions normatives essentielles : interdire, permettre et obliger, parce qu'« ils commandent plus qu'ils ne recommandent »[48]. La méconnaissance des objectifs de valeur constitutionnelle est sanctionnée par le juge constitutionnel de manière *forte* par une déclaration de non-conformité ou, de manière plus *douce*, par des réserves d'interprétation[49]. L'objectif d'intégration régionale et d'unité africaine ne peut quant à lui constituer une obligation d'agir, si ce n'est de poser les limites de l'action. Ce sont donc davantage les fonctions d'interdiction et de permission qui peuvent être retenues. L'objectif constitutionnel d'intégration permet à l'État de s'engager dans un processus d'intégration (par la ratification du traité qui l'institue), de tenir compte des buts et impératifs de ce processus d'intégration pour limiter l'effet de certaines dispositions nationales, ou encore de s'autolimiter pour assurer une réalisation efficace de l'intégration. Parallèlement, cet objectif interdit de compromettre le processus d'intégration dans lequel l'État est engagé. L'action de l'État qui aurait pour but ou pour effet de compromettre la réalisation du processus d'intégration serait dès lors inconstitutionnelle au regard de l'objectif constitutionnel. L'on peut alors estimer que

---

[45] A défaut d'être précis dans le fond et sur les concepts (comme on l'a montré en première partie), les dispositions constitutionnelles le sont dans la volonté de fixer un cadre et une finalité

[46] Rappelons que dans certaines constitutions (Burkina Faso, Côte d'Ivoire, Mali), un titre est spécifiquement consacré à la question de l'intégration régionale. Dans les autres, c'est dans les dispositions relatives à la conclusion de traités internationaux qu'est évoqué l'objectif d'intégration et/ou d'unité africaine.

[47] Ch. Autexier, *op.cit.*, p.109. Voir aussi Anne Levade, « *L'objectif de valeur constitutionnelle, vingt ans après. Réflexions sur une catégorie juridique introuvable* », in *L'esprit des institutions, l'équilibre des pouvoirs. Mélanges en l'honneur de Pierre Pactet*, op.cit., pp. 686-702. spéc. pp.698-699.

[48] P. de Montalivet, *op.cit.*, §§.581 et s.

[49] *Ibid.*, §§.604-611. Relevons ici que, en Allemagne, l'objectif de réunification constituait un critère d'appréciation de la constitutionnalité des partis politiques (Ch. Autexier, *op.cit.*, p.109).

l'opérationnalité de l'objectif atteindrait, sous certaines conditions, le champ de l'administré/justiciable.

2. Un « *droit* – constitutionnel – *à l'intégration* » ?

L'interdiction de compromettre le processus d'intégration, telle qu'énoncée ci-dessus, fait écho à l'obligation de loyauté ou de fidélité pour les États membres, insérée en général dans les traités d'intégration[50]. Associée à l'identification d'un objectif constitutionnel d'intégration et d'unité africaine, cet engagement général de l'État membre vis-à-vis de la Communauté régionale devient, dans son ordre interne, une obligation constitutionnelle. Aussi, une action ou omission des autorités nationales qui aurait pour effet de porter atteinte à l'intégrité du droit communautaire ou de façon générale de compromettre la réalisation de l'intégration pourrait faire l'objet d'une contestation subjective, dès lors que trois conditions sont réunies. Il faut tout d'abord l'existence d'un objectif constitutionnel bien défini. Les textes étudiés le mettent en évidence. Il faut ensuite que l'État soit engagé dans un processus d'intégration relevant de la catégorie constitutionnellement prévue. Il faut enfin, et surtout, que des droits identifiés aient été énoncés dans le cadre du processus d'intégration en question au bénéfice du particulier demandeur. Une telle réclamation juridique n'est pas nouvelle dans le cadre du droit communautaire, puisque les traités communautaires et les actes pris en application de leurs dispositions ont – parfois – un effet direct. Mais l'objectif constitutionnel permet, lorsque les mécanismes pertinents de droit interne existent, d'élever la contestation au-delà de l'écran législatif. Mais, au-delà de cette dimension opérationnelle, l'évocation d'un *droit à l'intégration* sous les conditions énumérées ci-dessus implique, pour les institutions nationales, une obligation de ne pas compromettre, par l'adoption de dispositions nationales incompatibles avec les droits énoncés par l'organisation d'intégration, la réalisation de l'*objectif constitutionnel*, défini par la constitution et mis en œuvre par le traité et ses applications. En d'autres termes, le juge constitutionnel devient lui aussi garant de l'effectivité du droit communautaire, ce dernier étant un des moyens de mise en œuvre d'un objectif constitutionnel. Qui plus est, contrairement aux objectifs de valeur constitutionnelle, l'objectif constitutionnel d'unité africaine par l'intégration ne serait pas qu'un « instrument au service du respect des autres normes de référence », utilisé en liaison avec elles, et permettant au juge constitutionnel

---

[50] Pour le droit communautaire européen, cf. article 4§3 du traité sur l'Union européenne (TUE) aux termes duquel « [l]es États membres facilitent l'accomplissement par l'Union de sa mission et s'abstiennent de toute mesure susceptible de mettre en péril la réalisation des objectifs de l'Union ». Dans le droit africain de l'intégration, voir dans des termes quasi identiques l'article 7 du traité de l'UEMOA, l'article 4 du nouveau traité de la CEMAC, ou encore l'article 5 du traité révisé de la CEDEAO.

« de vérifier l'adéquation et l'efficacité des mesures au regard de l'objectif poursuivi »[51]. La mission du juge serait ici plus directement liée à l'objectif d'intégration lui-même, en tant que norme constitutionnelle. Une action ou omission du législateur, incompatible avec les buts du traité d'intégration – lui-même considéré comme conforme à l'objectif constitutionnel, serait inconstitutionnelle parce qu'elle compromettrait la réalisation d'un objectif constitutionnel.

De l'*idée d'intégration* au *droit* (subjectif) *à l'intégration*, en passant par la *volonté* (politique) *d'intégration*, drôle de parcours pour l'*unité africaine*, dont l'évocation n'était probablement pas destinée à donner corps à une contrainte pour les pouvoirs politiques ; la force des mots réside aussi dans leur capacité à se faire discrets jusqu'au jour où un contexte nouveau vient exhumer leur sens profond, et leurs implications insoupçonnées. Les constitutions et les traités, à la lecture desquels le dédicataire de ces lignes nous a initiés, recèlent probablement encore de bien d'autres mystères…

Samuel-Jacques PRISO-ESSAWE

[51] A. Levade, *op.cit.*, p.702.

Le ver est-il dans la méthode ?

A propos de l'examen des conditions de recevabilité des communications individuelles par la Commission Africaine des droits de l'homme et des peuples

Alain Didier Olinga
Professeur de Droit Public
Chef du Département de Droit International à l'IRIC –Université de Yaoundé II

A l'heure où la Cour Africaine des droits de l'homme et des peuples, dont la disparition est déjà certes programmée[1], entame son œuvre de protection des droits de l'homme en Afrique[2], et au regard de la complémentarité aménagée entre elle et la Commission de Banjul[3], il importe de procéder à une évaluation critique de l'un des aspects majeurs au sujet desquels ladite complémentarité va opérer à l'avenir de manière importante, à savoir l'examen de la recevabilité des requêtes individuelles. Une telle évaluation

---

[1] En effet, la Conférence des Chefs d'État et de Gouvernement de l'Union Africaine a décidé la fusion de la Cour Africaine des droits de l'homme et des peuples avec la Cour de Justice de l'Union Africaine, fusion matérialisée par le Protocole de Sharm El Sheikh adopté en juillet 2008 portant Statut de la Cour Africaine de Justice et des Droits de l'Homme.

[2] Olinga, A.D. " Regards le premier arrêt de la Cour Africaine des Droits de l'homme et des peuples (Cour Africaines des droits de l'homme et des peuples. *Michelot Yogogombaye c. Sénégal*, 15 Décembre 2009), *Rev.Trim.des Dr .H*, n° 83, 1er juillet 2010, pp. 748 -768.

[3] Voir les articles 2,6 et 33 du Protocole du 9 juin 1998 instituant la Cour Africaine des Droits de l'homme et des peuples, et l'article 29 du Règlement Intérieur Intérimaire de la Cour. Voir également l'article 119 du nouveau Règlement intérieur de la Commission entré en vigueur en août 2010. Pour une étude d'ensemble, qui ne tient pas compte cependant de cette dernière évolution normative, voir le mémoire de recherche de Nouazi Kemkeng, Carole Valérie."Les rapports entre la Commission et la Cour africaines des droits de l'homme et des peuples". Mémoire de DEA, Droit Public International et Communautaire, 2009, FSJP/Université de Yaoundé II, 217 p. L'approche en termes de complémentarité est reprise dans le Protocole de Sharm El Sheikh portant Statut de la Cour Africaine de justice et des droits de l'homme (préambule, article 38). Voir à cet effet Banzeu Dongue, R.F. « La Cour Africaine de justice et des droits de l'homme ». Mémoire de Master, Contentieux International, IRIC, Université de Yaoundé II, avril 2011, notamment pp.88 et ss.

s'impose après un peu plus de deux décennies de jurisprudence de la Commission, dans la mesure où tout organe de règlement des litiges, différends ou contestations doit inspirer à ses justiciables confiance quant à la qualité et à l'intelligibilité de ses méthodes de travail et, par ricochet, quant à la légitimité et à la relative prévisibilité de ses sentences. Il s'agit là, non seulement d'une exigence de sécurité juridique[4], mais aussi un élément de la qualité de la justice rendue[5] .S'il est une faiblesse, entre autres, qui a souvent été imputée au travail de la Commission de Banjul, c'est une certaine inconsistance dans l'argumentation[6], dans l'interprétation, dans la mobilisation peu rigoureuse des normes de référence extérieures au droit matériel africain des droits de l'homme[7] . A ces faiblesses, il faut ajouter une approche particulièrement erratique en matière d'examen des conditions de recevabilité des communications individuelles. Cette approche erratique peut s'expliquer par le processus de construction progressive d'une somme jurisprudentielle, processus expérimenté par d'autres mécanismes compétents en matière de droits de l'homme[8]. Elle peut également procéder d'une démarche délibérément arrêtée par l'organe de contrôle, désireux qu'il est de saisir toutes les situations susceptibles de se présenter dans la pratique avec toute la souplesse voulue[9]. Toutefois, le seuil de ce qui apparaît progressivement comme du désordre ou de l'indiscipline méthodologique déjà atteint semble tel que le moment d'un inventaire paraît venu, afin d'en envisager les enjeux sur la dynamique ou l'entreprise de protection des droits

---

[4] Voir Conseil d'État " Sécurité juridique et complexité du droit" Rapport Public du CE 2006, Paris, La Documentation. Française, 2006. Voir aussi, Ayina Ayissi, Fabrice. « La règle de l'épuisement des voies de recours internes dans la jurisprudence de la Commission Africaine des droits de l'homme et des peuples ». Mémoire de Master, Contentieux International, IRIC, 2011, notamment p.78.

[5] Voir, Sauvé, J.M. " Les critères de la qualité de la justice ".http : //www.conseil – état.fr/cde/fr/ des cours et interventions/ les critères de la qualité de la justice

[6] Flauss, J.F. « Notule sur les mesures provisoires devant la Commission Africaine des droits de l'homme et des peuples ». *Rev.Trim. des Dr.H*, 55/2003, p.928. Voir aussi, récemment, Ila Maikassoua, R. « Les effets des décisions de la Commission Africaine des droits de l'homme et des peuples ». Thèse de Doctorat, Université de Paris Panthéon Sorbonne, 2011, p.366 : « la jurisprudence actuelle souffre d'un manque de cohérence et de lisibilité. Aussi, une jurisprudence claire et précise est plus que souhaitable car cette situation peut se révéler préjudiciable en matière de lisibilité et de crédibilité de l'organe de contrôle ».

[7] Olinga, A.D. "Les emprunts normatifs de la Commission Africaine des Droits de l'Homme et des Peuples aux systèmes européen et interaméricain de garantie des Droits de l'homme" *Rev.Trim .des Dr.H*, n°62, Avril 2005, PP.499-537.

[8] Voir Cassese, A. « The admissibility of communications to the United Nations on Human Rights violations".*RDH*, vol. V, 2-3, 1972, pp.375-393.

[9] Cette orientation de souplesse méthodologique délibérée semble contenue dans la décision sur les affaires 54/91, 61/91, 98/93, 164/97 à196/97, 210/98, Malawi African Association c/ Mauritanie, 11 mai 2000, au paragraphe 77 : « dans la Charte africaine des droits de l'homme et des peuples, la recevabilité est régie par l'article 56 qui définit toutes les conditions que les communications doivent remplir pour être examinées. *Ces critères s'appliquent en tenant compte des particularités de chaque communication* ». (Nos italiques).

au niveau panafricain. En effet, au moment où les juridictions sous régionales exercent leurs attributions en matière d'interprétation de la Charte africaine des droits de l'homme et des peuples, notamment, il est urgent que la Commission de Banjul, et la Cour d'Arusha du reste, adoptent une approche rigoureuse en matière processuelle, en vue de préserver l'autorité qualitative de leur jurisprudence et leur leadership interprétatif en matière de droits de l'homme sur le continent.

La recevabilité des requêtes individuelles relatives aux violations des droits énoncés dans la Charte Africaine des Droits de l'Homme et des Peuples, y compris le Protocole de Maputo relatif aux droits des femmes en Afrique, est régie par un certain nombre de dispositions normatives qu'il convient de rappeler. Il s'agit, à la fois pour les communications étatiques et les communications individuelles, de l'article 50[10] de la Charte de 1981, et pour les seules communications individuelles de l'article 56 de la même charte. Les conditions spéciales de recevabilité[11] énoncées à l'article 56[12] doivent " *nécessairement*" être remplies par les communications pour leur examen au fond par la Commission ou par la Cour. L'article 6 du Protocole de Ouagadougou relatif à la Cour Africaine des Droits de l'Homme et des Peuples énonce à son alinéa 2 que "la Cour statue sur la recevabilité *en tenant compte* des dispositions énoncées à l'article 56 de la Charte" (nous soulignons).

---

[10] Selon cette disposition, « la Cour peut connaître d'une affaire qui lui soumise qu'après s'être assurée que tous les recours internes, s'ils existent, ont été épuisés, à moins qu'il ne soit manifeste pour la Commission que la procédure de ces recours se prolonge de façon anormale ».

[11] Sur la distinction entre les conditions générales et les conditions spéciales de recevabilité, voir Santulli, C. *Droit du Contentieux International*. Paris, Montchrestien, 2005, pp. 203-289, surtout, pp.255 et ss.

[12] L'article 56 est ainsi libellé : " les communications visées à l'article 55 reçues à la Commission et relatives aux droits de l'homme et des peuples doivent nécessairement, pour être examinées, remplir les conditions ci-après :

1. Indiquer l'identité de leur auteur même si celui-ci demande à la Commission de garder l'anonymat ;
2. Etre compatibles avec la Charte de l'Organisation de l'Unité Africaine ou avec la présente Charte ;
3. Ne pas contenir des termes outrageants ou insultants à l'égard de l'État mis en cause, de ses institutions ou de l'OUA ;
4. Ne pas se limiter à rassembler exclusivement des nouvelles diffusées par des moyens de communication de masse ;
5. Etre postérieures à l'épuisement des recours internes s'ils existent, à moins qu'il ne soit manifeste à la Commission que la procédure de ces recours se prolonge d'une façon anormale ;
6. Etre introduites dans un délai raisonnable courant depuis l'épuisement des recours internes ou depuis une date retenue par la Commission comme faisant commencer à courir le délai de sa propre saisine ;
7. Ne pas concerner des cas qui ont été réglés conformément soit aux principes de la Charte des Nations Unies, soit de la Charte de l'Organisation de l'Unité Africaine et soit des dispositions de la présente Charte.

A ces dispositions conventionnelles, il faut ajouter les dispositions des règlements intérieurs de la Commission et de la Cour. L'article 116 du Règlement intérieur de la Commission, tel qu'adopté en 1995, énonce que "la Commission statue sur la question de la recevabilité *conformément* à l'article 56 de la Charte". (Nous soulignons).[13] L'article 40 du Règlement Intérieur Intérimaire.de la Cour énonce que la recevabilité des requêtes sera examinée « *en conformité* avec les dispositions de l'article 56 de la Charte, auxquelles renvoie l'article 6 alinéa 2 du Protocole(...)" (nous soulignons) relatif à la Cour. S'il y a un renvoi, pour " *conformité*", à l'article 56 de la Charte, il faut remarquer cependant que du point de vue de la lettre des textes, l'adverbe "nécessairement" a disparu de toutes les formulations postérieures à 1981, l'article 6 alinéa 2 du Protocole relatif à la Cour prescrivant seulement à celle – ci de " *tenir compte*" des dispositions de l'article 56 de la Charte.

Quoi qu'il en soit, sur la base de l'article 56, la Commission de Banjul a bâti une abondante jurisprudence en matière de recevabilité, laquelle pourra influencer, sans la lier, la démarche future de la Cour, et dont l'un des traits caractéristiques est son impressionnante discontinuité méthodologique. Si de nombreuses études ont déjà été menées sur l'interprétation substantielle des diverses conditions de recevabilité[14], une attention particulière est encore à accorder à la démarche méthodologique d'ensemble de la Commission et aux conclusions que l'on pourrait en tirer sur le terrain de la disponibilité ou non des conditions de recevabilité dans le système africain de protection[15], et sur la qualité du travail effectué par la Commission de Banjul dans le traitement des parties au procès.

Au regard de la pratique de la Commission, la lisibilité de la démarche méthodologique dans l'examen des conditions de recevabilité est faible. Avant d'envisager les enjeux ou la portée de la discontinuité jurisprudentielle (II), il est important de restituer la réalité de la discontinuité (I) en matière d'examen de la recevabilité.

---

[13] L'article 106 du Règlement entré en vigueur en 2010 énonce que "les communications doivent répondre aux critères cumulatifs de recevabilité visés à l'article 56 de la Charte".

[14] Voir Nsongurua J. Udombana, "So far, so fair: the local remedies rule in the jurisprudence of the African Commission on Human and Peoples' *Rights" American Journal of International Law*, vol. 97-1, 2003, pp.1-37 ; Onoria, Henry " The African Commission on Human and Peoples' Rights and the exhaustion of local remedies under the African Charter" *African Human Rights Law Journal*, vol 3, n°1, 2003, pp.1-24 ; Zanga, Joseph Martial." La condition de l'épuisement des voies de recours internes devant la Commission Africaine des Droits de l'homme et des Peuples". Mémoire de DEA, FSJP, Université de Yaoundé II, 2009, 193 p ; Ayina Ayissi, Fabrice. « La règle de l'épuisement des voies de recours internes dans la jurisprudence de la Commission Africaine des droits de l'homme et des peuples ». Mémoire de Master II Contentieux International, IRIC, Université de Yaoundé II, 2011, 141p.

[15] Sur les notions de disponibilité ou d'indisponibilité des conditions de recevabilité, voir Santulli, Carlo. *Droit du contentieux international* Paris, Montchrestien, 2005, notamment pp. 196 à 200.

I. La REALITE DE LA DISCONTINUITE METHODOLOGIQUE DANS L'EXAMEN DES CONDITIONS DE RECEVABILITE DES REQUETES INDIVIDUELLES

L'on peut distinguer, schématiquement, dans la pratique de la Commission relative à l'examen de la recevabilité, quatre postures méthodologiques majeures[16]. La première consiste à aller directement à une condition de recevabilité, généralement celle de l'épuisement des voies de recours internes ; la seconde consiste à évoquer la solidarité des conditions de recevabilité, tout en accordant la prépondérance processuelle à celle de l'épuisement des voies de recours internes ; la troisième consiste à n'examiner que les conditions de recevabilité qui divisent ou opposent les parties, quant à leur respect ; la quatrième consiste à examiner systématiquement toutes les conditions de recevabilité, que les parties soient opposées ou non au sujet de leur respect. Il convient tout de suite de noter que ces postures ne correspondent pas à des périodes tranchées dans l'évolution de la pratique de la Commission, dans la mesure où l'on peut noter des va-et-vient dans la démarche méthodologique d'une période à une autre, confirmant la situation de discontinuité. Toutefois, dans l'ensemble, l'examen direct d'une condition, en particulier de la condition d'épuisement des voies de recours internes, semble être la posture initiale de la

[16] Il faut en effet noter qu'une posture résiduelle se trouve dans ce qui s'apparente à une dispense de l'obligation de remplir des conditions de recevabilité. Cela apparaît dans l'affaire 27/89, 46/90, 49/91, OMCT et autres /Rwanda, octobre 1996, paragraphe 16 : « ...étant donné l'ampleur et la diversité des violations alléguées et le grand nombre de personnes impliquées, *la Commission considère que les voies de recours internes ne doivent pas être épuisées* et déclare ainsi les communications recevables ». (Nos italiques). Prise telle quelle, cette formulation n'est pas loin d'une violation pure et simple, de la lettre de la Charte, de la locution « doivent nécessairement » de l'article 56. Cela apparaît ensuite dans l'affaire 223/98 Forum of Conscience/ Sierra Leone, 06 avril 2000, paragraphe 15 : « la Commission prend note du fait que la plainte est introduite au nom de personnes déjà exécutées. A cet effet, la Commission convient qu'il n'existe pas de recours locaux que le plaignant peut formuler. Cependant, même si une telle possibilité existait, l'exécution des victimes a définitivement forclos un tel recours ». La simple logique de raisonnement de ce propos est difficile à saisir, dès lors que l'auteur de la requête, que ce soit la victime elle-même ou son représentant, est tenu au respect de l'article 56 de la Charte, à peine d'irrecevabilité de sa communication. Quant à l'idée de forclusion liée à la disparition physique des victimes, elle est clairement étrange. Cela apparaît enfin dans l'affaire 157/96, Association pour la sauvegarde de la paix au Burundi/ Tanzanie, Kenya, Ouganda, Rwanda, Zaïre et Zambie, mai 2003, ou la Commission ne parvient pas à décider si elle doit aborder la communication dans le cadre des communications étatiques ou dans celui des communications individuelles. Finalement, la Commission n'examine pratiquement pas la question de recevabilité et sort, au paragraphe 63 de sa décision, par une pirouette : « dans l'intérêt de la promotion des droits de l'homme, cette question n'a pas été rigoureusement poursuivie, spécialement dans la mesure où les États défendeurs n'ont soulevé aucune objection quant à la qualité du requérant pour agir ». La Commission déclare la communication recevable. Sue cette dernière affaire, voir notre commentaire : « The embargo against Burundi before the African Commission on Human and People's Rights », *African Human Rights Law Journal*, vol. 5, n°2, 2005, pp.424-432.

Commission, et l'examen systématique des conditions de recevabilité la posture actuellement dominante de l'instance panafricaine.

A. L'examen exclusif ou prépondérant d'une condition de recevabilité

Ces deux formes d'examen, proches, doivent faire l'objet d'une présentation distincte cependant. Dans le premier cas, la Commission, sans faire référence à d'autres conditions, s'appuie exclusivement sur l'une d'elles pour décider de la recevabilité. Dans le second, la Commission peut procéder de même, en le justifiant par l'importance de la condition de recevabilité utilisée, ou en évacuant formellement les autres conditions pour ne s'appuyer que sur celle retenue.

1. L'examen exclusif direct d'une condition de recevabilité

La Commission de Banjul s'est illustrée par la pratique de l'examen direct et exclusif d'une condition de recevabilité, soit sans motivation quelconque, rarement avec une explication rapide et *a minima.* La condition ayant fait l'objet d'une telle sollicitation de manière abondante est celle de l'épuisement des voies de recours internes. Dans de nombreuses décisions, la Commission n'a fourni aucune explication à sa démarche, se contentant d'affirmer que « la disposition qui s'applique dans ce cas particulier est celle de l'article 56 (5) de la Charte ».[17] Dans quelques - unes, elle a fourni une explication fort économe. Elle estime que cette condition est "*celle qui le plus souvent requiert plus d'attention*"[18] ; que "*cette disposition doit nécessairement être prise en compte avant tout examen au fond d'une communication*"[19], que "*seul l'épuisement des voies de recours internes reste à être examiné de près*"[20]. Cet usage de la condition d'épuisement des voies de recours internes de manière directe a continué jusqu'à la période la plus

[17] Affaire 232/99, John D. Oukoc. Kenya, 6 novembre 2000, paragraphe 17 ; affaires 222/98 et 229/99, Law Office of Ghazi Suleiman c/ Sudan, 29 mai 2003, paragraphe 32.Les espèces en ce sens sont fort nombreuses et celles qui sont mentionnées ici le sont juste à titre indicatif. : Affaire.97/93, John k. Modise/Botswana, Avril 1997 ; Affaire 103/93, Alhassan Aubakar/Ghana Avril 1997 ; Affaire 224/98. Media Rights Agenda/Nigeria 6.Novembre.2000 ; Affaire 225/98.Huri – Laws/Nigeria . 6 Novembre 2000 ; Affaire 220/98 Law office of Ghazi Suleiman/Soudan, Mai 2002 ; Affaire.239/2001 Interights (pour le compte de José Domingos Sikunda)/Namibie, Mai 2002 ; Affaire 253/2002, Antoine Bissangou c/ Rép. Du Congo Novembre 2006 ; Affaire 102/93 Constitutional Rights Project & Civil libertie Organisation c/ Nigeria 31 octobre 1998 ; Affaire 198/97, S.O.S Esclaves/ Mauritanie 5 Mai 1999.

[18] Voir, affaire 137/94, 139/94,154/96 et 161/97. International PEN, Constitutionnal Rights, Interights au nom de Ken Saro Wiwa Jr et Civil liberties Organisation/Nigeria, 1998, paragraphe 2 de la partie en droit.

[19] Affaire 212/98, Amnesty International/Zambie, 5 Mai 1999, paragraphe 24.

[20] Affaire.155/96, SERAC/Nigeria, octobre 2001, par.35.

récente, comme le montrent les affaires 262/2002, *Mouvement Ivoirien des Droits de l'homme (MIDH)/ Côte d'Ivoire*, Mai 2008, par.35, 281/2003 *Maître Marcel Wetsh'okonda Koso et autres c/ République Démocratique du Congo*, Novembre 2008, par 41 et 273/03 *Association des victimes des violences post électorales et Interights /Cameroun*, 2009, paragraphe 50. Dans l'affaire 281/2003, il faut relever incidemment que la Commission fait un usage surprenant, au paragraphe 50 de sa décision, de l'article 56 (6) de la Charte africaine, comme élément de la condition d'épuisement des voies de recours internes, alors qu'il s'agit d'une condition autonome au sein de l'article 56, même si cette condition opère en partie à partir de la borne finale de l'épuisement des voies de recours internes.

Dans l'affaire 273/03, dans le contexte général d'une approche systématique de la recevabilité, basée sur la solidarité des conditions de celle – ci, le fait d'aller directement à la condition d'épuisement des voies de recours internes est déroutant. La Commission énonce d'ailleurs que "la Charte africaine des Droits de l'Homme et des Peuples dispose en son article 56 (5) que les communications visées à l'article 55 doivent nécessairement, pour être examinées, être postérieures à l'épuisement des recours internes (…)". Si l'adverbe "nécessairement" couvre toutes les conditions de l'article 56, y compris celle de l'alinéa 5, il n'y a évidemment pas une nécessité spéciale additionnelle attachée, dans le libellé de cet alinéa 5, à la condition d'épuisement des voies de recours. La Commission suggérerait – elle une telle idée ? Rien n'exclut de le penser a priori.

Au – delà de la condition d'épuisement des voies de recours internes, la Commission est allée directement à l'examen de la condition relative aux propos outrageants et insultants, sans motivation particulière, et sans que, du moins à la lecture de la décision, il apparaisse que l'État l'avait demandé. Tel a été le cas dans l'affaire 65/92, *Ligue Camerounaise des Droits de l'Homme/Cameroun,* 10è Rapport d'activités. La Commission s'est par ailleurs appuyée directement sur la condition de l'alinéa 7 de l'article 56 ayant trait à la litispendance, pour déclarer irrecevable la communication 15/88, *Mpaka – Nsusu Alphonse c/ Zaïre*. On peut dire qu'elle s'est appuyée sur la condition de la compatibilité, ratione personae, pour déclarer irrecevables les communications dirigées contre les États – Unis d'Amérique (affaire 2/88, *Iheanyichukwu A. Ihebereme*) la Yougoslavie (affaire 3/88, *Centre pour l'Indépendance des Magistrats et des Avocats*), l'Indonésie (Affaire 38/90, *Wesley Pafish*).

On pourrait affiner l'examen de la recevabilité réduit à une condition en distinguant cet examen selon qu'il aboutit à une décision de recevabilité ou à une décision d'irrecevabilité. Si la conclusion est l'irrecevabilité, cette démarche pourrait ne soulever aucune difficulté, à l'aune de la solidarité affirmée des conditions de recevabilité. Mais si la conclusion devait être la recevabilité, cela serait un réel facteur d'incohérence, car la satisfaction d'une condition n'induit pas nécessairement celle de toutes les autres. Cette observation est valable pour l'examen à titre principal d'une condition.

2. L'examen à titre prépondérant d'une condition de recevabilité

L'idée d'un examen prépondérant d'une condition de recevabilité mérite d'être explicitée. Elle s'inscrit dans le contexte d'une formulation progressive de la solidarité des sept conditions de recevabilité de l'article 56 de la Charte, lesquelles " *dans des circonstances normales, doivent être remplies*"[21] ou qui " *doivent généralement être remplies*"[22] ou encore " *qui doivent habituellement être remplies*"[23]. C'est au cours de l'année 2003, semble-t-il, dans sa décision en l'affaire 240/2001 que la Commission de Banjul a formulé la doctrine de la solidarité des sept conditions de recevabilité de l'article 56, sans plus faire référence aux "circonstances normales" de la décision en l'affaire 234/99. En dépit de la formulation de cette solidarité, la condition d'épuisement des voies de recours internes semble avoir continué de jouir d'un statut processuel privilégié[24]. Ceci ressort par exemple du paragraphe 20 de la décision en l'affaire 240/2001 : " *la Commission prend note du fait que l'État défendeur et les requérants s'accordent sur la question de l'épuisement des voies de recours internes et déclare par conséquent la communication recevable*". De même, dans l'affaire 250/2002, la Commission rappelle les sept conditions, mais s'en tient sans explication particulière au seul examen de l'épuisement des voies de recours internes. C'est probablement dans l'affaire 228/99, Law Office of Ghazi Suleiman/Soudan, mai 2003, au paragraphe 29 de la décision, que la Commission a le mieux exprimé cette prépondérance de la condition ici considérée : « la règle de l'épuisement des recours internes est l'une des conditions les plus importantes pour la recevabilité des communications, il n'y a donc aucun doute que de toutes les communications dont s'est saisie la Commission Africaine, la première exigence concerne l'épuisement des voies de recours internes, conformément à l'article 56 (5) de la Charte ». Cette expression de la prééminence de la condition de l'épuisement des voies de recours internes, ici exprimée en termes « positifs », peut l'être également en termes « négatifs ». Ainsi, dans l'affaire 241/01, Purohit et Moore/ Gambie, Mai 2003, la Commission, sans examen particulier, note au

---

[21] Voir Affaire 234/99, *Interights (pour le compte de Pan African Movement et Inter Africaz Group Érythrée*, Mai 2003, paragraphe 26.)

[22] Voir affaire 240/2001 *Interights et Al (pour le compte de Mariette Sonjaleen Bosch) /Botswana*, Nov.2003, paragraphe 17.

[23] Affaire 250/2002, *Liesbesth Zegveld et Mussie Ephrem/ Erythrée*, Novembre 2003, paragraphe 21.

[24] C'est incontestablement « the major issue in admissibility proceedings before the Commission". Voir Nsongurua J. Udombana, "So far, so fair: the local remedies rule in the jurisprudence on the African Commission on human and people's rights". *AJIL*, vol. 97:1, 2003, p.13.

paragraphe 24 de sa décision que « ...toutes les conditions prévues par l'article 56 sont satisfaites par la présente communication. Seul l'alinéa 5 de l'article 56 qui prévoit l'épuisement des voies de recours internes mérite un examen attentif », et ce sans qu'il apparaisse dans la décision que l'État a soulevé cette exception d'irrecevabilité. Pourtant, l'attention vis – à – vis de ce sur quoi les parties s'accordent va être importante dans la jurisprudence ultérieure de la Commission, jurisprudence d'abord basée, pour la recevabilité, sur les questions qui divisent les parties, avant d'aller vers une approche plus systématique.

B. L'examen circonscrit et l'examen systématique des conditions de recevabilité

C'est un élément important de discontinuité dans la démarche de la Commission que le balancier entre l'examen de *certaines* conditions de recevabilité et l'examen de *toutes* les conditions de recevabilité. Même si, tendanciellement, l'on observe la récurrence de l'examen de toutes les conditions, des décisions existent qui tranchent avec cette dynamique. Il importe d'en avoir un net aperçu.

1. L'examen de la recevabilité circonscrit aux conditions dont le respect divise les parties

Cette posture s'inscrit dans le sillage de l'affirmation du caractère absolument cumulatif des conditions de recevabilité, sans que ce cumul conduise, semble – t-il, à en faire des éléments d'ordre public. L'examen peut être circonscrit parce que le gouvernement défendeur ne soulève que le non – respect d'une condition[25], parce que le gouvernement est présumé accepter le respect des conditions de recevabilité qu'il ne soulève pas [26], ou parce que sa non-coopération à l'instance ne permet pas d'établir le non-respect de certaines conditions de recevabilité[27].

---

[25] Affaire 242/2001, *Interights et al/ Mauritanie*, 17è Rapport d'Activités, paragraphe 24.

[26] Voir Affaire 246/2002, *Mouvement Ivoirien des Droits Humains (MIDH)/Côte d'Ivoire*, juillet 2008, paragraphe 43 :"(...) la Commission africaine note que, puisque l'État ne soulève pas d'objections quant aux autres exigences énoncées à l'article 56, l'on peut présumer qu'elles ont été respectées par le plaignant. La Commission se prononcera donc sur les deux exigences litigieuses : l'article 56(2) pour la compatibilité avec la Charte et l'article 56(5) pour l'épuisement des recours internes".

[27] Voir affaire 276/2003, *Centre de développement des droits des minorités (agissant au nom de la communauté Endorois)/ État du Kenya*, 2009, paragraphe 59 : "(...) à cause de l'absence d'informations qu'aurait dû fournir l'État défendeur, le cas échéant, la Commission africaine n'est pas en mesure de remettre en cause la question de savoir si la plainte est exclusivement basée sur les informations publiées dans les mass medias (article 56-4) ou si les recours locaux ont été épuisés, et s'il n'y a pas eu d'autre règlement en vertu de l'article 56 (7) de la Charte africaine". Le choix de ces trois conditions n'est pas expliqué par la Commission.

L'examen peut être circonscrit du fait d'une opposition frontale de thèses, le plaignant soutenant satisfaire toutes les conditions de recevabilité, l'État défendeur contestant la satisfaction de certaines conditions. La Commission se limite à l'examen des conditions ainsi soulevées[28].

Enfin, l'examen peut être circonscrit par l'accord des parties au sujet soit de ce qui est respecté, soit de ce qui les oppose encore. Cela est net dans l'affaire 275/2003, *Article 19/ État d'Érythrée*, paragraphe 44 :" les parties à la présente communication semblent convenir que six des conditions énoncées à l'article 56 ont été réunies. Elles sont néanmoins en désaccord sur l'application de l'une de ces conditions : l'article 56(5)...", et au paragraphe 49 : "(...) les parties au présent cas sont en conflit sur la question de l'épuisement des voies de recours en Érythrée et il incombe en conséquence à la Commission africaine de résoudre cette question". Cela est aussi net dans l'affaire 249/2002, Institut pour les droits humains et le Développement en Afrique (pour le compte des réfugiés sierra léonais en Guinée/ République de Guinée), dans l'affaire 299/2005, *AnuaK Justice Council/ Éthiopie,* Mai 2006, paragraphe 133 : "comme il semble y avoir accord entre les deux parties concernant le respect des autres exigences de l'article 56, la Commission ne se prononcera pas à cet égard..." Enfin, cela est net dans l'affaire 294/2004, *Avocats du Zimbabwe pour les droits de l'homme et Institut des droits humains et du Développement en Afrique (agissant au nom de Andrew Barclay Meldrum)/ République du Zimbabwe*, Avril 2009 paragraphe 50 : " lorsque les parties ont procédé aux plaidoiries orales devant la Commission, l'État défendeur a déclaré qu'il abandonnait l'argument sur les propos désobligeants, mais qu'il maintenait les arguments liés au non-épuisement des recours internes. La Commission prend acte de cette plaidoirie et déclare qu'elle ne prendra pas de décision sur l'article 56 alinéa 3, étant donné que la question opposant les deux parties n'est pas celle relative aux propos désobligeants". La décision relative à l'affaire 246/2002, Mouvement Ivoirien des Droits Humains (MDH)/ Côte d'Ivoire, juillet 2008, est également illustrative de cette démarche. Au paragraphe 43, on peut lire ceci : « ...la Commission Africaine note que, puisque l'État ne soulève pas d'objections quant aux autres exigences énoncées à l'article 56, l'on peut présumer qu'elles ont été respectées par le plaignant. La Commission se prononcera donc sur les deux exigences litigieuses : l'article 56(2) pour la compatibilité avec la Charte et l'article 56 (5) pour l'épuisement des recours internes ».

L'examen circonscrit accorde une place importante à l'attitude des parties en général, à celle de l'État défendeur en particulier. C'est essentiellement la

---

[28] Voir affaire 268/2003, *Ilesanmi c/ Nigeria*, Mai 2005, paragraphe 36 ; affaire 284/2009, *Zimbabwe lawyers for human Rights & Associate Newspapers of Zimbabwe/ République du Zimbabwe,* Avril 2009, paragraphe 82 ; affaires 279/03 et 296/05, *Sudan Human Rights Organisations et Al Soudan, centre ou Human Rights and Evictions/ Soudan,* Mai 2009, paragraphe 89.

position qu'il adopte qui délimite le périmètre de l'examen de la recevabilité. Ceci tranche avec la pratique de l'examen systématique, lequel relativise et semble tenir en état la volonté des parties.

2. L'examen systématique de toutes les conditions de recevabilité

Si la doctrine de la solidarité des conditions de recevabilité énoncées à l'article 56 de la Charte a été formulée dès 2003, c'est depuis 2007 que cette solidarité a été rendue absolue, même si ce caractère absolu n'a pas été systématiquement sanctionné depuis lors, comme le montre l'examen circonscrit précédemment analysé. C'est en effet, semble – t- il, depuis l'affaire 307/2005, *M. Obert Chinhamo /Zimbabwe* de Novembre 2007, que la Commission de Banjul a inauguré l'examen de toutes les conditions de recevabilité prévues à l'article 56 de la Charte, indépendamment des positions exprimées à cet égard par les parties.

L'examen systématique revêt, lui – même, deux variantes, l'une limitée, l'autre totale. Dans la première, il est rappelé que les sept conditions "*doivent être toutes remplies avant que la Commission ne puisse déclarer une communication recevable. Lorsque l'une de ces conditions/exigences n'est pas remplie, alors la Commission doit déclarer la communication irrecevable, sauf lorsque le plaignant a fourni des justifications quant aux raisons pour lesquelles l'une quelconque de ces conditions n'a pas été remplie*". Cette dernière phrase est importante, car elle étend la dispense de satisfaction de la condition d'épuisement des voies de recours internes à toutes les sept conditions, en l'absence d'une référence textuelle de couverture d'une telle extension. Bien que la divergence entre les parties soit circonscrite à des conditions précises, la Commission ne s'en tient pas à l'examen des conditions querellées ; elle en ajoute d'autres, mais pas toutes les autres non contestées, et ce tri reste sans justification. Cela apparaît dans l'affaire 266/2003 *Kevin MGWANGA Gunme et Al/ Cameroun*, mai 2009. L'État cité estimait que les alinéas 1, 2, 3,4 et 7 de l'article 56 n'avaient pas été satisfaits par les plaignants. La Commission a ajouté d'office dans son examen de la recevabilité la condition de l'alinéa 5, mais non celle de l'alinéa 6, sans justification. De même, dans l'affaire 310/2005, *Darfur Relief and Documentation Centre / République du Soudan*, 2009, alors que l'État contestait la satisfaction des alinéas 1,2,3,5 et 6 de l'article 56 de la Charte, la Commission ajoute à ces conditions querellées celle de l'alinéa 4, mais non celle de l'alinéa 7, sans justification.

Dans la deuxième variante, celle de l'examen systématique proprement dit, la Commission est confrontée à une contestation circonscrite par les arguments des parties à des conditions de recevabilité précises, mais décide de procéder à la vérification du respect par le plaignant ou la communication de toutes les sept conditions énoncées à l'article 56 de la Charte. Quatre espèces peuvent à cet égard être mises en évidence. D'abord l'affaire

307/2005, *M Obert Chinhamo / Zimbabwe*, paragraphe 45 : " *si une partie soutient qu'une autre partie n'a pas satisfait à l'une des exigences, la Commission doit se prononcer sur les questions litigieuses entre les parties. Cela ne signifie toutefois pas que les autres exigences de l'article 56 qui ne sont pas litigieuses entre les deux parties ne seront pas examinées par la Commission"*. De fait, la contestation portait sur le respect des alinéas 2, 5 et 6 de l'article 56. La Commission a cependant examiné les sept conditions de la disposition conventionnelle. Dans l'affaire 300/2005, *Socio Economic Rights and Accountability Project/Nigeria*, juillet 2008, la Commission décide dans un premier temps, au paragraphe 34 de sa décision, de ne traiter que des conditions contestées par l'État, celles des alinéas 2 et 5. Puis, immédiatement au paragraphe 35, elle change de perspective :"(...) *pour qu'une communication soit déclarée recevable, elle doit satisfaire toutes les exigences prévues par l'article 56. Ainsi, si une partie soutient que l'autre partie n'a pas satisfait à l'une quelconque des exigences, la Commission doit se prononcer sur les questions en litige entre les parties. Toutefois, la Commission doit également examiner les autres exigences de l'article 56 qui ne sont pas contestées par les parties"*. Elle traite par conséquent de toutes les sept conditions. Dans l'affaire 308/2005, *Michael Majuru/Zimbabwe*, 2008, la Commission est nette. Au paragraphe 69 de sa décision, elle estime qu'elle examinera chacune des dispositions de l'article 56 de la Charte africaine, qu'elle soit ou non contestée, dans la mesure où "*elle a la responsabilité de veiller à ce que toutes les exigences de l'article 56 soient remplies"* avant de recevoir une communication. Au paragraphe 70 cependant, elle tire les conséquences du propos du paragraphe 69 en une formule embarrassée : "*en conséquence, si une partie soutient que l'autre partie ne s'est pas conformée à une des conditions énoncées, la Commission doit se prononcer sur les questions litigieuses entre les parties ainsi que sur les non litigieuses*". Enfin, dans l'affaire 333/06, *Sangonet c/ Tanzanie*, mai 2010, l'État conteste le respect des exigences des alinéas 2,5 et 6 de l'article 56. Pourtant, au paragraphe 48, la Commission s'exprime ainsi :"*la Commission africaine va à présent déterminer si ces sous – articles de l'article 56, soulevés par l'État défendeur ont été respectés. Toutefois, la Commission procédera à l'analyse de la conformation de la communication avec les autres sous – articles de l'article 56 qui ne sont pas contestés*"[29]. En somme, la pratique de la Commission brille par une évolution, probablement en voie de stabilisation[30], mais encore relativement discontinue. Cette discontinuité n'est pas sans enjeux sur la lisibilité de la démarche de l'organe

[29] Il est intéressant de noter au passage la multiplicité des appellations des éléments de l'article 56 par la Commission : "conditions", "exigences", "dispositions", "sous articles".

[30] Stabilisation que semble annoncer la formulation du nouvel article 106 du Règlement Intérieur de la Commission.

et, surtout, sur la dynamique de protection des droits garantis dans la Charte africaine. Il importe à présent de s'y appesantir.

II. Les enjeux de la discontinuite methodologique au sujet de l'examen de la recevabilite des requetes individuelles

Face à la stabilité des bases normatives d'appréciation de la recevabilité, l'absence de constance jurisprudentielle de la Commission dans la méthode d'appréciation des conditions de ladite recevabilité ne peut laisser indifférent. Dans un cas, la Commission cible une seule condition ou en privilégie une ; dans l'autre, elle examine les conditions litigieuses entre les parties ; dans la dernière, elle examine toutes les conditions de recevabilité, litigieuses et non litigieuses. Si l'on peut valablement estimer qu'il y a un relatif raidissement aisément perceptible de la part de la Commission, avec une approche systématique de plus en plus récurrente dans les dernières décisions, il reste que la discontinuité observée jusque – là soulève deux séries d'enjeux. Le premier a trait au rapport entre la démarche méthodologique choisie et la pertinence technique ou, surtout l'intelligibilité logique de la décision rendue sur le terrain de la recevabilité : c'est là un enjeu de cohérence méthodologique. Le second a trait au rapport entre la démarche adoptée et la perspective de la protection effective des droits garantis : c'est là un enjeu d'efficacité de la garantie des droits.

A. L'enjeu de la cohérence méthodologique

La cohérence méthodologique est un élément important de l'intelligibilité des décisions du juge, intelligibilité qui elle – même est un critère de la qualité de la justice[31]. Or la manière avec laquelle la Commission examine les conditions, que ce soit dans le cadre de l'examen circonscrit ou de l'examen systématique, ne correspond nullement à la doctrine de la solidarité des éléments de recevabilité qu'elle a elle – même énoncée. Si réellement, comme l'affirme depuis 2003 la Commission, le non-respect d'une seule des conditions de l'article 56 de la Charte a pour conséquence l'irrecevabilité de la communication, alors la démarche méthodologique suivie jusqu'ici manque totalement de pertinence technique.

1. Une démarche méthodologique critiquable

Le manque global de pertinence de la démarche de la Commission est observable à la fois pour l'examen circonscrit à certaines conditions et pour l'examen systématique de toutes les conditions de recevabilité.

---

[31] Voir Sauvé, J.M.Op. cit.

L'examen de la recevabilité circonscrit aux exigences litigieuses est déjà souvent problématique. Ainsi dans l'affaire 322/2005, *Tsatsu Tsikata/ République du Ghana*, Novembre 2006, la Commission s'en tient certes à l'examen des conditions des alinéas 3,5 et 6 de l'article 56 soulevées par le défendeur. Elle constate que l'alinéa 3 a été satisfait, que l'alinéa 5 ne l'a pas été, mais n'arrête pourtant pas l'examen de la recevabilité, puisqu'elle va à l'examen de l'alinéa 6 pour conclure à l'irrecevabilité de la requête, sur le fondement du non-respect de l'alinéa 5. Il est plus cohérent, lorsque l'examen est circonscrit à quelques conditions, et que les premières sont satisfaites, d'examiner la dernière, comme cela a été fait dans la groupe d'affaires 279/03 et 296/05/ Soudan. Cela l'est moins lorsque l'on poursuit l'examen des autres conditions alors que l'on a constaté que la première ou la précédente examinée n'est déjà pas satisfaite.

La pratique de l'examen systématique des conditions de recevabilité est cependant celle qui soulève le plus de problèmes méthodologiques. Dans cet examen, il est apparu, jusque - là du moins, que chaque fois que l'on a fini par conclure à l'irrecevabilité de la communication, l'une des conditions litigieuses entre les parties n'avait pas été satisfaite par le plaignant, quand bien même des conditions non litigieuses ne l'auraient pas été également. Compte tenu de la solidarité absolue affirmée entre les conditions de recevabilité, ce constat de non-respect d'une condition non litigieuse, après le constat du non-respect d'une condition litigieuse, semble inutilement surabondant. La sagesse et l'économie processuelles devraient conduire la Commission à s'en dispenser. Or, la pratique de la Commission exprime un véritable jusqu'au-boutisme processuel. Dans l'affaire 307/2005, M *Obert Chinhamo/Zimbabwe*, l'État contestait le respect des conditions des alinéas 2,5 et 6 de l'article 56. Au paragraphe 86 de sa décision, la Commission constate le non-respect de l'alinéa 5, après avoir constaté le respect des quatre premiers. Logiquement, l'examen de la recevabilité aurait dû s'arrêter là. Mais la Commission examine les conditions de l'article 6 et 7, pour décider que "*le plaignant n'a pas rempli les conditions de l'article 56 (5) de la Charte africaine*" et que la communication est irrecevable. Si l'on s'en était tenu aux points litigieux, l'on aurait réalisé une économie de moyens.

C'est la même démarche qui est à l'œuvre dans l'affaire 308/2005, *Michael Majuru c/ Zimbabwe*, 2008. La Commission examine toutes les sept conditions avec un luxe de développements qui éclairent sur le spectre substantiel et la portée de nombreuses conditions. La Commission constate au paragraphe 103 de sa décision que les recours internes disponibles n'ont pas été utilisés et, au paragraphe 110, que la présentation de la communication a été indûment retardée et qu'elle n'est donc pas compatible avec les exigences de l'article 56(6) de la Charte. Elle poursuit néanmoins avec l'examen de la condition de l'article 56 (7) pour conclure à l'irrecevabilité de la communication, car « le plaignant ne s'est pas conformé aux paragraphes (5) et (6) de l'article 56 de la Charte Africaine ». Idem, dans l'affaire 300/2005, *Socio Economic Rights and Accountability Project/ Nigeria,* juillet 2008. Dans cette dernière affaire, l'État n'avait soulevé que le non-respect de deux conditions, celles des alinéas 2 et 5, et l'irrecevabilité a été prononcée pour non-respect de l'alinéa 5, après cependant l'examen de toutes les sept conditions de l'article 56. Le trouble méthodologique augmente à la lecture de l'affaire 310/2005, *Darfur Relief and Documentation Centre/ République du Soudan*, 2009. En effet, aux conditions querellées des alinéas 1,2,3,5 et 6 de l'article 56, dont le numéro 5 devait constituer la cause d'irrecevabilité de la communication, la Commission a ajouté celle de l'alinéa 4, mais non celle de l'alinéa 7. Surtout, ayant constaté le non-respect de l'alinéa 5, elle poursuivra avec l'examen de l'alinéa 6. Ce trouble est conforté avec la décision sur l'affaire 333/05, *Sangonet c/ Tanzanie*, Mai 2010. Le défendeur soutenait que seules les conditions des alinéas 2,5 et 6 de l'article 56 de la Charte n'avaient pas été satisfaites. Ayant décidé d'examiner toutes les sept conditions, depuis la première, la Commission constate au paragraphe 76 de sa décision que l'alinéa 6 n'est pas respecté. Elle examine pourtant au paragraphe 77 l'alinéa 7, pour estimer que "*rien n'incite la Commission à penser que l'affaire a été réglée par un organisme international*", que "*par surcroît, ce sous-article n'a soulevé aucune contestation de l'État défendeur* "[32].Cette dernière phrase, qui aurait pu être reprise à propos des alinéas 1,3 et 4, est de la plus haute importance. Elle sonne comme un aveu de la Commission que la rigueur méthodologique voudrait que l'on s'en tienne, fondamentalement, aux objections formulées par l'État sur le terrain de la recevabilité et qu'il n'y aurait aucune nécessité impérieuse à examiner ce que l'État n'a pas formellement contesté[33]. Ces observations incitent à suggérer ce qui, intégré dans le règlement intérieur ou demeurant de l'ordre de la pratique prétorienne, pourrait tenir lieu de démarche méthodologique pour la Commission.

2. Les éléments d'une démarche plus pertinente

L'approche méthodologique susceptible d'être suivie par la Commission distingue le cas de coopération de l'État à l'instance et le cas de non-participation à l'instance, sous réserve de la question du caractère cumulatif

---

[32] C'est nous qui soulignons.

[33] Autrement, l'on ne pourrait pas expliquer certaines décisions de recevabilité, au regard de la non satisfaction manifeste de telle ou telle condition. L'affaire Lawyers for Human Rights/Royaume du Swaziland, mai 2005, est illustrative de ce type de situation. Le fait querellé est une proclamation royale datant de 1973, et la requête est introduite devant la Commission en 2002, soit 31 ans d'écart. Bien que la Commission se dise soucieuse d'équité et de justice dans l'application de la condition de l'article 56(6), l'on voit difficilement comment une telle requête peut être considérée comme ayant été introduite dans un délai raisonnable, le Swaziland étant devenu partie à la Charte en 1995, sept ans avant l'introduction de ladite requête. Et pourtant, elle a été déclarée recevable.

ou non des conditions de recevabilité de l'article 56 de la Charte, question abordée ci-après[34].

En cas de collaboration de l'État visé par la communication à l'instance, la Commission devrait privilégier une double approche. La première, logiquement la meilleure, est de s'en tenir exclusivement aux conditions de recevabilité évoquées par l'État dans ses observations, éventuelles, sur la recevabilité. Une telle démarche serait conforme à l'interdiction de l'*ultra petita* qui s'impose à toute instance juridictionnelle, interdiction qui lui impose de s'en tenir aux prétentions formulées par les parties à l'instance. Cette proposition méthodologique est fondée, notamment, sur le fait que la Commission, dans sa jurisprudence initiale, conçoit son cadre comme le lieu d'un « dialogue constructif » entre elle-même et les États, mais aussi entre le plaignant et l'État visé. De fait, selon elle, « le principal objectif de la procédure des communications devant la Commission est d'initier un dialogue constructif entre les plaignants et l'État visé pour aboutir à un règlement amiable »[35], « à un règlement à l'amiable du conflit »[36]. Il semble que le souci du dialogue constructif soit respectueux de la délimitation par les justiciables du périmètre du différend, y compris sur le terrain de la recevabilité. Examiner des points de droit que les parties au procès elles-mêmes ne considèrent pas comme des points litigieux ne s'inscrit pas dans une logique de dialogue constructif se terminant éventuellement par la conclusion d'un règlement à l'amiable. Certes, l'examen systématique des conditions de recevabilité élargit le spectre des opportunités d'irrecevabilité, donc des possibilités de ne pas aller à l'examen au fond. Mais cela ne participe plus d'une dynamique de dialogue constructif, et l'éviction de la phase du fond ne résulterait plus de la conclusion d'un règlement à l'amiable[37], mais de la découverte autonome par la Commission d'un motif d'irrecevabilité, découverte qui ne constitue pas une circonstance favorable pour la recherche d'une issue conciliatoire alors qu'il n'y a même pas lieu à statuer au fond[38].

---

[34] Voir le paragraphe consacré à la recevabilité menacée de dévoiement. Cette question est tranchée par la dernière mouture du Règlement intérieur, en son article 106. seule la pratique de la Commission en la matière reste attendue.

[35] Affaires25/98, 47/90, 56/93, 100/93c/ Zaïre, octobre 1995, par.40.

[36] Affaires 27/89, 46/90,49/91,99/93 c/ Rwanda, octobre 1996, par. 18.

[37] Il est à noter qu'en vertu de l'article 109 du nouveau Règlement intérieur de la Commission entré en vigueur en août 2010, si la Commission peut offrir ses bons offices pour u règlement amiable entre les partis « à toute hauteur de l'examen d'une communication », ce qui laisse penser qu'un tel règlement peut intervenir soit au stade de la recevabilité, soit au stade du fond, il reste que cette disposition se situe dans la sous-section traitant des « procédures d'examen au fond des communications », ce qui laisse penser logiquement que le règlement amiable est postérieur à une décision sur la recevabilité favorable pour la requête.

[38] Selon le Règlement Intérieur d'août 2010, le règlement amiable fait partie des procédures d'examen au fond, et ne semble pouvoir intervenir qu'après une décision de recevabilité de la requête, même si l'article 109 alinéa 1 énonce qu'il peut intervenir « à toute hauteur de l'examen d'une communication ».

Si la Commission entend demeurer dans le cadre de l'examen systématique, elle pourrait, et c'est la deuxième approche suggérée, examiner toujours en priorité les conditions de recevabilité litigieuses, celles soulevées par l'État, et de n'aborder les autres conditions que dans la mesure où cela est nécessaire, étant entendu qu'il lui faudra naturellement établir la nécessité, dans un cas d'espèce, d'aller au-delà des conditions litigieuses explicitement soulevées par l'État. Si elle s'estime contrainte de procéder à l'examen systématique par son interprétation des termes de l'article 56 de la Charte, elle pourrait toujours traiter d'abord des conditions litigieuses telles que soulevées par l'État, et, dans une sorte de paragraphe –balai, marquer que les autres conditions n'ont pas fait l'objet de contestation, ou qu'elles n'ont pas été méconnues, ou qu'elle a vérifié qu'elles ont été satisfaites. Elle peut aussi évacuer dans un tel paragraphe- balai les conditions non problématiques, pour travailler essentiellement sur celle ou celles dont elle estime qu'elle(s) pose(nt) problème. Cette manière de procéder est perceptible dans la décision de la Commission en l'affaire 297/2005, Scanleen et Holderness (pour le compte de Independent Journalists association of Zimbabwe, Zimbabwe Lawyers for Human Rights and Media Institute of Southern Africa) c/ Zimbabwe, avril 2008, paragraphes 38 et 39 : « 38. La Commission africaine ayant examiné les critères de recevabilité aux termes de l'article 56 de la Charte, est convaincue que la communication indique les auteurs, entre dans le cadre de la *ratione materiae* et du *ratione temporis* de la Charte et de l'acte Constitutif, et est par conséquent compatible avec la Charte. Elle n'utilise pas de langage outrageant… Elle a été introduite dans un délai raisonnable et n'est pas sujette à un jugement et n'a pas été examinée auparavant par un autre tribunal international. 39. Le seul critère sur lequel la Commission africaine doit se pencher, c'est de savoir si la communication satisfait aux conditions de l'article 56(5) ».

Si l'État ne participe pas à la procédure, la Commission peut décider d'adjuger au plaignant ses prétentions sur le terrain de la recevabilité, selon une pratique, qualifié de « libérale »[39], standardisée au niveau du Comité des Droits de l'homme des Nations Unies[40] et reprise à Banjul[41]; ou alors, ce qui serait souhaitable, elle n'abordera que les conditions de recevabilité que l'on peut considérer comme "générales", relevant du droit international général,

[39] Sudre, F. *Droit international et européen des droits de l'homme*. Paris, Puf, 2001, p. 480

[40] Sudre, F. (Dir*) La protection des Droits de l'homme par le Comité des Droits de l'Homme des Nations Unies. Les Commissions individuelle*s. IDEDH, Montpellier I, 1995, 234 p.

[41] Voir affaires 137/94, 139/94, 156/96 et 161/97 *International PEN, Constitutional Rights, Interights eu nom de Ken Saro Wiwa Jr et Civil Liberties Organisation* c/ Nigeria, par 10 : « selon la jurisprudence de la Commission, là où des allégations ne sont pas contestées, les décisions sont prises sur la base des faits présentés ». Voir également l'affaire 155/96, SRAC/ Nigeria, octobre 2001, par. 40 : « la Commission avait estimé que faute de réponse significative de la part de l'État défendeur, elle se trouvait dans l'obligation de décider sur la base des faits soumis par les plaignants et de les traiter tels que reçus ».

tel que l'épuisement des voies de recours internes, ou que l'on estime être susceptibles d'un contrôle objectif, même en l'absence de thèses contradictoires des parties sur le terrain de la recevabilité. Il en est ainsi, à notre sens, des conditions des alinéas 1 (identité de l'auteur de la requête)[42], 2 (compatibilité avec la Charte de l'OUA/UA et la Charte de 1981,5 (épuisement des voies de recours internes)[43],6 (introduction de la requête dans un délai raisonnable)[44], lesquelles devraient faire l'objet d'un examen systématique, même sommaire, de la part de la Commission.

On peut imaginer enfin une troisième approche médiane, par laquelle la Commission examinera toujours en priorité la condition de l'épuisement des voies de recours internes, puis si elle est satisfaite les conditions litigieuses entre les parties, et n'abordera les autres que dans un paragraphe balai ayant pour objet de constater que les autres conditions non querellées ne soulèvent aucune difficulté et qu'en tout état de cause l'État accusé n'a formulé à leur égard aucune objection sur le terrain de la recevabilité. Ce dernier montage atteindrait l'objectif d'économie, sans contraindre la Commission à se sentir en violation des dispositions de la Charte ou, surtout, de l'interprétation qu'elle s'en fait quant à la solidarité des conditions de recevabilité[45]. Ces propositions de démarche méthodologique plus pertinente ont pour objectif à la fois de discipliner les plaignants, et de préserver l'équilibre jurisprudentiel

---

[42] Voir affaire 70/92, *Ibrahima Dioumessi, Sekou Kandé, Oumane Kaba c/ Guinée*, 7 octobre 1995. Faute de pouvoir établir l'identité des plaignants, ni même leur adresse non mentionnée dans la communication, « la Commission se trouve dans l'impossibilité d'apprécier la recevabilité de la communication » (par.17), et la déclare, néanmoins, irrecevable.

[43] Encore qu'une part de subjectivité existe par rapport à cette condition, notamment pour le jeu de l'exception à l'obligation d'épuiser les voies de recours tirée de la prolongation anormale de la procédure interne. La prolongation anormale de la procédure interne, si elle doit être « manifeste », doit l'être néanmoins « aux yeux de la Commission », octroyant à celle- ci une importante marge d'appréciation.

[44] Encore que la Commission, en estimant qu'elle doit apprécier cette condition « dans un souci d'équité et de justice », en tenant compte d'explications et de justifications données par le plaignant, au-delà de la réception du délai de six moins appliqué devant des instances comparables, a introduit dans son examen de cette condition une importante marge d'indétermination.

[45] Les développements qui précèdent devront prendre en compte les évolutions normatives contenues dans la dernière mouture du Règlement intérieur de la Commission, notamment son article 99 alinéa 16, lequel est libellé ainsi : « la Commission peut recevoir des mémoires d'amicus curiae sur les communications. Au cours de l'audience consacrée à une communication et pour laquelle un mémoire d'amicus curiae a été déposé, la Commission autorise, si nécessaire, l'auteur du mémoire ou son représentant à intervenir devant la Commission ». Il est donc permis de s'attendre à des mémoires qui soulèveront des arguments sur le terrain de la recevabilité qui n'auraient pas été soulevés par l'État visé. Il serait préoccupant qu'une requête puisse être déclarée irrecevable sur la base des arguments avancés par un *amicus curiae* alors que ces arguments n'auraient pas été soulevés par l'État. Il faut espérer que la Commission fera preuve de prudence et de retenue dans l'application de cette nouvelle disposition.

nécessaire à la confiance des États envers la Commission, ainsi qu'à une garantie effective des droits énoncés dans la Charte africaine.

B. L'enjeu de la garantie efficace des droits

Le fait pour la Commission de ne pas avoir en pratique une approche uniforme d'examen des conditions de recevabilité crée une situation de traitement inégal des communications. Cette absence d'uniformité est de nature à dévoyer l'institution procédurale qu'est la recevabilité, alors même qu'elle doit être préservée ou restaurée dans sa fonction normale.

1. La recevabilité menacée de dévoiement

L'examen systématique crée une incertitude négative sur l'utilité réelle de l'argumentaire des parties au stade de la recevabilité, puisque la Commission examinera même les conditions non querellées, *proprio motu*. Cet examen peut également avoir pour effet d'encourager les États à allonger indûment le débat sur la recevabilité, en discutant de toutes les conditions prévues à l'article 56 de la Charte. Ce besoin du dilatoire est d'autant plus important que dans le système africain de protection, " *il n'existe aucune disposition selon laquelle la Commission Africaine peut déclarer une communication irrecevable après l'avoir déclarée recevable*"[46]. En effet, en prévoyant que la décision d'irrecevabilité est révisable[47] alors que la décision de recevabilité est, par principe[48], définitive, à l'inverse de la pratique suivie dans d'autres systèmes[49], le système africain entend favoriser l'accès du prétoire, qu'une jurisprudence rigide viendrait restreindre. Par ailleurs, il semble dans le système africain que la séparation est nette entre le stade de la recevabilité, lequel intervient toujours, et celui de l'examen au fond, aucun argument relatif à la recevabilité ne pouvant être soulevé au stade de l'examen au fond de la communication. La pratique de la jonction des questions de recevabilité à l'examen au fond, pour le moment, est inconnue de la Commission de Banjul, encore moins celle de la recevabilité partielle. Devant la Commission de Banjul, donc, il y a une distinction nette entre le stade de la

---

[46] Affaire 275/2003, *Article 19 c/ État d'Érythrée*, paragraphe 85 énonce simplement que " si la Commission a déclaré une Commission irrecevable, elle peut reconsidérer cette décision à une date ultérieure si elle en reçoit la demande".

[47] Article 118 du Règlement Intérieur de la Commission de 1995, article 107 du Règlement de 2010.

[48] Par principe seulement, comme le montre la position de la Cour dans l'affaire *Liesbeth Zegveld et Mussie Ephrem / Érythrée.* Novembre 2003 : "l'État défendeur n'a apporté aucun élément nouveau, que ce soit sur les faits tels qu'ils ont été examinés par la Commission, que ce soit sur les bases juridiques sur lesquelles se fonde cette requête". Ce propos laisse penser que la possibilité de revenir sur une décision de recevabilité n'est pas absolument exclue.

[49] Voir article 93-4 du Règlement Intérieur du Comité des Droits de l'Homme, 2001.

recevabilité et celui de l'examen au fond[50]. Quand l'examen au fond est entamé, c'est que l'examen de la recevabilité est clos. Même dans l'hypothèse du réexamen d'une décision sur la recevabilité, ce réexamen se produit de manière liminaire avant l'examen au fond et, même, peut-on dire, dans une phase procédurale « intermédiaire »[51] entre la recevabilité et l'examen au fond. Toutefois, si la recevabilité et le fond font l'objet de procédures distinctes, il ne semble pas, à la lecture du Règlement intérieur de la Commission dans sa version de 1995 que la recevabilité soit une étape incontournable, mais une procédure incidente. Or, le règlement révisé de 2010 semble rendre incontournable une telle procédure. De fait, selon l'article 105, lorsque la Commission décide de se saisir d'une communication, elle en transmet copie à l'État défendeur, en informe le plaignant « et l'invite à présenter des arguments et des preuves sur la recevabilité dans un délai de deux mois ». Ces éléments sont ensuite transmis à l'État, lequel doit « soumettre un mémoire écrit contenant des arguments et preuves sur la recevabilité dans un délai de deux mois ». Le plaignant peut faire des observations sur ledit mémoire dans un délai d'un mois. Suivant l'article 107alinéa 1, « une fois qu'elle a examiné les arguments des parties, la Commission prend une décision sur la recevabilité de la communication ». Cette articulation des choses fait de la recevabilité, de manière systématique, une étape obligatoire qui ne dépend pas de ce que l'État visé a soulevé ou non des objections sur le terrain de la recevabilité. La Commission aurait pu reprendre à son compte « l'examen préliminaire de la recevabilité » prévu devant la Cour d'Arusha, examen distinct de celui de la recevabilité, le cas échéant. Alors que l'examen préliminaire de la recevabilité est conduit de manière autonome par la Cour, à l'effet de traquer les requêtes farfelues, abusives ou manifestement mal fondées, la recevabilité devrait être circonscrite par les objections formelles de l'État visé par la communication.

En tout état de cause, le positionnement de la Commission est distinct selon la méthodologie adoptée : dans un cas, elle est un arbitre neutre, écoutant les parties ; dans d'autres, elle est un arbitre engagé, pouvant aller au – delà des prétentions des parties pour préserver l'ordre conventionnel, en principe, ou en pratique favoriser et défavoriser malgré elle une partie au

---

[50] Voir affaire 313/05 Kenneth Good c/ Botswana, par.90.

[51] Cette notion de phase intermédiaire est un pis-aller, faute de mieux, mais elle soulève le problème plus fondamental du statut de la procédure de réexamen de la recevabilité. S'agit –il d'une réouverture de la procédure initiale, suspendant l'examen au fond déjà enclenché, ou s'agit-il d'une procédure qui, pour être incidente, ne suspend pas l'examen au fond ? La pratique de la Commission à cet égard n'est pas d'une grande limpidité. De plus, le réexamen de la recevabilité étant limité aux seules décisions d'irrecevabilité, celles qui sont donc préjudiciables aux auteurs des communications, il s'en suit que l'on peut réparer les mauvaises décisions d'irrecevabilité mais non, ou difficilement, les mauvaises décisions de recevabilité.

détriment de l'autre. Aucun élément ne permet à l'heure actuelle de prévoir la démarche de la Commission par rapport aux conditions de recevabilité, ce qui est de nature à déteindre sur la qualité de la justice qu'elle rend[52]. Dans la mesure où la recevabilité conditionne l'examen au fond de l'allégation de violation d'un droit, la manière de l'administrer touche à l'efficacité du système de garantie.

Il importe de repréciser la fonction de la recevabilité dans la procédure de contrôle du respect du droit, dans le cadre d'une procédure contentieuse. La recevabilité a une fonction de filtrage des requêtes et de discipline des requérants dans l'accès au prétoire. Cet accès est d'autant ouvert ou restreint que la recevabilité est aménagée dans les textes et interprétée en pratique de manière libérale ou restrictive[53]. Dans leur libellé, les textes africains pertinents, en particulier l'article 56 de la Charte de 1981, semblent avoir privilégié, dans le contexte politique de leur élaboration[54], un accès certes ouvert à la Commission, la compétence de la Commission n'étant pas subordonnée à une reconnaissance préalable par l'État visé, mais une recevabilité ardue : " *les communications visées à l'article 55 reçues à la Commission et relatives aux droits de l'homme et des peuples doivent nécessairement, pour être examinées, remplir les conditions ci- après (...)"*. Une interprétation raisonnable de cette disposition, à la lumière du sens ordinaire de ses termes, établit une égalité parfaite entre les sept conditions énumérées, aucune n'étant plus importante que l'autre. Si l'une quelconque de sept conditions n'est pas satisfaite, la communication doit être déclarée irrecevable. Il ya ainsi, au profit de chaque condition, une sorte de veto processuel dont la jurisprudence récente de la Commission s'est fait l'écho. Cela étant, l'interprétation raisonnable de la première phrase de l'article 56 implique – t- elle qu'il doit être établi, dans chaque cause, explicitement, positivement et non implicitement[55] ou par présomption, que toutes les sept

---

[52] Sauvé, JM. « Les critères de la qualité de la justice ». Intervention lors de la célébration des vingt ans du Tribunal de Première Instance des Communautés Européennes. Luxembourg, 25 septembre 2009.

[53] A titre comparatif, voir Koagne Zouapet, Appolin. " La recevabilité des requêtes devant la Cour de Justice de la CEMAC" Mémoire, Master Contentieux International, IRIC Yaoundé, 2010, 134 p.

[54] Un contexte politique global d'autoritarisme et de parti unique. Voir Olinga, Alain Didier. " L'effectivité de la Charte africaine des droits de l'homme et des peuples". *Afrique 2000*, Avril-octobre 1997, pp.171-185.

[55] Ce qui est à distinguer de l'établissement explicite d'une satisfaction « implicite » d'une condition de recevabilité (Voir affaire 292/2004, *Institut pour les droits humains et le développement en Afrique/ République d'Angola,* mai 2008, où l'on évoque au paragraphe 41 la notion d'« épuisement implicite des voies de recours ») ou même la satisfaction « vraisemblable » d'une condition (voir affaire 44/90, *People's Democratic Organisation for Independance and Socialism c/ Gambie*, octobre 1996, paragraphe 19 : « le gouvernement fait observer qu'en juillet 1990, le plaignant avait présenté une motion d'objection adressée au Commissaire de la Division Ouest. Le document a été transmis à la 'Revising court '. Vraisemblablement, jusqu'aujourd'hui, aucune décision n'a été prise par cette instance ».

conditions sont simultanément remplies ? A notre sens, cette disposition signifie que la Commission ne peut se permettre d'examiner au fond une communication dont il est allégué et établi qu'elle ne remplit pas une condition de recevabilité, et non que la Commission doit s'assurer que la communication remplit toutes les conditions de recevabilité, puis seulement subséquemment l'examiner au fond. Si telle avait été l'intention des parties à la Charte, elles auraient repris à l'article 56 la logique de l'article 50, dans lequel il est prescrit clairement à la Commission de " *s'être assurée que tous les recours internes, s'ils existent, ont été épuisés*", avant de connaître d'une affaire qui lui est soumise. En d'autres termes, en lisant l'article 56 combiné avec l'article 50[56], l'on doit dire qu'en dehors de la condition d'épuisement des voies de recours internes, dont la Commission doit en tout état de cause s'assurer *proprio motu* du respect par le plaignant, à l'initiative ou non de l'État défendeur, la vérification du respect de toutes les autres conditions n'est pas d'ordre public, dépendante qu'elle est de l'attitude de l'État visé[57]. En langage savant, on dirait que devant la Commission de Banjul, seule la condition d'épuisement des voies de recours internes est indisponible et doit faire l'objet d'un respect scrupuleux[58], toutes les autres en revanche le sont.

---

[56] Cette lecture combinée s'appuie sur le principe d'interprétation énoncé par la Commission de Banjul dans l'affaire 211/98 *Legal Resource Foundation/ Zambie,* 7 mai 2001, paragraphe 70 : « la Charte africaine doit être interprétée comme un tout et toutes les clauses se renforcent mutuellement ». Cette jurisprudence a été confirmée depuis lors, notamment dans l'affaire 313/05 *Kenneth Good c/ République du Botswana*, Mai 2010, paragraphe 233 : « ... la Charte doit être interprétée globalement, chaque disposition étant interprétée à la lumière des autres dispositions ».

[57] Naturellement, les conditions de l'article 56 de la Charte sont exhaustives, ainsi que cela ressort par exemple de l'affaire 234/99, *Interights (pour le compte de Pan African Movement et Inter Africa Group)/ Erythrée,* mai 2003, paragraphe 33 : « quant à la question de la neutralité, de la crédibilité et de l'intégrité des ONG introduisant la Commission, la Commission Africaine ne considère pas qu'elle fait partie des conditions de recevabilité des communications, tel que stipulé aux termes de l'article 56 de la Charte ».

[58] Ce n'est pas l'objet de cette contribution d'aborder en substance l'interprétation par la Commission de la condition d'épuisement des voies de recours internes. Il suffit de relever, d'un point de vue méthodologique, des incohérences frappantes dans la mobilisation, notamment, des exceptions à ladite condition, exceptions dont le jeu est important sur le terrain de la recevabilité. Dans l'affaire 293/2004, *Zimbabwe Lawyers for Human Rights & Institute for Human Rights and development/ République du Zimbabwe*, mai 2008, la Commission se prononce en faveur de la recevabilité de la requête sur la base, entre autres, de la prolongation anormale des procédures judiciaires internes. En effet, au paragraphe 61, elle estime que « plus de quatre ans après l'introduction des requêtes en contestation d'élections, les tribunaux de l'État défendeur ne sont pas parvenus à statuer et les fonctions que les victimes contestent sont toujours occupées et leurs mandats sont presque arrivés à terme ». La durée anormale des procédures est donc imputée à l'État, ce qui suppose que le droit d'être jugé dans un délai raisonnable garanti par l'article 7 (1) (d) de la Charte est nécessairement violé. Or, aux paragraphes 134 et 135, la Commission constate que la durée anormale des procédures est imputable au manque de diligence des plaignants, qu'il n'y a pas de violation de l'article 7 de la Charte. Une telle constatation est déroutante, car elle trahit manifestement le fait que la décision de recevabilité n'était pas fondée, parce que les plaignants ne pouvaient

Il en découle un certain nombre de conséquences importantes pour le maintien de la recevabilité dans sa fonction normale, qu'il convient d'évoquer.

2. La recevabilité à restaurer dans sa fonction normale

Des développements qui précèdent, deux types d'observations méritent d'être tirées.

D'une part, la pratique initiale de la Commission, basée directement, notamment, sur la vérification de l'épuisement des voies de recours internes, ne manquait pas de fondement ; mais l'examen exclusif portant sur une condition autre que celle – là, à l'instar de celle relative aux termes outrageants et insultants dans l'affaire 65/92 *Ligue Camerounaise des droits de l'homme c/ Cameroun*, paragraphe 14, alors même que l'État visé n'avait pas du tout participé à la procédure, manquait de fondement convaincant. Cet usage par la Commission d'une condition de recevabilité libellée en des termes aussi subjectifs ne participe nullement à l'efficacité du système de garantie des droits. La seule condition de l'article 56 dont la Commission est tenue d'examiner le respect, indépendamment de l'attitude de l'État visé, est celle de l'épuisement des voies de recours internes.

D'autre part, sauf cas d'irrecevabilité manifeste pouvant conduire à l'in acceptabilité de la communication [59] ou, devant la Cour, à l'examen préliminaire de la recevabilité [60] négatif, le champ de l'examen de la recevabilité est circonscrit par les objections explicitement soulevées par l'État, les autres conditions, sauf celle de l'épuisement des voies de recours internes, devant être présumées respectées par les plaignants en cas de silence de l'État visé. La Commission ne devrait donc plus dire par exemple que "*si une partie soutient que l'autre partie n'a pas satisfait à l'une quelconque des conditions* (…)", propos qui semble placer les parties sur le même plan procédural, alors que dans le contentieux des droits[61], c'est l'État

---

bénéficier de l'exception à la règle de l'épuisement des voies de recours internes tirée de la prolongation anormale de la durée de la procédure au plan national et, donc, n'avaient pas épuisé lesdits recours. Devoir constater qu'une requête devait être déclarée irrecevable après quatre années de procédure (6 octobre 2004-mai 2008) n'est pas un fonctionnement heureux de la formation de jugement.

[59] Dans la pratique de la Commission de Banjul, l'on distingue nettement "*l'acceptabilité*" et la "*recevabilité*". Par la première, sur le fondement de l'article 55 alinéa 2 de la Charte de 1981, la Commission décide de se saisir d'une requête ou non, de manière discrétionnaire, conformément à l'article … de la Charte et … du Règlement. Le processus et les modalités de l'acceptabilité restent largement inconnus, y compris la nature de la décision y mettant un terme. On peut rapprocher la décision d'in acceptabilité du constat du caractère manifestement mal fondé, fantaisiste ou abusif d'une requête.

[60] Article 39 du Règlement Intérieur Intérimaire de la Cour.

[61] Car le problème du contentieux des devoirs énoncés dans la Charte demeurant totalement ouvert, celui – ci pouvant être horizontal (entre individus) ou vertical (entre l'État et l'individu défendeur)

accusé seul qui peut soutenir que le plaignant ne satisfait pas à telle ou telle condition, l'État accusé n'ayant à satisfaire aucune condition de recevabilité relative à une communication dont il n'est pas l'auteur. La Commission devrait donc toujours dire " *si l'État accusé soutient que le (ou les plaignants) ne satisfait (ou ne satisfont) pas telle ou telle condition....*", ce qui est expressif du statut procédural respectif du plaignant et de l'État.[62]

CONCLUSION

Dans la mesure où le stade de la recevabilité n'a pas pour finalité de bloquer, mais de filtrer les requêtes à examiner au fond, la Commission doit laisser les prétentions des parties délimiter le champ de cette dernière, et abandonner la pratique de l'examen systématique des sept conditions. Cet abandon est d'autant plus souhaitable que chaque condition de recevabilité prise isolément peut devenir elle-même un univers juridique au sein duquel il faudra régler les contradictions des prises de position jurisprudentielles, comme on peut déjà le voir avec le problème de savoir qui, du plaignant ou de la victime, est astreint d'épuiser les recours internes[63], ou avec l'interprétation des termes outrageants et insultants, ou même dans l'application de la condition du délai raisonnable d'introduction d'une communication devant la Commission, cette dernière se réservant à cet égard

---

[62] Évidemment, il faudra observer la pratique de l'article 99 alinéa 16 du nouveau Règlement intérieur de la Commission, lequel prévoit que « la Commission peur recevoir des mémoires *d'amicus curae* sur les communications ». Comment admettre qu'une requête puisse être déclarée irrecevable sur la base d'une objection contenue dans le mémoire d'un *amicus curae*, objection non formulée par l'État visé ?

[63] La stabilité de la jurisprudence ne semble pas acquise. Témoins, les décisions dans les affaires 249/2002 et 275/2003. Dans la première, *Institut pour les droits humains et le développement en Afrique (pour le compte des réfugiés Sierra Léonais en Guinée) / République de Guinée*, décembre 2004, la Commission se prononce ainsi : « dans le cas sous examen, l'on demanderait aux réfugiés Sierra Léonais, qui ont été obligés de fuir la Guinée après avoir souffert du harcèlement, de l'expulsion, du pillage, de l'extorsion, d'arrestations arbitraires, de détentions injustifiées et avoir été battus et violés, de retourner dans le pays même où ils ont subi la persécution. En conséquence, la condition d'épuisement des voies de recours internes est irréalisable ». Ce serait donc aux victimes d'épuiser les recours. Pourtant, dans la seconde espèce, *Article 19/État d'Érythrée*, la Commission s'exprime ainsi au paragraphe 65 de sa décision : « les voies de recours locales doivent être épuisées par les auteurs. Dans sa considération des communications, la Commission africaine a adopté une approche *actio popularis* par laquelle l'auteur d'une communication ne doit pas connaître la victime ni avoir de relation d'aucune sorte avec elle. ...L'auteur doit simplement se conformer aux conditions de l'article 56 ». Ici, c'est à l'auteur et non nécessairement aux victimes d'épuiser les recours. Le nouveau Règlement intérieur de la Commission ne clarifie pas la situation, notamment lorsque l'on lit l'article 93 alinéa 3 : « lorsque la victime n'a pas requis l'anonymat et est représentée par une ONG ou un autre agent, la victime doit être considérée comme étant le plaignant, et la représentation doit être reconnue ».

une importante marge d'appréciation[64]. Il ne pèse absolument sur elle, même en vertu de la lettre de l'article 56 de la Charte, aucun devoir impératif ou " responsabilité de veiller à ce que toutes les exigences de l'article 56 soient remplies avant de recevoir une communication"[65].

Si la pratique actuelle de la Commission avait une ambition pédagogique, à savoir l'explicitation du contenu substantiel de chacune des conditions de recevabilité, afin que nul n'en ignore, elle pourrait encore être défendue, compte tenu de la nécessité de ne pas faire du prétoire des droits de l'homme un guet-apens pour les justiciables. Mais, même vue sous cet angle, la pratique ne milite pas en faveur du maintien de l'examen systématique des sept conditions, car la Commission ne procède à un examen circonstancié d'une condition que lorsque celle-ci est querellée, l'examen étant plus sommaire lorsque la Commission l'aborde *proprio motu,* quitte du reste à déclarer que l'État visé n'a formulé à cet égard aucune observation. Au demeurant, il n'est pas dans la nature de la tâche d'une instance de jugement de donner des leçons de droit ou de fournir des exposés doctrinaux comme la Commission se plaît quelquefois à le faire au-delà de toute nécessité impérative liée à l'apurement du litige[66]. La Commission est saisie de litiges à apurer, et non des questions de principe à discuter, sauf à considérer qu'il n'y a pas entre la mission de promotion et celle de protection de frontière étanche, et que l'on peut à l'occasion de la protection au contentieux faire de la promotion par des exposés généraux non exigés par les prétentions des parties.

Il serait contraire au but de la Charte et à la mission de protection impartie à la Commission que cette dernière puisse être appelée à prononcer l'irrecevabilité d'une communication, sur le fondement d'une condition de recevabilité disponible dont le non-respect n'a pas du tout été soulevé par l'État visé. Une telle rigidité méthodologique ne serait pas compatible avec l'efficacité de la garantie des droits. Si par surcroît, elle devait être appliquée de manière discontinue, elle serait un facteur de perte de légitimité pour le travail de la Commission de Banjul. C'est elle pourtant qui, en l'affaire 245/2002, *Zimbabwe Human Rights NGO Forum/ Zimbabwe*, Mai 2006, au paragraphe 72 de sa décision, a clairement déclaré que " *the conditions laid*

---

[64] Voir affaire 275/2003, *Article 19 / État d'Érythrée*, paragraphe 97 : « la question relative à ce qui est raisonnable ne peut être exprimée en termes de délai global qui s'applique à tous les cas, mais elle doit plutôt dépendre des circonstances ». Dans l'affaire 307/2005, *M. Obert Chinamo/ Zimbabwe*, nov. 2007, par.89, la Cour énonce que cette condition sera appréciée dans « souci d'équité et de justice ».

[65] Affaire 308/2005, *Michael Majuru/ Zimbabwe*, 2008, paragraphe 69

[66] Comme le montre la longue discussion théorique au sujet de l'obligation de moyen ou de l'obligation de résultat contenue à l'article 1er de la Charte de 1981, dans l'affaire de l'Association des victimes des violences post électorales dans le nord Ouest et Interights contre Cameroun, 2009 Discussion passionnante, même si la conclusion juridique est hautement discutable, mais dont on peut se demander si elle était en quoi que ce soit opportune et utile à l'apurement du cas soumis.

down in article 56(5) are not meant to constitute an injustified impediment to access international remedies". Ce propos, extensible à toutes les conditions de l'article 56 de la Charte, devrait inciter la Commission à adopter, de manière stabilisée, une méthodologie adaptée au souci d'efficacité de la protection des droits sur le continent africain. L'urgence d'un tel réajustement méthodologique s'impose au regard non seulement du déficit de sécurité juridique inhérent à la pratique actuelle, mais aussi parce qu'il ne remet nullement en question le pouvoir d'interpréter et d'appliquer les conditions de recevabilité « en tenant compte des particularités de chaque communication », et « à la lumière de son devoir de protéger les droits de l'homme et des peuples tel que stipulé par la Charte »[67]. La voie, difficile, est donc à trouver entre la rigidité et le désordre méthodologiques, entre la souplesse opportune et le souci de bâtir un ensemble cohérent et raisonnable[68], car, comme l'affirme la Commission, certes dans un contexte différent, « il est important de prendre en considération l'opinion publique et d'adopter des attitudes raisonnables lors de l'examen des communications »[69].

---

[67] Voir affaire 54/91, 61/91, 98/93, 164/97 à 196/97, 210/98, *Malawi African Association /. Mauritanie, 11 mai 2000, paragraphe 77 et paragraphe 85.*

[68] Rien n'exclut du reste, en cette matière comme en beaucoup d'autres déjà, que la Commission emprunte aux autres mécanismes de protection. Elle a déjà emprunté d'un point substantiel et d'un point de vue méthodologique et interprétatif, elle pourrait bien recevoir ce qui est pertinent et fonctionnel en matière d'examen des conditions des recevabilités des communications individuelles.

[69] 28è Rapport d'activités, p.53, par.50.

Le Cameroun et le Nigeria ; du verdict de la cour internationale de justice à l'accord de Greentree : une lecture stratégique

Joseph Vincent Ntuda Ebodé
Professeur de Sciences politiques
Directeur du Centre de Recherche d'Études Politiques et Stratégiques (CREPS)

Le 10 octobre 2002, la Cour Internationale de Justice (CIJ) prononçait le verdict sans recours sur l'un des différends les plus complexes de son histoire. En effet, le différend à la fois lacustre, maritime et terrestre opposant le Cameroun et le Nigeria a connu une solution juridique, globalement en faveur du Cameroun. Mais, très vite, l'euphorie des populations camerounaises a dû s'estomper, face à la complexité de la mise en œuvre de l'arrêt. Principalement, en raison de la posture même du vaincu : le Nigeria ; puissance continentale, pour qui, l'annexion des espaces territoriaux camerounais rentrait aussi dans une stratégie de conquête de l'Afrique centrale, perçue comme le *heartland* géopolitique à maîtriser, dans l'optique d'un leadership continental.[1]

Perçu sous cet angle, il n'est pas surprenant de constater que bien qu'ayant perdu la bataille juridique, le Nigeria va orienter l'attention vers les négociations politiques avec comme variable axiale l'arrêt de la CIJ. Le droit n'a donc pas résolu le conflit, il n'a que servi comme facilitateur des négociations en sortant les positions respectives de l'ordre de la dispute, de la contestation et du flou, pour y projeter de la lumière. En conséquence, ce droit a été aménagé par l'accord politico-diplomatique du 12 juin 2006 à Greentree, portant sur les modalités de mise en œuvre de l'arrêt de la CIJ dans la péninsule de Bakassi.

Mais, au-delà du fait que l'accord de Greentree, bien que fondé sur l'arrêt d'octobre 2002, l'a quelque peu dénaturé, démontrant ainsi la capacité du Nigeria à gagner politiquement une situation qu'il a perdue juridiquement (I), cet accord apparaît en réalité comme le symbole d'une confrontation

[1] Joseph Vincent Ntuda Ebodé « « Structuration de la puissance continentale : l'Afrique occidentale hors-jeu ? », in *Diplomatie magazine* Hors Série n°12, Paris, 2010.

stratégique asymétrique, où le Cameroun, s'inscrivant dans la stratégie du faible, a démultiplié sa puissance, en s'alliant à la communauté internationale (II).

I. La victoire politique du Nigeria d'une situation perdue juridiquement

L'accord de Greentree a été signé en conformité à l'arrêt de la CIJ. Mais, à la lecture attentive de ces deux instruments, on constate une distanciation relative de l'accord (b) qui ne peut être mise en exergue sans une évocation des dispositions de l'arrêt (a).

A. Les dispositions de l'arrêt du 10 octobre 2002

La CIJ, dans son arrêt du 10 octobre 2002, décide que la frontière entre le Cameroun et le Nigeria dans la région du lac Tchad est délimitée par la déclaration Thomson-Marchand de 1929-1930, telle qu'elle a été incorporée dans l'échange de notes Henderson-Fleuriau de 1931[2], et que le tracé de cette frontière est le suivant : « A partir d'un tripoint situé dans le lac Tchad par 14° 04'59''9999 de longitude est et 13°05' de latitude nord, la frontière suit une ligne droite jusqu'à l'embouchure de la rivière Ebedji, située par 14° 12'12'' de longitude est et 12°32'17'' de latitude nord, pour ensuite rejoindre en ligne droite la bifurcation de la rivière Ebedji, en un point situé par 14°12'03'' de longitude et 12°30'14'' de latitude nord[3].

La frontière terrestre est délimitée, depuis le lac Tchad jusqu'à la presqu'île de Bakassi par les instruments suivants : 1) de la bifurcation de la rivière Ebedji jusqu'au mont Tamnyar, par les paragraphes 2 à 60 de la déclaration Thomson-Marchand de 1929-1930 telle qu'elle a été incorporée dans l'échange de notes Henderson-Fleuriau de 1931 ; 2) du mont Tamnyar jusqu'à la borne 64 mentionnée à l'article 12 de l'accord anglo-allemand d'avril 1913, par l'Ordre en conseil britannique d'août 1946 ; 3) de la borne 64 jusqu'à la presqu'île de Bakassi, par les accords anglo-allemands de mars et avril 1913[4].

La Cour a également décidé que la limite des zones maritimes, jusqu'au point G, suit le tracé suivant : depuis le point d'intersection entre le milieu du chenal navigable de la rivière Akwayafe et la ligne droite joignant Bakassi Point et King Point, la frontière correspond à la « ligne de compromis » tracée conjointement par les deux Chefs d'État à Yaoundé en avril 1971 sur la carte n° 3433 de l'Amirauté britannique (déclaration de

[2] V. arrêt de la CIJ du 10 octobre 2002, par 325 IA
[3] Idem, par 325 IB
[4] Idem, par 325 IIA

Yaoundé II) et passant par douze points numérotés[5] ; à partir du point 12, « la limite suit la ligne convenue dans la déclaration de Maroua signée par les deux Chefs d'État en juin 1975 et cette ligne passe par les points A à G[6]. A partir du point G, la limite coïncide avec une « *ligne loxodromique (Azimut de 270°) jusqu'à la ligne d'équidistance qui passe par le milieu de la ligne qui joint West Point à East Point ; cette limite rejoint cette ligne d'équidistance en un point X* » (8°21'20'' de longitude est et 4°17'00'' de latitude nord)[7] ; et la « limite à partir du point X suit une ligne loxodromique » (Azimut de 187°52'27'')[8].

Enfin, la Cour décide que la République du Nigeria est tenue de retirer dans les plus brefs délais et sans condition son administration et ses forces armées et de police des territoires relevant de la souveraineté de la République du Cameroun[9], nommément la région du lac Tchad et la presqu'île de Bakassi. Le Cameroun ayant exactement l'obligation réciproque[10].

Au regard de ces dispositions, il existe cependant une distance relative avec l'accord de Greentree.

B. La distanciation relative de l'accord par rapport à l'arrêt

Théoriquement, l'accord de Greentree était conçu comme une simple modalité d'application de l'arrêt et non comme un instrument à lui opposable. C'est ce qui ressort des clauses de sauvegarde énoncées à l'article 4 de l'accord : « Aucune disposition du présent accord ne pourra être interprétée comme impliquant une renonciation du Cameroun à sa souveraineté sur une parcelle quelconque de son territoire » et à l'article 7 : « *Le présent accord ne peut en aucune manière être entendu comme une interprétation ou une modification de l'arrêt de la CIJ du 10 octobre 2002, dont il est une simple modalité d'application* ». Bien que ces clauses de sauvegarde aient été formellement énoncées, il reste qu'à l'analyse, l'accord de Greentree modifie l'arrêt sur les plans formel (1), temporel (2) et sur le statut des populations (3).

- Sur le plan formel

Le point 1 de l'annexe I à l'accord organise un régime spécial temporaire à double détente en énonçant : *« afin de préparer les ressortissants nigérians vivant dans la zone concernée de la presqu'île de Bakassi au transfert*

---

[5] Pour les coordonnées de ces points, V. arrêt CIJ, par 325 IVB

[6] Ibidem

[7] Idem, par 325 IVC

[8] Idem, par 325 IVD

[9] Idem, par 325 VA

[10] Idem, par 325 VB

d'autorité à l'État du Cameroun, ladite zone fera temporairement l'objet d'un régime spécial ». Cette disposition modifie l'arrêt de la CIJ car, du retrait sans condition énoncé au paragraphe 325 VA de ce texte, l'on passe au maintien temporaire pour cause de préparation des populations nigérianes au transfert d'autorité[11]. Préparer au transfert d'autorité n'est pas une modalité de retrait, car celle-ci renvoie aux arrangements matériels, opérationnels, logistiques, infrastructurels, pour la réalisation d'une entreprise. Cette modification de forme a été doublée d'une modification temporelle.

- Sur le plan temporel

La modification de l'arrêt concerne également la contrainte de temps. En effet, le Cameroun a concédé un régime spécial au Nigeria pour une période non renouvelable de deux ans à compter de la fin du retrait de ses forces armées. D'un retrait « *dans les plus brefs délais* » tel qu'énoncé dans le paragraphe 325 VA de l'arrêt de la Cour, l'on est passé, après la période allant du 10 octobre 2002 au 14 août 2006, date du retrait des forces armées nigérianes, à un maintien pendant deux ans avant le transfert d'autorité dans la zone[12].

La deuxième modification temporelle concerne la distinction reconnue dans l'accord entre le retrait et le transfert d'autorité, deux choses que l'arrêt de la Cour a unifiées. En effet, pour l'accord, le retrait concerne les seules forces armées militaires et le transfert, qui concerne l'administration civile et les forces de police nécessaire au maintien de l'ordre, devant se dérouler deux ans après la fin du retrait en présence des États témoins. Mais, en plus de ces deux formes de modification, l'accord a bouleversé le statut des populations sur cet espace.

- Sur le plan du statut des populations nigérianes

L'arrêt de la CIJ a estimé que le rapport des populations nigérianes à la zone de Bakassi n'est pas artificiel. C'est un rapport identitaire incontesté avec le territoire en question. Mais il a rejeté l'évocation de la théorie de la consolidation historique mise en avant par le Nigeria en estimant que les effectivités nigérianes en termes d'administration étaient *contra legem*. Au demeurant, l'engagement du Cameroun dans l'accord de Greentree de respecter les droits fonciers coutumiers des Nigérians dans la zone de Bakassi est une forme adoucie de reconnaissance de la consolidation historique rejetée dans l'arrêt aux fins de l'attribution de la souveraineté

---

[11] V. A .D. OLINGA, *L'Accord de Greentree du 12 juin 2006 relatif à la presqu'île de Bakassi*, L'Harmattan, Paris, Collection Défense, Stratégie et Relations Internationales, 2009, p 90.

[12] Idem, p 91

territoriale. C'est la situation paradoxale ressortie de l'accord dans la mesure où les ressortissants nigérians vivant à Bakassi disposent des droits fonciers coutumiers dans un État où ils n'ont pas la nationalité.

Comme on le constate, l'accord de Greentree a quelque peu dénaturé l'arrêt de la CIJ dont il ne devait être qu'une simple modalité d'application. En réalité, bien qu'il se révèle en définitive comme un compromis politique entre deux acteurs aux capacités asymétriques, en définitive, il est le résultat des stratégies déployées par le fort (Nigeria) et le faible (Cameroun) pour atteindre leurs objectifs respectifs.

II. L'ACCORD DE GREENTREE : SYMBOLE D'UNE CONFRONTATION STRATEGIQUE ASYMETRIQUE

La signature de l'accord du 12 juin 2006 est le résultat d'une confrontation de stratégies entre une puissance continentale (Nigeria) et une puissance sous-régionale (Cameroun) après que le droit eut été dit en faveur du faible. Au demeurant, les stratégies ayant conduit à la conclusion de cet accord démontrent que le Nigeria s'est évertué à limiter sa défaite (a), tandis que le Cameroun a eu pour finalité la récupération de son territoire sous le contrôle de la communauté internationale (b).

A. La stratégie nigériane de l'ambiguïté délibérée

L'ambiguïté délibérée renvoie à la stratégie mise sur pied par un gouvernement qui n'arrive pas à triompher dans une relation, mais s'évertue à limiter sa défaite et à la limite, la nier. Ainsi, sous sa forme la plus achevée, l'ambiguïté fera qu'il n'y aura ni vainqueur, ni vaincu. L'accord de Greentree rentre dans cette logique à la lumière des propos du président Paul BIYA dans le toast lors du banquet officiel offert en l'honneur du président OLOSEGUN OBASANJO du Nigeria, le 28 juillet 2004 : « *Un bon règlement est un règlement où il n'y a ni vainqueur ni vaincu* »[13]. De même, dans son adresse au corps diplomatique accrédité à Yaoundé le 4 janvier 2007, il affirme concernant l'accord de Greentree que « *cet accord (...) ne laisse ni vainqueur, ni vaincu* »[14]. Dès lors, affirmer que le Nigeria a usé de la stratégie de l'ambiguïté délibérée revient d'abord à comprendre les mobiles de l'occupation des territoires camerounais (1) avant de mettre en exergue les mécanismes de puissance qu'il a déployés pour transformer une défaite juridique en une victoire stratégique (2).

---

[13] V. Cameroon Tribune du 29 juillet 2004, p 9

[14] V. Cameroon Tribune du 5 janvier 2007, p 3

1. Les raisons de l'occupation nigériane des territoires camerounais

Nombreux furent les observateurs qui soutinrent, lorsque le Nigéria occupa la presqu'île de Bakassi en décembre 1993 que le motif était essentiellement politique. Qu'il s'agissait d'une volonté de la junte militaire au pouvoir au Nigéria, de divertir la population en allant orchestrer des conflits à l'extérieur, pour ressouder l'unité nationale mise à mal par la dictature militaire. Cependant, si cette thèse pouvait se défendre au début du conflit, elle n'a pu expliquer la survie de l'occupation de Bakassi aux régimes militaires. Les motifs de cette agression, au même titre que sa durée, sont donc à rechercher dans les tendances lourdes de la politique africaine du Nigéria. Et de ce point de vue, deux principales apparaissent a posteriori comme susceptibles d'expliquer l'entrée et le maintien pendant plus de 15 ans des forces armées nigérianes à Bakassi. La première est géostratégique et la seconde géoéconomique.

- La raison géostratégique

L'action du Nigeria s'explique par le changement d'orientation de sa politique africaine survenu au début des années quatre-vingt-dix. Après avoir longtemps combattu le système d'apartheid sud-africain, le Nigeria a revu les orientations de sa politique africaine, lorsqu'il est devenu évident que Nelson MANDELA sortira de prison et que l'apartheid finira. Dès cet instant en effet, l'objectif de la politique africaine du Nigeria est devenu de contrer, à défaut de contenir, l'influence sud-africaine dans la structuration d'une puissance panafricaine. Ainsi, ses principes de politique étrangère placent le continent africain dans son ensemble au centre de ses préoccupations. Dans cette perspective, la transformation de l'Afrique centrale, au milieu des années quatre-vingt-dix, en un site de projection des autres puissances – en raison de ses richesses et de sa position – va rendre manifeste cette nouvelle posture. De fait, l'Afrique centrale étant devenue un enjeu majeur entre ces deux puissances, le Nigeria va chercher, après s'être imposé en Afrique de l'Ouest, à mettre l'Afrique centrale au pas, pour limiter les avancées redoutables de l'Afrique du Sud, devenue premier investisseur africain. Ensuite, il va déployer sa stratégie dès 1996 à travers la tactique du mimétisme linguistique consistant à adopter le français comme deuxième langue officielle du pays, afin d'intégrer le caractère francophone de ses voisins. Enfin, le Nigeria va investir de nouvelles organisations sous régionales, pour éventuellement les instrumentaliser, dans l'objectif d'établir une zone d'influence allant de Lagos à Mombasa, pour contrer l'Afrique du Sud. Dans cette optique, le Nigeria va alors investir la Communauté des États sahélo-sahéliens (CEN-SAD), la Commission du bassin du lac Tchad et la Commission du golfe de Guinée, afin de mieux les instrumentaliser[15].

---

[15] J.-V. NTUDA EBODE, « Structuration de la puissance continentale : l'Afrique occidentale hors-jeu ? », Diplomatie Hors-série, n° 12, juin-juillet 2010, pp 50-54, p 52.

De ce point de vue donc, l'occupation de Bakassi appréhendée comme zone de contact, s'inscrira dans une stratégie plus globale de positionnement à l'échelle continentale. Le Cameroun, dans cette logique, est traditionnellement considéré comme une puissance hostile, comme du reste l'atteste cette déclaration d'un dignitaire du régime en mai 1988. Parlant alors de la Guinée équatoriale, mais s'adressant indirectement au Cameroun, il affirme : « Le Nigeria doit toujours s'intéresser à ce que devient Fernando Po, et s'il doit jouer un rôle significatif à la mesure de ses potentialités économiques et humaines, il doit protéger son flanc et organiser sa défense de telle sorte qu'une île offshore comme Fernando Po, dans un besoin désespéré de subsistance économique, ne bascule pas dans les bras d'une puissance étrangère hostile au Nigeria, maintenant et dans l'avenir »[16]. Mais, cette raison géostratégique est à compléter par des motifs économiques.

- La raison économique

Cette perspective voit dans l'action du Nigeria une stratégie visant à faire main basse sur les énormes richesses énergétiques et halieutiques de Bakassi dans la mesure où il veut accroître son potentiel en ressources naturelles exploitables et offrir une alternative à ses nombreux ressortissants qui ne parviennent pas à s'insérer dans le tissu économique à l'intérieur du pays. Sa stratégie économique se fonde sur trois éléments principaux : d'abord, la forte présence de Nigérians à Bakassi (90 % des 230000 âmes de la presqu'île) ; ensuite, l'existence avérée de gaz et de pétrole de très bonne qualité dans cette zone (10 % environ des réserves mondiales) ; Enfin, le traité, qualifié par certains d'inégal, signé en février 2001 entre Sao Tomé-et-Principe et le Nigeria et instituant une zone d'exploitation commune couvrant 28000 km^2. L'accord, d'une durée de 45 ans renouvelables, fixe à 60 % la part des revenus qui iront au Nigeria et à 40 % celle qui reviendra à Sao Tomé-et-Principe. L'on sait par ailleurs que le Nigeria a entrepris les mêmes démarches vis-à-vis de la Guinée équatoriale et a, dans une proposition de projet d'accord avec le Cameroun, mentionné l'idée d'une co-exploitation des richesses de Bakassi[17].

2. Les mécanismes nigérians de puissance dans l'accord de Greentree

La puissance est considérée comme « *toute chance de faire triompher au sein d'une relation sociale sa propre volonté, même contre des résistances,*

[16] J.-V. NTUDA EBODE, « Le Cameroun et le Nigeria enterrent la hache de guerre à Bakassi. Et après ? », Diplomatie magazine, n° 35, novembre-décembre 2008, pp 66-72, p 71.
[17] Cette idée a été rejetée par le Cameroun dans le texte de l'accord de Greentree qui met ainsi en exergue l'intangibilité rappelée de sa souveraineté territoriale

peu importe sur quoi repose cette chance »[18]. La puissance nigériane a été observée sur la forme par l'imposition séquencée de la mise en œuvre de l'arrêt de la CIJ et l'imposition des droits de ses ressortissants vivant à Bakassi.

- La mise en œuvre séquencée de l'arrêt

Pour le Nigeria, l'arrêt de 2002 a déterminé quatre zones de travail pour la commission mixte des Nations unies : la zone du lac Tchad, la zone terrestre entre le lac Tchad et la zone de Bakassi, Bakassi, puis la zone maritime. Ainsi, la région du lac Tchad a connu les premiers retraits et transferts d'autorité opérés en décembre 2003 ; de même que la frontière terrestre en juillet 2004 où le Cameroun a rétrocédé au Nigeria des villages de la province de Bourha Vaungo ; les troisièmes retraits et transferts d'autorité ont eu lieu dans la péninsule de Bakassi en août 2006 ; enfin la délimitation de la frontière maritime a été réglée en mai 2007. Dans cette conception, l'on pouvait conclure un accord spécifique sur Bakassi, compte tenu des particularités de la zone et point focal du déploiement du Nigeria au Cameroun. Cet accord spécifique a tenu compte des droits des ses ressortissants vivant à Bakassi.

- L'imposition des droits des ressortissants nigérians vivant à Bakassi

Concernant le verdict de la CIJ, le président OBASANJO déclarait à Radio Nigeria : *« nous avons affaire à des êtres humains, pas seulement à une frontière »*. Il ajoutait que *« cette décision était matériellement impossible à exécuter »*, mais sans fermer la porte à toute discussion ultérieure[19] Il revient sur cette idée dans sa déclaration du 24 mai 2005 lorsqu'il affirme : « *outre l'aspect juridique, nous devons également trouver une solution au volet politique du problème. Cela ne peut se faire du jour au lendemain (...). La décision de la CIJ n'est pas en cause, mais il faut trouver des voies acceptables, amicales et politiques, pour sa mise en œuvre* ». Par cette déclaration limpide, le Nigeria, sans être contredit par le Cameroun, distingue pour le règlement de la question de Bakassi, le droit qui est une chose importante, mais n'est pas tout ; et d'autres variables qui doivent être prises en compte. La diction du droit est une chose et l'opérationnalité du droit dit une chose totalement différente[20].

C'est sur le terrain de la négociation politique que le Nigeria va démontrer sa puissance ; en axant sa stratégie sur la protection des ses

---

[18] V. M. WEBER, *Économie et société*, tome 1. Les catégories de la sociologie, Plon, Paris, 1995, p 95

[19] V. G. LABRECQUE, *Les différends territoriaux en Afrique. Règlement juridictionnel*, L'Harmattan, Paris, 2005, p 412

[20] V. A. D. OLINGA, Op. Cit., p 27

ressortissants vivant à Bakassi. En effet, après avoir rechigné à suivre le Cameroun devant la CIJ, le Nigeria va rejeter la décision de la Cour comme l'atteste la déclaration de son ministre des Transports du 23 octobre 2002 rejetant le verdict de la CIJ au motif qu'il ne se déroberait pas à ses obligations constitutionnelles de protéger ses ressortissants[21].

En obtenant du Cameroun l'engagement de protéger les droits des Nigérians vivant à Bakassi, le Nigeria a habilement négocié que le statut juridique de ses ressortissants vivant à Bakassi soit garanti internationalement. Par ailleurs, le Cameroun s'engage à protéger les biens et les droits de propriété foncière coutumiers des Nigérians. Il s'agit là d'une clause d'importance, car ce faisant le Cameroun homologue les droits fonciers nigérians acquis en vertu de la législation nigériane relative à la propriété foncière coutumière. En fixant au 12 juin 2006 la date à partir de laquelle la propriété foncière dans la zone ne peut plus être gérée sur la base du droit nigérian, le Cameroun régularise ce faisant tous les actes posés en ce sens par l'État nigérian depuis le prononcé de l'arrêt. Il y a ici un acquiescement discret du Cameroun à la loi du plus fort.

Cette démonstration de puissance est accentuée au point 4 de l'annexe I avec l'emploi du terme « citoyens nigérians » en lieu et place du terme générique « ressortissants ». Cette nouvelle formule souligne le fait que si la localisation territoriale de cette communauté humaine est au Cameroun, l'allégeance politique est, en principe, en vertu même de l'accord, en faveur du Nigeria, au moins pendant cinq ans[22]. Il s'agit là, dans l'ensemble, d'une sorte de régime capitulaire pour le droit camerounais, ou d'une situation de dualisme juridique en matière pénale, avec le droit camerounais applicable aux camerounais et aux rapports camerouno-nigérians d'une part, et le droit nigérian applicable aux rapports exclusivement nigérians d'autre part[23].

Le point 4 b de l'annexe I dans lequel le Cameroun s'engage « à ne pas appliquer sa législation douanière ni sa législation sur l'immigration aux ressortissants nigérians vivant dans la zone qui se rendent directement du Nigeria dans la zone dans le but d'accéder directement à leurs activités » est problématique. Ou ils vivent dans la zone, ou ils vivent au Nigeria et n'ont pas à disposer d'un droit d'accès hors des procédures d'immigration et des formalités douanières. On ne peut à la fois vivre dans la zone et être en train de partir fréquemment du Nigeria pour ladite zone pour les besoins d'exercice de ses activités. Cette clause semble devoir s'appliquer et bénéficier non pas aux Nigérians disposant dans la zone des droits fonciers coutumiers de l'article 3 de l'accord, mais à ceux qui, alors que la péninsule faisait partie de la fédération nigériane, ont engagé des activités de natures diverses dans la zone. Toutes ces stratégies de déploiement du Nigeria ont

[21] Idem, p 15
[22] Idem, p 99
[23] Ibidem

cependant rencontré des contre-stratégies camerounaises destinées à le lier au respect du droit international.

B. La stratégie du faible : le Cameroun démultiplie sa puissance avec l'aide de la communauté internationale

Devant l'hyperactivisme du Nigeria de sauver la face après l'énoncé du verdict de la CIJ en imposant ses vues dans les termes de l'accord de Greentree, le Cameroun va répondre subtilement en se référant régulièrement aux instances internationales. Ainsi, la stratégie camerounaise a été axée sur trois éléments :

En prévision du transfert d'autorité sur la péninsule de Bakassi et dans l'optique de préparer les populations nigérianes à cet évènement, le Cameroun va concéder au Nigeria un régime spécial transitoire. Cependant, celui-ci ne peut être accordé pour deux ans qu'après le retrait des forces armées nigérianes de la zone. Cette clause temporelle et politique signifie que si le retrait n'est pas effectué, le régime spécial n'est pas concédé. C'est une technique du donnant-donnant utilisée par le Cameroun pour accélérer le départ du Nigeria.

Deuxièmement, le Cameroun a réussi une performance diplomatique en œuvrant pour un suivi proche et responsable d'un organe spécial appelé Commission de suivi appuyé par les États témoins. Cette posture s'opposait à celle du Nigeria selon laquelle l'implication des États témoins pouvait être liée à la demande d'une des parties.

Enfin, le Cameroun va réussir à lier juridiquement le Nigeria à travers l'accord de Greentree. En effet, l'instrument juridique ayant institué la Commission mixte n'étant pas un instrument juridique obligatoire, le retrait du Nigeria de cette instance n'engage pas sa responsabilité internationale. Or l'accord de Greentree va changer la donne en instituant le refus de participation à son fonctionnement comme l'expression d'une violation du droit international susceptible d'engager la responsabilité internationale de son auteur. Que retenir en fin de compte ?

Conclusion

En occupant militairement les territoires camerounais, le Nigeria était dans une posture d'implémentation des zones d'influences pour le leadership continental.[24] Mis devant le fait accompli et face à la puissance de son agresseur, le Cameroun va porter l'affaire devant la justice internationale afin que puisse être dit le droit. Après le prononcé d'un verdict favorable au

[24] Cette stratégie de puissance destinée à contrôler l'Afrique centrale et l'Afrique de l'est, après avoir assuré sa domination sur l'Afrique de l'ouest.

Cameroun, d'interminables négociations politiques vont s'engager pour la mise en œuvre de cet arrêt. Le Nigeria ayant voulu que ces négociations soient directes, le Cameroun va opter pour des négociations sous le contrôle de la communauté internationale. Ce sont ces négociations qui vont aboutir le 12 juin 2006 à la signature de l'accord de Greentree par lequel le Nigeria sauvait la face en perdant réellement, mais dans la dignité ; tandis que le Cameroun gagnait réellement, mais dans la sobriété.

A l'observation cependant, le retrait du Nigeria de Bakassi pose deux défis majeurs au Cameroun. Premièrement, la montée en puissance de l'insécurité symbolisée par la piraterie maritime qui nécessite une coopération sécuritaire renforcée avec le Nigeria et la viabilisation de cette zone.[25] En effet, les politiques de modernisation de Bakassi, une zone totalement tournée vers les intérêts nigérians, dans un contexte d'approfondissement de la Cam-Nigeria new spirit, portent en elles l'éventualité du basculement du Cameroun à l'arrière ; conduisant à une intensification des échanges avec l'Afrique de l'Ouest, laquelle déboucherait sur un affaiblissement de la puissance en Afrique centrale.[26]

Au final, force est donc de constater que même si le Cameroun a eu le dessus juridique sur le différend de Bakassi, le Nigeria peut réussir à obtenir pacifiquement ce qu'il n'a pu avoir par les armes ; c'est-à-dire consolider sa zone d'influence, en pénétrant l'Afrique centrale pour rejoindre l'Afrique de l'Est, par la construction d'un axe Abuja-Mombassa, concurrent de l'axe Pretoria - Le Caire. Le différend de Bakassi et donc loin d'avoir fini de nous enseigner.

---

[25] Pour une lecture approfondie sur cette problématique du basculement, lire de Joseph Vincent Ntuda Ebodé, « La nouvelle posture géopolitique du Cameroun et la lutte contre la piraterie dans le golfe de guinée », in *Terrorisme et Piraterie : de nouveaux défis sécuritaires en Afrique centrale*, Presses Universitaires d'Afrique Centrales, Yaoundé, 2010 ; « Cinquante ans de politique camerounaise des frontières : d'une conception géopolitique de la frontière à une construction géoéconomique des zones de contacts », in *Les Annales de l'Université de Toulouse I Capitole, Toulouse*, Tome LII 2010- 2011 ;. « Francophonie et piraterie maritime dans le Golfe de Guinée », in Les cahiers de *Défense Nationale*, Paris, février 2010 ; « La politique camerounaise de défense : évolution du concept d'emploi des forces et perspectives », in Défense Nationale, Paris, janvier 2011.

[26] Sur cette question de l'affaiblissement de l'Afrique centrale, lire particulièrement Joseph Vincent Ntuda Ebodé, « Géopolitique des régions africaines : quel destin pour l'Afrique médiane latine ? », in *Diplomatie magazine* n°11, Paris, 2004 « Le retour de la République Démocratique du Congo et la redistribution des cartes en Afrique Centrale », in Diplomatie magazine, n° 30, Paris, 2008 ; « Les enjeux pétroliers du golfe de Guinée » in *Diplomatie magazine* n°8, Paris, 2004 ; « Le Tchad dans la tourmente », in *Enjeux Méditerranée*, n° 2, Paris, juillet 2006.

La détermination des frontières internationales des nouveaux États africains

Pr. Brusil Miranda METOU
Agrégée des facultés de droit
Maître de conférences, Université de Yaoundé II

INTRODUCTION

Le dédicataire de cet ouvrage a largement contribué au développement du droit international en Afrique, particulièrement en matière de règlement pacifique des différends opposant les États africains au sujet de la délimitation de leurs frontières communes. En homme sage, il est parvenu à défendre des positions inédites, en confortant le droit international classique sans occulter les évolutions qu'il a subies au cours du 20e siècle. Il a ainsi permis de saisir la quintessence de certains principes applicable à la délimitation frontalière entre les États africains issus des indépendances. En la matière, le principe de *l'uti possidetis*, consacré par l'Organisation de l'unité africaine et élevé au rang de principe de droit coutumier par la CIJ a été établi et conforté par son usage fréquent en matière de délimitation frontalière en Afrique. Si la résolution des différends frontaliers a pu s'écrire à la salle d'audience de la Cour internationale de justice, il est difficile d'envisager cette efficacité en matière de résolution des problèmes frontaliers des nouveaux États africains.

Le mot frontière peut être défini comme étant « la limite du territoire d'un État, la ligne déterminant où commencent et finissent les territoires relevant respectivement de deux États voisins »[1]. Les frontières sont des lieux géographiques où finit un État et où commence un autre État. Ce sont des lignes qui déterminent le territoire de deux États effectivement constitués et reconnus par les tiers, et que l'on qualifie au besoin de frontières internationales, par opposition aux lignes qui séparent deux territoires n'ayant pas le statut d'États souverains et que l'on désigne le plus souvent

[1] J. Basdevant, *Dictionnaire de la terminologie de droit international public*, p. 293.

sous le nom de « limites » ou de lignes de démarcation[2]. La frontière délimite ainsi le cadre d'exercice des compétences de l'État en droit international public. Elles circonscrivent un espace territorial, un marché national et une appartenance nationale. En ce sens, les frontières ont non seulement une fonction juridico-politique (délimitation des compétences d'un État), mais également une fonction économique. L'importance des frontières en droit international public se révèle à travers la souveraineté de l'État, mais aussi la nationalité de sa population, car il est évident que la territorialité engendre la nationalité (*jus soli*). Pour jouer pleinement et efficacement leur rôle en droit international public, les frontières doivent être clairement déterminées. C'est cette détermination claire et précise qui permet d'éviter un chevauchement de compétences des États, pouvant engendrer d'éventuelles tensions, voire des conflits. La définition des frontières d'un État est une question centrale et cruciale chaque fois d'émerge un nouvel État sur la scène internationale.

Tous les États assignent aux frontières un rôle éminent dans la construction et la consolidation territoriale de l'indépendance. Inversement, en s'appropriant un héritage territorial parfois controversé, les nouveaux États instrumentalisent les nouvelles frontières pour renforcer leur stabilité et leur individualité dans le champ géopolitique régional, en conduisant une politique de fermeture et de cloisonnement de l'espace. L'activation des nouvelles limites interétatiques stimule alors les dynamiques de disjonction socio-spatiale, mais participe à l'édification et à la consolidation des espaces nationaux. Marquée par l'expression de territorialités antagonistes, la transition territoriale occasionne une redéfinition de l'articulation des rapports entre les populations et entre celles-ci et le gouvernement en place dans l'ancien État et le nouvel État s'inscrit à l'ordre du jour d'un agenda politique et juridique complexe et surchargé. Cet agenda suppose l'inscription des rapports entre les peuples résidents de part et d'autre des régions frontalières et qui, si auparavant étaient libres de leurs mouvements, se voient désormais opposés des conditions de circulation dans cette zone.

Phénomène particulier en droit international, la frontière bénéficie d'un régime juridique largement dérogatoire au droit commun. Alors que le droit est absent de la formation de la frontière terrestre, elle va être juridiquement très protégée lorsque son établissement est reconnu. Son inviolabilité, son intangibilité et sa stabilité sont protégées par un caractère objectif qui fait des traités de frontières des accords hors normes dans la sphère internationale. Aussi, toutes les frontières ont une part d'artificialité, d'arbitraire. La frontière reste donc un lieu d'affrontements quotidiens, car elle a pour objet de séparer de manière exclusive des souverainetés étatiques et des peuples. Elle se trouve ainsi au cœur d'un paradoxe. En délimitant les souverainetés de façon rigide, les frontières deviennent belligènes et

---

[2] J. Salmon, dir., *Dictionnaire de droit international public*, Bruxelles, Bruylant, 2001, p. 520

alimentent de nombreux conflits. Ce dilemme peut engendrer des conflits multiformes : conflits d'attribution de souveraineté, conflit de délimitation, conflit de démarcation ou simplement de gestion de la frontière. Les difficultés apparaissent souvent ultérieurement lorsque qu'il est nécessaire d'interpréter et d'appliquer des traités de frontières, mais il faut d'abord conclure lesdits accords avant de les mettre en application.

I. Un contexte particulier

Les nouveaux États africains émergent dans un contexte déjà marqué par la contestation des frontières et la revendication croisée de la souveraineté sur des portions territoriales par ceux ayant obtenu leur indépendance au cours des années 60 (A). Leur avènement complexifie davantage le processus de délimitation en cours, d'autant plus qu'ils sont appelés à exercer leur souveraineté territoriale dans des limites bien déterminées (B).

A. L'existence de découpages territoriaux contestés

L'Afrique a connu de nombreux conflits causés par l'indétermination exacte des frontières entre États africains issus principalement de la décolonisation. Ces problèmes ont été résolus grâce à l'application du principe de *l'uti possidetis*, érigé en principe fondamental par l'OUA et précisé par la Cour internationale de justice. En effet, les frontières des États africains constituent un héritage colonial[3]. Ils ne les ont pas choisies et n'ont pas participé à leur fixation[4]. Pour conserver cet héritage, ils ont consacré comme fondamental le principe de l'intangibilité des frontières héritées de la colonisation auquel ils ont très rapidement donné une valeur coutumière.

---

[3] La plupart des pays africains sont constitués par des frontières émanant de tracés coloniaux et par conséquent des frontières arbitraires et artificielles résultant des décisions administratives de la puissance coloniale qui ne tenait pas compte des réalités socio-économiques, politiques et culturelles du milieu. Pratiquement, aucun critère objectif n'a guidé la définition des lignes frontières qui demeurent aujourd'hui dans un état de précarité et de sensibilité extrême. C'est ce qui explique la multiplicité des différends frontaliers en Afrique, ainsi que les conflits armés nés des contestations territoriales.

[4] De ce fait, le découpage physique des frontières étatiques en Afrique n'a pas tenu compte du découpage sociologique des peuples et, dès le départ, la construction de véritables nations – vouloir vivre commun- sur le continent s'avérait difficile et obstruer par divers obstacles sociologiques et culturelles. L'agencement spatial n'épouse pas les formes et les contours de l'agencement socio- culturels, même si, l'inspiration de la construction des blocs sous-régionaux d'intégration est théoriquement amorcée. On est encore loin d'une véritable intégration car au fond des cœurs des peuples africains divisés hier par le colon, subsiste toujours l'espoir d'une véritable autonomie. Depuis les indépendances, les frontières ont été sources de conflits. Elles ont séparé des peuples habitués à vivre ensemble, mais ont surtout regroupé des ethnies différentes, dont la cohabitation a engendré des violences comme au Nigeria, au Tchad ou encore au Soudan.

Mais il s'agissait là des États décolonisés qui acquéraient alors leur liberté au prix d'immenses combats et d'efforts déployés sur le plan international et sur le plan national. Il n'en sera pas de même pour les États issus de la partition des États décolonisés. Avec l'avènement de nouveaux États sur la scène continentale, issus en général de la sécession - l'Érythrée et le Sud-Soudan-, il se pose un problème de délimitation frontalière auquel il faut rapidement trouver des solutions inédites. Ces États ne sont pas des ex- États colonisés auxquels il faudrait appliquer le fameux principe de l'intangibilité des frontières héritées de la colonisation[5]. L'irruption de nouveaux États sur la scène internationale bouleverse la carte politique de la région dans laquelle elle se produit. Comme le relève le Professeur Marcelo Kothen, « Il surgit inéluctablement des changements sur le plan des frontières, que ce soit du point de vue de la nature juridique des délimitations existantes, des sujets que les frontières séparent ou bien du tracé même de la délimitation »[6].

L'émergence de nouveaux États dans la société africaine contemporaine participe d'une scission des États auxquels était appliqué le principe de *l'uti possidetis* en matière de délimitation frontalière, et leurs frontières restent indéterminées, en particulier celles qui les séparent de l'ancien État. Il se pose dans ce cas la question de savoir par quel mécanisme, l'Union africaine qui a succédé à l'OUA et qui a repris le principe de *l'uti possidetis* comme principe fondamental en matière de délimitation frontalière pourra régler les conflits réels ou éventuels relatifs à la délimitation frontalière entre les nouveaux États et les États dont ils sont issus. Si le problème des frontières peut être résolu sur le plan juridique par application du principe de *l'uti possidetis* entre les États décolonisés en Afrique, et même par opposabilité à leur égard du principe de l'intangibilité des frontières héritées de la colonisation, il n'en est pas de même en ce qui concerne la délimitation des frontières des nouveaux États africains, issus essentiellement de la partition des États indépendants. Le processus de détermination des frontières de ces États sera leur propre œuvre. Il ne sera plus question d'un héritage que l'on doit conserver tel quel, mais d'une construction propre, une œuvre des États africains eux-mêmes. Ils sont donc amenés à poser eux-mêmes les règles de délimitation, par transposition de ce qui s'est passé en Europe lors de la dislocation du bloc socialiste ou alors à en créer lorsque cela s'avère nécessaire. Ce problème se pose et continuera encore longtemps de se poser dans le cas de l'Érythrée[7] et du Soudan[8]. La partition du Soudan et avant lui,

---

[5] En 1964, l'UA a décrété l'intangibilité des frontières du continent. Depuis lors, elle n'a cessé de s'opposer aux tentatives de partition des pays africains. L'Union l'affirme encore dans le dossier somalien, avec la question de l'indépendance du Somaliland.

[6] M. Kohen, « La création d'États en droit international contemporain », *Cours Euro Bancaja de droit international*, vol. VI, 2002, p. 619-620

[7] L'Érythrée a mené une guerre contre l'Éthiopie de 1961 à 1991 qui a abouti à son indépendance suite à un référendum en 1993. C'était la première fois que les frontières héritées de la colonisation ont été changées en Afrique. Mais suite à l'indépendance, les deux

de l'Éthiopie relève des cas exceptionnels au sein de l'Union Africaine, l'organisme régional s'étant toujours opposé à la sécession dans ses États membres[9].

B. L'apparition de nouveaux États

Les Nouveaux États africains apparaissent sur la scène internationale et continentale à l'issue de longs combats, qui ont conduit à adopter diverses solutions brillant parfois par leur inefficacité à résoudre les problèmes qui se posaient concrètement, du fait du refus de cohabitation entre les populations des diverses régions des États en question. L'agencement spatial n'épouse pas les formes et les contours de l'agencement socio- culturels, même si, l'inspiration de la construction des blocs sous-régionaux d'intégration est théoriquement amorcée. On est encore loin d'une véritable intégration, car au fond des cœurs des peuples africains divisés hier par le colon, subsiste toujours l'espoir d'une véritable autonomie ou d'une reconstitution de la nation rêvée. Au lieu de la consolidation des acquis coloniaux, on assiste plutôt depuis les indépendances, à une sorte d'émiettement de l'espace politique et territorial en Afrique[10]. Le Professeur Ali Mazurie, a résumé la question des frontières en Afrique au 21e siècle en déclarant que : «... Au cours du prochain siècle, la configuration de la plupart des États africains actuels changera : de deux choses l'une, ou l'autodétermination ethnique conduira à la création d'États plus petits, comme dans le cas de la séparation de l'Érythrée d'avec l'Éthiopie, ou l'intégration régionale mènera à des unions politiques et économiques plus vastes ... »[11]. La question des frontières peut se poser dans le cadre de la fusion des anciens États ou de la dislocation d'États préexistants. Ce n'est pas le territoire de ces États qui

---

voisins se sont vite opposés sur la revendication de certains territoires frontaliers, comme la ville de Badné, la zone Tsorona Zalambessa et le Bure. La Commission de délimitation des frontières entre l'Érythrée et l'Éthiopie des Nations unies a estimé que Badmé appartient à l'Érythrée, mais le territoire est toujours occupé par l'Éthiopie.

[8] Le Soudan, désormais ancien plus vaste pays du continent avec ses 2,5 millions de km^2, s'est vu réduit du quart de son territoire à la suite de la séparation d'avec le sud-soudan, option adoptée par voie de référendum en janvier 2011.

[9] L'article 4, alinéa B, de l'acte constitutif de l'Union africaine exige le « respect des frontières existant*[es]* au moment de l'accession à l'indépendance ». L'Union l'a affirmé encore dans le dossier somalien, avec la question de l'indépendance du Somaliland. Ramtane Lamamra, commissaire paix et sécurité de l'Union africaine, a déclaré en ce sens que : « A l'Union africaine nous ne reconnaissons qu'une seule Somalie, et nous considérons qu'il y a dans les efforts d'élaboration d'une nouvelle Constitution pour ce pays des leviers pour la prise en compte de particularismes régionaux. Nous ne travaillons pas dans une optique de fragmentation, nous travaillons toujours pour l'intégration ».

[10] Hormis la brève fédération du Mali qui lie le Sénégal et le Soudan ou l'Union Ghana-Guinée-Mali sans lendemain, l'unité politique reste un symbole inscrit dans les constitutions des États-nations qui ont choisi de consolider les frontières coloniales.

[11] A. Mazrui, « The Bondage of Boundaries », publié dans *150 Economist Years,* 1994.

pose problème, mais bien plus la définition des limites pour circonscrire exactement l'espace sur lequel s'exerceront les compétences de ces nouveaux États, c'est-à-dire la délimitation de leurs frontières internationales réciproques. Dans le cas du sud- Soudan, on assiste à une difficile internationalisation des frontières administratives fixées de façon unilatérale par l'unique gouvernement central de l'époque, qui avait conscience de l'appartenance à l'État du Soudan des ressources minières et pétrolières se trouvant dans le sol des régions limitrophes concernées par le découpage international aujourd'hui.

La question des frontières des nouveaux États africains est un problème sensible qui induit une imbrication des intérêts divergents et opposés desdits États, et la survie des populations de part et d'autre de ces frontières. La stabilité du continent dépendra en grande partie de la bonne définition des principes permettant de définir ces frontières internationales, car il n'est en rien certain que l'émiettement de l'espace territorial africain va s'arrêter. En effet, les récents développements au Soudan, dans la zone d'Abiye ainsi que dans le Sud-Kordofan suscitent des interrogations sur les rapports entre les deux États. La question de la définition concrète de la frontière entre le Nord et le Sud reste toujours en suspens. Les négociations entamées par les deux parties du Soudan n'ont pas encore conduit à la définition concrète de leurs frontières communes[12]. La frontière est ainsi devenue un autre facteur d'instabilité sur le continent africain. Comme le dit le Professeur A. Mahous, « la frontière est à la fois une notion physique ou géographique et une notion juridique permettant d'identifier et de séparer le territoire de chaque État dans les différents espaces : aérien, terrestre et maritime. »[13] Si la frontière représente une rupture, souvent franche, entre deux modes d'organisation de l'espace, elle aide, dans le même temps, à maintenir la spécificité de la zone frontalière. En effet, les dissymétries qu'elle crée génèrent des échanges qui structurent spatialement la région : mouvement de capitaux, choix de résidence, localisation d'activités industrielles s'effectuent sur la base des disparités salariales et fiscales, ou entre les législations sociales. Les frontières, compromis entre des traités et un ensemble de facteurs économiques, sociaux, culturels, sont donc des zones de transition possédant des caractères originaux.

---

[12] Le 10 février 2012, le Soudan et le Soudan du Sud ont signé un accord de non-agression et de coopération qui comporte un engagement des deux États à respecter mutuellement leur souveraineté et intégrité territoriale

[13] A. Mahiou, « *Le droit international ou la dialectique de la rigueur et de la flexibilité* », RCADI, t. 337, 2009, p. 128

1. Différence entre reconnaissance de l'État et identification de son assise spatiale

L'entrée d'un nouvel État dans le système international n'est pas synonyme de la reconnaissance de son assise territoriale dans des limites précises. Or en principe, la reconnaissance d'un nouvel État devrait impliquer la reconnaissance d'un territoire défini par des frontières qui déterminent le domaine d'exercice des compétences de ses autorités. Comme l'a observé H. Kelsen, « ce que l'on appelle, en le présentant comme « élément de l'État », le « territoire de l'État », n'est juridiquement que la limitation du domaine de validité de l'ordre juridique étatique, qui découle du droit international »[14]. Très souvent, la reconnaissance d'État intervient avant que ses frontières ne soient intégralement fixées. (Cas du Sud-Soudan). En effet, l'exigence des frontières dont la délimitation et même la démarcation seraient clairement fixées, n'a jamais été considérée comme une condition nécessaire de la reconnaissance d'État qui demeure en tout état de cause un acte discrétionnaire. Par conséquent, si chaque État est défini par rapport à un territoire donné, la précision des frontières dudit État n'est pas déterminante sur la scène internationale. Pour autant, l'État en question doit pouvoir être identifiable avec précision sur la carte géopolitique mondiale. Il faut alors que le cadre dans lequel il pourra exercer la plénitude de sa compétence -sa souveraineté- soit fixée et délimitée, étant entendu que cette compétence entraîne un certain nombre de conséquences juridiques sur le plan international. D'où la nécessité de la détermination des frontières des nouveaux États, voire la fixation du cadre d'extension et de limite de cette souveraineté en droit international contemporain. En effet, depuis la fin des années 1990, les États tendent à se doter d'infrastructures de contrôle et de défense des frontières jusqu'alors vierges d'équipements et de marqueurs territoriaux, paradoxalement au mouvement d'intégration déjà amorcé dès les indépendances. Parallèlement, conséquences de ce contrôle des frontières, il y a un durcissement de la législation régissant la circulation transfrontalière, ce qui peut engendrer des conflits menaçant la paix et la sécurité internationales.

2. Intégration des frontières et définition des frontières

A l'heure de l'intégration des frontières en Afrique, il est important de se pencher sur la ligne directrice du Programme frontière de l'Union africaine, créée en 2007, et qui vise à faire du continent africain un espace d'échanges commerciaux et culturels, où les frontières ne représenteront plus une séparation, mais plutôt une zone de partage[15]. Seulement, pour intégrer, il

---

[14] H. Kelsen, « Théorie générale du droit international public. Problèmes choisis », *R.C.A.D.I.*, 1932, t. 42, p. 193

[15] Depuis sa création, le Programme de l'Union africaine a permis de délimiter les 413 km de frontières entre le Mali et le Burkina- Faso ; 610 km ont également été dessinés entre la

faut d'abord séparer clairement les États, voire préciser avec clarté les frontières de chaque État. Il faut donc définir, dessiner et concrétiser les frontières. Moins d'un quart des frontières africaines sont actuellement délimitées. En fait, « ce que les pays doivent maintenant faire de toute urgence, c'est définir leurs frontières là où cela n'a pas encore été fait. Le processus d'intégration en Afrique est celui de la libre circulation des marchandises, des populations, des biens. La délimitation des frontières est fondamentale, car elle permettra de créer des projets transfrontaliers entre les États qui sauront clairement où s'arrête et commence leur territoire »[16]. A cet égard, comme l'a souligné le secrétaire général des Nations unies lors du lancement du programme Frontière de l'Union africaine, « Depuis que les pays africains ont acquis leur indépendance, les frontières, tracées au temps des colonies dans un contexte de rivalités entre pays européens, n'ont cessé d'être à l'origine de conflits. Plus d'un siècle après la Conférence de Berlin, le tracé et la délimitation des frontières établies durant la colonisation continuent de poser des problèmes majeurs ». La délimitation de frontière entre l'Éthiopie et l'Érythrée a donné lieu à un conflit armé violent et meurtrier (entre 70.000 et 80.000 morts entre 1998 et 2000) avant de trouver une solution par voie d'arbitrage. La proclamation de l'indépendance de l'État du Sud- Soudan va nécessairement aboutir à la détermination de nouvelles frontières. Or sur ce sujet, les négociations entre les parties piétinent et les affrontements qui ont lieu sur le terrain, en l'occurrence à Abyei et dans le Sud-Kordofan illustrent l'éloignement d'une solution 聯! 腮! 的! 紮! 綾! 蝙! 褳! 訮! înflit[17].

C. La détermination des frontières comme gage de stabilité en Afrique

La frontière ne détermine pas uniquement les limites de l'assise spatiale d'un État, en l'occurrence les bordures du territoire sur lequel il jouit d'une plénitude de compétences ; elle est également considérée comme un facteur

---

Zambie et le Malawi, la Zambie et le Mozambique et le Malawi et le Mozambique. 1.500 km restent encore à démarquer d'ici 2013.

[16] Jose Elias Mucombo, Directeur de l'Institut national de la mer et des frontières de Maputo, au Mozambique.

[17] Le Sud Soudan partage ses frontières à l'Est avec l'Éthiopie, au sud avec le Kenya et l'Ouganda et à l'Ouest avec la République Démocratique du Congo et la République Centrafricaine. Vers le Nord, il y a bien évidemment le désormais Nord Soudan avec toujours Khartoum, pour capitale. Le nouvel État couvre une superficie totale de 589 000 745 kilomètres carrés, soit 24% du territoire des deux Soudans. La population est de 8 500 000 habitants soit 20% de la population soudanaise. Il regorge d'immenses ressources naturelles dont le pétrole. D'autres minerais sont aussi répertoriés. Au Sud-Soudan, la religion dominante est le christianisme avec une minorité musulmane. A cela s'ajoute l'animisme. Deux langues officielles sont parlées, l'anglais en priorité, suivie de l'arabe qui est parlé largement sur l'ensemble du territoire.

de stabilité dans les relations internationales et de sécurité en droit international public[18]. En effet, c'est en définissant clairement sa position géographique qu'un État peut élaborer des projets de développement et construire une politique de développement de son territoire, en l'occurrence, la politique d'aménagement du territoire. L'un des facteurs de sécurité essentiels pour les peuples, c'est de se retrouver à l'abri des frontières « sûres et reconnues »[19]. En ce sens, les limites ou frontières d'une région par rapport à une autre sur le plan interne et les limites internationales évitent le chevauchement des compétences et ainsi, une dégénérescence de la situation déjà tendue en situation conflictuelle. C'est la raison pour laquelle, l'on considère que la frontière doit être non seulement complète et ininterrompue, mais aussi « stable et définitive »[20], pour assurer pleinement sa fonction. Selon le professeur Jennings, « *territorial boundaries will be among the most stable of all institutions* ». La consolidation des frontières comme source de stabilité s'inscrit dans la perspective d'une nécessité de maintien de la paix et de la sécurité internationales. La définition des frontières permet l'identification de l'espace territorial attribué à un État et donc, une obligation pour les dirigeants de cet État de veiller à ce que cet espace ne soit utilisé pour causer des dommages à d'autres États ou alors pour déstabiliser le pays et ses voisins. Le respect de l'intégrité territoriale de l'État ne peut donc être qu'une conséquence de la définition claire des frontières de ces États.

1. L'urgence des solutions efficientes

Au moment où de nouveaux États émergent en Afrique, parfois à la suite de longues années de conflits diversifiés, il s'avère important de faire un retour sur l'analyse de la définition territoriale de ces États qui ne sont plus issus de la colonisation, mais plutôt d'une partition d'un État anciennement colonisé, et auquel pouvait être appliqué les principes classiques de délimitation frontalière. L'Afrique est actuellement le théâtre de plusieurs revendications territoriales. A cet effet, la question nationale, indissociable des problématiques frontalières en raison de la catégorisation et de la

[18] La stabilité du continent africain dans les années à venir, dépendra en grande partie de la bonne définition des frontières internationales des États issus de la partition des anciens États colonisés. En effet, les récents développements au Soudan, dans la zone d'Abyei ainsi que dans le Sud-Kordofan, ont pour l'heure bien déçu ces espoirs. Les négociations entamées sur la question piétinent tandis que sur le terrain, le quotidien des populations est rythmé par des bruits de bottes et de canons.

[19] Termes employées par le conseil de sécurité dans la résolution du 22 novembre 1967. L'accord de Camp David du 17 septembre 1978 fait état de « frontières sûres et reconnues à l'abri de menace ou d'actes de force » (« Secured and recognized boundaries free from threats or acts of force » (*I.L.M.*, 1978, pp. 1467 et 1469)

[20] Formule employée par la CIJ dans l'affaire du Temple de Préah Vihéar, arrêt du 15 juin 1962, P. 34.

territorialisation des populations, investit rapidement les champs politique et scientifique. Ce phénomène pousse à la recherche d'un mode approprié de détermination des frontières et donc un resserrement vers une définition encore plus minutieuse des anciennes limites administratives éventuellement inter nationalisables. En effet, il est important de se pencher sur la question des frontières idéales, censées intégrer les lieux de mémoire et correspondre aux aires de peuplement qui apparaissent à de nombreux acteurs comme une aspiration légitime des pays nouvellement indépendants et comme une réponse aux crises internes dans divers États. Devenues des frontières internationales, toutes les limites administratives sont potentiellement susceptibles de connaître des modifications de tracé, d'autant que la carte politique présente très souvent des inadéquations avec la carte ethnique. En raison de l'imbrication des populations et de la diversité des critères retenus pour tracer les frontières, les États indépendants sont ainsi liés à des minorités co -ethniques de l'étranger, dont l'implantation préexiste à la formation des territoires nationaux. Ce travail, qui renvoie à la nature fondamentalement politique et idéologique des frontières, est conduit par des commissions bilatérales[21]. En leur sein, les États confrontent leurs propositions, en s'appuyant sur des matériaux archivistiques et cartographiques souvent divergents. Ces négociations hautement symboliques occasionnent des tensions d'autant qu'elles se déroulent dans un contexte politique dégradé, marqué, d'une part, par la contradiction entre les aspirations nationales d'autonomisation et les impératifs régionaux de régulation et d'intégration et, d'autre part, par des rivalités entre les pays. Si la frontière est une construction sociale, alors elle ne saurait être restreinte aux limites entre États et devrait s'appliquer également à toute ligne de rupture, institutionnelle, économique ou sociale entre deux entités territoriales, et couvrir tous les obstacles s'opposant, ou entraînant des distorsions, dans les échanges[22].

2. La recherche de bases juridiques de délimitation

Il est question pour l'Union africaine d'éviter de faire des conflits de frontières de nouvelles sources d'instabilité et d'insécurité sur un continent déjà en proie à divers maux. Le problème des frontières extérieures se pose avec acuité dans les nouveaux États africains, d'autant plus qu'il s'agit des anciennes régions de certains États. Tout dépend alors de la posture de ladite région dans l'État dont il s'agit, car il est évident que dans certains États, certaines régions s'avère importantes non seulement pour leur économie ou

[21] A l'exemple de la Commission mixte Cameroun – Nigeria, chargé de la mise en œuvre de l'arrêt du 10 octobre 2002 relatif à la Frontière terrestre et maritime entre le Cameroun et le Nigeria.

[22] Hoover E. M., *The location of economic activity*, pp. 215-241, New-York, Mac Graw Hill, 1948.

leur agriculture, mais se positionnent comme le chantre de leur politique de développement. Les frontières ont toujours été le reflet d'un double mouvement d'inclusion et d'exclusion, consistant à effacer les frontières antérieures pour produire des espaces plus vastes, puis à tout faire pour défendre les nouvelles frontières en attendant un processus similaire à une échelle supérieure, avec parfois des rétrogradations pathétiques, comme en Bosnie, au Kosovo, au Kivu, au Monténégro, en Éthiopie, etc. Après les concepts de propriété d'État national, c'est le concept « d'étranger » qui est dressé en face de celui de ressortissants nationaux comme une antithèse complémentaire. Ce concept implique un en deçà et un au-delà de la frontière qui classe les uns et les autres dans leurs devoirs et dans leurs droits (ou absence de droits) respectifs. Sa signification n'est pas négligeable dans la définition de l'État sociologique et même de l'État personne juridique. Par définition la frontière est expression de pouvoir, génératrice de pouvoir et encadrement juridique du pouvoir. Elle signifie oppression, exclusion, inclusion, contrainte, mais éventuellement aussi, sécurité et garantie. Au moment où le mouvement d'intégration est amorcé dans diverses parties d'Afrique, la création de nouveaux États n'allège pas la tâche aux promoteurs de cette intégration, d'autant plus que le droit des peuples à l'autodétermination a refait surface et offre la possibilité à un peuple opprimé de revendiquer avec succès son autonomie politique. Bien plus, la frontière est perçue comme un concept de division, de limite et non d'union ou d'intégration.

II. Les chevauchements des methodes de determination des frontieres

En matière de délimitation frontalière, il y a lieu de constater une intrication de méthodes de délimitation frontalière, en fonction des particularités géographiques et géopolitiques des États en cause. L'ordre juridique international se caractérise à cet égard par une évolution rapide des règles qui prennent naissance dans des phénomènes inédits et parfois imprévisibles comme l'apparition et la disparition des États. On est contraint d'accorder une place aux évolutions qui peuvent faire table rase, non pas de la totalité des règles applicables en une matière et dans un domaine bien précis, du moins des règles jusque-là considérées comme essentielles ou fondamentales. De ce point de vue, les problèmes de délimitation frontalière des nouveaux États indépendants de l'Afrique semblent se caractériser par leur processus d'émergence sur la scène internationale –qui est très différent du processus de décolonisation ayant conduit la plupart des États africains à l'indépendance- et les difficultés de la détermination exacte de leurs frontières internationales avec l'État duquel ils sont issus. En effet, les nouveaux États africains arrivent sur la scène internationale par le biais du processus de sécession qui procède du démembrement d'un État déjà constitué, ancienne colonie dont les limites territoriales terrestres sont déterminées à l'aide du principe de l'intangibilité des frontières héritées de la colonisation. Pour les nouveaux États, l'internationalisation de leurs frontières administratives avec l'ancien État n'est pas aisée, d'autant plus que les limites des circonscriptions administratives dans les États africains sont habituellement mal fixées ou déterminées par approximation. En fait, « Au cours des deux derniers siècles, les frontières visibles, matérielles ou symboliques, historiques ou naturelles, de l'Afrique n'ont cessé de s'étirer et de se contracter. Des formes inédites et inattendues de territorialités sont apparues. Leurs bornes ne recoupent pas nécessairement les limites officielles, les normes ou le langage des États. »[23] La délimitation des frontières des nouveaux États africains implique en ce sens une redéfinition de l'architecture des pouvoirs et une évolution des identités socio-spatiales. Il s'agit d'un phénomène classique des changements de régime, la réforme territoriale insufflée par le référendum se voulant un moyen d'homogénéiser et de hiérarchiser le maillage, depuis la capitale jusqu'aux régions, aux districts et aux communes. En la matière, s'impose d'abord le respect ou l'attachement aux traités et principes existants (A), bien que le recours aux négociations (B) constitue de plus en plus un moyen pour amener les États en cause à collaborer et une garantie de l'efficience de la délimitation convenue.

A. Le respect des traités et principes existants

La Convention de Vienne sur le droit des traités, qui codifie le droit coutumier en cette matière, insiste particulièrement sur l'importance de maintenir la stabilité des traités établissant des frontières. Cette insistance se traduit par l'adoption d'une exception à la règle *rebus sic stantibus,* codifiée au paragraphe 2 de l'article 62 et selon laquelle : « Un changement fondamental de circonstances ne peut pas être invoqué comme motif pour mettre fin à un traité ou pour s'en retirer : a) s'il s'agit d'un traité établissant une frontière. » En raison des conséquences importantes qu'elle engendre aux plans économique, social, culturel et politique, l'accession à la souveraineté constitue sans nul doute un « changement fondamental de circonstances ». Ce changement fondamental de circonstances pourrait conduire à une remise en question des frontières établies par traités, mais l'exception prévue à l'application de la règle *rebus sic stantibus* vient justement prohiber l'invocation de cette règle à l'égard des traités établissant des frontières. L'existence d'une telle règle vient affirmer la volonté de nombreux États de stabiliser les situations territoriales, une volonté qui est rappelée dans la *Convention de Vienne sur la succession d'États en matière*

[23] A. Mbembe, « Les frontières mouvantes du continent africain ».

de traités[24]. Le principe ainsi posé concerne les frontières internationales, c'est-à-dire celles existant entre l'État successeur et les États limitrophes. Définie à l'alinéa 2(b) de la Convention, la succession d'États se dit de « la substitution d'un État à un autre dans la responsabilité des relations internationales d'un territoire », et implique ainsi un transfert de souveraineté sur la totalité ou une partie du territoire, de l'État prédécesseur à l'État successeur. Une telle succession d'États est susceptible de produire des effets à l'égard des traités et la Convention formule plusieurs règles à cette fin. Concernant les traités de frontières, la Convention stipule à son article 11 que : « Une succession d'États ne porte pas atteinte *en tant que telle :* a) à une *frontière* établie par un traité ; ni b) aux obligations et droits établis par un traité et se rapportant au régime d'une frontière. »[25] Ainsi, à l'occasion d'une succession d'États, un nouvel État doit se montrer soucieux de respecter les frontières établies par traités et les droits et obligations qui en découlent. Ces règles, visant à assurer la continuité et la stabilité des frontières, ont été développées dans le but de préserver la paix, d'éviter la propagation de conflits territoriaux et de respecter les conventions établies[26]. Le droit de la succession d'États s'attache ainsi davantage au territoire qu'à la qualité de l'État. Ce principe élaborant la stabilité des frontières établies par traités, n'empêche toutefois pas la modification de frontières par accord entre États limitrophes. On trouve une consécration éclatante de cette rigueur dans l'affaire du *différend territorial* entre le Tchad et la Libye puisque la Cour affirme : « Une frontière établie par traité acquiert ainsi une permanence que le traité lui-même ne connaît pas nécessairement. Un traité peut cesser d'être en vigueur sans que la pérennité de la frontière en soit affectée (...) Du reste, que cette faculté soit exercée ou non, la frontière demeure »[27]. Si donc les nouveaux États, issus de la partition d'anciens États, ont l'obligation de respecter les traités de frontières existant entre leur ancien État et les États limitrophes des frontières entre eux et leur État prédécesseur.

---

[24] La Commission d'arbitrage pour la Yougoslavie a d'ailleurs recommandé aux républiques dans ses avis n°3 ((1992) 96 *R.G.D.I.P.* 267) et n_ 9 ((1992) 31 *I.L.M.* 1523), de suivre la *Convention de Vienne sur la succession d'États en matière de traités*, afin de respecter les frontières établies par traités.

[25] Ainsi, la Slovénie a maintenu ses frontières avec l'Autriche, l'Italie et la Hongrie. La Croatie demeure bordée par la Hongrie et la mer Adriatique. La Macédoine continue d'être encadrée par l'Albanie, la Grèce et la Bulgarie. Il est également intéressant de noter que la République tchèque et la République slovaque se sont entendues pour essayer de maintenir les mêmes frontières internationales que celles existantes dans l'ancienne Tchécoslovaquie. En effet, la Hongrie, pays frontalier de l'ex-fédération, a pris position pour que soit respecté le principe de l'intangibilité des frontières, en exprimant sa conviction quant à l'importance de conserver les frontières établies par traités.

[26] J.- M. Arbour, *Droit international public*, Cowansville, Éditions Yvon Blais, 1985, p. 313 et ss.; H. Thierry, S. Sur *et al.*, *Droit international public*, 5e éd., Paris, Éditions Montchrestien, 1986, pp. 269 et ss.

[27] *Rec* CIJ 1994, p. 37

B. Le recours aux négociations

Les frontières des États seraient le premier marqueur de l'identité de peuples « indépendants ». Cependant, contrairement aux frontières héritées de la colonisation, les frontières des États issus de la partition d'autres États doivent être définies suivant un processus de négociation, qui ne coïncide pas nécessairement avec la démarche ayant conduit à leur avènement sur la scène internationale. Ici, les frontières ne sont plus héritées ; elles doivent être construites en présence des principales parties impliquées et concernées par le processus. Ce n'est donc plus à Berlin que l'histoire des frontières des nouveaux États africains s'écrira, mais plutôt en Afrique, en présence des Africains. Les frontières en cause font alors l'objet de négociations houleuses et tendues, ponctuées des phases d'interruption avec des affrontements sur le terrain, comme c'est le cas entre le Soudan et le Sud-Soudan. En fait, les frontières naissent toujours d'un découpage ou d'une délimitation. La superficie de l'État étant un élément de sa puissance sur la scène internationale, la perte de portions de territoires par suite de délimitation frontalière est difficilement concevable, ce qui va compliquer les négociations relatives à la délimitation frontalière. Il n'existe pas de frontières naturelles acceptées comme telles. Elles sont toujours le produit d'un choix politique humain, même lorsqu'elles suivent des éléments géographiques naturels (fleuves, crêtes). Il faut donc reconnaître avec Raymond Aron que : « La stabilité d'une frontière... est fonction des rapports entre les collectivités qu'elle sépare. Quand elle est conforme à la légitimité de l'époque, elle ne crée pas l'occasion de conflit. En ce sens, une frontière tenue par les États voisins pour équitable est, en elle-même, la meilleure »[28]. L'essentiel est qu'elles soient acceptées comme telles par les parties prenantes afin que la stabilité règne dans la région concernée. La Cour internationale de Justice, dans l'affaire du *Différend frontalier (Burkina Faso/République du Mali)*, a dit que : «(...) chaque délimitation, aussi étroite que soit la zone controversée que traverse le tracé, a pour conséquence de répartir les parcelles limitrophes de part et d'autre de ce tracé »[29]. Par ailleurs, à des fins de sécurité, l'État prédécesseur et l'État successeur peuvent convenir de ratifier les traités établissant les frontières[30]. Recours est donc fait à l'accord, même si d'autres formes de reconnaissance des lignes frontalières peuvent être appliquées.

---

[28] Raymond Aron, *Paix et guerre entre les nations*, Paris, Calmann-Lévy, 1962, p. 208

[29] *CIJ Recueil 1986*, p. 563, par. 17.

[30] Le Parlement hongrois a ratifié le 12 mai 1993 un traité sur l'intangibilité des frontières entre la Hongrie et l'Ukraine. (Cf. *L'État du monde 1994 : Annuaire économique et géopolitique mondial,* Montréal, Éditions
la Découverte, 1993, p. 172.)

1. L'inadaptation du principe de l'*uti possidetis*

Si le processus de la décolonisation a permis d'imposer aux États africains le principe de *l'uti possidetis*, les nouveaux États, issus de la sécession ou de la partition d'un autre État ne sont liés par ce principe, qu'au niveau de la définition de leurs frontières internationales avec les États voisins et non avec leur ancien État. La sécession de l'Érythrée en 1993, celle du Sud Soudan en 2011, sont un exemple qui pose désormais la question de la recherche d'une nouvelle solution globale au problème de la conciliation de ce principe fondamental en matière de délimitation frontalière avec les situations nouvelles auxquelles sont appelées à être confrontées les États africains. La question soudanaise démontre, que si la sécession est attentatoire à l'intégrité territoriale et à l'unité politique proclamée au moment des indépendances, le principe de l'intangibilité ou de l'inaltérabilité des frontières se heurte au sacro-saint principe du droit de chaque peuple de choisir librement son statut collectif. Dans ce cas, il faudrait encore s'accorder sur le sens à attribuer au mot peuple. Si le peuple est libre de choisir son statut collectif, il faut encore que ce statut coïncide avec un territoire déterminé dans les limites duquel il sera appelé à exercer cette autodétermination. Cela engendre ipso facto l'enchevêtrement des principes, mais aussi des intérêts en présence ou en cause dans les régions frontalières. Cela engendre aussi la question du droit des peuples autochtones sur leurs terres ancestrales.

Si l'*uti possidetis* laisse peu de place à des modifications de frontières lors de successions d'États, le régime juridique des traités de frontière parachève la carapace juridique qui fait de la frontière internationale un concept très protégé par le droit international[31]. Dans ce sens, on a pu considérer que les frontières sont d'une nature particulière en ce qu'elles conservent une existence séparée des traités qui les ont créées. Les conventions de codification et la jurisprudence confirment ce particularisme. La convention de Vienne sur le droit des traités du 23 mai 1969 indique, dans son article 62 § 2 qu'un traité établissant une frontière constitue une exception à l'invocation de la clause de changement fondamental de circonstances (*rebus sic stantibus*) admise dans les traités ordinaires. Quant à la convention de Vienne sur la succession d'États en matière de traités du 22 août 1978, elle exclut, dans ses articles 11 et 12, la possibilité de remettre en cause les régimes frontaliers et autres régimes territoriaux. Les accords

[31] Il convient de signaler que la règle de *l'uti possidetis* consiste à asseoir l'État nouveau dans la même assiette territoriale que la puissance coloniale. En effet, l'accession à l'indépendance avait ouvert perspectives aux États africains encore fragiles. Ils se sont trouvés partagés entre deux objectifs contradictoires : celui de l'unité et celui de la construction de l'État-nation. En dépit des idéaux du mouvement panafricain prônés avant les indépendances et au cours des années qui ont suivi, les nouveaux États ont sacralisé les frontières héritées de la colonisation à la conférence de l'OUA, en 1963, en vue d'éviter les conflits et de consolider une certaine unité nationale.

frontaliers dérogent, par conséquent, aux traités ordinaires et ont un caractère objectif qui se fonde sur le respect du principe général de l'intégrité territoriale des États. Par là même, ils dérogent à l'effet relatif des traités à l'égard des tiers (*res inter alios acta*).

a. La difficile internationalisation des limites administratives

Les États africains sont constitués d'une constellation d'ethnies disparates et qui se sont disloquées à la suite des grandes migrations qu'a connue l'Afrique. Les diverses ethnies qui coexistent dans les États africains ne sont donc pas politiquement unis, encore moins territorialement réunis dans un État. Si les limites territoriales, lorsqu'elles ne présentent qu'un caractère administratif au sein d'un État centralisé n'ont aucune influence sur la population qui est porteuse d'une citoyenneté commune, il en va différemment lorsque ces limites sont censées s'internationaliser et donc engendrer de part et d'autre des citoyennetés diverses. En perdant leur caractère interne au profit d'une sorte d'internationalisation implicite ou explicite, les limites administratives n'entraînent pas nécessairement par-devers elles, une sorte de changement de mentalité ou de comportement des populations qui ont parfois du mal à comprendre dans quelles parties du territoire elles se trouvent. La transformation des limites administratives en frontières internationales a de répercussions sensibles sur la vie quotidienne des populations, notamment en matière de déplacement et même d'échanges. Par conséquent, sans validation politique corrélative de la population, la consolidation des frontières internationales par le biais d'une internationalisation perd de sa pertinence. La transformation qui emporte celle du « statut » de ces limites administratives, physiquement inchangées, qui auront mué insidieusement en frontière politique, en frontière entre États véritables, alors porteurs de citoyennetés distinctes, devenus des « étrangers » les uns pour les autres, car situés de par et d'autre de la « frontière » interétatique qui les va séparer, n'auront jamais été consultés. Il se pose en effet un problème de redistribution spatiale de la population soudanaise de par et d'autre de ces frontières.

La transformation de ces limites territoriales entre le nord et le sud en frontière internationale entre les deux États concernés devrait imposer leur modification pour aboutir à un désenclavement partiel et à un élargissement minimal du territoire de l'un ou de l'autre partie, tout en tenant compte des vœux d'appartenance des populations limitrophes des limites en cause[32].

[32] Cette possibilité a été observée dans le cadre de la dislocation de l'ex-URSS. Durant l'ère soviétique, les frontières des 15 républiques n'étaient que des limites administratives au sein d'un État centralisé, administré comme un tout à partir du centre de décision moscovite. Ces limites ont pu être jugées artificielles : elles ne prenaient pas ni sur des coupures naturelles, ni sur des frontières historiques, ne correspondaient que partiellement avec les aires de peuplement des peuples éponymes et ont été plusieurs fois modifiées. Il faut cependant dire

Déjà incohérentes dans le cadre de l'État soudanais, les limites actuelles du Sud-Soudan, dans le cas de sa séparation étatique d'avec le Soudan, seraient difficilement respectées si elles étaient maintenues à leur emplacement actuel. Une telle séparation provoquerait juste la transformation juridique de ces limites de nature administrative, internes à l'État soudanais, en une frontière d'État, une frontière internationale entre le nouvel État sud-soudanais et le Soudan. Il en est ainsi d'abord parce que ces limites seront rejetées par les populations, là où elles sont majoritaires, ensuite parce que l'exiguïté et l'insularité de certaines parties, si elles sont ainsi restreintes et enclavées, feraient que le nouvel État ne dispose pas de conditions ou de moyens suffisants pour y exercer sa pleine souveraineté.

b. L'inexistence de principes juridiques de délimitation

La négociation est importante dans la détermination des frontières des nouveaux États. C'est de cette négociation que naît le traité de frontière qui posera les bases juridiques de la délimitation et de la démarcation des frontières entre les deux États. Il en est ainsi parce que le droit international n'intervient nullement dans l'édification ou l'élaboration des frontières internationales des États. En Europe, les frontières « sont des institutions établies par des décisions politiques et régies par des textes juridiques... Ces lois régissent des territoires clos, dans lesquels les systèmes juridiques impliquent qu'il y ait des frontières établissant un cadre à l'intérieur duquel on peut arbitrer les conflits et imposer des sanctions. Une justice distributive est indissociable de communautés spécifiques à l'intérieur de frontières définies ; la vie politique dans un État de droit nécessite des territoires et des populations définies, avec un accès restreint aux droits et aux devoirs qui forment la citoyenneté »[33]. Cette conception met en exergue le fait que la frontière constitue une césure consciente et admise, même provisoirement, par au moins deux communautés ; celles-ci se définissant « distinctes », indépendamment des rapports qui peuvent se nouer de part et d'autre de cette « ligne de démarcation » et qui finissent par être des rapports de force. Il s'agit donc d'un processus, d'un construit et non d'un donné. Il ne s'agit pas d'une construction unilatérale, car l'État n'est plus dans sa dimension d'organisation spatiale pour déterminer ses circonscriptions administratives. Il s'agit d'une construction concertée, qui découle d'une entente mutuelle entre l'État prédécesseur et le nouvel État[34].

---

que les États de l'ex-URSS étaient des États préalablement constitués, qi s'étaient tout simplement regroupés dans le Cadre d'une union fédérative. Ce cas était donc différent de la situation actuelle entre le Souda et le Sud-Soudan.

[33] M. Anderson, *Les frontières, un débat contemporain*, 1999

[34] Il n'est pas inutile de rappeler que l'établissement des frontières coloniales avait donné lieu à de nombreuses négociations entre rivaux coloniaux et que les frontières ne sont définitivement établies qu'au terme de nombreuses discussions et missions de délimitation.

2. Une intrication entre le droit et la politique

L'opération de définition des frontières internationales des nouveaux États africains combine des dynamiques contraires et contradictoires, associant logiques centralisatrices et décentralisatrices. La détermination d'une frontière est en effet une opération complexe dans laquelle interviennent plusieurs phases. Outre sa délimitation, opération sensible pour les États, sa démarcation et son abornement sont souvent sources de discordes. La détermination d'une frontière terrestre est une opération de nature essentiellement politique qui ne répond à aucune règle de droit international, mais qui se trouve, le plus souvent, concrétisée par un traité. On a souvent souligné à cet égard qu'il n'existait pas de droit international de la délimitation terrestre applicable d'une manière uniforme. Il existe certes des « guides », des principes généraux, qui permettent de délimiter une frontière, mais chaque frontière étant la résultante d'une histoire propre, aucune généralisation ne s'impose. Il peut s'agir, par exemple, d'une limite « naturelle », d'un partage décidé entre souverains ou du point consacré par une conquête ou un conflit. Dans l'affaire du *Temple de Préah Vihéar*, la CIJ a pu cerner l'importance de la stabilité en matière de délimitation frontalière en considérant que : « d'une manière générale, lorsque deux pays définissent entre eux une frontière, un de leurs principaux objectifs est d'arrêter une solution stable et définitive. Cela est impossible si le tracé ainsi établi peut être remis en question à tout moment, sur la base d'une procédure constamment ouverte, et si la rectification peut en être demandée chaque fois que l'on découvre une inexactitude par rapport à une disposition du traité de base. Pareille procédure pourrait se poursuivre indéfiniment et l'on n'atteindrait jamais une solution définitive aussi longtemps qu'il resterait possible de découvrir des erreurs. La frontière, loin d'être stable, serait tout à fait précaire »[35]

a. L'objectif des négociations

Les négociations sur les frontières visent à obtenir une solution définitive et certaine, car la réalisation de la stabilité des frontières conduira à la

---

Dans le cas par exemple de la Côte d'Ivoire française et de la Gold Coast britannique, c'est de 1888 à 1901 que les négociations et missions d'abornement sont menées pour déboucher sur diverses conventions franco-britanniques, dont la Convention du 14 juin 1898 et l'accord d'abornement de 1901. Entre la colonie française et la République du Libéria, le contentieux ouvert en 1886 à propos des terres comprises entre la rivière San Pedro et le Cavally est réglé une première fois par l'accord de novembre 1887 ; puis, après la remise en cause de celui-ci par la France en 1891 à l'instigation des intérêts commerciaux français, par la Convention de 1892 ; enfin, il est clos définitivement par les accords de Paris du 18 septembre 1907 et le protocole du 13 janvier 1911

[35] CIJ, Rec. 1962, p. 32

réalisation d'une certaine stabilité à l'intérieur et à l'extérieur du pays[36]. Comme l'a souligné la CIJ dans l'affaire relative au *Plateau continental de la mer Égée*, « qu'il s'agisse d'une frontière terrestre ou d'une limite du plateau continental, l'opération de délimitation entre États voisins est essentiellement la même : elle comporte le même élément inhérent de stabilité et de permanence et est soumise à la règle qui veut qu'un traité de limites ne soit pas affecté par un changement fondamental de circonstances »[37] . La délimitation elle-même conduit les parties à tracer une ligne séparant les territoires de deux États. Cette opération est souvent longue et parsemée d'embûches.

b. La prise en compte des droits des populations

Dans le cadre de la scission d'un État, la définition des frontières implique les populations en présence dans la zone concernée. Si la consultation de toute la population est préalable à la partition, elle est aussi indispensable à la détermination réelle des frontières qui les séparent. En effet, l'on ne peut se fier uniquement au principe suivant lequel les limites internes préexistantes pourraient seules fonder les frontières des nouvelles entités étatiques qui sont issues de la scission d'un État. Il s'agira de faire valoir le principe de la libre adhésion des populations au nouvel État qui se constitue ou à l'ancien État déjà constitué. L'action des gouvernements sur les frontières repose classiquement sur la production d'un appareil législatif définissant les conditions d'accès et de sortie des territoires étatiques. Contrôler la circulation des personnes, des biens, des capitaux et des informations, taxer la mobilité renvoient à la mise en œuvre des fonctions communément associées aux frontières (fonction légale, fonction fiscale, etc.) Pour affirmer leur souveraineté, exercer leurs prérogatives, assurer leur sécurité et maîtriser leur territoire, les nouveaux États africains devront adopter des législations contraignantes qui, par un effet d'enchaînement, devront susciter une dynamique de cloisonnement de l'espace régional, mais aussi de resserrement de l'espace national. En effet, dans la géographie quotidienne, à une circulation libre va succéder une mobilité contrainte et entravée, bornée par des frontières dont le franchissement implique une soumission à la violence réelle et symbolique exercée par les États et leurs représentants. Si les dispositifs législatifs garantissent aux populations des

---

[36] A cet égard, on peut prendre exemple sur l'Europe où « un pacte de stabilité en Europe », non contraignant, a été signé à la fin du mois de mars 1995 à Paris par les 52 pays membres de l'Organisation sur la Sécurité et la Coopération en Europe (O.S.C.E.). Il porte, entre autres, sur l'inviolabilité des frontières des États non touchés par les conflits armés. Ce pacte comprend une centaine d'accords bilatéraux de bon voisinage et d'amitié entre des pays d'Europe, car ce pacte cible l'Europe centrale, orientale et les Républiques baltes. Ce pacte a été signé dans le cadre d'une conférence de l'O.S.C.E. et à l'initiative de l'Union européenne.

[37] CIJ, Rec. 1978, p. 36

bandes frontalières un statut spécifique, moins contraignant, le nouvel environnement géopolitique va susciter des réactions hostiles et des tensions. Ainsi, des territorialités contraires vont s'opposer, et les tensions ne seront apaisées que si les populations situées de part et d'autre de ces frontières participent de près ou de loin à la définition de celles-ci.

La communauté internationale et la problématique de la souveraineté des États et le droit ou le devoir d'ingérence humanitaire

Serge-Vincent Ntonga Bomba
Docteur en Droit Public, Université Paris II Panthéon - Assas
Chargé de cours à la Faculté des Sciences Juridiques et Politiques, Université de Yaoundé II

Le monde contemporain issu de la globalisation est marqué par la tension entre le développement d'un certain nombre de valeurs telles que les aspects des droits de l'Homme dont l'assistance humanitaire est une des composantes et la multiplication dans les États souverains d'un certain nombre de fléaux d'insécurité dont les conflits avec leur cortège de violations des Droits de l'Homme.

Dans son étymologie latine « Ingerere » c'est-à-dire *porter dans*, l'ingérence humanitaire est une doctrine qui prône la possibilité d'envoyer des secours humanitaires ou des forces armées internationales pour venir en aide des populations victimes de catastrophes naturelles ou de violation des droits de l'Homme. Ceci sans l'assentiment de l'État concerné. L'objectif est de porter secours, d'assister, d'aider et de protéger les populations en danger. Cette idée est apparue à l'occasion de la Guerre du Biafra (1967-1970) qui a entraîné une terrible famine, mais qui avait été ignorée par les autres États, au nom de la non-ingérence. La difficulté étant la mise en pratique des notions de neutralité et d'impartialité. A ce titre, les ingérences humanitaires effectuées au TIMOR ou en YOUGOSLAVIE ont révélé les logiques stratégiques et politiques des États intervenants. Ce débat sur les motifs de l'ingérence humanitaire s'est rouvert suite à l'intervention américaine en IRAK en 2003 et très récemment en Côte d'Ivoire, après la crise postélectorale pour déloger Laurent GBAGBO du pouvoir et en Lybie pour sauver les vies des insurgés qui luttent contre le pouvoir de Khadafi.

En effet, l'expression « ingérence humanitaire » a été inventée à la fin des années 1980 par Bernard KOUCHNER, fondateur de l'O.N.G « Médecins sans frontières » et homme politique ; et par Mario BETTATI, professeur de droit international public. Selon eux, certaines situations d'urgence peuvent justifier moralement un droit d'ingérence[1] dans les affaires d'un État, remettant ainsi en cause le principe de souveraineté des États. Justifiée essentiellement au nom d'une morale d'ingérence et de la solidarité internationale, l'ingérence humanitaire trouve son fondement dans la *Déclaration Universelle des Droits de l'Homme* de 1948. Pour ses partisans, elle n'est cependant légitime que s'il y a violation massive des Droits de l'Homme et que si elle est encadrée par une organisation supranationale, essentiellement le Conseil de Sécurité des Nations Unies. D'où le problème de la légitimité et la légalité de l'intervention.

En réalité, l'avènement du droit d'ingérence humanitaire est à l'origine de la survenance d'un certain nombre d'interventions faites ou non de ce nouveau droit. L'expression de droit ou de devoir d'ingérence à laquelle on n'a rapidement accolé le qualificatif d'« humanitaire »voulait s'opposer à « la théorie archaïque de la souveraineté des États, sacralisée en protection des massacres »[2]. La formule a vite fait recette, particulièrement avec la venue d'un nouvel ordre mondial sensée remplacer au premier rang des priorités, des valeurs comme la démocratie, l'État de droit et le respect des droits de la personne humaine. La nécessite de secourir les populations en détresse imposerait en effet à chacun un devoir d'assistance à un peuple en danger[3] qui transcenderait les règles juridiques traditionnelles

En dépit des idées généreuses qui animent ses prometteurs les incertitudes qui entourent ce droit ont d'emblée suscité des questionnements et même la critique ; d'autant qu'on ne sait pas très bien s'il est seulement d'ordre moral ou destiné à être incorporé dans l'ordre juridique international existant. Celui-ci repose depuis des siècles sur un axiome : la souveraineté des États. En conséquence un État n'est lié par une règle de droit et en particulier par une règle qui protège les droits de l'homme, que s'il l'a accepté en ratifiant un traité ou en adhérents à une règle coutumière existante. Ainsi, les droits de l'homme n'ont-ils nullement ; sur le plan juridique la même étude a l'échelle universelle : une personne sera mieux protégée dans certains États que dans d'autres

Cela dit, c'est à l'occasion de l'intervention militaire de plusieurs États occidentaux au KURDISTAN irakien en avril 1991[4] que l'on a pour la

---

[1] Le philosophe Jean-François REVEL fut le premier à évoquer ce terme en 1979 dans un article du magazine français L'Express en 1979 consacré aux dictatures Centrafricaine de Jean Bedel BOKASSA et Ougandaise d'Idi Amin Dada. Le terme fut repris l'année d'après à propos du CAMBODGE par le philosophe Bernard- Henri LEVY.

[2] O.CORTEN. "Les ambiguïtés du droit d'ingérence humanitaire", Université Libre de Bruxelles. Belgique.

[3] Tout comme en droit interne où la non –assistance à personne en danger constitue une infraction à la loi pénale. Voir à cet effet l'article 283 du code pénal camerounais sur l'omission de porter secours.

[4] L'intervention internationale contre l'Irak, après que ce pays a envahi en État souverain, le Koweït est par définition hors du champ du « droit d'ingérence ».

première fois, évoqué l'émergence d'un véritable droit d'émergence. L'action a été présentée comme destinée à protéger les Kurdes ; alors sévèrement réprimés par les autorités irakiennes. Le respect des de la personne devrait dorénavant être assuré par des actions menées par la communauté internationale ceci serait dès lors disponible par l'intermédiaire des institutions compétentes ou de certains états prêts à défendre les valeurs essentielles. Le Conseil de Sécurité, cette fois comme dans les cas suivants, invoquait une menace contre la paix et la sécurité internationales. Ce même motif justifia l'autorisation explicite donnée par le Conseil de Sécurité à l'opération « Restore Hop »[5] menée en Somalie à partir de l'année 1992. Officiellement, il s'agissait de mettre fin à l'anarchie qui y sévissait en vue de rétablir des conditions minimales d'existence. En 1994, c'est la France qui conduisait au Rwanda « l'opération turquoise » officiellement destinée à protéger les populations de la guerre génocidaire qui déchirait le pays. Dans la même lignée, on peut encore citer les interventions militaires en Bosnie Herzégovine entre 1994 te1995, au Liberia et en Serra Léone, en Albanie 1997 ou au Kosovo en 1999. Et très récemment en 2011, "l'opération Licorne" en Côte d'Ivoire a permis au Président élu et reconnu par la Communauté Internationale, Alassane Ouattara de retrouver l'effectivité du pouvoir en délogeant le Président sortant Laurent Gbagbo de la Présidence de la République.

Dans les débats soulevés par l'ingérence humanitaire se pose la question de la nécessité de créer un droit d'ingérence sur le plan humanitaire alors qu'il existe déjà un droit contraignant (Convention de Genève, Convention contre le génocide) et que la Charte des Nations Unies, dans son Chapitre VII, permet l'intervention dans les affaires intérieures d'un État dans le cas de menace contre la paix. Parmi les autres questions soulevées, il y a celles des acteurs de l'ingérence (Organisation Non Gouvernementales[6], Internationales ou Intergouvernementales, États...) ainsi que la question de son élargissement à d'autres domaines : ingérence démocratique, ingérence judiciaire, ingérence écologique.

Enfin, il apparaît probable que dans la pratique, seuls les États les plus faibles soient la cible d'actions internationales d'ingérence. Il est, en effet difficile d'imaginer une intervention en TCHETCHENIE contre l'avis de la Russie alors que la situation de la population y est aussi critique que ce qu'elle était au KOSOVO, alors rattaché à la Serbie ; eu égard à l'antiquité et la complexité d'interventions parfois autant militaires qu'humanitaires.

---

[5] Restaurer l'espoir.

[6] Une résolution des Nations Unies datant de 2008 reconnaît que dans des situations de catastrophe naturelle, l'action des ONG est utile pour sauver des vies. Mais cette résolution ne permet pas d'imposer cette action aux États qui la refuseraient. Ainsi, treize O.N.G ont-elles été expulsées récemment du Soudan par Omar el BECHIR, président de cet État en mars 2009.

La souveraineté[7], prônée par la Communauté internationale est le caractère suprême du pouvoir étatique. Ce pouvoir étatique est suprême en ce sens qu'il n'a d'égal dans l'ordre interne et n'est limité dans l'ordre international que par ses propres engagements. C'est la marque de l'indépendance de l'État et de la plénitude de ses compétences internationales.

En réalité, l'État [8]parce qu'il est souverain, peut décider librement de contracter des obligations ou de respecter les règles qui ont été édictées pour mettre fin à ces obligations, de telle sorte que l'État n'échappe à toute règle de droit. Mais il échappe simplement à tout engagement qu'il n'aurait pas préalablement accepté, ce qui est très différent.

Un des sujets de préoccupation majeure de la communauté internationale est constitué par les situations de violations massives graves, flagrantes ou systématiques des Droits de l'Homme dans des États qui tentent de s'opposer à l'action internationale en se réfugiant derrière l'écran de souveraineté[9].

La sauvegarde des Droits de l'Homme dans des pays où les Populations sont victimes des violations graves et massives[10] se heurte *a priori* au principe de la non-ingérence dans les affaires intérieures des États que l'on a présenté comme corollaire indispensable de l'indépendance et de l'égalité souveraine.

Or la sauvegarde des Droits de l'Homme ou la recherche de la dignité humaine constituent l'aspiration la plus haute de l'homme et la condition de la paix, voire de la sécurité internationale.

De même, la non-immixtion dans les affaires intérieures des États qui est une règle protectrice de la souveraineté des États, souveraineté qui fonde l'État et qui est au cœur de la société internationale, du droit international et même de l'ordre international.

Quels sont donc les rapports qui existent entre les deux concepts ? Autrement dit, la souveraineté des États est-elle compatible ou incompatible avec le droit d'ingérence humanitaire qui est désormais en plein essor ? Quelques idées forces peuvent nous conduire à adopter le plan ci-après : La contradiction apparente entre la souveraineté des États et le droit d'ingérence

---

[7] La souveraineté, selon le dictionnaire de la terminologie du droit international est le « terme énonçant l'idée d'un pouvoir de commander joint à la prérogative de ne pas relever d'autrui ».

[8] L'État est une personne morale de droit public titulaire de la souveraineté. Chaque État est libre de se doter du système politique, économique, social ou culturel qu'il souhaite sans normalement se référer à une quelconque autorité internationale. Le droit international ne prend pas parti sur les régimes politiques qui devaient être adoptés par les États. Cf. Cour Internationale de Justice, 16-10-1975. Affaire SAHARA OCCIDENTAL

[9] On peut citer le cas du Soudan actuel depuis 2007, du Rwanda en 1994 ou le cas de la Tchétchénie où la Russie a été mise à rude épreuve, le cas récent de la Côte d'Ivoire après les violences postélectorales du 28 Novembre 2010…

[10] Voir aussi le conflit dans l'ex-Yougoslavie en 1992, Somalie depuis 1994, République Démocratique du Congo.

humanitaire ; et La solution d'équilibre à trouver entre les impératifs sécuritaires des États souverains et les nécessités humanitaires.

I. La contradiction apparente entre la souveraineté des États et le droit d'ingérence humanitaire

Il est à noter que les deux concepts ont souvent été admis par les institutions internationales et notamment onusiennes.

A. Le principe classique de l'égalité souveraine des États

Au cours du XXème siècle, à cause des deux guerres mondiales et de leurs conséquences[11], les interventions d'humanité[12] ont été un peu oubliées jusqu'à la fin des années 80. Car la Charte des Nations Unies, signée à San Francisco en 1945 accorde une place importante au respect de la souveraineté des États[13] et à son corollaire qui est la non-ingérence dans les affaires intérieures des États.

Ainsi, l'égalité souveraine s'appuierait-elle sur le principe de réciprocité qui constitue un levier puissant pour la coopération entre les États.

Lorsqu'un État réunit les trois éléments fondamentaux nécessaires à son existence juridique et internationale, l'effectivité du pouvoir qui en résulte a une signification première : l'affirmation de son indépendance. L'État est indépendant en ce sens qu'il ne doit son existence ni aux autres États, ni même au Droit International. Il la détient du fait de l'affirmation de sa propre volonté par l'intermédiaire de sa population et de son gouvernement. Cette indépendance potentielle se transforme ensuite en souveraineté lorsque l'État indépendant est réceptionné par la Communauté Internationale te qu'il entre dans l'ordre juridique international. C'est cette réception qui fait que l'indépendance est revêtue de la couverture juridique de sa souveraineté, souveraineté conquise par l'État par son indépendance.

L'État accède à la souveraineté au même titre que les autres États. Cette souveraineté le met en position de stricte égalité juridique dans ses rapports avec les autres États. Toute chose qui se fait sur la base de droits et d'obligations réciproques[14]. Cela dit, la souveraineté étatique ne signifie pas une liberté totale pour l'État souverain d'agir seulement en fonction de ses intérêts, elle implique aussi un équilibre entre les droits et obligations

---

[11] Les conséquences de la deuxième guerre mondiale étant notamment la guerre froide entre les deux grandes puissances de l'époque ; à savoir l'ex-Union soviétique et les États-Unis d'Amérique.

[12] L'un des cas de ces interventions d'humanité a eu lieu au XIXe siècle lorsque les Européens sont intervenus en Turquie pour « sauver » les chrétiens vivant dans cet État, alors qu'en réalité, c'est le sultan en place qu'ils voulaient déstabiliser

[13] Voir l'article 2 paragraphe 1er de la Charte des Nations unies.

[14] Un respect des attributs de souveraineté des autres États étant exigé.

réciproques qui font que par l'intermédiaire du droit, les souverainetés établissent les éléments de leur coexistence pacifique. L'affirmation d'une souveraineté sur la base d'une égalité souveraine des États a pour conséquence un certain nombre de devoirs des États ainsi qu'une obligation de résoudre pacifiquement les différends.

En effet, le principe de l'égalité souveraine est posé par l'article 2, paragraphe 1 de la Charte des Nations Unies[15] et la résolution 2625(XXV)[16]. C'est un principe de base sur lequel se fonde l'ONU d'autant qu'il a pour corollaire la coexistence pacifique, but majeur des Nations Unies. L'ensemble des droits et devoirs doit être respecté sur une base réciproque. De ce fait, tous les États sont détenteurs de droits et obligations identiques. On fait alors abstraction de leurs différences, de leurs divergences idéologiques pour recourir qu'à une conception juridique affirmant qu'a priori tous les États sont juridiquement égaux. Chaque État doit pouvoir jouir des droits inhérents à sa souveraineté. Dans cette logique, tout État, au nom de l'égalité doit pouvoir choisir son organisation politico administrative, son système économique ainsi que sa politique socioculturelle. Toutes choses qui doivent être faites sans ingérence aucune de la part des autres États, symbole de l'expression de l'autodétermination des nations.

Aussi, l'État a la capacité plénière en droit interne, c'est-à-dire qu'il est libre de déployer ses compétences sur son propre territoire. Cette plénitude et exclusivité des compétences s'observent notamment à travers la légifération et la réglementation de son organisation territoriale ainsi que le statut des personnes qui s'y trouvent, voire la situation des étrangers. Toutefois, cette liberté totale d'action s'exprime, sous réserve du droit international[17]. La compétence personnelle de l'État est liée à sa population. L'État doit pouvoir agir sur ses nationaux et est en principe libre de déterminer les critères et conditions d'attributions de sa nationalité. L'étanchéité juridique dont dispose l'État s'établit autour de sa sphère de souveraineté qui équivaut à l'indépendance, c'est- dire qu'il n'existe pas d'autorité supérieure[18], ainsi, au plan international, il est reconnu à l'État une capacité juridique exhaustive issue du droit au respect de sa personnalité juridique internationale. Dès lors l'État peut contracter[19], participer aux organisations internationales, ester en justice pour exercer notamment en

---

[15] « L'organisation est fondée sur le principe de l'égalité souveraine de tous les membres « art 2(1).

[16] Résolution sur la déclaration relative aux principes du droit international touchant les relations amicales et la coopération entre les États 1970.

[17] Voir l'arrêt de la Cour Permanent de Justice Internationale (CPJI) du 07 septembre 1927 dans l'affaire du LOTUS opposant la France à la Turquie.

[18] Voir la sentence arbitrale du 04 Avril 1928 dans l'affaire de l'île de PALMAS entre les États -Unis et les Pays -Bas.

[19] Voir l'affaire du Vaquer WINBLEDON entre l'Allemagne et le France et autres, CPJI. Le 17 Août 1923.

droit de réclamation concernant ses nationaux. En tout état de cause, la société internationale est composée de membres qui sont tous souverains. De ce postulat il est à retenir que l'égalité ne doit pas être modulée en fonction des rapports particuliers entretenus les uns envers les autres. Chaque État est tenu d'accorder un traitement égal à tous les autres États. Aussi, le devoir de s'acquitter pleinement et de bonne foi de ses obligations internationales[20].

B. Le principe de non-intervention, le corollaire de l'indépendance et de l'égalité souveraine sont protecteurs de la souveraineté contre les tentatives d'empiétement par d'autres souverainetés

Ce principe existait déjà dans le Pacte de la Société des Nations[21] et l'Organisation des Nations Unies n'a fait que le reprendre[22]. Il est le résultat d'une victoire historique remportée par les États les plus faibles lors de la rédaction de la Charte.

Au cours du XIXe siècle et jusqu'à la moitié du XXe siècle, les États dits faibles ont subi le colonialisme et l'impérialisme. La non-ingérence proclamée par la Charte offre ainsi à ces États, la possibilité d'invoquer le droit pour s'opposer à l'impérialisme.

Le droit international reconnaît à l'État un certain nombre de compétences qui sont territoriales, personnelles[23] ou concernent le service public ou lorsque l'État subit une » ingérence dite humanitaire, il se trouve souvent dans l'impossibilité d'exercer ses compétences en partie ou en totalité.

Un droit d'ingérence aussi humanitaire qu'il soit permet de contourner ou d'ignorer le principe de non-ingérence et détruirait ainsi une des bases de l'Organisation des Nations-Unies. Le droit de tout État de conduire ses affaires sans ingérence extérieure faisait partie du droit international coutumier[24].

En droit coutumier, l'interdiction de l'ingérence concerne toutes les matières sur lesquelles le principe de souveraineté permet aux États de se déterminer librement c'est-à-dire le choix du système politique, économique

---

[20] Voir l'article 2 (2) de la Charte de l'ONU : « les membres de l'organisation, afin d'assurer à tous la jouissance des droit en avantages résultant de leur qualité de Membre, doivent remplir de bonne foi les obligations qu'ils ont assumées aux termes de la présente Charte ».

[21] (10) voir aussi l'article 15 paragraphe 8 du Pacte des Nations Unies qui mentionne l'existence des questions « que le droit international laisse à la compétence exclusive des États »

[22] Voir enfin l'article 12 paragraphe 7 de la Charte des Nations unies précité qui évoque « les affaires qui relèvent essentiellement de la compétence nationale des États ».

[23] La compétence personnelle de l'État permet à ce dernier d'agir à l'égard de ses nationaux ou lors d'une ingérence humanitaire, l'État perd le contrôle d'une partie de ses nationaux.

[24] Voir l'arrêt de la Cour Internationale de Justice du 27 juin 1986, Affaires des *Activités militaires et paramilitaires au Nicaragua* .

et social ou culturel ou formulation des relations extérieures. Toute action militaire de contrainte ou de soutien à l'activité subversive à l'intérieur d'un État constituerait une intervention illicite. Mais dans la pratique internationale, ce principe n'a plus un caractère absolu.

Le territoire étatique est inviolable. En effet, même si violations il y a de telles violations sont seulement illicites du point de vue du droit[25], mais aussi et surtout elles ne peuvent en aucun cas créer des conséquences juridiques même par une pratique continue. Le respect de l'indépendance impose et suppose la non-ingérence dans les affaires dites intérieures, c'est-à-dire qui relèvent de la compétence nationale de l'État. Il s'agit d'un principe cher aux Nations Unies contenu dans sa charte et précisément à l'article 2 paragraphes 7[26]. Ceci étant dans la mesure où chaque État se voit reconnaître sa liberté de choisir le système politique de son gré, il naît par ce même fait une obligation pesant sur les autres États à savoir un devoir de non-ingérence dans les affaires intérieures. Ce principe concerne la nature du régime politique choisi, les compétences et actes pris par ce même régime dans le cadre de sa souveraineté nationale. La non-intervention suppose que les États tiers doivent s'abstenir de tout acte, de tout commentaire et de toute mesure quelque soit sa nature, qui remettraient en question l'exercice de la souveraineté sur le territoire ; ils ne peuvent par voie de conséquence aucunement invoquer des situations qui ont échappé à leur contrôle, car ils sont tenus au devoir de vigilance.

Par ailleurs, les tentatives d'empiétement de la souveraineté d'un État par d'autres souverainetés sont liées au caractère non absolu de la souveraineté elle-même prise singulièrement. En effet, la souveraineté n'est pas absolue en droit international. Elle est plutôt encadrée par ce dernier qui lui fixe un certain nombre de limites. S'agissant de l'organisation et la répartition des espaces en général, le droit international retient un certain nombre d'espaces sur lesquels l'État ne peut exercer des droits exclusifs sans risque de heurter les droits des autres États[27]. Interdiction est également faite de laisser utiliser son territoire à des fins contraires au droit international tel que le terrorisme. La notion *jus cogens* qui est une norme impérative de droit international dans son ensemble en tant que norme à laquelle aucune dérogation n'est

[25] Parce que la responsabilité de l'État y est engagée.

[26] « Aucune disposition de la présente Charte n'autorise les Nations Unies à intervenir dans les affaires qui relèvent essentiellement de la compétence nationale d'un État ni n'oblige les Membres à soumettre des affaires de ce genre à une procédure de règlement aux termes de la présente charte : toutefois, ce principe ne porte en rien atteinte à l'application des mesures de coercition au chapitre VII ».

[27] Haute mer, espaces et corps célestes obéissant à un principe de liberté totale, en ce sens qu'aucun État ne peut revendiquer leur appropriation. Aussi la notion de patrimoine de l'humanité introduite par la convention des Nations Unies du 10 Décembre 1982 sur le droit de la mer.

permise et qui ne peut être modifiée que par une nouvelle norme du droit international général ayant le même caractère[28].

Le droit international admet par ailleurs que l'État peut consentir par voie conventionnelle, des limitations à sa propre souveraineté, voire procéder à un transfert partiel de sa souveraineté nationale à des entités internationales. Dans la conclusion des traités, l'État peut accorder et donc, accepter des obligations qui sont logiquement contraires à sa souveraineté, mais qui ne sont en fait qu'une concession susceptible d'entraîner une réciprocité. La prise en compte de telles velléités de cession de souveraineté ou de perméabilité de cette dernière, a abouti à l'éclosion et à l'enracinement de certaines théories qualifiées de nos jours d'exceptions classiques au principe de non- ingérence dans les affaires intérieures d'un État. Exceptions qui permettent des mixtions tous azimuts au nom du droit d'ingérence humanitaire.

C. Quelques exceptions classiques à cette incompatibilité

La communauté internationale a admis certains cas d'intervention dans certaines circonstances lorsque certaines conditions étaient réunies ; à savoir :

1. L'intervention sollicitée est consacrée par le droit positif et exige le consentement préalable. Dans des situations difficiles (par exemple la guerre civile), les dirigeants d'un État font appel à ceux d'un autre État en leur demandant une assistance pour éviter d'être renversés. Ces demandes inattaquables sur le plan juridique reposent le plus souvent sur les traités qui peuvent être soit bilatéraux d'amitié, d'ente-aide ou de coopération militaire, soit multilatéraux par des alliances militaires prévoyant les conditions de mise en œuvre de la légitime défense collective[29] ou même la guerre préventive pour un système de sécurité collective.

---

[28] Voir l'article 53 de la Convention de Vienne sur le droit des Traités du 23 Mai 1963.

[29] Voir les cas d'alliances comme COPAX, ECOMOG, OTAN/Pacte de Varsovie ; à propos les cas d'une part la cote d'ivoire ou les évènements postélectoraux du 28 novembre 2010 ont divisé le pays en deux, d'un cote le président sortant Laurent Gbagbo qui refuse de reconnaître sa défaite et de l'autre le président élu Alassane Dramane Ouattara, ce qui provoque de nombreux morts et l'exode de nombreuses populations qui fuient la guerre et d'autre part la Libye ou les révolutions venues de Tunisie et d'Égypte menacent le régime de Kadhafi. Dans ce dernier cas la communauté internationale est divisée sur l'intervention militaire pour empêcher le (guide libyen) de massacrer les insurgés, déçus ou opposant a son régime. Certains membres de la communauté internationale notamment la France, l'Angleterre et les Usa sont favorables à l'instauration d'une zone d'exclusion aérienne avec les frappes ciblées pour empêcher l'aviation libyenne d'aller bombarder la ville investies par les insurgés tandis que d'autres comme l'Allemagne, la Chine l'Italie et la Russie sont contre les actes de guerre te préconisent le dialogue entre le camp Kadhafi et les insurgés

2. L'intervention d'humanité : Elle constitue une atteinte limitée à l'intégrité territoriale d'un État en vue de protéger ses nationaux voire les nationaux d'un État autre contre un danger imminent[30].

L'intervention visait à empêcher des excès de sauvagerie qui paraissaient intolérables à la conscience des peuples européens.[31] Il s'agissait pour les peuples dits « civilisés » d'intervenir pour contrer la violation des droits naturels là où il y aurait eu la barbarie.

Ces interventions d'ingérence humanitaire sont le plus souvent commanditées par les États dits forts et sont mal vécues par les pays militairement faibles sont très controversées. Peut-on imaginer une ingérence humanitaire au Pays basque espagnol, en Irlande du Nord ou en Palestine ?

En réalité, ce sont les puissances occidentales qui décident souvent où intervenir. Toutes les résolutions des Nations Unies ayant favorisé une ingérence humanitaire ont été initiées par les pays occidentaux. Ils ne peuvent initier de telles résolutions contre eux-mêmes ou contre une puissance militaire importante comme la Russie ou Israël.

Parfois, même en l'absence d'une résolution des Nations Unies[32], certains États ont décidé « souverainement » d'intervenir pour la « cause de l'humanité » sur les territoires d'autres États.

Face à la situation du KOSOVO, M. Kofi Annan, alors Secrétaire Général des Nations Unies s'interrogeait déjà en ces termes[33] : Kofi Annan, alors Secrétaire Général des Nations Unies s'interrogeait déjà en ces termes : « A ceux qui voient dans l'intervention au KOSOVO l'ombre d'une ère nouvelle où les États et groupes d'États pourront intervenir militairement en dehors des mécanismes établis pour assurer le respect du droit international, on pourrait demander : de telles interventions ne risquent-elles pas de saper les bases du système de sécurité qui a été créé après la seconde guerre mondiale… et d'ouvrir la voie à des futures interventions, créant des précédents dangereux sans qu'on ait été défini au préalable un critère sûr permettant de décider qui peut invoquer ces précédents et dans quelles circonstances ? »

Les deux concepts sont-ils radicalement incompatibles ?

---

[30] Voir également l'intervention des États-Unis en Grenade en 1983 ; l'intervention Franco-Belge au Congo-Belge ; l'intervention d'Israël en Ouganda en 1976 pour libérer les passagers otages d'un avion Air-France détourné. Voir aussi l'intervention des forces "Licorne" en Côte d'Ivoire en Mars 2011 pour éviter le massacre des populations civiles pro-Ouattara par les partisans et mercenaires de Laurent GBAGBO.

[31] Voir l'intervention des Européens en Turquie Op.cit.

[32] Voir le cas d'intervention de l'OTAN au Kosovo en 1999 ou de la coalition américaine en Irak en 2003

[33] Voir notamment l'allocution de Kofi Annan lors de la séance inaugurale de l'Assemblée des Nations Unies le 20 septembre 1999 à New York »

II. Les solutions d'equilibre desormais recherchees entre les imperatifs securitaires des États souverains et les nécessites humanitaires de sauvegarde des droits de l'homme

Le délicat équilibre entre souveraineté des États et le droit d'ingérence humanitaire trouve quelques applications notables sur le plan juridique dans la pratique internationale contemporaine.

A. L'ajustement de la souveraineté à l'ingérence humanitaire repose sur une multitude de textes

Les États sont habituellement réticents à laisser d'autres États, et dans une moindre mesure, les organisations internationales, interférer avec ce qu'ils considèrent comme leurs affaires intérieures. Le principe de l'égalité souveraine des États est l'une des bases fondamentales des Nations Unies, comme énoncée à l'article 2(1) ; et de manière générale cette position a été respectée même dans les situations où de graves violations de droits de l'homme ont eu lieu. Selon la convention de Montevideo de 1933 sur les droits et devoirs des États, l'État se compose d'une population qui met l'homme au centre de tout avec une place de plus en plus importante accordée à l'individu en droit international ; d'un territoire, aire géographique bien délimitée ; et d'un gouvernement chargé de gérer toute la diplomatie, ce dernier se doit d'être opérationnel . Le principe de non-ingérence dans les affaires relevant de la compétence nationale des États est la pierre angulaire de la souveraineté des États dans le système des relations internationales. La Charte de l'ONU l'énonce à l'article 2 (7).

Cependant, au moment où de nouvelles conceptions de la souveraineté se sont développées, émergent aussi un certain nombre de faits remettant en cause la souveraineté des États, notamment l'ingérence humanitaire ou mieux, l'intervention humanitaire. Cette dernière est définie comme la menace ou l'emploi de la force armée sans l'accord de l'État visé en vue de répondre à une catastrophe humanitaire, en particulier causée par des violations graves et à grande échelle des droits fondamentaux. Le fait de savoir si l'intervention humanitaire faisait partie du droit international coutumier avant 1945 est discutable. Certains auteurs considèrent qu'elle n'a pas survécu à l'adoption de la Charte des Nations Unies. Chez les auteurs qui considèrent que l'intervention humanitaire est une coutume existante, les opinions divergent entre ceux qui pensent qu'elle existait avant 1945 et a survécu à la Charte, ceux qui pensent qu'elle est apparue après la rédaction de la Charte, et ceux qui pensent qu'elle se fonde sur une interprétation controversée de l'article 2(4)[34] de la Charte . L'interdiction de la force

[34] Les membres de l'Organisation s'abstiennent dans leurs relations internationales. De recourir à la menace ou l'emploi de la force, soit l'intégrité territoriale ou l'indépendance

contenue dans cet article fait partie du *jus cogens* ; et donc, accepté et reconnu par la sécurité internationale comme une norme inaltérable.

C'est le cas d'une Résolution adoptée par l'Assemblée Générale des Nations Unies le 08 décembre 1988[35]. Elle vise « les victimes de catastrophes naturelles et les situations d'urgence du nouvel ordre humanitaire international. »

Il en est de même de la Résolution du 14 décembre 1990[36] portant sur le même objet et qui voit une concertation entre les gouvernements ainsi que les organisations internationales.

C'est aussi le cas de la Résolution[37] du Conseil de Sécurité des Nations Unies du 05 avril 1991 qui rappelle les dispositions de l'article 2 paragraphe 7 précité de la Charte et en visant implicitement le chapitre VII qui avait exigé de l'Irak qu'il permette un accès pour les organisations humanitaires (ONG) aux populations irakiennes déplacées.

Le cas de la Résolution adoptée le 03 décembre 1992 au titre du Chapitre VII[38] concernant la situation en Somalie où elle évoquait les préoccupations humanitaires et dans le même temps les États étaient autorisés à employer « tous les moyens nécessaires » pour instaurer aussitôt que possible des conditions de sécurité pour les opérations humanitaires en cours. Il en est de même la Résolution du Conseil de Sécurité n° 1973 du 17 Mars 2011 concernant la Lybie, permettant à l'OTAN de procéder à des frappes aériennes ciblées pour empêcher le colonel Kadhafi d'utiliser les armes lourdes contre sa population (insurgés) qui revendiquent leurs droits de libertés et demandent son départ du pouvoir.

Comme l'on peut constater, la notion de droit d'ingérence humanitaire commence à prendre corps dans la conscience collective de la Communauté Internationale.

B. La consécration juridique d'ingérence humanitaire est encore en voie d'affermissement et n'affecte pas totalement la souveraineté de cet État

Elle relève de la tolérance de l'accommodation, voire de l'acceptation. Il faut noter que ces ONG fonctionnent avec l'accord explicite de l'État hôte.

---

politique de tout État, soit de toute autre manière incompatible avec les buts des Nations Unies ».

[35] Voir la Résolution 43/181 adoptée par l'Assemblée Générale des Nations Unies le 08 décembre 1988 sur « le nouvel ordre humanitaire international »

[36] Voir la Résolution 45/100 du 14 décembre 1990 portant sur le même objet.

[37] Voir la Résolution 688 du 05 avril 1991 du Conseil de Sécurité qui rappelle les dispositions de l'article 2 paragraphe 7 de la Charte.

[38] Voir la Résolution 794 du 03 décembre 1992 adoptée au titre du Chapitre VII de la Charte.

Dans l'affaire du NICARAGUA[39], la Cour Internationale de Justice avait indiqué : « La fourniture d'une aide strictement humanitaire à des personnes ou à des forces se trouvant dans un autre pays, quels que soient leurs affiliations politiques ou leurs objectifs, ne saurait être considérée comme une intervention illicite ou à tout autre point de vue contraire au droit international »

Dans une autre affaire, la Cour Internationale de Justice [40]avait évoqué des « considérations élémentaires d'humanité » à propos des obligations d'un État d'avertir de l'existence d'un champ de mines.

Le droit humanitaire, produit des États souverains et qui s'exprime au travers des quatre conventions de Genève du 12 août 1949 et les deux protocoles additionnels du 08 juin 1977 y affirme le principe de l'accès aux victimes[41].

Ce droit humanitaire est par nature universel et égalitaire, au contraire de l'intervention humanitaire qui semble être réservée à quelques États puissants.

Le recours exceptionnel au Chapitre VII de la Charte des Nations Unies

La Charte des Nations Unies[42] énonce ce recours exceptionnel en ces termes : « Aucune disposition de la présente Charte n'autorise les Nations Unies à intervenir dans les affaires qui relèvent essentiellement de la compétence nationale d'un État ni n'oblige les membres à soumettre des affaires de ce genre à une procédure de règlement aux termes de la présente Charte. Toutefois, ce principe ne porte en rien atteinte à l'application des mesures de coercition prévues au Chapitre VII.

Le Conseil de Sécurité est considéré comme le seul organe compétent en matière de maintien de la paix et de la sécurité internationales. Il peut inviter les États membres à utiliser la force armée qu'il aurait considéré nécessaire pour donner effet à ses décisions[43] si les conditions énoncées dans l'article 39[44] sont remplies. La fin de la guerre froide a permis aux membres permanents[45] du Conseil de Sécurité de travailler ensemble, ce qui a créé de grands espoirs concernant leur capacité à répondre aux menaces et à la sécurité internationale. Les interventions humanitaires ont été autorisées par

---

[39] Voir l'arrêt de la Cour Internationale de Justice du 27 juin 1986, Affaire du NICARAGUA concernant les activités militaires et paramilitaires. Nicaragua c/USA.

[40] Voir notamment l'Affaire du Détroit de Corfou de 1949 (Royaume-Uni contre Albanie).

[41] Voir l'exemple de l'article 59 paragraphe 3 de la quatrième convention de Genève du 12 août 1949.

[42] Voir notamment l'article 2 paragraphe 7 de la Charte des Nations Unies précité

[43] Voir l'article 41 de la Charte des Nations Unies

[44] Voir notamment l'article 39 de la Charte de l'ONU

[45] France, États unis d'Amérique, Russie de Chine, Royaume-Uni de Grande –Bretagne et d'Irlande du Nord

le conseil de sécurité pour répondre aux violations grandeur nature des droits de l'homme en Somalie, en Haïti, au Rwanda et en ex- Yougoslavie. Cependant, les espoirs ont été de courte durée puisque la communauté internationale s'est avérée pas préparée pour faire face aux crises humanitaires telles que celle du Rwanda. Le concept d'intervention humanitaire a ainsi été imaginé comme alternative pour répondre aux cas où les pouvoirs traditionnels n'étaient pas disposés ou étaient incapables d'intervenir pour des motifs humanitaires. Les fondements juridiques sur lesquels s'appuient les organismes régionaux pour prendre des mesures coercitives, sont énoncées dans l'article 53[46] empêchent aux organismes régionaux de prendre des mesures coercitives sans l'autorisation du conseil de sécurité.

S'il est vrai que dans certains cas l'intervention humanitaire menée sans l'approbation du Conseil de Sécurité a été considérée comme légitime par la communauté internationale, sa nature unilatérale la rend illégale de facto pour le moment aux yeux d'une vaste majorité d'experts. La question de savoir s'il faut éventuellement la considérer comme légale ou non reste très contestée. Au sens du droit international positif, y compris selon la Charte des Nations Unies, l'intervention humanitaire menée sans l'approbation du conseil de sécurité, semble jusqu'à nos jours considérée comme illégale. Le second protocole additionnel aux conventions de Genève de 1949[47] et le verdict de la cour internationale de justice dans le cas opposant le NICARAGUA aux États - Unis disposent aussi que la force ne doit pas être considérée comme une méthode appropriée pour garantir l'application des principes relatifs aux Droits de l'Homme. Toutefois, il y a certainement une différence entre garantir l'application des principes relatifs aux Droits de l'Homme et mettre un terme aux violations massives de ces droits. Car, il a été démontré que la Charte des Nations Unies n'est pas seule source de droit international. Il y a quelques indications qui précisent que le droit international positif pourrait s'affaiblir à être remplacé par une nouvelle norme en faveur d'une intervention humanitaire menée par des organismes régionaux sans l'approbation du conseil de sécurité dans le cas où le veto d'un des membres permanents empêcherait de prendre une action. Le fait que le Conseil de Sécurité ne condamne pas l'intervention non autorisée de l'OTAN[48] au KOSOVO en 1999 suit cette logique. Cependant, une telle

[46] Voir l'article 53 de la Charte des Nations Unies.

[47] Second protocole additionnel du 08 juin 1977 relatif aux conflits armés non internationaux.

[48] Organisation du Traité de l'Atlantique Nord. Organisation Internationale créée en 1951 par la convention Ottawa pour donner toute sa force au pacte régional d'assistance mutuelle dite pacte Atlantique signé à Washington en avril 1949. L'OTAN dispose de contingents militaires nationaux placés sus un commandement unifié. L'OTAN a pour siège BRUXELLES et compte 19 États membres : États –Unis, Canada, Benelux, France, Danemark, Allemagne, Italie, Portugal, Norvège, Islande, Royaume-Uni, Espagne, Grèce, Turquie, et depuis 1999,

règle coutumière permettrait aux États d'intervenir militairement selon leurs propres intérêts nationaux et impératifs sécuritaires, en utilisant les principes humanitaires comme un écran de fumée.

Dans le but d'empêcher les États d'utiliser le motif de l'intervention humanitaire pour poursuivre des objectifs politiques, il a été suggéré que les États devraient se diriger vers la formulation d'un code juridique de principe, relatif aux interventions humanitaires. D'autres soutiennent que les principes d'intervention humanitaire devraient être développés, mais à l'intérieur du système des Nations Unies. A cet égard, une intéressante tendance s'est mise en place par l'adoption du principe de la commission internationale de l'intervention et de la souveraineté à la suite de l'Assemblée du Millénaire des Nations Unies de septembre 2000. La responsabilité de la population vivant sur leur territoire. Dans les situations où les populations endurent les souffrances graves causées par une guerre interne, une insurrection, une répression ou la défaillance de l'État et où l'État n'est pas disposé ou s'avère incapable de mettre un terme ou d'empêcher de telles situations. Le principe de non-intervention cède sa place à la responsabilité de protéger qui est internationale. Cependant, il faut garder à l'esprit qu'en l'état actuel des choses, la responsabilité de protéger est un engagement politique pour faire face aux violations massives des droits de l'homme et non pas une exception juridique à la primauté du Conseil de Sécurité dans les décisions concernant les questions de recours à la force. Aussi, énonce - t- elle que « aucune disposition de la présente charte ne porte atteinte au droit naturel de légitime défense, individuelle ou collective, dans le cas où un membre des Nations Unies est l'objet d'une agression armée, jusqu'à ce que le Conseil de Sécurité ait pris les mesures nécessaires pour maintenir la paix et la sécurité internationales. »[49]

CONCLUSION

Dans la turgescence thématique de la problématique centrale des Droits de l'Homme émergent en droite ligne un certain nombre de défis qui viennent rehausser le souci de leur protection.

Le problème de la compatibilité ou non entre la souveraineté des États et le droit d'ingérence humanitaire surgit alors et se pose avec acuité au regard de nombreux écueils qui jonchent le chemin qui mène à leur conciliation. Conciliation, visiblement manifeste d'autant plus que le principe de souveraineté d'aujourd'hui supporte le partage et la mise en commun. Aussi, les flux migratoires, les flux financiers et les flux de communication n'obéissent-ils plus à la grammaire de la souveraineté. L'âge d'or de la

---

Pologne, Hongrie et République Tchèque. Retrait en 1966 de la France (qui reste liée par le Pacte Atlantique) mais qui a renoué avec l'organisation depuis Décembre 1995.

[49] Article 51 de la Charte des Nations Unies

souveraineté n'ayant jamais existé, fictive et fragile dans sa nature, la souveraineté a toujours été aisément contournée, voire violée. L'État est ainsi amené à agir en contradiction avec le principe même qui fonde en acceptant de coexister avec les acteurs qui échappent à sa souveraineté.

In fine, y a-t-il bonne et mauvaise ingérence ? La souveraineté ne serait-elle plus le principe un principe absolu ? Quand on sait que souveraineté et puissance n'ont jamais fait bon ménage et quand on sait que les plus faibles ont toujours été les plus attachés aux valeurs souverainistes destinées à les protéger et les garantir contre l'initiative des puissants. Encore que cette protection n'a son pesant d'or que si elle est souverainement admise et reconnue par les puissants. Dès lors, le droit d'ingérence qui se métamorphose de nos jours en un devoir d'ingérence, pose le problème de savoir jusqu'où un État nanti peut-il s'ingérer dans les affaires d'un État pauvre en contrepartie d'une aide au développement ? A partir de quel seuil le devoir d'assistance s'impose-t-il ? Logique empruntée par KENNETH ROTH, président de l'O.N.G « Human Rights Watch », qui pensait à propos de la guerre en Algérie en 1997 que : « Quand tant de vies sont perdues, ce n'est jamais une affaire purement intérieure ».

L'universalité et l'indivisible des droits de l'homme dont la défense au quotidien nécessite la mobilisation de chacun, connaissent quelque régression. La régression se manifeste par existence d'une certaine défiance de certains pays vis-à-vis des Droits de l'Homme au fur et à mesure que monte l'hostilité à l'égard des Occidentaux. Même s'il faut par ailleurs reconnaître que l'écrasante majorité des individus de la planète en ignorent l'existence, la substance et même l'importance. D'où ils n'imaginent même pas la possibilité de s'en prévaloir. Si la portée juridique du texte du 10 décembre 1948[50] est aujourd'hui consacrée par la Cour Internationale de Justice ; et si la vigilance des organisations non gouvernementales permet de déclencher l'alerte, alors la responsabilité première de respecter les droits de l'homme pèse sur les États.

Tout comme l'effectivité des Droits de l'Homme, celle du droit d'ingérence humanitaire a subi des alertes sérieuses en Birmanie, au Tibet, au Kenya, sans intention d'omission aucune de l'attaque qui a frappé ce droit au Zimbabwe, en Côte d'Ivoire après la crise postélectorale du 28 novembre 2010 sans oublier la situation actuelle en Lybie et dans certaines monarchies du Golf notamment la Syrie où les pouvoirs en place massacrent leurs populations qui revendiquent leurs droits et libertés. L'impuissance de la communauté internationale à protéger les victimes des tyrans tient à la fois du refus d'utiliser l'arsenal thérapeutique qui fit ses preuves dans le passé et à la résistance accrue des agents pathogènes qui se déploient dans le monde. Le désenchantement face aux puissances récente des Nations unies contraste avec l'euphorique de l'après guerre froide où il n'était question que du

[50] Déclaration Universelle des Droits de l'Homme.

triomphe droit et où on ne parlait de gouvernement mondial et du directoire universel. Les échecs au Rwanda ou dans les Balkans, les faiblesses d'un système fondé sur le plus souvent sur le consensus, les soubresauts consécutifs à l'affaire irakienne, la crise de 2003 liée à l'intervention américaine, ont fragilisé le système. Le relatif échec du sommet de septembre 2005 sur la réforme des nations unies a accru la rancœur du plus grand nombre et renforcé la division Nord-Sud[51].

A côté de ce souci de protection des Droits de l'Homme se greffe le sacro-saint principe de la souveraineté des États. La violation des Droits de l'Homme-dont la protection se veut *erga omnes* appelle *de facto* de nouveaux concepts comme celui « d'ingérence humanitaire » qui n'est en lui-même un concept juridique défini, car au sens commun, il signifie intervenir sans y être invité, dans les affaires qui relèvent de la compétence nationale d'un État. Il est couramment admis- et ce est devenu une banalité, ou tout au moins un secret de polichinelle- que la souveraineté est maintenant une notion dévaluée aussi bien dans les relations internationales que dans le droit international[52]. En effet, ceux qui s'intéressent à la vie internationale mettent volontiers l'accent sur la mondialisation de l'économie et la globalisation des problèmes internationaux. A observer l'actualité, celle-ci semble leur donner raison. Il est vrai que la dévalorisation de la notion de frontière sur le plan international et la disparition des frontières intérieures en Afrique Centrale[53], peut soulever des problèmes ; notamment en ce qui concerne la lutte contre la criminalité transfrontalière[54] ou le contrôle de l'immigration. Mais il serait abusif de conclure que l'État a perdu sa souveraineté en ces domaines.

Aussi, la souveraineté, contrairement à ce que certains affirment, n'est pas un pouvoir absolu. Comme le faisait remarquer à l'époque Jules Basdevant : « l'État est l'autorité, la plus haute dans l'ordre juridique actuel ; cette autorité est donc l'autorité suprême ; on rappellera à cet égard que personne n'hésite à dire que la cour de cassation est la cour souveraine dans

---

[51] Quand on sait que ce sont les pays du Sud qui sont moins démocratiques partout, moins respectueux des droits de l'homme ; et quand on sait aussi que l'une des finalités de cette réforme concernait l'octroi, à l'Afrique d'un siège de membre permanent au Conseil de Sécurité des Nations Unies, alors l'on comprend bien le conservatisme manifeste quoique larvé des décideurs du directoire mondial qui a abouti à l'échec de cette initiative de réforme de l'ONU.

[52] Surtout avec l'émergence et l'efficacité de plus en plus accrue du Droit International Humanitaire.

[53] Dans le cadre de la Communauté Économique et Monétaire de l'Afrique Centrale qui compte six pays à savoir le Cameroun, la Centrafrique, le Gabon, la Guinée Équatoriale, le Congo et le Tchad.

[54] Celle-ci est observable dans le cadre de la CEMAC à travers ce qui est appelé de nos jours "le triangle de la mort" impliquant le Cameroun, la Centrafrique et le Tchad dans le phénomène des coupeurs de route.

l'ordre judiciaire en France et à dire la même chose pour la cour suprême des États-Unis »[55].

Par ailleurs, la notion de souveraineté n'est pas une donnée immuable. Si les États avaient cru trouver dans l'article 2 (7) de la charte des Nations unies un rempart infranchissable contre tout empiétement sur leur donnée par les organes de l'ONU précisément le Conseil de Sécurité et l'Assemblée Générale a montré qu'il n'en était rien. Sans même parler d'un véritable droit d'ingérence, on peut faire la remarque selon laquelle la distinction entre conflits internationaux et les conflits internes à tendance à s'estomper et même à disparaître. Le Conseil de Sécurité a de plus en plus souvent recours à l'article 39[56] et chapitre VII dans des situations internes ; sans implications internationales directes et la jurisprudence des tribunaux pénaux internationaux pour l'ex-Yougoslavie et pour le Rwanda a confirmé l'effacement de la frontière entre les conflits internes en matière de droit international humanitaire.

La création de juridictions pénales internationales peut être considérée en elle-même comme portant à la souveraineté judiciaire des États. Ce qui explique les nombreuses résistances de la part des États qui se considèrent souverains en la matière, notamment à propos des arrestations des personnes inculpées[57] ou de l'audition en tant que témoins de certains de leurs attaquée de toutes parts, aussi bien pour les politologues qui s'intéressent à l'étude des relations internationales que pour les juristes qui s'attachent à l'examen des règles du droit international. Pourtant la situation d'un État membre d'une organisation internationale aussi intégrée que l'ONU, laisse encore une place à la souveraineté, c'est-à-dire qu'elle permet a l'État de conserver le dernier mot.

---

[55] J. BASDEVANT, Règles générales du droit de la paix, académie du droit international de la Haye, Recueil des cours, 1936, et t.58. vol.III. p.578.

[56] Charte des Nations Unies, article 39 « le conseil de sécurité constate l'existence d'une menace contre la paix d'une rupture de la paix ou d'un acte d'agression et fait des recommandations ou décide de quelles mesures seront prises conformément aux articles 41et 42 pour maintenir ou rétablir la paix et la sécurité internationales ».

[57] Inculpation du président soudanais Omar-El Béchir par le procureur de la Cour pénale internationale Luis MORENO OCAMPO qui affirme qu'il y a pas d'immunité pour le président Béchir en vertu de l'article 27 de statut de BOME de 1998 qui dispose expressément que les chefs d'États même en service, ne sont pas exemptés de poursuite devant la cour : premier trimestre 9009. Notons qu'il s'agit selon l'intitulé de l'article 27 du défaut de pertinence de la qualité officielle. Toutefois faut-il le marteler, le Conseil de Sécurité de l'ONU à la faculté de suspendre l'action pendant un an. Voire plus, s'il estime que celle-ci constitue une menace pour la paix ou la sécurité internationale. Toutes choses qui sont en opposition de phase avec le principe de droit International selon lequel tout Chef d'État premier ministre ou ministre des affaires étrangères jouit d'une immunité de poursuite durant l'exercice de leurs fonctions principe réaffirmé par la Cour Internationale de Justice dans son arrêt du 14 février 2002, quand elle a dénié à la justice belge le droit de lancer au nom de la compétence universelle, un mandat d'arrêt international contre ABDOULAYE YERODIA pour les faits commis alors qu'il était à la tête de la diplomatie congolaise.

Comme nous l'avons démontré plus haut le délicat équilibre entre la souveraineté des États[58] et le droit d'ingérence humanitaire reste à trouver. Il va falloir assurer le dépassement du principe classique de la compétence nationale souveraine en faveur de l'internationalisation des Droits de l'Homme et de l'humanisation des souverainetés étatiques.

Des blocages subsistent encore par exemple des tentatives de disqualification de certains aspects de la souveraineté des États dans le cadre de l'exercice de la compétence des juridictions internationales[59].

En définitive, bien que l'idée d'un devoir d'ingérence soit déjà suffisamment avancée, sa consécration juridique demeure controversée, mais au regard de ce qui s'est passé en Côte d'Ivoire après la crise postélectorale[60], en Lybie où les forces pro-Kadhafi subissent des frappes aériennes ciblées, la Communauté Internationale est devenue un acteur majeur incontournable dans les relations internationales notamment dans des interventions pour restaurer la paix et la démocratie dans le monde.

---

[58] Voir l'article 02 de la Charte des Nations Unies.

[59] Voir notamment le Tribunal Pénal International pour le Rwanda, le Tribunal Pénal International pour la Yougoslavie, la Cour Pénale Internationale dont l'article 27 des statuts est emblématique de l'atteinte à la souveraineté

[60] Dans les deux cas, la Communauté Internationale, parfois divisée et sous l'impulsion de la France est intervenue pour empêcher le massacre des populations civiles et restaurer la paix en délogeant le Président sortant Laurent GBAGBO pour le cas de la Côte d'Ivoire et en menant les frappes aériennes ciblées pour le cas de la Lybie pour éviter le massacre des insurgés au régime du Colonel Kadhafi.

La classification des actes unilatéraux des organisations d'intégration économique africaines : cas de la CEMAC et de l'UEMOA

Dr MOUBITANG Emmanuel
Chargé de cours, Faculté des Sciences Juridiques et Politiques, Université de Yaoundé II

L'intégration tant politique qu'économique du continent noir traduit non seulement une préoccupation sociale majeure faite d'angoisses et d'espérances, mais aussi, une réalité dynamique dont la gestation et l'éclosion résultent d'un long processus historique.

En effet, au lendemain des indépendances africaines, on assiste à la multiplication des regroupements d'États[1], si bien qu'on n'hésite pas à présenter l'Afrique comme l'exemple de la prolifération des organisations internationales[2]. Qu'elles soient un réaménagement des anciennes fédérations ou Unions coloniales[3] ou qu'elles cherchent à tisser de nouvelles solidarités entre les États africains, les organisations d'intégration économique se veulent toutes comme une étape[4] nécessaire et obligée vers la construction du marché commun africain[5].

---

[1] Voir, M. SEUTCHEU, Les politiques de regroupement économique et l'intégration en Afrique Centrale, Mémoire de Maîtrise en science politique, Université de Yaoundé, 1987-1988.

[2] Voir, J.NEME, *Les organisations économiques internationales*, P.U.F, Paris, 1972, P10.

[3] Voir, F.WODIE, *Les institutions internationales en Afrique Occidentale et Centrale*, L.G.D.J, Paris, 1970, introduction.

[4] La résolution n°2 de la Conférence panafricaine des peuples d'Afrique relative aux frontières et fédérations africaines détermine pour la première fois et de façon claire, le principe de l'intégration du continent par étapes et divise l'Afrique en cinq(5) sous-régions. Le principe est désormais acquis pour l'intégration et l'unité africaine, mais l'intégration doit être progressive et graduelle, en commençant par l'intégration des groupements sous-régionaux et enfin, la création d'une Communauté africain. Il faut relever que le traité instituant la Communauté Économique Africaine (CEA) a été signé le 3 juin 1991 à Abuja au Nigéria. Cette Communauté ne sera effective, en principe qu'en l'an 2025. Cf. Article 6.

[5] Voir, Traité instituant la CEA, article 4(2-a).

Le panafricanisme[6] constitue une base importante à l'institutionnalisation du phénomène régional en Afrique. Cette institutionnalisation est plurielle et progressive. Ce constat ne peut que susciter une inquiétude : celle de l'insécurité juridique au sein desdites institutions. Cependant, le processus d'intégration se veut l'argument, voire l'instrument de promotion d'un droit international africain.[7]

La démonstration de l'existence d'un droit international africain est un exercice auquel se sont livrées nombre de recherches[8] dont la plus retentissante est celle du Doyen Joseph-Marie Bipoun Woum[9]. L'ancienneté de cette problématique ne lui a pas fait perdre son intérêt et sa pertinence. En effet, la nécessité du renforcement de l'intégration africaine considérée hier comme un rêve, s'impose de plus en plus aujourd'hui et l'histoire contemporaine est émaillée de rencontres entre États africains qui ont donné naissance à des ensembles souvent précaires certes, mais qui font de nos jours la fierté de toute une génération postcoloniale.

Les grands ensembles régionaux africains : la Communauté Économique des États de l'Afrique de l'Ouest (CEDEAO) ; la Communauté Économique des États de l'Afrique Centrale (CEEAC) ; la Communauté Économique et Monétaire de l'Afrique Centrale (CEMAC) ; le marché commun de l'Afrique Australe et Orientale (COMESSA) ; la Communauté de développement de l'Afrique Australe (SADEC), l'Union Économique et Monétaire Ouest Africaine (UEMOA) pour ne citer que ceux-là, ont eu pour socle des organisations intergouvernementales de coopération qui continuent de jouer un rôle majeur dans le processus d'intégration. Leur pluralité impose de ne cibler que ceux qui semblent plus entreprenants en matière

---

[6] Le panafricanisme fait suite à un mouvement de revendication de l'homme noir en vue de recouvrer sa dignité, sa vie d'être humain au sens plein du terme, après des siècles d'esclavage qui l'on ravalé au rang de la bête. Le mouvement naît aux États-Unis avant d'atteindre le continent africain. A son origine, le panafricanisme est un mouvement racial, il épouse ensuite une forme culturelle avant de connaître enfin sa variante politique au moment où il prend pied sur le continent noir.

[7] La notion de droit international régional semble acceptée par la doctrine. Elle l'a été de façon générale, notamment lors du Colloque de Bordeaux de 1976 de la Société Française de Droit International (1977). Voir en particulier le rapport introductif de J.C GAUTRON, PP3-44 et l'étude d'Hérilbert GOLSONG, PP221-242. Elle l'a été plus précisément, depuis le début du 20ème siècle par référence à des droits internationaux continentaux, en particulier « le droit international américain ». On peut, en ce sens, parler de droit international africain.

[8] Voir notamment les travaux du Professeur P.F.GONIDEC (1960 ; 1965 ; 1968 ; 1993). Également, J.C GAUTRON (1966) et A.ALVAREZ (1959) cités par M.BELANGER : « Existe-t-il un droit africain de la santé ? » in Dominique DARBON et Jean du Bois de GAUDUSSON (dir.), La création du droit en Afrique, Karthala, Paris, 496 pages, http://www.refer.sn/rds.

[9] Voir, J.M. BIPOUN WOUM, Le droit international africain, problèmes généraux, règlement des conflits, L.G.D.J, Paris, 1970.

normative à savoir : la CEMAC[10] et l'UEMOA[11]. Ces deux Communautés sont examinées simultanément, c'est-à-dire prises ensemble. Elles ne sont pas l'objet d'une étude successive ou séparée. Depuis leur naissance[12], elles sécrètent un ensemble d'actes unilatéraux[13] qui constituent des sources du droit communautaire africain[14] dont il convient de déterminer les caractéristiques générales et les spécificités vis-à-vis des droits américain, asiatique et européen[15]. La réalisation de cet objectif passe par la classification desdits actes. Le terme « *classification* » doit être pris dans son sens ordinaire comme « *l'action de ranger par classes*[16] ». Cet ordonnancement juridique est d'autant plus important qu'il aura certainement des conséquences contentieuses[17].

Jusqu'à présent, la doctrine communautaire s'est relativement peu intéressée à la typologie des actes unilatéraux des organisations internationales économiques africaines[18]. Notre travail se propose de

---

[10] La CEMAC comprend : le Cameroun, le Congo, le Gabon, la Guinée Équatoriale, la République Centrafricaine et le Tchad.

[11] L'UEMOA regroupe : le Bénin, le Burkina Faso, la Côte d'Ivoire, la Guinée Bissau, le Mali, le Niger, le Sénégal et le Togo.

[12] La CEMAC a vu le jour à l'occasion de la signature du Traité de N'djamena du 16 mars 1994. Le Traité instituant l'UEMOA est entré en vigueur le 1er août 1994.

[13] Aux termes des articles 41 du Traité révisé de la CEMAC, 19 et 43 du Traité modifié de l'UEMOA : « les actes additionnels sont annexés au Traité et complètent celui-ci sans le modifier. Leur respect s'impose aux institutions ainsi qu'aux autorités des États membres. Les règlements ont une portée générale. Ils sont obligatoires dans tous leurs éléments et directement applicables dans tout État membre. Les directives lient tout État membre quant aux résultats à atteindre. Les décisions sont obligatoires dans tous leurs éléments pour les destinataires qu'elles désignent. Les recommandations et les avis ne lient pas ».

[14] Le droit communautaire africain, à la fois instrument et finalité de l'intégration régionale et sous-régional est un droit consensuel, spécifique, complexe et constamment évolutif. Sa complexité réside dans l'hétérogénéité des États africains, leur vision de l'intégration, le poids colonial et le degré d'engagement politique des principaux acteurs de la scène continentale africaine. Sa mouvance et son dynamisme tiennent dans la volonté des acteurs de l'intégration d'adapter et d'harmoniser la multitude de traités, conventions et accords sous – régionaux et régionaux en vue d'une convergence et d'une synergie des actions orientées vers un objectif unique : l'intégration africaine.

[15] Voir, J.C. GAUTRON, Droit européen, 7ème édition, Mémentos Dalloz, 1995.

[16] Voir, Le Robert, Dictionnaire de français, édition 2005, P.73.

[17] En droit communautaire, les individus doivent être directement et individuellement visés par un acte pour pouvoir l'attaquer, condition qui fait en principe défaut en présence d'un acte de portée générale. La classification des actes unilatéraux au sein de la CEMAC et de l'UEMOA permettra d'adopter une position plus claire : les personnes physiques et morales devraient être admises à contester les actes de portée individuelle. En revanche, les actes de portée générale seraient hors d'atteinte des particuliers. Ce principe a été formulé pour la première fois par la CJCE, le 15 juillet 1963, affaire n°25/62, PLAUMANN C/Commission, Rec.1963, P.263 et repris plus tard, par exemple CJCE, 18 mars 1975, affaire n°72/74, Union Syndicale C/Conseil, Rec.1975, P.401.

[18] Pour l'instant, M. KENFACK Jean est l'un des communautaristes africains qui a essayé d'aborder la question et n'a certainement pas eu le temps d'approfondir l'aspect qui nous intéresse. Voir, J-KENFACK, Les actes juridiques des communautés et organisations

combler ce vide. La méthode comparative permettra sans doute d'apprécier le degré de maturité du processus d'harmonisation du droit public économique au sein des organisations ciblées.

La question à laquelle on s'efforcera de réponse est la suivante : les actes unilatéraux pris par les institutions communautaires au titre de leurs pouvoirs d'application des traités sont-ils des inclassables appartenant à une catégorie simplement résiduelle, ou au contraire, une approche plus positive, mettant en lumière les caractéristiques qui leur sont propres, est-elle possible ?

En guise de réponse à cette question, nous formulons l'hypothèse selon laquelle, dans l'accomplissement de leurs missions, les organes de décision agissent conformément aux prescriptions des traités instituant la CEMAC et l'UEMOA qui établissent une cloison étanche entre les actes contraignants et les actes non contraignants. A l'analyse, cette classification établie par les traités communautaires combine plusieurs critères : l'effet obligatoire (I) ou non (II) des actes unilatéraux, leur portée générale ou individuelle, leur complétude ou incomplétude normative, leur destinataire, et leur aptitude à s'appliquer directement ou non dans tous les États membres.

I. LES ACTES UNILATERAUX OBLIGATOIRES

Les terminologies utilisées se rapprochent de celles du droit communautaire européen sans toutefois s'y confondre. Leur examen permet de constater la présence des actes additionnels, des règlements, des directives et des décisions. Cette première catégorie d'actes mérite d'être scindée en deux groupes, compte tenu de leur portée générale (A) ou individuelle (B).

A. Les actes unilatéraux de portée générale

Au sommet de la hiérarchie établie par les traités communautaires, on trouve les actes additionnels (1). Ils sont annexés au traité [19]; leur respect s'impose aux institutions de la Communauté ainsi qu'aux autorités des États membres.[20] Le premier rang qu'ils occupent dans le classement officiel traduit à n'en point douter « *la suprématie de la Conférence des Chefs d'État et de Gouvernement*[21] » dans le processus décisionnel. En seconde position, viennent les règlements du Conseil des Ministres (2).

---

internationales d'intégration en Afrique Centrale et Occidentale, Thèse de Doctorat en droit public, Université de Yaoundé II, 2003, PP.96-115.

[19] Voir, Traité révisé de la CEMAC article 41 (1) ; Traité modifié de l'UEMOA, article 19 (2)

[20] Ibid.

[21] Voir, M. KAMTO : « La Communauté Économique des États de l'Afrique Centrale (CEEAC), une Communauté de plus ? » A.F.D.I, Paris, 1987, P. 844.

1. Les actes additionnels : entre le droit primaire et le droit dérivé

Les actes additionnels sont « annexés au Traité » auquel ils sont assimilés (a). Adoptés par la Conférence des Chefs d'État (un organe de décision de la Communauté), ils s'affichent de la sorte comme des actes de droit dérivé (b).

a. Les actes additionnels, normes de droit primaire par assimilation

Aux termes des articles 41(1) du Traité révisé de la CEMAC et 19(2) du Traité modifié de l'UEMOA : « *les actes additionnels sont annexés au Traité, ils complètent celui-ci sans le modifier* ». En guise d'annexes, ils exercent un véritable pouvoir normatif qui peut être considéré comme du droit originaire dont ils constituent des compléments.

Par ailleurs, la confection des actes additionnels respecte la procédure classique d'élaboration des traités constitutifs des organisations internationales : convocation d'une Conférence intergouvernementale, négociation, signature par les plénipotentiaires des États parties, ratification et publication au Bulletin Officiel de la Communauté. Cette affinité au droit primaire montre que, bien qu'étant dans une organisation d'intégration[22], les États refusent sur ce point précis d'abandonner leur souveraineté ; abandon qui aurait permis à ce qu'un autre organe de décision adopte les actes additionnels. Leur adoption au plus haut sommet témoigne de l'importance significative que les États membres accordent à ce type d'actes. La place de choix qui leur est réservée n'est pas sans raison. En effet, les actes additionnels imposent un certain nombre d'obligations aux États membres, relativement à leur politique intérieure[23]. En refusant d'abandonner leur souveraineté, les États veulent avoir le contrôle des obligations qu'ils s'imposent à eux-mêmes.

Toutefois, cette assimilation au droit primaire ne saurait occulter le fait que les actes additionnels peuvent en principe être rattachés au droit dérivé.

b. Les actes additionnels, normes de droit dérivé en principe

Les normes de droit dérivé sont prises « *en application et pour l'application des traités* »[24]. Deux éléments militent en faveur de la classification des actes additionnels dans la catégorie du droit dérivé. Le premier élément est relatif à la nature communautaire de l'organe délibérant (α) et le second aux caractères même des actes additionnels (β).

---

[22] A contrario d'une organisation de coopération, dans une organisation d'intégration, ce sont les organes de la communauté, c'est-à-dire de l'organisation qui prennent à la majorité de leurs membres, des actes nécessaires au fonctionnement de celle-ci.

[23] Voir par exemple, Acte additionnel n° 18/08-CEMAC-CCE-09 portant adoption du principe de la mise en place généralisée des Ministères chargés de l'intégration au sein des Gouvernements des États membres de la CEMAC du 25 juin 2008.

[24] Voir, G.ISAAC, Droit communautaire général, 6ème édition, Armand COLIN, 1998, p.127

α. La nature communautaire de l'organe délibérant

En droit communautaire, pour qu'une norme relève du droit dérivé, il faut qu'elle émane des organes communautaires, c'est-à-dire ceux prévus par les traités constitutifs ; on parle alors du droit issu de l'activité normative des organes. En l'occurrence, il est clair que les actes additionnels sont tous pris par un organe de la Communauté à savoir la Conférence des Chefs d'État. Celle-ci étant citée respectivement par les articles 12(1) du Traité CEMAC et 16(1) du traité UEMOA parmi les organes de décision de la Communauté. Les articles 41 et 42 des mêmes textes le confirment en énumérant parmi les actes de la Communauté, et en première place, les actes additionnels.

En définitive, les actes additionnels sont des normes de droit dérivé en raison de ce qu'ils sont pris par un organe de la Communauté, sur la base des traités qu'ils complètent. C'est du reste la classification retenue par certains auteurs[25].

β. Les caractères des actes additionnels

Les actes additionnels sont d'applicabilité immédiate. Ainsi, « *leur respect s'impose aux institutions de la Communauté ainsi qu'aux autorités des États membres*[26] ». Par conséquent, ils entrent en vigueur dans l'ordre juridique interne à la date de signature[27], sans le secours d'aucune mesure nationale[28] ; c'est-à-dire dès leur publication aux Bulletins Officiels des Communautés[29]. Cette automaticité de l'entrée en vigueur des actes additionnels et leur immédiateté d'application font que « *l'exclusivisme territorial*[30] » des États s'effrite : « *les autorités nationales ou plutôt les souverainetés nationales ne constituent plus un obstacle pour l'intégration des actes*[31] » additionnels dans les systèmes juridiques des États membres.

---

[25] Voir, par exemple, E.CEREXTHE, Introduction à l'Union Économique Ouest Africaine, Bruxelles, de Boeck et Larcier, 1997, P.100.

[26] Voir, Traité visé de la CEMAC, article 41(1) ; Traité modifié de l'UEMOA, article 19(2).

[27] Voir, Acte additionnel n°18/08-CEMAC-CCE-09 portant adoption du principe de la mise en place généralisée des Ministère chargés de l'intégration régionale au sein des Gouvernements des États membres de la CEMAC ; article 3 ; Acte additionnel n°06/CEMAC portant adoption et mise en œuvre des conclusions et recommandations du Rapport d'étape du chantier « Amélioration de la gouvernance et rationalisation des Institutions Spécialisées », article3.

[28] Voir, CJCE, 3 avril 1968, Firma Molkerel, affaire28/67 ; Rec.1968, P211, cité par P.MANIN, Les communautés européennes, l'Union européenne, 3ème édition, Pedone, Paris, 1997, P.606.

[29] Voir, Traité révisé de la CEMAC, article 43 ; Traité modifié de l'UEMOA, article 45 (1)

[30] L'exclusivisme territorial est l'un des principes sous-jacents au principe de souveraineté, il postule sous l'angle juridique, le fait qu'aucune norme extérieure ne peut trouver à s'appliquer sur le territoire d'un État sans avoir fait l'objet d'une réception qui s'analyse en une sorte d'exequatur.

[31] Voir, FILIGA Michel SAWADOGO et Luc Marius IBRIGA : « l'application des droits communautaires UEMOA et OHADA par le juge national » Communication présentée lors du

Ils ont ainsi un caractère transnational et acquièrent automatiquement statut de droit positif. L'applicabilité immédiate a ainsi pour conséquence l'interdiction de toute transformation et la proscription de toute procédure de réception des actes additionnels. Ce faisant, « *tout acte recognitif ou confirmatif est non seulement inutile, mais inadmissible* [32]». A ce propos, l'on peut se demander si l'article 43(1) du Traité révisé de la CEMAC qui dispose que « les actes additionnels... sont également publiés aux Journaux Officiels des États membres » ne va pas à l'encontre de ce principe.

L'applicabilité immédiate a une incidence sur le régime de publication des actes comportant cet effet. Ainsi, la publication au Journal Officiel de la Communauté met les actes additionnels en vigueur, sans qu'il soit nécessaire de les reproduire dans les Journaux Officiels des États membres[33]. Une telle reproduction peut, en effet, bloquer l'application simultanée des actes additionnels dans le territoire de la Communauté[34], ce qui aurait pour conséquence de rompre l'égalité des États membres devant le droit communautaire ainsi que l'égalité des ressortissants entre eux.

S'il ressort des dispositions des Traités CEMAC et UEMOA que les actes additionnels sont d'applicabilité immédiate, qu'en est-il de l'applicabilité directe ? La question et discutée en doctrine. Certains auteurs pensent que les actes additionnels sont d'application directe, d'autres par contre ne leur reconnaissent pas ce caractère[35]. En l'absence d'une jurisprudence en la matière et dans le silence des dispositions des Traités CEMAC et UEMOA, on ne saurait faire une affirmation péremptoire. Cependant, une analyse approfondie du droit matériel créé par les actes additionnels[36] peut amener à conclure que ceux-ci sont d'application directe « *si et seulement si leurs dispositions sont suffisamment claires, précises et univoques*[37] ».

Séminaire régional de sensibilisation sur la sécurité juridique et judiciaire des activités économiques au sein de l'UEMOA, de la CEDEAO et de l'OHADA, Ouagadougou, 6 au 10 octobre 2003, P .8.

[32] Ibid.

[33] Dans trois affaires dont la principale est celle des primes italiennes à l'abattage des vaches, la CJCE condamne les pratiques qui consistent à reproduire les règlements communautaires dans les textes nationaux. Voir, CJCE, 7 Février 1973, commission c/ République Italienne, rec.1973, P.101 ; CJCE, 8Février 1973, commission c/ République Italienne, Rec., 1973, P.161 ; CJCE, 10 octobre 1973, Variola c/ administration des finances Italienne.

[34] Même si le législateur CEMAC a simplement voulu accroître la publicité des actes additionnels, il est imprudent de faire dépendre leur entrée en vigueur de leur publication aux journaux Officiels des États membres, en raison du retard constaté dans certains États dans la publication des textes nationaux dans leurs Journaux Officiels.

[35] Pour en savoir davantage, voir, Y.BATCHASSI et R.YOUGBARE : « Les actes additionnels de l'UEMOA : analyse juridique » Faculté de droit et science politique, Université de Ouagadougou, Cahiers du Centre d'Études Européennes et de l'intégration, Centre Émile Noël, n° 001, juin 1999, P.9.

[36] Ibid.

[37] Dans le même sens, la CJCE retient le principe de l'applicabilité directe « dans tous les cas ou les dispositions apparaissent comme étant du point de vue de leur contenu,

En somme, de par l'organe qui les prend et par les effets qu'ils produisent, les actes additionnels peuvent valablement être rattachés au droit dérivé. Cependant, ce rattachement ne saurait occulter leurs accointances avec le droit originaire.

Contrairement aux actes additionnels qui ont une nature juridique hybride, les règlements ont une définition complète et sans ambiguïté qui leur confère une nature et une efficacité tout à fait comparable à celle des lois dans les systèmes juridiques nationaux.

2. Les règlements, normes de portée générale par définition

Les traitées communautaires en déterminent les caractères essentiels (α) et les différentes catégories (β).

a. Les caractères essentiels des règlements

Les règlements ont une portée générale (α) ; ils sont obligatoires dans tous leurs éléments (β) et sont directement applicables dans tout État membre[38](γ).

α. La portée générale des règlements

Comme tous les actes de portée générale[39], les règlements sont publiés au Bulletin Officiel de la Communauté[40] ; C'est là la condition *sine qua non* de la fonction normative qu'ils sont appelés à jouer dans le système des traités. En raison de leur généralité, ils apparaissent comme des actes « *quasi-législatifs » ou « essentiellement normateur ayant un effet absolu*[41] ». Pour la doctrine communautariste, ils s'apparentent aux lois nationales[42].

La portée générale des règlements a des incidences en matière contentieuse dans la mesure où, même si les textes institutifs de la CEMAC et de l'UEMOA ne le prévoient pas expressément, les personnes physiques ou morales ne peuvent pas demander l'annulation directe des règlements. Toutefois, les recours devant la Cour de Justice Communautaire permettant

---

inconditionnelles et suffisamment précises ». voir, CJCE, 19 janvier 1982, BECKER c/ FINANZAMT MUNSTER-INNENSTADTS, AFFAIRE 8/81, Rec.53.

[38] Voir, Traité révisé de la CEMAC, article 41(2) ; Traité modifié de l'UEMOA, article 43 (1).

[39] La portée générale d'un acte juridique signifie qu'il contient des règles générales et abstraites, et que ses effets juridiques s'étendent à un groupe indéterminé de personnes et à une multiplicité de faits définis de façon abstraite. Voir, EBERHARD GRABITZ : « Les sources du droit communautaire : les actes des institutions communautaires » in trente ans de droit communautaire, Collections « perspectives européennes », Bruxelles, 1982, P.88.

[40] Voir, Traité révisé de la CEMAC, article 43(1) ; traité modifié de l'UEMOA, article 45(1).

[41] Voir, CJCE, 20 mars 1959, Firma Nold.

[42] Voir, G.ISAAC, Droit communautaire général, op.cit.P.128.

de contester la légalité des règlements sont ouverts aux États et aux institutions.

β. Le caractère obligatoire des règlements

Obligatoires dans tous leurs éléments, les règlements doivent être appliqués dans leur totalité sans pouvoir faire l'objet d'une application incomplète ou sélective[43]. A travers les règlements, les autorités communautaires disposent d'un pouvoir normatif complet : « *elles peuvent non seulement prescrire un résultat, mais encore imposer toutes les modalités d'application et d'exécution jugées opportunes*[44] ». Malheureusement, le souverainisme ambiant dans la zone CEMAC milite en faveur de l'adoption des « *règlements incomplets*[45] », c'est-à-dire qui renvoient, explicitement[46] ou implicitement aux autorités nationales le soin de prendre des mesures de mise en œuvre.

γ. L'applicabilité directe des règlements

Les règlements communautaires sont dotés d'un pouvoir normatif *per se* (pour soi), c'est-à-dire qu'ils s'appliquent en tant que tel dans les droits nationaux, sans être transposés. Ils attribuent directement des droits ou obligations aux particuliers, et les justiciables des États membres peuvent se prévaloir de leur contenu normatif devant le juge national ou l'administration.

Les États membres sont dans l'obligation juridique de ne rien entreprendre qui puisse porter atteinte à l'autorité et l'effectivité des règlements communautaires. En vertu du principe de la coopération loyale, ils sont même tenus d'assurer la pleine efficacité normative des règlements, et éventuellement d'en assurer l'exécution complète.

Cela dit, tant dans la CEMAC que dans l'UEMOA, le règlement n'est pas une catégorie uniforme.

b. Les différentes catégories de règlements

Les traités communautaires établissent une distinction nette entre les règlements, les règlements cadres (α) et les règlements d'application [47](β).

---

43 Voir, L. CARTOU : « Règlements » in Encyclopédie Dalloz, Répertoire de droit communautaire, Dalloz, Paris, 1992, P.1.

44 Voir, G.ISAAC, Droit communautaire général, op.cit, p.129.

45 Voir, G.D .MBARA à BETSEM, Le règlement dans le système normatif de la CEMAC, Mémoire de DEA en droit public, Université de Yaoundé II, 2006, PP.49-52.

46 Voir, Règlement n°17/99/CEMAC-020-CM-03 relatif à la Charte des investissements de la CEMAC, article 30.

47 Voir, Traité révisé de la CEMAC, article 40 ; Traité modifié de l'UEMOA, article 42.

α. Les règlements et les règlements cadres

Adoptés selon les cas par le Conseil ou le Comité Ministériel en vertu des dispositions des traités, ils fixent des principes généraux (ils règlent l'essentiel de la matière à réglementer). Ces actes secondaires relèvent tous de la catégorie des actes législatifs, le Conseil des Ministres étant assimilable au législateur des communautés.

Toutefois, « *les règlements sont obligatoires dans tous leurs éléments et directement applicables dans tout État membre*[48] » pendant que « *les règlements cadres ne sont directement applicables que pour certains de leurs éléments*[49] ». Une hiérarchie normative s'établit ainsi entre les règlements et les règlements cadres : les premiers jouant un rôle prépondérant du fait de leur applicabilité directe totale ; les seconds assumant un rôle complémentaire à cause de leur applicabilité directe partielle.

β. Les règlements d'application

Les règlements d'application sont adoptés par la Commission, les premiers responsables des organes et institutions spécialisées de la Communauté, pour permettre l'application des règlements cadres qui ne sont pas assez détaillés pour être efficaces. Ces règlements exécutifs sont qualifiables d'actes tertiaires.

Par conséquent, une hiérarchie des normes de portée générale s'instaure entre :

- Les actes additionnels, normes de droit primaire par assimilation ;
- Les règlements, normes de droit secondaire d'applicabilité directe totale ;
- Les règlements cadres, normes de droit secondaire d'applicabilité direct partielle ;
- Les règlements d'application, normes de droit tertiaire.

En définitive, les règlements sont obligatoires dans tous leurs éléments : ils fixent des résultats à atteindre et prévoient parallèlement les moyens qu'il convient impérativement d'utiliser pour réaliser les objectifs fixés. Cette particularité fait d'eux, les vecteurs essentiels de la construction communautaire, car, en s'appliquant indistinctement aux institutions de la Communauté, aux États membres et à leurs ressortissants, ils se distinguent des actes de portée individuelle.

---

[48] Voir, Traité modifié de l'UEMOA, article 43(1).
[49] Voir, Traité révisé de la CEMAC, article 41(2).

B. Les actes unilatéraux de portée individuelle

A l'analyse des textes institutifs des Communautés concernées[50], on se rend compte qu'il s'agit des actes directifs à savoir : les directives (1) et les décisions (2).

1. Les directives

Elles présentent plusieurs caractères (a) qui permettent de les identifier par rapport aux règlements. Cependant, comme les règlements, les directives ne sont pas une catégorie uniforme (b).

a. Les caractères des directives

Au regard des traités constitutifs de la CEMAC et de l'UEMOA, les directives apparaissent comme les négatifs des règlements à savoir qu'en principe, elles n'ont pas de portée générale, (α) elles ne lient que les États (β) et elles ne sont pas directement applicables (γ). Les directives sont donc conçues comme se rattachant à un procédé de collaboration inter-gouvernemental non contraignant.

α. Les directives n'ont pas en principe de portée générale

Les directives ne lient que « *tout État membre destinataire*[51] ». Toutefois, cet effet relatif des directives consacré par les traités communautaires est remis en cause par la pratique constante des directives adressées à tous les États membres[52] et qui font l'objet d'une mise en œuvre simultanée dans l'ensemble de la Communauté. Elles se présentent alors comme un procédé de législation indirecte qui semble bien être leur fonction propre dans le système des traités de la CEMAC et de l'UEMOA.

Généralement, les directives règlementent des régimes juridiques (impôts, taxes, utilisation des moyens de paiement scripturaux, études universitaires,

---

[50] Voir, Traité révisé de la CEMAC, article 41(3-4) ; Traité modifié de l'UEMOA, article 43(2-3).

[51] Ibid., article 41(3) ; article 43(2).

[52] Voir, Directive n°1/99/CEMAC-028-CM-03 portant harmonisation des législations des États membres en matière de TVA et DA ; Directive n° 02/06/UEAC-019-CM-14 portant organisation des études universitaires dans l'espace CEMAC dans le cadre du système LMD ; Directive n° 01/00/UEAC-064-CM-04 relative à la mise en place de la surveillance multilatérale des politiques macro-économiques au sein des États membres de la CEMAC ; Directives n° 02 et n°03/98/CM/UEMOA portant harmonisation des législations des États membres en matières de TVA et DA ; n°02/2002/CM/UEMOA relative à la coopération entre la Commission et les structures nationales de concurrence des États membres pour l'application des articles 88, 89 et 90 du Traité UEMOA ; n°04/2005/CM/UEMOA portant procédures de passation, d'exécution et de règlement des marchés publics et des délégations de service public dans l'UEMOA(...)

régulation des marchés publics, délégations de service public, etc.) qui concernent les individus et non pas uniquement les États membres.

Dans l'ordre juridique de l'UEMOA, les directives sont publiées au Bulletin Officiel de l'Union. Elles entrent en vigueur après leur publication, au même titre que les actes additionnels et les règlements[53], de telle sorte qu'elles acquièrent une portée générale[54].

Le législateur CEMAC gagnerait à rattraper le retard accusé sur ce plan par rapport à ses homologues de l'UE et de l'UEMOA.

β. Les directives lient quant aux résultats à atteindre (...)

Aux termes de l'article 43(2) du Traité modifié de l'UEMOA : « *les directives lient tout État membre quant aux résultats à atteindre* ». Cette obligation de résultat aboutie en réalité à une « *quasi-obligation de moyens*[55] » à la charge des États.

En effet, les États membres de l'UEMOA sont expressément contraints de mettre en œuvre les directives, qui les lient comme les règlements. Ils doivent adopter une législation conforme aux directives, et ce, pendant les délais de transposition. Si cette législation n'est pas adoptée dans le temps, ou qu'elle n'est pas conforme aux buts énoncés dans la directive, l'État se trouve dans une situation irrégulière, en ce qu'il viole à la fois l'obligation de transposition et simultanément la directive elle-même.

Cette manière d'appréhender l'obligation de résultat des directives peut-elle être la même dans le cadre de la CEMAC ou elles comportent obligation dans les buts qu'elles assignent aux États « *tout en laissant aux instances nationales leur compétence en ce qui concerne la forme et les moyens*[56] » ?

Cette procédure permet de préserver la souveraineté décisionnelle des États membres, le législateur national ayant la possibilité d'adapter le contenu de la directive aux spécificités de son État. Les États membres de la CEMAC disposent ainsi d'une totale liberté dans le choix de l'acte juridique de transposition de la directive (loi, décret, arrêté, circulaire...)[57] et dans la désignation des services qui seront chargés de l'appliquer.

---

[53] Voir, Traité modifié de l'UEMOA, article 45(1).

[54] Depuis les arrêts : CJCE, 4 décembre 1974, Van Duyn, affaire 41/74, Rec. 1337 ; CJCE, 22 février 1984, KLOPPENBURG, affaire 76/83, Rec. 1075, les directives constituent, au même titre que les règlements, les actes qui ont une portée générale.

[55] Voir, Silvère LEFEVRE, Les actes communautaires atypiques, Travaux du CERIC, n°10, Bruylant, 2006, P.9.

[56] Voir, Traité révisé de la CEMAC, article 41(3)

[57] Cette totale liberté laissée aux États membres quant aux choix des moyens a suscité dans le cadre des Communautés européennes un certain nombre de critiques qui ont eu pour effet au niveau communautaire, « une plus grande tendance à rédiger des directives de plus en plus précises et à déterminer dans le plus grand détail les modalités de la matière traitée, de sorte que le choix des moyens n'existe pas et qu'il ne reste plus aux États qu'à transposer purement

Comme il n'existe pas de critère évident permettant d'identifier avec certitude le résultat à atteindre, d'une part, les moyens, d'autre part, la question de « *l'intensité normative* » des directives reste ouverte dans l'ordre juridique de la CEMAC.

γ. Les directives ne sont pas directement applicables

Les Traités communautaires sont muets sur l'effet direct des directives. En réalité, toute la question est de savoir, comment s'analyse juridiquement ce silence des textes de base de la CEMAC et de l'UEMOA ?

Certes, les directives ne « *lient* » que les États membres destinataires, c'est-à-dire qu'elles n'ont d'effets obligatoires que pour eux. Mais cela veut-il dire qu'elles ne peuvent pas avoir d'effets juridiques à l'égard d'autres sujets de droit, notamment les particuliers ? A propos, le Professeur G. ISAAC pense que « *la vocation normale de la directive dans le système du traité est de faire l'objet d'une transposition nationale qui seule entraînera une modification de la situation juridique des particuliers* »[58]. Sur cette base, on déduit que les directives ne sont invocables[59] qu'une fois expiré le délai de mise en œuvre et en cas d'absence de mise en application ou en cas de mauvaise mise en application de celles-ci par l'État. En outre, les directives sont uniquement et exclusivement invocables dans le cadre d'un litige vertical (particulier contre État)[60].

En somme, inconditionnel et non restreint pour les règlements, l'effet direct devient conditionnel et restreint pour les directives.

---

et simplement cette réglementation communautaire dans leur droit interne ». Voir, G.ISAAC, Droit communautaire général, op.cit, p.130.

[58] Voir, G.ISAAC, Droit communautaire général, op. cit, P.131.

[59] Selon le concept procédural d'invocabilité apparu dans les années 1980, la pleine efficacité des directives suppose que les justiciables puissent demander à leur juge national et à leur administration de bénéficier du contenu de la directive. On distingue quatre degrés : l'invocabilité d'interprétation conforme (les juridictions nationales sont tenues d'interpréter la législation nationale conformément aux objectifs des directives communautaires. Cf., CJCE, 10/04/1984, Van Colson et Kamann). L'invocabilité d'exclusion (un requérant peut demander à son juge d'exclure le droit national contraire à la directive, qu'il s'agisse du droit national de transposition ou non. Le juge pourra ainsi annuler tout acte administratif contraire à une directive, empêcher l'application d'une loi contraire à une directive, puisque les directives priment la loi nationale.cf.CJCE, 23/11/1977, Enka ; l'invocabilité de réparation (si une législation nationale contraire à une directive provoque un préjudice, les requérants pourront demander au juge national d'engager la responsabilité de l'État. La violation du droit communautaire par l'adoption d'une norme est de nature à engager la responsabilité de l'État. Cf. CJCE, 19/11/1991, Francovich. L'invocabilité de substitution autorise le juge national à appliquer le contenu normatif des dispositions d'une directive aux lieux et place d'une législation nationale contraire ou défaillante : le requérant ne pourra bénéficier du contenu de la directive que si la disposition de la directive est d'applicabilité directe, c'est-à-dire être claire, précise et inconditionnelle. Cf. CJCE, 4/12/1974, Van Duyn, op.cit.

[60] Voir, CJCE, 4 décembre 1974, Van Duyn, affaire 41/74, op.cit.

b. Les catégories de directives

Les directives de base (α), qui nécessitent une mise en œuvre uniforme dans tous les États membres, permettent l'adoption des directives d'exécution (β).

α. Les directives de base

Elles sont adoptées par le Conseil des Ministres, la Commission, tout autre organe de décision ou institution spécialisée de la Communauté sur la base des traités, ou conventions annexes[61].

β. Les directives d'exécution

Elles sont adoptées par les organes de décision de la Communauté pour l'application des directives de base[62].

En définitive, alors que les règlements constituent des actes de législation direct, contraignant, peu respectueux de la souveraineté des États ; les directives représentent un procédé de législation indirect, davantage soucieux de la souveraineté des États. Par ailleurs, les règlements servent à mettre en œuvre les politiques communautaires intégrées (concurrence, surveillance multilatérale, TVA, etc.) alors que les directives constituent plutôt un moyen d'harmoniser les dispositions législatives et règlementaires nationales, notamment dans le cadre du marché commun en matière de libre circulation des personnes, des marchandises, des services ou de reconnaissance mutuelle des diplômes. Elles se démarquent ainsi des décisions.

2. Les décisions

Caractérisées par les traités communautaires comme des actes « *obligatoires dans tous leurs éléments pour les destinataires qu'elles désignent*[63] », les décisions ne présentent pas toujours les mêmes effets juridiques (a) et remplissent des fonctions multiples (b) dans le système des traités.

---

[61] Voir par exemples : Directive n°01/00/UEAC-064-CM-04 relative à la mise en place de la surveillance multilatérale des politiques macro-économiques au sein des États membres de la CEMAC ; directive n°02 et n°03/98/CM/UEMOA portant harmonisation des législations des État membres en matière de TVA et DA.

[62] Voir, Directive n° 01/01/UEAC-094-CM-06 fixant les critères et indicateurs macro-économiques de la surveillance multilatérale en zone CEMAC ; Directive n°06/2002/CM/UEMOA, portant détermination de la liste commune des médicaments, produits pharmaceutiques, matériels et produits spécialisés pour les activités médicales exonérées de la TVA au sein de l'UEMOA.

[63] Voir, Traité révisé de la CEMAC, article 41(4) ; Traité modifié de l'UEMOA, article 43(3).

a. Les effets juridiques des décisions

Les décisions se caractérisent essentiellement par trois éléments : elles n'ont pas de portée générale (α), elles ne sont pas publiées, mais notifiées à leur destinataire (β), elles sont obligatoires dans tous leurs éléments (γ).

α. Les décisions n'ont pas de portée générale

Les décisions visent normalement à appliquer les règles des traités aux cas particuliers. Elles sont alors assimilables aux actes administratifs individuels,[64] comme en droit national, et constituent entre les mains des autorités communautaires, des « *instruments d'exécution administrative du droit communautaire*[65] ».

Cependant, certaines décisions prescrivent à un État ou à l'ensemble des États membres des objectifs dont la réalisation passe par l'édiction de mesures nationales à portée générale. Elles se présentent alors comme des instruments de législation indirecte[66], au même titre que les directives.

β. Les décisions ne sont pas publiées, mais notifiées à leurs destinataires

Les traités communautaires précisent que les décisions sont notifiées à leurs destinataires et prennent effet « *le lendemain* »[67] ou « *à compter de leur date de notification* »[68].

Dans l'un et l'autre cas, les décisions possèdent un effet direct lorsqu'elles sont adressées nommément à une personne physique ou morale (entreprise).

γ. Les décisions sont obligatoires dans tous leurs éléments

Au contraire des directives, « *les décisions sont obligatoires dans tous leurs éléments* », et pas seulement « *quant aux résultats à atteindre* ». Elles peuvent donc légitimement être très détaillées et prescrire même les moyens

---

[64] Voir, Décision n°22/01-UEAC-010-B-CM-06 portant agrément en qualité d'Expert en Douane Agrée de monsieur MEKOULOU ME NDO Pierre, BP 1004 à Douala du 03 août 2001 ; Décision n°090(CEMAC/SE /DAF portant nomination des agents au Secrétariat Exécutif du 29 juin 2001.; Décision n°22/99/UEAC-CM-02 portant agrément des professionnels libéraux de la comptabilité ; Décision n°23/99-UEAC-010-CM-02 portant agrément des conseils fiscaux ; Décision fixant le barème de traitement du Directeur Général et du Directeur Général Adjoint de la CEBEVIRHA.

[65] Voir, G.ISAAC, Droit communautaire général, op.cit, p.131.

[66] Voir, Décision n° 16/01-UEAC-096-CM-06 portant adoption de la règlementation sur la transformation des marchandises destinées à la mise à la consommation ; Décision n°11/2002/CM/UEMOA relative au Programme pluriannuel de convergence, de stabilité, de croissance et de solidarité, de la République Togolaise au titre de la période 2002-2004.

[67] Voir, Traité révisé de la CEMAC, article 43(2)

[68] Voir, Traité modifié de l'UEMOA, article 45(2).

d'atteindre le résultat imposé, les États ne conservant que le choix des formes juridiques de la mise en œuvre dans l'ordre national[69].

Toutefois, contrairement aux règlements, les décisions ne comportent aucune unité en matière d'application directe. Expressément obligatoires pour les destinataires, les décisions ont un effet direct lorsque le destinataire est un particulier ou une entreprise. Il en va autrement, lorsque le destinataire est un État car, seules les mesures nationales d'application peuvent alors modifier la situation juridique des particuliers. Dans cet ordre d'idées : « *les décisions qui comportent, à la charge des personnes autres que les États, une obligation pécuniaire, forment titre exécutoire. L'exécution forcée est régie par les règles de la procédure civile en vigueur dans l'État sur le territoire duquel elle a lieu. La formule exécutoire est opposée, sans autre contrôle que celui de la vérification de l'authenticité du titre, par l'autorité nationale que le Gouvernement de chacun des États membres désigne à cet effet(...)* [70]»

La pratique en vigueur dans la CEMAC et l'UEMOA permet de classer les décisions à partir des fonctions qu'elles remplissent dans le système des traités.

b. Les fonctions des décisions

A partir du rôle qu'elles jouent dans le système communautaire, il est possible de distinguer les décisions de base (α), des décisions d'exécution (β).

α. Les décisions de base

Elles sont adoptées directement sur la base d'une disposition du traité[71]. C'est le cas des décisions portant adoption des règlementations communes[72] et de celles portant création et fonctionnement des institutions spécialisées[73] au sein de la Communauté. Il s'agit également des décisions portant adoption des programmes[74] et des stratégies communautaires[75].

---

[69] Voir, G.ISAAC, Droit communautaire général, op-cit, p.131.

[70] Voir, Traité révisé de la CEMAC, article 45 ; Traité modifié de l'UEMOA, article 46.

[71] Voir, Pierre KAMTOH : « La Cour de Justice de la CEMAC » http // www.ahjucaf.org/spip.php? Article 703, 30 mai 2007, p.12

[72] Voir, Décision n°13/01-UEAC-096-CM-06 portant adoption de la règlementation sur le Perfectionnement Actif dans la CEMAC ; Décision n°14/01/UEAC-096-CM-06 portant adoption de la règlementation sur le Perfectionnement Passif dans la CEMAC, Décision n° 15/01/UEAC-096-CM-06 portant adoption de la règlementation sur le Drawback dans la CEMAC.

[73] Voir, Décision n°003/01/CEMAC/SE du 8 janvier 2001 portant création et fonctionnement du Comité de Pilotage du Projet RE-CEMAC.

[74] Voir, Décision n°08/2001/CM/UEMOA portant adoption et modalités de financement d'un programme Communautaire de construction de postes de contrôle juxtaposés aux frontières entre les États membres de l'UEMOA.

Les décisions de base appellent tout naturellement les décisions d'exécution.

β. Les décisions d'exécution

Comme leur nom l'indique, les décisions d'exécution sont adoptées pour l'application des décisions de base[76]. Ainsi, elles désignent certains actes institutionnels[77]notamment, les décisions donnant mandat à l'Exécutif communautaire d'ouvrir les négociations en vue de la conclusion d'un accord avec une organisation internationale[78], de fixer les prix de vente[79], de modifier le budget général des organes de communauté[80], de créer un Comité de Pilotage dans le cadre de la mise en œuvre de la stratégie et du programme d'actions communautaires,[81] etc.

En somme, dans l'ordre juridique des organisations concernées par l'étude, les décisions sont des actes individuels d'exécution du droit communautaire. Elles sont obligatoires dans tous leurs éléments, ce qui les distingue des directives qui ne sont obligatoires que quant aux résultats à atteindre. Ce sont des actes destinés à produire des effets de droit, au contraire des avis et des recommandations dépourvus de valeur obligatoire.

---

[75] Voir, Décision n°07/2001/CM/UEMOA portant adoption de la stratégie communautaire et d'un réseau d'infrastructures routières au sein de l'UEMOA.

[76] Voir, Pierre KAMTOH : « La Cour de Justice de la CEMAC » op.cit p.12

[77] Voir, J.KENFACK, Les actes juridiques des communautés et organisations internationales d'intégration en Afrique Centrale et Occidentale, Thèse de Doctorat en droit public, Université de Yaoundé II, 2003, p.111.

[78] Voir, Décision n° 51/00/UEAC-081-CM-05 du 11décembre 2000 donnant mandat au Secrétaire Exécutif de la CEMAC de négocier auprès de la FAO la finalisation du document PRSA et la mise en place du PRSA en zone CEMAC ; Décision n°06/01-UEAC-084-CM-06 donnant mandat au secrétaire exécutif pour signer un accord de coopération avec le Secrétariat Permanent de l'OHADA.

[79] Voir, décision n°003/CB/2000 du 24 novembre 2000 portant fixation du prix de vente des Cartes Roses CEMAC.

[80] Voir, Décision n°01/2001/CM/UEMOA donnant mandat au Président du Conseil des Ministres en matière de modification du budget des organes de l'UEMOA pour y incorporer des appuis extérieurs obtenus en cours d'exercice.

[81] Voir, Décision n°592/2002/CM/UEMOA portant création d'un comité de pilotage dans le cadre de la mise en œuvre de la stratégie et du programme d'action communautaires sur les infrastructures et le transport routiers des États membres de l'UEMOA. DECISION N° 04/01-UEAC-CM-06 donnant mandat au Secrétaire Exécutif pour la mise en œuvre des décisions et recommandations de la réunion des Ministres du tourisme de la zone CEMAC. Décision n°09/01-UEAC-098-CM-06 donnant mandat au Secrétaire Exécutif de préparer la position de la CEMAC à la participation au Forum de l'AGOA.

II. Les actes unilateraux non obligatoires

Dans le système des traités de la CEMAC et de l'UEMOA qui s'inspire de celui de l'Union européenne[82], « *les recommandations et les avis ne lient pas*[83] ». Loin de nous l'intension d'affirmer le contraire, les États membres étant souverains quant au choix des règles régissant leurs rapports mutuels, nous pensons simplement que ce principe devrait être relativisé. En effet, le véritable problème ne se réduit pas à une simple alternative entre l'absence et l'existence d'une force exécutoire : c'est celui, plus vaste et plus difficile, de la signification juridique de l'invitation portée par ces actes recommandatoires[84] ; des effets de droit qu'ils peuvent produire[85], à défaut même d'obligations directement et immédiatement créées[86]. La difficulté provient non seulement du laconisme des traités en question, mais également de l'absence d'une jurisprudence en la matière. Cette lacune doit être corrigée, si l'on veut mettre de l'ordre dans les rapports internes de la CEMAC et de l'UEMOA. Dans ce but, la valeur juridique des recommandations (A) et des avis (B) mérite d'être expliquée et précisée.

A. La valeur juridique des recommandations

Que ce soit dans la CEMAC ou dans l'UEMOA, les recommandations sont le plus souvent de pures exhortations, de simples vœux pieux ; mais parfois, elles constituent de vraies décisions. Selon le Professeur Michel Virally[87], leur portée ne peut résulter que de la situation de droit dans laquelle se trouve placé leur auteur par rapport à leurs destinataires. On peut classer ces destinataires en deux groupes : les autres institutions appartenant

---

[82] L'article 189 du Traité CE (nouvel article 249) confère aux organes de direction, le pouvoir de prendre des actes unilatéraux dans l'accomplissement de leurs missions. Dans la typologie qu'il dresse, les recommandations et avis ne sont pas des actes obligatoires.

[83] Voir, Traité révisé de la CEMAC, article 41(5) ; Traité modifié de l'UEMOA, article 43 (4)

[84] On parle d'actes recommandatoires en ce sens qu'en les adoptants, les institutions indiquent aux États et aux autres institutions leur point de vue sur telle question précise relevant des politiques communautaires.

[85] Comme le rappelait la Cour Internationale de Justice (CIJ), dans son avis consultatif sur la Namibie du 21 juin 1971 (cité par D. CARREAU, Droit international, 7ème édition, 2001, P.243).

[86] La doctrine européenne est partagée sur ce point : un premier courant estime que les recommandations et les avis sont dépourvus de toute valeur contraignante. Un second courant estime que tout État destinataire d'un avis ou d'une recommandation est tenu de s'y conformer faute de quoi il commettrait un manquement susceptible d'être sanctionné par la CJCE. Un troisième mouvement estime que les avis et recommandations ne sont pas contraignants, mais sans que cela ne leur ôte leur qualité juridique. Voir par exemple, P. JUILLARD : « Rapport introductif » in Les Nations Unies et le droit international économique, Colloque SFDI de Nice, Pedone, Paris, 1986, PP. 120-128 ; D.CARREAU, Droit international, op-cit, P.248.

[87] Voir, M.VIRALLY : « La valeur juridique des recommandations des organisations internationales » AFDI, vol.2, 1956, p.69.

à la même Communauté que l'auteur de la recommandation (1) ; les États membres de la Communauté(2).

1. Les recommandations d'ordre intérieur

Elles son qualifiées « *d'ordre intérieur* »[88] parce qu'auteur et destinataire sont placés tous deux dans le cadre d'une seule structure institutionnelle, mais aussi parce qu'elles contribuent au fonctionnement interne de la Communauté. Il est donc légitime d'en faire une catégorie à part. En règle générale, le droit interne des organisations internationales a une portée obligatoire pour ses destinataires[89]. Toutefois, ce principe doit être nuancé lorsqu'il s'agit des rapports organiques au sein d'une institution internationale. Il en va ainsi au cas ou les organes se trouveraient dans une situation hiérarchique (a) ou d'indépendance (b).

a. Les recommandations entre organes hiérarchisés

Dans le système des traités communautaires, la Commission est expressément subordonnée aux organes politiques qui prennent les décisions à savoir : la Conférence des Chefs d'État et le Conseil des Ministres.

En effet, dans le cadre de la CEMAC, « l*e Président de la Commission transmet à la Conférence des Chefs d'État les recommandations(...) nécessaires ou utiles à l'application du Traité et au fonctionnement de la Communauté*[90] ». Au sein de l'UEMOA, « *la Commission transmet à la Conférence et au Conseil les recommandations (...) qu'elle juge utiles à la préservation et au développement de l'Union*[91] ». Dans l'un et l'autre cas ou la Commission adresse les recommandations aux plus hautes instances de décision de la Communauté, leur nature juridique se définit aisément : il ne s'agit que de simples suggestions.

En sens inverse, lorsqu'il s'agit des recommandations édictées par ces instances élevées, elles sont assimilables à de véritables décisions[92] en dépit du mot même de « *recommandation* ». Elles jouent sur le plan communautaire, le rôle des instructions de service dans le cadre d'une administration nationale et ont une valeur juridique tout à fait comparable[93]. Le caractère obligatoire des recommandations de ce type ne saurait être contesté.

---

[88] Ibid.
[89] Voir, D.CARREAU, Droit international, op.cit, P.243.
[90] Voir, Traité révisé de la CEMAC, article35(4)
[91] Voir, Traité modifié de l'UEMOA, article 26(2).
[92] Voir, D.CARREAU, droit international, op.cit, p.244.
[93] Voir, M.VIRALLY, « La valeur juridique des recommandations des organisations internationales ».op.cit, p.73.

En effet, durant leur mandat, les membres de la Commission sont révocables « *en cas de faute lourde ou d'incapacité*[94] » constatée par la Cour de Justice sur saisine du conseil des Ministres. La révocation est prononcée par la Conférence des Chefs d'État[95] ou par la Cour de Justice[96] à la demande du Conseil « *pour sanctionner les manquements aux devoirs liés à l'exercice des fonctions de membres de la Commission* [97]». En outre, la Conférence des Chefs d'État et de Gouvernement peut « *inviter la Commission à lui présenter sa démission, à la suite du vote d'une motion de censure par le Parlement* [98]».

A titre exceptionnel, la décision d'un organe subordonné ne pourrait présenter de caractère obligatoire que s'il s'agit d'un jugement[99].

b. Les recommandations entre organes indépendants

La nature même des relations juridiques existant ici entre l'auteur et le destinataire de la recommandation exclut toute possibilité d'obligation, car, ce serait porter atteinte à cette indépendance réciproque. Le système des traités concernés fournit des exemples de cette catégorie de recommandations.

Ainsi, réunis à Lomé le 15mai 2010, dans le cadre d'une session extraordinaire du Comité Interparlementaire de l'Union Économique et Monétaire Ouest-Africaine (CIP-UEMOA) consacrée à la libre circulation des personnes, des biens et des droits d'établissement, les députés membres dudit Comité ont fait deux importantes recommandations à la Commission de l'UEMOA. Dans la première recommandation, le CIP-UEMOA demande « *qu'elle organise, dans un bref délai, un forum regroupant les transporteurs, les douaniers, les policiers, les agents des eaux et forêts et de la santé, pour une discussion franche en vue de faciliter la libre circulation des personnes et des biens* [100]». Dans la seconde recommandation, il demande la création au sein de chaque Parlement national, d'une Commission de l'Intégration, qui aura pour mission, de « *bien cerner les vrais problèmes et les préoccupations en ce qui concerne la libre circulation des personnes et des biens*[101] ».

---

[94] Voir, Traité révisé de la CEMAC, article29 ; Traité modifié de l'UEMOA, article 27(2).
[95] Voir, Traité révisé de la CEMAC, article 30(2).
[96] Voir, Traité modifié de l'UEMOA, article30(3)
[97] Voir, Traité révisé de la CEMAC, article 30(2)
[98] Voir, Traité modifié de l'UEMOA, article 27(3).
[99] Voir, Avis consultatif de la Cour Internationale de Justice (CIJ), en date du 17 Juillet 1954 : effets de jugements du Tribunal administratif des Nations Unies accordant une indemnité (cité par M.VIRALLY : « La valeur juridique des recommandations des organisations internationales » op.cit, p.75.
[100] Voir, http:/www. Presidencetogo.com, publié le 15 mai 2010, P.1
[101] Ibid.

Une fois de plus, la recommandation se définit ici comme une simple proposition, s'inscrivant dans le cadre d'une procédure définie par la charte constitutive de l'organisation en vue d'assurer la coopération entre deux organes et constituant une condition nécessaire à la validité juridique de l'acte qui sera finalement pris.

2. Les recommandations adressées aux États membres

Dans le système des traités de la CEMAC et de l'UEMOA, les recommandations destinées aux États parties se présentent comme de simples demandes. Ainsi, conformément aux objectifs de la stratégie de réduction de la pauvreté, les États membres de l'UEMOA « *sont invités à : réaliser de manière durable, un taux de croissance d'au moins 7% par an ; poursuivre la réalisation de grands projets de construction d'infrastructures pour le développement ; traiter de manière spécifique les questions relatives aux difficultés persistantes d'approvisionnement en énergie électrique qu'ils rencontrent ; prendre les mesures adéquates pour accroître le niveau des recettes fiscales...*[102] »

Les recommandations n'ont pas d'autre objet que de donner un contenu aux engagements souscrits par les États. Les États membres qui refusent de les appliquer ne font qu'exercer un droit qu'ils se sont réservés. Ils n'en doivent pas moins être présumés en faute à l'égard de la Communauté. Cette présomption pèse de tout son poids dans le système normatif de la CEMAC, à cause de la formulation des recommandations adressées aux États membres, qui s'apparentent plus à des injonctions qu'à de simples exhortations.

En guise d'illustration, le 15 décembre 1992, le Conseil des Chefs d'État de l'Union Douanière et Économique de l'Afrique Centrale (UDEAC/CEMAC) recommande aux États membres « *de prendre toutes les dispositions nécessaires pour le paiement, dans les meilleurs délais, de leurs contributions et arriérés de contributions au budget de fonctionnement et l'Institut sous-Régional de Statistiques et d'Économique appliquée (ISSEA), afin de permettre à la Direction Générale de résoudre les problèmes sociaux qui se posent au personnel*[103] ». Dans le même sens, l'organe suprême de la CEMAC recommande « *le lancement effectif des activités des Comité Nationaux de suivi des accords de l'OMC dans tous les États membres, de préférence avant la Conférence Ministérielle de l'OMC de Seattle ; l'achèvement dans les meilleurs délais dans chaque État de la procédure de signature des textes juridiques nationaux portant création de ces Comités ; l'ouverture, dès le prochain exercice budgétaire dans la loi des finances de*

[102] Voir, Recommandation n°01/20/CM/UEMOA relative aux orientations politique économique des États membres de l'Union pour l'année 2011 ; articles 1, 3, 4,5.

[103] Voir, recommandation n°1/92-ISSEA-204-CE-28 relative à la cessation des cours à l'ISSEA.

chaque État, des dotations budgétaires au profit du Comité National de suivi des Accords de l'OMC »[104].

En somme, un constat se dégage : il s'agit de l'insuffisance de la définition adoptée par la CEMAC et l'UEMOA, qui s'attache exclusivement à l'absence de valeur obligatoire des recommandations. Comme on vient de le voir, la réalité n'est pas si simple : « *toutes sortes d'effets de droit peuvent être produits par les recommandations* [105]». Dans cette perspective, elles se présentent comme des instruments juridiques par excellence d'une collaboration entre leur auteur et leurs destinataires. Collaboration véritable, c'est-à-dire excluant une subordination totale, dont les diverses modalités vont conférer aux recommandations une valeur juridique variable, mais relativement aisée à définir dans chaque cas. A cette fin, on peut les classer en deux groupes qui se déduisent des développements précédents.

En dehors des recommandations, les textes constitutifs des organisations ciblées imposent des consultations dont le régime est strictement encadré. La procédure consultative permet d'obtenir les avis des spécialistes avant l'édiction d'un acte unilatéral.

B. La valeur juridique des avis

En vertu des textes constitutifs de la CEMAC et de l'UEMOA, les avis sont des actes consultatifs dépourvus de force juridique[106]. Ce principe révèle, nous semble-t-il, une grave contradiction dans la logique juridique globale des organisations concernées, dans la mesure où une analyse approfondie desdits textes permet d'établir une distinction nette entre trois types d'avis : les avis facultatifs (1), les avis obligatoires (2) et les avis conformes (3).

1. Les avis facultatifs

En droit administratif, un avis est facultatif « *lorsque l'autorité qui le sollicite n'est obligée ni de consulter, ni de suivre l'avis*[107] ». L'administration est la seule personne compétente pour édicter l'acte, l'autorité consultée n'est pas le co-auteur de l'acte. C'est le cas dans les systèmes normatifs de la CEMAC et de l'UEMOA : lorsque le Président de la Commission « *transmet à la Conférence des Chefs d'État... les avis nécessaires ou utiles à l'application du présent Traité et au fonctionnement*

---

[104] Voir, recommandation n°01/99/UEAC-011-CM-02 relative au lancement des activités des comités Nationaux de Suivi des Accords de l'OMC.

[105] Voir, M.VIRALLY : « La valeur juridique des recommandations des organisations internationales » op.cit, P.94.

[106] Voir, Traité révisé de la CEMAC, article 41(5) ; Traité modifié de l'UEMOA, article 43 (4).

[107] Voir, P.L.FRIER, Précis de droit administratif, Montchrestien, Paris, P.290.

de la Communauté[108] » ; ou même, quand le Gouverneur de la BCEAO participe de plein droit « *avec voix consultative* [109]», aux réunions de la Commission. Il peut « *demander l'inscription d'un point à l'ordre du jour ou suggérer au Conseil d'inviter la Commission à prendre une initiative dans le cadre de sa mission* [110]».

Si l'autorité Communautaire ne peut pas se considérer comme liée par des avis spontanément sollicités, tel n'est pas le cas lorsqu'elle est tenue de les solliciter.

2. Les avis obligatoires

Ils sont obligatoires lorsque l'autorité communautaire est tenue de les solliciter, mais elle reste totalement libre vis-à-vis du sens de l'avis qui lui est donné. Un avis obligatoire ne peut résulter que d'un texte écrit qui précise expressément que l'avis sera obligatoirement sollicité[111]. Ainsi, « *la révocation est prononcée par la Conférence des Chefs d'État pour sanctionner les manquements aux devoirs liés à l'exercice des fonctions de membre de la Commission, après avis de la Cour de Justice* [112]». De même, tout État africain peut être associé à une ou plusieurs politiques de la Communauté. L'accord est conclu au nom de la Communauté par le Président de la Commission sur recommandation du Conseil des Ministres « *après avis de la Cour de Justice Communautaire*[113] ». Ainsi, des taxes additionnelles pourront être introduites par l'Union. Les projets d'actes relatifs à l'ensemble de ces taxes sont adoptés, « *après consultation du Parlement* [114]». De même, « *la Conférence des Chefs d'État et de Gouvernement peut, après consultation du Bureau du Parlement et du Conseil des Ministres, dissoudre le Parlement* »[115].

Le non-respect de cette procédure consultative obligatoire constitue un vice de forme de l'acte.

3. Les avis conformes

Ils sont obligatoirement sollicités par l'autorité communautaire et celle-ci doit suivre les avis qui lui sont donnés. Ladite autorité est liée dans la forme et dans le contenu de l'acte. Les avis confèrent ainsi aux instances consultatives compétentes, une influence directe sur la prise de décision

---

108 Voir, Traité révisé de la CEMAC, article 37(6) ; Traité modifié de l'UEMOA, article 26(2).

109 Voir, Traité modifié de l'UEMOA, article 31.

110 Ibid.

111 Voir, P.L FRIER, Précis de droit administratif, op.cit, P.292.

112 Voir, Traité révisé de la CEMAC, article 30(2).

113 Ibid., article 56 (3).

114 Voir, Traité modifié de l'UEMOA, article 55 (2)

115 Ibid., article 37 (2)

finale. C'est à cet argument que le Professeur Philippe Foillard se réfère quand il écrit : « *lorsqu'il est prévu que la consultation aboutisse à un avis conforme, l'autorité administrative n'a qu'une alternative : prendre une décision qui suit l'avis rendu ou ne pas prendre de décision du tout*[116] ». Le Conseil d'État l'a réaffirmé dans l'affaire, Société coopérative de reconstruction de Rouen[117]. En d'autres termes, M. Kamdem Jean-Claude écrit : « *l'avis conforme est une codécision ou un consentement à l'acte et non pas un avis*[118] ». C'est le cas lorsque : la Commission « *adopte son règlement intérieur, après avis conforme du Conseil des Ministres* [119]» ; le Conseil « *arrête, après avis conforme du Parlement, ... par voie de règlement ou de directive, les dispositions utiles pour faciliter l'usage effectif des droits prévus au paragraphe1*[120] » ; le Conseil « *arrête par voie de règlement ou de directive, les dispositions utiles pour faciliter l'usage effectif du droit d'établissement* [121]» ; les conditions d'adhésion et les adaptations du présent Traité que celle-ci entraîne « *font l'objet d'un accord entre les États membres et l'État demandeur, après avis conforme du Parlement de l'UEMOA* [122]» ; les conditions d'une telle association « *font l'objet d'un accord entre l'État demandeur et l'Union, après avis conforme du Parlement de l'UEMOA* [123]».

En somme, la décision appartient toujours à l'autorité première. Cependant, sensible au fait que la compétence est partagée entre l'autorité première et celle qui doit donner son accord, le juge français y voit une véritable codécision ; « *le défaut d'avis conforme constituant dès lors non un vice de procédure, mais un cas d'incompétence, soulevable d'office par le juge comme moyen d'ordre public* [124]».

CONCLUSION

Les actes unilatéraux sont la manifestation de la volonté de la CEMAC et de l'UEMOA, destinée à produire des effets de droit dans les conditions prévues par leurs traités constitutifs. Pour rappel, lesdits actes sont des actes législatifs ou non législatifs adoptés par les institutions communautaires.

---

[116] Voir, Ph. FOILLARD, Droit administratif, Centre de Publications Universitaires Tour Maine-Montparnasse, Paris, 1998, P117.
[117] Voir, CE, 22 février 1957, Société Coopérative de Reconstruction de Rouen, Rec., P.126.
[118] Voir, J.C KAMDEM, Institutions administratives et droit administratif, Cours polycopié, tome 2, Université de Yaoundé, 1988-1989, P.232.
1998, P.117.
[119] Voir, Traité révisé de la CEMAC, article 35(13).
[120] Voir, Traité modifié de l'UEMOA, article 91(2)
[121] Ibid., article 92(4)
[122] Ibid. article 103 (2)
[123] Ibid. article 104 (2)
[124] Voir, CE, 8 juin 1994, Mme Laurent, Rec. P. 1137 (à propos de l'avis conforme de l'Architecte des bâtiments de France).

Selon leur nature, ces actes peuvent avoir un effet juridique contraignant ou non contraignant. Les actes unilatéraux obligatoires revêtent des formes diverses, compte tenu de leur portée générale ou individuelle. Au sommet de la hiérarchie des actes de portée générale, il ya les actes additionnels. Ils sont annexés au Traité et complètent celui-ci sans le modifier. Leur respect s'impose aux organes de la Communauté ainsi qu'aux autorités des États membres. Les actes additionnels se révèlent être des actes de nature mixte pouvant être classés aussi bien parmi les normes du droit primaire que parmi celles du droit dérivé. Contrairement aux actes additionnels, les règlements ont une définition complète et sans ambiguïté qui leur confère une nature et une efficacité comparable à celle des lois dans les systèmes juridiques nationaux. Les traités communautaires consacrent trois types de règlements : les règlements, les règlements cadres et les règlements d'application.

Actes unilatéraux de portée individuelle, les directives présentent plusieurs caractères qui permettent de les identifier par rapport aux règlements. En principe, elles n'ont pas de portée générale, elles ne lient que les États et elles ne sont pas directement applicables. Alors que les règlements constituent des actes de législation directe contraignants et peu respectueux de la souveraineté des États, les directives représentent un procédé de législation indirect, davantage soucieux de la souveraineté nationale.

Pour leur part, les décisions sont des actes individuels d'exécution du droit communautaire. Elles sont obligatoires dans tous leurs éléments, ce qui les distingue des directives qui ne sont obligatoires que quant aux résultats à atteindre.

Dans le système des traités de la CEMAC et de l'UEMOA qui s'inspirent de celui de l'Union européenne, les recommandations et les avis ne lient pas. Comme on a pu le constater, ce mimétisme aveugle contraste avec la réalité selon laquelle : « toutes sortes d'effets de droit peuvent être produits par les recommandations » et même les avis. En effet, si l'autorité communautaire ne peut se considérer comme liée par des avis spontanément sollicités, tel n'est pas le cas lorsqu'elle est tenue de les solliciter. Le non-respect de cette procédure consultative obligatoire constitue un vice de forme de l'acte.

De même, l'autorité communautaire est obligée de suivre les avis conformes qui lui sont données. Elle est liée tant dans la forme que dans le contenu de ce type d'avis.

En somme, l'étude des actes unilatéraux des organisations considérées se révèle fort instructive, car elle permet d'identifier leurs auteurs, leurs destinataires (en particulier), le processus décisionnel (en général). Le fait remarquable réside non seulement dans l'effort d'adaptation de ces manifestations de volonté au contexte nouveau de l'intégration, mais également dans la conception d'une catégorie originale d'actes unilatéraux que constituent les actes additionnels.

Par ailleurs, l'analyse des actes visés édifie sur la réalité des transferts de compétences, mais aussi, permet de mesurer l'ampleur de la répartition des compétences dans l'ordre juridique de chacune des organisations concernées.

L'Afrique
aux éditions L'Harmattan

Dernières parutions

ETHNIES, NATIONS ET DÉVELOPPEMENT EN AFRIQUE : QUELLE GOUVERNANCE ?
Actes du colloque de Brazzaville (Congo), du 26 au 28 mai 2014
Sous la direction de Hugues Mouckaga, Scholastique Dianzinga, Jean-François Owaye
En 1962, quelques années seulement après que la parenthèse coloniale eut commencé à se fermer, un agronome français, René Dumont, osa ce pronostic : « l'Afrique noire est mal partie ». Que de protestations ! Pourtant, plus de 50 ans après les indépendances, le continent africain est à la peine et patine. L'explication : la mal gouvernance. Du fait de ses ethnies, l'Afrique fait face à un épouvantable écueil ! Elle n'arrive pas à se constituer en nations ! Il importait donc d'agir, de réfléchir autour de cette problématique.
(Coll. Études africaines, 55.00 euros, 704 p.)
ISBN : 978-2-343-05785-9, ISBN EBOOK : 978-2-336-37944-9

ÉLECTIONS, VOTE ET REPRÉSENTATION POLITIQUE DES AFRICAINS DE L'ÉTRANGER
Suivi du *Guide des opérations électorales en dehors des frontières nationales*
Wongo Ahanda Antoine
Quels sont aujourd'hui les types d'élections, les mécanismes et les procédures du vote à l'extérieur adoptés par les pays africains ? Dans cet ouvrage, qui fait la synthèse des connaissances et des pratiques du vote à l'extérieur et de la représentation politique des Africains de l'étranger, l'auteur entend apporter une contribution pédagogique au processus d'appropriation de la citoyenneté externe par les États africains. Un ouvrage qui intéressera les leaders africains, les migrants africains et tous ceux qui sont impliqués dans le processus de vote à distance à travers l'Afrique et les pays d'immigration.
(Coll. Études africaines, 21.00 euros, 202 p.)
ISBN : 978-2-343-02009-9, ISBN EBOOK : 978-2-336-38129-9

MANUELS SCOLAIRES, ENVIRONNEMENT INFORMATIF ET NUMÉRIQUE AU SERVICE DE LA LECTURE
Enjeux nouveaux pour une école émergente
Thioune Birahim - Préface de Michèle Verdelhan Bourgade
Aujourd'hui, l'environnement socioculturel s'est complexifié du fait de l'émergence de technologies nouvelles qui ont envahi l'univers des apprenants et qui se révèlent, dans les espaces d'éducation et de formation, à la fois comme des promesses d'enrichissement et des menaces. Ce livre fixe quelques contours de l'utilisation des TIC (Technologies de l'Information et de la Communication) et des limites à observer dans leur application, sous peine de mettre en péril tout un patrimoine pédagogique.
(16.50 euros, 164 p.)
ISBN : 978-2-343-06236-5, ISBN EBOOK : 978-2-336-37731-5

L'ÉCOLE, GAGE DU DÉVELOPPEMENT DE L'AFRIQUE
Zénith Laurent - Préface de Mathias Eric Owona Nguini
Si plusieurs facteurs et secteurs sont à considérer pour sortir rapidement l'Afrique de son retard, le domaine scolaire revêt une importance capitale. Malheureusement, ce levier du développement qu'est l'école regorge de nombreuses tares dans la quasi-totalité des pays subsahariens. Un système académique bien pensé participerait fortement à l'essor de l'Afrique. À partir de propos, témoignages et de cas vécus, l'auteur met à nu tous les manquements qui handicapent l'émergence de ces pays.
(Harmattan Cameroun, 16.50 euros, 158 p.)
ISBN : 978-2-343-06203-7, ISBN EBOOK : 978-2-336-38133-6

LE CAMÉLÉON ET LA MORT EN AFRIQUE
Eschenlohr Nicole
La question de la mort hante nos esprits rationnels. Pour mieux maîtriser cette angoisse existentielle, les civilisations traditionnelles ont détourné le problème en attribuant une origine à cette mort : pourquoi et comment est-elle apparue ? En réponse à ses interrogations, la mythologie africaine, riche de liens tissés entre les hommes et les animaux, a désigné un responsable qu'elle a placé au cœur de ses récits et légendes : le caméléon. Accusé de lenteur, sa défense repose sur l'inéluctabilité de la mort...
(Coll. Ethnographiques, 14.00 euros, 132 p.,)
ISBN : 978-2-343-05818-4, ISBN EBOOK : 978-2-336-37485-7

APPROCHE CRITIQUE DU DÉVELOPPEMENT EN AFRIQUE SUBSAHARIENNE
Zagre Ambroise
Le sous-développement de l'Afrique subsaharienne constitue une préoccupation majeure pour les pays concernés, la communauté internationale, les milieux intellectuels et la société civile. Cet ouvrage interroge la notion de développement et envisage l'avenir de ce sous-continent vers un nouveau paradigme de développement : l'»auto-développement humain», capacité des sociétés à se développer en comptant d'abord sur leurs forces intérieures, leur capacité de création et leurs potentialités matérielles et spirituelles.
(Coll. Politique et dynamiques religieuses en Afrique, 27.00 euros, 260 p.,)
ISBN : 978-2-343-05939-6, ISBN EBOOK : 978-2-336-37427-7

LA PRÉCARITÉ QUOTIDIENNE EN AFRIQUE DE L'OUEST
Culture et développement
Ernoux Jules - Préface de Michaël Singleton
Cet ouvrage propose des tranches de vie prises sur le vif dans la population, plutôt urbaine, de Côte d'Ivoire, de Guinée et du Niger. À l'issue de 33 séjours riches de rencontres collectives et individuelles, l'auteur s'interroge : comment vivre au jour le jour dans le manque permanent, seulement soucieux de manger à sa faim, de sauvegarder une santé précaire, de confier ses enfants à des écoles surpeuplées, de vivre dans l'insécurité d'un pays où l'État de droit n'est qu'une illusion ?
(Coll. Écrire l'Afrique, 15.50 euros, 154 p.)
ISBN : 978-2-343-05748-4, ISBN EBOOK : 978-2-336-37417-8

LE MARKETING DE RUE EN AFRIQUE
Mouandjo Lewis Pierre
Cet ouvrage, abondamment illustré d'exemples, se veut un outil pédagogique pour faciliter la compréhension de ce «Marketing de rue» tant développé par ses acteurs en Afrique. Son but est de mettre à la disposition des étudiants et responsables d'entreprises un manuel leur permettant de saisir les opportunités qui leur sont offertes par ce nouveau marché que représente la rue et où se déroulent des pratiques commerciales «agressives» et une concurrence farouche entre les entrepreneurs individuels, les grandes sociétés et les Petites et Moyennes Industries.
(Coll. Études africaines, 44.00 euros, 512 p., Illustré)
ISBN : 978-2-343-05770-5, ISBN EBOOK : 978-2-336-37547-2

L'AGENCE SPATIALE AFRICAINE
Vecteur de développement
Ouedraogo Sékou - Préface de Jean-Loup Chrétien
L'Algérie est en train de finaliser la conception de son premier satellite national ALSAT2B qui devrait être entièrement conçu par ses ingénieurs. Le Nigéria veut envoyer un astronaute dans l'espace avant la fin 2015. Qui peut le croire ? Et pourtant, l'Afrique possède des agences spatiales nationales crédibles et des organisations panafricaines qui travaillent sur le sujet. Pour utiliser efficacement ces applications spatiales au service du développement, l'auteur défend la création d'une Agence Spatiale Africaine.
(Coll. Diplomatie et stratégie, 18.50 euros, 188 p.)
ISBN : 978-2-343-05942-6, ISBN EBOOK : 978-2-336-37375-1

UN CHEF-D'ŒUVRE DES ARTS D'AFRIQUE
La plateau de Fa (golfe du Bénin), collection Christoph Weickmann Ulm, 1659
Biton Marlène-Michèle
Dans cet ouvrage, l'auteur a tenté de mener une enquête sur un plateau de divination provenant des côtes de Guinée, importé il y a 350 ans à destination du cabinet de curiosités d'un marchand d'Ulm, Christoph Weickmann. Il s'agit d'abord de replacer cet objet dans son contexte historique et culturel et de retrouver les conditions de son arrivée en Europe. L'auteur entreprend également une analyse plastique précise ouvrant des perspectives sur les modalités de représentations utilisées et l'accès à une mythologie foisonnante.
(Coll. Ethnoesthétique, 30.00 euros, 290 p.)
ISBN : 978-2-343-04282-4, ISBN EBOOK : 978-2-336-37491-8

DE LA CEAO À L'UEMOA
Ou la genèse d'une intégration sous-régionale réussie
Sawadogo Fatimata - Préface de Cheikhe Hadjibou Soumaré
Cet ouvrage est un solide argumentaire de la trajectoire de l'intégration ouest-africaine. Cette analyse historique sur les principales organisations qui ont précédé la CEAO (Communauté économique de l'Afrique de l'Ouest), se concentre sur les acquis et les insuccès de cette dernière. L'auteur analyse le passage de la CEAO à l'UEMOA (Union économique et monétaire ouest-africaine) pour mieux démontrer les grandes avancées sur le difficile chemin de l'intégration sous-régionale. Elle insiste sur le bilan positif de l'UEMOA eu égard aux nombreuses actions concrètes dans tous les secteurs de la vie socio-économique au profit des populations.
(15.50 euros, 152 p.,)
ISBN : 978-2-343-05985-3, ISBN EBOOK : 978-2-336-37437-6

CHEIKH HAMAHOULLAH
Homme de foi et résistant
L'Islam face à la colonisation française en Afrique de l'ouest
Traoré Alioune
Cheikh Hamahoullah fut l'un des principaux propagateurs du tijânisme en Afrique occidentale. Il mena un combat inlassable pour la liberté et la dignité des peuples d'Afrique pendant la période coloniale. En s'appuyant sur des documents d'archives, la tradition orale africaine et des manuscrits conservés par les fidèles et les adversaires du Cheikh, l'auteur rejette l'image d'un Hamahoullah agitateur sans culture et sans foi, que répandaient complaisamment les rapports des administrateurs coloniaux.
(34.00 euros, 404 p.)
ISBN : 978-2-343-04694-5, ISBN EBOOK : 978-2-336-37070-5

QUELLE AFRIQUE POUR LES JEUNES ?
Lettre ouverte
Barry David
Ce livre est une lettre ouverte d'un panafricaniste convaincu. Il s'adresse aux jeunes, car ce sont eux qui peuvent encore nourrir de grands rêves et qui ont encore la capacité de s'indigner. Le panafricanisme est pour l'auteur la seule voie royale qui permettra aux jeunes de retrouver une

certaine cohérence, un sens et surtout de reprendre l'initiative. Cette lettre ne comporte pas de recettes mais propose une démarche en fournissant des repères.
(Harmattan Burkina Faso, Coll. L'Harmattan International Burkina Faso, 16.50 euros, 166 p.,)
ISBN : 978-2-343-06009-5, ISBN EBOOK : 978-2-336-37484-0

DYNAMIQUES DES GUERRES CIVILES EN AFRIQUE
Sous la direction d'Arsène Brice Bado
Cet ouvrage offre un essai de typologie des nombreuses hypothèses concurrentes dans l'analyse des causes des guerres civiles en Afrique. Il distingue 3 éléments dans la chaîne causale de leur émergence : les facteurs structurels, les éléments amplificateurs et les facteurs déclencheurs. Si les causes peuvent être similaires pour certains conflits, il restitue à chacun sa complexité selon les acteurs en présence, l'histoire sociopolitique particulière des sociétés et les conditions matérielles.
(Coll. Études africaines, 21.00 euros, 212 p.)
ISBN : 978-2-343-05586-2, ISBN EBOOK : 978-2-336-37590-8

LES MENACES ÉMERGENTES À LA PAIX ET À LA SÉCURITÉ EN AFRIQUE DE L'OUEST ET DU CENTRE : DE 1990 À NOS JOURS
Bamba Mamadou - Préface du Pr Ismaïla Madior Fall
Cet ouvrage apporte des éléments de réponse aux questions que soulève la problématique de la paix et de la sécurité dans ces deux sous-régions du Continent, si différentes et si proches l'une de l'autre par la géographie, les similitudes socio-historiques et le caractère transnational des défis qui émergeront sur l'un des territoires communautaires et qui ne manqueraient d'atteindre l'autre.
(Coll. Études africaines, 24.00 euros, 242 p.)
ISBN : 978-2-343-06163-4, ISBN EBOOK : 978-2-336-37576-2

VIOLENCES ET CONFLITS EN AFRIQUE DES GRANDS LACS
Polémologie et géo-systémisme
Mashimango Abou-Bakr Abelard - Préface de Daniel Derivois
Ce livre esquisse les diverses recompositions géopolitiques et stratégiques de la région des Grands Lacs et appréhende la problématique de la conflictualité sous l'angle de la polémologie. Il propose une réflexion transversale sur la bellicité en Afrique des Grands Lacs et analyse les facteurs qui se rapportent au «phénomène de guerre», à savoir les «complexes belligènes» et les causes du déclenchement des hostilités, de l'éclatement de la guerre, principalement en RDC et au Rwanda.
(Coll. Études africaines, 20.00 euros, 198 p.)
ISBN : 978-2-343-03586-4, ISBN EBOOK : 978-2-336-37473-4

LE PAGNE AFRICAIN ET SA SYMBOLIQUE
Femmes et féminité au travers de motifs d'un objet majeur de la culture africaine
Mukundila Kembo Dieudonné - Préface de Masiala ma Solo
Ce livre explore la manière dont le signe de la femme est utilisé dans les illustrations des pagnes africains. Il montre le caractère sexué du pagne en relation avec les fonctions sociales de la femme, lesquelles contribuent à la structuration de la société. L'objet n'est pas seulement artistique, il est culturel et social et se trouve à la fondation des croyances, des institutions, des structures sociales. Il cesse d'être uniquement un vêtement et devient un lieu de savoir et de culture, un reflet de la société africaine. (illustrations en couleur)
(Coll. Culture Africaine, 20.00 euros, 174 p.)
ISBN : 978-2-343-04531-3, ISBN EBOOK : 978-2-336-37124-5

L'HARMATTAN ITALIA
Via Degli Artisti 15; 10124 Torino
harmattan.italia@gmail.com

L'HARMATTAN HONGRIE
Könyvesbolt ; Kossuth L. u. 14-16
1053 Budapest

L'HARMATTAN KINSHASA
185, avenue Nyangwe
Commune de Lingwala
Kinshasa, R.D. Congo
(00243) 998697603 ou (00243) 999229662

L'HARMATTAN CONGO
67, av. E. P. Lumumba
Bât. – Congo Pharmacie (Bib. Nat.)
BP2874 Brazzaville
harmattan.congo@yahoo.fr

L'HARMATTAN GUINÉE
Almamya Rue KA 028, en face
du restaurant Le Cèdre
OKB agency BP 3470 Conakry
(00224) 657 20 85 08 / 664 28 91 96
harmattanguinee@yahoo.fr

L'HARMATTAN MALI
Rue 73, Porte 536, Niamakoro,
Cité Unicef, Bamako
Tél. 00 (223) 20205724 / +(223) 76378082
poudiougopaul@yahoo.fr
pp.harmattan@gmail.com

L'HARMATTAN CAMEROUN
BP 11486
Face à la SNI, immeuble Don Bosco
Yaoundé
(00237) 99 76 61 66
harmattancam@yahoo.fr

L'HARMATTAN CÔTE D'IVOIRE
Résidence Karl / cité des arts
Abidjan-Cocody 03 BP 1588 Abidjan 03
(00225) 05 77 87 31
etien_nda@yahoo.fr

L'HARMATTAN BURKINA
Penou Achille Some
Ouagadougou
(+226) 70 26 88 27

L'HARMATTAN SÉNÉGAL
10 VDN en face Mermoz, après le pont de Fann
BP 45034 Dakar Fann
33 825 98 58 / 33 860 9858
senharmattan@gmail.com / senlibraire@gmail.com
www.harmattansenegal.com

L'HARMATTAN BÉNIN
ISOR-BENIN
01 BP 359 COTONOU-RP
Quartier Gbèdjromèdé,
Rue Agbélenco, Lot 1247 I
Tél : 00 229 21 32 53 79
christian_dablaka123@yahoo.fr

Achevé d'imprimer par Corlet Numérique - 14110 Condé-sur-Noireau
N° d'Imprimeur : 125308 - Dépôt légal : janvier 2016 - *Imprimé en France*

www.ingramcontent.com/pod-product-compliance
Lightning Source LLC
LaVergne TN
LVHW021141061026
849535LV00002B/315
* 9 7 8 2 3 4 3 0 6 0 4 8 4 *